जनवादी कहानी

पृष्ठभूमि से पुनर्विचार तक

रमेश उपाध्याय

वाणी प्रकाशन

वाणी प्रकाशन
4695, 21-ए, दरियागंज, नयी दिल्ली 110 002
शाखा
अशोक राजपथ, पटना 800 004
फ़ोन : +91 11 23273167 फ़ैक्स : +91 11 23275710
www.vaniprakashan.in
vaniprakashan@gmail.com

JANVADI KAHANI
by Ramesh Upadhyaya

ISBN : 978-93-5072-032-5
Literary History

प्रथम संस्करण 2000
दूसरा संस्करण 2015

मूल्य : ₹ 495

हर्ष प्रिंटर्स, दिल्ली-110 093 में मुद्रित

वाणी प्रकाशन का लोगो मक़बूल फ़िदा हुसेन की कूची से

विषयानुक्रम

साहित्य का एक जीवंत इतिहास

नामवर सिंह

रमेश उपाध्याय की पुस्तक 'जनवादी कहानी : पृष्ठभूमि से पुनर्विचार तक' लगभग 400 पृष्ठों की ऐसी पुस्तक है, जिसमें 1973 से 1993 तक की, यानी दो दशकों की साहित्यिक गतिविधियों का इतिहास है। इसके केंद्र में कहानी है और कहानी में भी जनवादी कहानी। रमेश जी ने इसको "अनायास लिखा गया इतिहास" कहा है। मैं कहूँगा कि इतिहास तो निश्चित रूप से यह है और लिखा भी गया है, पर "लिखा गया है" का मतलब यहाँ यह है कि कहानीकारों, कहानी के पाठकों और आलोचकों ने अपनी कहानियों, अपनी बातों और अपने लेखों से इस इतिहास को बनाया है और रमेश जी स्वयं भी इस इतिहास को बनाने वालों में हैं। लेकिन रमेश जी की एक और भूमिका भी है कि उन्होंने इतिहास बनाने के साथ-साथ उसको लिखने का काम भी किया है, यानी उनकी दोहरी भूमिका इस पुस्तक में है। 'अनायास' विशेषण इस अर्थ में तो सही है कि इतिहास की तरह से यह पुस्तक नहीं लिखी गयी है, फिर भी यह इतिहास बन गयी है; लेकिन लिखने में आयास तो हुआ ही है, यानी मेहनत से, सोच-समझ के साथ, बुद्धि-विवेक से इसे लिखने का काम किया गया है।

इतिहास एक कहानी है, लंबी कहानी, जो कभी-कभी उपन्यास जैसा आकार भी ग्रहण कर लेती है। जैसे एक कथाकार कथानक या प्लॉट का निर्माण करता है, वैसे ही इतिहासकार एक काल-क्रम में हुए विकास या परिवर्तन को एक रेखा में दिखाता है। कहानी की तरह इतिहास भी कई तरह से लिखा जा सकता है। जैसे आदिकाल से आज तक का संपूर्ण इतिहास या किसी काल विशेष का इतिहास। या जैसे किसी प्रवृत्ति का इतिवृत्तात्मक इतिहास या किसी विधा का आलोचनात्मक इतिहास। 'जनवादी कहानी : पृष्ठभूमि से पुनर्विचार तक' में जो इतिहास लिखा गया है, वह 1973 से 1993 तक की कई महत्त्वपूर्ण साहित्यिक घटनाओं की रिपोर्ट्स के रूप में लिखा गया इतिहास है।

इसकी शुरुआत 1973 में हुए बाँदा सम्मेलन से होती है, फिर 'इमरजेंसी' के दौरान और उसके बाद के सम्मेलनों और गोष्ठियों से गुजरते हुए, जनवादी लेखक संघ के निर्माण

की प्रक्रिया आदि को देखते हुए अंततः हम 1993 में सासाराम में हुई 'कथा-पंचायत' तक पहुँचते हैं। यह इतिहास उत्तर प्रदेश, दिल्ली, चंडीगढ़, राजस्थान, पंजाब, मध्य प्रदेश और बिहार के अनेक स्थानों पर हुए प्रगतिशील-जनवादी साहित्य के अनेक बड़े आयोजनों का और मुख्यतः कहानी संबंधी आयोजनों का इतिहास है। इससे पता चलता है कि इन दो दशकों में हमारे सामाजिक, आर्थिक और राजनीतिक जीवन में जो परिवर्तन आये, उन पर कौन-कौन कहानियाँ कब-कब लिखी गयीं, जो बदलते हुए जमाने के साथ चलने के कारण महत्त्वपूर्ण थीं। इससे एक अलग ही तरह का साहित्यिक इतिहास या कहानियों का इतिहास बनता है। और यह महत्त्वपूर्ण काम है, चुनौतियों से भरा काम है।

एक प्रकार का इतिहास लेखन वह होता है, जिसमें घटनाओं को काल-क्रम में रखकर उनका वृत्तांत लिखा जाता है। उसे एकरैखिक या धारावाहिक आख्यान वाला इतिहास कह सकते हैं। जनवादी कहानी पर लिखी गयी यह पुस्तक उस तरह का इतिहास नहीं है और नहीं है, तो कोई शिकायत भी मुझे नहीं है। लोग अपने संस्मरणों के रूप में आत्मकथाएँ लिखते हैं, जैसे नागर जी ने लिखी है 'टुकड़े-टुकड़े दास्तान'। होता यह है कि कभी-कभी हम धारावाहिक आख्यान गढ़ने के बजाय उस आख्यान को टुकड़े-टुकड़े कर देते हैं और ये टुकड़े एक जगह जोड़ दिये जाते हैं, तो कभी-कभी धारावाहिक आख्यान से ज्यादा जीवंत बन जाते हैं। सरसरी तौर पर कहानी कहने में बहुत-सी बारीकियाँ छूट जाती हैं। इससे जीवंतता खत्म हो जाती है। इसलिए मैं तो बधाई दूँगा रमेश जी को कि उन्होंने एक घिसा-पिटा, चालू किस्म का धारावाहिक आख्यान वाला इतिहास नहीं लिखा। आधुनिक इतिहास तो टुकड़ों में ही लिखा जाता है। उन्होंने एक अच्छे कथाकार और प्रबुद्ध मार्क्सवादी आलोचक की तरह बीस वर्षों के इतिहास को रिपोर्ट्स और दस्तावेजों के माध्यम से प्रस्तुत किया है।

इस पुस्तक में जिन आयोजनों की रिपोर्ट्स—विस्तृत रिपोर्ट्स—संकलित हैं, उन आयोजनों में रमेश जी स्वयं मौजूद रहे हैं। बाँदा सम्मेलन से सासाराम की 'कथा-पंचायत' तक सभी में उपस्थित रहकर, उनमें भाग लेकर उन्होंने इस पुस्तक को लिखा है। इनमें से कई आयोजनों में मैंने भी भाग लिया था। जैसे जनवादी लेखक संघ ने मार्क्सवादी सौंदर्यशास्त्र पर जो एक बड़ी गोष्ठी की थी, उसमें मैं मौजूद था और मेरा वक्तव्य कुछ जनवादी लेखकों के लिए इतना विक्षोभकारी था कि वे उससे नाराज भी हुए। लेकिन रमेश जी का साहस कि उन्होंने अपनी पत्रिका 'कथन' में उसको पहली बार एकदम पूरा और अक्षरशः छाप दिया था और बड़ी प्रामाणिक रिपोर्टिंग उस गोष्ठी की उन्होंने की थी।

कहना चाहिए कि इस दौर की कहानी संबंधी घटनाओं के महाभारत में रमेश उपाध्याय एक योद्धा भी रहे हैं—पांडव पक्ष के योद्धा, हालाँकि उन पांडवों में वे कौन थे, यह कहना तो मेरे लिए ठीक नहीं है, फिर भी मुझे लगता है कि उन्होंने युधिष्ठिर की भूमिका ज्यादा निभायी है—और वे उस महाभारत के संजय भी रहे हैं। संजय की तरह से तटस्थ

द्रष्टा के रूप में उन्होंने बड़ी ईमानदारी से और प्रामाणिकता की रक्षा करते हुए उस महाभारत का हाल सुनाया है। भले ही वे स्वयं दूसरों की बातों से सहमत न हों, या वे बातें स्वयं उनके विरुद्ध ही क्यों न कही गयी हों, उन बातों को उन्होंने यथावत रखने की ईमानदारी दिखायी है। इस प्रकार इतिहास लेखन की वस्तुनिष्ठता का निर्वाह उन्होंने बिलकुल महाभारत के संजय की तरह किया है।

इस पुस्तक में मेरे बहुत-से वक्तव्य शामिल हैं। मैं उनमें से बहुत-सी बातें भूल गया था। इस पुस्तक को पढ़ते हुए वे बातें मुझे याद आयीं और मैं दंग रह गया कि कैसे उन बातों के नोट्स लिये गये और कैसे उन बातों को यथावत प्रस्तुत किया गया। क्योंकि टेपरिकॉर्डर का इस्तेमाल बहुत कम जगहों पर उन्होंने किया है, इसलिए उनकी याददाश्त और नोट्स लेने की क्षमता अद्भुत लगती है। ये एक सच्चे इतिहासकार के गुण तो हैं ही, एक अच्छे कथाकार के गुण भी हैं। मुझे लगता है कि रमेश जी ने ये गुण सच्चे कथाकार के रूप में हासिल किये हैं, क्योंकि स्वयं वे एक महत्त्वपूर्ण कहानीकार हैं।

विभिन्न अवसरों पर लिये गये नोट्स के आधार पर लिखी गयी रिपोर्ट्स को एक साथ रख देने के कारण इसे "अनायास लिखा गया इतिहास" कहा गया है, पर यह एक सुव्यवस्थित इतिहास है। इतिहास को प्रस्तुत करने की जो पद्धति इस पुस्तक में अपनायी गयी है और अध्यायों का जो विभाजन किया गया है, उसमें घटनाओं और दस्तावेजों को काल-क्रम के अनुसार ही रखा गया है। लेकिन विशेष बात यह है कि उन गोष्ठियों में दिये गये व्याख्यानों, व्यक्त किये गये विचारों और उन पर हुई बहसों को पढ़ने में कहानी-उपन्यास पढ़ने का-सा और कहीं-कहीं नाटक देखने का-सा आनंद आता है। इतिहास के सभी पात्र जीते-जागते, बोलते हुए, लड़ते-झगड़ते हुए प्रकट होते हैं। वे मंच पर आते हैं, बोलते हैं, विचार व्यक्त करते हैं। इस तरह इस इतिहास में संवाद हैं, चरित्र हैं, स्थल हैं, घटनाएँ हैं। और ऐसी नाटकीयता भी है, जो उपन्यास, नाटक और कहानी में होती है। अतः मैं तो इसे अनायास लिखे गये इतिहास की जगह जीवंत इतिहास कहना पसंद करूँगा। यह एक जीता-जागता और जीवंत इतिहास है। साहित्य के इतिहास की ऐसी किताब हिंदी में पहली बार लिखी गयी है और इसका स्वागत होना चाहिए।

कहानी की आलोचना संबंधी पुस्तकों में अभी तक हम कुछ फुटकर साक्षात्कार या उबाऊ लेख देखते थे, जिनमें कुछ विवाद और खंडन-मंडन होता था। उनके मुकाबले रमेश उपाध्याय की यह पुस्तक बहुत ही पठनीय और विचारोत्तेजक है। इसमें हर तरह के विचारों को ईमानदारी से एकत्र एवं प्रस्तुत किया गया है। इस दृष्टि से यह पुस्तक एक आदर्श, एक नमूना है। कवि लोग बहुत हल्ला करते रहते हैं, लेकिन ऐसा काम नहीं करते। पिछले बीस वर्षों की कविता के बारे में भी ऐसी पुस्तक आये, तो किसी शोध-प्रबंध और घिसे-पिटे इतिहास की अपेक्षा वह ज्यादा महत्त्वपूर्ण काम होगा।

मुझे इस पुस्तक में दूसरी जो चीज पसंद आयी, वह यह कि इसमें घटनाओं का

विवरण तो है, लेकिन वह किसी विचारशून्य रिपोर्टर की रिपोर्ट नहीं है। इसमें जनवादी कहानी की पृष्ठभूमि है, उस पर विचार है, फिर पुनर्विचार भी है। सबसे बड़ी बात यह कि इस पूरे इतिहास में एक अंतःसूत्र के रूप में जनवादी मूल्यों को रेखांकित करता हुआ एक प्रतिबद्ध लेखक दिखायी पड़ेगा। उन मूल्यों में भी इन बीस वर्षों में बहुत परिवर्तन हुआ है, स्वयं कम्युनिस्ट पार्टियों की रणनीतियाँ और कार्यनीतियाँ इस दौरान बदली हैं। इन परिवर्तनों का असर हमारे सामाजिक-राजनीतिक जीवन पर तो पड़ा ही है, लेखकों पर भी पड़ा है। इसलिए इस पुस्तक को पढ़ते हुए आप पायेंगे कि इसमें जनवादी दृष्टि है, जनवादी विचार हैं, जनवादी मूल्य हैं, लेकिन इनमें आने वाले परिवर्तनों के बारे में अगर कोई जानना चाहेगा, तो उसके बारे में भी यहाँ अत्यंत महत्त्वपूर्ण सामग्री है।

तीसरी बात, जो इस पुस्तक में मुझे अच्छी लगी, वह यह कि हमारे साहित्य में अभी तक दशकों और पीढ़ियों के आधार पर सारी बहस होती रही है। नये और पुराने के फर्क के आधार पर आंदोलन चले हैं, जैसे कहानी में 'नयी कहानी', 'अकहानी', 'साठोत्तरी कहानी', 'सचेतन कहानी', 'आम आदमी की कहानी'। या फिर सातवें दशक की कहानी, आठवें दशक की कहानी, नवें दशक की कहानी। इस तरह के कई आंदोलन चले थे और उनके कारण काफी गलतफहमियाँ पैदा हुईं। मुझे यह देखकर अच्छा लगा कि इस पुस्तक में कहानी का इतिहास आंदोलनों के आधार पर, दशकों और पीढ़ियों के आधार पर नहीं लिखा गया है। यह इतिहास स्वयं रचना के आधार पर, रचना-प्रक्रिया के आधार पर, हमारे जीवन और समाज के यथार्थ में आने वाले परिवर्तनों के आधार पर लिखा गया है। यही नहीं, यथार्थ को देखने की जो दृष्टियाँ हैं—जैसे आलोचनात्मक यथार्थवाद, समाजवादी यथार्थवाद, जादुई यथार्थवाद—उनके आधार पर भी यह इतिहास लिखा गया है। यथार्थ और कल्पना के संबंधों पर, कहानी में फैंटेसी की जगह पर, कहानी की भाषा और शैली आदि के सवालों पर भी इसमें विचार हुआ है।

रमेश उपाध्याय स्वयं कथाकार हैं। उनके पास कहानी की रचना-प्रक्रिया के जो अनुभव हैं, उनके आधार पर उन्होंने बहुत-सी जरूरी चीजों को ध्यान में रखा है, जैसे कहानी कैसे बनती है, जीवन के यथार्थ और यथार्थ-चित्रण की विभिन्न शैलियों में क्या संबंध होता है और लेखक की कथा-दृष्टि अथवा जीवन-दृष्टि क्या है, जो इन सब चीजों को जोड़ने वाला मूल सूत्र होती है। इन चीजों के आधार पर लेखक ने कहानी में आने वाले परिवर्तनों को तथा अपने समय की महत्त्वपूर्ण कहानियों को रेखांकित करने की कोशिश की है। मुझे लगता है कि कहानी की आलोचना में यह प्रयास दूसरे ढंग के जो प्रयास हुए हैं, उनसे ज्यादा साहित्यिक और ज्यादा वैज्ञानिक है। संभवतः यह प्रयास कहानीकारों के लिए उपयोगी होगा और कहानी साहित्य के विकास में भी योगदान करेगा।

'कथन', अक्टूबर-दिसंबर, 2000 से साभार

भूमिका

अनायास लिखा गया इतिहास

दिसंबर 1977 में रतलाम (मध्य प्रदेश) की एक साहित्यिक गोष्ठी में साहित्य का इतिहास लिखने की समस्याओं पर विचार हो रहा था। प्रायः सभी वक्ताओं का विचार था कि हिंदी साहित्य का इतिहास फिर से लिखा जाना चाहिए, लेकिन वे कह रहे थे कि यह कार्य जितना आवश्यक है, उतना ही कठिन भी है। कठिनाई की चर्चा वहाँ कुछ इस प्रकार की जा रही थी कि लगे, कम-से-कम फिलहाल तो इतिहास का पुनर्लेखन असंभव ही है। मैं भी उस गोष्ठी में उपस्थित था और मैंने ऐसे वक्ताओं से असहमत होते हुए कहा था :

इतिहास का पुनर्लेखन एक सतत प्रक्रिया है। वह निरंतर होता रहता है। आवश्यक नहीं कि हिंदी साहित्य का इतिहास आदिकाल से आज तक का संपूर्ण इतिहास ही हो। हम उसकी कल्पना आचार्य रामचंद्र शुक्ल जैसे किसी महान् विद्वान् द्वारा लिखे गए एक मोटे पोथे के रूप में ही क्यों करें? किसी रचना, रचनाकार या साहित्यिक प्रवृत्ति का मूल्यांकन अथवा पुनर्मूल्यांकन करते हुए लिखा गया अच्छा निबंध भी साहित्य का इतिहास ही है; एक प्रकार से इतिहास का पुनर्लेखन ही है। उसके और भी अनेक रूप हो सकते हैं। उदाहरण के लिए, हमने इस गोष्ठी में जो बातें की हैं, उन्हीं को यदि लिपिबद्ध कर दिया जाए तो वह भी एक प्रकार का इतिहास लेखन ही होगा।

प्रस्तुत पुस्तक मेरी इसी मान्यता का परिणाम है। यह जनवादी कहानी का कोई विधिवत लिखा गया इतिहास नहीं है—उसका वैसा इतिहास-लेखन अभी संभव भी नहीं है, क्योंकि वह 'इतिहास की वस्तु' नहीं हुई है, आज भी लिखी जा रही है—लेकिन पाठक इसमें जनवादी कहानी से संबंधित बहुत-से प्रश्नों के उत्तर पा सकते हैं। उसके संबंध में अक्सर ये प्रश्न उठते हैं : जनवादी कहानी क्या है? क्या यह भी 'नई कहानी', 'अकहानी','सचेतन कहानी', 'समांतर कहानी' आदि की भाँति कोई कहानी-आंदोलन है ? यदि नहीं, तो क्या यह जनवादी लेखक संघ से संबंधित लेखकों द्वारा लिखी जानेवाली कहानी है? यदि यह भी नहीं, तो फिर यह क्या है? इसका उद्भव कब और विकास कैसे हुआ ? इसकी ऐसी कौन-सी विशेषताएँ हैं, जो इसे एक अलग नाम और पहचान देती हैं ? क्या यह पूर्ववर्ती साहित्य में पाई जानेवाली किसी प्रवृत्ति या परंपरा

से जुड़ती है ? क्या इसकी अपनी कोई रचना-दृष्टि अथवा सौंदर्य-दृष्टि है ? क्या इसकी रचना-प्रक्रिया और आलोचना तथा मूल्यांकन की पद्धति कुछ भिन्न है ? यदि हाँ, तो हिंदी कहानी में यह भिन्नता कब, क्यों और कैसे आई ? अब इसकी दशा और दिशा क्या है ? भविष्य क्या है? आदि-आदि। ये प्रश्न एक ऐसी पुस्तक की माँग करते हैं, जो इनके उत्तर दे सके। ऐसी पुस्तक किसी-न-किसी रूप में जनवादी कहानी का इतिहास ही हो सकती है।

लेकिन इतिहास लिखा जाता है खूब सोच-समझ कर। योजना बना कर। योजना के अनुसार विधिवत अध्ययन और अनुसंधान करते हुए। रचनाओं और रचनाकारों का मूल्यांकन तथा पुनर्मूल्यांकन करते हुए। काल-विभाजन और वर्गीकरण आदि करते हुए। किसी काल-खंड की समस्त घटनाओं को समग्रता में देख कर उनका सिलसिलेवार वर्णन करते हुए। अत: जब कहा जा रहा है कि प्रस्तुत पुस्तक जनवादी कहानी का कोई विधिवत लिखा गया इतिहास नहीं है तो यह प्रश्न उठना स्वाभाविक है कि यह किस प्रकार का इतिहास है? क्या कोई इतिहास ऐसा भी हो सकता है, जो कोई योजना बना कर न लिखा गया हो ? इतना ही नहीं, उसको लिखनेवाला उसमें वर्णित घटनाओं में स्वयं भी सक्रिय रूप से शामिल हो?

यदि इन प्रश्नों का उत्तर 'हाँ' में दिया जा सके, तो यह एक इतिहास है—अनायास लिखा गया इतिहास।

प्रस्तुत पुस्तक का पहला अध्याय 1973 में लिखा गया था और अंतिम 1995 में। मगर मैं इसके अध्यायों को 'अध्याय' कहते हुए हिचक रहा हूँ क्योंकि 'अध्याय' किसी पुस्तक के होते हैं, जो योजना बना कर लिखी जाती है, जबकि इन 'अध्यायों' को लिखते समय मैंने कल्पना भी नहीं की थी कि मैं कोई पुस्तक लिख रहा हूँ।

शुरूआत इस तरह हुई कि मैं 1973 में बाँदा गया था—केदारनाथ अग्रवाल और रणजीत द्वारा आयोजित प्रगतिशील साहित्यकारों के एक सम्मेलन में। सम्मेलन 'सभी रंगतों के प्रगतिशील हिंदी साहित्यकारों का एक जनवादी संगठन' बनाने के उद्देश्य से आयोजित था। ज्योंही इस आशय का परिपत्र सम्मेलन में आमंत्रित लेखकों को मिला, अनेक प्रकार की चर्चाएँ शुरू हो गईं, जिनसे लगता था कि सम्मेलन में प्रगतिशील लेखक संघ के निर्माण जैसी कोई अत्यंत महत्त्वपूर्ण ऐतिहासिक घटना होनेवाली है। उन चर्चाओं में 'रंगतों', 'प्रगतिशील' और 'जनवादी' शब्दों की विभिन्न व्याख्याएँ सुनने में आतीं। उदाहरण के लिए, 'रंगतों' की एक व्याख्या यह की जाती कि पहले के प्रगतिशील साहित्यकारों का एक ही रंग होता था, पर अब तीन रंग हो गए हैं – 'गुलाबी', 'लाल' और 'गहरा लाल'। दूसरी व्याख्या यह होती कि ये अलग-अलग रंग नहीं, बल्कि एक ही रंग (लाल) की भिन्न रंगतें हैं, इसलिए सभी रंगतों के प्रगतिशील साहित्यकारों का संगठित होना उचित और आवश्यक है। तीसरी व्याख्या यह होती कि ये एक ही रंग की विभिन्न रंगतें नहीं हैं, इनमें बुनियादी फर्क है : एक 'वर्ग-सहयोगवाद' है, दूसरा 'जनता का जनवाद' है और तीसरा 'बचकाना मर्ज' है। तीनों में बुनियादी फर्क

ही नहीं, अनिवार्य विरोध भी है, इसलिए इनका एक संगठन बनना असंभव है। कुछ लेखक 'प्रगतिशील' उनको मानते थे, जो सत्ताधारी कांग्रेस पार्टी में 'प्रगतिशील तत्त्व' देखते और उसका समर्थन करते थे, इसलिए ऐसे 'प्रगतिशीलों' से अपनी भिन्नता प्रकट करने के लिए स्वयं को 'जनवादी' कहना पसंद करते थे। वे जोर देकर कहते कि 'लेखकों का जनवादी संगठन' नहीं, बाँदा में 'जनवादी लेखकों का संगठन' बनना चाहिए। दिल्ली में इन चर्चाओं को सुन कर मुझे लगा कि बाँदा सम्मेलन एक महत्त्वपूर्ण ऐतिहासिक क्षण सिद्ध हो सकता है। उस ऐतिहासिक क्षण को शब्दबद्ध करने के लिए मैंने सम्मेलन में जो कुछ हुआ, यथासंभव विस्तार से नोट कर लिया। वहाँ से लौटने के बाद जब कई लोगों ने मुझसे पूछा कि बाँदा में क्या-क्या हुआ (कई लोगों ने दूर-दराज से पत्र लिख कर भी पूछा, जिनमें अजमेर से निकलनेवाली साहित्यिक पत्रिका 'लहर' के संपादक प्रकाश जैन भी थे) तो मैंने सोचा कि सम्मेलन की एक रपट लिख कर प्रकाशित करा देनी चाहिए। मैंने अपने 'नोट्स' के आधार पर एक विस्तृत रपट लिखी और 'लहर' को भेज दी। रपट छपी तो खूब चर्चित हुई, खोज-खोज कर पढ़ी गई और बाद में जगह-जगह उद्धृत की गई। इस प्रकार इस पुस्तक का पहला 'अध्याय' लिखा गया।

फिर ऐसे 'ऐतिहासिक क्षण' और भी आते रहे और मेरे द्वारा शब्दबद्ध होकर, मेरे अनजाने ही, इस पुस्तक के 'अध्याय' बनते रहे।

'लेखकों का जनवादी संगठन' या 'जनवादी लेखकों का संगठन' ? यह केवल शब्दों का हेर-फेर नहीं था। यह प्रश्न केवल संगठन से संबंधित प्रश्न भी नहीं था। यह साहित्य की रचना, आलोचना, मूल्यांकन, पुनर्मूल्यांकन, इतिहास-लेखन और साहित्य के सौंदर्यशास्त्र तथा समाजशास्त्र से संबंधित दृष्टि और उसकी भिन्नता का भी प्रश्न था। यह तत्कालीन भारतीय और वैश्विक परिस्थिति में जनवाद, समाजवाद, सामंतवाद, पूँजीवाद और साम्राज्यवाद से संबंधित प्रश्न भी था। साहित्य की रचना और आलोचना में यह यथार्थवाद के विभिन्न रूपों, विभिन्न विश्वदृष्टियों तथा विचारधाराओं, विभिन्न पक्षधरताओं तथा प्रतिबद्धताओं का प्रश्न भी था। फिर, 1975 में जब आपातकाल (इमरजेंसी) के रूप में जनवाद पर आक्रमण हुआ और बहुत-से 'प्रगतिशील' साहित्यकारों ने उसका विरोध करने के बजाय समर्थन किया, तब तो यह प्रश्न देश के वर्तमान और भविष्य से जुड़ कर अत्यंत महत्त्वपूर्ण बन गया। यही वह समय है, जब जनवादी साहित्य अस्तित्व में आया। यही वह पृष्ठभूमि है, जिसमें से जनवादी कहानी उभर कर सामने आई।

इस दृष्टि से देखें तो 1976 एक अत्यंत महत्त्वपूर्ण वर्ष है। जनवाद पर खुला आक्रमण करनेवाली 'इमरजेंसी' लगी हुई थी, पर उसी वर्ष 'प्रगतिशील साहित्य पर पुनर्विचार' हुआ (प्रस्तुत पुस्तक का दूसरा अध्याय), 'हिंदी कहानी का पुनर्मूल्यांकन' हुआ (तीसरा अध्याय) और 'जनवादी कहानियों का पहला संग्रह' प्रकाशित हुआ (चौथा अध्याय)। जिस समय भारत का शासक वर्ग 'इमरजेंसी' लगा कर देश की जनता

के जनवादी अधिकारों तथा नागरिक स्वतंत्रताओं का दमन कर रहा था और जनता को भरमाने के लिए अपना 'बीस सूत्री कार्यक्रम' प्रचारित कर रहा था, उस समय देश की समस्त भाषाओं के साहित्य में से केवल हिंदी कहानी ने उसके विरुद्ध अपनी आवाज बुलंद की थी। उस समय हिंदी के ही एक कवि, कथाकार और नाटककार सर्वेश्वर दयाल सक्सेना ने 'आगे की कहानी' का एक 'पंचसूत्री कार्यक्रम' दिया था :

1. पश्चिमी फैशनपरस्त अंधानुकरण से बचो।
2. शिल्प को आतंक मत बनाओ।
3. उनके लिए भी लिखो जो अर्द्धशिक्षित हैं और उनके लिए भी जो अशिक्षित हैं, जिन्हें तुम्हारी कहानी पढ़ कर सुनाई जा सके।
4. इस देश की तीन-चौथाई जनता की सोच-समझ को वाणी दो, जो वह खुद नहीं कह सकती। और
5. कहानी को लोककथाओं और 'फेबल्स' की सादगी की ओर मोड़ो, उनके विन्यास से सीखो, और उसे आम आदमी के मन से जोड़ो।

उस समय यह 'आगे की कहानी' जनवादी कहानी ही थी, जो इस कार्यक्रम को इसकी घोषणा से पहले ही अपना चुकी थी। जनवादी कहानी का आरंभ जिन कहानियों से माना जाता है, उनमें से एक 'देवीसिंह कौन?' वहीं पढ़ी गई थी, जहाँ यह 'पंचसूत्री कार्यक्रम' दिया गया था।

हिंदी कहानी उस समय तक 'नई कहानी', 'अकहानी', 'सचेतन कहानी' आदि आंदोलनों से गुजरती हुई 'समांतर कहानी' के आंदोलन तक आ पहुँची थी, जिसमें 'आम आदमी' और 'चिरंतन वाम' की बातें की जा रही थीं। तब जनवादी कहानीकारों ने ही ललकार कर पूछा था : यह 'आम आदमी' कौन है ? किस वर्ग का है? इसकी राजनीति क्या है? यह किसका पक्षधर है? किससे प्रतिबद्ध है? और यह 'चिरंतन वाम' की लफ्फाजी क्या है ? इसका क्या मतलब है ?

लेकिन हिंदी साहित्य में जनवादी कहानी का 'स्वागत' अस्वीकार, उपेक्षा और मुखर विरोध से हुआ। आधुनिकतावादियों, अनुभववादियों, अभिजनवादियों और कलावादियों जैसे विपक्षियों की ओर से ही नहीं, स्वपक्षी माने जानेवाले 'प्रगतिशीलों' ने भी जनवादी कहानी के प्रति अस्वीकार, उपेक्षा और विरोध का रुख अपनाया। उदाहरण के लिए, जब लगभग एक दशक की जद्दोजहद के बाद जनवादी कहानी अपने अस्तित्व को ही नहीं, बल्कि उसके औचित्य को भी सिद्ध कर चुकी थी, प्रगतिशील पत्रिका 'पहल' की ओर से प्रगतिशील आलोचक नामवर सिंह का एक लंबा साक्षात्कार 'कहानी : आज की कहानी' नामक पुस्तिका के रूप में (1985 में) प्रकाशित किया गया। उसमें प्रश्नकर्ता ने 'तथाकथित जनवादी कहानी' के बारे में एक प्रश्न किया था और नामवर सिंह ने उसका उत्तर यह कह कर दिया था कि वे जनवादी लेखक संघ पर कोई टिप्पणी करना नहीं चाहते। प्रश्नकर्ता ने स्पष्ट किया कि ''यहाँ जनवादी कहानी से मेरा मतलब मात्र जनवादी लेखक संघ के कहानीकारों से नहीं है। इसमें वे सभी कथाकार शामिल

हैं, जो स्वयं को प्रगतिशील विचारधारा के प्रति प्रतिबद्ध मान कर कहानियाँ लिख रहे हैं। इनमें प्रगतिशील लेखक संघ के भी लेखक हैं और वे भी हैं जो इन दोनों संगठनों से बाहर हैं, लेकिन जो मार्क्सवादी विचारों से खुद को जुड़ा पाते हैं।" मगर नामवर सिंह ने जोर देकर कहा कि "इस कहानी को मैंने जनवादी न कहा है, न कहना चाहता हूँ, और न कहना चाहूँगा; क्योंकि कहानी की दुनिया में या साहित्य की दुनिया में किसी प्रवृत्ति को जब भी नाम दिया जाय, साहित्यिक नाम निकलना चाहिए।" इसके बाद उन्होंने बहुत सारे शब्दों से यह स्पष्ट करने का प्रयास किया कि 'जनवादी कहानी' राजनीतिक नाम है, सो भी ऐसी राजनीति से निकला हुआ नाम, जो गलत है।

हालाँकि अब जनवादी कहानी विगत लगभग बीस वर्षों में लिखी गई अनेक उत्कृष्ट कहानियों के आधार पर साहित्य में एक प्रतिष्ठित प्रवृत्ति है, फिर भी कुछ लोगों के मन में इसके प्रति अस्वीकार, उपेक्षा और विरोध का भाव बना हुआ है। वे अब भी इसे जनवादी लेखक संघ से संबंधित लेखकों द्वारा लिखी जानेवाली कहानी, राजनीतिक कहानी या गलत राजनीतिवाली कहानी कह कर साहित्य से बाहर रखने की कोशिश करते हैं। ऐसे लोगों के द्वारा फैलाए जानेवाले भ्रमों को दूर करने में प्रस्तुत पुस्तक काफी सहायक हो सकती है, क्योंकि इसमें ऐसे लोगों से संवाद करते हुए अन्य लोग भी अपने भिन्न विचारों के साथ उपस्थित हैं। साथ ही इसमें जनवादी लेखक संघ के निर्माण से बहुत पहले ही शुरू हो चुकी जनवादी कहानी के उद्‌भव और विकास की प्रक्रिया देखी जा सकती है। जनवादी लेखक संघ का निर्माण 1982 में हुआ, जबकि जनवादी साहित्य पर गंभीर विचार-विमर्श 1975-77 के आपातकाल के दौरान ही शुरू हो गया था। बाँदा सम्मेलन में बनी दिल्लीवाली संपर्क-समिति द्वारा गठित 'जनवादी लेखक मंच' ने आपातकाल समाप्त होते ही 'जनवादी अधिकारों की लड़ाई में साहित्यकारों की भूमिका' विषय पर विचार-गोष्ठी आयोजित की थी। (देखिए प्रस्तुत पुस्तक का पाँचवाँ अध्याय।) यह विचार-गोष्ठी मई 1977 में हुई थी। उसी वर्ष दिसंबर में रतलाम के 'जनवादी सांस्कृतिक मंच' द्वारा एक त्रिदिवसीय जनवादी लेखक शिविर आयोजित किया गया (देखें छठा अध्याय : जनवादी साहित्य की प्रमुख चिंताएँ)। उसमें जिन विषयों पर चर्चा की गई, उन्हीं से पता चल जाता है कि तब तक जनवादी साहित्य न केवल लिखा जाने लगा था, बल्कि उससे संबंधित विभिन्न प्रश्नों पर गंभीरतापूर्वक विचार-विमर्श भी होने लगा था। विषय थे : 'सामाजिक चेतना का निर्माण और विश्लेषण के सिद्धांत', 'जनवादी साहित्य की समस्याएँ ,'सर्वहारा के नेतृत्व में साहित्यकार की भूमिका, 'प्रगतिवाद से जनवाद तक', 'लेखन के विषय : हमारी प्राथमिकताएँ' और 'साहित्य का इतिहास-लेखन'।

ऐसे विषयों पर होनेवाले विचार-विमर्श का जनवादी कहानी की रचना और आलोचना से अत्यंत घनिष्ठ संबंध है। ध्यान देने की बात यह भी है कि जनवादी कहानी आरंभ से ही चर्चा का विषय बन गई थी और उस पर चर्चा केवल जनवादी लेखकों के बीच नहीं, ऐसे लेखकों के बीच भी होती थी, जो स्वयं को प्रगतिशील कहना पसंद

करते थे। उदाहरण के लिए 1978 में साहिबाबाद में हुए पाँचवें प्रगतिशील लेखक सम्मलेन में (देखिए प्रस्तुत पुस्तक का सातवाँ अध्याय : विचारधारा और साहित्य) 'विचारधारा और रचना-प्रक्रिया' विषय पर जो गोष्ठी हुई थी, उसमें जनवादी कहानी की रचना-प्रक्रिया पर विस्तृत विचार-विमर्श हुआ था। दरअसल जनवादी कहानी हिंदी साहित्य में एक ऐसी नई और प्रभावशाली प्रवृत्ति के रूप में उभरी थी कि स्वयं को जनवादी या प्रगतिशील कहनेवाले लेखक ही नहीं, ऐसे लेखक भी उससे प्रभावित हुए थे, जो स्वयं को न जनवादी मानते थे, न प्रगतिशील, लेकिन इस नई चीज को समझना और इससे जुड़ना चाहते थे। ऐसे कुछ लेखकों ने 1979 में चंडीगढ़ में जनवादी कहानी पर ही दो दिन का सम्मेलन आयोजित किया था (आठवाँ अध्याय : जनवादी कहानी : रचना और आलोचना की समस्याएँ)। इस सम्मेलन में प्रगतिशील और जनवादी लेखकों के अलावा कई ऐसे लेखक भी उपस्थित थे, जो प्रगतिशीलता और जनवाद के विरोधी थे।

स्वयं जनवादी लेखकों के बीच भी जनवादी कहानी को लेकर काफी मतभेद रहे हैं और हैं। ये मतभेद प्रेमचंद जन्मशती के दौरान बहुत खुल कर सामने आए, जब प्रेमचंद की यथार्थवादी परंपरा पर समकालीन रचना-संदर्भों में व्यापक विचार-मंथन हुआ और यथार्थवाद के विभिन्न रूपों पर विचार करने के क्रम में यह बहस चली कि जनवादी कहानी आलोचनात्मक यथार्थवाद की कहानी है या समाजवादी यथार्थवाद की कहानी। जनवादी कहानी के विकास में इन बहसों की बहुत महत्त्वपूर्ण भूमिका रही है। बदलते हुए यथार्थ के साथ-साथ बदलती हुई जनवादी कहानी के संदर्भ में ये बहसें जादुई यथार्थवाद से गुजर कर अब उत्तर-आधुनिकतावादी नारे 'यथार्थवाद का अंत' तक आ पहुँची हैं। जनवादी कहानी इस प्रकार के भ्रामक नारों के बीच भी हिंदी कहानी की यथार्थवादी परंपरा को विकसित करती हुई आगे बढ़ा रही है।

प्रस्तुत पुस्तक का एक महत्त्वपूर्ण अध्याय है : जनवादी लेखक संघ की निर्माण प्रक्रिया। जनवादी कहानी का आरंभ जनवादी लेखक संघ के निर्माण से लगभग दस वर्ष पहले हो चुका था और तब तक बहुत-सी उत्कृष्ट जनवादी कहानियाँ प्रकाश में आकर चर्चित हो चुकी थीं, लेकिन जनवादी लेखक संघ की निर्माण-प्रक्रिया के दौरान जो बहसें चलीं, वे जनवाद और जनवादी साहित्य को परिभाषित करने में बहुत सहायक सिद्ध हुईं। आरंभ में प्रतिशीलता, जनवाद और मार्क्सवाद को भ्रमवश लगभग समान अर्थ नें ग्रहण किया जाता था, लेकिन जब उन बहसों में इनका अंतर स्पष्ट हुआ तो जनवादी कहानी का स्वरूप और चरित्र भी काफी स्पष्ट हुआ। मसलन, जब यह बात स्पष्ट होकर सामने आई कि मार्क्सवादी और गैर-मार्क्सवादी, दोनों प्रकार के लेखक जनवादी हो सकते हैं (एक मार्क्सवादी लेखक तो जनवादी अवश्य होगा, लेकिन एक जनवादी लेखक का मार्क्सवादी होना आवश्यक नहीं है) तो जनवादी कहानी की रचना और आलोचना में अपनाए जानेवाले दृष्टिकोण काफी बदले। इससे वह तथाकथित क्रांतिकारी दृष्टिकोण गलत साबित हुआ, जो जनवादी कहानी पर क्रांतिकारी होने की शर्त लगाता

था और कहानीकारों से यह अपेक्षा करता था कि वे न केवल मार्क्सवादी हों, बल्कि क्रांतिकारी भी हों और इसके लिए क्रांतिकारी पार्टी में भी आवश्यक रूप से सक्रिय हों। इस गलत दृष्टिकोण के कारण कहानी की रचना और आलोचना में जो गलतियाँ हो रही थीं, वे काफी हद तक दूर हुईं और यह धारणा बदली कि जनवादी कहानी केवल शोषक और शोषित वर्ग के क्रांतिकारी संघर्ष की ही कहानी होती है। जब यह स्पष्ट हो गया कि जनवादी कहानी में महत्त्व विषय और विचारधारा का उतना नहीं, जितना यथार्थ जीवन-चित्रण और जनवादी मूल्यदृष्टि का है (जनवादी लेखक संघ ने स्पष्ट घोषणा की कि उसमें विभिन्न विचारों के, विभिन्न विषयों पर और विभिन्न शैलियों में लिखनेवाले वे सभी लेखक रह सकते हैं, जो जनवादी मूल्यों में आस्था रखते हों) तो जनवादी कहानी फार्मूला बनने से बची और उसमें विषयों, रूपों तथा शैलियों की अपूर्व विविधता आई।

लेकिन इससे मार्क्सवाद का महत्त्व कम नहीं हुआ, बल्कि पहले से ज्यादा बढ़ा। यथार्थ-चित्रण और जनवादी मूल्य-दृष्टि के साथ ही कहानी में कलात्मकता का प्रश्न उठा और जनवादी लेखकों तथा आलोचकों का ध्यान जनवादी साहित्य के समाजशास्त्र के साथ-साथ उसके सौंदर्यशास्त्र पर भी गया। एक नए सौंदर्यशास्त्र की आवश्यकता अनुभव की गई और वह मार्क्सवादी सौंदर्यशास्त्र ही हो सकता था। इस दृष्टि से मार्क्सवादी सौंदर्यशास्त्र और यथार्थवाद (ग्यारहवाँ अध्याय) संबंधी बहसों का जनवादी कहानी के विकास में बड़ा महत्त्वपूर्ण योगदान रहा।

जनवादी कहानी ने एक बड़ा काम यह किया कि हिंदी कहानी की चर्चा को दशकों, पीढ़ियों और आंदोलनों के विभाजन से हटा कर जीवन-दृष्टि, सामाजिक यथार्थ और रचना-प्रक्रिया की भिन्नता से पैदा होनेवाले भेदों पर केंद्रित कर दिया। चूँकि वह किसी एक दशक या एक पीढ़ी के लेखकों की कहानी नहीं, बल्कि कई दशकों और कई पीढ़ियों के लेखकों द्वारा लिखी जाने वाली कहानी थी, इसलिए जनवादी कहानीकारों के बीच नए-पुराने का झगड़ा कम हुआ और समान उद्देश्य के लिए पारस्परिक सहयोग से आगे बढ़ने की भावना मजबूत हुई। उस समय की लोकप्रिय कथा-पत्रिका 'सारिका' ने 'पीढ़ियाँ आमने-सामने' नामक स्तंभ शायद इस उद्देश्य से शुरू किया था कि इससे नए-पुराने कहानीकारों की नोंक-झोंक सामने आएगी, लेकिन उस स्तंभ के लिए की गई बातचीत में प्रायः यह देखने में आया कि जनवादी कथाकारों में आपसी मतभेद उम्र या पीढ़ी को लेकर नहीं, बल्कि रचना और आलोचना के सैद्धांतिक सवालों को लेकर होते हैं और उन मतभेदों में भी संघर्ष कम, सहचिंतन ही अधिक होता है। प्रस्तुत पुस्तक के बारहवें और तेरहवें अध्याय में क्रमशः भैरव प्रसाद गुप्त और भीष्म साहनी के साथ की गई बातचीत इसका प्रमाण है।

स्वतंत्रता से पहले उर्दू और हिंदी के प्रगतिशील कथाकारों ने कहानी-पाठ के आयोजनों (जैसे 'शाम-ए-अफसाना') के जरिए कहानी को केवल पढ़ने की चीज न रहने देकर सुनने-सुनाने की चीज भी बना दिया था। यह क्रम स्वतंत्रता के बाद भी कुछ

वर्षों तक चला। मगर 'नई कहानी', 'अकहानी' आदि आंदोलनों के दौरान हिंदी कहानी पुनः केवल पढ़ने की चीज (बल्कि कुछ हद तक तो अपठनीय चीज भी) बना दी गई। जनवादी कहानी ने इस स्थिति को बदला और कहानी एक बार फिर सुनने-सुनाने की चीज हो गई। छोटी-छोटी गोष्ठियों से लेकर बड़े-बड़े सम्मेलनों तक में कहानी-पाठ और उस पर चर्चा के आयोजन होने लगे। ऐसे दो आयोजनों की रपट प्रस्तुत पुस्तक के चौदहवें और पंद्रहवें अध्याय में प्रस्तुत की गई है। अन्य भारतीय भाषाओं के कहानीकार हिंदी की जनवादी कहानी से किस प्रकार प्रभावित हुए, इसकी एक बानगी पंजाबी लेखकों द्वारा रात-रात भर किए जानेवाले कहानी-पाठ के आयोजन 'दीवा बले सारी रात' की रपट के रूप में मौजूद है।

अंतिम अध्याय 'जनवादी कहानी पर पुनर्विचार' सासाराम (बिहार) से निकलने वाली साहित्यिक पत्रिका 'अब' द्वारा आयोजित 'कथा-पंयायत' की रपट है। यह हिंदी कहानी के वर्तमान परिदृश्य पर विचार करने के लिए आयोजित एक अभिनव परिचर्चा थी, जिसमें पाँच लोगों को (दिल्ली से मुझे, कलकत्ता से शंभुनाथ को, गया से सुरेंद्र चौधरी को, गोरखपुर से परमानंद श्रीवास्तव को और पटना से खगेंद्र ठाकुर को) बुला कर दो दिन की बातचीत कराई गई थी। सारी बातचीत को टेप किया गया था और 'अब' के कहानी-अंक (जनवरी, 1995) में प्रकाशित किया गया था। जनवादी कहानी के संदर्भ में यह बातचीत भी मेरे विचार से ऐतिहासिक महत्त्व रखती है, क्योंकि यह एक प्रकार से जनवादी कहानी की दो दशक की यात्रा का पुनरावलोकन तो है ही, भविष्य की दृष्टि से किया गया एक पुनर्विचार भी है।

पहले मैंने सोचा था कि 'कथा-पंचायत' को मैं 'अब' से साभार लेकर यथावत प्रस्तुत पुस्तक में शामिल कर लूँगा, लेकिन उसे ध्यान से पढ़ने पर मैंने पाया कि वह सारी बातचीत जिस रूप में प्रकाशित हुई है, बहुत ही असंतोषजनक है। हालाँकि 'अब' के संपादकों ने टेप से उतारी गई पूरी बातचीत का मसौदा सभी 'पंचों' को आवश्यक सुधार और परिष्कार के लिए भेज दिया था, और अब यह 'पंचों' की जिम्मेदारी थी कि वे अपनी-अपनी बातों को साफ-सुथरे रूप में इस प्रकार लिख दें कि वे पाठकों के लिए स्पष्ट और बोधगम्य हो जाएँ, फिर भी न जाने क्या कारण रहा कि दो-तीन 'पंचों' के वक्तव्यों को यथावत (अर्थात् बोले गए रूप में ज्यों-का-त्यों) प्रकाशित किया गया और उनमें से कुछ वक्तव्य तो इतने अटपटे थे कि प्रयास करने पर भी उनका अभिप्राय स्पष्ट न हो। फिर, न तो उस बातचीत के साथ कोई भूमिका (या संपादकीय टिप्पणी) दी गई थी, न उसे सुसंपादित रूप में प्रस्तुत ही किया गया था। अतः मैंने उसे पाठकों के लिए यथासंभव बोधगम्य बनाते हुए फिर से लिखा है। लेकिन मैं उससे पूरी तरह संतुष्ट नहीं हूँ, क्योंकि यदि उसे मैं पूरी तरह अपने ढंग से लिखता तो शायद उसका रूप कुछ भिन्न और इससे बेहतर होता। तब शायद यह बातचीत कुछ संक्षिप्त, सुसंपादित और अधिक पठनीय होती।

यहाँ संक्षेप में यह बता देना शायद अनुचित न होगा कि रपट (या साहित्यिक

रिपोर्ताज) लिखने का मेरा अपना ढंग क्या है। पहली बात तो यह कि मैं इस काम को पत्रकारों का (अर्थात् असाहित्यिक) अथवा 'छोटे लेखकों' का (अर्थात् घटिया दर्जे का) काम नहीं मानता। मेरे लिए यह एक महत्त्वपूर्ण रचनात्मक कार्य होता है, जिसे मैं यथासंभव पूरी मेहनत, ईमानदारी और जिम्मेदारी के साथ करता हूँ। मैं साहित्यिक रिपोर्ताज को किसी साहित्यिक आयोजन का समाचार मात्र नहीं मानता, जो आज छपे और कल बासी होकर बेकार हो जाए। मैं उन्हीं आयोजनों की रपट लिखना उचित या जरूरी समझता हूँ, जो मेरे विचार से साहित्य और साहित्य के इतिहास की दृष्टि से महत्त्वपूर्ण होते हैं। दूसरी बात यह कि मैं अपने 'नोट्स' लेते समय ही बोले जा रहे शब्दों को यथासंभव संक्षिप्त और संपादित करता चलता हूँ। और तीसरी बात यह कि मैं रपट को एक सुपाठ्य, बोधगम्य तथा अर्थपूर्ण साहित्यिक रचना बनाने का प्रयास करता हूँ।

'नोट्स' लेने का मतलब यह नहीं है कि जो कुछ बोला जा रहा हो, उसे आप शब्दशः ज्यों-का-त्यों लिखते जाएँ। यह काम तो कोई स्टेनोग्राफर या टेपरिकॉर्डर भी कर सकता है। (मैं कभी-कभी टेपरिकॉर्डर का भी इस्तेमाल करता हूँ, लेकिन उस समय भी नोट करता रहता हूँ कि वक्ता कौन है, कोई विशेष बात कहते समय उसके हाव-भाव क्या हैं और उपस्थित लोगों पर उसकी बातों की क्या प्रतिक्रिया हो रही है।) 'नोट्स' लेने का मतलब है बोले जा रहे शब्दों के संदर्भों तथा अभिप्रायों को अच्छी तरह समझते हुए सार-सार ग्रहण करते जाना और 'थोथे' को छोड़ते जाना। यथासंभव वक्ता की बात को उसी के शब्दों में लिखना, लेकिन जहाँ आवश्यक हो वहाँ उसे संक्षिप्त और संपादित करते चलना। कारण यह है कि अच्छे-से-अच्छा वक्ता भी बोलते समय अनौपचारिक भाषा का प्रयोग करता है और कई बातें शब्दों में न कह कर संकेतों में कहता है, हाव-भाव से कहता है, स्वर के उतार-चढ़ाव से कहता है। केवल बोले गए शब्दों को यथावत लिख देने (या टेपरिकॉर्डर से कागज पर उतार देने) से वक्ता का आशय कभी स्पष्ट नहीं होता। उसकी बातों को सुपाठ्य और बोधगम्य रूप में तभी लिखा जा सकता है, जब आप भाषण के विषय अथवा बहस के मुद्दे को बराबर ध्यान में रखें और बोलनेवालों की बातों में (जो कई बार बहुत बिखरी-बिखरी और इधर-उधर भटकानेवाली भी हो सकती हैं) अंतर्निहित मुख्य सूत्र को सावधानी के साथ पकड़े रहें।

ईमानदारी का तकाजा है कि जो बातें कही जा रही हों, वे आपको प्रिय हों या अप्रिय, सही लगें या गलत, आप उन्हें उनके वास्तविक रूप में नोट करें। रपट छपने पर अगर किसी ने कह दिया कि "ऐसा तो मैंने नहीं कहा था" तो आपका सारा परिश्रम व्यर्थ है। आपके श्रम की सार्थकता तो इसमें है कि घंटे भर बोलनेवाला वक्ता अपनी बात को चार पंक्तियों में पढ़ कर अनुभव करे कि आपने उसकी बात को संक्षेप में किंतु सही-सही प्रस्तुत किया है। मुझे संतोष है कि मेरे इन साहित्यिक रिपोर्ताजों को पढ़ कर आज तक किसी ने यह नहीं कहा कि "ऐसा तो मैंने नहीं कहा था"। इन्हें पढ़नेवाले पाठक पाएँगे कि इनमें वह सब भी दर्ज है, जो मेरे विरुद्ध कहा गया है, या जो मेरे विचार से उचित नहीं है।

मेरे कुछ साहित्यिक रिपोर्ताज ऐसे भी हैं, जो पत्र-पत्रिकाओं में तो प्रकाशित हुए हैं, पर जिन्हें मैंने इस पुस्तक में शामिल नहीं किया है। यहाँ मैंने उन्हीं को लिया है, जो या तो जनवादी कहानी से सीधे संबंधित हैं, या किसी-न-किसी रूप में उसकी पृष्ठभूमि तथा रचना और आलोचना से संबंधित प्रश्नों को समझने में सहायक हैं।

जनवादी कहानी की पृष्ठभूमि को समझने तथा उस पर पुनर्विचार करने में इन रिपोर्ताजों की अपनी पृष्ठभूमि भी कुछ सहायक हो सकती है। ये जब लिखे गए थे, तब से समय काफी बदल चुका है। साहित्यिक गतिविधियाँ आज भी खूब होती हैं, लेकिन ऐसा लगता है कि अब उनमें औपचारिकता बढ़ती जा रही है और सार्थकता कम होती जा रही है। लगता है कि गोष्ठियों, सम्मेलनों आदि के आयोजकों का ध्यान अब सार्थकता पर कम और सफलता पर अधिक रहने लगा है। आयोजन की सफलता के लिए प्रभावशाली वक्ता विशेष आग्रहपूर्वक बुलाए जाते हैं, इसलिए कुछ ऐसे 'स्टार' या 'सुपर स्टार' वक्ता पैदा हो गए हैं, जो 'कला के लिए कला' की भाँति बोलने के लिए बोलते हैं। वे साहित्यिक आयोजनों में आते हैं, अध्यक्ष या प्रमुख वक्ता के रूप में 'प्रभावशाली' भाषण देते हैं, पाँच सितारा सुविधाओंवाला आतिथ्य ग्रहण करते हैं और विदा के समय लिफाफे में रख कर दिया जानेवाला 'पारिश्रमिक' लेकर विमान या किसी अन्य द्रुतगति वाहन से लौट जाते हैं, क्योंकि उन्हें अगले दिन या उसी दिन किसी और आयोजन में जाकर बोलना होता है। लेकिन उस समय का साहित्यिक वातावरण कुछ और ही था।

जरा कल्पना कीजिए ऐसे साहित्यिक आयोजनों की, जिनमें नए और पुराने, प्रतिष्ठित और नवोदित, अल्पज्ञात और सुविख्यात सब तरह के साहित्यकार शीत-घाम-वर्षा की परवाह न करते हुए अपने खर्चे से चले आ रहे हैं। रूखा-सूखा खा रहे हैं और रात को किसी विद्यालय या महाविद्यालय के कक्ष में फर्श पर बिछे बिस्तर पर एक साथ सो रहे हैं। लेकिन गोष्ठी या सम्मेलन में ऐसे शामिल हो रहे हैं, जैसे यहाँ जीवन-मरण के प्रश्न हल किए जानेवाले हों। घंटों एकाग्रचित्त बैठे दूसरों को बोलते सुन रहे हैं। 'नोट्स' ले रहे हैं। अपनी बारी आने पर पूरे दम-खम से अपनी बात कह रहे हैं। साहित्यिक और सैद्धांतिक प्रश्नों पर आपस में लड़ रहे हैं, झगड़ रहे हैं, लेकिन कार्यक्रम समाप्त होने पर फिर गले मिल रहे हैं। बड़े और छोटे का, उम्र और पीढ़ी का भेद भुला कर आपस में हँसी-मजाक कर रहे हैं। एक-दूसरे का सुख-दुख पूछ रहे हैं। एक-दूसरे की रचनाएँ सुन रहे हैं। उन पर बेलाग टिप्पणियाँ कर रहे हैं। बहस कर रहे हैं। एक-दूसरे को सही रास्ता दिखाने की कोशिश कर रहे हैं। स्वयं आगे बढ़ रहे हैं और दूसरों को आगे बढ़ाने की कोशिश कर रहे हैं। अपनी चिंता कम और साहित्य की चिंता अधिक है। साहित्य की चिंता भी कम, समाज की चिंता अधिक है। समाज में भी और चीजों की चिंता कम, जनता और जनवाद की चिंता सबसे अधिक है।

जनवादी कहानी को समझने के लिए इस साहित्यिक वातावरण को भी पृष्ठभूमि के रूप में समझना जरूरी है। प्रस्तुत पुस्तक को पढ़ते समय भी इस पृष्ठभूमि को ध्यान

में रखा जाए तो इसकी सार्थकता और उपयोगिता कुछ अधिक दिखाई पड़ेगी। इससे बहुत-सी बहसों और बहस के मुद्दों को समझने में भी आसानी होगी।

मैं मित्रवर श्याम बिहारी राय का अभारी हूँ, जिन्होंने मुझे इस पुस्तक को तैयार करने के लिए प्रेरित किया। मैं अपनी पत्नी सुधा उपाध्याय तथा बच्चों–प्रज्ञा, संज्ञा और अंकित–का आभारी हूँ, जिन्होंने इसकी पांडुलिपि तैयार करने में परिश्रमपूर्वक सहयोग दिया। मैं कथाकार मित्र वीरेंद्र जैन तथा प्रकाशक अरुण माहेश्वरी का भी आभारी हूँ, जिनके प्रयास से यह पुस्तक पाठकों तक पहुँच रही है।

1 मार्च 1996 **रमेश उपाध्याय**

107, साक्षरा अपार्टमेंट्स,
ए-3, पश्चिम विहार, नई दिल्ली-110063

एक ऐतिहासिक पुनरारंभ

जनवरी 1973 में बाँदा (उत्तर प्रदेश) से केदारनाथ अग्रवाल और रणजीत ने हिंदी के प्रगतिशील लेखकों के पास एक मुद्रित परिपत्र भेजा, जिसमें एक अखिल भारतीय प्रगतिशील हिंदी साहित्यकार सम्मेलन के आयोजन का प्रस्ताव था। परिपत्र इस प्रकार था :

प्रिय साथी,

हमारी तरह आप भी बहुत दिनों से इस बात की आवश्यकता महसूस कर रहे होंगे कि हम हिंदी के प्रगतिशील लेखक बरसों से कभी मिल-बैठ कर अपनी समस्याओं पर विचार-विमर्श नहीं कर सके हैं। औपचारिक रूप से तो खैर '57 के इलाहाबाद सम्मेलन के बाद कोई सम्मेलन हम लोग आयोजित नहीं ही कर सके हैं, अनौपचारिक रूप से भी साथ मिल-बैठने का कोई विशेष अवसर हमें नहीं मिला है। नवंबर '70 में नई दिल्ली में आयोजित अफ्रेशियाई लेखक सम्मेलन में आशा थी कि हम लोग भी परस्पर कुछ विचार-विमर्श कर सकेंगे, पर एक तो, उस सम्मेलन में हिंदी के प्रगतिशील लेखक अधिक संख्या में आ भी नहीं सके थे और दूसरे, कई कारणों से, जिनमें सम्मेलन की व्यवस्था भी एक थी, जो आए, वे भी ढंग से बैठ कर कोई सार्थक बातचीत नहीं कर पाए।

आपको यह जानकरी सुखद लगेगी कि बाँदा नगर के कुछ प्रबुद्ध नागरिक और युवा साहित्य-प्रेमी इस ऐतिहासिक अभाव को दूर करने के लिए उत्साह दिखा रहे हैं और चाहते हैं कि हम यहाँ हिंदी के प्रगतिशील लेखकों का एक सम्मेलन बुलवाएँ। उनके उत्साह को देखते हुए, यदि आपका सक्रिय सहयोग मिले तो यह संभव है कि फरवरी में यहाँ इस तरह का एक अखिल भारतीय सम्मेलन संपन्न हो सके।

यह पत्र हम आपको इसलिए लिख रहे हैं कि यहाँ ऐसा सम्मेलन बुलवाए जाने के प्रति आपकी प्रतिक्रिया से, इस सम्मेलन के संबंध में आपके सुझावों से और उसमें सम्मिलित होने की आपकी संभावना से हम अवगत हो सकें, जिससे हमें प्रस्तावित सम्मेलन की रूपरेखा बनाने में मदद मिले।

हमारे विचार से प्रस्तावित सम्मेलन में हम लोग शांति से आपस में मिल-बैठ कर अपनी समस्याओं पर विचार-विमर्श करने के अतिरिक्त समसामयिक हिंदी साहित्य की विभिन्न विधाओं की उपलब्धियों और सीमाओं का मूल्यांकन कर सकते हैं और यदि संभव हो तो दलगत राजनीति से ऊपर उठ कर एक व्यापक आधार पर सभी रंगतों के प्रगतिशील हिंदी साहित्यकारों का एक जनवादी संगठन या मंच बनाने का प्रयत्न कर सकते हैं।

सम्मेलन की तिथियाँ 22 से 25 फरवरी 1973 रखी गई हैं। सम्मिलित होनेवाले साहित्यकारों के भोजन और आवास की समुचित व्यवस्था के अतिरिक्त स्थानीय-स्वागत समिति प्रयत्न करेगी कि सम्मेलन के बाद आपके चित्रकूट और खजुराहो भ्रमण की व्यवस्था भी कर सके।

इस परिपत्र द्वारा हमारा आपसे अनुरोध है कि प्रस्तावित सम्मेलन के संयोजन, कार्यक्रम तथा उसमें विचारार्थ प्रस्तुत किए जानेवाले सवालों के संबंध में अपने सुचिंतित सुझावों से निस्संकोच हमें शीघ्र ही सूचित करें ताकि यह सम्मेलन उस ऐतिहासिक आवश्यकता की पूर्ति का एक सार्थक प्रयत्न साबित हो सके, जिसे हम लोग वर्षों से अपने रक्त में महसूस कर रहे हैं।

कुछ दिन बाद एक दूसरे परिपत्र द्वारा लेखकों को यह सूचित किया गया कि एक संयोजन-समिति बना ली गई है और अब तक जिन साहित्यकारों ने इस समिति की सदस्यता स्वीकार कर ली है, वे हैं : यशपाल, अमृतलाल नागर, नागार्जुन, त्रिलोचन, अमृतराय, शिवदान सिंह चौहान, भगवतशरण उपाध्याय, उपेंद्रनाथ अश्क, कमलेश्वर, मन्मथनाथ गुप्त, विश्वंभरनाथ उपाध्याय, रमेश कुंतल मेघ, राजीव सक्सेना और ललित मोहन अवस्थी।

दूसरे परिपत्र में यह भी सूचित किया गया कि 22 फरवरी को अपराह्न में सम्मेलन शुरू होगा। 22 और 23 को मूल्यांकन गोष्ठियाँ होंगी, जिनमें पिछले बीस वर्षों की हिंदी कविता, कहानी, उपन्यास, नाटक और समीक्षा का मूल्यांकन करनेवाले लेख पढ़े जाएँगे और उन पर विचार-विमर्श होगा। 24 को एक परिसंवाद होगा "जिसमें अन्य प्रश्नों के अतिरिक्त एक केंद्रीय प्रगतिशील साहित्यिक मासिक के प्रकाशन, लेखकों की किसी सहकारी प्रकाशन संस्था के निर्माण तथा अन्य संगठनात्मक सवालों पर विचार किया जाएगा।"

पहले परिपत्र में सम्मेलन के बाद प्रगतिशील लेखकों को चित्रकूट और खजुराहो का भ्रमण कराने का आकर्षण दिया गया था, दूसरे परिपत्र में केवल खजुराहो-भ्रमण का आकर्षण रहने दिया गया। हो सकता है, यह सोचा गया हो कि चित्रकूट तो 'संतन की भीर' के कारण बाँदा ही बन जाएगा !

इस प्रकार 22 फरवरी को देश के विभिन्न भागों से आए हुए 'सभी रंगतन के संतन' की 'भीर' बाँदा में हुई। यद्यपि केदारनाथ अग्रवाल के विचार से "सम्मेलन भीड़ होकर भी, जमाव होकर भी, मेला होकर भी, न भीड़ है, न जमाव है, न मेला है।

सम्मेलन–ऐसा साहित्यिक सम्मेलन–विचारों के आदान-प्रदान के लिए आयोजित होता है और ऐसे आयोजन से एक न्यूनतम कार्यक्रम की सर्वग्राह्य रूपरेखा तैयार होती है।''

मध्याह्न में नाश्ते के बाद अनौपचारिकता के वातावरण में केदारनाथ अग्रवाल और रणजीत ने आगंतुक साहित्यकारों का स्वागत करते हुए सम्मेलन के बारे में अपने मंतव्य प्रकट किए और निवेदन किया कि बाँदा की जनता साहित्यकारों को बहुत शालीन (यानी शरीफ) समझती है, इसलिए आगंतुक साहित्यकार शालीनता का वातावरण बनाए रखें। जाहिर है कि आंगतुक साहित्यकारों के 'अशालीन' हो जाने का भय आयोजकों को सता रहा था !

वास्तव में जो बात उस समय होनी चाहिए थी, यह थी कि 'भारतीय साहित्य' का फरवरी अंक, जो सम्मेलन के अंतिम दिन बाँटा गया, उस अनौपचारिक गोष्ठी में ही बाँट दिया जाता। उसमें बाँदावाले दोनों संयोजकों का एक-एक लेख प्रकाशित हुआ है। केदारनाथ अग्रवाल ने अपने लेख 'बाँदा सम्मेलन : कुछ सवाल-कुछ सुझाव' में सम्मेलन विषयक अपनी दृष्टि को स्पष्ट करते हुए पहले तो यह सफाई दी है कि ''लेखकों के दलगत राजनीति से ऊपर उठ कर रचनात्मक स्तर पर पारस्परिक विचार करने की बात के पीछे न किसी का राजनीतिक निर्देश है, न किसी का कोई आदेश है। इस संबंध में किसी को कोई भ्रम नहीं होना चाहिए।'' इसके बाद उन्होंने सम्मेलन की आवश्यकता और उद्देश्य की बातें करते हुए राजनीति और साहित्य के बारे में अपनी दृष्टि इस प्रकार स्पष्ट की है :

> ''हिंदी के हम लेखक न तो राजनीति को बदल सकते हैं, न राजनीति से देश को बदलनेवालों से बदला ले सकते हैं और न ही उन्हें बदल सकते हैं। बेचारा शब्दों का सारथी साहित्यकार–प्रगतिशील ही क्यों न हो–वामपंथी ही क्यों न हो–राजनीति-तंत्र का नियामक नहीं हो सकता। राजनीति लेखक के बस की बात नहीं है।''

तो लेखक को क्या करना चाहिए? क्या राजनीति से अलग रहना चाहिए ? नहीं। केदारनाथ अग्रवाल ने लिखा है :

> ''अब कोई विदेशी शासन या सरकार (या अधिनायकवादी) नहीं है कि हम उसका आँख मूँद कर विरोध करने के लिए कृतसंकल्प हों। अब सरकार ने समाजवाद की ओर अपना मुँह कर लिया है, भले ही अब भी उसकी कार्यप्रणाली समाजवाद के अनुरूप न हुई हो। नई कांग्रेस ने पुरानी कांग्रेस से अलग होकर–उसे विघटित करके–जनता में समाजवाद लाने का नारा दिया है और इसके लिए उसने कुछ कार्यक्रम भी बनाए और अपनाए हैं....ऐसी दशा में साहित्यकार का यह कर्तव्य हो जाता है कि वह सरकार के द्वारा चलाए जा रहे कार्यक्रम को जनता के जीवन के परिप्रेक्ष्य में जाँचे और परखे और एक नागरिक के नाते जनता की ओर से उसके उन्ही कामों का प्रतिबिंबन अपने साहित्य में करे, जो जनता के हित में अच्छी तरह से संपादित हो रहे हैं और जिनके परिणाम भी शुभ होते दिखाई

देते हैं।

विवेक की बात यही होगी कि साहित्यकार ऐसे दृष्टिकोण से जनता के मन की बात साहित्य में उतारे जो उसे जनता से अधिक जोड़े और सरकार से एकदम काट न दे।''

स्पष्ट है कि यह सारी शब्दावली (अपने सारे निहितार्थों के साथ) वर्तमान भारतीय राजनीति में प्रचलित सुधारवादी और संशोधनवादी शब्दावली से भिन्न नहीं है। इससे बाँदा सम्मेलन की योजना का राजनीतिक चरित्र काफी स्पष्ट हो जाता है। सरकारी समाजवाद और नई कांग्रेस की वकालत जिस तरह सी. पी. आइ. कर रही है, उसी तरह 'दलगत राजनीति से ऊपर उठने' की सलाह देनेवाले केदारनाथ अग्रवाल ने अपने इस लेख में की है। सम्मेलन में सी. पी. आइ. के अनेक गैर-लेखक नेताओं की मौजूदगी, सोवियत लेखकों के शिष्ट-मंडल के बाँदा आने की संभावना, रूसी फिल्म के प्रदर्शन का कार्यक्रम और पीपुल्स पब्लिशिंग हाउस का स्टाल--ये सब बातें तो थीं ही, राजीव सक्सेना के अनुसार सम्मेलन की व्यवस्था में ''सैकड़ों कार्यकर्ता काम रहे थे, जिनका नेतृत्व स्थानीय सी. पी. आइ. के नेता सँभाल रहे थे।''

'भारतीय साहित्य' के उसी अंक में रणजीत का भी लेख छपा है 'हिंदी में प्रगतिशील लेखन की आंदोलनात्मक पृष्ठभूमि', जिसमें उन्होंने 1936 में प्रगतिशील लेखक संघ की स्थापना से लेकर संघ के 1966 में दिल्ली में हुए छठे अधिवेशन तक का बड़ा चलताऊ ब्यौरा प्रस्तुत किया है। वे लिखते हैं कि 1947 में इलाहाबाद में हुए दूसरे अधिवेशन के बाद प्रगतिशील लेखक संघ में ''विघटन की स्थिति उभरने लगी'', लेकिन इस विघटन के कारणों के बारे में वे आश्चर्यजनक रूप से चुप रह गए हैं। छठे अधिवेशन में स्वीकृत घोषणापत्र का उल्लेख करने के बाद वे बाँदा सम्मेलन पर आ जाते हैं और इसका उद्देश्य बताते हुए कहते हैं कि यह सम्मेलन ''हिंदी लेखन के क्षेत्र में बिखरी हुई प्रगतिशील शक्तियों को एकजुट करने या कम-से-कम उन्हें एक-दूसरे के निकट आने के लिए एक मंच देने का विनम्र प्रयत्न है।''

केदारनाथ अग्रवाल ने अपने लेख में लिखा है कि ''पिछले वर्षों में अनेकानेक छोटी पत्रिकाओं के प्रकाशन ने साहित्य की सर्जना में सक्रिय सहयोग दिया है। लेकिन एक केंद्रीय संगठन के अभाव में वह अपना काम पूरे बल और वेग से नहीं कर सकीं।'' और रणजीत अपने लेख में लिखते हैं कि ''हिंदी में प्रगतिशील साहित्य के किसी प्रकाशन केंद्र और किसी मासिक साहित्यिक पत्र के एकांत अभाव ने हमारे प्रगतिशील लेखन के बिखराव और विपथन में काफी योग दिया है... इस पृष्ठभूमि में प्रगतिशील लेखकों की एक सहकारी प्रकाशन संस्था के निर्माण की ओर ध्यान जाना बिल्कुल स्वाभाविक है।'' इससे स्पष्ट होता है कि पिछले वर्षों में हिंदी के लेखकों में जो वामपंथी चेतना आई और छोटी पत्रिकाओं के माध्यम से प्रकट हुई, उसे देख कर सी.पी.आइ. के नेतृत्व को यह आवश्यकता महसूस हुई कि वामपंथी लेखकों (विशेष रूप से युवा लेखकों) का एक संगठन अपने झंडे के नीचे बना दिया जाए और केंद्रीय मासिक के

प्रकाशन तथा सहकारी प्रकाशन-संस्था के द्वारा उन्हें एकजुट रखा जाए।

एक केंद्रीय संगठन, एक केंद्रीय मासिक के प्रकाशन और एक सहकारी प्रकाशन संस्था का निर्माण–इन तीनों चीजों की आवश्यकता और महत्त्व से कौन इनकार कर सकता था, लेकिन बाँदा में आए हुए साहित्यकारों की बातचीत के जो टुकड़े कानों में पड़े, उनसे लगा कि लोगों के मन में कई सवाल हैं, जैसे–इस प्रकार के संगठन की प्रेरणा कहाँ से आई है? वे कौन-से कारण हैं, जो इस सम्मेलन को पुराने प्रगतिशील लेखक संघ से जोड़ते भी हैं और नहीं भी जोड़ते ? क्या यह सम्मेलन मृतप्राय प्रगतिशील लेखक संघ को ही पुनरुज्जीवित करने के लिए है या किसी नए संगठन के लिए ? प्रगतिशील लेखक संघ के पीछे तो राजनीतिक निर्देश काम करते रहे हैं, तो पुनरुज्जीवित संघ या संगठन के पीछे वे निर्देश नहीं होंगे ? आखिर सी.पी.आइ. को 'दलगत राजनीति से ऊपर उठकर' यह संगठन बनाने की जरूरत क्यों महसूस हुई? केदारनाथ अग्रवाल को इस सम्मेलन के संदर्भ में नई कांग्रेस का गुणगान करने की क्या आवश्यकता आ पड़ी ? साहित्यकारों को आमंत्रित करने में युवा लेखकों पर अधिक ध्यान क्यों दिया गया है? आदि-आदि।

कुछ सवाल आगंतुक साहित्यकारों और सम्मेलन में न आनेवाले साहित्यकारों को लेकर भी उठते प्रतीत हुए। मसलन कई लोग आपस में पूछताछ कर रहे थे कि संयोजन समिति में होने के बावजूद यशपाल, अमृतलाल नागर, उपेंद्रनाथ अश्क और रमेश कुंतल मेघ क्यों नहीं आए? या 'आगंतुक साहित्यकारों की परिचय-पुस्तिका' में जिन लोगों के नाम हैं, उनमें से रामविलास शर्मा, केदारनाथ सिंह, गोपीकृष्ण गोपेश, परमानंद श्रीवास्तव, सुमित्रानंदन पंत, प्रभाकर द्विवेदी, बलवीर सिंह रंग, मधुरेश, शिवप्रसाद सिंह, इब्बार रब्बी, सतीश जमाली आदि क्यों नहीं आए? या इस सम्मेलन में नामवर सिंह, भैरव प्रसाद गुप्त, मार्कण्डेय, शेखर जोशी, काशीनाथ सिंह, विमल वर्मा, श्रीहर्ष, इसराइल, विष्णुचंद्र शर्मा, देवेश ठाकुर, हंसराज रहबर आदि क्यों उपस्थित नहीं हैं? आदि-आदि।

खैर, इन सवालों के बीच ही सम्मेलन शुरू हुआ। पता चला कि उद्घाटन के लिए महादेवी वर्मा आनेवाली हैं, लेकिन शाम के चार बजे तक भी वे नहीं आईं, तो संयोजकों ने तय किया कि उद्घाटन उनके आने पर बाद में हो जाएगा, तब तक मूल्यांकन-गोष्ठी शुरू कर दी जाए। आर्य कन्या इंटर कॉलेज का नाट्य मंच खूब अच्छी तरह सजाया गया था और उसके सामने एक विशाल पंडाल बनाया गया था, जहाँ आगंतुक साहित्यकारों और बाँदा की जनता के बैठने का समुचित प्रबंध था। माइक, डायस, टेपरिकॉर्डर और कैमरे की व्यवस्था अपनी जगह पूरी थी। यों व्यवस्था कुल मिला कर हर चीज की अच्छी थी : चाय, नाश्ता, खाना, रहना सब उत्तम।

पहली मूल्यांकन-गोष्ठी हिंदी कविता के पिछले दो दशकों पर विचार-विमर्श करने के लिए थी। त्रिलोचन शास्त्री की अध्यक्षता में गोष्ठी शुरू हुई। पहले राजीव सक्सेना ने 'पिछले दो दशक की हिंदी कविता में वैचारिक प्रवृत्तियाँ' और उसके बाद विश्वंभरनाथ

उपाध्याय ने 'कविता : कसौटी पर' शीर्षक लेख पढ़े।

राजीव सक्सेना ने स्वतंत्रता के बाद कविता की प्रगतिवादी विचारधारा के विघटित होने के कारण बताते हुए कहा कि प्रतिक्रियावादी, उदारतावादी प्रवृत्तियों और लोहियावादी समाजवादियों के सम्मिलित कम्युनिस्ट-विरोध तथा साम्राज्यवादी शीतयुद्ध के कारण हिंदी के लेखक राजनीतिक वैचारिकता से कट गए और नई कविता आंदोलन के रूप में समाज-विरोधी व्यक्तिवाद की प्रतिष्ठा हुई। सन् साठ के बाद 'नई कविता' की शुद्ध कलावादी स्थापनाएँ असंगत दिखाई देने लगीं और 1963 में प्रकाशित 'प्रारंभ' से विरोध और आक्रोश की कविता शुरू हुई। उसके बाद सातवें दशक में जिस विद्रोह-भावना ने जन्म लिया, उसने कविता को एक नया मोड़ दिया है। लेख के अंत में राजीव सक्सेना ने सम्मेलन की बात को जोड़ते हुए 'संकीर्णतापरक प्रवृत्तियों' और 'वामपंथी तत्त्वों के दलगत स्वार्थों' से ऊपर उठने की सलाह दी।

विश्वंभरनाथ उपाध्याय का लेख काफी लंबा, बेतरतीब, और नामों, शीर्षकों तथा उदाहरणों के जंगल में उलझा देनेवाला था। अधिक-से-अधिक नाम गिना देने से ही मानो वे पिछले बीस वर्षों की कविता को कसौटी पर कस लेना चाहते थे। नामोल्लेख की समस्या उनके लिए शायद इतनी महत्त्वपूर्ण थी कि पहले से साइक्लोस्टाइल्ड लेख में और उनके द्वारा पढ़े गए लेख में कुछ नाम जोड़े-घटाए भी पाए गए।

लेखों पर क्रमशः रणजीत, कर्णसिंह चौहान, सुधीश पचौरी और प्रेमेंद्र ने चर्चा की। रणजीत का कहना था कि दोनों लेखों में यद्यपि 'अकविता' का सही मूल्यांकन किया गया है, लेकिन जब वह शुरू हुई थी तब स्वयं राजीव सक्सेना ने ही उसे सहयोग दिया था और बड़े भोले ढंग से उपाध्यायजी ने भी।

कर्णसिंह चौहान ने राजीव सक्सेना के लेख में बताए गए प्रगतिशील आंदोलन की टूट के कारणों से असहमत होते हुए कहा कि इस टूट का सवाल प्रगतिशील आंदोलन के भविष्य के लिए सबसे महत्त्वपूर्ण सवाल है। प्रगतिशील आंदोलन न तो संकीर्णतावाद के कारण टूटा, न व्यक्तिगत गलतियों के कारण। उसमें यह टूटन राजनीतिक समझ की भिन्नता के कारण हुई। 1947 से पहले जो लेखक साम्राज्यवाद के विरुद्ध एकजुट थे, 1947 के बाद उनकी समझ में फर्क आया और राजनीतिक परिस्थिति की अलग-अलग समझ के कारण उनके बीच से एकता का आधार समाप्त हो गया। लेकिन प्रगतिशील आंदोलन के टूट जाने से प्रगतिशील कविता समाप्त नहीं हुई। 'नई कविता' विकल्पहीनता की कविता थी, लेकिन उस दौर में हमें मुक्तिबोध जैसे कवियों को अलग करके देखना होगा, जिनसे पता चलता है कि 'नई कविता' के दौर में भी दो वर्गाभिरुचियाँ प्रचलित थीं।

सुधीश पचौरी ने कविता के पीछे कवि की राजनीतिक समझ पर जोर देते हुए बताया कि बहुत-से प्रगतिशील कवियों की समझ आज भी साफ नहीं है। उन्होंने धूमिल की कुछ कविताओं के उदाहरण देकर अपनी बात को स्पष्ट किया।

प्रेमेंद्र ने राजीव सक्सेना के लेख में अज्ञेय का संबंध सी.आइ.ए. से होने के उल्लेख

पर टिप्पणी करते हुए कहा कि अज्ञेय जैसे प्रतिक्रियावादी लोगों पर अब ज्यादा बात नहीं होनी चाहिए, क्योंकि वे पहले ही काफी 'एक्सपोज' हो चुके हैं। हालाँकि ऐसा कहते हुए प्रेमेंद्र ने अज्ञेय के कुछ और कारनामे बता कर उन्हें कुछ और 'एक्सपोज' किया!

तब तक शाम हो चुकी थी और महादेवी वर्मा बाँदा में आ चुकी थीं, इसलिए गोष्ठी स्थगित कर दी गई। चाय के बाद पूरी धूमधाम से उद्घाटन-समारोह शुरू हुआ। अध्यक्ष बनाए गए भगवतशरण उपाध्याय। अत्यंत औपचारिक वातावरण में बाँदा की नगरपालिका के अध्यक्ष तथा सदस्यों की ओर से 'सम्मानित लेखक बंधुओं' का अभिनंदन किया गया, जिसकी 'उल्लास की होली और रोली तथा रंगों की बोली' वाली कोमलकांत पदावली से संतों को बड़ी प्रसन्नता हुई। इसके बाद महादेवी वर्मा का उद्घाटन-भाषण हुआ। बेशक, महादेवीजी बहुत अच्छी हिंदी बोलती हैं और खूब जम कर बोलती हैं, लेकिन उनके भाषण से ऐसा लगा कि जैसे भारत अभी कल ही स्वतंत्र हुआ है, सचमुच स्वतंत्र हो गया है, और भारत के पास एक अदद संस्कृति है, जो बहुत महान् है, और इसलिए महान् है कि उसमें सत्य और अहिंसा जैसे मूल्य हैं। घुमा-फिरा कर वे यह कहना चाहती थीं कि प्रगतिशील साहित्यकार अब क्रांति की बात न करें (क्योंकि उसमें हिंसा की बात आती है), बल्कि देश के नवनिर्माण की बात करें।

भगवतशरण उपाध्याय ने अध्यक्षीय भाषण में महादेवी वर्मा की आदर्शवादी स्थापनाओं को विनम्रतापूर्वक अस्वीकार करते हुए कहा कि प्रत्येक संस्कृति के अच्छे-बुरे दोनों पक्ष होते हैं और किसी संस्कृति की अंधप्रशंसा निश्चित रूप से अयथार्थवादी है। उन्होंने कहा कि अहिंसा भी हिंसात्मक हो सकती है और कितनी हिंसात्मक हो सकती है, इसके प्रमाण वर्तमान भारतीय राजनीतिक और सामाजिक परिस्थिति में खूब मिल सकते हैं। अतीत को वर्तमान से लड़ने का शस्त्र नहीं बनाया जाना चाहिए और साहित्य को बौद्धिक विलास का साधन न होकर सामाजिक परिवर्तन का हथियार होना चाहिए। इसके लिए यथार्थ दृष्टि, पक्षधरता और जनता की भाषा से जुड़ाव अनिवार्य है।

उद्घाटन-समारोह के समय बाँदा का जो विशाल जन-समूह उपस्थित था, उसे देख कर कम-से-कम एक बात तो लगती ही थी कि जनता में साहित्य के प्रति आज भी रुचि एवं आदर है और साहित्यकारों के लिए निराश होने का कोई कारण नहीं है।

दूसरे दिन, यानी 23 फरवरी को कविता-मूल्यांकन गोष्ठी फिर शुरू हुई। तब तक और भी कई साहित्यकार आ चुके थे। बहस में भाग लेनेवाले थे क्रमशः सनतकुमार, आनंद प्रकाश, धूमिल, श्यामसुंदर घोष, रमेश रंजक, खगेंद्र प्रसाद ठाकुर, डॉ. प्रेमपति, लक्ष्मणदत्त गौतम, कर्णसिंह चौहान, सुधीश पचौरी। अंत में त्रिलोचन शास्त्री ने अध्यक्षीय भाषण किया।

सनतकुमार ने राजीव सक्सेना के लेख के बारे में कहा कि राजीव ने प्रतिक्रियावादियों का स्मरण तो खूब किया है, लेकिन प्रगतिशील आंदोलन में हुई फूट का वास्तविक कारण बताने से वे बचते रहे हैं। यह फूट दलगत स्वार्थों के कारण नहीं हुई थी। ऐसा

कहना इतने अहम सवाल को सतही राजनीति पर उतारना है। प्रगतिशील आंदोलन की फूट वस्तुतः विचारधाराओं के संघर्ष का प्रतिफलन था। विश्वंभरनाथ उपाध्याय के लेख पर उन्होंने कहा कि उपाध्यायजी की वर्तमान राजनीतिक समझ अगंभीर और रूमानी है। उन्होंने अकवियों की अराजकता को ग्लोरीफाई किया है और बुर्जुआ सरकार के समाजवादी नारों की चालाकी के ऊपर कुछ न कह कर उसे छिपाने की कोशिश की है। यानी वर्ग-सहयोगवाद को रेखांकित किया है। राजीव ने अपने लेख में बचाव की राजनीति खेली है तो उपाध्यायजी ने विश्लेषण को भ्रांत बनाया है।

आनंद प्रकाश ने कहा कि राजीव और उपाध्याय दोनों के लेख जल्दी-से-जल्दी निष्कर्षों तक पहुँच जाना चाहते हैं। साहित्य पर बात करते समय राजनीतिक बहस में सीधे उलझ जाने से पहले हमें जीवन के अतर्द्वंद्वों पर ध्यान देना चाहिए। प्रगतिशील चिंतन आजादी से पहले भी और आजादी के बाद भी यांत्रिकता से ग्रस्त रहा है। जनता और विशेष रूप से मध्यम वर्ग हमारे यहाँ अनेक विभ्रमों का शिकार रहा है, इसलिए साहित्यकार भी भ्रमों में रह रहे हैं। जिन्हें कोई भ्रम नहीं रहा, मुक्तिबोध उनके सबसे सशक्त उदाहरण हैं। 'नई कविता' और उसके बाद की कविताएँ हमारे यथार्थ के अंतर्विरोधों का प्रतिफलन हैं। प्रगतिशील कविता का विकास जनवादी आंदोलन के विकास की गति पर निर्भर करता है। उत्तरी भारत में प्रगतिशील सरगर्मियों के अभाव ने हिंदी कविता को प्रभावित किया है, इसलिए साहित्य में राजनीतिक मतवादों पर तो जोर है, राजनीतिक चिंतन पर नहीं। हमें राजनीतिक चिंतन को प्रधानता देनी चाहिए और साहित्य पर उसे यांत्रिक ढंग से लागू नहीं करना चाहिए।

धूमिल शायद बहुत गुस्से में थे। उन्होंने आनंद प्रकाश को 'खूबसूरत प्रोफेसर' बताते हुए शिकायत की कि ढेर सारी व्यवस्था की पत्रिकाएँ जो बोलती हैं, वही यहाँ बोला गया है। हमें कोई 'फाइटिंग प्वाइंट' नहीं दिया गया। बुजुर्ग प्रगतिशील हमारे लिए उपयोगी हैं, जरूरी नहीं। यह कार्यकर्ताओं की मीटिंग है, नेताओं की नहीं। लड़ाई सबको खोल देती है—गोली नेता और कार्यकर्ता में फर्क नहीं करती। नेता अगर मारा भी जाता है तो कार्यकर्ताओं की लड़ाई—अगर कार्यक्रम सही है तो चलेगी। निराला हमारे साथ के आदमी नहीं हैं। उन्हें पाठ्यक्रम में लगाना व्यवस्था की भेड़ियाधसान है। मुक्तिबोध को हम अपना साथी, एक मजबूत आदमी मानते हैं, पर हमें मुक्तिबोध को वटवृक्ष नहीं बनाना है। यह व्यवस्था की साजिश है। सीधा सवाल यह है कि व्यवस्था का आतंक जिस प्रकार हमारे ऊपर कारगर हो रहा है, उसके खिलाफ हमारी मुनासिब कार्रवाई किस प्रकार होती है ? मैं जिनके लिए लिख रहा हूँ, वे किसी भी कलात्मकता से परिचित नहीं हैं। मेरी कविता लड़ाई में लड़नेवाले लड़ाके के लिए है, न कि खाई से बाहर की कोई वह चीज, जो संसद के लिए जरूरी है। संसदीय किस्म के नेतृत्व की रुझान भीड़ में नेतृत्व देने की रुझान है। मार्क्सवाद मैं भी बघार सकता हूँ, पर मैं मार्क्स का रसोइया नहीं हूँ, मैं खुद मार्क्स की जगह हूँ।

धूमिल का वक्तव्य काफी लंबा, आक्रोशपूर्ण, किंतु अबौद्धिक था। संसदीय प्रणाली

की सार्थकता या निरर्थकता का सवाल ऐसा नहीं है कि उसे हल्के ढंग से चलता कर दिया जाए। इसलिए अधिकांश लेखकों की राय यह थी कि यदि धूमिल संसदीय प्रणाली और बंदूक के बारे में बात करना ही चाहते हैं, तो इतने अगंभीर रूप से न करें, पूरी परिस्थिति का सही विश्लेषण और राज्यसत्ता के वर्ग-चरित्र पर गंभीरतापूर्वक विचार करते हुए इस सवाल को सामने रखें। कुछ लोगों ने यह भी कहा कि धूमिल की नेता और कार्यकर्ता वाली बात भी असंगत थी, क्योंकि यह सम्मेलन कांग्रेस या जनसंघ का नहीं, प्रगतिशील लेखकों का सम्मेलन था और उसमें नेता और कार्यकर्ता में भेद करना खुद अपने ऊपर एक विसंगति ओढ़ना था। कुछ लोगों को 'अध्यापकीय आलोचना' और 'खूबसूरत प्रोफेसर' जैसे मंचीय लटकों से भी आपत्ति थी, जो स्वाभाविक ही थी।

सुरेंद्र चौधरी ने कहा कि धूमिल का वक्तव्य अराजकतावादी है। लड़ाई में हथियार चलानेवाला अपने-आपको ज्यादा अक्लमंद समझता है तो चोट भी खा जाता है। क्या सारी कविता हथियार है ? जेब में हथियार रखकर घूमने वाले बहुत हैं और कभी-कभी किसी का बम अपने ही झोले में फट जाता है। इसलिए अराजक ढंग की बातें करने के बजाय सही 'पर्सपेक्टिव' की बातें तय होनी चाहिए। इस सम्मेलन का लक्ष्य वह 'पर्सपेक्टिव' देना है, लेकिन जो दो निबंध पढ़े गए, उनमें 'पर्सपेक्टिव' नहीं था।

धूमिल का वक्तव्य लोगों को इतना उत्तेजित कर गया था कि बाद के वक्ताओं में से दो-तीन को छोड़ कर सबने धूमिल की ही स्थापनाओं को अपने-अपने तर्कों से गलत सिद्ध किया। रमेश रंजक ने बहस को राजनीति से हटा कर कविता पर लाने के लिए गीत की बात चलाई, जो चली नहीं, और श्यामसुंदर घोष ने यह सुझाव दिया कि यह बहस हमारे लिए भोजन आदि की व्यवस्था करनेवाले लोगों के सामने की जाए और उनसे पूछा जाए कि उन्हें बहस कैसी लगी !

गोष्ठी का समापन करते हुए अध्यक्ष त्रिलोचन शास्त्री ने पूरी बहस पर खेद प्रकट करते हुए कहा कि कुल मिला कर सब वक्ताओं ने अध्यापकीय जौहर दिखाया है। कविता पर बातचीत तीन प्रकार के लोगों के द्वारा हो सकती है—सहृदय, अध्यापक और रचनाकार। पहली कोटि के लोग तो यहाँ थे ही नहीं। अध्यापकीय कोटि के लोग कविता पढ़ाते हैं, लेकिन जरूरी नहीं कि उन्होंने कविता पढ़ी भी हो। रचनाकार की भूमि से अकेले धूमिल ही बोल कर गए हैं। हाँ, धूमिल को यह नहीं कहना चाहिए था कि निराला से हमारा कोई नाता नहीं है, यद्यपि हमारी भाषा और संस्कारों में निराला के बाद काफी परिष्कार हुआ है।

इसके बाद उन्होंने कविता को जन-कविता बनाने के लिए क्षेत्रीय भाषाओं और बोलियों का महत्त्व बताया और अवधी के कुछ लोककवियों के साथ-साथ 'लहर' में प्रकाशित तेजसिंह जोधा की राजस्थानी कविता का भी उदाहरण दिया।

दूसरी, यानी कहानी-मूल्यांकन गोष्ठी अमृतराय की अध्यक्षता में हुई। कविता-गोष्ठी के बाद ही सबको यह अहसास हो गया था कि मूल्यांकन-गोष्ठियाँ एक औपचारिकता मात्र हैं, क्योंकि संयोजकों ने न तो लेखकों से लेख लिखवाने में ज्यादा उत्साह दिखाया

था और न यह देखा था कि सम्मेलन में पढ़े जानेवाले लेख कितने हैं और कैसे हैं। उपन्यास और नाटक पर कोई लेख नहीं था, इसलिए इन विधाओं पर चर्चा ही नहीं हुई। निबंध और व्यंग्य-साहित्य भी अछूता रह गया। कहानी पर भी कुल जमा एक लेख पढ़ा गया, हालाँकि चंद्रभूषण तिवारी का यह लेख 'वास्तविकता के बदलते संदर्भ और कहानी के पिछले दो दशक' सम्मेलन में पढ़े गए तमाम लेखों में एक उपलब्धि था।

चंद्रभूषण तिवारी ने अपने लेख के आरंभ में ही यह महत्त्वपूर्ण प्रश्न उठाया कि रचनाकार जिस वस्तु-यथार्थ को रचना का विषय बनाता है, उसका व्यापक संदर्भ क्या है? और इस प्रश्न का उत्तर देते हुए उन्होंने शिवप्रसाद सिंह और कमलेश्वर की कहानियों के उदाहरण देकर कहा कि वस्तु-यथार्थ के प्रमुख पक्ष (आर्थिक पक्ष) तक गाँव तथा कस्बों की कहानियों के अधिकांश लेखक नहीं पहुँच सके। फिर उन्होंने उसी काल में लिखी गई मार्कण्डेय तथा शेखर जोशी की कहानियों के उदाहरणों से 'रचना के भीतर की चेतना' पर जोर देते हुए कहा कि वस्तु-यथार्थ को अनुभवों के अधूरे व्यापार तक ले जाकर बीच में ही छोड़ देने के बजाय उसे सामाजिक व्यवहार से देखना और किसी प्रकार के आरोप के बिना वैचारिक निष्कर्षों तक ले जाना चाहिए। साथ ही उन्होंने कमलेश्वर, राजेंद्र यादव तथा मोहन राकेश की कहानियों के उदाहरणों से 'कहानी बनाने के लिए की जानेवाली बाड़ेबंदी' के बारे में कहा कि इससे कुशल कारीगरी के द्वारा एक संवेदनात्मक माहौल भले ही खड़ा कर दिया जाए, यह पता नहीं चलता कि रचना में लेखक की संबद्धता यथार्थ के किस पक्ष से है।

'नई कहानी' आंदोलन के एकदम बाद की 'साठोत्तरी' कहानियों का विश्लेषण भी चंद्रभूषण तिवारी ने बड़ी गहरी समझ के साथ किया, लेकिन वे गंगाप्रसाद विमल, रवींद्र कालिया, दूधनाथ सिंह आदि की पीढ़ी तक ही सीमित रहे। इस आक्रोशी और एब्सर्ड मुद्रा वाली पीढ़ी के बाद जो एक और पीढ़ी हिंदी कहानी में आ चुकी है, उसके बारे में वे यह कह कर टाल गए कि उसका लेखन ऐसी अनिश्चयात्मक और तरल अवस्था में है कि सहसा उसके संबंध में कुछ कह पाना काफी मुश्किल है।

इस लेख पर चर्चा करने वाले साहित्यकार थे, क्रमशः रमेश उपाध्याय, सनतकुमार, वेणुगोपाल, सुधीश पचौरी, विश्वंभरनाथ उपाध्याय, धूमिल, आनंद प्रकाश, सुरेंद्र तिवारी, ललित मोहन अवस्थी, कामतानाथ और मन्मथनाथ गुप्त।

रमेश उपाध्याय ने कहा कि तिवारीजी का विश्लेषण और मूल्यांकन 'नई कहानी' और उसके तुरंत बाद की 'अकहानी' आदि के बारे में तो सही है, लेकिन उन "बहुत सारे लेखकों के बारे में जो सन् साठ के बाद के लेखकों के आत्मकेंद्रित परिवेश, तटस्थ रचना-संसार और कलावाद की प्रतिक्रिया के रूप में सामने आए" कुछ कह पाना उनके लिए मुश्किल क्यों हो गया? दूसरी बात, 'नई कहानी' आंदोलन के तुरंत बाद की विमल-कालिया-दूधनाथ की पीढ़ी में यह आत्मकेंद्रित परिवेश, तटस्थता और कलावाद क्यों आया, इस पर भी विस्तार से बात होनी चाहिए। उन्होंने कमलेश्वर की पुस्तक 'नई कहानी की भूमिका' का हवाला देते हुए कहा कि उस पीढ़ी को गुमराह करने के पीछे

एक गहरी साजिश खुद 'नई कहानी' के लेखकों ने शुरू की थी। कमलेश्वर के अनुसार 'नई कहानी' ने अपने पूर्ववर्ती प्रगतिशील आंदोलन को राजनीतिमूलक और सामूहिकतावादी कह कर उससे अपने को अलग कर लिया था और आज भी वे दलगत राजनीति से अलग रहने का नारा देकर लेखक को राजनीति मात्र से अलग रखने की साजिश में शामिल हैं। इस तथ्य को भुलाया नहीं जाना चाहिए।

सनतकुमार ने लेख पर लगभग पूर्ण सहमति व्यक्त की। वेणुगोपाल ने भी लेख की सराहना की, लेकिन कहा कि तिवारीजी ने इब्राहीम शरीफ, रमेश उपाध्याय, जितेंद्र भाटिया आदि की पीढ़ी को तो छुआ ही नहीं। वेणुगोपाल ने समांतर नामक कहानी-आंदोलन पर बोलते हुए कहा कि उसके द्वारा कहानी के माध्यम से लड़ी जा सकनेवाली लड़ाई को दिलचस्प बनाने की कोशिश की जा रही है। पात्रों को इस प्रकार प्रस्तुत किया जा रहा है कि पाठकों का दिमाग 'कंडीशंड' हो जाए। यह एक साजिश है, जिसमें मेरे कुछ दोस्त भी शामिल हैं, जो यहाँ बैठे हैं। मैं उनसे कहना चाहूँगा कि वे सोच-समझ कर उस साजिश से अलग हो जाएँ, वर्ना हो सकता है कि लड़ाई में हमें ही आमने-सामने होना पड़े।

सुधीश पचौरी ने कहा कि तिवारीजी का लेख हिंदी कहानी को समझने की बहुत ही सही और ईमानदार कोशिश है। फिर उन्होंने वेणुगोपाल की बात का सूत्र पकड़ते हुए कहा कि कमलेश्वर के नेतृत्व में चलनेवाला समांतर कहानी आंदोलन प्रगतिशीलता का मुखौटा लगा कर सामने आनेवाली व्यवस्था का ही एक रूप है। अन्यथा हम 'चिरंतन वाम' जैसे शब्दों को किस प्रकार व्याख्यायित कर सकते हैं? (सुधीश का इशारा 'समांतर-1' नामक कहानी-संकलन के 'फ्लैप' पर छपे 'मैटर' की तरफ था, जो उन्होंने सम्मेलन में ही कामतानाथ से लेकर देखा था।)

विश्वंभरनाथ उपाध्याय ने तिवारी के लेख की आलोचना करते हुए कहा कि इसमें 'बहिर्गमन' और 'गोह' जैसी कहानियों को क्यों छोड़ दिया गया है? फिर उन्होंने सुधीश पचौरी से 'निवेदन' किया कि वे 'जार्गन' में न उलझें।

धूमिल ने भी तिवारी के लेख की आलोचना की और लेख में चर्चित कहानियों 'फर्क', 'घंटा', 'अनुभव' आदि से एक-एक पंक्ति निकाल कर यह सिद्ध करने की कोशिश की कि ये कहानियाँ पाठक को धोखा देती हैं। उन्होंने कहा कि ये संसदीय प्रतिपक्ष की कहानियाँ हैं—उस संसदीय प्रतिपक्ष की, जो व्यवस्था का दलाल है। उन्होंने सही कहानीकारों में अपने मित्र विश्वमित्र और उग्रसेन सिंह का जिक्र करते हुए कथाकारों को सलाह दी कि आप लोग सामान्य, अशिक्षित, लड़ाकू जनता की जिंदगी की कहानी लिखें।

आनंद प्रकाश ने धूमिल से असहमत होते हुए कहा कि इस प्रकार कहानियों से एकाध वाक्य निकाल कर कोई 'इंटरप्रिटेशन' देना उचित नहीं है। तिवारीजी का लेख खास तौर से इसलिए बहुत महत्त्वपूर्ण है कि उसमें कहानी को उसके 'फॉर्म' और 'कंटेंट' के पूरे ढाँचे में समझने की कोशिश की गई है।

सुरेंद्र तिवारी ने भी धूमिल के वक्तव्य को गलत बताया, यद्यपि उन्हें चंद्रभूषण तिवारी के लेख से शिकायत थी कि पिछले बीस वर्षों की कहानी को मूल्यांकित करने में लेख बहुत कामयाब नहीं रहा है।

ललित मोहन अवस्थी ने कहा कि मैं इस लेख की सराहना नहीं करूँगा। यह लेख एक घिनौना दुष्प्रयास है। कहानी को घेरेबद्ध करने की चेष्टा है। तिवारी जैसे लोग जन-संत्रास को महसूस करते हुए भी वाम शक्तियों को लांछित अधिक करते हैं, शत्रु को उतना अधिक नुकसान नहीं पहुँचाते। यहाँ बोलनेवाले वक्ता ईमानदार नहीं हैं, वे घोर दक्षिणपंथियों से समझौता करते हैं। भटकाव दो प्रकार के हैं–संशोधनवाद और अतिवाद। हमें विश्व-वाम पर दृष्टि रखनी चाहिए। (पीछे से किसी की आवाज आई कि यह क्या होता है?)

कामतानाथ ने भी लेख पर रोष प्रकट करते हुए कहा कि लेख में एक खास प्रकार की राजनीतिक विचारधारा को प्रश्रय देने का प्रयत्न किया गया है, जो गलत एवं असाहित्यिक है। इस प्रकार के आलोचक दगाबाज होते हैं। तकलीफ तब होती है जब एक आदमी राजनीतिक कारणों से लेखकों के बारे में अपनी धारणा बदल लेता है। यह 'कंसिस्टेंसी' नहीं है। इसराइल कथाकार नहीं हैं, एक 'पार्टी-वर्कर' हैं। तिवारीजी ने उनकी तो चर्चा की है, लेकिन जितेंद्र भाटिया, मधुकर सिंह, सतीश जमाली आदि की चर्चा नहीं की। कहानी की व्याख्या 'ऑब्जेक्टिव' होनी चाहिए। साहित्य में 'स्लोगन' नहीं होना चाहिए। हमारे दोस्त साहित्य को 'स्लोगन' बनाना चाहते हैं।

चंद्रभूषण तिवारी ने लेख पर उठाई गई आपत्तियों के उत्तर देते हुए कहा कि यदि इसराइल लेखक नहीं, 'पार्टी-वर्कर' हैं, तो यह भी कहा जा सकता है कि 'सारिका' द्वारा उछाले जानेवाले लेखक भी लेखक नहीं, बिके हुए लोग हैं। ये लोग 'अस्थिति' के लोग हैं और 'अस्थिति' का ही चित्रण करते हैं। विश्वंभरनाथ उपाध्याय के आक्षेप के उत्तर में उन्होंने 'गोह', 'दबा हुआ मस्तिष्क', 'लाक्षागृह' और 'लाश' कहानियों की चर्चा करते हुए कहा कि यदि ये लोग व्यवस्था का विरोध करना चाहते हैं तो प्रतीक या फैंटेसी का प्रयोग क्यों करते हैं ? बात को सीधे क्यों नहीं कहते ? धूमिल की आपत्तियों का उत्तर देते हुए उन्होंने कहा कि इसराइल की कहानी 'फर्क' को धूमिल ने गलत समझा है। 'हिंसक और अहिंसक दर्द' के व्यंग्य को समझने की जरूरत है, जिसे धूमिल नहीं समझे हैं। यह गलती रमेश उपाध्याय ने भी की थी 'सारिका' में 'फर्क' की समीक्षा करते हुए।

कहानी-मूल्यांकन गोष्ठी का समापन करते हुए अमृतराय ने (पूरे नाटकीय हावभाव और अंग-संचालन के साथ) कहा कि मूल्यांकन-गोष्ठियाँ अक्सर नामगणन गोष्ठियाँ हो जाती हैं, इसलिए बेहतर होता कि कुछ रचना-गोष्ठियाँ रखी जातीं। मूल्यांकन की हमें ज्यादा चिंता नहीं होनी चाहिए, क्योंकि वक्त सबको छाँट देता है। वह सबसे बड़ा समीक्षक है। साहित्य पहले साहित्य है। मार्क्सवाद के सिद्धांतों को उस पर इस प्रकार लागू करें कि उसकी विशिष्टता समाप्त न हो।

इस गोष्ठी की समाप्ति तक सबके सामने यह स्पष्ट हो चुका था कि साहित्य और राजनीति से जुड़े सवालों पर गंभीरतापूर्वक विचार नहीं हो पा रहा है। संयोजक रणजीत गोष्ठियों के संचालक भी बने हुए थे और उन्हें विचार-विमर्श की कम, लेखकों के नाश्ते और खाने की चिंता ज्यादा थी। इसलिए प्रत्येक गोष्ठी में बोलने के इच्छुक वक्ताओं के नाम लेकर वे बोलने का समय निश्चित कर देते थे कि इतने बजे 'अपन को' चाय पीनी है या भोजन करना है, इसलिए इतने-इतने समय में ही बातचीत कर ली जाए। और वे इसका खयाल रखते थे कि कोई वक्ता एक मिनट भी अधिक न बोल जाए। ऐसी स्थिति में बहुत-से लोग तो अपनी बात कह ही नहीं पाए और बहुत-से लोग जो बीच बहस में कुछ कहना चाहते थे, उठ कर पहले नाम देने और संचालक से समय तथा अनुमति प्राप्त करने के झंझट में पड़ने के बजाय चुप ही रह गए। इसलिए औपचारिक गोष्ठियों से बचे समय में अलग-अलग लोगों के बीच होती हुई बातचीत अक्सर अधिक गंभीर और सार्थक लगती थी।

आगंतुक साहित्यकारों के सामने स्पष्ट हो चुका था कि सम्मेलन की कोई सार्थकता, यदि हुई तो, संगठनात्मक सवालों पर होनेवाली अंतिम गोष्ठी में ही प्रकट होगी; तब तक का समय भरने के लिए मूल्यांकन-गोष्ठियों की औपचारिकता भले ही पूरी कर ली जाए। कहानी-गोष्ठी के बाद आगंतुक साहित्यकारों में से अधिकांश की दलीय प्रतिबद्धताएँ भी स्पष्ट हो गई थीं और कानाफूसी तथा अलग-अलग ग्रुपों में चाय पीने या पान खाने के लिए बाहर जाने का माहौल बन गया था।

इसलिए 23 फरवरी को जब आलोचना-गोष्ठी हुई तो प्रायः सब लोग उदासीन-से थे। आलोचना पर केवल एक लेख पढ़ा जाना था और उसके भी लेखक (विश्वनाथ त्रिपाठी) सम्मेलन में आए नहीं थे। खबर थी कि रूसी लेखकों का एक शिष्टमंडल भी बाँदा आनेवाला है, वह भी नहीं आया। इसलिए गोष्ठी प्रारंभ होने पर पहले रणजीत ने सोवियत संघ के लेखकों की ओर से ई. चेलिशेव द्वारा भेजा गया पत्र पढ़ा और उसके बाद अशोक चक्रधर ने विश्वनाथ त्रिपाठी का लेख 'हिंदी आलोचना के दो दशक' पढ़ कर सुनाया।

विश्वनाथ त्रिपाठी के लेख में अज्ञेय, भारती और साही जैसे प्रतिक्रियावादियों और प्रगतिशील आंदोलन के विरोधियों की खूब खबर ली गई थी और प्रगतिशील आलोचना को भारतेंदु, प्रेमचंद, निराला और रामचंद्र शुक्ल की परंपरा से जोड़ते हुए मुक्तिबोध, प्रकाशचंद्र गुप्त, रामविलास शर्मा, चंद्रबली सिंह, शिवदान सिंह चौहान, अमृतराय और नामवर सिंह की प्रगतिशील आलोचना पर प्रकाश डाला गया था। लेख के अंत में नामवर सिंह को लक्ष्य करके कहा गया था कि "हमारे कई प्रगतिशील आलोचक भी 'रूपवादी' और इंगलैंड-अमेरिका की तथाकथित 'नव्य आलोचना' के शिकार हुए हैं। ये लोग भी अपनी साहित्यिक परंपरा के प्रगतिशील तत्त्वों का विकास करने और भारतीय समस्याओं को अभिव्यक्त करनेवाले साहित्य की उपेक्षा करके आयातित और संदर्भ-भ्रष्ट पदावली के सहारे कलम चलाने लगे हैं।"

विचार-विमर्श के लिए सबसे पहले फतेहपुर कॉलेज के कोई डॉ. अवस्थी उठे और उन्होंने आलोचकों की जो कोटियाँ गिनाईं, उन्हें सुन कर सब लोग हँसने लगे और गोष्ठी की सारी गंभीरता समाप्त हो गई। सुरेंद्र चौधरी ने आकर पुनः गंभीर वातावरण बनाया और कहा कि मार्क्सवादी आलोचना में सबसे बड़ा खतरा भाववादी विचारधारा से है। 'कविता के नए प्रतिमान' में भाववादी (आइडियलिस्टिक) समझ दिखाई देती है। आज की प्रगतिशील आलोचना में एक ओर भाववादी आलोचना के तात्कालिक विरोध की आवश्यकता है और दूसरी ओर हमें मार्क्सवाद के अपच की ओर भी ध्यान देना है।

कर्णसिंह चौहान ने सोवियत लेखक चेलिशेव के पत्र पर अपनी प्रतिक्रिया व्यक्त करते हुए कहा कि पत्र में 1947 के पहले के भारतीय मुक्ति-संघर्ष की तो सराहना की गई है, किंतु उसके बाद केवल नव-निर्माण की बात कही गई है–यहाँ के वर्तमान जन-आंदोलन और उसके प्रभाव का कोई जिक्र इस पत्र में नहीं है। इसके बाद उन्होंने विश्वनाथ त्रिपाठी के लेख पर कहा कि त्रिपाठी को प्रगतिशील आलोचना के स्थान पर भाववादी-कलावादी आलोचना के उभर आने के कारणों पर भी प्रकाश डालना चाहिए था। ऐसा करने पर प्रगतिशील आंदोलन के इतिहास को देखना फिर एक बार जरूरी हो जाता है। प्रगतिशील मूल्यों का विश्लेषण करते हुए हमें शासक वर्गों के चरित्र को उद्घाटित करना चाहिए। लेकिन हिंदी आलोचना में ऐसा नहीं हुआ, इसलिए प्रगतिशील आलोचना कोई पूरा विकल्प नहीं दे पाई और शीतयुद्धीय इरादे सफल हुए। हमारे प्रगतिशील आलोचकों में रामविलास शर्मा की 'एप्रोच' इतनी 'सेक्टेरियन' रही है कि वे सारे ही नए साहित्य को पतनशील बुर्जुआ संस्कृति मानते हैं और नामवर सिंह इतने उदारतावादी हैं कि किसी को भी प्रगतिशील ठहरा देते हैं। मुक्तिबोध अकेले आलोचक हैं, जिन्हें सही प्रगतिशील आलोचक कहा जा सकता है। मुक्तिबोध ने हिंदी की प्रगतिशील आलोचना को एक नई और संपूर्ण प्रणाली दी है।

अब तक शाम हो चुकी थी और संयोजकों को उसी रात नौ बजे शुरू होनेवाले कवि-सम्मेलन की तैयारी करनी थी। इसलिए गोष्ठी यहीं समाप्त कर दी गई। वैसे भी बाँदा की उत्साही जनता कवि-सम्मेलन की उत्सुकता में उमड़ने लगी थी। जनता की यह हिस्सेदारी साहित्यकारों के लिए एक सुखद अनुभव था। बाँदा कोई बहुत बड़ा शहर नहीं, लगभग आठ हजार की आबादी वाला कस्बा-सा है, लेकिन कविता सुनने के लिए लोग भारी संख्या में उपस्थित थे। अध्यक्षता नागार्जुन ने की और कविता-पाठ करनेवाले थे : रणजीत, श्यामसुंदर घोष, राजीव सक्सेना, धूमिल, सनतकुमार, रमेश रंजक, रमेश राजहंस, अशोक चक्रधर, मनमोहन, केदारनाथ अग्रवाल आदि।

अंतिम दिन की गोष्ठियों में सबसे ज्यादा उत्तेजना दिखाई दी। दोनों गोष्ठियाँ पंडाल के बजाय एक कमरे में हुईं, जिसमें आगंतुक लेखकों के ठहरने की व्यवस्था थी। सुबह की गोष्ठी में साहित्यकार की प्रतिबद्धता और प्रगतिशील आंदोलन से संबंधित विषयों पर चर्चा होनी थी। अध्यक्ष बनाए गए मन्मथनाथ गुप्त। पहले रणजीत ने दो पत्र पढ़ कर सुनाए। एक पत्र शिवमंगल सिंह सुमन का था, जिसमें उन्होंने लिखा था कि

"सम्मेलन एक अच्छी शुरूआत है और इसका अगला अधिवेशन मैं अपने यहाँ बुलाने को प्रस्तुत हूँ।" दूसरा पत्र रमेश कुतंल मेघ का था, जिसमें उन्होंने कई महत्त्वपूर्ण बातें लिखी थीं। सम्मेलन में आए हुए लोगों के लिए उनकी सलाह थी कि हम अध्ययनहीन मार्क्सवादियों और परंपरागत गद्दीनशीन मार्क्सवादियों को देख चुके हैं, इसलिए अब अध्ययन, 'पोलेमिक्स' और संघर्ष को तेज करने की जरूरत है, सीधी राजनीति से जुड़ने की जरूरत है।

इसके बाद ललित मोहन अवस्थी ने अपना लेख 'वर्तमान यथार्थ और प्रतिबद्ध लेखन' पढ़ा। उन्होंने लेख के पूर्वार्द्ध में भारत की पूँजीवादी व्यवस्था में होने वाले शोषण से संबंधित आँकड़े प्रस्तुत किए और उत्तरार्द्ध में तस्वीर का दूसरा पहलू दिखाते हुए सी. पी.आइ. की लाइन पर नई कांग्रेस की प्रशंसा के पुल बाँधे। उनके अनुसार "राष्ट्रीय बुर्जुआ नेतृवर्ग ने प्रगतिशील तत्त्वों के साथ मिल कर शासक दल कांग्रेस को विभाजित करके शासन से इजारेदारों को निकाल बाहर किया।" और बैंक, बीमा, कोयला खानों आदि का राष्ट्रीयकरण करके बड़ा अच्छा काम किया है। अवस्थी के अनुसार आजादी के बाद देश में "आर्थिक समृद्धि बढ़ी है। देहातों में ट्रांजिस्टर, आधुनिक कृषि-यंत्र आदि पहुँच रहे हैं।.... सार्वजनिक सुविधाओं में भारी वृद्धि हुई है।.... महानगरों की गृहिणियाँ प्रेशर कुकर और गैस के चूल्हों और बिजली के हीटरों-स्टोवों आदि की सुविधाओं का उपभोग कर रही हैं।" उन्होंने लेख के अंत में साहित्यकार को द्रष्टा और स्रष्टा और सबसे अधिक संवेदनशील, सहृदय, भावुक, प्रबुद्ध और सचेतन बताते हुए कहा कि उसके लिए "आवश्यकता केवल मानसिक रूप से यथार्थ के साथ जुड़े रहने की है" और "उसका काम केवल क्रांति की मानसिकता तैयार करना है" और "लेखकीय स्वातंत्र्य के अपने मौलिक अधिकार के रक्षण में कोई साहित्यकार किसी राजनीतिक दल से निर्देशित होने के लिए कभी तैयार नहीं हो सकता।"

दरअसल अवस्थी के लेख का उत्तरार्द्ध अक्टूबर 1972 में कानपुर में हुई समांतर-गोष्ठी में कमलेश्वर द्वारा दिए गए वक्तव्यों का ही पुनर्प्रस्तुतीकरण था। कमलेश्वर ने भी 'दोगली अर्थनीति', 'प्रामाणिकता', 'क्रांति की मानसिकता का निर्माण करने', 'लेखकीय स्वातंत्र्य के लिए किसी राजनीतिक दल से न जुड़ने' और 'केवल मानसिक रूप से यथार्थ से जुड़ने' की सारी बातें वहाँ कही थीं। लेख इतनी अधिक विसंगतियों, गलत स्थापनाओं और संशोधनवादी तथा वर्ग-सहयोगवादी बातों से भरा हुआ था कि कुछ लोग तो उसकी बाँटी गई प्रतियों को फाड़ देने तक को उद्यत दिखाई दिए। लेख में वर्तमान शासक वर्ग की इतनी प्रशंसा की गई थी कि एक सज्जन ने तो लेख पूरा होते ही जोर से कहा था–बोल इंदिरा गांधी की जै !

दूसरा लेख डी. प्रेमपति को पढ़ना था, लेकिन सुधीश पचौरी ने प्रस्ताव रखा कि पहले अवस्थी के लेख पर बातचीत हो जाए तो अच्छा रहे। इस पर चंद्रभूषण तिवारी ने कहा कि इतने स्तरविहीन लेख पर कोई बात नहीं हो सकती, नहीं होनी चाहिए। खैर, अवस्थी के बाद डी. प्रेमपति ने अपना लेख 'सांस्कृतिक आंदोलन : समस्या वा

संभावना' पढ़ा, लेकिन लोग इतने उत्तेजित थे कि उनका लेख ठीक से सुना भी नहीं गया और उसकी प्रतियाँ बाँटी नहीं गईं। तीसरा लेख मन्मथनाथ गुप्त का था और उसकी भी प्रतियाँ उपलब्ध नहीं थीं। गुप्तजी ने माहौल देख कर इसी में कुशल समझी कि पूरा लेख पढ़ने के बजाय उसके कुछ अंश 'इत्यादि-इत्यादि' का पुट देते हुए सुना दिए जाएँ। उनके लेख का मुख्य मुद्दा यह था कि बदलते हुए संदर्भ में प्रगतिशील साहित्य को फिर से परिभाषित किया जाए और उसे किसी दल से न जोड़ा जाए। वर्तमान स्थिति पर उन्होंने भी इतना संतोष प्रकट किया कि एक सज्जन (शायद सुरेंद्रनाथ तिवारी) ने बीच में ही उनसे पूछा–क्या यह कांग्रेस का अधिवेशन है?

इसके बाद चर्चा शुरू हुई। सबसे पहले राजीव सक्सेना ने अवस्थी की समझ पर तरस खाते हुए कहा कि गैस के चूल्हे और ट्रांजिस्टर आधुनिकता या संपन्नता के चिह्न नहीं हैं। अवस्थी यह नहीं समझते कि भारतीय पूँजीपति वर्ग कैसे शासन करता है।

आनंद प्रकाश ने कहा कि वर्ग-विश्लेषण करते समय सामाजिक संबंधों को देखना चाहिए और इसके लिए संबंधित समय में प्रचलित उत्पादन की प्रणाली को देखना आवश्यक है। अवस्थी की सारी शब्दावली और उसके पीछे की समझ रूमानी और स्वप्नवादी है। रूमानी समझवाले लोग क्रांति को बहुत आसान समझ लेते हैं, जैसे कि वह अपने-आप हो जाएगी, या 'एडवेंचरिज़्म' में जा फँसते हैं और सोचने लगते हैं कि क्रांति के लिए परिस्थितियाँ तैयार हैं। बस, बटन दबाने की देर है, वे उठ कर दबा देंगे और क्रांति हो जाएगी। उन्होंने व्यंग्यपूर्वक मुस्कराते हुए कहा कि रमेश कुंतल मेघ ने ठीक ही कहा है कि हममें से बहुत-से लोग अध्ययनहीन मार्क्सवादी हैं।

सनतकुमार ने कहा कि अवस्थी के आधे लेख में बुर्जुआ वर्ग को 'ग्लोरीफाई' किया गया है। कांग्रेस का जितना पक्ष अवस्थी ने लिया है, उतना तो खुद प्रधानमंत्री भी नहीं लेतीं। कामतानाथ ने अवस्थी का पक्ष लिया। लेना स्वाभाविक भी था, क्योंकि कानपुर में कमलेश्वर की बातों से वे भी शत-प्रतिशत सहमत थे और कोई आश्चर्य नहीं कि अवस्थी ने अपना लेख कामतानाथ की सहायता से तैयार किया हो। उन्होंने कहा कि लेखक की भूमिका केवल क्रांति की मानसिकता तैयार करने की ही हो सकती है, इसके आगे सोचना अभी जरूरी नहीं है।

इस बीच अध्यक्ष-पद की शोभा बढ़ानेवाले मन्मथनाथ गुप्त प्रायः सभी वक्ताओं को ठीक दस मिनट में अपनी बात पूरी करने के लिए बाध्य कर चुके थे। यहाँ तक कि आनंद प्रकाश और सनतकुमार तो अपनी बात पूरी ही नहीं कर पाए। वक्ताओं का दो मिनट अधिक समय माँगना भी उन्हें गवारा नहीं था, इसलिए सव्यसाची ने बहुत तेजी से दस मिनट में ही अवस्थी के लेख की सारी भ्रांतियों को उभारकर सामने रख दिया और एक-एक मुद्दे को लेकर यह बताया कि अवस्थी का लेख नई कांग्रेस और सी. पी.आइ. की मिली-जुली और गलत समझ पर आधारित होने के कारण भ्रामक है।

सुधीश पचौरी ने बोलने से पहले अध्यक्ष से निवेदन किया कि इस लेख पर विस्तार से बात करने की आवश्यकता है, इसलिए मुझे कुछ अधिक समय दिया जाए। लेकिन

मन्मथनाथ गुप्त ने अपने डिक्टेटराना अंदाज में कहा कि ऐसा नहीं हो सकता। सुधीश ने कहा कि हम लोग समय की सीमा में बँध कर चर्चा की औपचारिकता पूरी करने के बजाय इन महत्त्वपूर्ण सवालों पर जम कर बातचीत करें, तभी सम्मेलन की सार्थकता है। लेकिन सुधीश यह कह ही रहे थे कि मन्मथनाथ गुप्त ने जोर से 'शटअप' कहा और उठ कर सुधीश की ओर चल भी दिए, जैसे न जाने क्या कर डालेंगे ! उनकी अध्यक्षीय बदतमीजी को अब तक शालीनता के विचार से बर्दाश्त करनेवाले सभी लोगों को इस हरकत पर क्रोध आया (सनतकुमार ने तो बाकायदा दो-दो हाथ कर लेने के लिए अपनी कमीज भी उतार डाली) और फिर जिस तरह मन्मथनाथ गुप्त की लानत-मलामत हुई, और जिस तरह उन्हें क्षमा माँगनी पड़ी, उसे वे शायद कभी नहीं भूल पाएँगे।

इस क्षेपक से थोड़ा व्यवधान तो हुआ, लेकिन कर्णसिंह चौहान, धूमिल, शिवदान सिंह चौहान, सुरेंद्र चौधरी और रणजीत की बातें ध्यान से सुनी गईं।

कर्णसिंह चौहान ने अवस्थी के लेख की विसंगतियाँ बताते हुए कहा कि लेखकीय प्रतिबद्धता का सवाल हवाई बहस से हल नहीं हो सकता। उन्होंने वर्तमान राज्यसत्ता के वर्ग-चरित्र का उद्घाटन किया कि सत्ता किस प्रकार बड़े बुर्जुआ और भूस्वामी वर्ग के हाथों में है, और कहा कि हमारे यहाँ साहित्य में किस प्रकार व्यक्तिवादी मूल्यों, साम्यवाद-विरोधी विचारधाराओं और साम्राज्यवादी सांस्कृतिक मूल्यों को राजकीय पोषण प्राप्त है, किस प्रकार पिछले पच्चीस वर्षों में समाजवादी घोषणाओं के बावजूद शासक वर्ग ने पूँजीवाद का विकास किया है, किस प्रकार शिक्षा-संस्थानों, अकादमियों, पत्र-पत्रिकाओं तथा प्रेस और सूचना के अन्य माध्यमों पर इजारेदार घरानों का एकाधिपत्य हो गया है, और किस प्रकार शासक वर्ग लेखकीय स्वतंत्रता और प्रतिरोध का दमन कर रहा है। ऐसी स्थिति में साहित्यकार की भूमिका संपूर्ण विरोध की भूमिका ही हो सकती है, लेखकीय स्वातंत्र्य के नाम पर केवल मानसिक रूप से यथार्थ से जुड़ने की बात या तो अवसरवादी लोग कर सकते हैं, या संघर्ष से घबरानेवाले पलायनवादी।

शिवदान सिंह चौहान ने कहा कि यह सम्मेलन सी.पी.आइ. और सी.पी.एम. का सम्मेलन नहीं, प्रगतिशील लेखकों का सम्मेलन है। क्रांतिकारी परिस्थिति देश में है, यह मैं नहीं मानता हूँ। सी.पी.आइ. और सी.पी.एम. की एकता भी बहुत जरूरी नहीं है। (पीछे से किसी ने-शायद सनतकुमार ने-पूछा कि फिर जरूरी क्या है?)

धूमिल ने कहा कि प्रतिबद्धता पर अवस्थी का वक्तव्य भ्रामक वक्तव्य है। दलीय प्रतिबद्धता को स्वीकारे बिना काम नहीं चलता। सवाल यह है कि क्या आज का लेखक स्वतंत्रता की समझ को सार्थकता की दिशा में ले जाता है? क्या लेखक व्यवस्था के आतंक का खुला विरोध कर रहा है? मूल बात है हिंसा के तात्कालिक उपयोग की। कौन-से ऐसे लेखक हैं, जो इसे स्वीकारते हैं ? हिंसा को केन्द्र में रख कर ही प्रतिबद्धता का कोई अर्थ होता है।

सुरेंद्र चौधरी ने कहा कि प्रतिबद्धता की कोई 'ऑफेंसिव' भूमिका तैयार हुई है या

नहीं, यह अभी तक नहीं सोचा गया। क्रांति का ढोल पीटने की भूमिका 'डिफेंसिव' ही होगी। वही हो रही है। हम लोग सैद्धांतिक आधारों पर बेकार बहस करते रहे। क्षेत्रीय भाषाओं जैसे जरूरी सवाल पर कोई बहस नहीं हुई।

प्रेमेंद्र ने कहा कि 'डिफेंसिव' और 'ऑफेंसिव' की अंतर्विरोधी लफ्फाजी से कोई काम नहीं चलेगा। प्रतिबद्धता वर्ग-संघर्ष से होना जरूरी है और जो भी जनवादी समझ रखते हैं, वे प्रतिबद्ध हो सकते हैं। रहा हिंसा-अहिंसा का सवाल, सो उसे लेखक नहीं, सर्वहारा वर्ग ही तय करेगा।

रणजीत का कहना था कि प्रगतिशील लेखकों का कोई संगठन दलनिष्ठा के आधार पर नहीं बनाया जा सकता। हाँ, दल के निष्ठावान लोगों की गुंजाइश उसमें हो सकती है।

इसके बाद ललितमोहन अवस्थी ने अपनी सफाई पेश करते हुए कहा कि मेरा लेख अंतिम नहीं था। मैं तो सिर्फ एकता के मुद्दों को स्पष्ट करना चाहता था। मैं राज्यसत्ता के चरित्र के बारे में कर्णसिंह चौहान के विचारों से सहमत हूँ और उन्होंने जो 'प्रेक्टिकल' सुझाव दिए हैं, उनसे भी सहमत हूँ।

इस गोष्ठी में सज्जाद जहीर भी तशरीफ ले आए थे। उन्होंने पुराने प्रगतिशील आंदोलन में अपनी आस्था प्रकट करते हुए कहा कि वह अभी खत्म नहीं हुआ है। पहले हमारी 'एप्रोच सेक्टेरियन' रही है, जिससे काफी नुकसान हुआ है। इसलिए अब हम में 'यूनिटी' तो हो, मगर 'वाइड' हो। जहाँ तक पार्टियों का ताल्लुक है, जो जिस पार्टी के साथ हो, उसके मुताबिक काम करे, मगर उस सबका मौका यहाँ नहीं है। समाजवादी चिंतन को जो भी सामने ला रहा हो, हमें उसे अपने साथ रखना होगा। हमने यहाँ सी. पी.एम. के लोगों के भाषण सुने, मगर हमें इस इख्तिलाफ को बर्दाश्त करना होगा और उन्हें अपने साथ रखना होगा।

दिलचस्प बात यह रही कि सी.पी.आइ. और सी.पी.एम. की ओर से राजनीतिक मतभेदों की ये बातें पुराने 'गद्दीनशीन प्रगतिशीलों' के द्वारा ही उठाई गईं।

विचार-विनिमय में भाग लेनेवाले युवा साहित्यकारों ने, राजीव सक्सेना की रिपोर्ट के अनुसार, "अपने राजनीतिक मतभेदों को सामने लाने का कोई प्रयत्न नहीं किया, उल्टे उन तत्त्वों पर जोर दिया जो इस समय परिवर्तनकारी रचनाकारों को एक करते हैं।"

इस गोष्ठी के बाद की गुप-चर्चाएँ काफी गर्म थीं। कुछ लोग कह रहे थे कि पार्टियों का नाम लेना गलत हुआ। कुछ और लोगों का खयाल था कि ये जैसे-तैसे संगठन बना लेना चाहते हैं और यह सी.पी.आइ. की वक्ती जरूरत है। कुछ और लोगों का कहना था कि इन लोगों ने युवा लेखकों को सतही मान कर घेरेबंदी के लिए बुला लिया था और अब फँस गए हैं। युवा लेखक सैद्धांतिक आधारों पर बात करना चाहते हैं और ये लोग इस डर से कतरा रहे हैं कि इससे कहीं इनका उद्देश्य-किसी प्रकार का संगठन-ही घपले में न पड़ जाए।

और इस पृष्ठभूमि में शाम को, जबकि सब लोग अपने-अपने ढंग से तैयार थे,

बाँदा की वह अंतिम और ऐतिहासिक गोष्ठी शुरू हुई जिसमें किसी संगठन की, सहकारी प्रकाशन-संस्था के निर्माण की और मासिक पत्र के प्रकाशन की संभावनाएँ खोजी जानी थीं। यह गोष्ठी भी उसी कमरे में हुई, जिसमें सुबहवाली गोष्ठी हो चुकी थी। इसकी अध्यक्षता विश्वंभरनाथ उपाध्याय ने की।

गोष्ठियों के स्थायी संचालक रणजीत ने बताया कि संयोजन-समिति ने बैठ कर एक वक्तव्य का मसौदा तैयार किया है और 'सदन' की स्वीकृति के लिए वह अभी पढ़ा जाएगा। (इस मसौदे की चर्चा कल रात से ही शुरू हो गई थी और आगंतुक साहित्यकारों ने एतराज शुरू कर दिया था कि जब अन्य साहित्यकार भी आ चुके थे तो ऐसा मसौदा केवल संयोजन-समिति ने ही क्यों बनाया। क्या उसको तैयार करते समय आगंतुक साहित्यकारों में से भी कुछ लोगों को बुलाना उचित और आवश्यक नहीं था?) लेकिन वक्तव्य का मसौदा पढ़ने से पहले कुछ प्रस्ताव रखे गए और वे सभी चटपट सर्वसम्मति से स्वीकृत हो गए।

पहले प्रस्ताव में सर्वश्री प्रकाशचंद्र गुप्त, एहतशाम हुसैन, मोहन राकेश, गयाप्रसाद शुक्ल सनेही, सद्गुरुशरण अवस्थी, चोंच और सुरेश सिन्हा के निधन पर शोक-संवेदना प्रकट की गई। दूसरे प्रस्ताव में बांगलादेश के उदय का अभिनंदन और वहाँ के लेखकों के प्रति भ्रातृत्व प्रकट किया गया। इसमें पाकिस्तानी लेखकों के प्रति शांतिकामी सदिच्छा भी व्यक्त की गई। तीसरे प्रस्ताव में वियतनाम की अपराजेय जनता का अभिनंदन किया गया और वियतनाम को सोवियत संघ, चीन तथा अन्य समाजवादी देशों द्वारा दी गई मदद की सराहना की गई। चौथे प्रस्ताव में हरिजनों और आदिवासियों के ऊपर किए जा रहे दमन तथा अत्याचार पर गंभीर चिंता प्रकट की गई और सरकार से कड़ी कार्रवाई की माँग की गई। पाँचवें प्रस्ताव में प्राचीन और मध्यकालीन साहित्य, जिस पर किसी का कॉपीराइट नहीं है, का राष्ट्रीयकरण किए जाने की माँग की गई। छठे प्रस्ताव में माँग की गई कि हथियारबंद क्रांति में विश्वास करने के आरोप में देश भर में तीस हजार से अधिक बंदी व्यक्तियों को, जिनमें कुछ लेखक भी हैं, नजरबंदी से रिहा किया जाए और उन्हें जनता के बीच काम करने दिया जाए। सातवें प्रस्ताव में मजदूर, किसान, नौकरीपेशा तथा विद्यार्थी समाज और बेकार युवकों पर उनकी आर्थिक माँगों के सिलसिले में किए जाने वाले अंधाधुंध दमन पर आक्रोश व्यक्त किया गया और उनके संघर्षों का समर्थन किया गया।

इन प्रस्तावों के पास हो जाने के बाद अध्यक्ष ने अनाहूत व्यक्तियों को बाहर जाने के लिए कहा और जब वे लोग चले गए तो संयोजन-समिति द्वारा तैयार किया गया मसौदा पढ़ा गया। उसमें बड़ी गोलमोल और 'साहित्यिक' भाषा में देश की वर्तमान आर्थिक, राजनीतिक, सामाजिक तथा सांस्कृतिक स्थिति पर प्रकाश डालते हुए प्रगतिशील साहित्यकारों का आह्वान किया गया था कि इस भयावह स्थिति को वे बेनकाब करें और समाजवादी विकास की ठोस नींव डालें। लेकिन इस मसौदे में साहित्यकारों के सामने कोई स्पष्ट लक्ष्य और उसे प्राप्त करने का कार्यक्रम नहीं रखा

गया था।

इसलिए जब मसौदे पर चर्चा हुई तो अधिकांश साहित्यकारों ने इसे मात्र एक औपचारिक वक्तव्य बताया। श्यामबिहारी राय ने कहा कि इसमें स्पष्ट रणनीति और कार्यनीति घोषित की जानी चाहिए थी। इस पर विश्वंभरनाथ उपाध्याय ने कहा कि यह वक्तव्य राजनीतिज्ञों का नहीं, साहित्यकारों का है। श्यामबिहारी राय ने पूछा कि प्रगतिशील साहित्यकारों के लिए राजनीतिक शब्दावली अछूत क्यों होनी चाहिए? और फिर, इसकी भाषा में और लक्ष्मीकांत वर्मा की भाषा में क्या फर्क है? खगेंद्र प्रसाद ठाकुर, चंद्रभूषण तिवारी, राजीव सक्सेना, सव्यसाची, सुरेंद्र चौधरी आदि कई लोग इस बात पर जब एक साथ बोलने लगे और अध्यक्षीय व्यवस्थाएँ अनसुनी की जाने लगीं तो एकाएक कर्णसिंह चौहान ने उठकर कहा कि प्रगतिशील साहित्यकारों को जनता के समक्ष जो वक्तव्य देना चाहिए, वह इस प्रकार ढीलाढाला और गोलमोल न होकर स्पष्ट मुद्दों को सामने रखने वाला होना चाहिए। और उन्होंने एक वक्तव्य का मसौदा, जो उन्होंने पहले से ही तैयार कर रखा था, पढ़ कर सुनाया। ब्रजकुमार पांडेय और चंद्रभूषण तिवारी ने तत्काल उठ कर उसका जोरदार समर्थन किया।

इस पर सुरेंद्र चौधरी ने व्यवस्था का प्रश्न खड़ा किया कि 'सदन' में एक साथ दो प्रस्ताव पेश नहीं किए जा सकते। लेकिन उनका प्रश्न खड़ा ही रह गया। उपस्थित साहित्यकार स्पष्टतः दो खेमों में बँट गए—एक तरफ से संयोजन-समितिवाले मसौदे को स्वीकृत करने पर जोर दिया जाने लगा और दूसरी तरफ से कर्णसिंह चौहानवाले मसौदे को स्वीकृत करने पर।

लेकिन अच्छी बात यह हुई कि मतभेदों को दोनों ही ओर से अधिक तूल नहीं दिया गया। इसका एक कारण यह भी था कि कर्णसिंह चौहान द्वारा पेश किए गए मसौदे में सारी चीजें स्पष्ट थीं—राज्यसत्ता के वर्ग-चरित्र की व्याख्या से लेकर प्रगतिशील साहित्य और साहित्यकारों की समस्याओं तक, और उन समस्याओं को सुलझाने के लिए किए जाने वाले उपायों के लिए एक सुनिश्चित कार्यक्रम तक। परिणामस्वरूप इस दूसरे मसौदे की उपयोगिता के बारे में किसी को संदेह नहीं था, इसलिए मतभेदों को जगह देने या आपसी तू-तू मैं-मैं की जगह लोगों ने तीन व्यक्तियों की एक समिति नियुक्त कर दी और समिति को यह अधिकार दे दिया कि वह चाहे तो दोनों मसौदों में से किसी एक को स्वीकार करे, या दोनों को मिला कर एक मसौदा बनाये, या दोनों में से एक में संशोधन-परिवर्तन के बाद एक नया ही मसौदा तैयार कर ले। इस समिति में तीन व्यक्ति थे—कर्णसिंह चौहान, रणजीत और राजीव सक्सेना।

समिति नियुक्त होने के बाद सब लोगों को (समिति के तीनों सदस्यों को छोड़ कर) बाँदा के एक मुस्लिम सज्जन (पता चला कि वे वकील हैं और कांग्रेसी हैं) के निवास पर भोजन के लिए ले जाया गया। वहाँ जो चर्चाएँ सुनने को मिलीं, उनमें मुख्य बात यही थी कि संयोजन-समिति का मसौदा सी.पी.आइ. की राजनीतिक समझ पर आधारित है और कर्णसिंह चौहानवाला मसौदा सी.पी.एम. की राजनीतिक समझ पर। यह भी सुनने

में आया कि सम्मेलन में उपस्थित उत्तर प्रदेश के सी.पी.आइ. के सेक्रेटरी रमेश सिन्हा को कर्णसिंहवाले मसौदे में केवल एक चीज पर आपत्ति है, और वह है राज्यसत्ता के चरित्र की व्याख्या। चर्चाओं से जाहिर था कि तीन सदस्यों वाली समिति इस समय विशेष रूप से इसी मुद्दे पर विचार कर रही होगी।

भोजन के बाद सब लोगों के लौटने तक सब ठीक हो चुका था। समिति ने संयोजन-समितिवाले मसौदे को 'वक्तव्य' के रूप में और कर्णसिंह चौहान वाले मसौदे को 'कार्यक्रम' के रूप में स्वीकार करके दोनों को मिला दिया था, जिससे फिर किसी मतभेद की गुजांइश नहीं रही।

वक्तव्य और कार्यक्रम सर्वसम्मति से पास हो जाने के बाद राजीव सक्सेना ने संयोजन-समिति के द्वारा तैयार की गई एक नामावली पढ़ कर सुनाई कि विभिन्न राज्यों से आए हुए प्रतिनिधियों में से कुछ को लेकर एक संपर्क-समिति बना दी जाए, जो विभिन्न स्थानीय तथा प्रांतीय लेखक संगठनों की स्थापना तथा उनमें तालमेल कायम करने का काम करे, ताकि आगामी सम्मेलन और अधिक प्रतिनिधित्वपूर्ण हो और अखिल भारतीय संगठन स्थापित किया जा सके।

स्पष्ट ही यहाँ तक आते-आते सम्मेलन के संयोजकों की अपनी योजना असफल हो चुकी थी, क्योंकि सब काम उनकी इच्छा से नहीं हो पाया था। शायद इसीलिए मासिक पत्र के प्रकाशन और लेखकों की सहकारी प्रकाशन-संस्था की बात उठाई ही नहीं गई, जिस पर शुरू से पूरा जोर दिया जा रहा था।

संपर्क-समिति में सर्वसम्मति से कुछ नाम और जोड़े गए और उसका गठन इस प्रकार किया गया :

केंद्रीय संयोजन : केदारनाथ अग्रवाल तथा रणजीत।

सदस्य : उत्तर प्रदेश से ललितमोहन अवस्थी, सव्यसाची, अमरकांत, त्रिलोचन शास्त्री, धूमिल और रामगोपाल सिंह चौहान। राजस्थान से विश्वंभरनाथ उपाध्याय और विजेंद्र। बिहार से सुरेंद्र चौधरी, कन्हैया, चंद्रभूषण तिवारी, खगेंद्र प्रसाद ठाकुर, नागार्जुन और श्यामसुंदर घोष। दिल्ली से शिवदान सिंह चौहान, राजीव सक्सेना, रमेश उपाध्याय, आनंद प्रकाश और कर्णसिंह चौहान। मध्य प्रदेश से भगवतशरण उपाध्याय और वेणुगोपाल। महाराष्ट्र से सनतकुमार। बंगाल से कपिल आर्य।

अन्य क्षेत्रों से सदस्यों को चुनने का अधिकार इस समिति को दिया गया। सम्मेलन में स्वीकृत वक्तव्य और कार्यक्रम इस प्रकार हैं :

वक्तव्य

प्रगतिशील हिंदी लेखन की एक अटूट धारा रही है। प्रतिगामी शक्तियों ने इस जन-चेतना को समय-समय पर सुखाने या सीमित करने का प्रत्यन किया है। लेकिन सामाजिक और राजनैतिक मुक्ति की सहज कामना ने, प्रतिक्रियावादी ताकतों से निरंतर युद्ध किया

है। इस शताब्दी के चतुर्थ दशक में साहित्य में यह जनवादी संघर्ष प्रगतिवादी सृजन और चिंतन के रूप में प्रकट हुआ था जो तबसे मात्रा और गुण के नए-नए क्षितिज छूता हुआ बराबर अग्रगामी रहा है। पाँचवें और छठे दशक में प्रतिक्रियावादी रुझान रूपवाद और व्यक्तिवाद के आकार में अत्यधिक सक्रिय हुए। ऐसा लगा था कि रूपवाद और व्यक्तिवाद ने हमेशा के लिए प्रगतिवादी मूल्यों और आदर्शों को पराजित कर दिया है। तरह-तरह के उपायों से सामाजिक-राजनैतिक क्रांति की आकांक्षा को कुंठित किया गया। प्रगतिवाद को असाहित्यिक तक घोषित कर दिया गया। लेकिन रूपवाद की सभी चुनौतियों को स्वीकार करके प्रगतिकामी लेखकों ने नवलेखन का पुनः नेतृत्व किया है और व्यक्तिवादी, साम्राज्यवादी शिविरों के अनुगामी या पृष्ठ-पोषकों को पीछे धकेल दिया है। सातवें दशक के रचनाकारों के तेजस्वी और विद्रोही लेखन ने जन-समर्थक दृष्टियों और संवेदनाओं को इतने साहसिक स्वर में व्यक्त किया है कि देश के यथास्थितिशील तत्त्व हतप्रभ हो गए हैं। प्रगतिशील हिंदी साहित्यकारों के इस सम्मेलन में प्रगतिकामी और प्रतिक्रियावादी शक्तियों के द्वंद्व में प्रगतिशील चेतना और सृजन की विजय का प्रतिफलन हुआ है और इस दृष्टि से यह सम्मेलन साहित्य और समाज में जनवादी संघर्ष के एक ऐतिहासिक मोड़ को रेखांकित करता है। सप्तम दशक में देशी-विदेशी जन-विरोधी शक्तियों से आम आदमी के पक्षधर तत्त्वों ने लगातार टक्करें ली हैं। प्रगतिशील हिंदी साहित्यकारों के इस सम्मेलन में यही नया जन-उभार प्रतिबिंबित हुआ है।

किंतु इन उपलब्धियों से रचनाकार आत्मतुष्ट नहीं हो सकते, विशेषकर इसलिए कि पुरानी सामंती रूढ़ियों, अंधविश्वासों, सांप्रदायिक भावनाओं, जात-पाँत, क्षेत्रीयता तथा भाषागत संकीर्ण मनोवृत्तियों के उन्मूलन और उनके विरुद्ध समाजवादी जीवन-मूल्यों के विकास में साहित्य को बड़ी भूमिका अदा करनी है।

संयोजित एवं नियोजित आर्थिक विकास के नाम पर पिछले पच्चीस वर्षों से हमारे देश को जिस मिश्रित अर्थनीति के रास्ते पर ले जाया जा रहा है, उसने इजारेदार पूँजीवाद को बढ़ावा दिया है, जिसने देश की संपूर्ण अर्थव्यवस्था, राजनीति, समाज व्यवस्था और सांस्कृतिक विकास को अपने फौलादी पंजे में जकड़ लिया है। सारा देश आज इस भयावह स्थिति से उत्पन्न संत्रास, वैषम्य, अन्याय और शोषण से उत्पीड़ित है। प्रगतिशील साहित्यकारों का यह सम्मेलन इस भयावह स्थिति को बेनकाब करने और उसे तोड़ने का आवाहन करता हुआ समाजवादी विकास की ठोस नींव डालने का आग्रह करता है।

अभिव्यक्तिवादी और नास्तिवादी विचारधाराएँ काफी व्यापक हैं, जो अक्सर उग्र और क्रांतिकारी लगनेवाले मुहावरों की आड़ में जन-संघर्षों की निरर्थकता, मनुष्य की असहायता और विवशता की भावनाएँ फैला कर लोक-चेतना को निरस्त करने का प्रयत्न करती हैं और राष्ट्रीय पैमाने पर पूँजीवादी व्यवस्था और अंतरराष्ट्रीय पैमाने पर साम्राज्यवादी व्यवस्था को अप्रत्यक्ष रूप से बल पहुँचाती हैं। देश को पिछड़ेपन से मुक्त

करने की आकांक्षावश कुछ रचनाकार पश्चिम की तथाकथित आधुनिकतावादी विचारधाराओं को स्वीकार कर रहे हैं, जिनका सारतत्त्व समसामयिक यथार्थ से पलायन है। वे जीवन की निरर्थकता सिद्ध करते हैं, परमाणविक युग में मानवता को मौत के कगार पर खड़े हुए बता कर संघर्ष और परिवर्तन की भावना को अर्थहीन बताते हैं। वे इस स्थिति के संत्रास और आतंक से व्यक्ति को नहीं, पूरे-के-पूरे देशों को ब्लैकमेल करने का प्रयास करते हैं, वियतनाम और बांगलादेश के मुक्ति-संग्रामों के विरुद्ध इस आतंक का प्रयोग करने का प्रयत्न इसका साक्षात् उदाहरण है। वे अजनबीपन को मनुष्य की शाश्वत स्थिति सिद्ध कर और हर व्यवस्था में मनुष्य के दमित-पीड़ित रहने की नियति का चित्र खींच कर नया समाज रचने की सामर्थ्य में मनुष्य का विश्वास समाप्त करने का प्रयत्न करते हैं। सम्मेलन का मत है कि ये पूँजीवादी और यथास्थितिवादी विचारधाराएँ रचना-प्रक्रिया को अनुभववादी समीक्षा-पद्धति से अनुकूलित करती हैं। अनुभववाद माँग करता है कि साहित्यकार अपने को निजी भोगे हुए यथार्थ तक सीमित रखे और उसकी अनुभूति नितांत वैयक्तिक हो। इन विचारों का पोषण कर वे प्रयत्न करते हैं कि लेखक यथार्थ जगत् से कट जाए और समस्याओं के निराकरण के लिए सामाजिक संघर्ष के बोध तक न बढ़े। अनुभववादी समीक्षा-पद्धतियाँ मनुष्य की एक-आयामी अवधारणा पर आधारित हैं और यथास्थिति की रक्षा करना उनका उद्देश्य है, इसलिए उनको परास्त करना आवश्यक है।

सम्मेलन का मत है कि आज साहित्य के लिए मूल रूप से प्रासंगिक है साम्राज्यवादी, पूँजीवादी और सामंती मूल्यों से मुक्ति का प्रश्न, और यही साहित्य को क्रांतिकारी सारतत्त्व और दीर्घ जीवन दे सकता है। सम्मेलन का मत है कि इन मूल्यों के विरुद्ध संघर्ष के आधार पर सभी प्रगतिकामी लेखकों को एक होना चाहिए। इस सम्मेलन में कोई तात्कालिक और दलगत स्वार्थ इस तरह आड़े नहीं आना चाहिए, जिससे कि विरोधी धाराओं को बल मिले। मतभेदों और साहित्य के मूल्यांकन के विषय में आपसी मैत्रीपूर्ण विचार-विनिमय का द्वार हमेशा खुला रहना चाहिए।

सम्मेलन का मत है कि जहाँ लेखकों की सुसंगत एकता महत्त्वपूर्ण है, वहाँ अभिव्यक्ति और शिल्प के मामले में वैविध्य और वैशिष्ट्य का भी कलात्मक विकास के लिए अत्यंत महत्त्व है। इस सिलसिले में यह ध्यान देने योग्य है कि जहाँ प्रतिक्रियावादी लेखक अपनी सड़ी-गली मानव-द्रोही प्रवृत्तियों पर शिल्प का मुलम्मा चढ़ा कर उन्हें आकर्षक बनाने का प्रत्यन करते हैं, वहाँ सामाजिक क्रांति का समर्थक लेखक यथार्थ-बोध और संवेदनशीलता को गहराने के लिए शिल्प का प्रयोग करता है।

यह सम्मेलन घोषित करता है कि हम प्रगतिशील साहित्यकार मानववाद के महान् आदर्शों के अनुकूल विचारों और अभिव्यक्ति की पूरी स्वतंत्रता में विश्वास करते हैं, और उसका समर्थन करते हैं। क्योंकि हम जानते हैं कि वास्तविकता एक बहुपक्षीय और जटिल वस्तु है और उसकी व्याख्या में वस्तु तथा रूपाकार की अनेक विभिन्नताएँ संभव हैं, इसलिए हम यह घोषित करते हैं कि हम हमेशा साहित्यकारों एवं कलाकारों पर,

जो अपनी दृष्टि और कला के प्रति ईमानदार रहते हुए सच्चाई के (जैसा कि वे उसे देखते हैं) साक्षी बनते हैं, सैद्धांतिक एकसारता आरोपित करने के प्रयत्नों का हमेशा विरोध करते रहेंगे।

यह सम्मेलन धर्मनिरपेक्षता की निष्क्रिय गांधीवादी धारणा को अपर्याप्त समझते हुए यह मानता है कि उससे हमारे बहुजातीय और बहुधर्मीय उपमहाद्वीप की सामाजिक-सांस्कृतिक समस्याओं का कोई समाधान नहीं निकल सकता। देश के दुर्भाग्य से धर्मनिरपेक्षता की धारणा को लगभग 'बहुधर्म-सापेक्षता' की धारणा में बदल दिया गया और इस सच्चाई को नहीं समझा गया कि धर्मनिरपेक्षता की लड़ाई भी जनता की एक क्रांतिकारी लड़ाई है। प्रगतिशील साहित्यकारों का यह सम्मेलन घोषित करता है कि हम 'धर्म' नामक इस कुसंस्कार के विरोधी हैं और अपनी रचनाओं के द्वारा इससे जुड़े रूढ़िवाद, अंधविश्वास और मनुष्य-मनुष्य के बीच भेदभाव के विरुद्ध अनवरत संघर्ष करते रहेंगे।

कार्यक्रम

इस संदर्भ में हम प्रगतिशील लेखकों के समक्ष यह कार्यक्रम प्रस्तुत करते हैं :

(1) शिक्षा-संस्थानों, व्यक्तिवादी मूल्यों के प्रेरक साहित्य-सिद्धांतों, साम्यवाद-विरोधी विचारधाराओं आदि के द्वारा हमारे राष्ट्र के जीवन में साम्राज्यवादी सांस्कृतिक मूल्यों को प्रतिष्ठित करने के प्रयासों का विरोध।

(2) सामंती व्यवस्था के अवशेषों–अंधविश्वासों, धार्मिक रूढ़ियों, सांप्रदायिक विचारों, पुनरुत्थानवादी मान्यताओं तथा विवेकहीन अवैज्ञानिक धारणाओं का विरोध।

(3) पिछले चौबीस वर्षों के दौरान समाजवादी घोषणाओं के बावजूद शासकवर्ग द्वारा हमारे देश में विकसित किए जा रहे पूँजीवाद का विरोध।

(4) सांस्कृतिक संस्थानों, अकादमियों, पत्र-पत्रिकाओं तथा प्रेस और सूचना के अन्य माध्यमों पर इजारेदार घरानों के एकाधिपत्य का विरोध।

(5) शासकवर्ग द्वारा किए जा रहे लेखकीय स्वतंत्रता के प्रतिरोध और दमन का विरोध।

इसके लिए हम निश्चय करते हैं कि यह संगठन

(1) लेखकों में वैज्ञानिक समझ का विकास करे और उसके आधार पर इतिहास को परीक्षित-परिभाषित करते हुए सही सामाजिक परिप्रेक्ष्य प्रदान करे।

(2) सांस्कृतिक परंपरा में स्वस्थ मानवीय तत्त्वों को अंध व संकीर्ण मान्यताओं से अलग कर पुनः व्याख्यायित करे।

(3) प्रगतिशील दृष्टि से सौंदर्यशास्त्र व साहित्य के मान-मूल्यों की पद्धति का

विकास करे।

(4) प्रगतिशील दृष्टि से साहित्य के इतिहास-लेखन का प्रयास किया जाए, विशेष रूप से स्वाधीनता-आंदोलन के दौरान जन-आंदालनों के संदर्भ में।

(5) लेखकों को आर्थिक और राजनीतिक मुक्ति के लिए संघर्ष कर रहे वर्गों से जुड़ने और उनके संघर्षों को अभिव्यक्ति और दिशा देने के लिए प्रेरित किया जाए।

(6) पूँजीवादी संस्कृति के विरुद्ध हम सर्वहारा संस्कृति के विकल्प का लक्ष्य सामने रख, जनवादी संस्कृति के मार्ग द्वारा उस तक पहुँचने का प्रयास करें।

यह सम्मेलन आह्वान करता है कि मैत्रीपूर्ण विचार-विनिमय, एक-दूसरे के रचनात्मक सहयोग और सहकारी रीति से लघु पत्रिकाओं तथा प्रकाशन-व्यवस्था के लिए लेखकों को स्थानीय, क्षेत्रीय तथा अखिल भारतीय पैमाने पर अपने संगठन बनाने चाहिए।

साहित्यकार अपने संगठनों से जनता तक साहित्य को ले जाने, साहित्यकारों और पाठकों के बीच विचार-विनिमय आयोजित करने तथा नाटक और सांस्कृतिक आयोजन करने में सक्रिय रूप से भाग लें। साथ ही प्रगतिशील साहित्यकारों को संगठित रूप से प्रतिक्रियावादी आक्रमणों तथा हमारी पाँतों में फूट डालने के प्रयासों का मुकाबला करना चाहिए और इस संघर्ष में एक-दूसरे की सहायता करनी चाहिए।

(अप्रैल, 1973)

प्रगतिशील साहित्य पर पुनर्विचार

इधर हिंदी में प्रगतिशील साहित्य के आंदोलन का एक नया उभार देखने में आ रहा है, जो पुराने प्रगतिशील आंदोलन से भिन्न किंतु उसी की परंपरा में होने के कारण उससे संबद्ध भी है। नई पीढ़ी के बहुत-से लेखकों ने प्रतिबद्ध होकर रचना तथा आलोचना में प्रवेश किया है और पुरानी पीढ़ियों के प्रगतिशील लेखक पुनः एक नए उत्साह के साथ सक्रिय हुए हैं। कई प्रगतिशील, जनवादी और वामपंथी साहित्यिक पत्रिकाओं का प्रकाशन आरंभ हुआ है, जनता के लिए नाटक करनेवाली नाट्य-मंडलियाँ अस्तित्व में आई हैं और कुछ नए साहित्यिक मंच बने हैं, जो समय-समय पर महत्त्वपूर्ण विषयों पर साहित्यिक गोष्ठियों अथवा सम्मेलनों का आयोजन करने लगे हैं।

दिल्ली और आसपास के क्षेत्रों में यह नई साहित्यिक सरगर्मी बहुत-से लोगों को प्रभावित कर रही है। उदाहरण के लिए 1973 में हुए बाँदा सम्मेलन में बनी संपर्क-समिति वाले पाँच सदस्यों (शिवदान सिंह चौहान, राजीव सक्सेना, रमेश उपाध्याय, आनंद प्रकाश और कर्णसिंह चौहान) ने दिल्ली में रमेश उपाध्याय के संयोजकत्व में 'जनवादी लेखक मंच' की नियमित साहित्यिक गोष्ठियाँ आयोजित करनी शुरू की हैं, जिनमें अनेक महत्त्वपूर्ण विषयों पर विचार-विमर्श के साथ-साथ रचना-पाठ के भी कार्यक्रम होते हैं और काफी बड़ी संख्या में लेखक और साहित्य-प्रेमी श्रोता उपस्थित होते हैं। दिल्ली से आनंद प्रकाश, रमेश उपाध्याय और राजकुमार शर्मा के संपादन में 'युग-परिबोध' नामक पत्रिका निकली है, जिसका हिंदी जगत् में अच्छा स्वागत हुआ है। पिछले कई वर्षों से दिल्ली का जन नाट्य संघ (इप्टा) लगभग निष्क्रिय-सा था, लेकिन इधर 'जन नाट्य मंच' नामक एक नई नाट्य-संस्था अस्तित्व में आई है, जिसके नाटक 'भारत-भाग्य-विधाता' (लेखक : रमेश उपाध्याय) और 'बकरी' (लेखक : सर्वेश्वर दयाल सक्सेना) काफी प्रसिद्ध हुए हैं और अनेक बार मंचित हो चुके हैं ।

इस नए प्रगतिशील आंदोलन का एक महत्त्वपूर्ण पहलू यह है कि इसके कारण दिल्ली और आसपास के क्षेत्र की शिक्षा-संस्थाओं में प्रगतिशील साहित्य के प्रति दिलचस्पी पैदा हुई है और बहुत-से शिक्षक तथा छात्र इससे प्रभावित हो रहे हैं ।

उदाहरण के लिए रमेश उपाध्याय द्वारा बच्चों के लिए लिखा गया गया नाटक 'तमाशा' दिल्ली के कई स्कूलों में वहाँ के शिक्षकों तथा छात्रों द्वारा मंचित किया गया है और बड़ों के लिए लिखे गए नाटक 'भारत-भाग्य-विधाता' का पहला मंचन दिल्ली विश्वविद्यालय के किरोड़ीमल कॉलेज में हुआ और बाद में अन्य अनेक स्थानों पर। इसके अलावा अनेक साहित्यिक गोष्ठियों का आयोजन दिल्ली विश्वविद्यालय के कई कॉलेजों में होने लगा है। संयोग से दिल्ली के 'जनवादी लेखक मंच' के पाँच में से तीन सदस्य दिल्ली विश्वविद्यालय के तीन कॉलेजों में प्राध्यापक हैं–रमेश उपाध्याय कॉलेज ऑफ वोकेशनल स्टडीज़ में, आनंद प्रकाश हंसराज कॉलेज में और कर्णसिंह चौहान सत्यवती कॉलेज में। इनके प्रयासों से इनके कॉलेजों में लेखकों को आमंत्रित करके शिक्षकों और छात्रों की उपस्थिति में साहित्यिक गोष्ठियाँ करने का एक सिलसिला शुरू हुआ है, जिससे प्रगतिशील और जनवादी साहित्य से संबंधित अनेक महत्त्वपूर्ण विषयों पर चर्चा शुरू हुई है। कहीं साहित्य और नैतिकता के प्रश्न पर चर्चा हो रही है, कहीं साहित्य के व्यवसायीकरण और साहित्यिक पत्रिकाओं की भूमिका पर, तो कहीं मुक्तिबोध के साहित्य पर। दिल्ली विश्वविद्यालय में नियमित गोष्ठियाँ आयोजित करनेवाली 'प्रगति' नामक संस्था तो प्रगतिशील और जनवादी साहित्य से संबंधित अनेक महत्त्वपूर्ण विषयों पर कई गोष्ठियाँ कर चुकी है।

इधर दिल्ली और उत्तर प्रदेश की सीमा पर स्थित साहिबाबाद के लाजपतराय स्नातकोत्तर महाविद्यालय ने भी गत वर्ष (1975) से एक वार्षिक प्रगतिशील लेखक सम्मेलन शुरू किया है । इसके पहले सम्मेलन के निमंत्रण-पत्र में लिखा था :

"हिंदी के प्रगतिशील लेखन में कुछ ऐसे चिंतन-स्वर उभरे हैं, जिन पर आज पुनर्विचार की आवश्यकता है। मसलन सर्वहारा चिंतन के परिप्रेक्ष्य में आज के प्रगतिशील लेखन का मुख्य स्वर विश्लेषणात्मक और विचारपरक हो या प्रचारात्मक। कुछ लोग आज के संकट के संदर्भ में जनता को संबोधित करते हुए सीधे संघर्ष में शामिल होने की बात करते हैं और कुछ दूसरे ऐसी विचार-प्रक्रिया शुरू करने की बात करते हैं, जिसमें जनता सही समझ विकसित करती हुई सामाजिक परिवर्तन में शरीक हो--यानी साहित्य में राजनीतिक चिंतन और राजनीतिक व्यवहार का सही संबंध स्थापित करते हुए आज वैज्ञानिक चिंतन, विश्लेषण, शिक्षा और अध्ययन पर जोर दिया जाए अथवा आंदोलनात्मक स्वर पर । इस तरह के विषयों पर पुनर्विचार करने की जरूरत शायद इसलिए भी है कि आज शोषकवर्गीय नीति का एक पैंतरा जहाँ संकट से उत्पन्न आक्रोश को अंधलोकवादी ढाँचे में ढाल कर गुमराह करने के लिए लगातार सक्रिय है, वहीं दूसरा पैंतरा लोगों में राजनीति मात्र के लिए घृणा और वितृष्णा पैदा करना अपना अभीष्ट मानता है। उपर्युक्त शोषकवर्गीय नीति व्यवहार और चिंतन के बीच पृथक्ता स्थापित करती हुई सामाजिक व्यवहार को अंधलोकवाद और निष्क्रिय नियतिवाद रूपी दो परस्पर विरोधी धाराओं में मोड़ने की है। प्रगतिशील शक्तियाँ किस प्रकार इस समस्या का सामना करती हैं और आज के विशिष्ट सांस्कृतिक संदर्भ में किन विशिष्ट चीजों

पर जोर देती हुई क्या रणनीति तय करती हैं, यह अब भी एक ज्वलंत प्रश्न है।''

इस प्रकार की अन्य कई बातों को विचारार्थ प्रस्तुत करते हुए परिपत्र में बहस का मुद्दा इस रूप में रखा गया था कि ''प्रश्न है : लेखक-विचारक किस प्रकार एक व्यापक राजनीतिक संघर्ष का हिस्सा बनें और लेखन को किस तरह अधिक सार्थक और प्रभावी बनायें?'' इस आशय के साथ आयोजित किये गये इस सम्मेलन में सभी रंगतों के नये-पुराने पचास प्रगतिशील लेखकों ने सोत्साह भाग लेकर इसे एक अच्छा प्रगतिशील लेखक सम्मेलन बना दिया । आयोजन पूरे दिन का था, जिसमें 'प्रगतिशील लेखन : आज का संदर्भ' विषय पर हुई दो बैठकों में क्रमशः 'संदर्भगत विश्लेषण' और 'स्वातंत्र्योत्तर रचनात्मक लेखन' पर जम कर विचार-विमर्श हुआ।

सम्मेलन का उद्घाटन करते हुए प्रख्यात इतिहासकार विपिन चंद्र ने कहा कि आज साहित्य में पुराने प्रगतिवाद को पुनर्जीवित करना गलत होगा, क्योंकि 1947 से पहले की सामाजिक-राजनीतिक परिस्थितियों से आज की परिस्थितियाँ बहुत भिन्न हैं। पहले के औपनिवेशिक परिवेश में ही 1947 के बाद पूँजीवाद विकसित करने की जो कोशिश भारत में की गई, उसके चलते नई व्यवस्था ने हर बुरी चीज को अतीत की देन और हर अच्छी चीज को पूँजीवाद के वरदान के रूप में प्रचारित किया, लेकिन बुराइयों को दूर करने के बजाय उन्हें बरकरार रखा और पूँजीवादी शोषण के लिए उनका इस्तेमाल किया। इसलिए साहित्य में उन बुराइयों से लड़ने का तरीका आज पुराने प्रगतिवादी लेखकों वाला तरीका नहीं हो सकता। उदाहरण के लिए जात-पाँत के विरोध का आज वह मतलब नहीं है, जो पुराने प्रगतिवादी लेखक समझते थे; आज के लेखकों को जात-पाँत के माध्यम से किये जानेवाले पूँजीवादी शोषण के विरुद्ध लड़ना होगा।

स्वातंत्र्योत्तर भारत में आए हुए परिवर्तनों को रेखांकित करते हुए विपिन चंद्र ने कहा कि इस काल में पूँजीवादी व्यवस्था ने मध्यम वर्ग का विस्तार किया है और उसे तरह-तरह के फायदे पहुँचा कर अपने हित में नियोजित किया है, जिसका परिणाम यह हुआ है कि उग्रतावादी (रैडिकल) मध्यम वर्ग भी शासक वर्गों का ही एक हिस्सा बन गया है । व्यवस्था ने क्रांतिकारिता को भी अपने में जज्ब कर लेने की क्षमताएँ बढ़ा ली हैं। आज के लेखक को इस जाल में फँसने से अपने-आपको बचाने की जरूरत है। साथ ही उसे यह समझने की आवश्यकता है कि वर्तमान भारतीय समाज बहुत ही जटिल और संश्लिष्ट है। इस समाज का संकट चौतरफा है। यह संकट आर्थिक और राजनीतिक ही नहीं, वैचारिक और सांस्कृतिक भी है । इसलिए लेखक का उत्तरदायित्व कई गुना अधिक बढ़ गया है ।

उद्घाटन के बाद शुरू हुई पहली बैठक में भीष्म साहनी और आनंद प्रकाश ने निबंध-पाठ किया। भीष्म साहनी ने साहित्य की प्रगतिशील दृष्टि को व्यापक बनाने का आग्रह किया। उनके अनुसार लेखक साहित्येतर उद्देश्य के लिए नहीं लिखता । साहित्य-सृजन के कुछ नैसर्गिक गुण होते हैं, जैसे संघर्ष, आस्था, रागात्मकता, सद्भावना, सत्यप्रियता, न्यायप्रियता आदि। प्रगतिशील लेखक भी इन गुणों के बिना

रचना नहीं कर सकता। केवल विचार या सिद्धांत से रचना नहीं होती । हाँ, वर्ग-संघर्ष के परिप्रेक्ष्य से लेखक का मानवीय दृष्टिकोण और ज्यादा व्यापक और गहरा हो जाता है । साहित्य मूल्य देता है। रचना में विचार निहित होते हैं। लेकिन ये मूल्य और विचार रचना के अंग बन कर ही आने चाहिए। फार्मूलावादी होना गलत ही नहीं, गैरमार्क्सवादी भी है।

आनंद प्रकाश ने सामाजिक संबंधों में बदलाव की सापेक्षता में आजादी से पहले और बाद के साहित्य का तुलनात्मक अध्ययन प्रस्तुत करते हुए यह साबित किया कि आजादी के बाद के साहित्य का परिप्रेक्ष्य मुख्यतः मध्यवर्गीय रहा है। मध्यवर्गीय दृष्टि की सीमाओं से उबर कर सर्वहारा दृष्टि को अपनाने के वैसे सफल प्रयत्न बहुत कम हुए, जैसे आजादी से पहले प्रेमचंद के साहित्य में देखने को मिलते हैं।

विपिन चंद्र के उद्घाटन-भाषण और निबंधों पर जोर-शोर से बहस शुरू हुई। बहस में यह सवाल उठाया गया कि प्रगतिशील लेखक की प्राथमिकता सांस्कृतिक कार्य है अथवा क्रांति? विपिन चंद्र ने इस प्रश्न का उत्तर देते हुए कहा कि दोनों कामों को अलग करके नहीं देखा जाना चाहिए। प्रगतिशील साहित्य का सृजन या जनता को सही समझ देनेवाले कार्य भी क्रांति के ही काम हैं और उन्हें करना निहायत जरूरी है। ओमप्रकाश ग्रेवाल ने इसी प्रश्न का उत्तर एक प्रतिप्रश्न से देते हुए कहा कि यदि सर्वहारा द्वारा सत्ता के अधिग्रहण के लिए निर्णायक लड़ाई की परिस्थिति आ गई तो निश्चय ही वह लड़ाई लेखकों के लिए भी प्राथमिक होगी, लेकिन क्या वह निर्णायक दौर भारत में इस समय है? नामवर सिंह ने सांस्कृतिक कार्य की अवहेलना करने वाले लोगों के बारे में कहा कि ऐसे लोग वास्तव में अपनी साहित्यिक निष्क्रियता, अकर्मण्यता और असमर्थता को राजनीतिक लफ्फाजी से ढँकने की कोशिश करते हैं। बहस में डी॰ आर॰ चौधरी, सुधीश पचौरी, चंचल चौहान, इब्बार रब्बी, कुलदीप सलिल, भीष्म साहनी, रमेश उपाध्याय और गोपाल कृष्ण कौल ने भी हिस्सा लिया।

दूसरी बैठक में ओमप्रकाश ग्रेवाल तथा रमेश उपाध्याय ने क्रमशः स्वातंत्र्योत्तर कविता और स्वातंत्र्योत्तर कथासाहित्य पर अपने निबंध पढ़े । अध्यक्षता नामवर सिंह ने की। ग्रेवाल ने आजादी के बाद की काव्य-प्रवृत्तियों का विश्लेषण प्रस्तुत करते हुए इस दौर की वाम कविता के स्वरूप को स्पष्ट किया। उन्होंने कहा कि आज की वाम कविता अभी तक अपने-आपको 'अकविता' के नग्न प्रकृतवाद, पाशविकता, विवेकहीनता, अमानवीयता आदि दोषों से पूरी तरह मुक्त नहीं कर पाई है। उन्होंने यथार्थवाद को गंभीरतापूर्वक समझ कर अपनाने की बात पर जोर देते हुए उदाहरण के तौर पर कहा कि किसान के दृष्टिकोण में भी यथार्थवाद होता है, लेकिन साहित्य में किसान के दृष्टिकोण को अपनाने के स्थान पर उसे वैज्ञानिक तरीके से परखना जरूरी है।

रमेश उपाध्याय ने अपने निबंध में 'अकहानी' के बाद हुए प्रगतिशील बदलाव की चर्चा करते हुए एक तरफ सही जनवादी कथासाहित्य को रेखांकित किया और दूसरी तरफ प्रगतिशीलता की आड़ में चलनेवाले 'समांतर कहानी' जैसे आंदोलनों के पीछे

छिपी बुर्जुआ प्रवृत्तियों को बेनकाब किया । उन्होंने कहा कि प्रगतिशील कथासाहित्य का विकास अपेक्षाकृत कम हुआ है। उसका विकास मात्रा और गुण दोनों ही दृष्टियों से किया जाना आवश्यक है।

इन निबंधों पर बहस की शुरूआत करते हुए रामदरश मिश्र ने कहा कि प्रगतिशील आलोचक जिस ढंग से साहित्य को प्रगतिशील और प्रतिक्रियावादी कह कर वर्गीकृत करते हैं, उसमें बहुत-सी ऐसी कृतियाँ छूट जाती हैं, जिन्हें प्रगतिशील नहीं कहा जाता, लेकिन जो प्रतिक्रियावादी भी नहीं हैं; इसलिए प्रगतिशीलता की व्यापक व्याख्या होनी चाहिए। प्रगतिशील साहित्य के कई 'शेड्स' हो सकते हैं। यदि कोई रचना आंशिक रूप से भी सामाजिक यथार्थ को प्रस्तुत करती है तो हमें उसे खारिज नहीं कर देना चाहिए। इस बहस में सुधेश, नरेंद्र मोहन, हरदयाल, जोगेंद्र, माहेश्वर, बलदेव वंशी, रमेश रंजक और अशोक चक्रधर ने भी हिस्सा लिया।

अपने अध्यक्षीय भाषण में नामवर सिंह ने कहा कि साहित्य में आज का प्रगतिशील आंदोलन नक्सलबाड़ी आंदोलन की देन है। 1962 के बाद नेहरू-युग के साथ 'नई कविता' का युग भी समाप्त हो गया था। तेलंगाना आंदोलन की असफलता का लाभ अज्ञेय जैसे लोगों ने उठाया और 'नई कविता' तथा 'नई कहानी' के दौर तक वे जनवादी शक्तियों की पस्ती का लाभ उठा कर साहित्य को जनता से काटते रहे । उसके बाद 'अकविता' और 'अकहानी' के आंदोलन आते हैं, जिनकी मूल प्रेरणा एक ही है-संशयवाद और 'सिनिसिज़्म' पनपा कर जीवन को नकारने की । ऐसी रुग्ण प्रवृत्तियों के बाद एकदम स्वस्थ प्रगतिशील साहित्य का दौर आना संभव न होता यदि नक्सलबाड़ी आंदोलन ने देश को झकझोर न दिया होता । अब यह दौर आया है तो प्रगतिशील लेखकों को चाहिए कि वे आपसी मतभेदों को भुला कर जनवादी लेखन की इस नई लहर का भरपूर लाभ उठाते हुए प्रगतिशील साहित्य को आगे बढ़ाएँ, गलत बहसों में पड़ कर इस ऐतिहासिक क्षण को गँवाएँ नहीं।

इस प्रकार गत वर्ष साहिबाबाद का यह सम्मेलन लेखकों की सहभागिता और बहस की गंभीरता की दृष्टि से खूब सफल रहा ।

इस वर्ष 4 और 5 जनवरी (1976) को साहिबाबाद के उसी महाविद्यालय में प्रगतिशील लेखकों का दूसरा सम्मेलन हुआ । इस बीच देश में अपात-स्थिति लागू हो जाने से लेखकों को आशंका थी : क्या इस बदली हुई परिस्थिति में वैसा ही सम्मेलन इस वर्ष भी हो सकेगा? क्या इस वर्ष भी प्रगतिशील लेखक निर्भय होकर आएँगे और खुल कर अपने विचार प्रकट कर सकेंगे? लेकिन सम्मेलन हुआ और पिछले वर्ष की तुलना में काफी बड़ा सम्मेलन हुआ। इस वर्ष केवल दिल्ली और आसपास के लेखकों को ही नहीं, और केवल हिंदी के लेखकों को ही नहीं, बल्कि अखिल भारतीय स्तर पर और विभिन्न भाषाओं के लेखकों को भी जुटाने का प्रयास किया गया था।

हालाँकि सम्मेलन का उद्घाटन भारत सरकार के उद्योग एवं संभरण राज्यमंत्री बुद्धिप्रिय मौर्य ने किया और पुलिस तथा खुफिया पुलिस की कड़ी निगरानी आरंभ से

अंत तक बनी रही, फिर भी सम्मेलन में उपस्थित वक्ताओं और श्रोताओं के चेहरों पर आपातकाल के आतंक का कोई चिह्न नहीं था। महाविद्यालय के एक प्राध्यापक बिशन लाल गौड़ ने अपने स्वागत-भाषण में पहले ही यह कह कर निर्भीकता का वातावरण बना दिया था कि साहिबाबाद औद्योगिक क्षेत्र के अंतर्गत है, जहाँ अदम्य मजदूर वर्ग हर प्रकार के संकट में सतत संघर्षशील रहता है । उससे महाविद्यालय के शिक्षक तथा छात्र समुदाय को भी साहसपूर्वक संघर्ष करने की प्रेरणा मिलती है। अतः आमंत्रित साहित्यकार निर्भय तथा निश्शंक होकर विचार-विमर्श करें ।

4 जनवरी को सुबह सम्मेलन का उद्घाटन समारोह हुआ, जिसमें बुद्धिप्रिय मौर्य के अलावा पद्मभूषण सूरजभान, मेरठ विश्वविद्यालय के उपकुलपति ब्रह्मस्वरूप माथुर, कथाकार भीष्म साहनी और आलोचक नामवर सिंह के भाषण हुए।

बुद्धिप्रिय मौर्य ने उद्घाटन भाषण में कहा कि स्वतंत्रता के बाद भारत का लक्ष्य एक समाजवादी समाज की स्थापना करना था, किंतु वह लक्ष्य पूरा नहीं हो पाया। गरीब और अमीर का फासला बढ़ता गया और देश में ऐसी शक्तियाँ उभर आईं, जिनसे लोकतंत्र खतरे में पड़ गया और आपात-स्थिति लागू की गई । लेकिन डंडे के इशारे पर चलनेवाला समाज इंसानों का नहीं, बंदरों का समाज होता है । हमें उसे इंसानों का समाज बनाना है और इस कार्य में प्रगतिशील लेखकों की एक महत्त्वपूर्ण भूमिका हो सकती है ।

भीष्म साहनी ने कहा कि जिस प्रकार देश को पीछे मुड़ कर देखने और आगे बढ़ने की आवश्यकता होती है, उसी प्रकार लेखकों को भी समाज के इतिहास और भविष्य पर अपनी दृष्टि रखनी चाहिए । अंग्रेजों से हमें विरासत में एक ऐसा बुद्धिजीवी समुदाय मिला है, जो अपने देश की संस्कृति, भाषा और जनता से कटा हुआ है तथा पश्चिमी देशों की विचारधारा को प्रचारित करके साम्राज्यवाद को मजबूत करता है । लेकिन परंपरा की अहितकर चीजों के साथ-साथ हमने साहित्य की एक शानदार विरासत भी पाई है । इस परंपरा का लेखक अपने साहित्य में जीवन को अभिव्यक्त करता है और क्योंकि वह सामाजिक अंतर्विरोधों को जानता है, इसलिए प्रगतिशील शक्तियों का समर्थन और विघटनकारी शक्तियों का विरोध करता है। पिछले पचास वर्षों में हमारा लेखक समाज की विसंगतियों से अधिकाधिक परिचित होता गया है । प्रेमचंद की प्रगतिशील परंपरा अधिकांशतः आज भी अपनाई जा रही है। यदि आज के साहित्य में प्रेमचंद-साहित्य से अधिक बेचैनी पाई जाती है तो इसका कारण यह है कि आज का लेखक अपने परिवेश और जनता से ज्यादा जुड़ता जा रहा है। इसलिए उस साहित्य का विरोध भी हम तीव्रता से करते हैं, जो लेखक को समाज के लिए उत्तरदायी बनाने के बजाय आत्मनिष्ठ, जनता को भटकानेवाला और समाज-विरोधी बनाता है। पाश्चात्य प्रभावों के बावजूद आज का लेखक अधिकांशतः समाज की यथार्थ तस्वीर पेश कर रहा है, इसलिए उसका भविष्य उज्ज्वल है।

नामवर सिंह ने गत वर्ष के सम्मेलन को याद करते हुए कहा कि पिछले सम्मेलन के समय परिस्थितियाँ कुछ और थीं, आज बदली हुई हैं, लेकिन यह सम्मेलन प्रगतिशील

सम्मेलनों की उसी परंपरा में है, जिसकी शुरूआत आज से चालीस साल पहले प्रेमचंद की अध्यक्षता में हुए सम्मेलन से हुई थी । उन्होंने बुद्धिप्रिय मौर्य के भाषण में राजनीति और साहित्य के पारस्परिक संबंध पर कही गई बातों के संदर्भ में कहा कि प्रगतिशील लेखक हाथीदाँत की मीनार में नहीं रहते, इसलिए सामाजिक समस्याओं पर लेखक और राजनीतिज्ञ दोनों मिल कर विचार कर सकते हैं।

आगे उन्होंने कहा कि देश को चलानेवाले चंद राजनीतिज्ञ नहीं, बल्कि जनता है, और साहित्यकार जनता के साथ खड़ा होकर दो काम कर सकता है : एक तो यह कि जब कथनी और करनी में फर्क होने लगे तो वह उस पाखंड का उद्घाटन करे; और दूसरा यह कि जब जनता का मनोबल टूटे तो वह उसका मनोबल बढ़ाए, उसे अभय की वाणी दे, और यदि आतंक की स्थिति उत्पन्न हो जाय तो जनता के भय को दूर करे । उन्होंने कहा कि आज की भारतीय राजसत्ता अंग्रेजों की राजसत्ता से कम नहीं, बल्कि बहुत अधिक शक्तिशाली है और यदि उसका सदुपयोग किया जाए तो समाज काफी बदल सकता है । यदि ऐसा नहीं होता और राजसत्ता जनहित के विरुद्ध जाती है तो लेखक को उसका विरोध करने का पूरा हक है । हमें यह समझ लेना चाहिए कि विरोध का अर्थ देशद्रोह नहीं होता। हमारा देश स्वाधीन है तो हमारा साहित्य भी स्वाधीन होना चाहिए, लेकिन स्वाधीन साहित्य तभी संभव है, जब देश में जनतंत्र हो। हमारे जनतंत्र पर आज भीतरी और बाहरी अनेक खतरे हैं, और जनतंत्र का खात्मा होता है तो उसका पहला प्रहार कलम पर होता है । इसलिए प्रगतिशील लेखकों के सामने सबसे बड़ा सवाल जनतांत्रिक मूल्यों की रक्षा करने तथा जनतंत्र को सच्चे जनतंत्र या समाजवाद में बदलने का है ।

उद्घाटन-समारोह के बाद साहित्यिक गोष्ठियाँ शुरू हुईं। पहली गोष्ठी का विषय था 'साहित्य की सार्थक भूमिका' । गोष्ठी की अध्यक्षता रमेश कुंतल मेघ ने की । संचालक थे राजकुमार शर्मा। विषय-प्रवर्तन विश्वनाथ त्रिपाठी ने किया और नत्थन सिंह ने निबंध-पाठ किया ।

विश्वनाथ त्रिपाठी ने विषय-प्रवर्तन करते हुए कहा कि साहित्य के शुद्धतावादी आलोचक इस बात पर जोर देते हैं कि साहित्य साहित्य होकर ही अपनी भूमिका निभा सकता है, इसलिए वे रचना के रूप या ढाँचे पर तो बात करते हैं, रचना के विषय पर बात करना अनुचित समझते हैं। उनकी मान्यता यह होती है कि किसी भी विषय पर लिखी गई किसी भी युग की रचना महान् हो सकती है, लेकिन यह मान्यता गलत है। नंददुलारे वाजपेयी को उद्धृत करते हुए उन्होंने कहा कि उत्कृष्ट साहित्य सदैव अपने युग का अनिवार्य साहित्य होता है । यह अनिवार्यता वास्तव में ऐतिहासिक आवश्यकता है । समाज की ऐतिहासिक प्रगति के क्रम में यथार्थ के सही बोध और उसकी अभिव्यक्ति से ही महान् साहित्य का जन्म होता है। ऐसा साहित्य इतिहास को ध्यान में रखते हुए भविष्योन्मुख वर्तमान के लिए लिखा जाता है और अपने युग की सर्वोच्च नैतिकता से संबंधित होता है। इसलिए वह अपने समय की राजनीति से अलग नहीं रह

सकता ।

राजनीति को साहित्य से अलग रखने की बात पर उन्होंने कहा कि यह भी एक राजनीति है और इस प्रकार की बात करनेवाली 'सारिका', 'धर्मयुग', 'दिनमान' आदि पत्र-पत्रिकाएँ यही राजनीति चला रही हैं । ऐसे नारों का अध्ययन शीतयुद्धीय राजनीति के संदर्भ में किया जाना चाहिए । आज यह राजनीति शब्दों को अर्थों से रहित या उनके अर्थों को विकृत करने में सबसे अधिक दिखाई देती है। शब्दों को अर्थों से रहित या विकृत करना फासिज्म को बढ़ावा देता है । उदाहरण के लिए 'क्रांति' शब्द को ही लें। एक तरफ 'हरित क्रांति' (कृषि-उत्पादन के लिए), 'श्वेत क्रांति' (दुग्ध-उत्पादन के लिए) और 'नील क्रांति' (मत्स्य-पालन के लिए) कह कर क्रांति शब्द को अर्थच्युत किया जा रहा है तो दूसरी तरफ 'संपूर्ण क्रांति' कह कर । साहित्य की सार्थकता के लिए यह आवश्यक है कि शब्दों की सार्थकता की रक्षा की जाए और उसे बढ़ाया जाए। यह काम तभी हो सकता है जब साहित्य सही सामाजिक-राजनीतिक संदर्भों से जुड़े । प्रगतिशील लेखक यह काम कर रहे हैं और आज वही साहित्य प्रभावशाली है, जो समाजवादी मूल्यों को लेकर लिखा जा रहा है। समाजवाद-विरोध के कारण कई सशक्त लेखकों की रचनाशीलता क्षत-विक्षत हुई है।

अंत में उन्होंने प्रगतिशील साहित्य के शिल्प-सौंदर्य की आवश्यकता पर भी जोर दिया और निराला, मुक्तिबोध और शमशेर के काव्य को सही प्रगतिशील साहित्य का उदाहरण बताया ।

नत्थन सिंह ने अपने निबंध में कहा कि सामाजिक यथार्थ का साहित्य वही हो सकता है, जो सुविधाभोगी वर्ग द्वारा उत्पन्न विषमताओं से प्रताड़ित एवं जीवन के अनिवार्य साधनों से वंचित बहुसंख्यक वर्ग के जीवन का चित्रण और शोषण की समाप्ति के लिए अंतिम संघर्ष की प्रेरणा प्रदान करता हो । कलावादी लोगों की यह मान्यता एक राजनीतिक चाल है कि राजनीति के समावेश से साहित्य कलुषित हो जाता है । साहित्य कभी राजनीति से पृथक् न रहा है और न रह सकता है । इसलिए सामाजिक सार्थकता के लिए प्रतिबद्ध साहित्य को एक ओर तो सुविधाभोगी वर्ग के इस राजनीतिक चक्र को विफल करना है, उसके द्वारा निर्धारित धार्मिक, सांस्कृतिक तथा सामाजिक मूल्यों के जन-विरोधी स्वरूप की भर्त्सना करनी है, उसके कलावादी सिद्धांतों की कलई खोलनी है, और दूसरी ओर निर्भीकतापूर्वक संघर्षशील शक्तियों को संगठित करने की महत्त्वपूर्ण भूमिका का निर्वाह करना है । आज प्रच्छन्न रूप से एक समाज-निरपेक्ष साहित्य लिखा जा रहा है, जिसे चंद नारेबाज लेखक, प्रकाशक और संपादक 'आज के सामान्य जन' अथवा 'जिंदगी के आसपास' अथवा 'आम आदमी की कहानी' का फतवा देकर चलाने का प्रयास कर रहे हैं। ऐसे प्रयास साहित्य को उसकी प्रगतिशील सामाजिक भूमिका से विलगाते हैं। सामाजिक सार्थकता सामाजिक जीवन के विभिन्न स्तरों पर वर्तमान मनुष्य की अनुभूति और चिंतन का सूक्ष्म अन्वेषण, आकलन और दिशा-निर्देशन करने में है।

बहस में राजीव सक्सेना, ओमप्रकाश ग्रेवाल, गोपाल कृष्ण कौल और शमशेर बहादुर सिंह ने भाग लिया।

राजीव सक्सेना ने दोनों विषय-प्रवर्तकों से अपनी सहमति प्रकट की, लेकिन यह कहा कि साहित्य की सार्थकता का प्रश्न वर्गों की बात किए बिना नहीं उठाया जा सकता। साहित्य की समाज में क्या भूमिका है, यह प्रश्न इस प्रश्न से जुड़ा है कि समाज और साहित्य एक विशिष्ट ऐतिहासिक दौर में किस वर्ग के साथ जाएगा ।

ओमप्रकाश ग्रेवाल ने कहा कि नत्थन सिंह के निबंध के अंत में सूक्ष्म अन्वेषण, आकलन और दिशा-निर्देशन आदिवाली बात बड़ी अमूर्त हो गई है। मैं साहित्य की सार्थकता के सवाल को उसी सवाल से जोड़ना चाहूँगा, जो राजीव सक्सेना ने उठाया है। वर्गों में विभाजित समाज में साहित्य विभिन्न वर्गों के मूल्यों का वाहक होता है, इसलिए हमें यह देखना होगा कि साहित्य जिन मूल्यों का प्रतिपादन करता है, वे मूल्य किस वर्ग से निर्धारित हो रहे हैं। यदि हम ऐसा न करके एक अमूर्त मूल्य-सिद्धांत की बात करेंगे तो साहित्य की सामाजिक सार्थकता खतरे में पड़ेगी । इसके लिए साहित्यकार को एक वस्तुपरक दृष्टि से वर्ग-समाज के अंतर्विरोधों को देखना होगा और यह दृष्टि उन्हीं साहित्यकारों को प्राप्त होगी, जो शोषित वर्ग के पक्षधर होंगे ।

गोपाल कृष्ण कौल ने कहा कि प्रगतिशील सम्मेलनों में लेखन की भूमिका पर तो विचार होता है, लेखक की भूमिका पर नहीं। इसलिए बहुत-से प्रगति-विरोधी लेखकों को भी आलोचक लोग प्रगतिशील मानते रहे हैं। प्रगतिशील वस्तुपरकता और रूपाकारवाद का द्वंद्व आज का नहीं है। इस पर बहुत बहस हो चुकी है और आगे भी होती रहेगी । आज यदि साहित्य की सार्थक भूमिका की बात की जाती है तो हमें सबसे पहले संप्रेषण की समस्या पर विचार करना चाहिए। सबसे महत्त्वपूर्ण प्रश्न है कि प्रगतिशील लेखक जिसके लिए लिखते हैं, उस सर्वहारा वर्ग तक पहुँचा कैसे जाए ?

शमशेर बहादुर सिंह ने अपनी संकोचशीलता से ओतप्रोत "मैं ज्यादा नहीं जानता, पर अपने अनुभव से कहता हूँ" वाली स्थायी शैली में बोलना शुरू किया और वे इतनी देर बोले कि गोष्ठी का शेष समय उन्हीं ने ले लिया । उन्होंने कहा कि मेरा अनुभव यह है कि साहित्य को तो राजनीति से अलग नहीं किया जा सकता, लेकिन साहित्यकार का राजनीतिक दलों से संपृक्त होना उसके लिए विशेष उपयोगी नहीं होता। साहित्यकार प्रायः मध्यवर्गीय होता है और मेरा मत यह है कि मध्यवर्गीय व्यक्ति मध्यवर्ग को ही ज्यादा अच्छी तरह अभिव्यक्त कर सकता है । किसान-मजदूर पर लिखना 'रैटारिक' हो जाता है । यह सही है कि मध्यवर्गीय लेखक के लिए 'रैटारिक' की सहायता लेना उपयोगी साबित हो सकता है । उदाहरण के लिए सरदार जाफरी की कविताओं को लिया जा सकता है।

उन्होंने आगे कहा कि राजनीतिक दलों से संपृक्त प्रगतिशील साहित्यकार के लिए उसका मध्यवर्गीय होना एक कुंठा का कारण बन जाता है और वह एक प्रकार की हीनता महसूस करता हुआ अपनी अभिव्यक्ति पर अंकुश लगाने लगता है। राजनीतिक

दल अपने साहित्यकारों की मध्यवर्गीय समझ और अभिव्यक्ति को अनुचित मानकर उनके मन में कुंठा उत्पन्न करते हैं; तो यह साहित्य की सार्थकता की दृष्टि से उचित नहीं है । सच्चे अनुभव को सामने लानेवाले को यदि हम टोकते हैं तो उसका परिणाम अच्छा नहीं होता। यह रोक-टोक लेखक को 'कनफ़्यूज़' करने का सबसे अच्छा तरीका है। इसके कारण वह अपने ऊपर निषेध लगाने लगता है और कुंठित हो जाता है । लेकिन यदि हम अपनी जनता को देखें तो किसान-मजदूर ऐसी कुंठा से ग्रस्त नहीं हैं। वे दरिद्र और पीड़ित होते हुए भी उल्लसित और मुक्त रहते हैं और सब तरह के गीत गाते हैं । प्रगतिशील साहित्य के विषय को कठघरों में बाँधना और यह कहना कि अमुक विषय ही प्रगतिशील है, लेखक और पाठक दोनों के साथ अन्याय करना है। लेखक अपने अनुभव-जगत् का सभी कुछ लिखना और पाठक सभी कुछ पढ़ना चाहता है। इसलिए हमारे सामने भावी मंजिल जरूर होनी चाहिए, लेकिन वर्तमान में जो है, वह ईमानदारी से जरूर व्यक्त होना चाहिए।

रमेश कुंतल मेघ ने अपने अध्यक्षीय भाषण में शमशेर के वक्तव्य की आलोचना करते हुए कहा कि मैं मुक्तिबोध के शब्दों में शमशेरजी से पूछना चाहता हूँ कि "पार्टनर, तुम्हारी पॉलिटिक्स क्या है?" शमशेर जिस तरह लेखक को राजनीति से अलग रहने का उपदेश दे रहे हैं, वह उचित नहीं है। हमें सदा यह ध्यान रखना चाहिए कि कविता राजनीति के बिना पूर्ण नहीं, और राजनीति कविता के बिना पूर्ण नहीं होती। इसीलिए सार्थकता की दृष्टि से राजनीति से अलग शमशेर से ज्यादा राजनीति से जुड़े कुमारेंद्र पारसनाथ सिंह हमारे लिए प्रगतिशील लेखन के बड़े प्रमाण हैं। साहित्य की सार्थकता का सवाल सन् साठ के बाद उठा, जब देश की व्यवस्था, चिंतन और राजनीति में एक गुणात्मक परिवर्तन आ गया। तभी यह प्रश्न उठा कि मार्क्सवादी चिंतन को किताबों में बंद रखें या जीवन से जोड़ें? रचनाकार ने इस प्रश्न का उत्तर यह दिया कि वह जनता में जा रहा है, लेकिन अब मार्क्सवादी आलोचक और रचनाकार में खाइयाँ बढ़ेंगी, क्योंकि आलोचना अधिकांशतः जनता से जुड़ी होने के बजाय 'एकेडेमिक डिसिप्लिन' के रूप में सामने आ रही है। इसलिए अब रचनाकार को ही आलोचक भी होना पड़ेगा । रचनाकार को आज ब्रेख्त जैसा आलोचक बनना होगा।

पुनः शमशेर की आलोचना करते हुए उन्होंने कहा कि शमशेर कहते हैं कि यदि जीवन में कुंठाएँ हैं तो साहित्य में वे क्यों न व्यक्त हों, लेकिन हमें यह समझना पड़ेगा कि 'एलियेनेशन' एक दशा है, दर्शन नहीं । यदि उसे हम दर्शन के रूप में स्वीकार करेंगे तो यह एक बहुत बड़ी ट्रेजेडी होगी । साहित्य 'तत्काल' का अतिक्रमण करके ही सार्थक हो सकता है और यह अतिक्रमण ऐतिहासिक समझ के बिना नहीं हो सकता। साहित्य में 'रोमांस' हमेशा बुरा नहीं होता, लेकिन 'रोमांस' के सही उपयोग के लिए इतिहास और 'रोमांस' के सही रिश्तों को समझना जरूरी है । ऐतिहासिक-राजनीतिक चेतना की कमी के कारण आज हिंदी में अधिकांश मिथक काव्य लिखा जा रहा है, लेकिन धार्मिक मिथक राजनीतिक संदर्भों में बहुत सार्थक नहीं हो सकते । साहित्यकार

मिथकों के सहारे नहीं चल सकता । वह मिथकों को तोड़ता है। आज बहुत-से राजनीतिक मिथक भी पैदा हो रहे हैं, उनको भी हमें तोड़ना चाहिए ।

दूसरी गोष्ठी का विषय था 'कथासाहित्य और सामाजिक यथार्थ'। इस गोष्ठी के अध्यक्ष थे नामवर सिंह और संचालक राजकुमार शर्मा । विषय-प्रवर्तन आनंद प्रकाश और महीप सिंह ने किया ।

आनंद प्रकाश ने निबंध-पाठ करते हुए कहा कि 1945 से 1960 तक का कहानी लेखन अपनी वैचारिक संगति या सामाजिक भूमिका के बारे में उतना स्पष्ट नहीं था, जितना सन् 60 के बाद हुआ । यद्यपि 'नई कहानी' के दौरान होनेवाली लंबी वैचारिक बहस इस बात का प्रमाण है कि उस समय का मध्यवर्ग अपने सब स्वप्नों के बावजूद राजनीतिक चेतना विकसित करने की क्षमता रखता था, लेकिन इस आंदोलन में दो धाराएँ थीं–एक धारा प्रेमचंद से शुरू होनेवाली परंपरा को आगे बढ़ानेवाली थी, जिसमें उद्देश्यपूर्ण लेखन का वह रूप दिखार्द देता है, जो शीतयुद्ध के दौरान विकृत और गलत सौंदर्य-दृष्टि से टक्कर लेने की कोशिश में विकसित हुआ था। यह धारा भैरव प्रसाद गुप्त, अमरकांत, रांगेय राघव, मार्कण्डेय, शेखर जोशी, भीष्म साहनी, ठाकुर प्रसाद सिंह आदि की कहानियों में लगातार और राजेंद्र यादव, कमलेश्वर, मन्नू भंडारी आदि की कहानियों के प्रारंभिक दौर में देखी जा सकती है।

दूसरी धारा में वे लेखक आते हैं, जो मध्यवर्गीय व्यवहार-गणित के सीमित दायरे में बँधे मानव-समुदाय की पीड़ा का चित्रण करने चले, किंतु इस पीड़ा को शोषण पर आधारित समाज-प्रणाली के संदर्भ में रख कर देखने के बजाय मध्यवर्गीय भावुकता और व्यक्तिवादी दृष्टि से देखते थे और इसीलिए जो या तो एक विशेष बिंदु पर पहुँच कर चुप हो गए, या उषा प्रियंवदा, मोहन राकेश, रमेश बक्षी, निर्मल वर्मा, धर्मवीर भारती, श्रीकांत वर्मा, कृष्ण बलदेव वैद आदि की तरह अपनी विकास-संभावनाओं के अंत पर पहुँच कर सचेत समाज-विरोधी लेखन का निर्णय लेकर शासकवर्गीय सांस्कृतिक नीति का खुले तौर पर वरण करते हुए सार्थक मानवीय लेखन पर प्रहार करने लगे।

'नई कहानी' के बाद 'अकहानी' आदि निषेधात्मक आंदोलनों का महत्त्व सिर्फ इतना है कि जिस बिंदु पर पहुँच कर पहली सोद्देश्य धारा कलात्मक होने के प्रयत्न में अबोधगम्य हो गई और दूसरी धारा अपनी संभावनाओं को समाप्त कर बैठी, उस बिंदु की गतिहीनता को समाप्त करने के लिए एक निरर्थक और तर्कहीन तथा कुछ हद तक खतरनाक विस्फोट की पृष्ठभूमि तैयार हो गई। नए दौर के प्रगतिशील कहानी-लेखन के क्रम में आनंद प्रकाश ने इसराइल, सतीश जमाली, नीरज सिंह, स्वयंप्रकाश, ज्ञानरंजन, रमेश उपाध्याय, काशीनाथ सिंह आदि कहानीकारों की चर्चा करते हुए कहा कि मध्यवर्ग केंद्रित कहानी में कुछ परिवर्तन दिखाई देने लगे हैं और मध्यवर्गीय पात्र अपनी वैचारिक भूमिका के बारे में सजग होकर कामगार जनता के सुख-दुख में साझेदारी की माँग करता हुआ प्रायः लोगों को संघर्षशील राजनीति की ओर मोड़ना चाहता है ।

लेकिन इस नई कथा-धारा की एक प्रमुख सीमा यह है कि एक मध्यवर्गीय पात्र प्रतिबद्धता और सामाजिक सार्थकता की पूरी जिम्मेदारी को निभाने को लिए प्रस्तुत किया जाता है, जो अपने-आप में पर्याप्त कठिन और अयथार्थपूर्ण स्थिति है और इसके कारण कहानी में वस्तुपरकता, विविधता और समृद्धता के स्थान पर सामान्य प्रश्नों पर की जाने वाली सीमित और यांत्रिक टिप्पणियाँ आ जाती हैं। लेख के अंत में आंनद प्रकाश ने कहा कि आज एक नई लेखन-परंपरा शुरू करने और सामाजिक शक्तियों के सांस्कृतिक रूप का पूरा परिचय पाकर प्रतिबद्ध लेखन की स्वतंत्र पहचान बनाने की जरूरत है। इसके लिए कहानी को अपने मूलभूत मध्यवर्गीय चरित्र से मुक्त होना होगा और सर्वहारा चेतना के विकास की जरूरत को रेखांकित करना होगा।

महीप सिंह ने अपने तौर पर विषय-प्रवर्तन करने के बजाय आनंद प्रकाश के लेख पर ही बहस की शुरूआत क़रते हुए कहा कि आनंद प्रकाश के लेख में साहित्य के संबंध में एक विशेष आग्रह दिखाई देता है । ऐसे आग्रहों के कारण कुछ दिमागी कठघरे बना लिये जाते हैं, जिनके आधार पर चीजों को समाज-विरोधी या समाज-हित की बताया जाता है। यह अनुचित है। यथार्थ को किसी सीमा में नहीं बाँधा जा सकता । कहानियों को सही-गलत या अच्छी-बुरी के रूप में न समझ कर यह देखना चाहिए कि उनमें सामाजिक यथार्थ है या नहीं, और इस दृष्टि से देखें तो आज का यथार्थ यह है कि मनुष्य अपने को अदंर और बाहर दोनों स्तरों पर टूटते हुए देखता है और मनुष्य की इस टूटन का यथार्थ आज की कहानियों में खूब दिखाई देता है। अत: यह कहना ठीक नहीं कि हमारी कहानी ने यथार्थ को व्यक्त नहीं किया । लेखक पर किसी खास विचारधारा का आरोपण करना अनुचित है। जो चीजें लेखक के संस्कार में हैं, उन्हें यदि वह ईमानदारी से सामने लाता है तो वह यथार्थ को ही सामने लाता है और वह भी प्रगतिशील है। इसलिए प्रगतिशीलता को आग्रह बना कर पेश करना और कहानी को कठघरों में बाँधकर देखना गलत है ।

रामदरश मिश्र की भी शिकायत लगभग यही थी । उन्होंने कहा कि जो आपका कॉमरेड है, उसकी चीजों को आप अच्छी कहें और बाकी को खराब, यह आदत प्रगतिशील आलोचकों को छोड़नी चाहिए । लेखक जब लिखता है, उसके सामने कोई बनी-बनाई लाइन नहीं होती, और न होनी चाहिए, क्योंकि साहित्य केवल दृष्टि के लिए नहीं पढ़ा जाता। दृष्टि और अनुभव के साहचर्य से ही अच्छी रचना का सृजन होता है। कई मार्क्सवादी लेखकों के पास दृष्टि तो होती है, लेकिन अनुभव और अभिव्यक्ति-क्षमता नहीं होती, फिर भी उनकी कृतियों की चर्चा इसलिए की जाती है कि वे मार्क्सवादी हैं। और दूसरे अनेक ऐसे लेखकों को छोड़ दिया जाता है, जो मार्क्सवादी तो नहीं हैं, लेकिन अपने अनुभव से यथार्थ को अभिव्यक्त करते हैं । इसलिए हमें प्रगतिशीलता को व्यापक बनाना चाहिए ।

राजकुमार सैनी ने कहा कि प्रगतिशील साहित्य के संदर्भ में पार्टी और कठघरों की बात प्राय: वे ही लोग करते हैं, जो प्रगतिशीलता के विरोधी हैं लेकिन किन्ही कारणों

से स्वयं को प्रगतिशील जरूर कहलाना चाहते हैं। महीप सिंह ने यथार्थ की एकदम गलत व्याख्या प्रस्तुत की है। वे लेखकीय संस्कार, मनुष्य की कुंठा और टूटन आदि को ही यथार्थ समझते हैं, लेकिन यथार्थ इस तरह व्यक्तिपरक न होकर वस्तुपरक होता है। सामाजिक यथार्थ अत्यंत गतिशील और द्वंद्वात्मक होता है। वह अतीत का परिणाम और भविष्य का कारण होता है, इसलिए वर्तमान में वह भविष्य की अंतर्वस्तु या 'इसेंस' के रूप में रहता है। कुंठा, निराशा, अकेलेपन आदि को ही यथार्थ मानना यथार्थ के मात्र नकारात्मक पक्ष को स्वीकार करना है, जबकि प्रगतिशील साहित्य उस यथार्थ को व्यक्त करता है, जो समाज के ऐतिहासिक विकास-क्रम में दिखाई देनेवाली सकारात्मक संभावनाओं को रेखांकित करता है। प्रगतिशील साहित्यकार जानता है कि समाज में उसके युग और परिवेश के मुख्य अंतर्विरोध कौन-से हैं और उसे किन शक्तियों का पक्षधर होना है।

राजकुमार सैनी ने रामनारायण शुक्ल की कहानी 'प्रचार' और बदीउज्जमाँ की कहानी 'दुर्ग' का उदाहरण देकर बताया कि इन दो प्रकार के लेखकों की पक्षधरताओं को इन कहानियों के संदर्भ में समझा जा सकता है। 'प्रचार' का लेखक विकासोन्मुखी शक्तियों का पक्षधर है तो 'दुर्ग' का लेखक ह्रासोन्मुखी शक्तियों का। महीप सिंह 'दुर्ग' जैसी कहानियों को भी यथार्थवादी कह कर प्रगतिशील साहित्य में रखना चाहते हैं।

नरेंद्र मोहन का कहना था कि आज का लेखक सामाजिक यथार्थ से किसी-न-किसी रूप में जुड़ा हुआ है और उस यथार्थ को कई रूपों और कई शैलियों में व्यक्त करता है। सामाजिक यथार्थ को विचार के रूप में भी व्यक्त किया जा सकता है और भावनाओं के रूप में भी । लेकिन उसमें जीवन की समझ जरूर होनी चाहिए । उन्होंने रामदरश मिश्र की आलोचना करते हुए कहा कि मात्र अनुभूति काफी नहीं है, वह हमें अनुभववाद में डाल देती है । इसलिए अनुभव के साथ-साथ सामाजिक यथार्थ की समझ भी आवश्यक है ।

श्याम कश्यप ने कहा कि यहाँ कुछ ऐसी बातें उठाई गई हैं, जिनसे यथार्थ को समझने में सहायता मिलने के बजाय कठिनाई अधिक होती है। सवाल यह है कि यथार्थ व्यक्ति-सापेक्ष है या समाज-सापेक्ष ? वह निश्चय ही समाज-सापेक्ष है और उसे किसी सामाजिक विचारधारा या उससे बननेवाली दृष्टि से ही देखा और समझा जा सकता है। साहित्य में प्रगति-विरोधी लोग कठघरों आदि की बात करके वास्तव में विचारधारा मात्र का विरोध करते हैं और यह विरोध 'विचारधारा के अंत' के उस बुर्जुआ सिद्धांत पर आधारित होता है, जो साम्राज्यवादी देशों से आ रहा है । प्रगतिशील लेखकों को इसका विरोध करना चाहिए।

कृष्ण बिहारी मिश्र ने कहा कि महीप सिंह की परेशानी यह है कि वे एक साथ व्यवस्था के भी फायदे उठाते रहना चाहते हैं और प्रगतिशीलता के भी । वे आरोपण की बात करते हैं, लेकिन सामाजिक चेतना किसी पर आरोपित नहीं की जा सकती; उसे प्रगतिशील लेखक स्वयं आत्मसात करता है । मिश्र ने प्रगतिशील आलोचकों की

भी आलोचना इसी संदर्भ में की और कहा कि असल में प्रगतिशील साहित्य में घुसपैठ की इस प्रवृत्ति को कुछ प्रगतिशील आलोचकों ने प्रोत्साहित किया है। उनके लिए निर्मल वर्मा जैसे प्रतिक्रियावादी कथाकार भी श्रेष्ठ कलाकार हैं, लेकिन वे रामनारायण शुक्ल, रमेश उपाध्याय, योगेश गुप्त, धर्मेंद्र गुप्त आदि अनेक श्रेष्ठ प्रगतिशील कथाकारों की उपेक्षा करते रहे हैं। साथ ही उन आलोचकों ने प्रगतिशील साहित्य के ऐसे प्रतिमान स्थापित नहीं किए कि प्रगतिशील साहित्य की अलग से एक पहचान बन पाती । इसी का परिणाम है कि प्रगति-विरोधी लोग भी प्रगतिशील कहलाने की कोशिश करते हैं।

रमेश उपाध्याय ने कहा कि इस गोष्ठी में कही गई बातों से ऐसा लगता है कि प्रगतिशील साहित्यकार कहलाना साहित्य में प्रतिष्ठा का सूचक हो गया है, इसलिए कुछ लोग चाहते हैं कि उन्हें भी प्रगतिशील मान लिया जाए । लेकिन ये लोग प्रगतिशील लेखकों की कतार में प्रगतिशील विचारधारा का विरोध करते हुए शामिल होना चाहते हैं । इससे स्पष्ट हो जाता है कि वे वास्तव में क्या चाहते हैं। आज ये लोग अपनी उपेक्षा की शिकायत करते हैं, लेकिन हिंदी कहानी ने वह दौर भी देखा है जब खुले आम प्रगतिशील साहित्य का विरोध किया गया था और भैरव प्रसाद गुप्त, मार्कण्डेय, अमरकांत, रांगेय राघव, शेखर जोशी आदि प्रगतिशील कथाकारों की जानबूझ कर उपेक्षा की गई थी। उस समय ये लोग क्या कर रहे थे, जो आज प्रगतिशील कहलाना चाहते हैं? दूसरे, इन लोगों को व्यक्ति की कुंठा और टूटन में तो यथार्थ दिखाई देता है, लेकिन शोषित मनुष्य के संघर्ष का चित्रण किया जाए तो उसमें प्रचार या नारेबाजी दिखाई देने लगती है। क्या इससे इनकी पक्षधरता स्पष्ट नहीं हो जाती ? आनंद प्रकाश ने भी नये दौर की प्रगतिशील कथा-धारा को स्पष्ट करने के स्थान पर इस रूप में प्रस्तुत किया है, जैसे उसमें कमियाँ ही कमियाँ हों। आज के प्रगतिशील कथाकारों के विकास-क्रम पर दृष्टि रख कर उनका उचित मूल्यांकन न करना तथा उनके विकास की संभावनाओं के सामने आने की प्रतीक्षा किए बिना ही एक नई लेखन-परंपरा शुरू करने की माँग करने लगना उन सब लेखकों के प्रयासों को एक तरह से नकार देना है, जो किसी भी दृष्टि से उचित नहीं है।

हरदयाल ने महीप सिंह और रामदरश मिश्र का पक्ष लेते हुए लगभग वे ही बातें कहीं, जो पहले कही जा चुकी थीं और प्रगतिशीलता को व्यापक बनाने की माँग की।

अंत में नामवर सिंह ने अपने अध्यक्षीय भाषण में कहा कि जो लोग प्रतिष्ठा के लिए प्रगतिशील लेखकों की जमात में शामिल होना चाहते हैं, उन्हें चाहिए कि वे व्यवस्था की तरफ जाएँ । व्यवस्था उन्हें मान-सम्मान ही नहीं, पद और पुरस्कार भी दे सकती है और देती है। प्रगतिशील लेखन उन्हें क्या दे सकता है? यहाँ तो कष्ट और खतरे ही हैं। पारिश्रमिक और पुरस्कारों की तो बात ही क्या, यहाँ तो प्रकाशन भी एक कठिन समस्या है। पार्टी और विचारधारा के कठघरों की बात कमलेश्वर जैसे लोग भी करते हैं, जिनकी छद्म प्रगतिशीलता में अब किसी को संदेह नहीं रह गया है। कमलेश्वर और उनका 'समांतर' आंदोलन जिस 'आम आदमी' वाली प्रगतिशीलता को लेकर चल

रहा है, वह वास्तव में शोषक वर्ग का हित-साधन करती है । ऐसी छद्म प्रगतिशीलता जहाँ भी दिखाई दे, उसका विरोध किया जाना आवश्यक है।

5 जनवरी 1976 की पहली गोष्ठी का विषय था 'नए सौंदर्यशास्त्र की आवश्यकता'। अध्यक्ष थे कुमारेंद्र पारसनाथ सिंह और शमशेर बहादुर सिंह। संचालन राजकुमार शर्मा ने किया और विषय-प्रवर्तन द्वारिका प्रसाद ने ।

द्वारिका प्रसाद ने अपने निबंध का पाठ करते हुए कहा कि सौंदर्य को शाश्वत और सनातन मानना अनुचित है। समय और समाज की परिस्थितियों के अनुसार सौंदर्य भी परिवर्तनशील है। मनुष्य की सभ्यता के विकास के साथ-साथ मानवीय भावना और सौंदर्य-चेतना का विकास हुआ है । सौंदर्य का मूल आधार मानवीय श्रम है। इस श्रम की विशेषता यह है कि यह अपने लिए होने के साथ-साथ दूसरों के लिए भी होता है। मनुष्य दूसरों के लिए रचना करता है और यह रचना समाज में स्थापित सौंदर्य-मूल्यों के अनुसार की जाती है। सौंदर्य-मूल्य स्थिर नहीं रहते । यद्यपि पुरानी सुंदर चीजें सुंदर ही रहती हैं, किंतु हर आनेवाले युग में उनके प्रति मनुष्य की दृष्टि बदल जाती है। सौंदर्य के प्रति बदलती हुई यह प्रतिक्रिया सामाजिक मूल्यों में परिवर्तन के कारण होती है और यह परिवर्तन समाज के उत्पादन-संबंधों में होनेवाले परिवर्तनों के कारण होता है। वर्ग-विभक्त समाज में सौंदर्याभिरुचि का भी वर्गाधार होता है और उसे वर्गीय राजनीति से अलग नहीं किया जा सकता । द्वारिका प्रसाद ने रामचंद्र शुक्ल के 'कर्म-सौंदर्य' और 'श्रम-सौंदर्य' की चर्चा करते हुए वर्ग-समाज में श्रम के प्रति अपनायी जानेवाली दृष्टि, 'एलियेनेशन' और पूँजीवादी समाज में सौंदर्य-चेतना की विकृति पर विस्तार से विचार किया और बताया कि आज नए सौंदर्यशास्त्र की आवश्यकता है और उसका विकास श्रम के मूल्य की प्रतिष्ठा के आधार पर होगा।

बहस शुरू करते हुए सुधीश पचौरी ने कहा कि द्वारिका प्रसाद ने बड़े अच्छे ढंग से हमारी आलोचना-परंपरा में प्राप्त सौंदर्यशास्त्र के तत्त्वों को अपने लेख में समेटा है, लेकिन वे रामचंद्र शुक्ल के 'कर्म-सौंदर्य' और 'श्रम-सौंदर्य' की धारणाओं को ज्यों-की-त्यों स्वीकार कर लेते हैं। । यह गलत है । रामचंद्र शुक्ल पर गीता का कर्म-योग हावी था और उनकी दृष्टि पुनरुत्थानवादी है। आज पुनरुत्थानवाद फासिज्म का पोषक है। अमंगल के विरुद्ध मंगल का सिद्धांत उस युग की आवश्यकता रही हो, आज की नहीं है। दूसरे, श्रम में ही सौंदर्य है, यह एक बुर्जुआ बात है। मार्क्सवादी बात यह है कि सौंदर्य वर्ग-संघर्ष में है। श्रम के सौंदर्यबोध का मूल्य तो पूँजीवाद ही लेकर आता है । उसका अगला कदम शोषण के विरुद्ध वर्ग-संघर्ष है और वही नया सौंदर्यबोध है। आज सौंदर्यबोध का सवाल 'एकेडेमिक' सवाल नहीं, लड़ाई का सवाल है, इसलिए वर्ग-शत्रुओं की पहचान नए सौंदर्यशास्त्र का आधार है।

राजकुमार सैनी ने कहा कि द्वारिका प्रसाद और सुधीश पचौरी की बात में अंतर्विरोध नहीं है, लेकिन रामचंद्र शुक्ल को पुनरुत्थानवादी ठहरा देना उचित नहीं है। शुक्ल पुनरुत्थानवादी नहीं हैं, पुनरुत्थानवादी हैं नगेंद्र, जो शुक्ल को 'आउट ऑफ़ डेट'

कहते हैं। रामचंद्र शुक्ल और तिलक हमारी विरासत हैं। उन्हें पुनरुत्थानवादी कह कर वास्तव में हम अपनी विरासत को पुनरुत्थानवादियों द्वारा इस्तेमाल किए जाने के लिए छोड़ देते हैं। नए सौंदर्यशास्त्र की बात अपनी परंपरा से कट कर नहीं, उससे जुड़ कर ही की जानी चाहिए। श्रम-सौंदर्य को बुर्जुआ बात कहना भी गलत है । मार्क्स ने सौंदर्य-चेतना की बात श्रम की प्रक्रिया के संदर्भ में की है । मार्क्स ने उपयोगिता की चेतना और सौंदर्य की चेतना का विकास साथ-साथ माना है।

बिशनलाल गौड़ ने कहा कि मैं सुधीश पचौरी की स्थापनाओं से सहमत हूँ। विरासत में मिली चीजों को ज्यों-का-त्यों हम स्वीकार नहीं कर सकते । शुक्ल आदि ने संस्कृत साहित्य की काव्य-सौंदर्य की परंपरा को ही नया रूप दिया है और संस्कृत की काव्य-सौंदर्य परंपरा ऐसी है कि उसके अंतर्गत किसी भी चीज को 'आइसोलेट' करके उसमें कोई-न-कोई रस या सौंदर्य दिखाया जा सकता है। यह स्वामी-वर्ग की एक खतरनाक साजिश है, जो आज भी चल रही है। हमें इससे बचना ही होगा । इसके लिए हमें यह मानना होगा कि सौंदर्य-मूल्य अंततोगत्वा हमारे समाज के जीवन-मूल्य ही होते हैं । जीवन और विकास के साथ-साथ वर्गवादी समाज में वर्गीय परिवर्तनों के साथ मनुष्य के सौंदर्यबोध में भी परिवर्तन होता रहता है। आज के नए सौंदर्यशास्त्र का आधार वर्ग-संघर्ष ही हो सकता है और सामाजिक अंतर्विरोधों का लक्ष्यवेधी अभिव्यंजन सौंदर्यबोध का नया मापदंड होगा।

विश्वनाथ त्रिपाठी ने कहा कि मार्क्सवाद एक खोज है, आविष्कार नहीं। मार्क्स से पहले भी मार्क्सवाद के नियम समाज में चल रहे थे । इसलिए मार्क्स के नाम पर केवल वर्तमान को देखना और अतीत को काट कर फेंक देना बुद्धिमानी नहीं है। मैं द्वारिका प्रसाद से सहमत हूँ। रामचंद्र शुक्ल के सौंदर्य-नियमों की बात नए सौंदर्यशास्त्र के संदर्भ में करना अनुचित नहीं है, वह आवश्यक है । ऐतिहासिक संदर्भ को देखे बिना आधार और अधिरचना का सीधा संबंध खोजने लगना मार्क्स के अनुसार गलत है। मार्क्स ने खुद कहा कि आधार का सीधा संबंध संस्कृति से नहीं होता । आधार में यदि परिवर्तन होते हैं तो उनका प्रभाव पहले संस्कृति पर नहीं, कानून पर पड़ता है । यह सही है कि हम शुक्लजी की सीमाओं को नजरअंदाज नहीं कर सकते, लेकिन वे अपनी सीमाओं के बावजूद प्रगतिशीलों के लिए संदर्भवान हैं। मार्क्सवाद को यांत्रिक ढंग से रचना और आलोचना पर लागू करने और परंपरागत सौंदर्यबोध की उपेक्षा करने का ही परिणाम है कि प्रगतिशील आलोचना में वस्तुतत्त्व पर बहुत जोर दिया गया है और कलापक्ष की उपेक्षा हुई है। वर्ग-संघर्ष कला और साहित्य में वस्तुतत्त्व के ही रूप में नहीं आता, शिल्प के रूप में भी आता है, इस पर सोचना बहुत जरूरी है।

राजीव सक्सेना ने कहा कि द्वारिका प्रसाद के लेख में श्रम के सम्मान की स्थापना सही है। मार्क्सवाद के नाम पर एक सही बात को गलत सिद्ध करना ठीक नहीं है। हमें यह नहीं भूलना चाहिए कि मार्क्सवाद न पढ़ कर भी कुछ लोगों ने अच्छा साहित्य लिखा है। वे भी प्रगतिशील हैं । इसलिए प्रगतिशीलता और अप्रगतिशीलता की विभाजक-रेखा

से नए सौंदर्यशास्त्र की बात शुरू की जानी चाहिए । वर्ग-संघर्ष हड़ताल में ही नहीं, स्त्री-पुरुष संबंधों में भी प्रकट होता है। नए सौंदर्यशास्त्र पर दो दृष्टियों से विचार होना चाहिए। एक यह कि वह यथार्थबोध में किस प्रकार सहायक होता है, और दूसरे, क्या वह सामाजिक मूल्यों को पहचानने की क्षमता पैदा करता है?

ओमप्रकाश ग्रेवाल ने कहा कि सुधीश पचौरी ने रामचंद्र शुक्ल के विषय में जो नुक्ता उठाया था, उसे बाद के वक्ताओं ने ठीक से नहीं उठाया। सुधीश का यह कहना ठीक था कि एक समय में जो मान्यता ठीक थी, वह आज भी ठीक हो, यह जरूरी नहीं। उदाहरण के लिए शुक्ल का 'विरुद्धों का सामंजस्य' आजादी से पहले साम्राज्यवाद के विरुद्ध लड़ते समय ठीक था, लेकिन अब आंतरिक अंतर्विरोधों की स्थिति में इसे स्वीकार नहीं किया जा सकता। रामचंद्र शुक्ल वस्तुपरक होते हुए भी अंततः भाववादी ही हैं, इसलिए उनकी विरासत को हम छोड़ेंगे तो नहीं, पर आलोचनात्मक दृष्टि से ही ग्रहण करेंगे। सौंदर्यशास्त्र के मूल्य वास्तव में स्वस्थ सामाजिक मूल्य हैं और स्वस्थ सामाजिक मूल्य वर्ग-संघर्ष द्वारा सामाजिक परिवर्तन से ही स्थापित हो सकते हैं । अतः वर्ग-संघर्ष की बात नए सौंदर्यशास्त्र के संदर्भ में अनिवार्य है । लेकिन सुधीश वर्ग-संघर्ष की सीधी अभिव्यक्ति रचना में देखना चाहते हैं, यह गलत है। अगर ऐसा होगा तो हमारा सौंदर्यशास्त्र 'क्रूड' और 'वल्गराइज़्ड' होगा और उससे हम खतरनाक 'ओवरसिंप्लिफ़िकेशन' तक जा पहुँचेंगे। लेकिन वर्ग-संघर्ष के स्थान पर श्रम की बात करने से हमारा काम नहीं चल सकता, क्योंकि केवल श्रम पर जोर देकर 'एलियेनेटेड लेबर' के प्रति आसक्ति उत्पन्न करना वर्ग-विभक्त समाज में शोषक वर्ग के हित में होता है। इसलिए श्रम को सर्वहारा-मूल्यों से जोड़ कर देखना आवश्यक है।

कुमारेंद्र पारसनाथ सिंह ने अब तक की बहस के दोनों छोरों को मिलाते हुए कहा कि श्रम हमारा जीवन है और संघर्ष हमारी नियति। मैं आलोचक की दृष्टि से नहीं, एक कलाकार की दृष्टि से बात करना पसंद करूँगा। आलोचक साहित्य और जन-जीवन को आमने-सामने रख कर दोनों में अनुरूपता, अंतर या तालमेल देखने की चेष्टा करते हैं, लेकिन प्रतिबद्ध रचनाकार के रूप में हम जिस जीवन से जुड़े हैं, उससे इतने जुड़े हैं कि उस पर अलग से विचार नहीं कर सकते। बड़े-से-बड़े यथार्थ को हम एक बिंब से भी प्रस्तुत कर सकते हैं । हमारी रचना दूसरों को शिक्षा, प्रेरणा या दिशा देने के लिए ही नहीं है, अपनी रचना से हम स्वयं भी अनुशासित होते हैं । यदि नहीं होते तो कहीं गड़बड़ है। इस नैतिक दृष्टि से भी सौंदर्यशास्त्र पर विचार होना चाहिए ।

शमशेर बहादुर सिंह ने कहा कि मेरी शिकायत यह है कि आलोचक कवि को नहीं समझता। इसलिए वह कवि को रास्ता भी नहीं दिखा सकता । लेकिन वह हमेशा ही कवि को रास्ता दिखाने की कोशिश करता है। सौंदर्यशास्त्र की बात करते समय साहित्य के सर्जनात्मक पहलू पर विचार करना बहुत जरूरी है। रचना बड़े परिश्रम और साधना की चीज है । सृजनकर्ता उसकी कठिनाइयों से अधिक अवगत होता है, भले ही वह उन्हें व्यक्त न कर सके । मुक्तिबोध के लिए कविता की रचना बड़ी कष्टसाध्य

प्रक्रिया थी । वे एक-एक कविता पर महीनों और वर्षों परिश्रम करते थे और यह परिश्रम कविता में निखार के लिए आवश्यक है।

कुमारेंद्र पारसनाथ सिंह ने तुरंत उठ कर शमशेर की इस बात का प्रतिवाद करते हुए कहा कि यह आवश्यक नहीं है कि कविता में निखार लाने के लिए उस पर महीनों और वर्षों तक परिश्रम किया जाए। जो कवि अपने जीवन में संघर्षों से जूझ रहा हो, उसके लिए आवश्यक नहीं कि वह कविता पर लंबे समय तक श्रम करे । वह दो-चार मिनट में भी अपनी बात को रचना में पूरे कलात्मक ढंग से कह सकता है। मेरी अपनी कविताएँ भी अधिकांशतः इसी तरह लिखी गई हैं । कारण यह है कि यदि आप यथार्थ से जुड़े हैं तो रचना आपके लिए एक सहज प्रक्रिया होती है। मुक्तिबोध को प्रगतिशील कविता का आदर्श बनाना ठीक नहीं है। यदि हम उनकी कमजोरियों का विश्लेषण नहीं करेंगे तो आनेवाले साहित्यकारों के प्रति भारी अन्याय करेंगे ।

सम्मेलन की अंतिम गोष्ठी रचना-गोष्ठी थी, जिसका संचालन राजीव सक्सेना ने किया। इसमें सबसे पहले रमेश उपाध्याय ने अपनी अप्रकाशित कहानी 'शिकायतें' का पाठ किया। श्रोताओं की प्रतिक्रिया और कहानी के कुछ अंशों को पुनः पढ़ कर सुनाने के आग्रह से कहानी विधा की लोकप्रियता और श्रोताओं की सजगता का परिचय मिल रहा था। कविताएँ भी इसी प्रकार की उत्साहवर्द्धक प्रतिक्रिया के साथ सुनी गईं। कॉलेज के छात्र-समुदाय में से उभरते हुए युवा कवियों की कविताओं तथा गीतों के बाद आमंत्रित प्रगतिशील कवियों ने अपनी रचनाएँ सुनाईं । ये कवि थे-मनमोहन, राजकुमार सैनी, इब्बार रब्बी, रमेश रंजक, केवल गोस्वामी, प्रभा सिंधु, राजीव सक्सेना, कुमारेंद्र पारसनाथ सिंह और शमशेर बहादुर सिंह।

(*जनवरी, 1976*)

हिंदी कहानी का पुनर्मूल्यांकन

दिल्ली में सरकारी और गैर-सरकारी संस्थाओं से पैसा लेकर कोई 'अखिल भारतीय' किस्म का आयोजन कर लेना बड़ा आसान है। 'उचित संपर्कोंवाले' कुछ प्रगतिशील और जनवादी किस्म के लोग भी ऐसे आयोजन कर लिया करते हैं । पैसा मिल जाने की उम्मीद हो तो चटपट एक संस्था बन जाती है और आयोजन हो जाता है! कई बार ऐसी संस्थाओं के पहले आयोजन ही उनके अंतिम आयोजन भी होते हैं । ऐसी ही एक नवगठित संस्था 'रचना' की ओर से दिल्ली में 21, 22 और 23 अप्रैल, 1976 को 'हिंदी कहानी : पुनर्मूल्यांकन' नामक एक 'अखिल भारतीय संगोष्ठी' का आयोजन किया गया। निमंत्रणपत्र पढ़ कर लगा कि जैसे पूरा देश हिंदी कहानी का पुनर्मूल्यांकन करनेवाला हो, जबकि 'अखिल भारतीय' का अर्थ कुल इतना था कि संगोष्ठी में दिल्ली से बाहर के भी कुछ लेखक आनेवाले थे। मुद्रित कार्यक्रम के अनुसार बाहर से आनेवाले ये लेखक थे : इलाहाबाद से भैरव प्रसाद गुप्त, अमरकांत, मार्कण्डेय, दूधनाथ सिंह और सतीश जमाली; अलीगढ़ से नमिता सिंह और कुँवरपाल सिंह; मथुरा से सव्यसाची; वाराणसी से शिवप्रसाद सिंह और काशीनाथ सिंह तथा आरा से चंद्रभूषण तिवारी। बस। लेकिन इसे हिंदी कहानी का ही दुर्भाग्य कहिए कि बाहर से केवल तीन लेखक आए: इलाहाबाद से भैरव प्रसाद गुप्त, अलीगढ़ से कुँवरपाल सिंह और मथुरा से सव्यसाची। इनमें से भी सव्यसाची तीन दिन चले इस आयोजन में केवल एक दिन की एक गोष्ठी में थोड़ी देर के लिए आए और बिना बोले चले गए ।

कार्यक्रम में दिल्ली के जिन लेखकों के नाम छपे थे, उनमें से भी कई अनुपस्थित रहे या केवल उपस्थिति दर्ज कराने के लिए थोड़ी-थोड़ी देर के लिए आए। मसलन रजिया सज्जाद जहीर, मुद्राराक्षस, विजयमोहन सिंह, मोहन थपलियाल और कांतिमोहन तो आए ही नहीं । कृष्णा सोबती, निर्मल वर्मा, राजीव सक्सेना और विश्वनाथ त्रिपाठी आए, लेकिन थोड़ी-थोड़ी देर के लिए दर्शक या श्रोता के रूप में आए। ऐसा लगता था कि आयोजकों ने सारा जोर 'महत्त्वपूर्ण' लोगों को जुटाने पर लगा दिया है। ऐसे 'महत्त्वपूर्ण' लोग थे : सतीशचंद्र (अध्यक्ष, विश्वविद्यालय अनुदान आयोग), सावित्री चंद्र 'शोभा' (सतीश चंद्र की पत्नी), नामवर सिंह (अध्यक्ष, भारतीय भाषा विभाग,

जवाहरलाल नेहरू विश्वविद्यालय), रघुवीर सहाय (संपादक, दिनमान), हरवंशलाल शर्मा (अध्यक्ष, वैज्ञानिक एवं तकनीकी शब्दावली आयोग), मुंजीब रिजवी (अध्यक्ष, जामिया मिल्लिया इस्लामिया, हिंदी विभाग), सुमन मेहरोत्रा (दिल्ली विश्वविद्यालय के उपकुलपति की पत्नी), माहेश्वर (हिंदी संपादक, दि मैकमिलन कंपनी ऑफ़ इंडिया) आदि ।

21 अप्रैल 1976 को उद्‌घाटन-समारोह की अध्यक्षता भैरव प्रसाद गुप्त को करनी थी, लेकिन उनकी गाड़ी लेट हो जाने के कारण नामवर सिंह को अध्यक्ष बनाया गया। स्वागत-भाषण 'रचना' की अध्यक्षा सावित्री चंद्र 'शोभा' ने किया, जिसमें उन्होंने कहा कि स्वतंत्रता के पश्चात् हिंदी कहानी साहित्य की केंद्रीय विधा के रूप में स्थापित हो चुकी है। हिंदी कहानी ने युगीन सामाजिक, आर्थिक परिस्थितियों के अनुरूप अपने सामाजिक दायित्व को निभाया है। इस संगोष्ठी में हमारा उद्देश्य यही है कि इस पूरी कथा-यात्रा का निष्पक्ष रूप से मूल्यांकन किया जाए और दिशा-निर्धारण में किसी पूर्वग्रह से अलग समीक्षा की जाए।

सतीश चंद्र ने संगोष्ठी का उद्‌घाटन किया । अपने उद्‌घाटन-भाषण में उन्होंने कहा कि प्रेमचंद के बाद हिंदी कहानी का जो स्वरूप सामने आया, वह प्रेमचंद की कहानी-परंपरा से काफी दूर था। नितांत व्यक्तिगत पीड़ा, कुंठा, निराशा, यौन-विकृतियाँ आदि एक छोटे-से वर्ग को प्रभावित करती हैं और हमारे देश की जनता गरीबी के बावजूद इस प्रकार की भावनाओं से ग्रसित नहीं है। फिर भी एक अत्यंत लोकप्रिय और गंभीर साहित्यिक विधा के रूप में कहानी का जो विकास इस शताब्दी में हुआ है, वह हमारी उपलब्धि है । हिंदी कहानी विकास के मार्ग पर अग्रसर है। वह अपना सामाजिक दायित्व निभाए, यही कहानीकारों का उद्देश्य हो सकता है। मुझे विश्वास है कि यह संगोष्ठी कहानी से संबंधित विभिन्न समस्याओं पर गंभीरता से विचार करेगी और महत्त्वपूर्ण निष्कर्ष हमारे सामने आएँगे।

नामवर सिंह ने अपने अध्यक्षीय भाषण में कहा कि कहानी संबंधी कोई बड़ा आयोजन इधर बहुत समय से नहीं हुआ था, इसलिए 'रचना' का यह आयोजन बहुत महत्त्वपूर्ण है। 'नई कहानी' के दौर में कहानी संबंधी काफी बड़े-बड़े समारोह किए जाते थे, जिनका प्रभाव निश्चय ही कहानी-लेखन और आलोचना पर पड़ता था और कहानी सहसा साहित्य के केंद्र में आ गई थी । लेकिन धीरे-धीरे वह दौर समाप्त हो गया । कहानी की रचना और आलोचना से लोगों का ध्यान हट गया और केवल कुछ नाम उछलते रहे। 'रचना' ने कहानीकारों और कहानी के पाठकों को यह अवसर देकर एक अच्छी शुरूआत ही नहीं की है, बल्कि लोगों के मन में दबी हुई बातों को उभारने का मौका भी दिया है।

उन्होंने आगे कहा कि पुनर्मूल्यांकन समय-समय पर होता रहना चाहिए, पर पहले यह जरूरी है कि मूल्यांकन हो चुका हो । आजादी के बाद हम लोग प्रायः पुनर्मूल्यांकन ही करते रहे हैं, बिना यह देखे कि मूल्यांकन हुआ है या नहीं । फिर भी चूँकि इस

बीच बहुत-से आंदोलन चले हैं, जिनमें कुछ रचनाओं का महत्त्व अधिक आँका गया है और कुछ की उपेक्षा की गई है, इसलिए कहानी का पुनर्मूल्यांकन हो सकता है, लेकिन पुनर्मूल्यांकन करते समय यह देखना आवश्यक है कि कहानी का मूल स्वर क्या है और उसकी सीमा क्या है, क्योंकि कुछ लोग यह चाहते हैं कि कहानी अपनी सीमा से बाहर जाकर सामाजिक परिवर्तन में अपनी भूमिका निभाए। यह सही है कि आज की कहानी समाज को बदलना चाहती है, लेकिन सुई से तलवार का काम लेने की कोशिश हमें नहीं करनी चाहिए। साथ ही हमें आज की कहानी के रूप पर भी ध्यान देना चाहिए। मैं जानता हूँ, लोग मुझे रूपवादी कहेंगे, लेकिन वे वही लोग होंगे जो साहित्य को समझते नहीं हैं। अपने उपकरणों पर अधिकार प्राप्त करना रचनाकार का पहला कर्तव्य है। जो लोग यह अधिकार प्राप्त नहीं कर पाए हैं, वे ही समय-समय पर रूपवाद के खतरे की घंटी बजाते रहे हैं। अतः यह देखना जरूरी है कि रूपवादी या कलावादी रुझान का खतरा कितना वास्तविक है। मेरे विचार से आज की कहानी को ज्यादा खतरा रूपवाद का नहीं, 'फॉर्मलेसनेस' का या कलाहीनता का है। इधर रूपहीनता की जो बाढ़ आई है, उस पर जम कर विचार होना चाहिए। हम लोग 'आम आदमी' पर बहुत बात करते हैं, लेकिन वह जिस रूप में और जिस भाषा में हमारे सामने आता है, उस पर बहुत कम ध्यान देते हैं ।

कहानी-आंदोलनों की आलोचना करते हुए नामवर सिंह ने कहा कि हिंदी कहानी की उम्र बहुत छोटी है लेकिन इन बीस वर्षों में कहानी संबंधी आंदोलन बहुत चले हैं, जैसे नयी कहानी, अकहानी, सचेतन कहानी, सहज कहानी और आजकल समांतर कहानी । इन आंदोलनों में प्रायः रचनाओं का आधार लिये बिना अमूर्त बहस की जाती है, इसलिए आज यह जाँच होनी चाहिए कि इन आंदोलनों के पीछे कोई स्पष्ट 'एस्थेटिक्स' या सिद्धांत है या नहीं, और यदि कोई सिद्धांत है तो वह रचनाओं में दिखाई देता है या नहीं । आंदोलनों की भीड़ में कहानी की हानि हुई है और कहानी का पाठक छला गया है, क्योंकि वह कहानी-चर्चा से अलग रहा है । बेहतर कहानियों के बारे में उसकी समझ बनाने और बढ़ाने के प्रयास भी इधर नहीं हुए हैं। अच्छी रचनाओं की चर्चाओं से जागरूकता और समझदारी का वातावरण बनता है, जिससे पाठक की समझ बढ़ती है और रचनाकार को भी नया बल मिलता है। जब कोई विधा ढंग से समझी और सराही नहीं जाती तो वह विधा मर जाती है । अमूर्त चर्चा न कहानी को जिला सकती हैं, न लेखक को । आज की कहानी में दो प्रवृत्तियाँ दिखाई देती हैं : एक जनवादी प्रवृत्ति और दूसरी व्यावसायिकता की प्रवृत्ति । हमें ध्यान रखना चाहिए कि इन दोनों में विरोध ही नहीं, गठबंधन भी हो सकता है। आज यह खतरा बहुत है और इस पर विचार होना चाहिए कि कहीं इसी के कारण तो कहानी इस हादसे का शिकार नहीं हो गई है।

उद्घाटन-समारोह का संचालन कुँवरपाल सिंह कर रहे थे। धन्यवाद-ज्ञापन से पहले उन्होंने कहा कि ये बातें गंभीर हैं और विचारणीय भी, और हम आगामी गोष्ठियों

में इस पर विचार करेंगे कि वे कौन लोग हैं, जो जनवादी हैं और व्यावसायिकता में फँस गए हैं।

उद्घाटन-समारोह के बाद 'रचना' द्वारा आमंत्रित लेखकों-पाठकों के भोजन की व्यवस्था थी। भोजन के समय ही मालूम हुआ कि भैरव प्रसाद गुप्त इलाहाबाद से आ गए हैं। सब लोग उम्मीद कर रहे थे कि वे अमरकांत, मार्कण्डेय, दूधनाथ सिंह और सतीश ज़माली के साथ आएँगे, लेकिन उन्हें अकेले ही आया देख लोगों को निराशा हुई ।

भोजनोपरांत पहली गोष्ठी हुई, जिसका विषय था 'प्रेमचंद की परंपरा और हिंदी कहानी की उपलब्धि'। कार्यक्रम के अनुसार इस गोष्ठी की अध्यक्षता नामवर सिंह को करनी थी और संचालन अमरकांत को करना था। लेख-पाठ करना था राजेंद्र यादव, विजयमोहन सिंह और द्वारिका प्रसाद को । बहस में हिस्सा लेना था मुजीब रिजवी, राजीव सक्सेना, रमेश उपाध्याय, कुँवरपाल सिंह, विश्वनाथ त्रिपाठी, गोपाल कृष्ण कौल, सुधीश पचौरी और नेत्रसिंह रावत को । लेकिन अध्यक्षता भैरव प्रसाद गुप्त ने की और गोष्ठी का संचालन नामवर सिंह ने किया। विजयमोहन सिंह अनुपस्थित थे, इसलिए लेख दो ही पढ़े गए। बहस करनेवालों में से भी राजीव सक्सेना और विश्वनाथ त्रिपाठी अनुपस्थित थे ।

गोष्ठी प्रारंभ करते हुए नामवर सिंह ने कहा कि हिंदी कहानी की चर्चा प्रेमचंद को छोड़ कर नहीं की जा सकती, लेकिन हिदी में कई कहानीकार ऐसे भी हैं, जो स्वयं को प्रेमचंद की परंपरा में न मान कर अन्य परंपराओं से जोड़ते हैं। भैरव प्रसाद गुप्त का परिचय देते हुए नामवर सिंह ने कहा कि भैरवजी प्रगतिशील आंदोलन से आरंभ से ही जुड़े रहे हैं और जन-जीवन से जुड़ कर लिखनेवाले कथाकार हैं । स्वाधीनता के बाद की हिंदी कहानी-रचना को संगठित करने और रचनाकारों को प्रोत्साहन देने के लिए उन्होंने 'कहानी', 'नई कहानियाँ' और' 'माया' के संपादन के द्वारा बहुत बड़ा काम किया है । भैरव जी एक जनवादी रचनाकार, संपादक और विचारक के रूप में हम सबके आदरणीय हैं, इसलिए वे ही अध्यक्ष-पद के योग्य हैं ।

अध्यक्ष प्रायः अंत में बोलते हैं, लेकिन भैरव प्रसाद गुप्त आरंभ में भी बोले । उन्होंने कहा कि नामवरजी ने यह सही कहा कि हिंदी कहानी की चर्चा प्रेमचंद के बिना नहीं हो सकती । प्रेमचंद हिंदी कहानी के पिता हैं । उन्होंने खुद जंगल साफ किया, खेत बनाया, जोता, बोया और काटा। इतना ही नहीं, प्रेमचंद के बाद के सब कहानीकारों ने मिल कर जितना काम किया है, उससे कहीं अधिक प्रेमचंद अकेले कर गए। उस समय की साहित्यिक स्थिति को देखते हुए वह महान् सृजन था। प्रेमचंद की महानता यह थी कि वे अपने युग के सभी आंदोलनों के साथ रहे । प्रेमचंद का हाथ हमेशा देश की नब्ज पर रहा और वे हमेशा ऊपर ही उठे, कभी नीचे नहीं उतरे। उनकी अंतिम रचनाएँ आज भी हमारे साहित्य की कसौटी हैं।

राजेंद्र यादव ने अपना लेख पढ़ने से पहले कहा कि प्रेमचंद की परंपरा और उनके

बाद की कहानी का जायजा लेने के लिए बातें कुछ अलग ढंग से करनी चाहिए और मैं अलग ढंग से ही बात करूँगा । मुझे मालूम है कि भैरवजी मेरी क्या गत बनाएँगे! मुझे जब यह मालूम हुआ कि भैरवजी सुबहवाली गोष्ठी के अध्यक्ष हैं तो मुझे सांत्वना मिली थी। खैर, वे हमारे अग्रज हैं, दिशादाता हैं । जो कहें!

अपने लेख में राजेंद्र यादव ने कहा कि प्रेमचंद की विरासत को लेकर झगड़ा दो धरातलों पर है। एक तो प्रेमचंद का कथा-क्षेत्र और दूसरे उनकी संवेदना-दृष्टि। प्रेमचंद ग्रामीण जीवन के कथाकार थे, लेकिन इसी आधार पर यह कहना कि भैरव प्रसाद गुप्त, फणीश्वरनाथ रेणु और शिवप्रसाद सिंह तो प्रेमचंद की परंपरा में हैं और जगदंबा प्रसाद दीक्षित या जगदीश चंद्र नहीं हैं, गलत है। ग्रामीण और शहरी कथाकार में फर्क यह है कि गाँव में बैलगाड़ी से देखा हुआ यथार्थ अधिक सरल और आत्मीय लगता है, जबकि शहर की तेजी से दौड़ती जिंदगी में देखा गया यथार्थ अधिक जटिल होता है। लेकिन हैं दोनों यथार्थ ही । इसलिए हमें कहानी की परंपरा को समझने के लिए कथा-क्षेत्र को नहीं, संवेदना को देखना चाहिए।

संवेदना के संदर्भ में राजेंद्र यादव ने प्रश्न उठाया कि क्या मोहभंग हमेशा ही आदमी को वास्तविकता की भूमि पर छोड़ता है? क्या दोनों ही स्थितियाँ अवास्तविक नहीं? प्रेमचंद की अंतिम कहानियाँ आदर्शवाद से हट कर स्तब्ध संवेदना की अंधी गली में पहुँचती हैं। गांधीवाद से टूट कर सभी लोग मार्क्सवादी नहीं हो जाते । बौद्धिक क्षमता को रचना का पर्याय नहीं मानना चाहिए । मार्क्सवादी लोगों ने यह गलत समझा है कि प्रेमचंद की अंतिम रचनाओं में मार्क्सवादी प्रतिबद्धता है। निर्मल वर्मा की पार्टी-प्रतिबद्धता को लेकर भी यही गलती की गई थी । प्रेमचंद से अधिक खिड़कियाँ तो यशपाल ने खोलीं, लेकिन उन्होंने एक बना-बनाया दर्शन लेकर 'फ़िनिश्ड कम्युनिज़्म' का आयात किया । परिणामस्वरूप साहित्य में हर दर्शन धोखा और हर दृष्टि झूठी लगने लगी यही हाल 'नई कहानी' के जन्म के समय था। इस समय समाज के संदर्भ में व्यक्ति, देश के संदर्भ में अंचल, और बाहर के संदर्भ में भीतर की स्थापना हुई । पात्र वही थे, रिश्ते वही थे, लेकिन उनके संदर्भ बदल गए थे । और इस दौर में 'नई कहानी' ने महत्त्वपूर्ण उपलब्धियाँ कीं। लेकिन फिर सब अचानक ध्वस्त हो गया। एक व्यापक मोहभंग का दौर आया—कुंठा, घुटन, निराशा, प्रतिहिंसा और विक्षोभ का दौर । कहानी में हत्या और आत्महत्या करनेवाले पात्र आने लगे। सारे कथानायक निर्जीव 'टाइप' बन गए, 'सपाट चेहरेवाले आदमी' हो गए । इस दौर में 'नई कहानी' वालों ने या तो कुछ लिखा ही नहीं, या पशु-पक्षियों के माध्यम से कुछ कहने की चेष्टा की, जिससे प्रेमचंद के बैलों के बाद हिंदी कहानी का चिड़ियाघर काफी समृद्ध हुआ। लेकिन आज फिर एक नया दौर हिंदी कहानी में शुरू हो रहा है। फिर वही शोषित-पीड़ित नायक कहानियों में आने लगे हैं, लेकिन वे प्रगतिशीलों की तरह थोपे हुए नहीं, बल्कि सारे माहौल के सक्रिय हिस्सेदार लोग हैं ।

द्वारिका प्रसाद ने अपना लेख इस प्रश्न से आरंभ किया कि हिंदी कहानी प्रेमचंद

की परंपरा से क्यों कटी और उसका क्या परिणाम हुआ? उन्होंने कहा कि परंपरा उसी लेखक की आगे बढ़ती है, जो यथार्थवादी होता है, इसलिए हिंदी में प्रेमचंद की परंपरा आगे बढ़ती है, प्रसाद आदि की नहीं। प्रेमचंद का युग साम्राज्यवाद, पूँजीवाद और सामंतवाद से संघर्ष का युग था और प्रेमचंद इस संघर्ष को समग्रता में चित्रित करते हैं। प्रेमचंद का विरोध व्यक्तिवादी साहित्यकारों द्वारा किया गया, जिन्होंने नित नए आंदोलन चला कर प्रेमचंद के इतिहास-बोध और लेखकीय पक्षधरता को ही नहीं, समकालीन यथार्थ-बोध को भी व्यर्थ घोषित किया ।

प्रेमचंद के युग और आज के युग का अतंर स्पष्ट करते हुए द्वारिका प्रसाद ने कहा कि प्रेमचंद की सहानुभूति समाज के प्रत्येक वर्ग के साथ थी, क्योंकि राष्ट्रीय आंदोलन में पूँजीवाद और जनवाद दोनों एक साथ सक्रिय थे । स्वाधीनता के बाद यह स्थिति नहीं रही तो जनवादी लेखकों ने सर्वहारा वर्ग के साथ चलने का निश्चय किया और व्यक्तिवादी लेखकों ने उसके विरुद्ध शीतयुद्ध की राजनीति अपना ली और कुंठा, निराशा आदि में डूबने लगे। इस प्रकार 'नई कहानी' में दो धाराएँ हो गईं और ये दो धाराएँ हमें आज की कहानी में भी दिखाई देती हैं। अक्सर इन दोनों धाराओं को एक मान कर हिंदी कहानी का जो मूल्याकंन किया जाता है, वह भ्रामक है। और इस भ्रम को उत्पन्न करने में नामवर सिंह जैसे आलोचकों ने भी अपने भाषा और शिल्प के मोह के कारण सहायता पहुँचाई है। उनके द्वारा निर्मल वर्मा की कहानियों को इतना ज्यादा तूल दिया जाना यही सिद्ध करता है।

लेख-पाठ के बाद हुई बहस में मुजीब रिजवी ने कहा कि प्रेमचंद नायकों के नहीं, खलनायकों के लेखक हैं और खलनायकों के माध्यम से अपनी बात कहने की यह परंपरा उन्हें दास्तानों और तिलिस्मों से मिली थी, जिनमें खलनायक ही सब कुछ करता है, नायक बस इतना करता है कि उस तिलिस्म को तोड़ देता है। प्रेमचंद का नायक उस तिलिस्म को तोड़ता नहीं, बल्कि सहता है । प्रेमचंद के बारे में अक्सर यह कहा जाता है कि वे ग्रामीण कथाकार हैं, लेकिन गिन कर देखें तो प्रेमचंद में एक पात्र गाँव का मिलेगा तो दो शहर के मिलेंगे। दूसरी बात प्रेमचंद की भाषा के बारे में कही जाती है कि उन्होंने जन-भाषा में लिखा। वास्तविकता यह है कि प्रेमचंद को संस्कृत और फारसी तो क्या, उर्दू भी नहीं आती थी, लेकिन उनकी यह मजबूरी ही उनका सद्गुण बन गई, क्योंकि उन्हें विवश होकर अपने लिए एक भाषा खुद निकालनी पड़ी। छायावादी भाषा से उनका कोई परिचय नहीं था और वह उनकी समझ में भी नहीं आती थी । इन बातों पर पुनर्विचार होना चाहिए।

रमेश उपाध्याय ने द्वारिका प्रसाद से सहमत और राजेंद्र यादव से असहमत होते हुए कहा कि 'नई कहानी' आंदोलन के समय कहानी की रचना और आलोचना में जो अनुभववादी और आधुनिकतावादी दृष्टि अपनाई गई, उसने हिंदी कहानी के स्वस्थ विकास को तो बाधित किया ही, परंपरा की सही समझ भी विकसित नहीं होने दी । हिंदी कहानी की मुख्य धारा आरंभ से ही यथार्थवादी, सोद्देश्य, जनपक्षीय, प्रगतिशील

और परिवर्तनकामी रही है। प्रेमचंद इस मुख्य धारा के सबसे प्रमुख कथाकार हैं । इसीलिए हम इसे प्रेमचंद की परंपरा कहते हैं। प्रेमचंद, जैसा कि राजेंद्र यादव कहते हैं, किसी 'स्तब्ध चेतना' के कथाकार नहीं हैं। उनका महत्त्व ग्रामीण कथाकार होने में या तथाकथित मोहभंग की कहानियाँ लिखने में नहीं है; उनका महत्त्व है उनकी सोद्देश्यता के कारण, यथार्थवाद के कारण, उनकी जनपक्षीयता और प्रगतिशीलता के कारण, उनकी कहानियों में अंतर्निहित सामाजिक परिवर्तन की आकांक्षा के कारण। उनका मूल्यांकन केवल 'कफन' और 'पूस की रात' जैसी कुछ कहानियों के आधार पर, जो 'नई कहानी' वाले लेखकों और आलोचकों को 'सूट' करती हैं, करना गलता है। यह कहना गलत है कि प्रेमचंद पहले गांधीवादी थे और अंतिम समय में मार्क्सवादी या आधुनिकतावादी हो गए थे । प्रेमचंद की परंपरा उनकी अंतिम कुछ रचनाओं से नहीं बनती, वह उनके संपूर्ण साहित्य से बनती है।

लेकिन आजादी के बाद की बदली हुई परिस्थिति में देश के शासक वर्ग ने जनता को इस भ्रम में डालना शुरू किया कि स्वाधीनता आंदोलन से जो कुछ चाहा गया था, वह स्वतंत्रता के रूप में प्राप्त कर लिया गया है । उसने आजादी के बाद मिली सत्ता पर अपना कब्जा जमाए रखने के लिए जनता का ध्यान उन लक्ष्यों से हटाने की कोशिश की, जिनके लिए जनता ने स्वाधीनता आंदोलन के दौरान उसके नेतृत्व में साम्राज्यवाद और सामंतवाद के विरुद्ध संघर्ष किया था, आजादी के बाद भारत के पूँजीवादी शासक वर्ग को जनता से भय था, इसलिए उसने जनता के विरुद्ध साम्राज्यवाद और सामंतवाद से समझौता किया और जनता को तरह-तरह से बहकाना, भटकाना, आपस में लड़ाना और दमन तथा उत्पीड़न का शिकार बनाना शुरू कर दिया । स्वाधीनता आंदोलन के दौरान मध्यवर्ग के काफी बड़े हिस्से ने, जिसमें प्रायः सभी लेखक और कलाकार शामिल थे, जनता की आशाओं और आकांक्षाओं को वाणी दी थी, उसके स्वप्नों को संभावनामय यथार्थ के चित्रों के रूप में प्रस्तुत किया था, और उसके संघर्षों का यथार्थवादी चित्रण करते हुए उसमें आशा तथा उत्साह का संचार किया था। लेकिन आजादी के बाद शासक वर्ग ने जनता के मित्र इस मध्यवर्ग को जन-विरोधी बना कर अपने पक्ष में करने के प्रयास शुरू कर दिए । उसने लेखकों और कलाकारों का ध्यान सामाजिक समस्याओं की ओर से हटा कर व्यक्तिगत और नितांत निजी समस्याओं की ओर लगा दिया। इसमें पूँजीवाद, सामंतवाद और साम्राज्यवाद, तीनों का लाभ था। तीनों की सुरक्षा थी । उधर विश्व-स्तर पर जारी शीतयुद्ध के कारण साम्राज्यवादी देशों से समाजवाद-विरोधी जो विचारधाराएँ आ रही थीं, उनके जरिए मार्क्सवाद के विरुद्ध अस्तित्ववाद का, सामूहिकता के विरुद्ध व्यक्तिवाद का, सामाजिकता के विरुद्ध वैयक्तिकता का, संगठन और संघर्ष के विरुद्ध एकाकीपन और पलायन का और आशा के विरुद्ध निराशा का प्रचार किया जा रहा था। इस प्रकार हिंदी कहानी में यथार्थवाद की जगह अनुभववाद आया और लेखक अपने 'जिए-भोगे' को यथार्थ बताते हुए उसका चित्रण करने लगे और स्वयं को प्रेमचंद से भी अधिक यथार्थवादी बताने लगे।

इस प्रकार हिंदी कहानी में नएपन के नाम पर सोद्देश्यता की जगह निरुद्देश्यता आई, जनपक्षीयता की जगह शासक वर्ग की पक्षधरता आई और प्रगतिशीलता की जगह प्रतिक्रियावादी प्रवृत्तियाँ आईं । नतीजा? हिंदी कहानी प्रेमचंद की परंपरा को आगे बढ़ाने के बजाय उसे छोड़ बैठी और सामाजिक परिवर्तन की जगह यथास्थिति को बनाए रखने का काम करने लगी । 'नई कहानी' के आंदोलन में यों तो कई प्रगतिशील लेखक भी शामिल थे, लेकिन उसका नेतत्व अनुभववादी और आधुनिकतावादी लोग कर रहे थे। उन्होंने यथार्थवाद का अर्थ ही बदल दिया । उन्होंने हिंदी कहानी को समाज के यथार्थ की कहानी के बजाय व्यक्ति के यथार्थ की कहानी बना दिया। फिर उन्होंने बड़े ही गलत ढंग से नई और पुरानी कहानी का विभाजन किया और कहानी के तब तक के विकास का बड़ा ही गलत मूल्यांकन किया। उन्होंने प्रेमचंद की अंतिम समय की कुछ कहानियों को अपनी 'नई कहानी' से जोड़ा और उनकी बाकी तमाम कहानियों को पुरानी कह कर खारिज कर दिया। अज्ञेय, यशपाल और जैनेंद्र आदि की कहानियों को उन्होंने विचारग्रस्त, गढ़ी हुई, झूठी और बनावटी कहानियाँ बताया। लेकिन अजीब बात है कि राजेंद्र यादव हों या कमलेश्वर या मार्कण्डेय, अज्ञेय के प्रति ये सभी बड़ा सहानुभूतिपूर्ण रुख अपनाते हैं। यादवजी ने अभी अपने लेख में कहा कि यशपाल अपनी कहानियों में कम्युनिज्म लेकर आए, इसलिए हर दर्शन धोखा और हर दृष्टि झूठी लगने लगी । लेकिन यह गलत है। 'नई कहानी' के ये लेखक उस समय पश्चिम से आई 'विचारधारा के अंत' की विचारधारा के प्रभाव में थे और प्रत्येक समाजोन्मुखी दृष्टि को मिथ्या सिद्ध कर रहे थे। नामवर सिंह भी अपनी कहानी-समीक्षा में यही काम कर रहे थे ।

इस प्रकार 'नई कहानी' आंदोलन के दौरान हिंदी कहानी का जो मूल्यांकन हुआ, वह बहुत ही गलत मूल्यांकन था । दुर्भाग्य से वही मूल्यांकन आज भी हिंदी कहानी की रचना और आलोचना में स्वीकृत है । हालांकि इस मूल्यांकन के जो घातक परिणाम सातवें दशक की 'अकहानी' में और आज की 'समांतर कहानी' में हुए, वे सबके सामने स्पष्ट हैं, फिर भी हम इससे कोई सबक नहीं ले रहे हैं। यादवजी ने यहाँ जो लेख पढ़ा है, वह उसी मूल्यांकन-दृष्टि का उदाहरण है। उन्होंने प्रेमचंद और यशपाल की बड़ी गलत आलोचना की है। वे अपनी 'नई कहानी' की प्रशंसा करते हैं और अपने से बाद की 'अकहानी' वगैरह की निंदा, लेकिन जब वे कहते हैं कि 'नई कहानी' के बाद सब कुछ ध्वस्त हो गया, तो इस पर विचार नहीं करते कि सब कुछ ध्वस्त क्यों हो गया और 'नई कहानी' लिखनेवालों का लिखना अगर बंद हो गया तो क्यों बंद हो गया। फिर, यहाँ भी वे एक गलतबयानी करते हैं। 'नई कहानी' आंदोलन में भैरव प्रसाद गुप्त, अमरकांत, शेखर जोशी, भीष्म साहनी और हरिशंकर परसाई भी थे । इनका लिखना क्यों बंद नहीं हुआ? इस सवाल का जवाब देने के लिए 'नई कहानी' वाली दृष्टि और समझ को बदलना जरूरी है ।

कुँवरपाल सिंह ने कहा कि हमें प्रेमचंद पर कोई राय बनाने से पहले यह देखना चाहिए कि राष्ट्रीय आंदोलन लेखकों को प्रभावित नहीं कर रहा था, बल्कि वह उन्हें

'डिसइल्यूज़ंड' कर रहा था । प्रेमचंद अंतिम दिनों में मार्क्सवादी नहीं हो गए थे । प्रगतिशील लेखक सम्मेलन के अध्यक्ष-पद से दिया गया उनका भाषण किसी मार्क्सवादी चिंतक का भाषण नहीं है। लेकिन यह स्पष्ट है कि उन्होंने सारी उम्मीदें शोषित वर्ग से बाँधीं । प्रेमचंद को जिस राजनीति ने दिग्भ्रमित किया था, उसका मूल्यांकन किया जाना चाहिए। 'नई कहानी' की भी एक राजनीति थी, जिसके तहत समूहवाद का विरोध ठीक उसी तरह किया गया, जिस तरह आज यह कह कर किया जा रहा है कि 'राइट-लैफ्ट' की बात गलत है, जनता की भलाई होनी चाहिए। लेकिन सवाल यह है कि वह जनता कौन-सी है? मुझे नहीं मालूम कि हमारे कई मार्क्सवादी 'नई कहानी' में कैसे फँस गए। इस आंदोलन के तहत लिखी गई अधिकांश कहानियाँ गलत हैं। जहाँ तक समांतर आंदोलन की बात है, वह तो 'नई कहानी' से भी निकृष्ट है । मार्क्सवादी 'जार्गन' द्वारा उसमें लोगों को गुमराह करने की सुनियोजित साजिश की जा रही है ।

सुधीश पचौरी ने राजेंद्र यादव के लेख के संदर्भ में विस्तार से राष्ट्रीय आंदोलन के इतिहास पर प्रकाश डाला और कहा कि प्रेमचंद ने गांधीवाद को अपनाया और छोड़ा और एक विकल्प की तलाश की । प्रेमचंद को गाँव के सरल यथार्थ का लेखक कहना गलत है। उन्होंने तो अपने साहित्य में उन कृषि-संबंधों को 'डील' किया, जो आजादी के बाद से आज तक भी एक बड़ा प्रश्न बने हुए हैं। प्रेमचंद की परंपरा सामंतवाद, पूँजीवाद और साम्राज्यवाद के विरोध की परंपरा है। और यह परंपरा भैरव प्रसाद गुप्त, मार्कण्डेय, शेखर जोशी, अमरकांत, इसराइल और काशीनाथ सिंह के द्वारा आगे बढ़ी है।

गोपाल कृष्ण कौल ने कहा कि प्रेमचंद की परंपरा को सही ढंग से विकसित नहीं किया गया। 'नई कहानी' का आंदोलन सामाजिक यथार्थ से लेखक और लेखन को हटाने के लिए चलाया गया एक व्यावसायिक आंदोलन था। वैसे इसमें शक है कि यह कोई आंदोलन था भी या नहीं, क्योंकि आंदोलन के पीछे कोई विचारधारा होती है । इस आंदोलन के पीछे कोई विचारधारा न होकर स्वयं को 'जस्टीफाई' करने की कोशिश मात्र थी। इसीलिए उसकी समाप्ति व्यावसायिकता में हुई । और व्यावसायिकता में प्रेमचंद की परंपरा से तो क्या, किसी भी परंपरा से संबंध न रखना ही बेहतर होता है। इसमें जिम्मेदारी प्रगतिशील आलोचकों की भी है। नामवर सिंह ने इस आंदोलन को 'एस्टैब्लिश' किया। जिस तरह रामविलास शर्मा ने अपने संकीर्णतावाद से अच्छे लेखकों को मार्क्सवाद से दूर भगाया, उसी तरह नामवर सिंह ने अपने उदारतावाद से सभी तरह के लेखकों को प्रगतिशील बना दिया। इसलिए जब तक आलोचना का सही जनवादीकरण नहीं होता, सही परंपरा की खोज नहीं हो सकती।

नेत्रसिंह रावत ने मुजीब रिजवी की बातों का जवाब देते हुए कहा कि साहित्य के धीरोदात्त और धीरललित नायकों से प्रेमचंद ने होरी जैसे नायक तक पहुँच कर जो लंबी छलाँग लगाई है, उसकी ओर हमारा कितना ध्यान गया है? आज भी हमारे विश्वविद्यालयों में प्रेमचंद को रसवादी पद्धति से पढ़ाया जाता है। इसका कारण यह है कि जनवादी

रचनाओं को परखने का कोई तरीका हमारे पास नहीं है । प्रगति नारों से नहीं आती, उसके लिए काम करना पड़ता है, और आज हमारे सामने सबसे बड़ा काम यह है कि हम मार्क्सवादी आलोचना के प्रतिमान बनाएँ, जो दुर्भाग्य से अभी तक नहीं बने हैं।

बहस के बाद लेख-पाठ करनेवालों को समय दिया गया । द्वारिका प्रसाद कुछ नहीं बोले, मगर राजेंद्र यादव ने शिकायत की कि उनके लेख को समझा नहीं गया और लोगों ने वही कहा, जो उन्हें कहना था । अंत में भैरव प्रसाद गुप्त ने अपने अध्यक्षीय भाषण में कहा कि 'नई कहानी' का आंदोलन एक नदी में आई हुई बाढ़ के समान था। नदी में जब बाढ़ आती है तो उसमें कूड़ा-कचरा भी बहता है। राजेंद्र यादव, मोहन राकेश और कमलेश्वर 'नई कहानी' के नेता नहीं थे, ये उस बाढ़ में बहनेवाले कूड़ा-कचरा थे । 'नई कहानी' आंदोलन की शुरूआत का श्रेय स्वयं को देते हुए भैरव प्रसाद जी ने कहा कि उसकी शुरूआत उन्होंने 1955 में 'कहानी' का विशेषांक निकाल कर की थी । उन्होंने पूछा—क्या ऐसा कोई विशेषांक आज तक निकला है? यदि उसमें यादव जैसे लोग थे तो क्या इसका दोष मुझे दिया जाएगा ? मैंने तो एक संपादक की हैसियत से इनका स्वागत किया, और इन लोगों की मजबूरी थी उसमें शामिल होना। और आंदोलन टूटा तो उसका कारण मैं नहीं था। राजनीतिक-सामाजिक स्थितियों के कारण लेखकों में मतभेद और बिखराव आ गया था। 'नई कहानी' के प्रगतिशील आंदोलन को तोड़ने का काम भारती ने किया। राकेश-यादव-कमलेश्वर का त्रिकोण उसी ने 'धर्मयुग' में छापा, उसी ने इन लोगों को उछाला। इसलिए जिस तरह प्रगतिवादी आंदोलन के बिखराव का अध्ययन जरूरी है, उसी तरह 'नयी कहानी' के प्रगतिशील आंदोलन के बिखराव का अध्ययन जरूरी है। राजेंद्र यादव गाँव पर लिखना सरल समझते हैं । मैं पूछता हूँ तुमने शहर पर ही क्या लिख दिया? यादव को अज्ञेय और निर्मल वर्मा से सीखना चाहिए कि प्रगतिवाद पर कैसे हमला किया जाए। ये तो लड़ते हैं और हाथ में तलवार भी नहीं !

बहस में हिस्सा लेनेवालों को लताड़ते हुए भैरवजी ने कहा कि 'नई कहानी' का आंदोलन दस साल चला है। दस साल के गैप को आप राकेश-यादव-कमलेश्वर से भरेंगे तो सब कूड़ा हो जाएगा, जनाब ! आप कहते हैं, प्रेमचंद मार्क्सवादी नहीं हैं ! कमाल है, साहब ! 'महाजनी सभ्यता' जैसा लेख लिखना मजाक नहीं है । आज कोई लिख कर दिखा दे ! नामवर जी लिख दें! और प्रेमचंद की भाषा के बारे में मुजीब की बात बहुत अजीब है कि प्रेमचंद की भाषा उनकी मजबूरी थी। नहीं, वह भाषा प्रेमचंद ने 'कांशसली' बनायी थी, और उसे जितनी सरल आप समझते हैं, वह उतनी सरल है नहीं। बहुत गहरी भाषा है वह । प्रेमचंद समाज के अंतर्विरोधों को समझते थे। वे क्रांतिदर्शी थे । आज के प्रगतिवादी लेखक क्या अपने राष्ट्रीय और अंतरराष्ट्रीय अंतर्विरोधों को समझते हैं? किसानों और मजदूरों पर कहानियाँ लिखते हैं, मगर उनकी नजर पूँजीपति पर नहीं जाती । इसी सिलसिले में कमलेश्वर के 'आम आदमी' को लीजिए। वह केवल बरगलाने और वर्ग-संघर्ष को धुँधलाने के लिए है । अंत में एक बात और सुन लीजिए।

यह आप मत समझिए कि आपका उद्धार करने टाटा-बिड़ला आएँगे । अगर प्रेमचंद की परंपरा को बढ़ाना है तो हमें मिल कर कुछ सोचना चाहिए।

भैरव जी के इस गरम भाषण के बाद 'रचना' द्वारा पिलाई गई चाय लेखकों को निश्चय ही ठंडी लगी होगी। चाय के बाद कहानी-पाठ हुआ । प्रदीप मांडव ने 'काली लकीर', जमालुद्दीन ने दो छोटी-छोटी कहानियाँ 'सूखे छींटे' और 'रूप-बहरूप' तथा पंकज बिष्ट ने अपनी 'खोखल' शीर्षक कहानी पढ़ी । पाठ के बाद कहानियों पर चर्चा होनी चाहिए थी, मगर नहीं हुई ।

22 अप्रैल को सुबहवाली गोष्ठी का विषय था 'स्वातंत्र्योत्तर कहानी' । अध्यक्षता सावित्री चंद्र 'शोभा' ने की और संचालन किया भैरव प्रसाद गुप्त ने । मूल कार्यक्रम के अनुसार लेख-पाठ अमरकांत, मार्कण्डेय और निर्मल वर्मा को करना था, मगर तीनों ही अनुपस्थित थे। अतः विषय-प्रवर्तन रमेश उपाध्याय और राजकुमार सैनी ने किया।

रमेश उपाध्याय ने कहा कि स्वतंत्रता के बाद की हिंदी कहानी पर विचार करने के दो तरीके आम तौर पर अपनाये जाते हैं। या तो उसे आंदोलनों के रूप में देखा जाता है, जैसे 'नई कहानी', उसके बाद 'अकहानी', उसके बाद 'सचेतन कहानी', उसके बाद 'समांतर कहानी' और उसके बाद आज की प्रगतिशील या जनवादी कहानी । या फिर उसे दशकों में बाँट कर देखा जाता है, जैसे छठे दशक की कहानी, सातवें दशक की कहानी और अब आठवें दशक की कहानी । लेकिन मेरे विचार से ये दोनों तरीके गलत हैं । इनसे 'स्वातंत्र्योत्तर हिंदी कहानी का इतिहास' जान लेने का-सा अकादमिक भ्रम पैदा होता है, जैसे हिंदी कविता के विकास को छायावाद, प्रगतिवाद, प्रयोगवाद, नई कविता और अकविता के क्रम में देखने से पैदा होता है, लेकिन इन यांत्रिक तरीकों से यह भ्रामक धारणा बनती है कि एक प्रकार की कहानी के बाद दूसरे प्रकार की कहानी आती रहती है, या एक प्रकार की कहानी पुरानी पड़ती जाती है और उसकी जगह दूसरे प्रकार की नई कहानी पैदा होती जाती है, जबकि इससे कहानी के वास्तविक विकास या ह्रास का पता नहीं चलता।

दरअसल यह धारणा 'नई कहानी' के आंदोलन के दौरान बनायी गई थी, जो आज तक चली आ रही है। 'नई कहानी' के कुछ लेखकों ने यह प्रचारित किया कि उनसे पहले की कहानी पुरानी और बेकार हो गई है और वे जो कहानी लिख रहे हैं, वही नई और अच्छी कहानी है । इस प्रकार स्वतंत्रता के बाद की कहानी को परंपरा के विकास-क्रम में देखने के बजाय परंपरा को भंग करनेवाली चीज के रूप में देखा गया। परंपरा के स्वस्थ तत्त्वों को पहचान कर उन्हें अपनाने और आगे बढ़ाने के बजाय परंपरा को तोड़ने, छोड़ने और कुछ नया कर दिखाने पर जोर दिया गया। नतीजा यह हुआ कि नयापन अपने-आपमें एक मूल्य मान लिया गया, चाहे वह नयापन विकास की ओर ले जानेवाला हो या ह्रास की ओर । इसका उदाहरण है 'अकहानी' । जिस तरह 'नई कहानी' वालों ने अपने से पहले की कहानी को पुरानी कह कर नकार दिया था, उसी तरह 'अकहानी' वालों ने 'नई कहानी' को भी पुरानी कह कर नकारा। उन्होंने अपनी

कहानी को नवीनतम और श्रेष्ठतम घोषित किया, जबकि आज हम सब जानते हैं कि 'अकहानी' हिंदी कहानी में विकास और प्रगति की कहानी नहीं, बल्कि ह्रास और विकृति की कहानी है। इस ह्रास और विकृति के लिए जितने 'अकहानी' वाले जिम्मेदार हैं, उतने ही 'नई कहानी' वाले भी जिम्मेदार हैं, जिन्होंने यह भ्रम फैलाया कि जो नया है वही श्रेष्ठ है, वही महत्त्वपूर्ण है, वही मूल्यवान है और वही साहित्य में 'आगे का विकास' है।

'नई कहानी' के दौरान अनुभववाद और आधुनिकतावाद ने हिंदी कहानी की यथार्थवादी, समाजोन्मुख, सोद्देश्य और प्रगतिशील परंपरा को बड़ी क्षति पहुँचाई और 'अकहानी' के दौरान विद्रोह, नाशवाद और नकारवाद के नाम पर उस परंपरा को बिलकुल ही तोड़-छोड़ कर कहानी को ऊलजलूल और निरर्थक बनाने के प्रयास किए गए। लेकिन सातवें दशक के उत्तरार्द्ध में जो जन-आंदोलन शुरू हुए, उन्होंने हिंदी के नए कहानीकारों को झकझोरा और उनमें यह समझ पैदा की कि बिस्तरों पर क्रांति करने से न तो साहित्य आगे बढ़ता है न समाज । आवश्यकता सामाजिक परिवर्तन की है और साहित्य उसमें सहायक होकर ही सार्थक हो सकता है। इस प्रकार अनेक कहानीकारों का झुकाव मार्क्सवाद की ओर हुआ और उन्होंने हिंदी कहानी की स्वस्थ परंपरा से, जिसे प्रेमचंद की परंपरा कहा जाता है, अपना नाता जोड़ कर उसे आगे बढ़ाने का निश्चय किया ।

इस प्रकार आज प्रगतिशील कहानी लेखन का जो नया दौर शुरू हुआ है, उसकी शक्ति और संभावनाएँ सबके सामने हैं । लेकिन इस नई प्रवृत्ति का विरोध भी शुरू हो गया है। प्रेमचंद की परंपरा से जुड़ने की बात सुन कर कुछ लोगों को लगता है कि जैसे हम लोग कहानी को आगे बढ़ाने के बजाय पीछे की ओर ले जा रहे हैं । कुछ लोगों को लगता है कि हम नारेबाजी कर रहे हैं और कहानी में कलात्मकता का ध्यान नहीं रख रहे हैं । ऐसा कहनेवाले आम तौर पर वे लोग हैं, जो अभी तक 'नई कहानी' वाली समझ से परिचालित हैं और प्रगतिशीलता के ही नहीं, कहानी की सोद्देश्यता के भी विरोधी हैं। आज की प्रगतिशील या जनवादी कहानी के विरोधी नए-नए तरीके अपना कर उसका विरोध कर रहे हैं, जिनमें सबसे खतरनाक तरीका है स्वयं को प्रगतिशील घोषित कर के आज के नए प्रगतिशील आंदोलन को अंदर से नष्ट या भ्रष्ट करना। ऐसी कोशिश 'समांतर' कहानी के आंदोलन में साफ नजर आ रही है। इस आंदोलन में कुछ ऐसे लेखक शामिल हैं, जो प्रगतिशील लेखक संघ, भारतीय कम्युनिस्ट पार्टी या मजदूर आंदोलन से जुड़े होने के कारण प्रगतिशील माने जाते हैं, भले ही वे वर्तमान प्रतिक्रियावादी शासक वर्ग के समर्थक हों।

उनके द्वारा फैलाए जा रहे विभ्रम के कारण आज यह पूछना आवश्यक हो गया है कि प्रगतिशील रचना की कसौटी क्या है । क्या मजदूर, किसान, आंदोलन और हड़ताल आदि की स्थितियों का चित्रण करने मात्र से अथवा लेखक के प्रगतिशील लेखक संघ या कम्युनिस्ट पार्टी में होने मात्र से उसकी रचना प्रगतिशील हो जाती है?

रचना यद्यपि रचनाकार में से आती है और उसकी वर्गीय स्थिति, विचारधारा, यथार्थ बोध, रचना-कौशल आदि को सामने लाती है, लेकिन कई बार वह रचनाकार का अतिक्रमण भी कर सकती है। अतः बहुत संभव है कि कोई घोषित रूप से प्रगतिशील लेखक प्रतिक्रियावादी रचना करे और किसी ऐसे लेखक की रचनाएँ प्रगतिशील हों, जो स्वयं को प्रगतिशील घोषित न करता हो । इसलिए रचनाकार को देख कर रचना की प्रगतिशीलता का निर्णय नहीं किया जाना चाहिए। साहित्य की सही आलोचना और वस्तुपरक मूल्यांकन के लिए यह आवश्यक है कि रचना को सामाजिक यथार्थ के संदर्भ में और खुद उसको भी एक यथार्थ के रूप में सामने रख कर उसका विचेचन और विश्लेषण किया जाए और देखा जाए कि उसमें सामाजिकता है या व्यक्तिवादिता, अथवा वह प्रगतिशील है या प्रतिक्रियावादी । अन्यथा हम रचना की नहीं, रचनाकारों की आलोचना करते रहेंगे, या साहित्य के स्थान पर व्यक्तियों, गुटों, आंदोलनों और राजनीतिक दलों की आलोचना करते रहेंगे, जैसा कि आजकल हो रहा है। महत्त्वपूर्ण यह उतना नहीं है कि रचना कौन करता है, महत्त्वपूर्ण यह है कि रचना से फायदा किसे पहुँचता है।

राजकुमार सैनी ने कहा कि यथार्थवाद कोई नई चीज नहीं है। हिंदी कहानी में शुरूआत 'मैटाफिजिकल' और 'इंट्यूशनल' यथार्थ से हुई, इसलिए आरंभिक कहानियो में सामाजिक-वैज्ञानिक दृष्टि नहीं है, लेकिन यथार्थ उनमें भी है। उसके बाद सामाजिक यथार्थ की कहानियाँ आती हैं और कथा-जगत् में प्रेमचंद, कौशिक, उग्र आदि उभरते हैं। लेकिन यथार्थ में 'थीसिस' और 'एंटीथीसिस' दोनों होते हैं, इसलिए सामाजिक यथार्थ की कहानियों के साथ-साथ उसके निषेध की कहानियाँ भी लिखी जाने लगीं। ये दो धाराएँ हिंदी कहानी में शुरू से चलती आ रही हैं । एक ओर हमें राहुल सांकृत्यायन, प्रेमचंद, रांगेय राघव की कहानियाँ मिलती हैं तो दूसरी ओर इनका निषेध करनेवाली अज्ञेय, जैनेंद्र, इलाचंद्र जोशी आदि की कहानियाँ । इसी तरह 'नई कहानी' के दौर में एक ओर मार्कण्डेय, भीष्म साहनी, शेखर जोशी, भैरव प्रसाद गुप्त, अमरकांत आदि वैज्ञानिक समाजवादी यथार्थ की कहानियों के लेखक हैं तो दूसरी और ग्राजेंद्र यादव, कमलेश्वर और भारती उस यथार्थ का निषेध करने वाले लेखक हैं । स्वातंत्र्योत्तर कहानी में भी इस तरह दो वर्ग किए जा सकते हैं। पहले वर्ग में भैरव प्रसाद गुप्त, भीष्म साहनी, अमरकांत, मुक्तिबोध, शेखर जोशी, मार्कण्डेय, रामनारायण शुक्ल, रमेश उपाध्याय, ज्ञानरंजन, इसराइल, सतीश जमाली, माहेश्वर, असगर वजाहत, पंकज बिष्ट, काशीनाथ सिंह, नीरज सिंह, नमिता सिंह आदि कहानीकार आते हैं तो दूसरी ओर भारती, अज्ञेय, इलाचंद्र जोशी, राजेंद्र यादव, कमलेश्वर, श्रीकांत वर्मा, राजकमल चौधरी, जगदीश चतुर्वेदी, महीप सिंह आदि। कुछ लेखक बीच के भी हैं, जैसे मुद्राराक्षस, रामदरश मिश्र, निर्मल वर्मा, मोहन राकेश, बदीउज्जमाँ आदि । यथार्थ की आत्मपरक और वस्तुपरक दो शैलियाँ हो सकती हैं और आत्मपरक शैली में भी यथार्थ हो सकता है । इसलिए यहाँ आकर रमेश उपाध्याय की यह बात प्रासंगिक हो जाती है कि कहानी में हमें यह

देखना चाहिए कि उसमें कितनी सामाजिकता है । प्रेमचंद की महानता का कारण उनकी सामाजिकता ही है। सब जानते हैं कि प्रेमचंद के समय की स्थितियाँ क्या थीं, लेकिन उस समय भी उन्होंने कहा था कि "मैं बोल्शेविक हूँ" और गोर्की के साथ पत्र-व्यवहार किया था। प्रेमचंद पहले आदमी थे, जिन्होंने उसी जमाने में कहा था कि वोट आधुनिक युग का मायाजाल है। यह यथार्थ-दृष्टि लेखक में सामाजिकता से ही आती है।

बहस शुरू करते हुए मनमोहन ने कहा कि रमेशजी के द्वारा उठाए गए सवाल नए नहीं हैं। 'भंगिमा' आदि में काफी समय से वे इन सवालों को उठाते रहे हैं। उन्होंने 'कम्युनिस्ट नैतिकता' नामक एक पुस्तक भी लिखी है। उसमें भी उन्होंने कुछ इसी तरह के सवाल उठाए हैं। इन सवालों पर सही परिप्रेक्षय में रचना-प्रक्रिया और आलोचना-प्रक्रिया की दृष्टि से विचार होना चाहिए । रमेशजी दोनों को 'कनफ्यूज' करते हैं । वे आलोचना को केवल कृति तक सीमित कर देना चाहते हैं, लेकिन यह चीज आलोचक की ज्यादा मदद नहीं कर सकती। रचनाकार अपने पूरे व्यक्तित्व के साथ रचना में प्रस्तुत होता है, इसलिए केवल रचना का मूल्यांकन गलत है। यह सही है कि हम लेखक के लिए कोई 'कोड ऑफ कंडक्ट' नहीं बना सकते, और लेखन में व्यक्त अंतर्विरोधों से ही उसे जान सकते हैं, लेकिन इस सवाल को जिस तरह पूँजीवादी पत्रिकाएँ उछालती हैं, उस तरह नहीं उछालना चाहिए। यशपाल मार्क्सवादी होकर भी प्रेमचंद जैसे लेखक नहीं बन पाए, इस सवाल को केवल रचना के माध्यम से नहीं समझा जा सकता। इसलिए लेखक अपने जीवन में क्या है, इस पर भी विचार करना होगा ।

सुधीश पचौरी ने स्वातंत्र्योत्तर हिंदी कहानी की प्रवृत्तियाँ बताते हुए कहा कि आजादी के ऐन मौके पर जो कथाकार उभरे, वे प्रेमचंद से या तो 'पॉजिटिव' रूप में संबद्ध थे या 'निगेटिव' रूप में । नई आर्थिक परिस्थितियों में देखा जाए तो प्रेमचंद के 'गोदान' के बाद सबसे अधिक चर्चा 'शेखर : एक जीवनी' की हुई, जबकि 1951 में 'बलचनमा' भी लिखा गया । मगर उसकी चर्चा नहीं हुई । 'शेखर' और 'बलचनमा' आजादी के बाद की प्रवृत्तियों के दो ध्रुव हैं, लेकिन प्रगतिशील आंदोलन के बिखर जाने के कारण दूसरी प्रवृत्ति उपेक्षित रही । आजादी के बाद का सत्य आजादी के बाद के कथासाहित्य को नियंत्रित करता है। 1967-68 के आसपास राजनीतिक संकट का–जिसमें कांग्रेस का 'मोनोलिथिक स्ट्रक्चर' टूटा था–प्रभाव 'अकविता' और 'अकहानी' पर दिखाई देता है। इसके बाद सेक्स-चित्रण की प्रवृत्ति आई, जिसका नेतृत्व 'मांस का दरिया' जैसी कहानियाँ लिखनेवाले कमलेश्वर जैसे बुर्जुआ लेखक कर रहे थे । बाद में उन्हीं कमलेश्वर ने इस पर 'अटैक' भी किया । कारण यह था कि उस समय हिंदी-क्षेत्र में जनता के आंदोलन शुरू होने लगे थे और उन्हें गुमराह करने के लिए उन्होंने 'समांतर' आंदोलन चलाया । उस दौर की अनेक घटिया कहानियों को उछाला गया, लेकिन इसराइल की 'तीसरी आँख' जैसी कहानियाँ उपेक्षित रहीं।

मधुरमालती सिंह ने कहा कि सुधीश पचौरी ने सन् '67-68 के आसपास के राजनीतिक संकट का जो सीधा संबंध साहित्य से जोड़ा है, उससे सहमत नहीं हुआ जा

सकता। वे कांग्रेस के 'मोनोलिथिक स्ट्रक्चर' के टूटने की बात तो करते हैं, लेकिन उस विकल्पहीनता की बात नहीं करते, जिसके कारण विरोधी दलों में भारी दल-बदल हुई थी। उन्होंने राजकुमार सैनी की बातों से सहमति प्रकट करते हुए कहा कि कहानी के विकास को इसी प्रकार देखा जाना चाहिए।

भैरव प्रसाद गुप्त ने रमेश उपाध्याय की आलोचना करते हुए कहा कि सबसे पहला सवाल तो यह है कि लेखक को आलोचकों की इतनी चिंता क्यों ? उसका काम रचना करना है । आलोचक अपने कर्तव्य का पालन करता है या नहीं, यह वो जाने। प्रेमचंद को कलम-घसीटू मुंशी तक कहा गया, लेकिन क्या उन्होंने कभी परवाह की? यशपाल ने तो यहाँ तक कह दिया है कि आलोचक तो गाड़ी के नीचे चलनेवाला कुत्ता है । आलोचना में अगर गड़बड़ी है तो वह रचना की गड़बड़ी है । नामवर सिंह ने कहानी की आलोचना छोड़ी तो यों ही नहीं छोड़ी । लेकिन क्या हम उनसे माँग करें कि आप यह कीजिए, वह कीजिए? जहाँ तक लेखक और रचना का संबंध है, आदमी से अलग उसकी रचना नहीं होती । लेखक अपनी रचना से मुक्त नहीं होता । दोनों एक-दूसरे से न मुक्त हो सकते हैं, न होना चाहिए। और कसौटी की चिंता आपको क्यों है ? प्रतिमान क्यों खड़े करना चाहते हैं आप ? नामवर सिंह ने प्रतिमान खड़े करके क्या कर लिया? इसकी इतनी जल्दी आपको क्यों है ? और एक रचनाकार को क्यों ? वह अध्यापक के लिए जरूरी है, हमारे लिए नहीं। रचना आज नहीं तो कल बोलेगी--अगर उसमें दम-खम है तो । इसलिए इन बातों पर ध्यान न देकर अपने विकास, रचना के विकास और सामाजिक शक्तियों के विकास का रास्ता निकालना चाहिए। सब कसौटियाँ छोड़ कर रचना की एक ही कसौटी मानिए कि उससे लोकहित होता है या नहीं । राजकुमार सैनी के वक्तव्य पर उन्होंने कहा कि सामाजिक यथार्थवाद के साथ 'वैज्ञानिक' शब्द जोड़ने की कोई जरूरत नहीं थी। सामाजिक यथार्थवाद अवैज्ञानिक हो ही नहीं सकता ।

अंत में गोष्ठी की अध्यक्षा सावित्री चंद्र 'शोभा' ने कहा कि भैरवजी ने जो यह कहा कि लेखक अपनी रचना से मुक्त नहीं हो सकता, यह बात सभी लोग कहते आ रहे हैं। कथाकार यदि संवेदनशील है तो वह रचना में राजनीतिक, सामाजिक दबावों का चित्रण अपनी वैयक्तिक संवेदनाओं के अनुकूल करेगा। इसलिए हम किसी रचनाकार की आलोचना करें, तो उसे उसके समय की प्रवृत्तियों के संदर्भ में देखें । व्यक्तिगत आलोचना नहीं होनी चाहिए।

अपराह्न में हुई तीसरी गोष्ठी का विषय था 'समकालीन कहानी : उपलब्धियाँ'। गोष्ठी की अध्यक्षता रघुवीर सहाय ने की । संचालन कार्य्रक्रम के अनुसार मार्कण्डेय को करना था, पर उनकी अनुपस्थिति में किया असगर वजाहत ने । लेख-पाठ कुँवरपाल सिंह और भगवान सिंह ने किया।

कुँवरपाल सिंह ने अपने लेख में कहा कि आज की कहानी 'नई कहानी' और 'साठोत्तरी कहानी' से नितांत भिन्न है। वह ग्रामीण जीवन, जिसको लेकर प्रेमचंद आगे

बढ़े थे, 'नई कहानी' की आधुनिकता और भावुकता की भेंट चढ़ गया। भैरव प्रसाद गुप्त, मार्कण्डेय, अमरकांत, रेणु आदि को छोड़ 'नई कहानी' के प्रसिद्ध लेखकों ने इस बारे में न केवल चुप्पी साधी, बल्कि उन कहानियों को 'अ-आधुनिक' बताया, जो वर्ग-समाज के संघर्ष को स्वर देती थीं। यह एक समझा-बूझा षड्यंत्र था, इसीलिए 'नयी कहानी' के प्रति मार्क्सवादी आलोचकों का बहुत नकारात्मक रुख था। रामविलास शर्मा, शिवदान सिंह चौहान, चंद्रबली सिंह और प्रकाश चंद्र गुप्त जैसे समर्थ आलोचकों ने 'नई कहानी' की बहस में हस्तक्षेप करना उचित नहीं समझा । ऐसा लगता था कि सभी मार्क्सवादी आलोचकों ने कहानी की व्याख्या करने के लिए नामवर सिंह को प्रतिनिधित्व हेतु नियुक्त कर दिया और उन्होंने जो किया, वह आज किसी से छिपा नहीं है। उनकी दृष्टि में सबसे बड़े प्रगतिशील और जनवादी लेखक निर्मल वर्मा थे। यदि इतना ही महत्त्व वे मार्कण्डेय, अमरकांत, भीष्म साहनी आदि को उस समय देते और व्यक्तिवादी-रोमानी प्रवृत्तियों का मार्क्सवादी दृष्टि से विरोध करते तो हिंदी कहानी इतने दिनों तक रहस्य की वीथियों में न भटकती।

समकालीन कहानी के विषय में कुँवरपाल सिंह ने कहा कि आज की कहानी ने उन सब सीमाओं पर प्रश्नचिह्न लगाया है, जिनका निर्माण 'नई कहानी' ने किया था, जैसे कहानी व्यक्ति की हो, वर्ग की नहीं; कहानी राजनीतिक न होनी चाहिए, आदि। आज के कहानीकारों ने इन धारणाओं को नितांत गलत साबित कर दिया है। ऐसी कहानियाँ लिखी गई हैं, जो शोषक और शोषित वर्गों में बँटे समाज को मार्क्सवादी दृष्टि से देखती हैं । इस प्रसंग में कुँवरपाल सिंह ने जिन कहानियों की चर्चा की, वे थीं—काशीनाथ सिंह की 'सुधीर घोषाल' और 'माननीय होम मिनिस्टर के नाम', इसराइल की 'फर्क', रमेश उपाध्याय की 'आनेवाले के लिए', सतीश जमाली की 'प्रथम पुरुष', ज्ञानरंजन की 'घंटा', असगर वजाहत की 'केक' और 'मुर्दाबाद', नमिता सिंह की 'खुले आकाश के नीचे' आदि।

भगवान सिंह का लेख गोष्ठी के विषय से संबंधित न हाकर भी 'कथा-समीक्षा की तकनीकी शब्दावली पर पुनर्विचार' करने के कारण महत्त्वपूर्ण था । उसमें कहा गया कि प्रस्तावित विषय से हट कर एक नए पक्ष पर विचार करने की जरूरत इसलिए पड़ी कि लेखन को सही-गलत दिशाएँ देने में कथा-समीक्षा की तकनीकी शब्दावली का बहुत बड़ा हाथ रहा है। समय-समय पर अपनी उपलब्धियों का मूल्यांकन करते रहने के साथ ही यह भी आवश्यक हो जाता है कि हम इस बात पर भी विचार कर लिया करें कि जिस शब्दावली में हम मूल्यांकन करते हैं, या कुछ समय से करते आए हैं, वह कितनी संगत है। इस भूमिका के साथ भगवान सिंह ने 'नई कहानी', 'अकहानी', 'सचेतन कहानी', 'समांतर कहानी', 'प्रतिबद्धता', 'आरोपण', 'युगबोध', 'संकट-बोध', 'मृत्यु-बोध', 'आधुनिकता', 'भोगा हुआ यथार्थ', 'अनुभव की प्रामाणिकता', 'पीढ़ियों का अंतर' आदि तकनीकी शब्दों को परिभाषित और विश्लेषित किया और यह दिखाया कि किस प्रकार इन शब्दों को कथा-समीक्षा में इस्तेमाल किया जाता रहा है । उनका

निष्कर्ष था–वास्तव में समाज के बृहत्तर वर्गों और स्तरों से, जीवन के व्यापक प्रसार से, अपने को काट कर अलग करने और अपने भीतर ही सब कुछ परिगणित करने की जो प्रवृत्ति पिछले आंदोलनों में कायम रही है, उसे पहचाने बिना समकालीन कथाकार अपने लेखन का हित नहीं कर सकते । उन्हें अपने कला-मूल्यों का पुनर्मूल्यांकन करना होगा और इतिहास के जीवंत स्रोतों से अपने को नए सिरे से जोड़ने के लिए प्रयत्नशील होना होगा, जिसके आभास मिलने ही लगे हैं।

बहस शुरू करते हुए मंगलेश डबराल ने कहा कि 'नई कहानी' की हड्डियाँ खोद कर उन्हें कोड़े लगाने से अब कोई लाभ नहीं है। 'नई कहानी' की मृत्यु की घोषणा तो उन्होंने ही कर दी, जिन्होंने 'समांतर' आंदोलन शुरू किया। 'नई कहानी' में जो दुनिया आई, वह बहुत ही सीमित दुनिया थी, यह अलग बात है कि उसमें बहुत-से वामपंथी लेखक भी थे, जिनका उचित मूल्याकंन नहीं हुआ । कुँवरपाल सिंह के लेख में लगभग वे ही तर्क हैं, जिनके विरुद्ध उनका इस्तेमाल किया गया है। साठोत्तरी कहानी का 'नई कहानी' से कोई संबंध नहीं है । उसमें कई बहुत अद्‌भुत कहानियाँ आई हैं। यह सही है कि उनकी दुनिया मध्यवर्गीय है, लेकिन इससे कोई फर्क नहीं पड़ता । कहानी की भाषा का भी बहुत विकास हुआ है । काशीनाथ सिंह, ज्ञानरंजन, दूधनाथ सिंह आदि साठोत्तरी कहानीकारों की भाषा की अपनी पहचान है, जबकि 'समांतर' वाले प्रकाश बाथम, और श्रवण कुमार जैसे व्यावसायिक लेखकों की कहानियों में फर्क करना ही मुश्किल है।

प्रदीप मांडव ने कहा कि 'नई कहानी' के लेखकों की मनःस्थिति बूढ़ों की थी। 'दांपत्य', 'लंदन की एक रात' और 'खोई हुई दिशाएँ' की चर्चा करते हुए उन्होंने पूछा–क्या इन कहानियों में भारतीय समाज का यथार्थ चित्रित हुआ है? कमलेश्वर प्रतिबद्धता से भी आगे 'संबद्धता' की बात करते हैं, लेकिन क्या समांतर कहानी में कोई ऐसी कहानी है, जो शोषित वर्ग के संघर्ष को चित्रित करती हो?

राजकुमार सैनी ने भैरव प्रसाद गुप्त की 'श्रम', मुक्तिबोध की 'काठ का सपना', भीष्म साहनी की 'नया मकान', यशपाल की 'तुमने क्यों कहा था कि मैं सुंदर हूँ,' काशीनाथ सिंह की 'तीन काल-कथा' और 'माननीय होम मिनिस्टर के नाम', मार्कण्डेय की 'बीच के लोग', रमेश उपाध्याय की 'शेष इतिहास', शेखर जोशी की 'भूत' और हरिशंकर परसाई की व्यंग्य-कहानियों पर विस्तार से विचार करते हुए समकालीन कहानी की उपलब्धियों को रेखांकित किया। उन्होंने बताया कि पूँजीवाद की ह्रासोन्मुख व्यवस्था यांत्रिकीकरण, अमानवीयकरण, दमन, छद्‌म मूल्यों का सृजन आदि जिन प्रक्रियाओं को जन्म देती है, उनका चित्रण इन कहानियों में शोषित वर्ग की पक्षधरता के साथ किया गया है। उन्होंने एक और महत्त्वपूर्ण बात कही कि जिस तरह कभी राहुल और निराला की उपेक्षा की गई थी, उसी तरह आज परसाई की उपेक्षा की जा रही है । उन्हें मात्र व्यंग्यकार मान कर कहानी-चर्चा से अलग रखा जा रहा है, जबकि उनकी चर्चा कहानीकार के रूप में होनी चाहिए।

द्वारिका प्रसाद ने कहा कि 'नई कहानी' को पूर्णतः अस्वीकार करना और यह कहना कि वह संपूर्णतः प्रतिक्रियावादी थी, गलत है। उसमें प्रगतिशील और प्रतिक्रियावादी दोनों तरह की कहानियाँ मिलती हैं । मसलन भारती एक तरफ 'आश्रम' लिखते हैं तो दूसरी तरफ 'गुलकी बन्नो' और 'बंद गली का आखिरी मकान' । राजेंद्र यादव की 'टूटना' भी इसका एक उदाहरण है। इस द्वंद्वात्मकता को ध्यान में रखना चाहिए । दोनों धाराओं को एक में मिला देने से 'कनफ्यूज़न' होता है और 'नयी कहानी' की प्रतिक्रियावादी धारा के लोगों ने इस 'कनफ्यूज़न' को बढ़ाया और आज भी 'समांतर' जैसे आंदोलन चला कर बढ़ा रहे हैं। लेकिन समांतर में भी हमें दोनों प्रकार के लेखक मिल सकते हैं । जहाँ तक क्षणवाद, संत्रास, कुंठा, निराशा आदि की बात है, ये मूल्य सांस्कृतिक स्तर पर चलाई जानेवाली शीतयुद्धीय राजनीति द्वारा लाए जानेवाले मूल्य हैं, जिनका प्रचार सी. आइ. ए. जैसी संस्थाएँ करती हैं ।

प्रताप सिंह ने कहा कि हम उपलब्धियों की बात न करके दोषारोपण कर रहे हैं। 'नई कहानी' पर आरोप लगा कर समकालीन कहानियों को बचाया जा रहा है, लेकिन ये ही आरोप आज की कहानी पर भी लगाए जा सकते हैं। उदाहरण के लिए मधुकर सिंह की गाँवों पर लिखी गई कहानियाँ एकदम नकली हैं।

अंत में रघुवीर सहाय ने अध्यक्षीय भाषण में कहा कि स्वातंत्र्योत्तर कहानी को पूरे ऐतिहासिक-सामाजिक संदर्भ में समझा जाना चाहिए, अन्यथा हम प्रतिक्रियावादी तत्त्वों का ही फायदा करेंगे । हमें पूरी कहानी के नतीजों को देखना चाहिए और इसके लिए यह सवाल उठाया जाना चाहिए कि 'संत्रास' नाम की चीज के बारे में आप क्या सोचते हैं । इस संत्रास को आपने देखा है या आप यह संत्रास पाठक को देना चाह रहे हैं? निराशा, कुंठा, घुटन आदि का अनुभव आज के सामाजिक यथार्थ में अनिवार्य है, लेकिन यदि आप इनको समझेंगे नहीं तो झूठी कहानियाँ लिखेंगे, जो आदमी को डरपोक और कमजोर बनानेवाली कहानियाँ होंगी। हम अक्सर यह रुख अपना लेते हैं कि जिसने जरा भी कुंठा की बात की, वह प्रतिक्रियावादी है और जिसने समस्याओं का हल बता दिया, वह प्रगतिशील। मगर हमें ध्यान रखना चाहिए कि कोई भी अच्छा और बड़ा लेखक अपने युग की और अपनी जिंदगी की तकलीफ को गहराई से समझे बिना नहीं लिख पाता। इसका उल्टा भी सच है, लेकिन वह व्यावसायिक साहित्य है, जो आज लाखों की संख्या में छप रहा है। जिस प्रकार गुलशन नंदा जैसे लेखक हर समस्या के साफ-साफ बने हुए हल रख देते हैं, उसी प्रकार के बने-बनाए हल सामाजिक यथार्थ के लेखकों द्वारा भी दिए जा सकते हैं। इससे साहित्य श्रेष्ठ नहीं हो जाता। प्रेमचंद के लेखन में इंसान की तमाम बेचैनियाँ शामिल थीं और उन्होंने उसी वर्ग के बारे में लिखा, जिसे वे गहराई से जानते थे। सामाजिक यथार्थ के नाम पर गाँव की काल्पनिक कहानियाँ लिखना बेकार है। हम हरिजनों पर अत्याचार की घटना तो अखबार से जान लेते हैं, लेकिन एक किसान रोज अपने पड़ोसी के आतंक से कितना संत्रस्त होता है, यह नहीं जानते । इसी तरह गाँवों में जातिवाद, आधुनिक औद्योगीकरण, सरकारी मदद आदि का

वास्तविक रूप क्या है, यह अनुभव यहाँ रहते हुए या छुट्टियों में जाकर देखने से नहीं होगा। और जब तक हम उस जीवन को जानते नहीं, उसके बारे में लिखने से कोई लाभ नहीं है ।

शाम को सभी लोग सतीश चंद्र के निवास पर चाय के लिए आमंत्रित थे, अतः शेष कार्यक्रम (कहानियों का पाठ) उनके बँगले के लॉन पर संपन्न हुआ । असगर वजाहत ने 'शेर' और रमेश उपाध्याय ने 'देवीसिंह कौन?' शीर्षक कहानी का पाठ किया। नमिता सिंह उपस्थित नहीं थीं, लेकिन उनकी कहानी आई हुई थी, जिसे प्रदीप मांडव ने पढ़ कर सुनाया। अंत में रमेश रंजक ने अपने कुछ जनवादी गीत गाकर सुनाए।

23 अप्रैल को सुबह चौथी गोष्ठी 'समकालीन कहानी : दिशा' विषय पर हुई । कार्यक्रम के अनुसार इस गोष्ठी की अध्यक्षता शिवप्रसाद सिंह को करनी थी और संचालन करना था दूधनाथ सिंह को । लेख-पाठ काशीनाथ सिंह, चंद्रभूषण तिवारी और पंकज बिष्ट को करना था। लेकिन जिस तरह पहले की गोष्ठियों की व्यवस्था बदलती रही, इस गोष्ठी की भी बदली, और अध्यक्षता माहेश्वर ने तथा संचालन अशोक चक्रधर ने किया । पंकज बिष्ट ने अपना लेख 'व्यावसायिक कहानी की राजनीति' पढ़ा और आनंद प्रकाश ने 'समकालीन कहानी की दिशा' पर मौखिक रूप से ही विस्तृत चर्चा की ।

पंकज बिष्ट ने अपने लेख में कहानी के व्यवसायीकरण के खतरे का सवाल उठाते हुए कहा कि एक शुद्ध व्यावसायिक 'मानोपोली हाउस' की पत्रिका ('सारिका') पूरे एक कहानी आंदोलन की अगुआ बन बैठी है और वामपंथी छद्म ओढ़ कर कहानीकारों की एक पूरी पीढ़ी को ही नहीं गड़बड़ा रही है, जो उसकी रंगीनी और चमक-दमक के लालच में उसके झंडे के नीचे हो ली है, बल्कि प्रगतिशील कहानी-लेखकों और पाठकों को अराजनीतिक बनाते हुए उनके दिमाग में वामपंथी शब्दावली, उद्देश्यों और अर्थों के प्रति संदेह और शंका भी पैदा कर रही है । पंकज बिष्ट ने 'समांतर कहानी' के आंदोलन द्वारा उछाले गए शब्द 'चिरंतन वाम' पर टिप्पणी करते हुए कहा कि बाजार में इस समय वाम के दाम बहुत ऊँचे जा रहे हैं, जिसे 'कार्पोरेट सेक्टर' भली भाँति जानता है। जब अमेरिका का एम.जी.एम. चे ग्वेवारा पर फिल्म बनाता है या लंदन की एक कंजर्वेटिव पार्टी के भूतपूर्व नेता की कंपनी मैकमिलन मार्क्स पर धड़ाधड़ पुस्तकें छापती है, और भारत का कोई जूट अखबार वाम बनता है, तो इन सबका उद्देश्य किस तरह एक हो जाता है, यह किसी से छिपा नहीं रहता। एक ही संस्थान के भिन्न-भिन्न अखबार भिन्न-भिन्न चोला ओढ़े रहते हैं। मौके के मुताबिक कोई अखबार प्रगतिशील है, तो कोई संपूर्ण क्रांति का मुखपत्र । कोई समाजवादी है, तो कोई प्रतिक्रियावादी। कोई साफ़ तौर पर पीली पत्रकारिता करता है, तो कोई 'नंगा' शब्द तक छापने से परहेज। पर उद्देश्य सबका एक ही है : अखबार बेचना। लेकिन प्रचार-प्रसार के अलावा जो खतरनाक काम प्रगतिशीलता और वामपंथ के खिलाफ 'सारिका' कर रही है, वह ज्यादा भयावह और कहीं अधिक खतरनाक है । यह काम है प्रगतिवादी आंदोलन में घुस कर

उसके उद्देश्यों और अर्थों को पूरी तरह विकृत और भ्रष्ट कर देना । समांतर आंदोलन में लफ्फाजी होती है और कहानियाँ पत्रकारिता के दबाव में लिखी जाती हैं ।

आनंद प्रकाश ने समकालीन कहानी की दिशा के संबंध में कहा कि परसों की बहस में कहानी के बारे में दो बातें सामने आईं : एक तो नामवर सिंह ने कहा कि 'नई कहानी' के समय ऐसा लगता था कि कहानी केंद्र में है, लेकिन आज वह केंद्र में तो क्या, हाशिए पर भी मुश्किल से है; दूसरी बात भैरवजी ने कही कि 'नई कहानी' के दौर मे उछाली गई रचनाएँ प्रतिनिधि रचनाएँ नहीं हैं और 'नई कहानी' आंदोलन के बिखराव के कारणों पर पुनर्विचार होना चाहिए। इन बातों पर विचार करें तो लगता है कि आजादी के बाद भारतीय समाज के वर्गों में जिस प्रकार एक नया संयोजन हुआ और मेहनतकश वर्गों को अपने लिए एक नए संदर्भ की तलाश करनी पड़ी, उसी प्रकार साहित्यकारों को भी एक नए संदर्भ की तलाश थी। कविता और कहानी में 'नया' विशेषण इसी का सूचक है।

भैरवजी ने 'नई कहानी' आंदोलन के बिखराव के व्यक्तिगत कारण बताए थे, लेकिन वह व्यक्तिगत कारणों से नहीं बिखरा। वास्तव में 'नई कहानी' आंदोलन साहित्यकारों का एक संयुक्त मोर्चा था, जिसमें वामपंथी लेखक भी थे, लेकिन वे इस संयुक्त मोर्चे के बारे में स्पष्ट नहीं थे। स्वयं वामपंथी आंदोलन में भी आजादी से पहले ऐसा ही संयुक्त मोर्चा था जो आजादी के बाद टूट गया। 'नई कहानी' वाले संयुक्त मोर्चे के टूटने का कारण यह था कि उसकी 'हैजेमनी' वामपंथी नहीं, मध्यवर्गीय थी । यही कारण था कि वामपंथी लेखक उपेक्षित हुए और अंततः वह संयुक्त मोर्चा टूट गया।

आज संदर्भ बदल गया है । आज के लेखक मध्यवर्गीय होकर भी किसान या मजदूर वर्ग के बारे में विशेष रूप से चिंतित हैं । यह चिंता असगर वजाहत की 'शेर', रमेश उपाध्याय की 'देवीसिंह कौन?', काशीनाथ सिंह की 'सुधीर घोषाल' आदि कहानियों में देखी जा सकती है । लेकिन इसके साथ ही छद्म लेखन का खतरा भी है, जिसकी ओर पंकज बिष्ट ने अपने पर्चे में इशारा किया है। जहाँ तक दिशा की बात है, दिशा-निर्धारण मात्र कहानी या मात्र साहित्य का सवाल नहीं है, बल्कि जनता की राजनीति का सवाल है। कमलेश्वर और समांतर जैसे आंदोलनों पर 'अटैक' करने मात्र से कोई बात नहीं बनेगी। मानवीय मूल्यों के प्रति मध्यवर्गीय तबके को आकृष्ट करके प्रतिबद्ध लेखन की तरफ ले आने की जरूरत है, और उसे लाया जा सकता है, लेकिन वह आएगा अपनी समझ के साथ–समझ की सीमाओं के साथ। उस समय हमारी वैचारिक क्षमता इतनी विकसित होनी चाहिए कि हम उसे प्रशिक्षित कर सकें। जनवादी कहानी की दिशा जनवादी राजनीति की दिशा के साथ तय होगी । और इसके लिए दोनों स्तरों पर आज पुनः एक संयुक्त मोर्चे की आवश्कता है । लेकिन उस संयुक्त मोर्चे में मध्यवर्गीय लेखकों को फुसला कर या उनसे समझौता करके लाने के बजाय उनमें सही समझ पैदा करके उन्हें अपने निकट लाना होगा और वामपंथी नेतृत्व को बनाए रखने की चेष्टा करनी होगी ।

बहस शुरू करते हुए भैरव प्रसाद गुप्त ने कहा कि आज का विषय व्यावहारिक है, इसलिए कुछ व्यावहारिक बातें ही कहूँगा । हमें मौजूदा स्थिति में बुद्धिजीवी वर्ग के बीच ही काम करना है, इसलिए हमारी लड़ाई दो स्तरों पर है—विचार के स्तर पर और रचना के स्तर पर। वैचारिक स्तर पर हमारा काम है प्रतिक्रियावादी विचारों से लड़ना और लोगों को बताना कि हमारे सिद्धांत सही हैं। इसके लिए हमें बड़ी शालीनता, शिष्टता और समझदारी बरतनी होगी । रचना के स्तर पर हमारा काम है मेहनत से बेहतरीन रचनाएँ करना । जहाँ तक संयुक्त मोर्चा बनाने की बात है, वह हमें जरूर बनाना चाहिए। हमें बहुत बड़ा मोर्चा बनाना होगा । उसमें तीन तरह के लेखक होंगे—मानवतावादी लेखक, गैर-पार्टी मार्क्सवादी लेखक, और पार्टी-लेखक । मगर इस बात का ध्यान रखिए कि मोर्चे की 'हैजेमनी' पार्टी-लेखक की रहेगी। यह बहुत खुली बात है! उसकी 'हेजेमनी' रही है और रहेगी। उसे स्वीकार करना ही होगा ।

इस पर नेत्रसिंह रावत ने भैरवजी को टोक कर प्रश्न किया : पार्टी-लेखक गैर-पार्टी मार्क्सवादी लेखकों को प्रोत्साहन नहीं देते, यह क्या है ?

भैरवजी ने उत्तर दिया : ऐसा उन्हें नहीं करना चाहिए । उनका काम तो यह है कि वे उन्हें 'डेवलप' करें और पार्टी के पास लाएँ । लेकिन यदि पार्टी का आलोचक पार्टी-लेखक की प्रशंसा करता है तो अपना फर्ज अदा करता है। उसके पास 'मेंडेट' है । उसकी शिकायत मत कीजिए । उसे अपना काम करने दीजिए ।

इस पर मंगलेश डबराल ने कहा : लेकिन हमें यह भी देखना चाहिए कि अब तक का इतिहास क्या रहा है। पार्टी-लेखकों और आलोचकों ने राहुल सांकृत्यायन और नागार्जुन जैसे लोगों तक की उपेक्षा की है। यही नहीं, गैर-पार्टी मार्क्सवादी लेखकों की अच्छाइयाँ बताने के बजाय उनमें सिर्फ बुराइयाँ ही बताई गई हं। निर्मल वर्मा चूँकि पार्टी-लेखक थे, इसलिए उनकी किताब पी.पी.एच. से छपी। उसी समय राहुल और नागार्जुन की किताबें भी छपीं, लेकिन चर्चा किसकी हुई?

भैरवजी ने कहा : गलतियाँ हुई हैं, होती हैं और होती रहेंगी । खतरे हैं और रहेंगे, लेकिन पार्टी की 'फंक्शनिंग' पूरी तरह 'डेमोक्रेटिक' है, इसलिए संयुक्त मोर्चे की शक्ल यही रहेगी ।

जाहिर है कि यह कोई उत्तर नहीं था और मंगलेश कुछ और कहना चाहते थे, लेकिन गोष्ठी के संचालक अशोक चक्रधर ने उन्हें टोक कर राजकुमार सैनी को बोलने के लिए आमंत्रित कर लिया, जिन्होंने इस प्रश्न पर हमेशा दिया जानेवाला एक बना-बनाया उत्तर दे दिया। । उन्होंने कहा कि पार्टी और साहित्यकार के भीतरी रिश्ते को कायम करने के लिए दोनों को एक-दूसरे के नजदीक आना चाहिए । यह तो लेखकों का कर्तव्य है कि वे पार्टी-अनुशासन को स्वीकार करें। इस प्रश्न को यहीं छोड़ कर उन्होंने समकालीन कहानी की दिशा पर विचार करते हुए कहा : आज की कहानी की दिशा यह है कि वह 'ह्यूमन इसेंस' का पुनर्सृजन करे और बार-बार उसकी याद दिलाए । और इस दिशा का संकेत देनेवाली कहानियों की उन्होंने विस्तार से चर्चा की।

ये कहानियाँ थीं–भैरव प्रसाद गुप्त की 'श्रम', माहेश्वर की 'प्रेमिका', शंभुनाथ सिंह की 'एक सिलसिलेवार मौत', नीरज सिंह की 'किसलिए, किसके लिए', नमिता सिंह की 'एक काले अँधेरे की मौत', रमेश उपाध्याय की 'पानी की लकीर', इसराइल की 'फिर उसी कहानी की', रामनारायण शुक्ल की 'सहारा' और 'प्रचार' आदि ।

प्रदीप मांडव ने एक नया प्रश्न उठाते हुए कहा कि हमारे तथाकथित प्रगतिशील और मार्क्सवादी आलोचक रूप, सौंदर्य और शिल्प की बात क्यों कर रहे हैं। क्या यह रूपवादी साजिश नहीं है? क्या यह कथ्य को सजावट से दबा देने और इस प्रकार उसे जनता से काट देने की साजिश नहीं है? क्या वे बता सकेंगे कि 'माननीय होम मिनिस्टर के नाम', 'सुधीर घोषाल', 'घंटा, और 'बीच के लोग' जैसी कहानियाँ शिल्प की दृष्टि से कहाँ गलत हैं? क्या शिल्प पर जोर देने से हमारी प्रतिबद्धता दबेगी नहीं?

इशारा शायद नामवर सिंह की तरफ था, लेकिन वे उस समय उपस्थित नहीं थे। भैरवजी एक बार बोल चुके थे, किंतु गोष्ठी के संचालक ने उन्हें पुनः आमंत्रित किया। उन्होंने कहा कि रूप और वस्तु बहुत महत्त्वपूर्ण विषय है। हमारे विरोधी हम पर रूप की ओर से हमला करते हैं । हम वस्तुवादी हैं, लेकिन रूप और वस्तु का क्या संबंध है, यह हम ही समझते हैं, वे नहीं । बिना रूप के कोई वस्तु नहीं होती और वस्तु के बिना कोई रूप नहीं होता । कभी रूप वस्तु को तोड़ता है, कभी वस्तु रूप को तोड़ती है। हमारे यहाँ समाजवाद अभी नहीं आया है, लेकिन समाजवाद दिखाई देने लगा है, क्या यह रूप ही वस्तु को नहीं तोड़ रहा है? नागार्जुन अपनी कविता में पुराने रूप क्यों अपनाते हैं? इसलिए कि मार्क्सवादी होने के कारण वे रूप और वस्तु का संबंध समझते हैं । हमारी कोशिश यह होती है कि अच्छे-से-अच्छे रूप में अपनी रचना दें। रूप से हमारा कोई विरोध नहीं है ।

गोष्ठी के संचालक को लगा कि जिस कार्य के लिए उन्होंने भैरवजी को पुनः आमंत्रित किया था, वह पूरा नहीं हुआ, इसलिए उन्हें याद दिलाने के ढंग से कहा : लेकिन कुछ मार्क्सवादी आलोचक जब रूप की बात करते हैं, उदाहरण के लिए नामवर सिंह...। इस पर भैरवजी ने कहा : नामवर को आप मार्क्सवादी क्यों समझते हैं? वे मार्क्सवादी नहीं हैं। और गोष्ठी के संचालक ने संतुष्ट होकर कहा : तब ठीक है। चलिए, आज बात साफ हो गई।

इसके बाद गोष्ठी में एक मनोरंजक विषयांतर हुआ। गंगाप्रसाद विमल ने कहा कि कहानी को किसी बने-बनाए प्रतिमान से नहीं देखा जाना चाहिए । कहानी अपने समय के किसी रुझान को व्यक्त करती है । जो लेखक अपने समय को व्यंजित करते हैं, वे हो सकता है कि बाद में गलत हो जायें, लेकिन अपने समय में सार्थक होते हैं। इतना कहते-कहते विमलजी को न जाने कहाँ से कुत्तों की याद गई और उन्होंने रूस-चीन की कहानियों में कुत्ता पालनेवाले लागों के अभाव की विस्तृत चर्चा शुरू कर दी। यह बेसिर-पैर की कुत्ता-चर्चा जब चलती ही गई तो किसी ने कहा : विमल जी, अब कुछ बकरियों के बारे में भी कहिए, जिनके साथ आपकी कहानियों के पात्र शारीरिक संबंध

स्थापित करते हैं !

इस पर जोरदार ठहाके लगे !

मंगलेश डबराल ने बहस को पुनः रूपवाद के प्रश्न पर केंद्रित करते हुए कहा कि रूपवाद या कलावाद को लेकर अब तक एक आसान बहस चलती रही है। यह सही है कि रूप और वस्तु अलग-अलग नहीं हैं, लेकिन जनवादी वस्तु के कारण रचना का रूप स्वतः सुंदर हो जाएगा, ऐसा नहीं है। यहाँ एक कागजी किस्म का जनवाद हो रहा है। लगता है, जैसे मार्क्सवाद की क्लास लग रही है। समाज और साहित्य पर तो बात की जा रही है, लेकिन समाज सहित्य में किस रूप में आता है, इस पर बात नहीं हो रही। यदि हम शिल्प के हर प्रश्न को रूपवाद कह कर टालते जाएँगे तो रचना के मूल्यांकन का क्या आधार हमारे पास होगा? हमें यह नहीं भूलना चाहिए कि दो जनवादी लेखकों की कहानियों में भी फर्क हो सकता है, और वह फर्क हमें करना चाहिए। यह फर्क रूप और वस्तु की सही द्वंद्वात्मक समझ के बिना नहीं किया जा सकता।

सरिता सिंह अपना वक्तव्य लिख कर लाई थीं, इसलिए स्वाभाविक ही था कि वह गोष्ठी के विषय से बाहर था। उन्होंने संगोष्ठी के आयोजन की ईमानदारी पर अपना संदेह व्यक्त किया और लेखकों के ढुलमुल मध्यवर्गीय चरित्र की आलोचना की।

रमेश रंजक ने कहा कि रूप या शिल्प की बात से बिदकने के बजाय हमें उस पर ध्यान देना चाहिए। उसकी ताकत को पहचानना चाहिए। शब्द अपने-आप में एक अल्हड़ घोड़ा है, उस पर जीन कसना, लगाम लगाना और सवारी करना मजाक नहीं है। इसलिए जो लोग रूप की बात को व्यर्थ मान कर हटा देते हैं, वे जनवादी साहित्य और आलोचना का हित नहीं अहित करते हैं।

डी. प्रेमपति ने कहा कि रूपवाद पर कोई भी मार्क्सवादी जोर नहीं देता। यह कहना नामवर सिंह पर बड़ा अन्याय होगा कि उन्होंने रूपवाद की हिमायत की है। मैं उस गोष्ठी में नहीं था, जिसमें नामवर सिंह बोले, मगर उनकी कृतियों से कहीं नहीं लगता कि वे रूपवादी हैं। दूसरी बात यह है कि प्रतीक और फंतासी आदि अपने-आप में बुर्जुआ हैं न जनवादी, ये तो हमारे साधन हैं, और इनका प्रयोग सभी महान् लेखकों ने किया है। जो स्वयंभू मार्क्सवादी प्रतीक आदि का मजाक उड़ाते हैं, उन्हें पता नहीं कि स्वयं लेनिन गोर्की की 'दि साँग ऑफ फाल्कन' की प्रतीक पद्धति के कितने प्रशंसक थे !

असगर वजाहत ने प्रदीप मांडव वाली बात को ही संक्षेप में कहा और प्रश्न उठाया कि पिछले तीन-चार सालों की कहानियों में ऐसी कौन-सी कमी है कि हम रूप पर जोर देना चाहते हैं?

अपने अध्यक्षीय भाषण में माहेश्वर ने कहा कि रूप और वस्तु पर ऐसा कोई विवाद नहीं है, दोनों पर समान विचार होना चाहिए। लेकिन नामवर सिंह का यह कहना कि कहानी रूपहीन होती जा रही है, भटकानेवाला है। पंकज बिष्ट के लेख पर उन्होंने कहा कि लेख अच्छा है, लेकिन घातक प्रवृत्तियों के साथ-साथ सही प्रवृत्तियों की भी

चर्चा होनी चाहिए। यह भी जरूरी है कि मार्क्सवादी लेखन को जनता तक पहुँचाने के लिए 'सारिका' के समानांतर एक पत्रिका या संगठन शुरू किया जाए और सही रचनाओं के लिए सही मंच बनाया जाए। आनंद प्रकाश के वक्तव्य पर उनका कहना था कि आजादी के बाद सारे मोर्चे टूट गए । 'नई कहानी' वालों को आजादी से मोह था, इसीलिए बाद में मोहभंग हुआ। सन् साठ के बाद की कहानी उस मोहभंग के बाद की कहानी है, लेकिन उसके लेखक मार्क्सवादी न होकर 'निहिलिस्ट' हो गए। कारण यह था कि कम्युनिस्ट आंदोलन मजबूत नहीं था। और जो अब यह नया राजनीतिक रुझान दिखाई दे रहा है, उसकी पृष्ठभूमि में निश्चय ही नक्सलवादी आंदोलन है। जब तक आप उसकी बात नहीं करेंगे, तब तक आज की कहानी पर सही बात नहीं हो सकेगी। उसकी असफलता से वह व्यर्थ नहीं हो जाता। हो सकता है, आज यह जो कुछ हो रहा है, उसकी जड़ नक्सलवाद में ही हो। जिस तरह आप 'नई कहानी' को काट कर निकल जाना चाहते हैं, उसी तरह नक्सलवाद को भी छोड़ देते हैं । इसी तरह संत्रास आदि कोई गैर-मार्क्सवादी मूल्य नहीं हैं। यदि कोई इन्हें नियति बना कर पेश करता है तो वह मानव-द्रोही है, प्रतिक्रियावादी है, लेकिन इन्हें गैर-मार्क्सवादी बना कर हम कहानी को बहुत सीमित कर देते हैं। यदि आपका दृष्टिकोण मार्क्सवादी है तो विकृतियों का चित्रण भी उचित हो सकता है।

समापन गोष्ठी की विशेषता यह थी कि इसमें घोषित कार्यक्रम के अनुसार सभी लोग उपस्थित थे, लेकिन लोगों का बाद में यह कहना था कि इसमें भी कुछ लोग अनुपस्थित क्यों न हुए ! इशारा इस गोष्ठी के अध्यक्ष हरवंशलाल शर्मा की तरफ था, जिन्होंने अध्यक्षता के अलावा बेचारी हिंदी कहानी पर एक लेख भी पढ़ने की कृपा की। संयोजन मुजीब रिजवी ने किया और लेख-पाठ भीष्म साहनी, मुहम्मद हसन, सुमन मेहरोत्रा और सर्वेश्वर दयाल सक्सेना ने किया। अशोक चक्रधर ने पिछली गोष्ठियों की रिपोर्ट पढ़ कर सुनायी।

सर्वेश्वर दयाल सक्सेना ने प्रसन्नतापूर्वक अपनी अस्वस्थता की घोषणा की और यह विशेषाधिकार प्राप्त कर लिया कि सबसे पहले बोलेंगे और बोल कर चले जाएँगे। उन्होंने कवितानुमा गद्य में हिंदी कहानी और भीष्म साहनी, निर्मल वर्मा, ज्ञानरंजन आदि कहानीकारों का मजाक उड़ाते हुए 'आगे की कहानी' के लिए एक 'पंचसूत्री कार्यक्रम' दिया :

1. पश्चिमी फैशनपरस्त अंधानुकरण से बचो।
2. शिल्प को आतंक मत बनाओ ।
3. उनके लिए भी लिखो जो अर्द्धशिक्षित हैं और उनके लिए भी जो अशिक्षित हैं, जिन्हें तुम्हारी कहानी पढ़ कर सुनाई जा सके।
4. इस देश की तीन चौथाई जनता की सोच-समझ को वाणी दो, जो वह खुद नहीं कह सकती । और
5. कहानी को लोककथाओं और 'फेबल्स' की सादगी की ओर मोड़ो, उनके

विन्यास से सीखो, और उसे आम आदमी के मन से जोड़ो।

भीष्म साहनी ने अपने लेख में कहा कि लेखक न तो रास्ता दिखाता है और न इसके काबिल होता है। वह तो वही लिखता है, जो उसे उद्वेलित करता है। हर लेखक अपने रास्ते चलता है, अपना रास्ता बनाता है, और भटकता भी है। उसके लेखन की दिशा क्या है, यह बोध या तो पाठक कर सकता है या समीक्षक। वह भी तब, जबकि लेखक काफी समय से चल रहा हो। कहानी की प्रक्रिया निजी अनुभवों को कला के स्तर पर सार्वजनिक अनुभूतियों में परिवर्तित करने की प्रक्रिया है। परिवेश-बोध आज की मुख्य प्रवृत्ति है, लेकिन यह दो प्रकार का है : एक प्रकार के लेखक अपने परिवेश से आक्रांत हैं और उसे एक अंधी गली समझते हैं, दूसरे प्रकार के लेखक अपने परिवेश से जुड़ कर उसे बदलने की कोशिश करते हैं। ये दूसरे प्रकार के लेखक संघर्षशील लेखक हैं और संघर्षरत मानव की तस्वीर अपनी कहानियों में खींचते हैं । वे जानते हैं कि आज की दुनिया इतनी भयंकर नहीं है कि अब कुछ न हो सके। वे जानते हैं कि दुनिया अगर अपने विनाश की तरफ जा भी रही है तो वहाँ तक भी संघर्ष के द्वारा ही पहुँचेगी।

मुहम्मद हसन के लेख का शीर्षक यद्यपि 'कहानी के बारे में कुछ फालतू बातें' था, लेकिन उसमें फालतू बातें नहीं कही गई थीं । उसमें ऐसी बातों की तरफ ध्यान खींचा गया था, जो महत्त्वपूर्ण होते हुए भी, और प्रगतिशील लेखकों के द्वारा भी, फालतू समझ कर छोड़ दी जाती हैं, जैसे :

कहानी का संबंध इतिहास से जोड़ना एक सही बात है, लेकिन होता यह है कि जब हम इतिहास की बात करते हैं तब तो पूरे हिंदुस्तान की बात करते हैं, लेकिन जब कहानी की बात पर आते हैं तो उसे हिंदी, उर्दू, मराठी आदि इकाइयों में बाँट देते हैं, जिनका संबंध पूरे इतिहास, यानी पूरे हिंदुस्तान से नहीं रहता। इसलिए हिंदी कहानी पर तब तक कोई बात बेमानी है, जब तक उसे अन्य भारतीय भाषाओं के साथ रख कर न देखा जाए।

दूसरी बात : साहित्य और दर्शन एक नहीं है । साहित्य में दर्शन और कारीगरी नहीं, यह देखना चाहिए कि वह जिंदगी से सच्चा और गहरा रिश्ता बनाता है या नहीं। यदि ऐसा है तो रचना दर्शन और कारीगरी की सीमाएँ तोड़ कर महान हो जाती है । इसलिए कहानी के संबंध में हमें सच्चे और खरे तजुर्बे को फैशन से अलग करना होगा।

तीसरी बात : कहानी अगर कला है तो गहराई उसका एक ही रुख है । दूसरा रुख फैलाव का है। श्रेष्ठ कहानी की कला है व्यक्तिगत अनुभव में पूरे युग को समेटना। मन की गहराई और युग-चेतना के विस्तार की टकराहट से महान् कहानी बनती है ।

इसी प्रकार की कई अन्य महत्त्वपूर्ण बातें कहने के बाद मुहम्मद हसन ने कहानी विधा की यथार्थपरकता में अपना विश्वास व्यक्त किया और कहा कि कहानीकार अमूर्तता और प्रतीकात्मकता आदि में सिकुड़ना भी चाहे तो सिकुड़ नहीं पाएगा, कहानी उसे खींच कर जिंदगी के पास ले आएगी ।

(मई, 1976)

जनवादी कहानियों का पहला संग्रह 'नदी के साथ'

1976 में मेरा तीसरा कहानी–संग्रह 'नदी के साथ' प्रकाशित हुआ। प्रकाशित होते ही यह चर्चा का विषय बन गया। कुछ लोगों ने इसे 'जनवादी कहानियों का पहला संग्रह' कहा, तो कुछ लोगों ने 'एक नए ढंग की प्रगतिशील कहानियों का संग्रह'। कुछ लोगों ने प्रशंसा की, तो कुछ लोगों ने निंदा। कुछ लोगों को इन कहानियों में मेरी कहानी–कला का विकास दिखाई दिया, तो कुछ को ह्रास। कुछ लोगों ने इन्हें 'वही पुरानी घिसी–पिटी प्रगतिशील कहानियाँ' कहा, तो कुछ लोगों ने 'हिंदी कहानी में एक नया बदलाव लानेवाली कहानियाँ'। संग्रह पर दो गोष्ठियाँ आयोजित की गईं, जिनमें से एक दिल्ली में कवि–समीक्षक श्याम कश्यप द्वारा अपने घर पर आयोजित अनौपचारिक गोष्ठी थी और दूसरी चंडीगढ़ में कथाकार रमेश बत्तरा द्वारा एक बड़े सभागार में आयोजित औपचारिक गोष्ठी। मैं दोनों गोष्ठियों में उपस्थित रहा और मुझसे बोलने के लिए भी कहा गया, लेकिन मैंने आयोजकों तथा वक्ताओं का आभार ही व्यक्त किया और वहाँ जो कुछ कहा गया, आदतन चुपचाप नोट करता रहा। मेरे 'नोट्स' के आधार पर दिल्लीवाली गोष्ठी की रपट गीता शर्मा ने और चंडीगढ़वाली गोष्ठी की रपट प्रेम जनमेजय ने लिख कर प्रकाशित कराई। यहाँ मैंने उन्हीं की रपटों को आधार बनाया है, अत: मैं दोनों का आभारी हूँ।

दिल्लीवाली गोष्ठी 10 अक्टूबर 1976 को हुई, जिसमें नामवर सिंह, कुमारेंद्र पारसनाथ सिंह, भीष्म साहनी, ओमप्रकाश ग्रेवाल, मैनेजर पांडेय, राजकुमार शर्मा, आनंद प्रकाश, राजकुमार सैनी, उदय प्रकाश, रणधीर सिन्हा, केवल गोस्वामी, रामबक्ष, चमनलाल प्रभाकर और श्याम कश्यप ने भाग लिया।

ओमप्रकाश ग्रेवाल : रमेश उपाध्याय की इन कहानियों की मुख्य शक्ति अपने आसपास के यथार्थ को जानने–समझनेवाला एक सुस्पष्ट दृष्टिकोण है और कहानियों का मुख्य उद्देश्य है मध्यवर्ग के चेतनागत एवं संवेदनागत विभ्रमों को दूर करना। लेखक स्वयं मध्यवर्गीय होकर भी उन विभ्रमों और संवेदनागत कमजोरियों से उबर चुका है, इसलिए वह मध्यवर्ग के सामने उपस्थित दो विकल्पों में से एक को चुनने की ओर संकेत करता है। एक विकल्प है पूँजीवादी वर्ग के साथ बने रहना और दूसरा विकल्प है

सामाजिक परिवर्तन की ऐतिहासिक आवश्यकता का अनुभव करते हुए सर्वहारा वर्ग से अपनी नियति को जोड़ना। रमेश बड़ी स्पष्टता के साथ मध्यवर्गीय पात्रों की कमजोरियों का उद्घाटन करते हुए सर्वहारा वर्ग से जुड़ने के विकल्प की श्रेष्ठता और उसके चुनाव की आवश्यकता की ओर संकेत करते हैं। उनकी कहानियों की मुख्य थीम है मध्यवर्गीय मनुष्य का जनवादी व्यक्तित्वांतर, जिसके अनेक पक्ष उनकी कहानियों में अलग-अलग चित्रित हुए हैं। इन कहानियों में पाठक की चेतना के विकास के लिए तर्क-वितर्क या बहस का माध्यम अपनाया गया है, जो कुछ लोगों को कहानी-कला की दृष्टि से अनुचित लग सकता है, लेकिन मेरे विचार से यह तरीका अच्छा है, यद्यपि इससे चरित्रों की सघनता कुछ कम हो जाती है। लेकिन हर कहानी में यह कमजोरी नहीं है। उदाहरण के लिए 'घुमाव' और 'शिकायतें' में जिन पात्रों को 'एक्सपोज़' करने के लिए चुना गया है, उनमें अमूर्तता नहीं है। इसी तरह 'आगे बढ़ते लोग' और 'देवीसिंह कौन?' में तर्क-वितर्क के बजाय परिस्थितियों का दबाव अधिक महत्त्वपूर्ण है। मजदूर वर्ग से संबंधित कहानियों में कहानी का 'मेन थ्रस्ट' ज्यादा उभर कर आता है, क्योंकि लेखक के पास एक सुस्पष्ट और सुस्थिर दृष्टिकोण है, लेकिन कला की दृष्टि से जो 'रेजोनेंस' कहानी में होनी चाहिए, वह 'नदी के साथ एक रात' जैसी कुछ कहानियों में ही है, अन्य कहानियों में वह कम है। इसलिए उनकी कलात्मक प्रभावशीलता भी अपेक्षाकृत कम है। फिर भी रमेश में काफी संभावनाएँ हैं।

मैनेजर पांडेय : रमेश उपाध्याय पिछले लगभग पंद्रह वर्षों से कहानियाँ लिख रहे हैं, इसलिए अब उनमें संभावनाओं की तलाश करने के बजाय उनके मूल्यांकन का प्रयत्न होना चाहिए। इस संग्रह पर बात 'नदी के साथ एक रात' कहानी से ही शुरू करें। इस कहानी में मध्यवर्गीय व्यक्ति के जनवादी व्यक्तित्वांतर की समस्या उठाई गई है और उसे एक निश्चित संकल्प तक पहुँचाया गया है। संग्रह की अन्य कहानियों में भी यही संकल्प दिखाई देता है, लेकिन संकल्पात्मक अनुभूति की जैसी सुंदर अभिव्यक्ति इस कहानी में हुई है, वैसी अन्य कहानियों में नहीं हो पाई है। उनमें संकल्पात्मक चिंतन तो है, संकल्पात्मक अनुभूति कम है। कारण यह है कि उनमें जीवन का प्रत्यक्षीकरण नहीं हो पाता, उसकी सूचना मिलती है। पाठक विचार तो कहीं से भी ग्रहण कर सकता है, लेकिन कला में चेतना को जाग्रत करने की क्षमता जीवन के प्रत्यक्षीकरण से आती है। यही कारण है कि इन कहानियों में जहाँ प्रेम या संघर्ष घटित होता दिखाई देता है, वहाँ कहानी अधिक प्रभावित करती है।

इस संग्रह की सबसे बड़ी विशेषता यह है कि इसमें आज के हिंदुस्तान के तीन रूप—सामंती जीवन, पूँजीवादी जीवन और मजदूर वर्ग का जीवन—बड़ी स्पष्टता से उभरे हैं। 'रामपत, ला और ला', 'देवीसिंह कौन?' और 'शिकायतें' ऐसी ही कहानियाँ हैं। संग्रह की अधिकांश कहानियाँ मध्यवर्गीय जीवन की कहानियाँ हैं, लेकिन लेखक के संकल्पात्मक चिंतन के कारण वह स्वयं मध्यवर्गीय होते हुए भी मध्यवर्गीय संस्कारों से ग्रस्त नहीं है, बल्कि उनके पार जाने की चेष्टा करता है। हाँ, अधिकांश कहानियों के

साथ एक दिक्कत है कि उनके पात्र संघर्ष की जितनी बातें करते हैं, उतना संघर्ष नहीं करते। मसलन 'देवीसिंह कौन?' का पाठक कहानी पढ़ कर यह तो समझ सकता है कि हमें देवीसिंह होना चाहिए, लेकिन यह नहीं समझ सकता कि देवीसिंह होने के लिए हम करें क्या। जनवादी रचनाकार को यथार्थ-चित्रण के साथ-साथ संभावनाओं की ओर भी संकेत करना चाहिए। दूसरी कमी इन कहानियों में नारी पात्रों को लेकर है। इन कहानियों की स्त्रियाँ अधिकतर भावुक व्यक्तित्ववाली स्त्रियाँ हैं, जबकि पुरुष की अपेक्षा स्त्री अधिक यथार्थवादी होती है। 'गोदान' की धनिया होरी से अधिक यथार्थवादी है। इन कुछ कमियों के बावजूद यह कहा जा सकता है कि यह संग्रह प्रगतिशील कहानी की चर्चा में जरूर याद किया जाएगा।

कुमारेंद्र पारसनाथ सिंह : मैंने संकलन की केवल एक कहानी 'नदी के साथ एक रात' पढ़ी है। यदि उसी को लिया जाए तो वह एक अच्छी कहानी है और यदि यही स्तर अन्य कहानियों का भी है, जैसा कि अब तक की चर्चा से लगता है कि है, तो ये कहानियाँ निश्चय ही महत्त्वपूर्ण हैं। 'नदी के साथ एक रात' में एक चरित्र के दो पक्षों को सामने रख कर संघर्ष की जिस समस्या का चित्रण किया गया है, वह काफी 'जेन्युइन' और 'प्योर' लगता है। लेखक की दृष्टि साफ है, इसलिए परिवर्तन को रूपायित करने में उसे कोई दिक्कत नहीं होती। आत्मा के दहकते हुए अंगार की प्राप्ति अंतश्चेतना के शुद्ध रूप की प्राप्ति है। लेकिन चरित्र-परिवर्तन की प्रक्रिया इस कहानी में बहुत स्पष्ट रूप में सामने नहीं आती। ऐसी कशमकश का रास्ता लंबा होता है, लेकिन वह रास्ता यहाँ छोटा हो गया है। ओमप्रकाश ग्रेवाल ने पात्रों की सघनता में जिस कमी की ओर संकेत किया, वह शायद इसी कारण है कि व्यक्तित्वांतर की वह प्रक्रिया पूरी नहीं दिखाई गई। इसीलिए कहानी 'फुल्ली चार्ज्ड' नहीं मालूम होती। ऐसी कहानियों में वास्तविकता का आभास तो मिलता है, लेकिन एक 'फोर्सफुल लिबरेटिंग एक्सपीरियेंस' जिस 'फोर्सफुल' रूप में होना चाहिए, उतना नहीं होता। इसलिए हम कहेंगे कि लेखक का रास्ता तो ठीक है, उसने वास्तविकता को पकड़ा भी है, लेकिन उसकी पकड़ अभी कुछ ढीली है। इस बात की तरफ लेखक को ध्यान देना चाहिए।

ओमप्रकाश ग्रेवाल : 'प्योरिटी ऑफ टोन' के बारे में एक बात मैं जोड़ना चाहूँगा कि उसमें कुछ 'स्मगनेस' दिखाई देती है, जिसके कारण कहीं-कहीं इन कहानियों में मध्यवर्गीय हल्कापन, सतर्कता का अभाव और आत्मतुष्टि दिखाई देती है। यह कमी कुछ तो कहानियों की तर्क-वितर्कवाली शैली के कारण है, दूसरे ऐसा भी लगता है कि लेखक को ज्यादा आत्मसंघर्ष नहीं करना पड़ा है। ... यदि यह कमी दूर हो जाए तो कहानी में 'प्योरिटी ऑफ टोन' भी होगी और कहानी 'फुल्ली चार्ज्ड' भी होगी।

कुमारेंद्र पारसनाथ सिंह : 'नदी के साथ एक रात' कहानी में जो आत्मस्वीकृति है, उसमें तो 'प्योरिटी ऑफ टोन' है और उसमें कोई त्रुटि या 'स्मगनेस' नहीं है—उसका कोई 'स्कोप' ही कहानी में नहीं है। 'म्यूजिक ऑफ लाइफ' भी इस कहानी में पूरा और शुद्ध सुनाई पड़ता है। कमी यदि है तो वह परिवर्तन की प्रक्रिया को घटित होते न दिखा

कर उसका संकेत मात्र करने के कारण है।

नामवर सिंह : एक बहुत बड़ी कठिनाई यह है कि 'नदी के साथ एक रात' को यहाँ कहानी कहा जा रहा है। मुझे वह कहानी ही नहीं लगी है, और अगर वह कहानी है तो बहुत रद्दी है। इस संग्रह की तमाम कहानियों में कोई बुनियादी कमजोरी है। यहाँ केवल रमेश उपाध्याय की कहानी का सवाल नहीं है, बल्कि समूची प्रगतिशील कहानी का सवाल है। इस संग्रह के बारे में एक ही 'पॉजिटिव' बात कही जा सकती है कि आजकल जितनी निरुद्देश्य और फालतू कहानियाँ लिखी जा रही हैं, उनके बीच इन सोद्देश्य कहानियों को मैं एक शुभ लक्षण मानता हूँ। जिंदगी को देखने, समझने और उससे जूझने वाली ये साफ-सुथरी कहानियाँ हैं, लेकिन–और इसके बाद लेकिन ही लेकिन हैं–लेखक के दृष्टिकोण की कमजोरी इन कहानियों में स्पष्ट है। संग्रह की अधिकांश कहानियाँ राजनीतिक कहानियाँ हैं, लेकिन लेखक का राजनीतिक दृष्टिकोण उनमें अतिसरलीकृत रूप में सामने आता है। मध्यवर्गीय व्यक्तियों को दो विकल्पों के बीच जूझते हुए दिखाने और दोनों दिशाओं में जानेवाले चरित्रों के चित्रण की चुनौती लेखक ने स्वीकार की है। ऐसे चरित्रों पर और लोगों ने नहीं लिखा है, और रमेश को ऐसे चरित्र को पहचानने में सफलता भी मिली है, लेकिन यह चरित्र इतना सीधा नहीं है। उसकी जटिलता और पेचीदगी को नहीं पहचाना गया है। इसलिए 'अपने बीच' का हड़ताल तोड़नेवाला पात्र महत्त्वपूर्ण होकर भी उभर नहीं पाया। यही बात 'बुलडोजरवाला' नामक कहानी में है। 'संपूर्ण क्रांति' जैसी चीज का इतना सतही और यांत्रिक चित्रण किया गया है कि कहानी अतिसरलीकरण का विराट् प्रदर्शन बन जाती है। दूसरे, हर कहानी में पात्रों की राजनीति लेखक द्वारा कहीं-न-कहीं जरूर बताई जाती है। यह सस्ती प्रगतिशील ख्याति प्राप्त करने की कोशिश है। आश्चर्य है कि डॉक्टर ग्रेवाल को इन कहानियों में फार्मूले नहीं दिखते। ये तमाम कहानियाँ फार्मूलों की कहानियाँ हैं। दो पृष्ठ पढ़ते ही समझ में आ जाता है कि कहानी कहाँ जाएगी। फार्मूले की कहानी ही इतनी 'प्रेडिक्टेबल' हो सकती है।

ओमप्रकाश ग्रेवाल : यदि आप किसी लेखक के दृष्टिकोण को जानते हैं तो उसकी कहानी के बारे में कुछ तो 'प्रेडिक्ट' कर ही सकते हैं, लेकिन इससे कहानी फार्मूले की कहानी नहीं हो जाती। यदि 'प्रेडिक्टेबिलिटी' को फार्मूले का सूचक मान लें, तब तो सभी प्रतिबद्ध कहानियाँ फार्मूला कहानियाँ हो जाएँगी।

नामवर सिंह : लेखक के दृष्टिकोण का 'प्रेडिक्टेबल' होना और कृति का 'प्रेडिक्टेबल' होना एक ही बात नहीं है। कहानी किसी नुस्खे के अनुसार चलती है, तभी 'प्रेडिक्टेबल' होती है।

कुमारेंद्र पारसनाथ सिंह : केवल 'प्रेडिक्टेबिलिटी' फार्मूला का प्रमाण नहीं है। यदि ये कहानियाँ फार्मूलाबद्ध हैं तो यह बताया जाना चाहिए कि कहानी कब फार्मूलाबद्ध हो जाती है।

नामवर सिंह : कलात्मकता की कमी के कारण कहानी 'प्रेडिक्टेबल' होती है।

'ऐलेगरी' में ऐसा होता है कि उसमें हर चीज पहले से मालूम होती है। इसीलिए लूकाच ने कहा है कि 'ऐलेगरी' कमजोर विधा है।

ओमप्रकाश ग्रेवाल : लेकिन 'ऐलेगरी' कमजोर विधा 'प्रेडिक्टेबिलिटी' के कारण नहीं है। लूकाच ने कहा है कि वह अमूर्तता के कारण कमजोर होती है। यदि आप 'प्रेडिक्टेबिलिटी' को कहानी की आलोचना में एक प्रतिमान के रूप में काम में लेंगे तो ज्यादातर प्रतिबद्ध रचनाएँ नुस्खा या फार्मूला बन जाएँगी। जहाँ तक रमेश उपाध्याय की कहानियों का सवाल है, आप इनकी हर कहानी के बारे में 'प्रेडिक्टेबिलिटी' की बात नहीं कह सकते। मिसाल के तौर पर 'नदी के साथ एक रात' में जो फैंटेसी है, वह...

नामवर सिंह : फैंटेसी ही उसकी सबसे बड़ी कमजोरी है। और अधिक निर्मम होकर कहूँ तो इसमें मुक्तिबोध की कविता 'अँधेरे में' की ही थीम को कहानी का रूप देने की कोशिश की गई है। दूसरे, उस फैंटेसी में भी लेखक का दृष्टिकोण इतना निश्चित है कि अनिश्चय और संदेह की कोई गुंजाइश ही नहीं। यही फार्मूला है।

आनंद प्रकाश : प्रतिबद्ध लेखक का दृष्टिकोण तो निश्चित होता ही है। दूसरे, वह यथार्थ को केवल समझता ही नहीं, समझाता भी है। कहानी यदि किसी विचार का 'इलस्ट्रेशन' मात्र हो तब तो उसे फार्मूला कहा जा सकता है, लेकिन यथार्थ का एक निश्चित दृष्टिकोण से किया गया उद्‌घाटन या उसकी व्याख्या करना फार्मूला नहीं है।

नामवर सिंह : रमेश उपाध्याय की कहानी 'अपने बीच' के उस मध्यवर्गीय पात्र को देखिए। उसके बारे में जब पहले ही पता चल जाता है कि वह कौन है, तो बाकी सब चीजें फालतू हो जाती हैं। यही 'प्रेडिक्टेबिलिटी' का दोष है।

ओमप्रकाश ग्रेवाल : 'एक्सपोज़िटरी' साहित्य में इस तरह की 'प्रेडिक्टेबिलिटी' अक्सर मिलती है, लेकिन इससे वह फालतू नहीं हो जाता। कहानी के पात्र कौन हैं, इससे ज्यादा अहम बात यह है कि कहानी क्या है।

मैनेजर पांडेय : मेरे विचार से लेखक के दृष्टिकोण का जाना-पहचाना होना कोई नुस्खा या फार्मूला नहीं है। यदि कहानीकार जानी-पहचानी स्थितियाँ और पात्र कहानी में उठाता है, तो भी कहानी फार्मूला नहीं होती। फार्मूला वह तब होती है, जब वह सामाजिक समस्याओं के प्रचलित, यानी शासकवर्गीय समाधानों को कहानी के प्रचलित रूप में प्रस्तुत करता है। यह वाकई एक नुस्खा या फार्मूला होगा, लेकिन रमेश उपाध्याय की कहानियों पर यह चीज लागू नहीं होती।

नामवर सिंह : जिंदगी कभी जानी-पहचानी नहीं होती। वह अपनी जटिलता में 'अनसर्टेन' होती है और उसकी अनिश्चितता को चित्रित करना मार्क्सवाद से हटना नहीं है। लेखक अनिश्चय और संदेह में ही जिंदगी की जटिलता और पेचीदगी को पहचानता है। जो लेखक अपने दृष्टिकोण के बारे में निश्चित होता है, वह जिंदगी की जटिलता और पेचीदगी को नहीं पहचान सकता। उसके दृष्टिकोण के कारण कहानी में 'थिननेस' आ जाती है और कहानी का 'स्ट्रक्चर' बनावटी हो जाता है।

ओमप्रकाश ग्रेवाल : नामवरजी, आप अनिश्चितता को एक मूल्य के रूप में लेकर उसे कहानी-समीक्षा का प्रतिमान बना रहे हैं। लेकिन यह मार्क्सवादी समीक्षा का प्रतिमान नहीं है। इससे सारा 'एक्सपोज़िटरी' साहित्य फार्मूला सिद्ध किया जा सकता है।

राजकुमार शर्मा : अनिश्चितता 'नई कहानी' के दौर की समीक्षा का प्रतिक्रियावादी प्रतिमान है, प्रगतिशील या जनवादी कहानी का मार्क्सवादी प्रतिमान नहीं। और यह समूचे प्रगतिशील लेखन के विरुद्ध प्रयुक्त होता है।

नामवर सिंह : प्रगतिशील लेखकों की कमजोरी ही यह होती है कि वे जिंदगी को एक सुनिश्चित दृष्टिकोण से देखते हैं। इसीलिए वे रचना में यथार्थ का नहीं, अपने फार्मूलाबद्ध विचार का चित्रण करते हैं। यह सतही राजनीतिक समझ का या राजनीतिक समझ की कमी का परिणाम है। रमेशजी की कहानी 'घुमाव' को देखिए। उसका नरेंद्र एक सर्वज्ञ पात्र है और सर्वज्ञता के साथ ही वह शर्मा साहब को समझाता है। लेकिन क्या जिंदगी इतनी सरल है कि नरेंद्र के समझाने से शर्मा साहब की समझ में, या पाठक की समझ में, आ जाएगी? और, डॉक्टर ग्रेवाल, आप जिस 'एक्सपोज़िटरी' साहित्य की बात कर रहे हैं, उसे ठीक-ठीक कहें तो शास्त्र-स्थिति-संपादन कह सकते हैं। ऐसा साहित्य सिद्धांत या विचार का 'इलस्ट्रेशन' होता है। हमारे यहाँ अलंकारों में उदाहरण अलंकार सबसे निकृष्ट माना गया है। उदाहरण या 'इलस्ट्रेशन' के रूप में जो चीज लिखी जाती है, वह रद्दी होती है। 'इलस्ट्रेशन' अगर 'आयरनी' के साथ हो, जैसा कि ब्रेख्त में मिलता है, तब तो कुछ बात है, वर्ना...

आनंद प्रकाश : 'इलस्ट्रेशन' की बात मैंने की थी, और मैंने यह कहा था कि 'इलस्ट्रेशन' को तो फार्मूला कहा जा सकता है, लेकिन यथार्थ का एक निश्चित दृष्टिकोण से उद्घाटन करना 'इलस्ट्रेशन' नहीं है। इसलिए 'इलस्ट्रेशन' और 'एक्सपोज़ीशन' में आपको फर्क करना होगा।

नामवर सिंह : मैं कृति को एक 'पोलिटिकल एक्ट' की तरह मानता हूँ। जिस तरह उसमें 'ऑब्जेक्टिव सिचुएशन' और 'विल पॉवर' की टकराहट होती है, और उस टकराहट में क्या होगा, यह पहले से नहीं कहा जा सकता, उसी तरह कृति में भी इस टकराहट का तनाव होना चाहिए। यह तनाव संदेह और अनिश्चितता के बिना नहीं आ सकता।

आनंद प्रकाश : आप अनिश्चितता को फिर एक मूल्य के रूप में रख रहे हैं, जो कि गलत है।

ओमप्रकाश ग्रेवाल : लेकिन, नामवरजी, राजनीति और साहित्य की प्रक्रियाएँ एक नहीं हो सकतीं। राजनीति जीवन को बदलने की चेष्टा है, साहित्य उसे समझने की। इसलिए साहित्य की प्रक्रिया जीवन की प्रक्रिया से भिन्न है। जीवन में अनिश्चयता साहित्य की अपेक्षा अधिक होती है। जीवन में एक आदमी को हम वर्षों से जानते हैं, और फिर भी पूरी तरह प्रायः नहीं जान पाते, लेकिन साहित्य में...

नामवर सिंह : लेकिन कहानी में पात्रों को अपना परिचय स्वयं देना चाहिए। इसीलिए कहा है कि बात बोलेगी, हम नहीं। अगर लेखक को पात्र के बारे में बतलाना पड़े तो लानत है।

ओमप्रकाश ग्रेवाल : कोई साहित्य ऐसा नहीं होता, जिसमें बात अपने-आप बोलती हो। वह जैसे भी बोले, उसे बुलवानेवाला लेखक ही होता है और लेखक निश्चित रूप से जानता है कि उसे क्या बताना है। साहित्य एक सचेत क्रिया है और हर लेखक अपनी रचना में पाठक को कुछ-न-कुछ बताता है। यह बताना कृति की कमजोरी नहीं है। कमजोरी वहाँ होती है, जहाँ वास्तविकता को कम करके या एकांगी रूप में बताया जाता है। उसी की वजह से रचना में 'थिननेस' पैदा होती है।

नामवर सिंह : रमेश उपाध्याय की कहानियों के चरित्र उनके विचारों के प्रवक्ता हैं। और यह उनकी कहानियों की कमजोरी है।

मैनेजर पांडेय : मुझे ऐसा नहीं लगता। हर कहानी के चरित्र किसी-न-किसी रूप में उसके लेखक के विचारों के प्रवक्ता होते हैं। इसलिए लेखक द्वारा कृति में कुछ बताया जाना दोष नहीं है। लेकिन कोशिश यह होनी चाहिए कि लेखक और रचना जो-जो बताए, वह एक हो जाए। उदाहरण के लिए हेमिंग्वे के उपन्यास 'ओल्ड मैन एंड दि सी' में लेखक स्वयं जो बोलता है, वही उपन्यास में घटित भी होता है। जहाँ ऐसा नहीं होता, वहाँ कमजोरी आती है। रमेशजी की कहानियों में कमजोरी यह है कि जितना बताया जाता है, उतना घटित नहीं होता।

उदय प्रकाश : नामवरजी, आपने यह तो कहा कि 'नदी के साथ एक रात' कहानी नहीं है, मगर यह नहीं बताया कि यदि वह कहानी नहीं है तो फिर है क्या?

नामवर सिंह : यह आगे बहस करनेवाले लोग बताएँगे, मैं अब चलूँगा, मुझे कहीं और भी जाना है।

इस प्रकार नामवर सिंह बहस अधूरी ही छोड़ कर चले गए। जाते हुए वे गोष्ठी की अध्यक्षता कुमारेंद्र पारसनाथ सिंह को सौंप गए। इसे गोष्ठी के संचालक श्याम कश्यप ने मध्यांतर घोषित किया। चाय-पान के समय भीष्म साहनी भी आ पहुँचे, जिन्हें किसी अन्य गोष्ठी में जाने के कारण यहाँ पहुँचने में देर हो गई थी। मध्यांतर के बाद की बातचीत इस प्रकार हुई :

राजकुमार शर्मा : रमेश उपाध्याय का लेखकीय व्यक्तित्व पिछले कई वर्षों से चर्चा का विषय बना हुआ है। इन्होंने उस समय लिखना शुरू किया था, जब 'नई कहानी' का दौर था और हिंदी कहानी पर बुर्जुआ विचारधारा हावी थी। रमेश पर भी उस समय उस विचारधारा का प्रभाव था, लेकिन इनके लेखन में शुरू से ही उस विचारधारा से मुक्त होने की प्रक्रिया दिखाई देती है। इस प्रक्रिया को हम इनके उपन्यास 'दंड-द्वीप' और पिछले दो कहानी-संग्रहों 'जमी हुई झील' और 'शेष इतिहास' में देख सकते हैं। रमेश जब मार्क्सवादी नहीं थे, तब भी इनका कथाकार सदा सर्वहारा वर्ग की ओर झुकने और उसके अनुभव में शरीक होने की चेष्टा करता दिखाई देता है।

मार्क्सवादी विचारधारा से जुड़ने के बाद एक नई चुनौती इनके सामने आई और इन्होंने उस चुनौती को स्वीकार किया है। नई विचारधारा से जुड़ने के उत्साह में शुरू में कुछ यांत्रिकता आ जाना स्वाभाविक है, जो रमेश के लेखन में भी रही। मगर 'शेष इतिहास' की भूमिका और 'शेष इतिहास' नामक कहानी से 'डि-क्लास' होने की जो प्रक्रिया रमेश के लेखन में शुरू हुई, वह 'नदी के साथ' तक आते-आते खूब स्पष्ट हो गई है। ये कहानियाँ लेखक के आत्मसंघर्ष की कहानियाँ हैं।

नामवर सिंह ने कहा कि 'नदी के साथ एक रात' कहानी ही नहीं है, लेकिन यह आलोचना नहीं, फतवेबाजी है। नामवर सिंह इस कहानी की थीम को 'अँधेरे में' की थीम कुछ इस तरह बता रहे थे, जैसे यह कोई बुरी बात हो, लेकिन मुक्तिबोध की यह थीम हर उस लेखक की थीम है, जो मध्यवर्गीय होकर भी संघर्ष-चेतना से युक्त है और जन-संघर्ष में शामिल होना चाहता है। नामवर सिंह ने रमेश की कहानियों पर कलात्मकता की कमी का आरोप लगाया, लेकिन यह आरोप भी गलत है। रमेश के पास सामान्य जीवन-स्थितियों का सर्जनात्मक उपयोग करनेवाली वह भाषा है, जिसके पीछे एक सृजनशील कवि निरंतर सचेत रहता है। इन कहानियों में रमेश एक प्रतिबद्ध कहानीकार के रूप में सामने आए हैं। यह सही है कि अभी उनकी कहानियों में चरित्रों और घटनाओं को पूरी प्रातिनिधिकता नहीं मिल सकी है, लेकिन उनकी वैचारिक दृष्टि स्पष्ट हो गई है और 'नदी के साथ एक रात' कहानी उनकी कलात्मक परिपक्वता का भी परिचय देती है। इसलिए आशा की जा सकती है कि उनकी आगे आनेवाली कहानियाँ हमारी अपेक्षाएँ पूरी करेंगी।

राजकुमार सैनी : रमेश उपाध्याय की कहानियों पर जो 'चार्ज' यहाँ लगाए गए हैं, वे उस तरह की आलोचना पर भी लगाए जा सकते हैं। नामवर सिंह ने कहा कि 'ऐलेगरी' कमजोर विधा है, लेकिन मैं ऐसा नहीं समझता। 'ऐलेगरी' कहीं-न-कहीं सभी कालों की महान् रचनाओं में पाई जाती है। जयशंकर प्रसाद की 'कामायनी,' दिनकर की 'उर्वशी' और प्रेमचंद के उपन्यास 'रंगभूमि' और 'गोदान' भी एक तरह की 'ऐलेगरी' हैं। 'एलेगरी' अपने-आप में कमजोर नहीं होती, वह कमजोर तब हो जाती है, जब उसमें यथार्थ का प्रतिबिंबन नहीं, कुछ बनी-बनायी धारणाओं का 'मैकेनिकल एप्लीकेशन' होता है। रमेश उपाध्याय की 'ऐलेगोरिकल' कहानियों में यह कमजोरी नहीं है। उदाहरण के लिए इस संग्रह की 'रामपत, ला और ला' नामक कहानी को लें। इस कहानी में चित्रित ताल एक 'ऐलेगरी' है, यथास्थिति का प्रतीक है, और उससे फैलनेवाली बीमारियों के कारण उसे पाटने की कोशिशें तथा निहित स्वार्थों द्वारा उसे पाटने न देने की चेष्टाओं से वर्तमान यथार्थ की सभी चीजें स्पष्ट हो जाती हैं। इस कहानी में न तो कहीं समाजवाद की बात की गई है, न कहीं विचारों को आरोपित किया गया है। फिर भी नामवर सिंह कहते हैं कि रमेशजी की सब कहानियों में लेखक बोलता है।

हाँ, रमेशजी को एक सुझाव मैं जरूर देना चाहूँगा कि वे किसानों और मजदूरों की कहानियाँ न लिख कर अपने ही अनुभव-खंडों की कहानियाँ लिखें तो वे अधिक

प्रामाणिक और कलात्मक होंगी, जैसी कि उनकी पिछले दिनों प्रकाशित कहानी 'बदलाव से पहले' है। इस संग्रह की कहानियों में रमेशजी के लेखन का विचारधारात्मक बदलाव इतना हावी है कि ये कहानियाँ उनके 'नेचुरल ट्रेट' से हटी हुई लगती हैं। विचारधारात्मक आग्रह के कारण रमेशजी इन कहानियों में अपने अनुभव-खंडों को कहानी का विषय न बना कर वहाँ से कहानियाँ उठाते हैं, जहाँ उनका अनुभव सीमित है। यह सही है कि आग की कहानी लिखने के लिए खुद आग में जलना जरूरी नहीं है, लेकिन आग का प्रामाणिक अनुभव लेखक के पास जरूर होना चाहिए।

आनंद प्रकाश : इन कहानियों का जो संसार है, उसमें मूल संघर्ष मध्यवर्गीय अनुभव-दृष्टि और सर्वहारा राजनीति के बीच का संघर्ष है। लेखक उस संघर्ष में सर्वहारा राजनीति के पक्ष से शामिल है, इसलिए उसमें आत्मालोचना और सामाजिक परिवेश से जुड़ने की कोशिश दिखाई देती है। यही रमेश उपाध्याय की कहानियों की मुख्य शक्ति है। लेकिन इन कहानियों में सर्वहारा-चेतना से लेखक की पूरी संपृक्ति दिखाई नहीं देती और एक तरह की यांत्रिकता देखने को मिलती है। इसे एक रचनाकार का सवाल न मान कर सभी मध्यवर्गीय प्रगतिशील रचनाकारों की समस्या मानना चाहिए। मेरे विचार से यह समस्या इसलिए है कि यहाँ के मध्यवर्ग के बहुत जीवंत और 'ऑर्गेनिक' संबंध सर्वहारा वर्ग के साथ नहीं हैं। इसलिए जब तक यहाँ का मध्यवर्ग बहुत तेज़ आत्म-संघर्ष नहीं करता, तब तक एक तरह की यांत्रिकता आना स्वाभाविक है। अतः रमेश को चाहिए कि वे रचना में सर्वहारा वर्ग के पात्रों को केंद्र में रखें और उस वर्ग के प्रामाणिक अनुभव प्राप्त करें।

रामबक्ष : लेकिन अभी राजकुमार सैनी ने इन्हें बिलकुल उलटा सुझाव दिया है कि ये केवल मध्यवर्गीय अनुभवों की कहानियाँ लिखें।

राजकुमार सैनी : मेरे विचार से लेखक को उसी अनुभव की कहानी लिखनी चाहिए, जो उसने स्वयं प्राप्त किया हो। गोर्की, शरत् और मंटो ने यही किया था।

मैनेजर पांडेय : लेकिन लेखक को अपने अनुभव-क्षेत्र के विस्तार का सुझाव देना गलत नहीं है, बल्कि वही सही है।

आनंद प्रकाश : मैं वही सुझाव दे रहा हूँ और यहाँ पर राजकुमार सैनी से मेरी असहमति है।

केवल गोस्वामी : 'शेष इतिहास' से 'नदी के साथ' तक की यात्रा में रमेश उपाध्याय ने जहाँ-जहाँ मध्यवर्गीय जीवन-अनुभव को आधार बना कर रचना की है, वहाँ-वहाँ उनकी कहानी अधिक प्रभावशाली हुई है। जब वे दूसरे क्षेत्रों की कहानियाँ लिखते हैं तो उनमें सूचनात्मकता का दोष आ जाता है। उन क्षेत्रों के पात्र मुख्य पात्रों के रूप में सामने न आकर परोक्षतः सूचित पात्र होते हैं, जैसा कि 'आगे बढ़ते लोग' नामक कहानी में हुआ है। लेकिन जब रमेश उपाध्याय मध्यवर्गीय स्थितियों को उठाते हैं तो कहानी अधिक प्रभावशाली और कलात्मक होती है, जैसे कि उनके पिछले संग्रह की 'रोज की तरह' तथा 'अलग और विपरीत' कहानियाँ। अतः इस संबंध में राजकुमार

सैनी का सुझाव सही है।

रामबक्ष : मुख्य सवाल यह है कि प्रगतिशील साहित्य की मुख्य शक्ति और सीमा क्या है। यूरोप में प्रगतिशील साहित्य की स्थिति यह रही है कि उसका पाठक प्रतिक्रियावादी है और लेखक प्रतिबद्ध। वहाँ लेखक का उद्देश्य पाठक को सचेत बनाना है। इससे वहाँ के प्रगतिशील साहित्य में शक्ति आई है, यद्यपि इससे रचना के स्वरूप में कुछ कमियाँ रह गई हो सकती हैं। यहाँ हिंदी के नए प्रगतिशील दौर के लेखकों के मन में पाठक की धारणा भिन्न है। यहाँ रचनाकार के सामने पाठक के रूप में हमेशा 'पार्टी-कामरेड' रहता है, जो लेखक को आतंकित किए रहता है। यह चेतना रमेश जी की कहानियों में भी दिखाई पड़ती है।

इन कहानियों का पाठक एक राजनीतिक और वह भी वामपंथी राजनीतिक पाठक है। यही इस कहानी-संग्रह की शक्ति है और यही इसकी सीमा भी है। कारण यह है कि जो विशाल पाठक वर्ग है, वह इन कहानियों को पढ़ कर बोर हो सकता है। लेकिन जहाँ तक मध्यवर्गीय अनुभव को ही प्रामाणिक अनुभव मानने का सवाल है, वह 'नई कहानी' के 'अनुभूति की प्रामाणिकता' वाले सिद्धांत की बात है। यह लेखक के अनुभव-क्षेत्र को सीमित करनेवाला सिद्धांत था और इसके अनुसार हर वह लेखक अप्रामाणिक हो जाता है, जो मध्यवर्गीय जीवन के पार जाने की कोशिश, हिम्मत या हिमाकत करता है। कोशिश तो यह होनी चाहिए कि लेखक का अनुभव-जगत् व्यापक बने। हमारी चिंता यह नहीं होनी चाहिए कि लेखक किस वर्ग की कहानी लिखता है, हमें यह देखना चाहिए कि वह उसके अनुभवों को किस प्रकार व्यक्त करता है।

ओमप्रकाश ग्रेवाल : 'अनुभव की प्रामाणिकता' से राजकुमार सैनी ने जो निष्कर्ष निकाला है, वह ठीक नहीं है। अपने वर्ग तक ही सीमित रहने के बजाय लेखक में ऐसी 'इमेजिनेटिव डेयरिंग' होनी चाहिए कि वह अन्य क्षेत्रों का चित्रण भी 'इमेजिनेटिवली बोल्ड' होकर कर सके। इसलिए प्रगतिशील साहित्यकार को 'इमेजिनेटिवली बोल्ड' होना चाहिए और उस वर्ग से अपनी नियति की साझेदारी करनी चाहिए, जिसे वह सबसे महत्त्वपूर्ण वर्ग मानता है।

कुमारेंद्र पारसनाथ सिंह : नियति की साझेदारी कर्म की भी साझेदारी है।

ओमप्रकाश ग्रेवाल : हाँ, और उस जोखिम को उठाने की कोशिश लेखक को करनी चाहिए। इससे रचना में प्रभाव और मार्मिकता ज्यादा आती है।

चमनलाल प्रभाकर : 'अनुभूति की प्रामाणिकता' के बारे में सवाल यह उठता है कि हम किस अनुभूति को प्रामाणिक मानें। लेखक केवल अपने निजी अनुभवों से नहीं लिखता। उसके मन में यदि मानवीय संवेदना है तो वह दूसरों की अनुभूति को भी ग्रहण कर सकता है और उसे प्रामाणिक रूप में प्रस्तुत कर सकता है।

कुमारेंद्र पारसनाथ सिंह : लेकिन लेखक की 'इमेजिनेटिव पॉवर' स्वतंत्र नहीं होती, वह उसके कर्म से जुड़ी रहती है।

ओमप्रकाश ग्रेवाल : 'अनुभूति की प्रामाणिकता' की बात करना रचना के संदर्भ

में गलत नहीं है, लेकिन यह नारा गलत था, क्योंकि इसके अनुसार व्यक्तिगत, नितांत निजी अनुभव तो प्रामाणिक माने जाते हैं और सामूहिक या सामाजिक अनुभव अप्रामाणिक। इसलिए यह प्रतिमान गलत नहीं, इसकी यह परिभाषा गलत है।

मैनेजर पांडेय : 'अनुभव की प्रामाणिकता' का नारा इसलिए भी गलत है कि यह साहित्य में विचार का विरोध करता है। इसके अंतर्गत अनुभव और विचार में विरोध मान लिया गया और शुद्ध अनुभव को ही प्रामाणिक माना गया। लेकिन विचार से रहित कोई अनुभव नहीं होता। उदाहरण के लिए गोमांस खानेवाले को उसे खाते समय आनंद का अनुभव होगा, लेकिन वही गोमांस यदि किसी धार्मिक विचारवाले हिंदू के सामने रख दिया जाए तो उसका अनुभव एकदम दूसरा होगा। वह उल्टी कर सकता है, बेहोश तक हो सकता है। अत: अनुभव की प्रामाणिकता की जाँच करते समय लेखक और पाठक की विचारधारा का भी ध्यान हमें रखना होगा। इससे हम यह भी समझ सकते हैं कि प्रगतिशील साहित्य के विरोधियों को सारा प्रगतिशील साहित्य अप्रामाणिक क्यों लगता है।

उदय प्रकाश : रमेश उपाध्याय एक प्रगतिशील और प्रतिबद्ध कहानीकार हैं। ऐसे साहित्यकार के सामने दो बड़ी जिम्मेदारियाँ होती हैं : एक तो अपने विचार के प्रति और दूसरी जनता के प्रति। ऐसे लेखकों के बारे में नकारात्मक रूप से बोलना बहुत आसान होता है, सकारात्मक रूप से बोलना बहुत मुश्किल। नामवर सिंह यह तो कह गए कि 'नदी के साथ एक रात' कहानी नहीं है, लेकिन उन्होंने यह नहीं बताया कि यह कहानी क्यों नहीं है, और कहानी नहीं है तो फिर क्या है। नामवरजी एक तरफ तो रमेशजी की कहानियों पर फार्मूलाबाजी का आरोप लगाते हैं और दूसरी तरफ इनकी जो कहानी कहानी के तमाम फार्मूलों को चुनौती देती है, उसे वे कहानी ही नहीं मानते।

रमेशजी के लेखन की सबसे बड़ी शक्ति है उनकी 'क्लैरिटी', वैसी ही 'क्लैरिटी', जैसी हमें ब्रेख्त या मायकोवस्की में या गोर्की में मिलती है। लेकिन आलोचकों द्वारा ऐसे लेखकों की प्राय: उपेक्षा की जाती है। गोर्की के उपन्यास 'माँ' के बारे में भी वहाँ के कई लेखकों और आलोचकों की राय यह थी कि यह दूसरे दर्जे की रचना है। यहाँ तक कि गोर्की के मरने के बाद उनके लिए की गई शोक-सभा तक में यह बात कही गई। कमोबेश सारे ईमानदार लेखक इसी तरह गलत आलोचना के शिकार हुए हैं। आलोचक लेखक की कमियाँ जरूर बताए, लेकिन आलोचना ऐसी नहीं होनी चाहिए कि वह लेखक को हतोत्साहित करे। सही आलोचक किसी लेखक की कमजोर रचनाएँ नहीं, उसकी उत्कृष्ट रचनाएँ सामने रख कर बात करता है।

रमेश उपाध्याय की सारी कहानियाँ एक जैसी श्रेष्ठ नहीं हैं–किसी लेखक की नहीं हो सकतीं। मैंने बहुत पहले 'सारिका' में इनकी एक कहानी 'घर लौटने से पहले' पढ़ी थी और तबसे बराबर इनकी कहानियाँ पढ़ता आ रहा हूँ। और मैंने देखा है कि जितने परिवर्तन रमेश उपाध्याय के लेखन में आए हैं, उतने इस दौर के किसी लेखक में नहीं आए। हमें इन परिवर्तनों का स्वागत करना चाहिए। जहाँ तक इस संग्रह की कहानियों

का सवाल है, मैं केवल दो कहानियों को सामने रख कर अपनी बात की पुष्टि करूँगा। एक कहानी है 'देवीसिंह कौन?' और दूसरी 'नदी के साथ एक रात'। एक में मजदूरों के जीवन का चित्रण है और दूसरी में उस मध्यवर्गीय व्यक्ति का, जो जन-जीवन की धारा से जुड़ने का आत्मसंघर्ष करता है। नामवरजी इसे कहानी नहीं मानते, मगर यह इस संग्रह की सबसे सशक्त कहानी है। फैंटेसी का बहुत सुंदर उपयोग इसमें किया गया है। जहाँ तक 'अँधेरे में' की थीम का सवाल है, डॉक्टर राजकुमार शर्मा ने एकदम ठीक कहा कि यह द्वंद्व अकेले मुक्तिबोध का नहीं, जनता से जुड़ने की आकांक्षा रखनेवाले प्रत्येक मध्यवर्गीय लेखक का द्वंद्व है और यह द्वंद्व इस कहानी में बहुत ही प्रभावशाली ढंग से व्यक्त हुआ है। लेखक जब जनता की विचारधारा अपनाता है, तो रचना में भी एक संघंर्ष करता है। वह संघर्ष विचार और रचनाकार के व्यक्तित्व का संघर्ष होता है, और यह संघर्ष 'नदी के साथ एक रात' में स्पष्ट है।

श्याम कश्यप : डॉक्टर ग्रेवाल ने रमेश उपाध्याय की कहानियों की शक्तियों और सीमाओं को बड़े अच्छे ढंग से सामने रखा, लेकिन नामवरजी ने जो बातें कहीं, वे तमाम नकारात्मक बातें थीं। मैं इस स्थिति में नहीं हूँ कि लेखक को कोई सुझाव दे सकूँ या उससे कुछ 'डिमांड' कर सकूँ, लेकिन मैंने संग्रह की सारी कहानियाँ पढ़ी हैं और मैं कह सकता हूँ कि संग्रह की ग्यारह कहानियों में से कम-से-कम छह कहानियाँ–'अपने बीच', 'रामपत, ला और ला', 'देवीसिंह कौन?', 'शीशे में जड़ी हुई खबर', 'बुलडोजरवाला' और 'नदी के साथ एक रात' एकदम निर्दोष और उत्कृष्ट कहानियाँ हैं। जो कमियाँ बताई गईं, वे अन्य कहानियों में हो सकती हैं, लेकिन फिर मुझे रमेशजी की उन कहानियों को भी याद करना पड़ेगा, जो इस संग्रह में नहीं आ पाई हैं, जैसे 'पानी की लकीर', 'पैदल अँधेरे में' और 'बदलाव से पहले'।

'नदी के साथ एक रात', जिसे नामवरजी ने कहानी ही नहीं माना, इस संग्रह की सर्वश्रेष्ठ कहानी है। जब भी हिंदी की उत्कृष्टतम प्रगतिशील कहानियों की चर्चा होगी यह कहानी याद की जाएगी। नामवरजी ने इस कहानी की थीम को मुक्तिबोध की थीम बताया, लेकिन थीम एक होने का मतलब रचना में कोई दोष नहीं होता। परिवर्तन के दौर में व्यक्तित्वांतर और सामाजिक रूपांतरण की थीम सभी प्रगतिशील रचनाओं की थीम होती है। अतः नामवरजी जिस बात को निंदात्मक रूप में कह रहे थे, वह वास्तव में स्तुत्य बात है, क्योंकि मुक्तिबोध अपनी कविता में और रमेश उपाध्याय अपनी कहानी में जिस समस्या को उठाते हैं, वह वास्तव में क्रांति की समस्या है। 'नदी के साथ एक रात' में सामाजिक रूपांतरण से जुड़ी हुई 'डि-क्लास' होने की प्रक्रिया का चित्रण है। नामवरजी इस अंतर्वस्तु की बात नहीं करते, केवल रूप की बात करते हैं, लेकिन रूप भी इस कहानी का ऐसा नहीं है कि उसे 'कहानी नहीं है' कह कर उड़ा दिया जा सके। यदि कहानी नहीं है तो क्या है, यह नामवर जी को बताना चाहिए था, क्योंकि ऐसी रचना जो कहानी के प्रतिमानों की समस्या खड़ी कर दे, इस तरह टाली नहीं जा सकती।

भीष्म साहनी : मैं देर से आया और तब तक नामवरजी जा चुके थे, इसलिए उनकी बातें सुन नहीं पाया। रमेशजी की कहानियाँ मैं बड़े चाव से पढ़ता रहा हूँ और पढ़ कर प्रभावित हुआ हूँ। उनकी स्पष्टता मुझे बहुत प्रभावित करती है। मैं उनके इस संग्रह के प्रकाशन पर बधाई देता हूँ और आनेवाले संग्रह के लिए शुभकामनाएँ करता हूँ।

अंत में गोष्ठी के अध्यक्ष कुमारेंद्र पारसनाथ सिंह ने कहा : कुछ कमियाँ भले ही हों, पर इतना निश्चित है कि रमेश उपाध्याय की कहानियाँ उत्तरोत्तर लेखक की अग्रगति का परिचय देती हैं। लेखक की दृष्टि साफ है और उसकी दिशा सही है। हमें उससे और अच्छी कहानियों की आशा करनी चाहिए।

'नदी के साथ' पर दूसरी गोष्ठी 2 जनवरी 1977 को चंडीगढ़ में हुई। यह देख कर मुझे बड़ा ही सुखद आश्चर्य हुआ कि गोष्ठी में चंडीगढ़ के ही नहीं, बल्कि हरियाणा और पंजाब के विभिन्न स्थानों से भी आए हुए बहुत-से लेखक उपस्थित हैं–विशेष रूप से नई पीढ़ी के लेखक। चंडीगढ़ से इंद्रनाथ मदान, कुमार विकल, रमेश बत्तरा, इंदु बाली, सुरेंद्र मनन, नरेंद्र निर्मोही, विनोद तिवारी, प्रचंड, नरेंद्र बाजवा, प्रताप मेहता, चमनलाल प्रभाकर, बलराज जोशी, ब्रजेंद्र शर्मा, देव भारद्वाज, कश्मीरसिंह पन्नू, मिंदर, जैतेज सिंह, भारत भूषण, पुरुषोत्तम आदि उपस्थित थे; अंबाला से स्वदेश दीपक, राकेश वत्स और विकेश निझावन आए हुए थे और जालंधर से सुरेश सेठ, तरसेम गुजराल तथा राजेंद्र चुघ। इनके अलावा नवाँशहर से मुकेश सेठी, कमलेश भारतीय और विनोद एरी, बंगा से सुरेंद्र मंथन, पटियाला से अमर सिंह, कैथल से कृष्ण गंभीर तथा भगवान प्रियभाषी और दिल्ली से मेरे साथ प्रेम जनमेजय पहुँचे हुए थे। एक कहानी-संग्रह पर दूर-दूर से आए हुए इतने सारे लेखकों का विचार-विमर्श करना एक महत्त्वपूर्ण साहित्यिक घटना ही कहा जाएगा।

मैं चाहता तो यही था कि जिस तरह दिल्लीवाली गोष्ठी में एक कोने में बैठ कर सबकी बातें सुनता और लिखता रहा था, उसी तरह यहाँ भी सुनूँ और लिखता रहूँ, लेकिन यह संभव नहीं हुआ। मैं गोष्ठी में व्यक्त किए गए कुछ ही विचारों को, और उन्हें भी अत्यंत संक्षेप में, नोट कर सका। फिर भी जो कुछ नोट कर सका, उससे एक तस्वीर उभरती है।

गोष्ठी में 'नदी के साथ' पर क्रमशः सुरेंद्र मनन, मुकेश सेठी और रमेश बत्तरा द्वारा लिखित निबंध पढ़े गए और उन पर चर्चा हुई।

सुरेंद्र मनन के निबंध का शीर्षक था : 'नदी के साथ' – कैनवस के कुछ जरूरी बिंदुओं का अंतरंग परिचय। उन्होंने संग्रह की कहानियों का विस्तृत विवेचन और विश्लेषण करने के बाद निष्कर्ष के रूप में कहा कि प्रगतिशीलता के इस नए दौर में रमेश उपाध्याय के कहानी-लेखन को निश्चय ही एक स्वस्थ और सही योगदान के रूप में स्वीकारा जाएगा। 'नदी के साथ' में उन्होंने अपनी प्रतिभा का सोद्देश्य और समझदारी के साथ उपयोग करते हुए सच्ची प्रतिबद्धता का परिचय दिया है।

मुकेश सेठी के निबंध का शीर्षक था : 'नदी के साथ' बनाम एक नारे की व्याख्या।

उन्होंने संग्रह की कहानियों को प्रचारात्मक बताते हुए कहा कि ये कहानियाँ 'रचनाएँ' नहीं, बल्कि 'उत्पादन' हैं और इन्हें 'साहित्य' नहीं, केवल 'प्रचार' कहा जा सकता है। उन्होंने देशी-विदेशी लेखकों के बहुत-से उद्धरण देते हुए इस बात पर जोर दिया कि आज साहित्य को नारेबाजी से बचाने के लिए 'कला के लिए कला' के सिद्धांत पर पुनर्विचार करने की आवश्यकता है।

रमेश बत्तरा के निबंध का शीर्षक था : समकालीन हिंदी कहानी के परिप्रेक्ष्य में 'नदी के साथ'। उन्होंने संग्रह की कहानियों को समकालीन हिंदी कहानी में एक सार्थक और महत्त्वपूर्ण हस्तक्षेप बताते हुए निष्कर्ष रूप में कहा : इन कहानियों को समग्र रूप से विश्लेषित किया जाए तो जो बात बेतरह झिंझोड़ती है, वह यह है कि पूँजीवाद हमें दैत्य की भाँति खदेड़ रहा है। हम बुरी तरह लताड़े और पछाड़े जा रहे हैं। लेकिन ये कहानियाँ हमें यह विश्वास देती हैं कि हम आज नहीं तो कल अंततः विजयी होंगे।

निबंधों पर चर्चा शुरू करते हुए कुमार विकल ने कहा कि हिंदी कहानी के हमेशा से दो रूप रहे हैं : एक 'एलीटिस्ट' और दूसरा जनवादी। रमेश उपाध्याय की कहानियाँ 'एलीटिज़्म' पर आघात करती हैं और उस आघात से उत्पन्न बौखलाहट ही मुकेश सेठी के निबंध में व्यक्त हुई है। सेठी का निबंध सुन कर मुझे लगा कि या तो मैं सेठी के निबंध को नहीं समझ पाया, या सेठी ने रमेश की कहानियों को नहीं समझा। वैसे ज्यादा संभावना इसी बात की है कि एक कलावादी और अज्ञेय-निर्मलवादी व्यक्ति रमेश की जनवादी कहानियों को न समझे। मैं इस संग्रह की कहानियों के लिए रमेश उपाध्याय को बधाई देता हूँ।

राकेश वत्स ने पहले कुमार विकल की बातों का और फिर सुरेंद्र मनन तथा रमेश बत्तरा के निबंधों में कही गई बातों का विरोध करते हुए कहा : रमेश उपाध्याय को यहाँ प्रगतिशील और जनवादी सिद्ध करने की चेष्टा की जा रही है, लेकिन हमें इनका इतिहास भूल नहीं जाना चाहिए कि कल तक ये क्या थे। कल तक ये व्यावसायिक पत्रिकाओं में अपनी जगह बना रहे थे, आज उन पत्रिकाओं का विरोध करते हुए जनवादी मुखौटा लगाए घूम रहे हैं। मुकेश सेठी ने इनकी जो आलोचना की है, बिलकुल सही की है, लेकिन सेठी ने भी इनकी कहानियों को केवल नारेबाजी कह कर छोड़ दिया है। मैं यह कहना चाहता हूँ कि यह नारेबाजी भी छद्म है। इन कहानियों में मजदूरों का संघर्ष मालिक बन जाने का संघर्ष है, जैसा कि 'अपने बीच' नामक कहानी से साफ जाहिर हो जाता है। इसी तरह रमेश उपाध्याय की प्रगतिशीलता भी एक छद्म है, जिससे ये किसी तरह का बड़ा लाभ उठाने की ताक में हैं। हमें ऐसे मुखौटाधारी लेखकों से सावधान रहना चाहिए।

स्वदेश दीपक ने कहा : राकेश वत्स का वक्तव्य रमेश उपाध्याय के बहाने सभी प्रतिबद्ध लेखकों को मुखौटाधारी कह कर 'डिसमिस' करने का प्रयास है। और यही चीज मुकेश सेठी के निबंध में थी। सेठी के लेख में बौखलाहट उस चीज को लेकर है, जो रमेश की कहानियों में है ही नहीं। रमेश कलावादी कभी नहीं रहे और अपनी

इन कहानियों में भी उन्होंने कलात्मकता लाने का सचेत प्रयास नहीं किया है, मगर नारेबाजी उन्होंने कहीं नहीं की है। उनकी कहानियाँ एक विचार को लेकर चलती हैं और उस विचार के द्वारा उन्होंने मध्यवर्गीय लोगों में पाई जानेवाली समझौतावादी प्रवृत्ति पर प्रहार किया है। जहाँ तक रमेश के इतिहास का प्रश्न है, एक लेखक कल क्या था, आज क्या है, और कल क्या होगा, यह नहीं कहा जा सकता। और न यह बात उसकी रचनाओं की कसौटी बन सकती है। जो लेखक 'ग्रो' करता है, वह 'चेंज' भी करता है, और जो लेखक 'चेंज' में विश्वास करता है, वही 'ग्रो' भी कर सकता है।

सुरेश सेठ ने कहा : रमेश उपाध्याय की ये कहानियाँ हिंदी कहानी के आनेवाले युग की सूचक हैं। ये कहानियाँ अपनी साधारणता के बावजूद सामाजिक परिवर्तन की अस्त्र हैं और अस्त्र कहानी को होना ही है। एक लेखक, पाठक और सामान्य नागरिक के नाते राजनीति से तो हमें जुड़ना ही पड़ेगा, अतः लेखक प्रतिबद्ध तो होगा ही। प्रतिबद्धता के बिना कलात्कता की बात करना व्यर्थ है, लेकिन प्रतिबद्ध कहानी में कलात्मक नफासत, पैठ और गहराई अवश्य होनी चाहिए।

चमनलाल प्रभाकर ने कहा : मुझे राकेश वत्स की बातें सुन कर दुख हुआ। रचनाकार का व्यक्तित्व उसकी रचनाओं में स्पष्ट उभरता है, बशर्ते कि हममें उसे देखने और समझने की तमीज हो। रचना सारे मुखौटों को उघाड़ देती है। इसीलिए कहा जाता है कि रचना और रचनाकार के व्यक्तित्व में अंतर हो ही नहीं सकता। दूसरी बात यह है कि रचनाकार यदि यथार्थवादी है तो प्रतिगामी वर्ग का होते हुए भी समाज के प्रगतिशील रूप का चित्रण कर सकता है, जैसा कि बाल्जाक ने किया था। तब यदि कोई लेखक अपनी चेतना का विकास करके प्रतिबद्ध हो जाए, तो क्या हम उसे प्रगतिशील नहीं मानेंगे?

प्रताप मेहता ने पंजाबी में बोलते हुए कहा : कलात्मकता वगैरह के मसले बच्चों वाले मसले हैं। इन पर बहुत बहस हो चुकी है। जिन लोगों को कोई काम नहीं है, या जो दूसरों को सही काम नहीं करने देना चाहते, वे इन मसलों पर आज भी बहस करते रहते हैं। साहित्य के संदर्भ में असल बात है आदमी की समस्याओं को समझते हुए वर्ग-संघर्ष में सर्वहारा वर्ग से जुड़ कर मानव-मुक्ति के लिए संघर्ष करना। और यह संघर्ष रमेश उपाध्याय की कहानियों का मुख्य विषय और 'बेसिक थीम' है। इसीलिए ये कहानियाँ आज लिखी जानेवाली हिंदी और पंजाबी की सैकड़ों कहानियों से अलग और खरी सचाई वाली कहानियाँ हैं। मेरे खयाल से सच कहना और सच लिखना आज के जमाने में सबसे बड़ी कलात्मकता है। जिन्हें मेरी बात में शक हो, वे सच लिखने की कोशिश करें और देखें कि यह कितना मुश्किल काम है !

तरसेम गुजराल ने कहा : रचनाकार के व्यक्तित्व की बात उठा कर यहाँ चर्चा को गलत मोड़ देने की चेष्टा की गई। गोष्ठी रमेश उपाध्याय पर नहीं, बल्कि 'नदी के साथ' पर है। इस संग्रह की 'अपने बीच', 'आगे बढ़ते लोग', 'रामपत, ला और ला' और 'नदी के साथ एक रात' कहानियाँ मुक्तिबोध के इस कथन को चरितार्थ करती हैं कि कोशिश करो, कोशिश करो, जीने की, जमीन में गड़ कर भी !

प्रेम जनमेजय ने कहा : मुकेश सेठी और राकेश वत्स ने जो बातें यहाँ की हैं, उनके जवाब दिए जा चुके हैं, फिर भी इतना कहना जरूरी है कि रचना को छोड़ कर केवल लेखक के व्यक्तित्व की बातें करनेवाले लोग असल में अपनी निजी कुंठाएँ ही व्यक्त करते हैं। रमेश बत्तरा ने अपने निबंध में ऐसे लोगों की राजनीति और गलत समझ को बखूबी स्पष्ट कर दिया है। रमेश उपाध्याय की कहानियाँ मानवीय श्रम और क्रांतिकारी शक्तियों में विश्वास रखनेवाली कहानियाँ हैं, लेकिन उनमें कोई नारेबाजी नहीं है और न उन पर कलाहीनता का आरोप लगाया जा सकता है। देखना यह होगा कि कलात्मकता के मानदंड आपके क्या हैं। यदि आप प्रगतिशील या जनवादी साहित्य के विरोधी हैं तो कलावादी मानदंडों का प्रयोग करेंगे। और यह कोई नई बात नहीं है। ऐसा होता रहा है, आज भी हो रहा है। इस गोष्ठी में भी हुआ, लेकिन कलावादी प्रतिमान कितने कारगर हैं, यह भी इस गोष्ठी में स्पष्ट हो गया।

कमलेश भारतीय ने कहा : पाठक और रचनाकार का रिश्ता सीधा न होकर रचना के माध्यम से बनता है, अतः रचना की उपेक्षा करके रचनाकार के व्यक्तित्व को बीच में घसीट लाना ठीक नहीं। रचना सबके सामने होती है, रचनाकार सबके सामने नहीं होता। एक व्यक्ति के बारे में आपकी राय आपकी अपनी राय होती है, जो न जाने किन-किन प्रक्रियाओं, आग्रहों, पूर्वाग्रहों आदि से बनती है और आप दावे से कह सकते हैं कि मेरी ही राय सही राय है। कम-से-कम उन लोगों के सामने तो आप यह दावा कर ही सकते हैं, जो उस व्यक्ति को नहीं जानते। मैं अपनी जानकारी और अनुभव के आधार पर राकेश वत्स से बिलकुल उलटा दावा कर सकता हूँ कि रमेश उपाध्याय एक बेहद सच्चे और प्यारे इंसान हैं, लेकिन इनके जो पाठक इन्हें नहीं जानते, उन्हें इससे क्या फर्क पड़ता है? वे तो रचना को देखेंगे और उसी के आधार पर लेखक के बारे में अपनी राय बनाएँगे। जहाँ तक कलात्मकता की बात है, प्रगतिशील कहानी शुरू से ही कलावादी सिद्धांतों को तोड़ कर आगे बढ़ी है। रमेश उपाध्याय भी अपनी कहानियों में यही कर रहे हैं। ध्यान रखने की बात यह है कि पुराने ढाँचे को तोड़ कर जब एक नया ढाँचा बनाया जाता है, तो उसमें एक नई खूबसूरती होती है। नए लोग उस खूबसूरती को पसंद करते हैं, पुराने लोगों को वह बुरी लगती है।

अंत में गोष्ठी के अध्यक्ष इंद्रनाथ मदान ने कहा : रमेश उपाध्याय की इन कहानियों को प्रगतिशील या नए ढंग की प्रगतिशील कहानियाँ कहा जा रहा है, मगर ये प्रगतिशील कहानियों से भिन्न, जैसा कि कुमार विकल ने कहा, जनवादी कहानियाँ हैं और मेरी जानकारी में 'नदी के साथ' जनवादी कहानियों का पहला संग्रह है। यह हिंदी में अपने ढंग की एक नई तरह की कहानी की शुरूआत है। लेकिन ये कहानियाँ जो हैं और जो होना चाहती हैं, उसके बीच की कहानियाँ हैं। ये अपनी मंजिल पर पहुँची हुई कहानियाँ नहीं, बल्कि वहाँ पहुँचने की तैयारी की कहानियाँ हैं। लेकिन लेखक में आगे बढ़ने और विकास करने की संभावनाएँ हैं, यह इन कहानियों से स्पष्ट है। मैं लेखक को बधाई और शुभकामनाएँ देता हूँ।

(मार्च, 1977)

जनवादी अधिकारों की लड़ाई में साहित्यकारों की भूमिका

1973 में बाँदा में हुए अखिल भारतीय प्रगतिशील साहित्यकार सम्मेलन की आकांक्षा और उद्देश्यों को ध्यान में रखते हुए उसी वर्ष दिल्ली में शिवदान सिंह चौहान, राजीव सक्सेना, रमेश उपाध्याय, आनंद प्रकाश और कर्णसिंह चौहान ने जनवादी लेखक मंच का गठन किया था। रमेश उपाध्याय के संयोजकत्व में इस मंच ने दिल्ली में 1973 से 1975 तक अनेक महत्त्वपूर्ण साहित्यिक गोष्ठियों का आयोजन किया। उद्देश्य था दिल्ली और आसपास के लेखकों को साहित्य और समाज की समस्याओं पर खुल कर विचार-विमर्श करने की सुविधा और वातावरण उपलब्ध कराना।

मंच की पहली गोष्ठी का विषय था 'भारत में सांस्कृतिक क्रांति की आवश्यकता'। इस विषय पर गोष्ठी करने का निर्णय बाँदा सम्मेलन में बनी दिल्ली की 'संपर्क-समिति' के उपर्युक्त पाँचों सदस्यों की उसी बैठक में लिया गया था, जिसमें नियमित साहित्यिक गोष्ठियाँ 'जनवादी लेखक मंच' के तत्त्वावधान में करने का निर्णय लिया गया था। उस बैठक में उपर्युक्त पाँचों सदस्य उपस्थित थे, गोष्ठियाँ करने का निर्णय सर्वसम्मति से लिया गया था, शिवदान सिंह चौहान ने पहली गोष्ठी के लिए निबंध-पाठ करना भी स्वीकार किया था, लेकिन जब मंच का नामकरण हुआ तो उन्होंने 'जनवादी' शब्द से असहमति प्रकट की। वे चाहते थे कि मंच का नाम 'प्रगतिशील लेखक मंच' ही रखा जाए, जबकि अन्य चारों सदस्यों का मत था कि 'जनवादी लेखक मंच' नाम ज्यादा ठीक रहेगा। अकेले पड़ जाने पर उन्होंने उस समय तो कुछ नहीं कहा, मगर मन-ही-मन शायद उसी समय मंच की गोष्ठियों में न आने का फैसला कर लिया। नतीजा यह हुआ कि पहली गोष्ठी में निबंध-पाठ नहीं हो सका और मंच के संयोजक तथा गोष्ठी के संचालक रमेश उपाध्याय को ही मौखिक रूप से विषय-प्रवर्तन करना पड़ा। गोष्ठी बहुत सफल रही और 'जनवादी लेखक मंच' चर्चा का विषय बन गया।

दरअसल उस समय सभी लेखक ऐसे किसी मंच की आवश्यकता अनुभव कर रहे थे, इसलिए मंच की गोष्ठियों में लेखकों की उपस्थिति और हिस्सेदारी उत्तरोत्तर बढ़ती गई। दूसरी गोष्ठी में राजकुमार शर्मा ने 'समाजिक यथार्थ और साहित्य' पर तथा तीसरी गोष्ठी में आनंद प्रकाश ने 'बदलते सामाजिक संबंध और साहित्य' पर निबंध-पाठ किया।

चौथी गोष्ठी में असगर वजाहत और पंकज बिष्ट की कहानियों का पाठ हुआ और उसके बाद विस्तृत बहस हुई। पाँचवीं गोष्ठी में ओमप्रकाश ग्रेवाल ने अपने निबंध 'हिंदी की वाम कविता' का पाठ किया, जिस पर काफी जोरदार बहस और महत्त्वपूर्ण बातचीत हुई। छठी गोष्ठी में 'सोल्झेनित्सिन और लेखकीय स्वतंत्रता का सवाल' विषय पर राजीव सक्सेना और कर्णसिंह चौहान ने अपने-अपने निबंध पढ़े और अब तक की सर्वाधिक उपस्थितिवाली इस गोष्ठी में मार्क्सवादी और गैर-मार्क्सवादी लेखकों के बीच तीव्र वैचारिक संघर्ष हुआ। सातवीं गोष्ठी 'लघु पत्रिकाओं की प्रगतिशील भूमिका' विषय पर हुई, जिसमें भगवान सिंह ने लेख-पाठ किया और चर्चा में हिंदी-उर्दू के अनेक नए-पुराने लेखकों ने भाग लिया।

आपातकाल के दौरान मंच की गोष्ठियाँ नहीं हो पाईं, लेकिन उसके समाप्त होने के बाद 15 मई 1977 को हुई गोष्ठी से पुनः नियमित गोष्ठियों का सिलसिला शुरू हुआ। इस गोष्ठी का विषय था 'नागरिक स्वतंत्रताएँ, जनवादी अधिकार और रचनाकारों की भूमिका'। गोष्ठी की अध्यक्षता आनंद प्रकाश ने की, संचालन सुधीश पचौरी ने किया और निबंध-पाठ रमेश उपाध्याय ने।

रमेश उपाध्याय ने आपातकाल के अनुभव का विश्लेषण करते हुए कहा कि नागरिक स्वतंत्रताओं और जनवादी अधिकारों का प्रश्न केवल अभिव्यक्ति की स्वतंत्रता का प्रश्न नहीं, बल्कि जनता के शोषण और दमन के विरुद्ध संघर्ष करने का व्यापक प्रश्न है। इस संघर्ष में जनवादी रचनाकारों को अपनी भूमिका आज की नई परिस्थिति को यथार्थ रूप में समझते हुए और पिछले अनुभवों से सबक लेते हुए तय करनी चाहिए। आपातकाल के अनुभव ने हमें बता दिया है कि बुर्जुआ जनतंत्र कभी भी तानाशाही या फासीवाद का रूप ले सकता है, इसलिए उसे जनता के जनतंत्र में बदलने के लिए प्रयत्नशील होना हमारा प्राथमिक उद्देश्य होना चाहिए। नागरिक स्वतंत्रताओं और जनवादी अधिकारों की रक्षा के लिए राजनीतिक स्तर पर वामपंथी दलों को तथा साहित्यिक-सांस्कृतिक स्तर पर प्रगतिशील और जनवादी रचनाकारों को आपसी मतभेद कम करते हुए तथा अपनी एकता को बढ़ाते हुए देश में एक वामपंथी-जनवादी विकल्प का निर्माण करने के लिए प्रयत्नशील होना चाहिए।

निबंध पर बहस शुरू करते हुए सुधीश पचौरी ने कहा कि नागरिक स्वतंत्रताओं और मानव-अधिकारों का सवाल आज पूँजीवादी-साम्राज्यवादी ताकतें भी उठा रही हैं, लेकिन वे इस सवाल को समाजवादी देशों के संदर्भ में उठाती हैं। यदि 'ह्यूमन राइट्स' को परिभाषित नहीं किया जाता तो पूँजीवादी और समाजवादी दोनों तरह की व्यवस्थाओं को समान रूप से नागरिक स्वतंत्रताओं के अपहरण के लिए दोषी ठहराते हुए काफी भ्रम फैलाया जा सकता है। आज बुर्जुआ वर्ग यही कर रहा है। अतः नागरिक स्वतंत्रताओं और जनवादी अधिकारों को परिभाषित करना बहुत जरूरी है। रमेश उपाध्याय के निबंध की दो खूबियाँ हैं : एक तो इसकी यह स्थापना कि लेखकों, कलाकारों और बुद्धिजीवियों की स्वतंत्रताएँ व्यापक जनवादी आंदोलनों की रहनुमाई के बिना प्राप्त नहीं हो सकतीं,

और दूसरी यह कि जब तक शोषणकारी व्यवस्था कायम है, नागरिक स्वतंत्रताओं पर खतरा बना रहेगा, इसलिए जनता के सचेत हिस्सों की जिम्मेदारी बढ़ जाती है। आज की स्थिति में वामपंथी-जनवादी विकल्प की बात भी महत्त्वपूर्ण है, पर इस पर भी विचार होना चाहिए कि आपातकाल के दौरान लेखकों की क्या-क्या भूमिकाएँ रहीं। लेखकों की जन-विरोधी भूमिकाओं को स्पष्ट किए बिना और उनके बारे में समझ साफ किए बिना एकता की बात नहीं हो सकती।

चंचल चौहान ने कहा कि एकता की बात जनता के मुख्य शत्रु की पहचान किए बिना नहीं की जा सकती। किसी मुख्य शत्रु के विरुद्ध ही जनता के विभिन्न वर्गों में एकता होती है और एकता की बात वहीं बिखरती है, जहाँ मुख्य शत्रु के बारे में मतभेद होते हैं। राजनीतिक दलों में एकता दो सूरतों में होती है : वस्तुगत परिस्थितियों के दबाव से या नीचे से जनता के दबाव से। वामपंथी दलों पर ये दोनों दबाव पड़ते रहे हैं, फिर भी एकता नहीं हो पाई, क्योंकि मुख्य शत्रु के बारे में मतभेद रहे और कुछ वामपंथी दल विभ्रमों के शिकार रहे। जहाँ तक विकल्प की बात है, अभी शायद उसका समय नहीं आया और उसकी बात न तो समय से पहले की जानी चाहिए, न उसके बाद। जनता पार्टी के बारे में अभी से यह नहीं कहा जा सकता कि वह कांग्रेस की तरह जनता का दमन करेगी। हमें देखना चाहिए कि चीजें किस 'फेज' में हैं।

भगवती प्रसाद शर्मा ने कहा कि एकता केवल मुख्य शत्रु के बारे में सहमति के आधार पर ही नहीं होती। एकता का आधार होता है न्यूनतम कार्यक्रम, जिस पर विभिन्न दलों में सहमति हो सकती है। दूसरे, एकता ऊपर से कभी नहीं होती, वह सदा नीचे से होती है। उदाहरण के लिए 'इमरजेंसी' में सी.पी.आइ. कांग्रेस के साथ रही और चुनावों में कांग्रेस के साथ लड़ी, लेकिन उससे संबद्ध या प्रभावित किसान-मजदूर कांग्रेस के साथ नहीं गए। जनता ने चुनावों में कांग्रेस को पराजित किया। लेकिन जो जनता पार्टी सत्ता में आई है, उसके और कांग्रेस के वर्ग-चरित्र में कोई तात्त्विक अंतर नहीं है। कल तक जब इसके नेता जेलों में बंद थे, राजनीतिक कार्यकर्ताओं को बंदी बनाने के खिलाफ थे, लेकिन सत्ता में आने के बाद वे उन कानूनों को नहीं बदल रहे हैं। लेखकों-कलाकारों की एकता भी फिलहाल मुख्य शत्रु की पहचान के आधार पर नहीं, बल्कि न्यूनतम कार्यक्रम के आधार पर होगी और नागरिक स्वतंत्रताओं के सवाल पर वे कम-से-कम 'डी. आइ. आर.' 'मीसा' और बयालीसवें संविधान संशोधन आदि को रद्द कराने के लिए तो एक होकर लड़ ही सकते हैं।

द्वारिका प्रसाद ने कहा कि पार्टियाँ जो करेंगी सो करेंगी, हमें यह देखना चाहिए कि हम लेखक-कलाकार आदि क्या कर सकते हैं। यानी हम पार्टियों के मतभेदों को और अपने आपसी मतभेदों को कम करने के लिए क्या कर सकते हैं। पार्टियों की 'लाइन' पर बहस तो होनी चाहिए, पर विकल्प की बात महत्त्वपूर्ण है। विकल्प के लिए एक संयुक्त मोर्चा बनाना होगा और वह विचारधारा के आधार पर बनेगा। विभिन्न राजनीतिक दलों से जुड़े लेखकों के पास एक न्यूनतम कार्यक्रम हो सकता है, पर उनकी

एकता विचारधारा के आधार पर होगी।

मोहन श्रोत्रिय ने कहा कि एकता की बात पर राजनीतिक दलों की चर्चा से हमें परहेज नहीं होना चाहिए, लेकिन बात हमेशा वहीं से शुरू हो, यह जरूरी नहीं। वामपंथी दलों में यदि मतभेदों के बावजूद एकता की बात उठती है तो उसका कारण यह है कि वामपंथी-जनवादी ताकतों पर संकट बहुत गहरा है। मुख्य शत्रु को रेखांकित करना जरूरी है, लेकिन उससे भी ज्यादा जरूरी है यह देखना कि वस्तुगत परिस्थितियों का वह कौन-सा दबाव है, जो जनता के समस्त शत्रु वर्गों को एकजुट होने को विवश कर रहा है। उस दबाव से यदि प्रतिक्रियावादी दलों को मिला कर जनता पार्टी बन सकती है, तो वामपंथी दलों को मिला कर एक 'लेफ्ट पार्टी' क्यों नहीं बन सकती? जहाँ तक जनता पार्टी के चरित्र का सवाल है, चुनावों में उसने नागरिक स्वतंत्रताओं और जनतांत्रिक अधिकारों का सवाल बड़े जोर-शोर से उठाया था। उधर अमरीकी राष्ट्रपति कार्टर भी 'ह्यूमन राइट्स' का सवाल उठा रहे थे। हमारे यहाँ जो 'पी.यू.सी.एल.' (पीपुल्स यूनियन फॉर सिविल लिबर्टीज़) बनी, वह भी जयप्रकाश नारायण, तारकुंडे और अज्ञेय जैसे लोगों की प्रेरणा से बनी। इन सबका वर्ग-चरित्र क्या है? जनता पार्टी ने तो सत्ता में आते ही स्पष्ट कर दिया कि नागरिक स्वतंत्रताओं से उसका क्या मतलब था ! और सब राजनीतिक बंदी छोड़ दिए गए, पर नक्सलवादियों को नहीं छोड़ा गया। इससे स्पष्ट है कि जनता पार्टी जनवादी अधिकारों में नहीं, बुर्जुआ जनतांत्रिक अधिकारों में विश्वास करती है। सवाल यह है कि यदि वे अपने बुर्जुआ अधिकारों के लिए एक हो सकते हैं, तो हम अपने जनवादी अधिकारों के लिए एक क्यों नहीं हो सकते? जनवादी रचनाकारों में जनवादी अधिकारों को लेकर एक आम सहमति पहले भी थी और आज भी है। जरूरत इस बात की है कि तमाम 'शेड्स' के जनवादी लेखक एक होकर वामपंथी राजनीतिक दलों पर दबाव डालें कि वे एक होकर कांग्रेस या जनता पार्टी के बजाय एक तीसरा, यानी वामपंथी-जनवादी विकल्प प्रस्तुत करें।

कर्णसिंह चौहान ने कहा कि एकता का सवाल राजनीतिक सवाल है और उसे हल करने के लिए सत्ता के वर्ग-चरित्र को ध्यान में रखना ही पड़ेगा। 'इमरजेंसी' से पहले भी जनवादी लेखक एकता के लिए प्रयत्नशील थे, लेकिन सत्ता के चरित्र को लेकर मतभेद हो जाते थे। ये मतभेद कांग्रेस के नाम पर होते थे, क्योंकि कुछ लेखक उसमें अधिनायकवादी प्रवृत्तियाँ देखते थे और कुछ दूसरे लेखक उसमें प्रगतिशील तत्त्व देखते थे। कांग्रेस को प्रगतिशील माननेवालों ने बार-बार एकता की बात करके भी कभी एकता होने नहीं दी। इससे सिद्ध होता है कि हमारे वैचारिक आधार, यानी मार्क्सवाद की हमारी समझ में ही कोई कमी थी, जिसे दूर किया जाना चाहिए। आज की परिस्थिति पहले से भिन्न है। सत्ता का वर्ग-चरित्र वही रहते हुए भी आज शासक वर्ग कई नागरिक स्वतंत्रताओं और जनतांत्रिक अधिकारों की बात करने के लिए विवश है। 'इमरजेंसी' से पहले अज्ञेय, रघुवीर सहाय आदि नागरिक स्वतंत्रताओं का प्रश्न हमेशा समाजवादी देशों के विरोध में उठाते थे, पर आज वे इस प्रश्न को अपने देश के संदर्भ में उठाने

को मजबूर हैं। यह एक नई परिस्थिति है और इसमें हमें एक नए ढंग की एकता की बात करनी चाहिए। यह नहीं कि पहले कांग्रेस को प्रगतिशील और जनता पार्टी के घटकों को 'फासिस्ट' कहते रहे हैं तो अब भी वैसा ही कहते रहें। पिछली गलतियों को समझते हुए आत्मान्वेषण के जरिए हमें वर्तमान की ठोस परिस्थितियों के अंदर एक न्यूनतम कार्यक्रम पर सहमत होना चाहिए। यदि हम आँख मूँद कर जनता पार्टी का विरोध करेंगे तो अधिनायकवादी कांग्रेस को मजबूत करेंगे और यदि हम आँख मूँद कर जनता पार्टी का समर्थन करेंगे तब भी गलती करेंगे, क्योंकि जनता पार्टी का चरित्र तमाम 'रेडिकल' नारों के बावजूद वही है, जो कांग्रेस का था। वह भी कांग्रेस की तरह अधिनायकवाद की तरफ बढ़ सकती है। इसलिए हमें सचेत और सावधान रहना चाहिए।

राजेंद्र शर्मा ने कहा कि मौजूदा परिस्थिति में कई शक्तियाँ ऐसी हैं, जो नागरिक स्वतंत्रताओं के सवाल पर सहमत न होते हुए भी नई परिस्थितियों के दबाव से न्यूनाधिक रूप से इस सवाल को उठाने पर मजबूर हैं। नागरिक स्वतंत्रताओं की लड़ाई के लिए वामपंथी एकता जरूरी है और उसका आधार हमारी विचारधारा होगी, लेकिन हमें संकीर्णतावादी दृष्टिकोण को छोड़ना होगा।

राजकुमार शर्मा ने कहा कि रचनाकार की भूमिका के संदर्भ में नागरिक स्वतंत्रताओं और जनवादी अधिकारों पर विचार करते समय यह प्रश्न उठता है कि लेखक अपनी रचना और सामाजिक व्यवहार में शोषक शक्तियों के विरुद्ध शोषित वर्ग के पक्ष में किस प्रकार लड़े। यह लड़ाई निश्चय ही एक राजनीतिक लड़ाई है, जिसमें रचनाकार अपने रचना-कर्म से सहयोग देता है। लेकिन इसके लिए यथार्थ की सही समझ का होना बहुत जरूरी है–रचना की दृष्टि से भी और समाज को बदलने की दृष्टि से भी। जनवादी रचनाकारों की एकता का आधार भी यथार्थ की सही समझ ही है, जिसके अंतर्गत शासक वर्ग के चरित्र की सही समझ भी आ जाती है। 'इमरजेंसी' से पहले हमारे देश के दो प्रमुख वामपंथी दलों में से एक कांग्रेस के अधिनायकवादी चरित्र को सही-सही पहचान कर उसका विरोध कर रहा था और दूसरा उसमें प्रगतिशील शक्तियाँ खोज कर उसके वास्तविक चरित्र को धुँधलाने की कोशिश कर रहा था। बाद के अनुभवों में पहले की यथार्थ की समझ सही सिद्ध हुई, जबकि दूसरे की समझ गलत प्रमाणित हुई। यदि वह दूसरा दल अब भी अपनी पिछली गलतियों से सबक न लेकर नागरिक स्वतंत्रताओं का अपहरण करनेवाली शक्तियों से गठबंधन किए रहना चाहता है तो उसके साथ एकता मुश्किल होगी।

विश्वमोहन ने कहा कि नागरिक स्वतंत्रताओं का अपहरण पूँजीवादी व्यवस्था के आर्थिक संकट के समय होता है। प्रश्न उठता है : क्या वह आर्थिक संकट दूर हो गया है? क्या जनता पार्टी की नीतियाँ उसे दूर कर सकती हैं? चंचल चौहान कहते हैं कि जनता पार्टी का चरित्र अभी सामने नहीं आया है, लेकिन उसका चरित्र काफी स्पष्ट है और होता जा रहा है। उदाहरण के लिए जनता पार्टी ने घेराव तक को हिंसात्मक कार्यक्रम घोषित कर दिया है। क्या यह नागरिक स्वतंत्रता का अपहरण नहीं है? दूसरा

उदाहरण नक्सलवादियों के प्रति जनता पार्टी का व्यवहार है। जहाँ तक वामपंथी दलों और लेखकों की एकता का सवाल है, एकता इसलिए नहीं हो पाती कि वे अपनी जनता से पूरी तरह जुड़े हुए नहीं हैं। उदाहरण के लिए वामपंथी लेखकों की रचनाओं को देखें। 'इमरजेंसी' तो अभी हाल की बात है, उसके अनुभव तो शायद आगे चल कर रचनाओं में दिखाई पड़ेंगे, लेकिन रेल-हड़ताल और उससे भी पहले से राजनीतिक कार्यकर्ताओं पर किए जा रहे बर्बर दमन और अत्याचार का ही कितना चित्रण हमने किया है? अगर लेखक जनता से जुड़ेंगे, उसकी तकलीफों को समझेंगे और उन पर मार्क्सवादी ढंग से विचार करेंगे तो जुल्म को जुल्म कहेंगे और लिखेंगे। और तब वे एक भी होंगे, क्योंकि उनका चिंतन और कर्म एक होगा। यही एकता सच्ची होगी, क्योंकि वह ऊपर से थोपी हुई नहीं होगी।

अशोक चक्रधर ने कहा कि जनता के दबाव और सत्ता के सुदृढ़ न होने के कारण नई सरकार का चरित्र बहुत साफ भले ही न हो, लेकिन उसका चरित्र है वही, जो कांग्रेस का था। और यदि सत्ता का चरित्र वही है तो नागरिक स्वतंत्रताओं की समस्या का चरित्र भी वही होगा, जो पहले था। थोड़ी-सी राहत जो आज महसूस हो रही है, वह थोड़े समय के लिए है। जहाँ तक नागरिक स्वतंत्रताओं की व्याख्या का प्रश्न है, फिडेल कास्त्रो ने कहा है कि जो स्वतंत्रता क्रांति के खिलाफ है, वह स्वतंत्रता नहीं है और उसे दबा दिया जाएगा। स्वतंत्रता क्रांति के पक्ष में ही हो सकती है। और क्रांति के पक्षधर लेखकों की एकता इस आधार पर होगी कि क्रांति अपने किस चरण में है। वर्तमान स्थिति से क्रांति की दिशा में बढ़ा हुआ एक चरण तब पूरा होगा, जब जनता की जनतांत्रिक क्रांति होगी। जब तक वह नहीं हो जाती, समस्त जनवादी लेखकों को अपनी सारी शक्ति उसी में लगा देनी चाहिए। इस लक्ष्य पर सहमत होकर ही एकता हो सकती है।

मनमोहन ने कहा कि सबसे पहले तो हमें 'इमरजेंसी' से पहले की स्थिति की समीक्षा करनी चाहिए और फिर देखना चाहिए कि 'इमरजेंसी' के दौरान 'मास-मीडिया' तथा लेखकों की क्या भूमिका रही। इतने बड़े संकट के दौर में कितना प्रतिरोध हुआ? नागरिक स्वतंत्रताओं और जनवादी अधिकारों की लड़ाई इस अर्थव्यवस्था को देखते हुए अभी जारी रहेगी, लेकिन जनता ने कांग्रेस को शिकस्त देकर जो जीत हासिल की है, वह कोई छोटी-मोटी जीत नहीं है। दूसरे, पिछले दिनों के अनुभवों से बुर्जुआ स्वतंत्रता का 'मिथ' टूटा है। यह बहुत बड़ी बात हुई है। 'इमरजेंसी' जैसी चीजों का सामना हमें फिर करना पड़ सकता है, लेकिन आगे हम उनका कितना प्रतिरोध कर पाते हैं, यह हमारी समझ और संगठित शक्ति पर निर्भर करता है। नागरिक स्वतंत्रताओं की असली लड़ाई हमें लड़नी है तो हमें ही इस लड़ाई का 'चैंपियन' बनना चाहिए और नागरिक स्वतंत्रताओं को परिभाषित करने का काम अज्ञेय और मोरारजी देसाई पर नहीं छोड़ना चाहिए। लेखकों की एकता की बात अमूर्तन में नहीं की जा सकती। राजनीतिक दलों के मतभेद उसमें सामने आएँगे ही और उन मतभेदों को हमें एक ठोस राजनीतिक

वास्तविकता के रूप में लेना चाहिए।

सुरेंद्र मनन ने कहा कि सत्ता बदल गई है तो हमें यह नहीं मान लेना चाहिए कि हमें स्वतंत्रता मिल गई है। हमें अपनी लड़ाई जारी रखनी है और इसके लिए हमें एक भी होना है, पर एक होने में लेखकों के कुछ निजी स्वार्थ या मोह बाधक बनते हैं, जैसे 'कैरियरिज़्म'। यदि जनता की समस्याओं का यथार्थ चित्रण इस रूप में किया जाए कि पढ़ने वाले को अपनी तकलीफों की वास्तविक जानकारी और सच्चा अहसास हो सके तो जनता अपनी नागरिक स्वतंत्रताओं और जनवादी अधिकारों के प्रति सचेत होगी और उनके लिए लड़ेगी।

बहस के बाद रमेश उपाध्याय ने कहा कि आज की चर्चा से ऐसा लगता है कि बहुत-से मुद्दों पर एक-दूसरे से सहमत होते हुए भी या तो हम लोग आपसी एकता की बात फिलहाल करने के लिए तैयार नहीं हैं, या अभी उसे बहुत जरूरी नहीं मान रहे हैं। लगता है, सब लोग दूसरों से कह रहे हैं कि वे इसके बारे में सोचें, आत्मान्वेषण करें, पिछली गलतियों को ठीक करें, अपने भ्रमों को दूर करें, आदि-आदि–जैसे यह सब हमें खुद नहीं, दूसरों को ही करना है। कुछ लोगों को एकता और वामपंथी-जनवादी विकल्प की बात अभी वक्त से पहले की बात लग रही है, क्योंकि उनके विचार से नई सरकार का चरित्र अभी सामने नहीं आया है। लेकिन इस बहस में आम राय यह व्यक्त हुई है कि सत्ता के वर्ग-चरित्र में कोई परिवर्तन नहीं हुआ है। वास्तविकता भी यही है और इसीलिए हमें सावधान रहना चाहिए कि 'इमरजेंसी' जैसी कोई स्थिति फिर से भी आ सकती है। उस स्थिति का सामना करने के लिए हमें तैयार रहना चाहिए और उसकी तैयारी के लिए अपने एक-एक क्षण को मूल्यवान समझना चाहिए।

अंत में आनंद प्रकाश ने अपने अध्यक्षीय भाषण में कहा कि इसमें संदेह नहीं है कि पहले और अब के शासन के चरित्र में कोई तात्त्विक अंतर नहीं, अतः नागरिक स्वतंत्रताओं और जनवादी अधिकारों के लिए खतरा बना हुआ है। ऐसी स्थिति में जनवादी लेखकों की ही नहीं, जनवादी राजनीतिक दलों की एकता के प्रयास भी जरूरी हैं। यह एकता, जैसा कि भगवती प्रसाद शर्मा ने कहा, ऊपर से नहीं, नीचे से ही हो सकती है। हम लेखक, कलाकार आदि इसके लिए प्रयत्न कर सकते हैं। इसके लिए हम सभी तरह के प्रगतिशील और जनवादी लेखकों को इसी तरह मिल-बैठ कर विचार करना चाहिए और अपनी तथा एक-दूसरे की समझ बढ़ाते हुए, पुराने विभ्रमों को छोड़ते हुए, अपने सामाजिक यथार्थ को वस्तुपरक वैज्ञानिक ढंग से समझने और बदलने की कोशिश करनी चाहिए। लेकिन हमें यह मान कर नहीं चलना चाहिए कि जनवादी लेखकों में कोई एकता है ही नहीं। दलीय मतभेदों के होते हुए भी उनमें उद्देश्य और कर्म की एकता है और विभिन्न जनवादी पत्रिकाओं में सभी 'शेड्स' के रचनाकारों की रचनाओं का समान रूप से प्रकाशित होना इसका प्रमाण है। जहाँ तक मुख्य शत्रु को पहचानने और उसके विरोध में सहमत होकर एक होने का प्रश्न है, साहित्यिक-सांस्कृतिक स्तर पर हमारे मुख्य शत्रु तीन तरह के लोग हैं : एक, अज्ञेय जैसे बुर्जुआ व्यक्तिवादी

लोग, जो व्यक्ति-स्वातंत्र्य और रचना-स्वातंत्र्य की मिथ्या और भ्रामक धारणाएँ फैलाते हैं; दूसरे, भारती जैसे प्रतिक्रियावादी लोग, जो सीधे-सीधे समाजवाद और प्रगतिशील लेखन पर शत्रुतापूर्वक प्रहार करते हैं; और तीसरे, कमलेश्वर जैसे लोग, जो प्रगतिशीलता की आड़ लेकर साहित्य के जरिए लोगों को दमन और उत्पीड़न के प्रति सहनशील बनाने की चेष्टा करते हैं। साहित्यिक स्तर पर ऐसे शत्रुओं से हमें लड़ना ही होगा और उनके विरुद्ध हम एक संयुक्त मोर्चा बना सकते हैं।

(मई, *1977*)

जनवादी साहित्य की प्रमुख चिंताएँ

जनवादी सांस्कृतिक मंच, रतलाम (मध्य प्रदेश) की ओर से 25, 26 और 27 दिसंबर 1977 को एक जनवादी लेखक शिविर का आयोजन किया गया। तीन दिन के इस गंभीर, सुसंयोजित और सार्थक कार्यक्रम में सात गोष्ठियाँ हुईं, जिनमें मध्य प्रदेश और बाहर के साठ-सत्तर लेखकों ने हिस्सा लिया। शिविर एक स्थानीय विद्यालय में लगा था, जिसका सभाकक्ष जनवादी सांस्कृतिक मंच द्वारा बनाई गई पोस्टर-प्रदर्शनी से सुसज्जित था। महान् मार्क्सवादी विचारकों के उद्धरणों और जनवादी रचनाकारों की रचनाओं के अंशों को सुंदर सचित्र रूप में प्रस्तुत करने का यह बड़ा सार्थक और स्तुत्य प्रयास था। सभाकक्ष के बाहर जनवादी साहित्य की प्रदर्शनी और बिक्री की व्यवस्था की गई थी। रमेश शर्मा, निर्मल शर्मा, अलीक तथा अन्य स्थानीय जनवादी लेखकों और उनके साथी कार्यकर्ताओं ने अतिथि लेखकों के स्वागत-सत्कार, आवास एवं भोजन की जो उत्तम व्यवस्था की थी, वह भी अत्यधिक सराहनीय थी।

गोष्ठियों का वातावरण पर्याप्त गंभीर होते हुए भी तमाम औपचारिकताओं से मुक्त था। प्रत्येक गोष्ठी में संचालन के लिए किसी एक लेखक का नाम अनायास प्रस्तावित हो जाता, लिखित निबंध पढ़े जाते और उन पर खुल कर बहस होती। रात के समय अलग-अलग टोलियों में घूमते-फिरते या लेटे-बैठे लेखक दिन भर की चर्चाओं से संबद्ध या अन्य महत्त्वपूर्ण विषयों पर विचार-विमर्श करते। दूर-दूर से रात भर जाग कर यात्राएँ करके आनेवाले लेखकों पर भी थकान का कोई चिह्न दिखाई नहीं देता था। हार्दिक प्रसन्नता, उत्साह और उत्फुल्लता के वातावरण में, जो आत्मीय स्नेह और सौहार्द व्यक्त होता था, वह जनवादी साहित्य की युवावस्था और जीवंतता का सहज परिचायक था।

गोष्ठियों के लिए विषयों का चयन काफी सूझ-बूझ के साथ किया गया था, जिससे साहित्य संबंधी तात्कालिक एवं स्थायी महत्त्व के लगभग सभी मुद्दों पर विचार-विमर्श हो सके। विषय थे : 'सामाजिक चेतना का निर्माण और विश्लेषण के सिद्धांत', 'जनवादी साहित्य की समस्याएँ', 'सर्वहारा के नेतृत्व में साहित्यकार की भूमिका', 'प्रगतिवाद से जनवाद तक', 'लेखन के विषय : हमारी प्राथमिकताएँ' और 'साहित्य का इतिहास-लेखन:

पुनर्विचार'।

गोष्ठियों का विवरण इस प्रकार है :

पहली गोष्ठी। 25 दिसंबर 1977 की सुबह। विषय : सामाजिक चेतना का निर्माण और विश्लेषण के सिद्धांत। संचालन : सुधीश पचौरी।

इस गोष्ठी में पढ़ा गया पहला निबंध भगवान सिंह का था। अस्वस्थता के कारण वे स्वयं नहीं आ सके थे, अतः उनके निबंध का पाठ सुधीश पचौरी ने किया। भगवान सिंह के अनुसार हमारी समग्र चेतना बाह्य परिवेश का ही आभ्यंतरिक रूप है और इसका बाह्य रूप जगत् के साथ हमारे संघर्ष की विशिष्टता, आभ्यंतरण की तत्परता पर बहुत दूर तक निर्भर करता है। व्यक्ति का विराटतम समाज से एकात्म्य और उसे वर्ग और विषमता मुक्त समाज में परिवर्तित करने की दिशा में प्रयत्न–ये दोनों एक ही चेतना के दो रूप या नाम हैं। शासक वर्ग सदा से ही इस सामाजिक चेतना को कुंठित करने के लिए दमन के तंत्र और शमन के दर्शन का प्रयोग करता रहा है, जिसमें अधिक खतरनाक भूमिका शमन के दर्शन की रही है। जब समाज में संघर्ष और आंदोलन तेज होने लगते हैं, सामाजिक चेतना में क्रांतिकारी परिवर्तन आने लगता है। जो व्यक्ति-समूह इन सघर्षों में जितनी सक्रियता से भाग लेता है, वह उतना ही जागरूक होता जाता है, क्योंकि चेतना मात्र सैद्धांतिक ज्ञान या व्यवस्था की अराजकता के बोध से ही नहीं, अपितु इस बोध से भी जुड़ी हुई है कि दुर्भेद्य प्रतीत होनेवाली व्यवस्था को तोड़ा, बदला और कमजोर बनाया जा सकता है और अंततः इस पर विजय प्राप्त की जा सकती है। यह बोध संघर्षों के दौरान ही विकसित होता है। लेकिन केवल जन-संघर्ष या आंदोलन स्वतः सामाजिक जागरूकता के प्रमाण नहीं हैं, क्योंकि परिवर्तन की माँग सुधारवादी तकाजों से भी उठ सकती है, जिसका अर्थ होता है व्यवस्था की इमारत को थूनी लगा कर या थोड़ी-सी मरम्मत करके चलाते रहना। अतः क्रांतिकारी परिवर्तनों का लक्ष्य लेकर चलनेवाला आंदोलन ही सामाजिक चेतना का प्रतिबिंब माना जा सकता है।

दूसरा निबंध प्रमथेश बैनर्जी ने पढ़ा, जो तर्कहीन, अविवेकपूर्ण और तथ्यात्मक गलतियों एवं असंगतियों से भरा हुआ था। इस निबंध की लगभग हर पंक्ति में भारत की 'अर्द्ध-सामंतवादी, अर्द्ध-औपनिवेशिक व्यवस्था' और 'अमरीकी साम्राज्यवाद तथा सोवियत साम्राज्यवाद' की शब्दावली दोहराते हुए यह बताया गया कि भारत में सामंती चेतना ही प्रधानतम शक्ति है।

तीसरा निबंध चंचल चौहान का था। उन्होंने विभिन्न दर्शनों की चर्चा करते हुए भाववादी और भौतिकवादी जीवन-दृष्टियों को स्पष्ट किया और कहा कि चेतना भौतिक पदार्थ का ही विकसित रूप है। उसे किसी अन्य अदृश्य, बाह्य, भौतिकेतर सत्ता द्वारा नियमित-परिचालित मानना एक अंधविश्वास मात्र है। मनोविज्ञानी सेचेनोव और पावलोव के सिद्धांतों और मार्क्स, एंगेल्स, लेनिन, मौरिस कॉर्नफोर्थ आदि के कथनों के आधार पर उन्होंने बताया कि मानव-अस्तित्व की आधारभूत दशा श्रम है, श्रम की

प्रक्रिया में ही मनुष्य को विचार-प्रणाली मिली है और उसी प्रक्रिया में समाज का विकास हुआ है। उत्पादन के संबंध सामाजिक चेतना को जन्म देते हैं और उनमें परिवर्तन होने पर सामाजिक चेतना भी बदल जाती है। वर्ग-संघर्ष का प्रतिफलन सामाजिक चेतना में विचारधारात्मक संघर्ष के रूप में होता है। सामाजिक चेतना के विश्लेषण-सिद्धांत भी दो प्रकार के हैं : एक व्यक्तिवादी-भाववादी और दूसरे समाजशास्त्रीय। इनमें से हवाई मनोवैज्ञानिक सिद्धांतों की जगह मानव-विकास के द्वंद्वात्मक और ऐतिहासिक भौतिकवादी सिद्धांत ही सही हैं।

चौथा निबंध रमेश उपाध्याय का था। उन्होंने सामाजिक चेतना को मनुष्य की सर्जनात्मक ऊर्जा का एक रूप मानते हुए भाववादी और भौतिकवादी दर्शनों की मूल मान्यताओं की चर्चा की और मार्क्सवादी विश्वदृष्टि एवं चिंतन की द्वंद्ववादी पद्धति की वैज्ञानिकता स्पष्ट करते हुए बताया कि मनुष्य की चेतना का विकास कैसे होता है। उनके अनुसार बाह्य जगत् का वास्तविक संबंध-बोध मनुष्य का ही गुण है, क्योंकि मानवेतर समस्त प्राणी बाह्य जगत् में केवल अपनी जैविक आवश्यकताओं की पूर्ति के लिए प्रकृति की अनुकूलता में सक्रिय होते हैं, जबकि मनुष्य अपनी विशिष्ट मानवीय आवश्यकताओं की पूर्ति के लिए सदा प्रकृति की प्रतिकूलता में सक्रिय होता है। इस प्रक्रिया में मनुष्य अपनी बाह्य इंद्रियों की क्षमता बढ़ाने के लिए अस्त्र-शस्त्र, यंत्र आदि स्थूल उपकरणों का और आभ्यंतर इंद्रियों की क्षमता बढ़ाने के लिए विचार और अभिव्यक्ति के सूक्ष्म उपकरणों का आविष्कार और विकास करता है। अतः सामाजिक चेतना सामाजिक उत्पादन के स्थूल रूपों से ही नहीं, बल्कि भाषा, साहित्य, संगीत आदि के सूक्ष्म सर्जनात्मक रूपों से भी अनिवार्यतः संबंधित है। विचार और अभिव्यक्ति दोनों का विषय मनुष्य के सामाजिक संबंध होते हैं और उनका प्रयोजन होता है सामाजिक संबंधों का निर्माण, विकास और परिवर्तन। इस मूल प्रयोजन की उपेक्षा से सामाजिक चेतना समग्रतः विकसित होने के बजाय विभाजित और एकांगी हो जाती है और उसे मिथ्या चेतना कहते हैं, जिसके विभिन्न रूप धर्मों, मतवादों और शासकवर्गीय विचारधाराओं में दिखाई देते हैं। मिथ्या चेतना के भ्रमों से मुक्त होने के लिए मनुष्य की सर्जनात्मक ऊर्जा को समझना जरूरी है, जो ऐतिहासिक अनुभव और भविष्य की कल्पना से वर्तमान का सृजन करती है। शोषण पर आधारित समाज-व्यवस्था में इस ऊर्जा का दमन होने के बावजूद इसका विकास रुकता नहीं है, क्योंकि उसके द्वारा जिन स्थूल एवं सूक्ष्म उपकरणों का निर्माण होता है, वे पुनः नई और श्रेष्ठतर सर्जनात्मक ऊर्जा उत्पन्न करते हैं, जिससे मानव-जीवन और समाज-व्यवस्थाओं के नए, उच्चतर एवं जटिलतर रूप सामने आते हैं। सर्जनात्मक ऊर्जा की पहचान और इससे वंचित मनुष्य को पूर्ण मनुष्य बनाने के लिए सृजनशील बनाना ही समाजवादी क्रांति और जनवादी साहित्य का उद्देश्य है। साहित्य के संदर्भ में सर्जनात्मक ऊर्जा की इस क्रांतिकारी प्रक्रिया को समझने का विशेष महत्त्व है, क्योंकि साहित्य इसी प्रक्रिया में विकसित सामाजिक चेतना का ही एक रूप है।

पाँचवाँ निबंध ओमप्रकाश ग्रेवाल को पढ़ना था, लेकिन वे लिख नहीं पाए थे, अतः भाषण के रूप में उन्होंने अपने विचार व्यक्त किए। सर्वप्रथम उन्होंने संपूर्ण मानव-चेतना और व्यक्ति-चेतना की विकास-प्रक्रिया का अंतर स्पष्ट किया, क्योंकि संपूर्ण मानव-चेतना का विकास किसी युग में कहीं कम और कहीं अधिक हो सकता है और तदनुसार व्यक्ति की चेतना कहीं कम तो कहीं अधिक विकसित हो सकती है। सामाजिक चेतना को उन्होंने विस्तार से वर्ग-चेतना के रूप में व्याख्यायित किया और कहा कि उसका विकास वर्ग-संघर्षों के द्वारा ही हो सकता है। वर्ग-संघर्ष में वैचारिक संघर्ष के महत्त्व को रेखांकित करते हुए उन्होंने प्रमथेश बैनर्जी के निबंध की आलोचना की और कहा कि उसमें आज की वस्तुगत परिस्थिति की सही समझ न होकर ऐसी भ्रांतियाँ हैं, जो खतरनाक हो सकती हैं।

साहित्य में व्यक्त सामाजिक चेतना के विश्लेषण के संदर्भ में उन्होंने कहा कि हम एक क्रांतिकारी दौर में प्रवेश कर रहे हैं। फिर भी यदि क्रांतिकारी उभार जैसा होना चाहिए, वैसा नहीं हो पा रहा है, तो इसका मुख्य कारण यह है कि आत्मगत प्रयास कम हुए हैं। इस दिशा में साहित्य भी मेहनतकश लोगों को उनकी वास्तविक स्थिति के प्रति सचेत करके, उनकी चेतना के भ्रमों को दूर करके और सही दिशा प्रदान करके कुछ सहायता कर सकता है। लेकिन सामाजिक चेतना का पूर्ण विकास राजनैतिक संघर्ष के द्वारा ही होता है और यदि राजनीति सुधारवादी तथा वामपंथी भटकावों से मुक्त होकर समाज-व्यवस्था में सही हस्तक्षेप करती है तो जनता की चेतना में ही नहीं, साहित्यकारों की चेतना में भी गुणात्मक परिवर्तन होगा।

साहित्य के विश्लेषण-सिद्धांतों के बारे में उन्होंने चार बातें कहीं : (1) रचना में राजनीतिक परिप्रेक्ष्य और लेखक की पक्षधरता को देखना अनिवार्य है, लेकिन साहित्य को सामाजिक चेतना का प्रतिबिंब मात्र नहीं मान लेना चाहिए। इस संबंध में लूकाच के चिंतन को नहीं, ब्रेख्त के चिंतन को अपनाना चाहिए, जिसके अनुसार सामाजिक चेतना के निर्माण का अर्थ है पाठक की निष्क्रियता को तोड़ कर उसे सचेत राजनीतिक हस्तक्षेप के लिए तैयार करना। (2) साहित्य को सर्वहारा राजनीति का अंग बन कर शिक्षण-क्रिया का रूप लेना चाहिए। (3) रूप और वस्तु की 'ऑर्गेनिक' एकता की अवधारणा पर पुनर्विचार करना चाहिए और उसे कोई जैविक इकाई न मान कर गढ़ी हुई चीज ही मानना चाहिए। (4) साहित्य अभिव्यक्ति ही नहीं, संप्रेषण भी है, अतः साहित्य और प्रचार के नकली विभाजन के बजाय लेखक और पाठक का वैसा ही संबंध स्वीकार करना चाहिए जैसा पार्टी और जनता का होता है। निजबद्धता, अनुपमता, विलक्षणता और व्यक्तिवैचित्र्य आदि के स्थान पर यदि लेखक सामाजिक चेतना के विकास का लक्ष्य लेकर चलेगा तो जनता के अनुभवों को जनता तक पहुँचाने का माध्यम बनेगा और रचना लेखक के हस्ताक्षर को प्रक्षेपित करने का साधन न होकर जन-चेतना की वाहक होगी।

बहस में हिस्सा लेते हुए अनत ने कहा कि हमें साहित्य को अपनी संस्कृति के

संदर्भ में देखना चाहिए और अपनी सांस्कृतिक विरासत को, जिसमें 'शरीरमाद्यं खलु धर्मसाधनम्' कहनेवाले चार्वाक भी हैं, अनावश्यक न मान कर उसका समुचित उपयोग जन-चेतना के विकास में करना चाहिए।

शाकिर अली ने कहा कि सामाजिक चेतना का मतलब आज की चेतना से है और आज की चेतना का विश्लेषण हमें वर्ग-संघर्ष के स्तर को ध्यान में रख कर करना होगा। आज वर्ग-संघर्ष बहुत तीव्र हो चुका है, लेकिन निजी संपत्ति चेतना के विकास में बाधक हो रही है। यदि इसे समाप्त कर दिया जाए तो समाज और सामाजिक चेतना में एक गुणात्मक परिवर्तन होगा।

शैलेंद्र शैली ने कहा कि सामाजिक चेतना को बाह्य जगत् का प्रतिबिंब ही नहीं मानना चाहिए, यह भी देखना चाहिए कि चेतना में प्रतिबिंबित बाह्य यथार्थ का बाह्य यथार्थ पर क्या प्रभाव पड़ता है। रमेश उपाध्याय द्वारा सर्जनात्मक ऊर्जा की जो बात कही गई, वह इस दृष्टि से महत्त्वपूर्ण है। मार्क्स ने विचार को जिस अर्थ में एक भौतिक शक्ति माना है, उसी अर्थ में चेतना को समझ कर उसके कार्य की ओर हमें ध्यान देना चाहिए।

सत्यनारायण विजय ने कहा कि मानव की जिजीविषा और जीवन को सुगम तथा सुंदर बनाने की इच्छा के इर्द-गिर्द ही उसके विचार चलते हैं, जो परिस्थिति और काल-सापेक्ष होते हैं। साहित्य इसी इच्छा और ऐसे ही विचारों का प्रतिफल है।

अर्जुन राठौर ने कहा कि आज पढ़े गए निबंधों में इस बात पर जोर नहीं दिया गया कि तात्कालिक प्रश्नों और अंतर्विरोधों के बीच मनुष्य अपनी परिस्थितियों को बदलने में समर्थ कैसे हो।

मनमोहन ने प्रमथेश बैनर्जी के निबंध से असहमति व्यक्त की और ओमप्रकाश ग्रेवाल के वक्तव्य के संबंध में चार प्रश्न उठाए : (1) क्या हम वर्ग-चेतना को सामाजिक चेतना कह सकते हैं ? उत्पादन की प्रक्रिया में समाज के सभी वर्ग भाग लेते हैं और उत्पादन में प्रकृति, भाषा, विचार आदि सब-के-सब वर्गीय नहीं होते। अत: मनुष्य की चेतना का विस्तार वर्ग-समाज तक ही सीमित नहीं है। (2) क्या ऐसा नहीं हो सकता कि उत्पादन के संबंध बदले बिना ही उत्पादन की शक्तियाँ बदल जाएँ? ऐसा होता है और उस समय नए उत्पादन-संबंधों की चेतना पहले से पैदा हो जाती है और उसकी एक सक्रिय भूमिका होती है। चेतना बाह्य जगत् का प्रतिबिंब ही नहीं, वस्तुगत यथार्थ में सक्रिय हस्तक्षेप भी है। (3) शासकवर्गीय विचारधारा को एक साजिश मानने के बजाय क्या यह सोचना जरूरी नहीं है कि वह शोषित वर्गों पर क्यों हावी रहती है? सामाजिक चेतना को विकृत करने में प्रचार-प्रसार के साधनों की एक भूमिका अवश्य होती है, लेकिन यदि उत्पादन-संबंध नहीं बदलते तो उनसे उत्पन्न विचार स्वत: ही समाज में बने रहते हैं। व्यवस्था केवल इतना करती है कि उन्हें बदलने नहीं देती। (4) वस्तु और रूप के 'ऑर्गेनिक' संबंध को स्वीकार न करना तो सही है, यथार्थ के सक्रिय प्रतिबिंबन में वस्तु 'एडीक्वेट फॉर्म' कैसे ग्रहण करती है, इसकी प्रक्रिया क्या है, इस

पर भी पुनर्विचार होना चाहिए।

कर्णसिंह चौहान ने कहा कि भगवान सिंह ने बाह्य परिवेश के आभ्यंतरीकरण पर ही जोर दिया, जबकि चर्चा चेतना के बाह्यीकरण की भी होनी चाहिए। यह काम रमेश उपाध्याय ने अपने निबंध में किया है। विचारों को भौतिक शक्ति मार्क्स ने भी कहा है, लेकिन वे भौतिक शक्ति किस प्रक्रिया से और किस रूप में बनते हैं, यह रमेश ने दिखाया है। प्रमथेश बैनर्जी के निबंध पर व्यंग्यात्मक टिप्पणियाँ करते हुए उन्होंने कहा कि बैनर्जी साहब ने रूस को पूँजीवादी और साम्राज्यवादी घोषित करते समय यह नहीं बताया कि रूस में यह प्रतिक्रांति कब संपन्न हो गई ! रूस की आलोचना उसकी संशोधनवादी राजनीति के लिए की जानी चाहिए, लेकिन उसे पूँजीवादी-साम्राज्यवादी कह कर नहीं।

दूसरी गोष्ठी। 25 दिसंबर 1977 की शाम। विषय : जनवादी साहित्य की समस्याएँ। संचालन : ओमप्रकाश ग्रेवाल।

इस गोष्ठी में पहला निबंध शिवराम ने पढ़ा। उनके अनुसार जनवादी साहित्य के सामने ये समस्याएँ हैं : (1) अधिकांश जनवादी साहित्य सौंदर्यबोध के स्तर पर बौद्धिक समुदाय के समीप ही रहा है और उसकी पहुँच भी वहीं तक रही है। उसे मेहनतकश जनता से कैसे जोड़ा जाए? (2) लेखक समुदाय में जनवादी साहित्य को लेकर कई भ्रम प्रचलित हैं, जिनके कारण प्रतिबद्धता और अभिव्यक्ति-स्वातंत्र्य, प्रचार और साहित्य, तात्कालिकता और दीर्घकालिक महत्त्व आदि से संबंधित कई गलत सवाल उठते हैं। लेखक इन भ्रमों से कैसे मुक्त हों? (3) जन-विरोधी लोगों द्वारा जनवादी साहित्य के बारे में दुष्प्रचार द्वारा फैलाए गए भ्रमों को, जो क्रांतिकारी मुद्रा और जनवादी शब्दावली के आवरण में जनवाद पर ही चोट करते हैं, कैसे काटा जाए? (4) जनवादी साहित्य के प्रचार-प्रसार की बड़ी कमी है, जिसके कारण जनवादी साहित्य जनता तक नहीं पहुँच पाता। इस कमी को दूर करने के लिए क्या किया जाए?

आलोचना और सुझावों के द्वारा इन समस्याओं के हल भी शिवराम ने प्रस्तुत किए, जो संक्षेप में क्रमशः इस प्रकार थे : (1) जनवादी रचनाकारों को, जो अधिकांशतः मध्यवर्गीय हैं, अपने मध्यवर्गीय घेरे को तोड़ कर मेहनतकश वर्ग तक पहुँचना चाहिए और उसी को अपना संभावित पाठक या श्रोता मान कर उसकी परिस्थितियों, अभिरुचियों और आवश्यकताओं को ध्यान में रखते हुए रचना करनी चाहिए। (2) लेखक समुदाय में प्रचलित भ्रमों का निराकरण लेखकों द्वारा मार्क्सवादी विश्वदृष्टि को आत्मसात करके और क्रांतिकारी आंदोलनों में सक्रिय हिस्सेदारी करके ही हो सकता है। (3) जन-विरोधी लोगों द्वारा फैलाए जानेवाले भ्रमजाल को काटने के लिए लेखक को राजनीति से सहयोग करना चाहिए तथा साहित्य और राजनीति, सांस्कृतिक संगठन और राजनीतिक संगठन के सह-संबंधों के बीच साहित्य की भूमिका, उसके महत्त्व, और उसकी सीमाओं को समझना चाहिए। (4) जनवादी साहित्य का प्रचार-प्रसार लेखकों

के व्यक्तिगत प्रयास से संभव नहीं है और सामूहिक प्रयास के लिए जनवादी रचनाकारों, कलाकारों एवं सांस्कृतिक कार्यकर्ताओं को संस्थाबद्ध होकर परिवर्तनकारी संगठनों से निकट संबंध रखना चाहिए।

दूसरा निबंध आनंद प्रकाश का था। उन्होंने जनवादी लेखन को ऐतिहासिक परिप्रेक्ष्य में देखते हुए दो प्रश्न उठाए : (1) स्वतंत्रता के बाद वैचारिक रूप से अपेक्षाकृत अधिक विकसित मध्यवर्ग ने अपने लेखन में जिस तार्किकता और मानवीय निष्ठा को व्यक्त किया, उसी परंपरा को आगे बढ़ाते हुए उसे ठोस वैज्ञानिक परिप्रेक्ष्य देकर सर्वहारा राजनीति का हिस्सा कैसे बनाया जाए? (2) सातवें-आठवें दशक के लेखन के प्रति हमारा विश्लेषणात्मक और आलोचनात्मक रुख क्या हो, जिसमें मुख्यतः विरोध पर बल है, चाहे उस विरोध का मूलतत्त्व कुछ भी हो? पहले प्रश्न का संबंध उन्होंने प्रचलित बुर्जुआ विभ्रमों और लेखकों की स्वप्नवादिता से जोड़ा, तो दूसरे प्रश्न का संबंध विचारहीनता और व्यक्तिवादिता से। इन दोनों प्रश्नों के उत्तर पाने और जनवादी लेखन का सही परिप्रेक्ष्य विकसित करने के लिए उन्होंने मुख्य रूप से इन बातों पर जोर दिया : (1) वैचारिक रूप से उस पूरे प्रगतिशील लेखन को सही-सही व्याख्यायित किया जाना चाहिए, जिसकी परंपरागत चिंतन-धारा से हम आज भी जाने-अनजाने, यद्यपि प्रायः भावनात्मक रूप में ही, स्वयं को जुड़ा पाते हैं। (2) जनवादी लेखन में व्यक्त होने वाले बुर्जुआ विभ्रमों और विचारहीनता का वस्तुपरक विश्लेषण और आलोचना होनी चाहिए। (3) मध्यवर्गीय स्थितियों के साथ-साथ सर्वहारा तथा किसान के जीवन की स्थितियों को केंद्र में रखा जाना चाहिए। (4) मध्यवर्ग को पूरी सहानुभूति देते हुए उसकी तीखी आलोचना की जानी चाहिए। (5) साहित्य की सापेक्ष स्वायत्तता को स्वीकारते हुए रचनाकार को रचनात्मक कार्य के लिए खुली छूट दी जानी चाहिए।

तीसरा निबंध कर्णसिंह चौहान का था। उन्होंने जनवादी साहित्य की प्रकृति को स्पष्ट करते हुए कहा कि फिलहाल श्रमिक वर्गों के एजेंडे पर सर्वहारा क्रांति न होकर जनवादी क्रांति है और उसमें अकेले सर्वहारा वर्ग की नहीं, व्यापक वर्गों की हिस्सेदारी है। हम यह मानते हैं कि साम्राज्यवाद, सामंतवाद और इजारेदार पूँजीवाद के खिलाफ जितने भी वर्ग हैं, उनका सामूहिक प्रयास ही यह क्रांति संपन्न करेगा। लेकिन इसके आगे हम सर्वहारा के नेतृत्व और उसकी विचारधारा से भी स्वयं को प्रतिबद्ध मानते हैं। यही आज की परिस्थितियों में जनवाद का असली अर्थ है। इस समझ के अभाव में रचना और आलोचना में आ जानेवाले दोषों को अनेक उदाहरणों सहित विश्लेषित करते हुए उन्होंने दो व्यावहारिक समस्याओं की चर्चा की। उनके अनुसार सबसे प्रमुख समस्या सही विश्वदृष्टि के अभाव की है, जिसके कारण लेखक या तो क्रांति की सारी जिम्मेदारी अपने ऊपर लेकर रचना को मात्र घृणा, गुस्सा और बंदूक बना डालता है, या घोर निराशा और पराजित मनोवृत्ति का शिकार होकर रचना को एकदम दयनीय बना देता है। पहली स्थिति में रचना जनता से कट जाती है, दूसरी स्थिति में जनता के लिए व्यर्थ हो जाती है। दूसरी समस्या यथार्थ को कलात्मक रूप में व्यक्त करने की है, क्योंकि

जनवादी लेखक में सही समझ का होना ही काफी नहीं है, उसे पूर्ववर्ती साहित्य की परंपरा से परिचित, कला-रूपों में शिक्षित-दीक्षित एवं निरंतर अभ्यास द्वारा विविध प्रयोगों में पारंगत होना चाहिए। इसके लिए अध्ययन, अभ्यास, जनजीवन से लेखक का जुड़ाव, लोकसाहित्य से परिचय, जीवन और मानव-व्यवहार का सूक्ष्म और व्यापक पर्यवेक्षण, जन-भाषा में सृजन, संघर्षरत लोगों के साथ-साथ अमानवीय व्यवस्था द्वारा विकृत और विचित्र बना दिए गए पात्रों का चरित्रांकन, व्यक्तिवादी प्रवृत्तियों से बच कर अथक परिश्रम, धैर्य और साहस के साथ युगानुकूल कला-रूपों में युग के प्रतिनिधि चरित्रों और अंतर्विरोधों का चित्रण आवश्यक है।

चौथा निबंध चंचल चौहान का था। उन्होंने जनवादी साहित्य की समस्याओं को आधारगत और आंतरिक रचनागत, इन दो हिस्सों में बाँट कर आधारगत समस्याओं को शोषक-शासक वर्गीय समाज-व्यवस्था से संबद्ध माना और उनका समाधान सर्वहारा के नेतृत्व में जनवादी क्रांति से ही संभव बताया तथा आंतरिक समस्याओं के अंतर्गत कथ्यपरक और रूपपरक समस्याओं की चर्चा की और उनका समाधान कथ्य और रूप की द्वंद्वात्मक समझ में बताया। उनके अनुसार रचना के कथ्य और रूप में द्वंद्वात्मकता के चारों तत्त्व (विरुद्धों की अन्विति और संघर्ष, निषेध का निषेध, मात्रात्मक और गुणात्मक परिवर्तन, अंत:संबंध और अंत:क्रिया) पाए जाते हैं। रचना-प्रक्रिया के दौरान रचना इस द्वंद्वात्मकता से गुजरती है और रची जाने के बाद भी समाज से द्वंद्वात्मक संबंध बनाए रखती है। इसलिए कथ्य के चयन और तदनुकूल नए कलात्मक रूप की खोज पर ध्यान देना आवश्यक है। (यहाँ चंचल ने निबंध से अलग हट कर कर्णसिंह चौहान द्वारा कथ्य और रूप के संबंध में कही गई बातों से अपनी असहमति प्रकट की।) साथ ही व्यक्तिवादी और निम्नपूँजीवादी मनोवृत्ति से भी जूझना आवश्यक है, जिसका हल प्रगतिशील संगठन, सच्चे साथीपन, खुली बहस, आलोचना और आत्मालोचना, व्यक्तिपरक दुर्भावनाओं से मुक्त सत्य-संधान और सर्वहारा की संघर्षशील राजनीति की पक्षधरता में है।

बहस शुरू करते हुए रमेश उपाध्याय ने कहा कि इन निबंधों में उठाई गई समस्याओं और सुझाए गए समाधानों से सहमत होते हुए भी मुझे लगा कि ये निबंध लेखकों और आलोचकों को नसीहत देने पर ज्यादा जोर देते हैं, मानो ये समस्याएँ उन्हीं की नासमझियों और गलतियों का परिणाम हों और यदि वे अपनी समझ बढ़ा लें और गलतियाँ न करें तो सारी समस्याएँ हल हो जाएँ। किसी भी निबंध में जनवादी लेखकों की व्यावहारिक समस्याओं पर विचार नहीं किया गया कि वे कैसी परिस्थितियों में और किस प्रकार अपने रचना-धर्म का निर्वाह करते हैं। कम-से-कम यह तो सोचा ही जाना चाहिए कि वह कौन-सी अनिवार्य आंतरिक आवश्यकता है, जिसके कारण एक जनवादी लेखक पैसा, पद, पुरस्कार आदि के तमाम प्रलोभन ठुकरा देता है, निजी सुख-दुख भूल कर रचनारत रहता है और नौकरी छूट जाने, जन-विरोधी तत्त्वों द्वारा पीटे जाने, पुलिस और जेल के दमन का शिकार होने और अंतत: जान से जाने तक

की परवाह किए बिना रचना करता है और रचना के लिए सब कुछ त्याग कर भी रचना-कर्म को नहीं त्यागता? उस अनिवार्य आंतरिक आवश्यकता पर विचार न करने से रचना और रचना-कर्म दोनों के बारे में भ्रांतियों और सरलीकरणों का जन्म होता है तथा रचनाकार से अनुचित अपेक्षाएँ की जाने लगती हैं, जो जनवादी आलोचना को गलत बना देती हैं।

उन्होंने आगे कहा कि जनवादी लेखन सर्वहारा राजनीति का अनिवार्य अंग और उसका विनम्र सहयोगी होते हुए भी अपनी प्रकृति, कार्य और कार्य-क्षेत्र की दृष्टि से एक विशिष्ट सामूहिक उत्तरदायित्व है। हालाँकि परिस्थिति विशेष में रचनाकार को कलम एक तरफ रख कर बंदूक उठानी पड़ सकती है, लेकिन कलम और बंदूक एक-दूसरे के विकल्प या बंदूक कलम का बेहतर विकल्प नहीं है। इसलिए जनवादी साहित्य की समस्याओं पर हमें उपदेशक की तरह नहीं, बल्कि उन समस्याओं से जूझते हुए रचनाकार की तरह विचार करना चाहिए और जनवादी लेखन को विशिष्ट सामूहिक उत्तरदायित्व मानते हुए एक-दूसरे को अपना साथ और सहयोग देना चाहिए। यह सहयोग प्रेरणा, जानकारी, दिशा-दर्शन आदि देकर ही पूरा नहीं हो जाता, इसके लिए रचनाओं की सही आलोचना और मूल्यांकन, उनके प्रचार-प्रसार की व्यवस्था और रचना के लिए अपेक्षित परिस्थितियाँ और साधन मुहैया कराना भी आवश्यक है। इन समस्याओं का समाधान सर्वहारा का क्रांतिकारी संगठन ही कर सकता है और उसे करना चाहिए, क्योंकि जो राजनीतिक संगठन रचना को व्यक्तिगत उत्तरदायित्व कह कर टालते हुए रचनाकार के प्रति अपना यह कर्तव्य पूरा नहीं करते, वे मुक्तिबोध के शब्दों में, जनता के प्रति भी अपना कर्तव्य पूरा नहीं करते।

कौशल मिश्र ने कहा कि सबसे बड़ी समस्या रचनाओं के प्रकाशन और व्यापक जनता तक उनके पहुँचने की है। इसके लिए एक तो जनवादी पत्रिकाएँ दो तरह की निकलनी चाहिए—एक बुद्धिजीवियों के लिए और दूसरी जनता के लिए। साथ ही जन-साहित्य के लिए पत्रिकाओं पर ही निर्भर न रह कर लोकनाट्य, कवि-सम्मेलन, कथा-कथन आदि द्वारा उसे जनता तक पहुँचाया जाना चाहिए।

महेंद्र नेह ने चंचल चौहान के निबंध से असहमति प्रकट करते हुए कहा कि काव्य और रूप के बारे में द्वंद्ववाद के नियमों को जिस तरह चंचल ने लागू किया है, वह उचित नहीं है। वैज्ञानिक समाजवाद के नियम साहित्य पर हू-ब-हू लागू नहीं किए जा सकते। कर्णसिंह चौहान की बात ठीक है कि रचनाकार अपने कथ्य के लिए पूरी तरह नए रूप नहीं लेता, बल्कि पुराने रूपों में लिखते हुए भी नई रचना दे सकता है, क्योंकि नई वस्तु के कारण पुराना रूप भी नया हो जाता है।

गोष्ठी के संचालक ओमप्रकाश ग्रेवाल ने अगले वक्ता को बुलाने से पहले इस संबंध में अपना अभिमत भी प्रकट कर दिया कि जहाँ वस्तु और रूप के सापेक्ष विरोध की बात उपयोगी है, वहाँ यह भी नहीं भूल जाना चाहिए कि द्वंद्वात्मकता के अमूर्त सिद्धांत भ्रामक हो सकते हैं। इससे आलोचना में यांत्रिकता आने का बहुत खतरा है,

इसलिए इन अमूर्त सिद्धांतों को सौंदर्यशास्त्र का अंग नहीं बनाना चाहिए।

शाकिर अली ने कर्णसिंह चौहान द्वारा दी गई जनवादी साहित्य की परिभाषा से अपनी सहमति व्यक्त करते हुए भी निजी संपत्ति को खत्म करने की बात पर जोर दिया और कहा कि जब तक साहित्यिक आंदोलन जन-आंदोलनों से नहीं जुड़ते, तब तक उनका विकास नहीं हो सकता।

शैलेंद्र शैली ने कहा कि राजनीतिक मूल्यों से साहित्यिक मूल्यों को नहीं नापना चाहिए। जनवादी साहित्य जनता तक पहुँचे, इसके लिए आवश्यक है कि उसमें व्यापक संप्रेषणीयता हो और पार्टी से संबद्ध संस्थाएँ प्रकाशन और मंच द्वारा उसका प्रचार-प्रसार करें।

वकार सिद्दीकी ने कहा कि पूँजीवादी व्यवस्था में रचना भी क्रय-विक्रय की एक वस्तु बन जाती है और रचनाकार जनता से कट जाता है। प्रकाशन और मंच द्वारा वह जनता से पुनः जुड़ जाता है, लेकिन यह तभी होगा जब जनवादी आंदोलन मजबूत होंगे, क्योंकि जनवादी साहित्य की समस्याएँ दरअसल जनवादी आंदोलन की समस्याएँ हैं और उसी से हल होंगी।

सुधीश पचौरी ने कर्णसिंह चौहान के निबंध से सहमत होते हुए कहा कि जनवाद को मार्क्सवाद का पर्याय बना देने से बहुत-से जनवादी तत्त्व सर्वहारा आंदोलन से दूर जा सकते हैं। शिवराम के निबंध की प्रमुख प्रतिपत्ति यह है कि लेखकों को सर्वहारा का नेतृत्व स्वीकार करना ही होगा, यानी दलीय प्रतिबद्धता जनवादी लेखन की पूर्वशर्त होगी, लेकिन सर्वहारा वर्ग अन्य वर्गों का नेतृत्व अपने नेतृत्व को पूर्वशर्त के रूप में लागू करके नहीं, बल्कि तभी कर सकता है जब वह अन्य वर्गों को यह अहसास करा सके कि वही उनके नेतृत्व में सक्षम है और उसका नेतृत्व सब वर्गों के लिए आवश्यक है। यह अहसास कराये बिना दलीय प्रतिबद्धता को पूर्वशर्त बनाना उन लोगों को आंदोलन से विमुख कर सकता है, जो जनवादी हैं लेकिन अभी मार्क्सवादी-लेनिनवादी नहीं हैं। आनंद प्रकाश के निबंध में मध्यवर्ग और उसकी भूमिका के प्रति अतिशय मोह दिखाई देता है और लगता है कि जनवादी साहित्य की समस्याएँ मध्यवर्ग की समस्याएँ हैं, लेकिन ये समस्याएँ वस्तुतः मेहनतकश वर्ग की हैं। चंचल चौहान द्वारा आलोचना की एक वैज्ञानिक पद्धति विकसित करने की चिंता तो स्तुत्य है, लेकिन द्वंद्ववादी पद्धति समाज की सब समस्याओं पर इस तरह यांत्रिक ढंग से लागू नहीं की जा सकती। रमेश उपाध्याय ने जनवादी आंदोलन को अपना एक संगठित साहित्यिक-सांस्कृतिक आंदोलन विकसित करने की सलाह दी है। यह वक्त की सबसे बड़ी जरूरत है और यदि जनवादी साहित्य की समस्याओं को हल करना है तो उसे एक सचेत और संगठित आंदोलन में बदलना ही होगा।

ओमप्रकाश ग्रेवाल ने पुनः बहस में हस्तक्षेप करते हुए सुधीश पचौरी से अपना मतभेद प्रकट किया और कहा कि यदि हम सर्वहारा के नेतृत्व की शर्त को 'टेक्टिकल' कारणों से सामने नहीं रखते और इस संबंध में स्पष्ट बात नहीं करते तो यह एक प्रकार

का अवसरवाद होगा। यह सही है कि आज सर्वहारा राजनीति जनवादी क्रांति की राजनीति है, इसलिए सर्वहारा का संगठन एक खुला-सा संगठन होगा, लेकिन उस संगठन में नेतृत्व सर्वहारा विचारधारा का ही होगा और जो लोग उसे स्वीकार नहीं करेंगे, उनकी आलोचना हमें करनी पड़ेगी।

कांतिमोहन ने कहा कि जनवादी साहित्य यदि जनवाद को मानता है तो जनवाद की सही समझ के लिए उसे मार्क्सवाद-लेनिनवाद को भी मानना पड़ेगा और मार्क्सवाद-लेनिनवाद को मानने पर उसे यह भी मानना पड़ेगा कि क्रांति केवल विचारधारा से नहीं, सर्वहारा की पार्टी के द्वारा और उसी के नेतृत्व में होगी। सुधीश पचौरी की यह बात ठीक है कि हमें लेखकों को यह बताना चाहिए कि आज कोई दूसरा वर्ग जनवादी क्रांति को पूरा करने की स्थिति में नहीं है, लेकिन हमें यह भी स्पष्ट करना चाहिए कि सर्वहारा की लड़ाई सभी वर्गों की लड़ाई है और उसका नेतृत्व सर्वहारा ही करेगा।

बहस का उत्तर देते हुए शिवराम ने सुधीश पचौरी से असहमत होते हुए कहा कि सर्वहारा नेतृत्व की बात सुन कर भाग खड़े होनेवालों के प्रति हमें उदारतावाद नहीं बरतना है, बल्कि उनकी तीखी आलोचना करनी है। रमेश उपाध्याय द्वारा उठाए गए सवालों पर किंचित् रोष प्रकट करते हुए उन्होंने कहा कि ये समस्याएँ सर्वहारा वर्ग से लेखक के जुड़ने पर ही हल हो सकती हैं। कर्णसिंह चौहान से भी उन्होंने असहमति प्रकट की और कहा कि विचित्र चरित्रों के जरिए सामाजिक यथार्थ का सही चित्रण नहीं किया जा सकता।

ओमप्रकाश ग्रेवाल ने कहा कि रमेश उपाध्याय के सवाल शिवराम की स्थापनाओं को काटनेवाले नहीं थे, बल्कि उन्ही को विस्तार देते हुए उठाए गए थे। रमेश ने जो समस्याएँ उठाईं, उनका समाधान सुधीश पचौरी ने सुझा दिया था कि साहित्य को एक संगठित आंदोलन का रूप दिया जाना चाहिए। कर्णसिंह चौहान की विचित्र चरित्रोंवाली बात के बारे में शिवराम की बात ठीक है कि जनवादी रचना को प्रभावशाली बनाने के लिए ऐसे विचित्र चरित्र प्रस्तुत करने की जरूरत नहीं है।

आनंद प्रकाश ने अपने निबंध पर उठे सवालों के जवाब देते हुए कहा कि सुधीश पचौरी ने मध्यवर्ग के प्रति अतिशय मोह की बात मेरे लेख के बारे में कही, लेकिन लेख में ऐसा नहीं है। मैंने आजादी के बाद के लेखन में आनेवाले जिन भटकावों की ओर इशारा किया था, वे मध्यवर्गीय भटकाव थे। इस प्रकार मैंने मध्यवर्गीय खतरों के प्रति स्पष्ट संकेत किया है। लेकिन मध्यवर्ग पर विचार करना सर्वहारा की समस्याओं के संदर्भ में भी आवश्यक है, क्योंकि मध्यवर्ग केवल शहरी मध्यवर्ग ही नहीं, बल्कि वह किसान और मजदूर भी है, जो मध्यवर्गीय विचारों से ग्रस्त है। हमारी समस्या यह भी है कि हम मेहनतकश वर्ग में से मध्यवर्गीय समझ को कैसे दूर करें।

कर्णसिंह चौहान ने चंचल चौहान द्वारा उठाई गई आपत्तियों के उत्तर में कहा कि जनवादी रचना के लिए जो भी रूप या भाषा कारगर हो, उसका उपयोग हमें करना

चाहिए। इस संबंध में अमूर्त सिद्धांतों के आधार पर कोई निश्चित नियम नहीं बनाए जा सकते। शिवराम और ग्रेवाल की आपत्तियों के उत्तर में उन्होंने कहा कि विचित्र चरित्रोंवाली बात मैंने जनवादी लेखन के बने-बनाए विषयों के कठघरे तोड़ने के लिए कही थी, ताकि रचना में व्यापकता और विविधता आए। वर्ग-संघर्ष और सर्वहारा-मूल्यों का चित्रण, यदि लेखक के पास सही दृष्टि है तो, कोई भी विषय और कैसे भी चरित्र उठा कर किया जा सकता है। सुधीश पचौरी की बातों के बारे में उन्होंने कहा कि जनवादी और मार्क्सवादी लेखकों में सुधीश ने जो फर्क किया है, उचित किया है। जनवादी क्रांति के दौर में हमें उन लोगों को भी साथ रखना पड़ेगा, जो मार्क्सवादी न होकर मात्र जनवादी ही हों। लेकिन आलोचना और प्रेरणा से उन्हें सर्वहारा का नेतृत्व स्वीकार करने के लिए तैयार करना होगा।

चंचल चौहान ने कहा कि नेतृत्व और तानाशाही में फर्क है। जनवादी क्रांति के दौर में विभिन्न वर्गों को एक साथ लड़ना पड़ता है, इसलिए सर्वहारा के नेतृत्व की बात तो उचित है, लेकिन इस नेतृत्व को सर्वहारा की तानाशाही की तरह पूर्वशर्त के रूप में लागू करना अभी उचित नहीं, क्योंकि वह तो समाजवादी क्रांति के बाद ही संभव होगी। रमेश उपाध्याय ने जिन समस्याओं की चर्चा की, वे मैंने भी अपने लेख में उठाई थीं, लेकिन मैंने यह कहा था कि सारी समस्याएँ अभी हल नहीं की जा सकतीं। उनकी यह बात ठीक है कि कुछ समस्याएँ संगठन से हल की जा सकती हैं। महेंद्र नेह, ओमप्रकाश ग्रेवाल और सुधीश पचौरी ने मेरी द्वंद्वात्मक पद्धति के बारे में अमूर्तता के खतरों की बात की, लेकिन खतरों के कारण कोई पद्धति गलत नहीं हो जाती।

मनमोहन ने सुधीश पचौरी के आलोचकों की आलोचना करते हुए कहा कि आज के जनवादी क्रांति के दौर में यदि हम जनवादी लेखक की परिभाषा मार्क्सवादी लेखक के रूप में करेंगे तो ऐसे बहुत-से लेखकों को 'एलियनेट' कर देंगे जो हमारे सहयोगी हो सकते हैं। जब तक कोई वर्ग अपनी शक्ति से अपना नेतृत्व सिद्ध नहीं कर लेता, तब तक वह अपने नेतृत्व को पूर्वशर्त के रूप में लागू नहीं कर सकता।

लेकिन अंत में ओमप्रकाश ग्रेवाल ने इस प्रश्न पर फिर कहा कि जनवादी क्रांति के दौर में राजनीति के क्षेत्र में तो सर्वहारा की तानाशाही को न माननेवाले हमारे साथ हो सकते हैं, लेकिन साहित्य के क्षेत्र में आज के जनवादी लेखन के लिए सर्वहारा-नेतृत्व को स्वीकार करना एक आवश्यक शर्त है।

तीसरी गोष्ठी। 26 दिसंबर 1977। विषय : सर्वहारा के नेतृत्व में साहित्यकार की भूमिका। संचालन : कांतिमोहन।

इस गोष्ठी में पहला निबंध राधेलाल विजघावने का था, जिसमें उन्होंने विषय को 'सर्वहारा का नेतृत्व करने में साहित्यकार की भूमिका' समझ लिया था। इतना ही नहीं, उन्होंने सर्वहारा को 'सबसे हारा हुआ अथवा निस्सहाय वर्ग' के रूप में परिभाषित किया और कहा कि उसके लिए साहित्यकार फालतू की चीज है, क्योंकि सर्वहारा के लिए रोटी ही सब कुछ है और जो साहित्यकार उसके लिए रोजी-रोटी की व्यवस्था कर सकता

है, वही उसका नेतृत्व कर सकता है। निबंध बड़ी गंभीरता से लिखा गया था और उसमें मार्क्स, एंगेल्स, माओ, लेनिन, मायकोवस्की, नंबूदिरिपाद आदि के उद्धरणों की भरमार थी, फिर भी श्रोताओं ने उस पर खुल कर ठहाके लगाए।

दूसरा निबंध कौशल मिश्र का था। उन्होंने कहा कि साहित्यकार को समाज का नेता या रहनुमा घोषित करना भाववादी धारणा और पूँजीवादी संस्कृति का परिणाम है। वस्तुतः साहित्यकार भी सर्वहारा ही है, क्योंकि वर्गीय समाज में वह भी एक प्रकार का श्रम करता और शोषित होता है। मध्यवर्गीय साहित्यकारों में से जो साहित्यकार शोषक वर्गों की सेवा में जुटने से इनकार करके और व्यक्तिगत स्वार्थों, पद-प्रतिष्ठा आदि के प्रलोभनों को ठुकरा कर सर्वहारा वर्ग की सेवा में सन्नद्ध होते हैं, उन्ही को जनवादी साहित्यकार कहा जाता है। वे सर्वहारा वर्ग से जुड़ कर, उसकी विचारधारा, संस्कृति और जीवन-मूल्यों को आत्मसात करके सामाजिक परिवर्तन में सर्वहारा के सहयोगी होते हैं। जनवादी साहित्यकारों में भी दो प्रकार के साहित्यकार होते हैं : सर्वहारा वर्ग में ही उत्पन्न होनेवाले 'जनता के साहित्यकार' और मध्यवर्ग से आनेवाले 'जनता के लिए साहित्यकार'। पहले प्रकार के साहित्यकार तो स्वयं सर्वहारा वर्ग के अंग होते हैं, लेकिन दूसरे प्रकार के साहित्यकारों के लिए सर्वहारा वर्ग के नेतृत्व में रह कर अपनी सार्थक भूमिका का निर्वाह करना आवश्यक है।

तीसरा निबंध आत्माराम ने पढ़ा। उनके अनुसार जो साहित्य सर्वहारा के नेतृत्व में लिखा जाएगा, वही सही अर्थ में जन-साहित्य होगा और जनता की समझ को तेजी से बढ़ाने में कारगर होगा। सर्वहारा के नेतृत्व का स्पष्ट अर्थ है मार्क्सवाद-लेनिनवाद से लैस सर्वहारा की पार्टी का नेतृत्व। उसके नेतृत्व में ही लेखक रचना के माध्यम से जनता से सीखता और जनता को सिखाता है, अपने सृजन को व्यवहार में लागू करता है, अपनी दृष्टि को पैनी और कारगर बनाता है, जन-जीवन का अध्ययन कर जनता की मुक्ति में सहायक होता है। यह चीज रचनाकार की अपनी मुक्ति के लिए भी आवश्यक है। सही रचनात्मक कार्य के लिए आत्माराम ने ग्राम्शी की 'आवयविक बुद्धिजीवी' की अवधारणा को प्रस्तुत किया जो अपने वर्ग के विचारों और आकांक्षाओं के निर्णायक और दिशानिर्देशक भी होते हैं।

चौथा निबंध अलीक ने पढ़ा। उन्होंने देश की आर्थिक-सामाजिक और विशेष रूप से राजनीतिक परिस्थिति की विस्तृत चर्चा करते हुए जनवादी क्रांति के संयुक्त मोर्चे के निर्माण की आवश्यकता बताई। उन्होंने कहा कि यह संयुक्त मोर्चा सर्वहारा के नेतृत्व में ही बनेगा और उसी से जनवादी क्रांति संपन्न होगी। साहित्यकार भी इस कार्य में सहायक हो सकते हैं, बशर्ते कि वे शत्रु-मित्र की सही पहचान के आधार पर अपनी पक्षधरता स्पष्ट करें और 'पैटी-बुर्जुआ' विचारधारा तथा व्यक्तिवाद से लड़ते हुए सृजनात्मक क्रांतिकारी नैतिकता से अनुशासित और प्रतिबद्ध हों।

पढ़े गए निबंधों को शायद अपर्याप्त मान कर गोष्ठी के संचालक कांतिमोहन ने सव्यसाची और ओमप्रकाश ग्रेवाल को आमंत्रित किया कि वे इस विषय को और स्पष्ट

करें।

सव्यसाची ने कहा कि सर्वहारा के नेतृत्व का अर्थ यह नहीं समझना चाहिए कि सर्वहारा वर्ग ऊँचे सिंहासन पर बैठा लेखकों या बौद्धिकों को आदेश देगा। इसका अर्थ सर्वहारा वर्ग के दर्शन मार्क्सवाद को 'गाइड-लाइन' के रूप में स्वीकार करना है, जो इसलिए जरूरी है कि उसे स्वीकार करके ही साहित्यकार अपनी भूमिका का सही निर्वाह कर सकता है। साहित्यकार की भूमिका क्या है, इस संबंध में सव्यसाची ने कांतिमोहन के एक लेख का संदर्भ देते हुए सोलह कार्यभार बताए, जो इस प्रकार थे : (1) जन-जीवन का चित्रण करते हुए जनता को वैज्ञानिक दृष्टि और दिशा देना, (2) जनता में नवजीवन के स्वप्न और नई आकांक्षाएँ पैदा करना, (3) मेहनतकश वर्ग को उसकी ऐतिहासिक भूमिका का अहसास कराना, (4) वर्ग-संघर्ष में सर्वहारा की अजेयता और उसकी विजय में विश्वास पैदा करना, (5) देश की परिस्थितियों का मूल्यांकन करते हुए मित्र-शत्रु की पहचान करना, (6) नागरिक स्वतंत्रताओं और जनतांत्रिक अधिकारों के लिए लड़ना, (7) समाज के व्यापक हिस्सों को क्रांति के पक्ष में संगठित करना, (8) 'कॉमन प्रोग्राम' लेकर एक व्यापक मोर्चा बनाना, (9) जनवादी सांस्कृतिक कार्यकर्ता तैयार करना, (10) साम्राज्यवादी षड्यंत्रों का पर्दाफाश करना और उनसे जनता को आगाह करते हुए लड़ाई के लिए तैयार करना, (11) भटकावों के शिकार (विजेंद्र जैसे) वामपंथी लोगों को मित्रवत सुधारना और (भारती जैसे) शातिर लोगों से शत्रुवत लड़ना, (12) मार्क्सवादी समीक्षा का विकास करना, (13) साहित्य का मार्क्सवादी इतिहास लिखना, (14) कथा-कथन, कवि-सम्मेलन, गीत, नाटक, पत्रिका, गोष्ठी, सभा-सम्मेलन, सहयोगी प्रकाशन आदि के जरिए जनता का साहित्य जनता तक पहुँचाना, (15) सर्वहारा-राजनीति को अपने लेखन से बल प्रदान करना, और (16) स्वयं जन-संघर्षों के निकट आना।

ओमप्रकाश ग्रेवाल ने यह सवाल उठाया कि वर्तमान राजनीतिक परिप्रेक्ष्य में लेखकों का सर्वहारा वर्ग से किस किस्म का संबंध हो। इस संबंध में उन्होंने तीन अवधारणाओं की चर्चा की : माओ-त्से-तुंग की 'न्यू डेमोक्रेसी' की अवधारणा, ग्राम्शी की 'हेजेमनी ब्लॉक' की अवधारणा, और लूकाच की 'क्रिटिकल रियलिज्म' की अवधारणा। माओ के अनुसार जनवादी क्रांति की स्थिति में संस्कृति समाजवादी नहीं हो सकती, अतः वर्तमान स्थिति में ऐसे बहुत-से लेखक हो सकते हैं, जो जनतांत्रिक मूल्यों को अपनाते और व्यक्त करते हों, लेकिन सर्वहारा के दर्शन को पूर्णतया स्वीकार न करते हों। इसलिए ग्राम्शी के 'हेजेमनी ब्लॉक' वाली बात को ध्यान में रखना चाहिए जिसका अर्थ सांस्कृतिक स्तर पर बुर्जुआ नेतृत्व को तोड़ने के लिए दूसरा नेतृत्व उत्पन्न करना है, जिसमें सर्वहारा दृष्टिकोण अपनाया गया हो, लेकिन इस 'ब्लॉक' में जो लोग आएँगे, वे पूर्णतः मार्क्सवादी होंगे, यह नहीं कहा जा सकता। लूकाच के आलोचनात्मक यथार्थवाद के अनुसार पूँजीवाद-साम्राज्यवाद अपनी ह्रासमान अवस्था में समस्त विवेक को त्याग देता है और सामान्य मानवतावादी मूल्यों की रक्षा भी सर्वहारा मूल्यों से ही

संभव हो पाती है। इसलिए सब प्रकार के लेखकों को यह समझना चाहिए कि मानवीय मूल्यों और रचनात्मक स्वतंत्रता की रक्षा के लिए भी सर्वहारा के दृष्टिकोण को अपनाना जरूरी है। जनता की जनवादी संस्कृति पूरी तरह समाजवादी नहीं होती, लेकिन उसका विकास करनेवाले 'हेजेमनी ब्लॉक' में वे ही लोग आएँगे, जो समाजवादी नजरिया अपना कर आएँगे।

बहस शुरू करते हुए रमेश उपाध्याय ने कहा कि यह बिलकुल सही है कि साहित्यकार अपनी सही और सार्थक भूमिका–जिसका अर्थ आज के संदर्भ में क्रांतिकारी शक्तियों के संघर्ष में सहायक होना है–तभी निभा सकता है, जब वह सर्वहारा-मूल्यों को अपने जीवन और रचना में जिए तथा विकसित करे। लेकिन जब तक सर्वहारा वर्ग के अपने आवयविक बुद्धिजीवी, साहित्यकार आदि उत्पन्न नहीं होते, तब तक उन परंपरागत बुद्धिजीवियों की भी एक महत्त्वपूर्ण भूमिका होती है, जो मध्यवर्ग से आते हैं। हमारे यहाँ जनवादी क्रांति के इस दौर में उन मध्यवर्गीय बुद्धिजीवियों के साथ मिल कर सर्वहारा-राजनीति से जुड़े बुद्धिजीवियों को एक संयुक्त मोर्चा बनाना पड़ेगा, लेकिन उस मोर्चे का निर्माण केवल प्रचार द्वारा यह बताने से नहीं हो सकता कि लेखकों का इस मोर्चे में शामिल होना नैतिक और लाभदायक है। संयुक्त मोर्चा विभिन्न वर्गों की अपनी आवश्यकताओं के आधार पर एक समान लक्ष्य के लिए बनता है और उसका नेतृत्व वही वर्ग कर पाता है, जिसमें नेतृत्व करने की वास्तविक क्षमता होती है। इसलिए संस्कृति और साहित्य के क्षेत्र में जब तक सर्वहारा वर्ग बुर्जुआ संस्कृति और साहित्य पर अपनी श्रेष्ठता सिद्ध नहीं करता तथा अपनी क्षमताएँ विकसित करके अन्य वर्गों में यह विश्वास उत्पन्न नहीं करता कि लेखकीय हितों और सृजन की स्वतंत्रता की रक्षा वही कर सकता है, तब तक वह अपने नेतृत्व को पूर्वशर्त के रूप में उन पर लागू नहीं कर सकता, क्योंकि नेतृत्व स्वयं स्वीकार करने की चीज है, बलपूर्वक स्वीकार कराने की नहीं।

राजेंद्र शर्मा ने कहा कि रमेश उपाध्याय ने ठीक ही कहा है कि सर्वहारा के पक्षधर होकर लेखक उस पर कोई अहसान नहीं करते, बल्कि अपने अस्तित्व की अनिवार्य शर्त होने के कारण अपनी जरूरत से उसका नेतृत्व स्वीकार करते हैं।

अर्जुन राठौर ने सर्वहारा-नेतृत्व के अंतर्गत पार्टी-नेतृत्व का प्रश्न उठाते हुए कहा कि इस बात की क्या गारंटी है कि पार्टी-नेतृत्व हमेशा सही ही होगा। सी. पी. आइ. के लेखक आपातकाल में 'पार्टी-लाइन' के अनुसार आपातकाल का समर्थन कर रहे थे, हालाँकि उनमें से कई व्यक्तिगत रूप से उसके खिलाफ थे। इसलिए पार्टी-नेतृत्व की बात करते समय हमें साहित्यकार की वैचारिक स्वतंत्रता और असहमति या विरोध की गुंजाइश के सवालों पर भी विचार करना चाहिए।

वकार सिद्दीकी ने राधेलाल विजघावने के निबंध की आलोचना करते हुए कहा कि साहित्यकार की भूमिका सर्वहारा को मुक्ति या रोटी-कपड़ा-मकान दिलाने की नहीं, बल्कि सर्वहारा के संघर्ष में अपना नैतिक समर्थन, वैचारिक शिक्षा और कलात्मक

योगदान करने की होती है। केवल मजदूर तबके से ही आनेवाले को विश्वसनीय माननेवालों की आलोचना करते हुए उन्होंने कहा कि यह समझ एकदम गलत है कि मजदूर वर्ग के सभी लोग सर्वहारा की विचारधारा को अपनाए हुए होते हैं। ऐसा होता तो कांग्रेस और जनसंघ की ट्रेड-यूनियनों में मजदूर वर्ग के लोग क्यों होते ?

महेंद्र नेह ने कौशल मिश्र और आत्माराम के निबंधों से सहमति व्यक्त करते हुए कहा कि नेतृत्व अमूर्त नहीं होता, उसका अर्थ पार्टी-नेतृत्व ही होता है और सर्वहारा के नेतृत्व को स्वीकार करने का अर्थ केवल सर्वहारा-विचारधारा को स्वीकार करना नहीं, बल्कि उसकी पार्टी के नेतृत्व को भी स्वीकारना है।

मनमोहन ने महेंद्र नेह से असहमत होते हुए कहा कि यह सही राजनीतिक रुख नहीं है। वर्तमान दौर में हमारा काम यह नहीं है कि हम ज्यादा-से-ज्यादा लेखकों को सर्वहारा के दर्शन और राजनीतिक संघर्ष के पक्ष में 'विन ओवर' करें। हमारा काम साहित्यकारों में से 'प्रोफेशनल' क्रांतिकारी तैयार करना नहीं है, बल्कि बुर्जुआ संस्कृति के पैरोकार और कारकुन बने मध्यवर्गीय लेखकों को सर्वहारा वर्ग की सेवा में नियोजित करना है। वस्तुपरक रूप से तमाम मध्यवर्गीय लेखक सर्वहारा के मित्र हैं, चाहे आत्मपरक रूप से वे किधर भी चले जाएँ। हम यदि पार्टी-नेतृत्व की पूर्वशर्त लगाएँगे तो केवल उन्ही को मित्र मानेंगे, जो हमारी पार्टी का नेतृत्व स्वीकार करेंगे और बाकी लोगों को शत्रु मान कर चलेंगे। यह राजनीतिक समझदारी नहीं है। अर्जुन राठौर के प्रश्न का उत्तर देते हुए उन्होंने कहा कि यदि पार्टी गलत है और साहित्यकार को लगता है कि वह सर्वहारा के हितों के विरुद्ध जा रही है, तो उसे पार्टी की आलोचना करने का पूरा अधिकार होना चाहिए, लेकिन कुछ उदाहरणों से यह निष्कर्ष नहीं निकाल लेना चाहिए कि पार्टी हमेशा गलत ही होगी।

अमिताभ पांडे ने कहा कि मध्यवर्ग के सुविधाजीवी लोग सर्वहारा वर्ग की विचारधारा को अपनाएँगे, यह आशा करना व्यर्थ है। क्रांतिकारी केवल शोषित-पीड़ित निम्न वर्ग ही हो सकता है। हमें निम्न वर्ग से आनेवाले साहित्यकारों पर ही भरोसा करना चाहिए।

कर्णसिंह चौहान ने कहा कि पूर्ववक्ता के अनुसार सर्वहारा सबसे दरिद्र व्यक्ति होता है। इससे ऐसा लगता है कि जो जितना भूखा होगा, उतना ही ज्यादा क्रांतिकारी होगा। लेकिन यह धारणा एकदम गलत है कि भूख और दमन से क्रांति की इच्छा और लड़ने का साहस पैदा होता है। भूख और दमन के विरुद्ध लड़ने की इच्छा और साहस तब पैदा होता है, जब उसका वास्तविक कारण समझ लिया जाए, और इसके लिए विचारधारा की जरूरत होती है। इसलिए सर्वहारा की विचारधारा का नेतृत्व स्वीकार करना आवश्यक है। सर्वहारा की विचारधारा लेखन को कितनी ऊँचाइयों तक ले जाती है और प्रतिक्रियावादी विचारधारा उसे कितना निकृष्ट बना देती है, इसके उदाहरण कम नहीं हैं। लेकिन प्रतिक्रियावादियों की आलोचना करते समय हमारा रुख उनका मजाक उड़ाने या उन्हें कोसने का नहीं होना चाहिए, बल्कि हमें गंभीरतापूर्वक उनकी

विचारधारात्मक गलतियों और उनसे लेखन में उत्पन्न होनेवाली कमजोरियों की आलोचना करनी चाहिए।

सव्यसाची ने सर्वहारा के नेतृत्व संबंधी प्रश्न पर कहा कि मार्क्सवाद कोई किताबी चीज नहीं है। क्रांति की विशिष्ट परिस्थितियाँ देख कर हमें उसका प्रयोग करना होता है। पार्टी में शामिल हो जाना मार्क्सवादी बन जाने की गारंटी नहीं है। इसी तरह पार्टी के बाहर रहनेवाले भी मार्क्सवादी हो सकते हैं। हाँ, इतना अवश्य है कि पार्टी के अंदर रह कर सही मार्क्सवादी बनने और बाहर रहने पर भटकावों का शिकार हो जाने की संभावनाएँ ज्यादा रहती हैं। मनमोहन ने ठीक कहा है कि हमारा काम लेखकों में से 'प्रोफेशनल' क्रांतिकारी पैदा करना नहीं है। लेखकों के लिए जो कार्यभार मैंने गिनाए, वे सब सर्वहारा वर्ग के कार्यभार हैं, लेकिन क्या उन कार्यों को अकेला सर्वहारा वर्ग पूरा कर लेगा? मार्क्सवाद हमारा परिप्रेक्ष्य होना चाहिए, उसकी शब्दावली में अटक कर रह जाना ठीक नहीं। रचना करते समय भी हमें मार्क्सवादी दृष्टि से लिखना चाहिए, मार्क्सवादी शब्दावली में नहीं।

अंत में कांतिमोहन ने सव्यसाची से सहमत होते हुए केवल इतना कहा कि मार्क्सवादी शब्दावली के प्रयोग से हमें कतराना नहीं चाहिए, लेकिन उसका प्रयोग इस तरह करना चाहिए कि समझ में आ सके और हमारा मंतव्य पूरी स्पष्टता से प्रकट हो सके।

चौथी गोष्ठी। 26 दिसंबर 1977 की शाम। विषय : प्रगतिवाद से जनवाद तक। संचालन : कर्णसिंह चौहान।

इस गोष्ठी में केवल दो निबंध पढ़े गए। पहला निबंध कौशल मिश्र का था। उन्होंने हिंदी में प्रगतिशील लेखन आंदोलन की शुरूआत, प्रगतिशील लेखक संघ की स्थापना और आजादी के बाद उसके बिखराव का क्रमवार इतिहास प्रस्तुत किया। उनके अनुसार प्र.ले.स. से जुड़े हुए अधिकांश लेखक 'पैटी-बुर्जुआ' वर्ग के थे और उनकी दृष्टि भी परिष्कृत नहीं थी, इसलिए वे नई सत्ता के चरित्र को समझने में असमर्थ रहे, और इसीलिए प्रगतिशील लेखक संघ टूटा। 1967-68 में लेखकों में पुनः जागृति आई और वर्तमान जनवादी लेखन का दौर शुरू हुआ। लेकिन भारतीय कम्युनिस्ट पार्टी के संशोधनवादी तथा नक्सलवादियों के अतिवादी भटकाव के कारण इस आंदोलन में भी बहुत-सी कमियाँ हैं। उदारतावाद और संकीर्णतावाद की वे कमियाँ जो प्रगतिवादी आंदोलन में सदा रहीं, आज भी दिखाई देती हैं। वर्तमान स्थितियों में प्रगतिशील लेखकों की एकजुटता अनिवार्य है, इसलिए इन कमियों को दूर करके हमें अपने आंदोलन को सही मार्क्सवादी-लेनिनवादी आधार पर आगे बढ़ाना चाहिए।

दूसरा निबंध सुधीश पचौरी का था। उन्होंने भी प्रगतिवादी आंदोलन के इतिहास को समझने और उससे आज के जनवादी लेखन के लिए सबक लेने की जरूरत पर जोर दिया। उन्होंने कहा कि प्रगतिवादी आंदोलन के समय साम्राज्यवाद और सामंतवाद प्रमुख शत्रु थे और इनका विरोध करनेवाले लेखक प्रगतिशील माने जाते थे। इन लोगों के

संयुक्त मोर्चे में कम्युनिस्ट और गैर-कम्युनिस्ट दोनों प्रकार के लेखक थे। 1947 में सत्ता-हस्तांतरण के बाद इन दोनों प्रकार के लेखकों में तो स्पष्ट मतभेद और दूरियाँ पैदा होना स्वाभाविक ही था, लेकिन कम्युनिस्ट लेखक भी आजादी के सवाल पर एकमत नहीं थे–कुछ लेखकों के लिए यह आजादी झूठी थी तो कुछ लेखकों के लिए वास्तविक। इससे जो दो परिप्रेक्ष्य सामने आए, उनमें से एक संकीर्णतावादी और दूसरा उदारतावादी गलतियों का शिकार हुआ और मित्र-शत्रु की पहचान तथा संगठन की दिशा के बारे में कम्युनिस्ट लेखकों के बीच तीव्र मतभेद उत्पन्न हो गए। ये मतभेद प्रगतिशील लेखक संघ में ही नहीं, कम्युनिस्ट पार्टी में भी थे और नेतृत्व के भटकाव प्र.ले.स. के भटकावों के रूप में सामने आए।

नए जनवादी लेखन के दौर में ये भटकाव फिर से न हों, इसके लिए सुधीश पचौरी ने कुछ उपाय बताये : (1) वर्तमान समाज-व्यवस्था और राजनीतिक सत्ता के चरित्र को मार्क्सवादी आधार पर समझते हुए शत्रु-मित्र वर्गों की सही और स्पष्ट पहचान, (2) शासक वर्ग के चरित्र और संकट को समझते हुए जन-आंदोलनों की तीव्रता को सही दिशा में मोड़ना, (3) इस संकट के विरुद्ध पूर्ण जनवादी क्रांति का ध्येय लेकर चलना, (4) जनवादी क्रांति सर्वहारा वर्ग के नेतृत्व में ही हो सकती है, यह मानते हुए भी संयुक्त मोर्चे की जरूरतों का ध्यान रखना, (5) गैर-कम्युनिस्ट और गैर-मार्क्सवादी लेखकों को जनवाद का पक्षधर बनाना और इसी प्रक्रिया में उन्हें जनवाद के बुर्जुआ भ्रमों से मुक्त करते हुए सर्वहारा के नेतृत्व की स्वीकृति के लिए तैयार करना।

बहस के लिए वक्ताओं को आमंत्रित करते हुए कर्णसिंह चौहान ने विचारणीय प्रश्नों को स्पष्ट किया। उन्होंने कहा कि इन निबंधों में प्रगतिवादी आंदोलन के संगठन और बिखराव के संबंध में ज्ञात तथ्य ही प्रस्तुत किए गए हैं, लेकिन अब तक क्या इन तथ्यों की संतोषजनक व्याख्या हो सकी है? सुधीश पचौरी का जोर इस बात पर है कि साहित्यकारों द्वारा की गई गलतियाँ वस्तुतः पार्टी द्वारा की गई गलतियाँ थीं। इससे यह प्रश्न उठता है कि पार्टी और लेखक का क्या रिश्ता होना चाहिए? रूस में स्तालिन के समय के और उसके बाद के साहित्य में जो अंतर दिखाई देता है, उसका कारण क्या है? इस पर भी खुल कर विचार होना चाहिए।

चंचल चौहान ने सुधीश की इस बात से असहमति प्रकट की कि बुर्जुआ रचनाकार भी पूर्ण वस्तुगत यथार्थ का चित्रण कर सकते हैं। वे यथार्थ के दबाव से कुछ मानवतावादी चीजें तो दे सकते हैं, लेकिन उन चीजों के आधार पर हम उन्हें यथार्थवादी नहीं मान सकते, क्योंकि साहित्यकार की यथार्थवादिता का निर्धारण आंशिक रूप में नहीं, संपूर्णता में होता है।

सत्यनारायण विजय ने कहा कि जनवादी लेखकों के संयुक्त मोर्चे को सबसे बड़ा खतरा उदारतावाद से होता है और सुधीश के लेख में उदारतावाद काफी झलकता है।

रमेश उपाध्याय ने जनवादी क्रांति के दौर में संयुक्त मोर्चे की आवश्यकता और उसकी प्रकृति पर विचार करते हुए 'नई कहानी' आंदोलन के संयुक्त मोर्चे का उदाहरण

देकर बताया कि उसमें शामिल प्रगतिशील कहानीकार उसका नेतृत्व क्यों नहीं कर सके और क्यों वह आंदोलन 'पैटी-बुर्जुआ' विचारधारा के लेखकों के नेतृत्व में चला गया। सही संयुक्त मोर्चे के निर्माण के लिए उन्होंने चार चीजों पर ध्यान देने की जरूरत बताई : (1) वस्तुगत परिस्थिति की सही समझ, (2) उस परिस्थिति को बदलने के आत्मगत प्रयासों में सही विचारधारा लेकर चलने और अपने सिद्धांतों के पालन में मुस्तैदी, (3) शत्रु-मित्र लेखकों के चरित्र की वास्तविक पहचान, और (4) नेतृत्व के प्रश्न पर पूर्ण स्पष्टता। इन चार चीजों में एक क्रम भी लक्षित करते हुए उन्होंने कहा कि नेतृत्व का सवाल सबसे पहले नहीं, सबसे बाद का सवाल है, यद्यपि वह सबसे महत्त्वपूर्ण सवाल है। गलती अक्सर वहाँ होती है, जहाँ अन्य बातों पर विचार किए बिना नेतृत्व का सवाल सबसे पहले सामने रख दिया जाता है।

शिवराम ने सुधीश पचौरी से असहमत होते हुए कहा कि रचनाकार सही विचारधारा के बिना यथार्थवादी हो ही नहीं सकता, इसलिए यह कहना गलत है कि बुर्जुआ वर्ग के लेखक भी यथार्थवादी हो सकते हैं। रमेश उपाध्याय से उन्होंने यह कह कर असहमति प्रकट की कि नेतृत्व का प्रश्न अंतिम नहीं, बल्कि सबसे पहला प्रश्न है; क्योंकि संयुक्त मोर्चा राजनीतिक परिस्थिति के अनुसार बनता है और राजनीति में नेतृत्व का प्रश्न ही सर्वप्रमुख होता है।

महेंद्र नेह ने प्रगतिवादी आंदोलन की कमजोरियों के लिए कम्युनिस्ट पार्टी को जिम्मेदार ठहराए जाने की बात का विरोध किया और लेखकों की भ्रांत समझ को ही उन गलतियों के लिए जिम्मेदार ठहराया।

आत्माराम ने महेंद्र नेह के एकदम विपरीत जाकर सारा दोष कम्युनिस्ट पार्टी की तात्कालिक टूटन और आंतरिक मतभेदों को दिया।

सव्यसाची ने चंचल चौहान, महेंद्र नेह और शिवराम द्वारा उठाई गई आपत्तियों के बारे में कहा कि यथार्थवादी रचनाकार केवल वे ही नहीं होते, जो मार्क्सवादी होते हैं। मार्क्सवाद के जन्म से पहले भी बहुत-से यथार्थवादी लेखक हुए हैं और बाद में भी ऐसे यथार्थवादी लेखक सामने आए हैं, जिन्हें मार्क्सवाद की जानकारी नहीं थी। कारण यह है कि लेखक की चेतना सामाजिक यथार्थ से निर्मित होती है और ईमानदार तथा संवेदनशील रचनाकार अपनी वर्गीय विचारधारा के बावजूद परिस्थितियों को देख कर उनका यथार्थवादी चित्रण कर सकता है। जनवादी क्रांति के चरण में गैर-मार्क्सवादी लोगों के साथ संयुक्त मोर्चा बनाना कोई उदारतावाद या समझौतावाद नहीं, परिस्थिति की माँग है। सुधीश पचौरी के निबंध के बारे में उन्होंने कहा कि प्रगतिशील लेखक संघ को तो आजादी के बाद टूटना ही था, क्योंकि साम्राज्यवाद-विरोध के आधार पर बना वह मोर्चा आजादी के बाद के प्रमुख शत्रु भारतीय पूँजीवाद और सामंतवाद के विरुद्ध बना नहीं रह सकता था। लेकिन प्रगतिशील लेखक संघ और प्रगतिशील लेखन आंदोलन दो अलग चीजें हैं। संघ पर कम्युनिस्ट पार्टी का नेतृत्व रहा, लेकिन आंदोलन पर तो लेखकों का ही नेतृत्व था। संघ की कमियों को यदि पार्टी की कमियाँ मान लिया

जाए तो प्रश्न उठता है कि आंदोलन की कमियों के लिए कौन जिम्मेदार है? इसलिए प्रगतिशील लेखन आंदोलन के बिखराव और उसकी कमियों का दोष सर्वहारा-नेतृत्व को न देकर उस आंदोलन का नेतृत्व करनेवाले लेखकों को देना चहिए।

कांतिमोहन ने सुधीश और कर्णसिंह को महत्त्वपूर्ण प्रश्न उठाने और सव्यसाची को उचित उत्तर देने के लिए बधाई दी। आत्माराम की आलोचना करते हुए उन्होंने कहा कि उनकी बातें तथ्याश्रित नहीं थीं। यह ठीक है कि उस समय पार्टी में आंतरिक संघर्ष चल रहा था, लेकिन पार्टी में 'डेमोक्रेटिक सेंट्रलिज्म' के सिद्धांतों और नियमों का परिपालन पूरी निष्ठा से किया जाता था। पी.सी. जोशी, बी.टी. रणदिवे और ई.एम.एस. नंबूदिरिपाद तीनों उस समय क्रमशः 'राइट', 'लेफ्ट' और 'सेंट्रिस्ट पोजीशन' लेकर तीन तरह की बातें कर रहे थे, लेकिन पार्टी का अनुशासन ऐसा था कि वे अंदरूनी मतभेद बाहर नहीं आते थे। दूसरी तरफ लेखकों के आपसी मतभेद ही सामने आते थे। सर्वहारा का नेतृत्व स्वीकार करनेवाले लेखक अंदरूनी बहस और मतभेदों की इस स्वतंत्रता और अनुशासन का महत्त्व समझते हैं। जो लेखक इस चीज को नहीं समझते, उनके आपसी मतभेद तो खुल कर सामने आते हैं, लेकिन वैचारिक तथा सैद्धांतिक मतभेद और आलोचना का सही स्वरूप उनमें दिखाई नहीं देता। उदाहरण के लिए सी.पी.आइ. के लेखकों के व्यक्तिगत मतभेद तो सदा उजागर होते रहते हैं, लेकिन क्या वे अपनी पार्टी की गलत नीतियों की आलोचना करते हैं ? क्या 'इमरजेंसी' के दौरान सी.पी.आइ. के लेखकों ने अपनी पार्टी की गलत नीतियों की आलोचना की ? सुधीश के निबंध की आलोचना करते हुए उन्होंने कहा कि सुधीश ने प्रगतिवादी आंदोलन के बिखराव का सही विश्लेषण नहीं किया है, इसलिए कई गलतफहमियों की गुंजाइश रह गई है। दूसरे, उन्होंने पुराने प्रगतिवादी और नए जनवादी आंदोलन की उपलब्धियों की उपेक्षा करके केवल कमियों पर प्रकाश डाला है, जो उचित नहीं है। आलोचना करते समय हमें उपलब्धियों को नजरअंदाज नहीं करना चाहिए। पुराने प्रगतिवादी आंदोलन की उपलब्धियाँ कम नहीं हैं और नए जनवादी आंदोलन की उपलब्धियाँ तो उससे भी ज्यादा हैं।

सुधीश पचौरी ने अपने निबंध पर उठी आपत्तियों के उत्तर देने के बजाय कहा कि यह बहस उनके लिए बहुत प्रेरणादायक रही है और इसकी रोशनी में वे अपने निबंध पर पुनर्विचार करेंगे, किंतु "प्रगतिशील लेखक संघ को तो टूटना ही था" कहनेवालों से अपनी असहमति जाहिर करते हुए उन्होंने कहा कि यह मार्क्सवाद नहीं, भाग्यवाद है। मार्क्सवादी किसी घटना के वास्तविक कारणों की खोज करता है और यदि स्वयं गलतियाँ करता है तो आत्मालोचना के जरिए उन गलतियों से सबक लेता है।

अंत में गोष्ठी के संचालक कर्णसिंह चौहान ने बहस को आगे बढ़ाने के बजाय गोष्ठी में उठाए गए प्रश्नों पर अलग से विस्तृत विचार-विमर्श और गंभीर विश्लेषण की आवश्यकता पर जोर दिया और कहा कि प्रगतिवादी आंदोलन का सही मूल्यांकन और उसके बिखराव के कारणों पर सही-सही विचार करना तथा सही निष्कर्षों पर पहुँचना आज के जनवादी आंदोलन को सही दिशा में ले जाने के लिए अनिवार्य है और यह

कार्य हम लोगों को ही संपन्न करना है।

दिसंबर का महीना और शाम को जोरदार वर्षा। ठंड एकाएक काफी बढ़ गई थी। इसके बावजूद 26 दिसंबर की उस रात को जनवादी कवि-सम्मेलन का आयोजन कार्यक्रमानुसार हुआ। कौशल मिश्र की अध्यक्षता और सव्यसाची के संचालन में जनवादी कवियों ने रात के आठ बजे से एक बजे तक उत्साहपूर्वक कविता-पाठ किया। जिन कवियों ने अपनी कविताएँ सुनाईं, उनके नाम क्रमशः इस प्रकार हैं : अर्जुन राठौर, अमिताभ पांडे, राधेलाल विजघावने, शिवप्रसाद आजाद, नंदलाल उपाध्याय, श्याम माहेश्वरी, बापूलाल सकलेचा, कृष्णकांत निलोसे, महेंद्र नेह, शिवकुमार दीक्षित, प्रेमप्रकाश मिश्र, ओमप्रकाश गुप्ता, आत्माराम, जयचंद्र जैन, हरिभक्त, वकार सिद्दीकी, राजेंद्र प्रसून, शिवराम, गौरीशंकर शर्मा, सत्यनारायण विजय, कांतिमोहन, जयनारायण, जगेश्वर, जयकिरण, मनमोहन, भरत जोशी, राजेंद्र शर्मा, प्यारे लाल धनगर, और कौशल मिश्र। निशिकांत और कर्णसिंह चौहान ने रमेश रंजक के गीत गाकर सुनाए। प्रणयेश जैन ने रूसी कविताओं के अनुवाद और निशा व्यास ने एक गुजराती कविता का अनुवाद सुनाया।

पाँचवीं गोष्ठी। 27 दिसंबर 1977 की सुबह। विषय : लेखन के विषय—हमारी प्राथमिकताएँ। संचालन : शिवराम।

इस गोष्ठी में पहला निबंध असित सेनगुप्त का था। उन्होंने जनवादी लेखकों को जनवादी क्रांति के दौर की जरूरतों के मुताबिक मजदूरों, खेतिहर मजदूरों, मध्यवर्गीय लोगों, युवाओं, छात्रों आदि के लिए प्रेरक साहित्य रचने पर जोर दिया। दोहरे शोषण की शिकार भारतीय नारी की मुक्ति के लिए सामंतवादी विचारधारा का मुकाबला लेखन के जरिए करने पर उन्होंने विशेष बल दिया। जनवादी लेखकों का प्राथमिक कर्तव्य उन्होंने यह बताया कि वे सर्वहारा वर्ग को उसकी ऐतिहासिक भूमिका के बारे में सचेत करें और सर्वहारा के मित्रों—गरीब और भूमिहीन किसानों, युवाओं, छात्रों, मध्यवर्गीय लोगों, छोटे व्यापारियों आदि को यह समझाएँ कि उनकी मुक्ति सर्वहारा वर्ग के नेतृत्व में ही संभव है।

दूसरा निबंध आशा कोटिया का था। उन्होंने कहा कि जनवादी लेखन के विषय विभिन्न और असंख्य हो सकते हैं, लेकिन किसी विशेष युग में, वर्ग-संघर्ष के किसी खास दौर में, परिस्थितियों की विशेष माँग के अनुसार जनवादी लेखक कुछ विशेष विषयों को प्राथमिकता देते हैं। आज की परिस्थिति में पूँजीपतियों और भूस्वामियों का गठबंधन, व्यापक या सीमित तानाशाही, दमन, बेकारी, छँटनी, तालाबंदी, महँगाई और इनके विरुद्ध जन-प्रतिरोध, जन-आंदोलन, वर्ग-संघर्ष के विविध रूप ही हमारे लेखन के प्राथमिक विषय हो सकते हैं। धर्म, जात-पाँत, अंधविश्वास आदि शोषक वर्गीय उपकरणों के विरुद्ध भी हमें कलम उठानी है। क्रांति-चेतना का प्रसार जनवादी लेखक का पहला कर्तव्य है।

तीसरा निबंध अर्जुन राठौर का था। उन्होंने जनवादी लेखकों की पहली प्राथमिकता यह बताई कि वे शत्रु-मित्र के फर्क को पहचानें, अपनी पक्षधरता तय करें और जनवादी क्रांति का उद्देश्य लेकर चलें। सामयिक वास्तविकता से साक्षात्कार, पाखंडों और अंधविश्वासों का पर्दाफाश और वर्ग-चेतना जाग्रत करना हमारे लेखन के प्राथमिक विषय हैं, लेकिन हम केवल कविता-कहानी में ही न खोए रह कर वैज्ञानिक चिंतनपरक सामाजिक-आर्थिक शोधपूर्ण लेखन भी करें और लोकसाहित्य के विविध रूपों को अपनाते हुए उनमें अपनी बात कहने का प्रयास करें। जन-नाट्य का विकास भी हमारी एक प्राथमिकता है, ताकि हमारा लेखन ज्यादा सार्थक और कारगर हो सके।

चौथा निबंध रमेश शर्मा का था। उन्होंने प्रत्येक बुद्धिजीवी का प्रथम कर्तव्य बताया : समाज में गहराते अंतर्विरोधों से उत्पन्न समस्याओं के स्वरूप को समझते हुए और उनके मूलभूत कारणों की खोज करते हुए स्थिर जड़ जीवन की प्रत्यक्ष उपस्थिति के भीतर निश्चित रूप से संचरित परिवर्तनकामी संघर्षकारी अंतर्धारा की ठोस अभिव्यक्ति द्वारा प्रभु-वर्ग की राजनीति का पर्दाफाश करना और क्रांति के अग्रदूत सर्वहारा वर्ग को उसकी क्षमताओं का बोध कराना। सांस्कृतिक स्तर पर जन-विरोधी प्रतिक्रियावादी कोशिशों को नाकाम करना, प्रगतिशीलता के छद्म प्रयासों को निस्तेज करना, व्यक्तिवाद की क्षुद्र सीमाओं को तोड़ना, व्यवस्था के अराजक एवं तर्कहीन विरोध को छोड़ वैकल्पिक मूल्यों, अभिप्रायों, आदर्शों का सृजन करना, आदर्शवाद की गजदंती मीनारों को त्याग कर सामाजिक यथार्थ को उसकी समग्रता में प्रस्तुत करना तथा जनवादी लेखन का वैज्ञानिक विवेचन-विश्लेषण करना आज के दौर की प्राथमिक अनिवार्यताएँ हैं। सामंती मूल्यों, यानी अंधविश्वास, जातिवाद, अवतारवाद, संप्रदायवाद, पुनरुत्थानवाद, संकीर्ण राष्ट्रवाद आदि को तोड़ना भी हमारे लेखन का प्राथमिक विषय है।

पाँचवाँ निबंध कांतिमोहन का था। उन्होंने लेखन के विषयों की प्राथमिकता निश्चित करने के प्रश्न का औचित्य बताते हुए कहा कि जनवादी लेखकों के लिए यह प्रश्न सदा महत्त्वपूर्ण होता है, जबकि पाठकों को संघर्ष से विरत करने की पूँजीवादी साजिश में शामिल लेखक इस प्रश्न को अनावश्यक और बेहूदा समझते हैं। उन्होंने कहा कि हमारी प्राथमिकताएँ किसी बने-बनाए साँचे में ढली हुई नहीं होतीं और न उनका कोई सुनिर्धारित और स्थायी क्रम होता है। सतत गतिशील यथार्थ की ही तरह हमारी प्राथमिकताएँ भी गतिशील और परिवर्तनशील होती हैं, लेकिन समाज में क्रियाशील ऐतिहासिक भौतिकवाद के नियमों के अनुसार हम अपनी कुछ प्राथमिकताएँ अवश्य निर्धारित कर सकते हैं। उदाहरण के लिए पूँजीवादी युग में विगत सामंती युग के प्रतिगामी मूल्यों पर निर्मम प्रहार और आगामी समाजवादी युग के स्वस्थ प्रगतिशील मूल्यों का प्रचार-प्रसार एक ऐसी प्राथमिकता है, जो किसी भी जनवादी साहित्यकार की पहचान है। यद्यपि जनवादी लेखन का एकमात्र विषय वर्ग-संघर्ष ही है, लेकिन भ्रमवश कुछ लेखक वर्ग-संघर्ष के प्रत्यक्ष रूपों को ही रचना का विषय बनाते हैं और फलतः अपने

साहित्य को बहुत सीमित कर लेते हैं। उन्हें यह देखना चाहिए कि वर्ग-संघर्ष जीवन के अनेक क्षेत्रों में अनेक अप्रत्यक्ष रूपों में भी चल रहा है और उन अप्रत्यक्ष रूपों को अपनी रचना का विषय बनाना जनवादी साहित्य में विविधता, जीवंतता, और सच्ची यथार्थपरकता लाने के लिए अनिवार्य है। वर्ग-संघर्ष के परोक्ष रूप मध्यवर्गीय जीवन-पद्धति, धर्म, कर्मकांड, जात-पाँत, अंधविश्वास, सामंती जीवन-मूल्यों, सांप्रदायिकता, अंधराष्ट्रवाद, पुनरुत्थानवाद, नागरिक स्वतंत्रताओं और जनवादी अधिकारों के दमन, हरिजन-गिरिजनों के शोषण-उत्पीड़न, नारी के प्रति अमानवीय दृष्टिकोण आदि पर वैज्ञानिक दृष्टि से आलोचनात्मक प्रहार करते हुए बड़े सार्थक रूप में चित्रित किए जा सकते हैं। वर्ग-संघर्ष के परोक्ष रूपों के चित्रण को प्राथमिकता देना इसलिए भी जरूरी है कि प्रत्यक्ष रूपों का चित्रण करते समय बहुत-से जनवादी लेखक साहित्य लिखने के बजाय मार्क्सवाद लिखने लगते हैं। इससे साहित्य की रचनाधर्मिता को ठेस पहुँचती है और मार्क्सवाद का भी भला नहीं होता। प्रतिगामी और प्रतिक्रांतिकारी शक्तियों के प्रकट रूपों पर आघात करना सर्वहारा की राजनीति का काम है, उनके शक्ति-स्रोतों का संधान करना और उन्हें नष्ट करना सर्वहारा के पक्षधर जनवादी साहित्यकारों का काम है। हमें अपने इस काम को निर्भीकता और कौशल से पूरा करना चाहिए।

बहस की शुरूआत करते हुए सव्यसाची ने कहा कि हमारे सामने प्राथमिकता का प्रश्न इसलिए आता है कि हमारे लिए साहित्य मनोविनोद का साधन नहीं होता। हमारा साहित्य सोद्देश्य है और उसका उद्देश्य शोषणमुक्त समाज की स्थापना है, लेकिन यह उद्देश्य साहित्य से पूरा नहीं होता। शोषणमुक्त समाज की स्थापना सर्वहारा वर्ग ही करता है। साहित्य और साहित्यकार की भूमिका इस वर्ग की चेतना के प्रादुर्भाव को तीव्रता प्रदान करना है। लेकिन जनवादी क्रांति के दौर में केवल मजदूरों के लिए ही नहीं, हमें मध्यवर्ग के लिए भी साहित्य रचना है। दोनों वर्गों के लिए हमारे विषय भिन्न होंगे, भाषा और शिल्प भी अलग होंगे, यहाँ तक कि हमें प्रेम, जासूसी, रहस्य-रोमांच आदि का जनवादी साहित्य भी प्रस्तुत करना होगा, क्योंकि ये चीजें जनता के मन को छूती हैं। लेकिन विषय, विधा, शिल्प, भाषा आदि को आवश्यकतानुसार अपनाते हुए भी मूल्यों के बारे में हमारी प्राथमिकता स्पष्ट होनी चाहिए कि हमें सामंती, पूँजीवादी और साम्राज्यवादी मूल्यों से संघर्ष करना है।

रमेश उपाध्याय ने विषयों की प्राथमिकता के संदर्भ में रचनाकार की समस्याओं की चर्चा करते हुए कहा कि विषयों की प्राथमिकता निश्चित करते समय हमारा ध्यान विषय-चयन की प्रक्रिया पर अवश्य केंद्रित होना चाहिए। वर्ग-संघर्ष के प्रत्यक्ष रूप साहित्य में घटनाओं के माध्यम से आते हैं और अप्रत्यक्ष रूप मूल्यों के माध्यम से, और ये दोनों परस्पर घुले-मिले रहते हैं, अतः प्रत्यक्ष और परोक्ष रूपों का यह भेद बहुत सार्थक नहीं है। साहित्य में प्रत्यक्षतः यथार्थ का चित्रण होता है और अप्रत्यक्षतः मूल्यगत आलोचना, लेकिन एक के बिना दूसरी चीज संभव नहीं होती। हम जिस भाषा में लिखते हैं, उसमें भी मूल्य-दृष्टि रहती है। बहुत-से शब्द, मुहावरे और लोकोक्तियाँ ऐसी हैं,

जो एक विशेष प्रकार के मूल्यों को सामने लाती हैं। अतः हमें अपनी प्राथमिकताएँ तय करते समय विषयवस्तु और रूप के चयन में विशेष सतर्कता बरतनी चाहिए। सव्यसाची की इस बात पर कि जनवादी साहित्य मनोविनोद का साधन नहीं होता, उन्होंने कहा कि यह मानना कि सर्वहारा को मनोरंजन और कलात्मकता की आवश्यकता नहीं है, सर्वहारा वर्ग के प्रति अन्याय है और जनवादी साहित्य के लिए यह धारणा अनुचित है। साहित्य में मूल्यों के लिए संघर्ष कलात्मक तरीकों से किया जाता है और कला को मनोरंजन से वैसे ही अलग नहीं किया जा सकता, जैसे रचना की अंतर्वस्तु को उसके रूप से अलग नहीं किया जा सकता। विषय का चयन लेखन के उद्देश्य के अनुसार किया जाता है। कठिनाई वहाँ होती है, जहाँ लेखक कोई महान् उद्देश्य सामने रख कर विषय तो बड़ा क्रांतिकारी चुन लेता है, लेकिन कलात्मक दक्षता के अभाव में उसका निर्वाह रचना में इस प्रकार नहीं कर पाता कि रचना रोचक और प्रभावशाली हो। हमें इस समस्या पर गंभीरतापूर्वक विचार करना चाहिए।

राजेंद्र शर्मा ने पूर्ववक्ताओं के विचारों से सहमति प्रकट करते हुए कहा कि राजनीतिक लेखन भी रचनात्मक हो सकता है। उसे रचनात्मक लेखन से अलग करना मध्यवर्गीय मानसिकता की उपज है। हमारी प्राथमिकता आंदोलनधर्मी और क्रांतिधर्मी साहित्य रचने की होनी चाहिए।

अनत ने अज्ञान, अंधविश्वास और शोषण के विरुद्ध लिखने को प्राथमिकता देने की बात कही।

महेंद्र नेह ने कहा कि साहित्यकार रचना में वैचारिक अभिव्यक्ति के बजाय जीवन की अभिव्यक्ति करे तो उचित होगा, क्योंकि जीवन में विषयों की कोई कमी नहीं। वर्ग-संघर्ष को हम अपनी रचना का विषय कैसे बनाएँ, यह वर्ग-संघर्ष में हमारी ज़िम्मेदारी, हिस्सेदारी और निरंतर आत्मसंघर्ष द्वारा ही संभव है।

शिवराम ने कहा कि सीधे जुड़ कर ही नहीं, अन्य प्रकार के संज्ञानात्मक उपायों से भी वर्ग-संघर्ष के विभिन्न रूपों को आत्मसात करके उन्हें रचना का विषय बनाया जा सकता है।

प्रेम बिष्ट ने कहा कि स्थायी महत्त्व का साहित्य रचने की चेष्टा करते हुए भी हमें तात्कालिक समस्याओं की उपेक्षा नहीं करनी चाहिए। जहाँ बुर्जुआ साहित्य असफल हो रहा है, वहाँ से जनवादी साहित्य को आगे बढ़ाना चाहिए।

शैलेंद्र शैली ने कहा कि हमें हास्य-व्यंग्य पर भी ध्यान देना चाहिए और तात्कालिक तथा दूरगामी उद्देश्यों को गड्डमड्ड नहीं करना चाहिए।

सुधीश पचौरी ने कहा कि यह बहस रचनाकारों के व्यावहारिक सवालों की बहस थी, लेकिन रमेश उपाध्याय के अलावा किसी रचनाकार ने निबंधों में सुझाए गए कार्यभारों की पृष्ठभूमि में अपनी समस्याओं को प्रस्तुत नहीं किया। रमेश ने चयन-प्रक्रिया पर उचित ही जोर दिया है, क्योंकि विषय-चयन के समय रचनाकार अपनी ही नहीं, जनता की भी पसंद-नापसंद, चेतना, प्राथमिकता आदि से भी प्रभावित-परिचालित होता

है। प्रगतिशील आलोचना की सबसे बड़ी कमजोरी यह रही है कि कुछ खास विषय ही प्रगतिशील रचना के लिए उपयुक्त माने जाते हैं और उन्ही के आधार पर लेखकों को प्रगतिशील या गैर-प्रगतिशील मान लिया जाता है। होना यह चाहिए कि आलोचक रचना में व्यक्त यथार्थ और उसकी अभिव्यक्ति में निहित मूल्य-दृष्टि की गहरी जाँच-पड़ताल करे। जनवादी लेखकों के लिए विषयों की बाड़ेबंदी करने के बजाय हमें किसी भी विषय को लेकर लिखी गई रचना में जनवादी वस्तुतत्त्व देने और आलोचना द्वारा सही ढंग से उस वस्तुतत्त्व को रचना में खोजने की चेष्टा करनी चाहिए। आलोचकों को सोचना चाहिए कि यदि एक रचना से क्रांति नहीं हो सकती तो प्रतिक्रांति भी नहीं हो सकती। माओ ने तो क्रांति के बाद यह नारा दिया था कि हजारों फूलों को एक साथ खिलने दो और हजारों विचारों को एक साथ टकराने दो, और हमारे कुछ आलोचक हैं कि क्रांति से पहले ही कुछ खास फूलों को ही खिलने देना चाहते हैं। क्रांतिकारी राजनीति और साहित्य दोनों विरोधी विचारों के दुर्धर्ष संघर्ष में विकसित होते हैं और हमारा सर्वप्रमुख कर्तव्य है इस संघर्ष में जनवादी रचना और आलोचना की श्रेष्ठता प्रतिक्रियावादी साहित्य पर सिद्ध करना।

नंदलाल उपाध्याय ने सुधीश पचौरी द्वारा किए गए गहन विश्लेषण की प्रशंसा करते हुए कहा कि जन-विरोधी साहित्य-संस्कृति से लड़ने के लिए बुर्जुआ साहित्य के प्रचलित रूपों को अपनाना उचित है, क्योंकि काँटे से काँटा निकालना पड़ता है। प्रेम जैसे विषयों पर भी हमें ध्यान देना चाहिए।

अंत में निबंध-पाठ करनेवालों ने अपनी बातें कहीं। असित सेनगुप्त ने विषय-चयन की प्रक्रिया के संदर्भ में कहा कि यह अत्यंत महत्त्वपूर्ण विषय है। रमेश उपाध्याय ने इस प्रश्न को उठा कर और सुधीश पचौरी ने इसका विस्तृत विवेचन करके एक बड़ी कमी पूरी की। प्रक्रिया का ध्यान विषय के निर्वाह में भी रखना चाहिए। कहानी-उपन्यास में एक बने-बनाए कम्युनिस्ट पात्र को दिखाने के बजाय यह दिखाना चाहिए कि एक आदमी कम्युनिस्ट कैसे बनता है।

कांतिमोहन ने कहा कि बहस को सव्यसाची, रमेश उपाध्याय, शिवराम और महेंद्र नेह ने आगे बढ़ाया, सुधीश ने नहीं। अपने निबंध में विषय-चयन की प्रक्रिया को मैंने जान-बूझ कर छोड़ दिया था, क्योंकि मैं चाहता था कि इस सवाल पर रचनाकार ही बहस उठाएँ और चलाएँ। रमेश, शिवराम और महेंद्र नेह ने इस सवाल को उठाया और उत्तर भी दिए। सुधीश की बातों से मैं सहमत नहीं हूँ। जनवादी लेखन के लिए विषयों की प्राथमिकता निर्धारित करना आवश्यक है, क्योंकि यदि प्राथमिकता तय नहीं होगी तो लेखक अपने सीमित अनुभवों के आधार पर लिखेगा, जबकि प्राथमिकता तय होने पर वह जिन विषयों को नहीं जानता, उन्हें जानने की कोशिश करेगा और अपने इस संज्ञानात्मक विकास के लिए मार्क्सवाद-लेनिनवाद का अध्ययन, जन-आंदोलनों का प्रत्यक्ष अनुभव और सर्वहारा वर्ग का नेतृत्व स्वीकार करना उसके लिए अनिवार्य होगा।

छठी गोष्ठी। 27 दिसंबर 1977 की शाम। विषय : साहित्य का इतिहास–लेखन–एक पुनर्विचार। संचालन : रमेश उपाध्याय।

इस अंतिम गोष्ठी में केवल दो निबंध पढ़े गए। पहला निबंध कौशल मिश्र का था। उन्होंने साहित्य के इतिहास-लेखन के सैद्धांतिक पक्ष पर विचार करने के बजाय हिंदी–साहित्य के इतिहास के पुनर्लेखन की आवश्यकता पर बल दिया। हिंदी–साहित्य के प्रचलित काल–विभाजन (आदिकाल, भक्तिकाल, रीतिकाल, आधुनिक काल) को अवैज्ञानिक मानते हुए उन्होंने हिंदी–साहित्य को पाँच कालों में विभाजित किया–सामंती काल, जागरण काल, पूँजीवादी काल, प्रगतिवादी काल, और जनवादी काल–और भारतीय समाज के आर्थिक-राजनीतिक-सांस्कृतिक इतिहास से हिंदी–सहित्य के इतिहास को जोड़ कर इन काल-खंडों की कतिपय विशेषताओं पर प्रकाश डालते हुए यह निष्कर्ष प्रस्तुत किया कि इतिहास का क्रमबद्ध या व्यवस्थित होना ही वैज्ञानिक होने की कसौटी नहीं है, उसका तर्क एवं निरीक्षण पर आधारित होना भी अनिवार्य है, जो कि समाजविज्ञान के उपागम से काफी हद तक संभव है। साहित्य का इतिहास-लेखन विस्तृत अध्ययन, वैज्ञानिक विवेक, वस्तुमुखी दृष्टि और इतिहास–बोध का परिणाम होता है, जिसका हिन्दी–साहित्य में अभाव है।

दूसरा निबंध मनमोहन का था। उन्होंने हिंदी–साहित्य के मार्क्सवादी इतिहास की आवश्यकता को साहित्य के वर्तमान जनवादी दौर की एक विशिष्ट ऐतिहासिक माँग के रूप में देखते हुए कहा कि इतिहास–लेखन मार्क्सवादियों के लिए वैचारिक संघर्ष और मूल्य–संघर्ष का अनिवार्य हिस्सा है। लेकिन इतिहास–लेखन का काम जितना वांछित और आवश्यक है, उतना सुविधाजनक और सहज नहीं है। यह चुनौतियों से भरा हुआ काम है, जिनकी उपेक्षा या उत्तर देने की आतुरता दोनों ही खतरनाक हैं, अतः हमें अपनी सीमाओं और साधनों का यथार्थपरक और व्यावहारिक मूल्यांकन करते हुए साहित्य के इतिहास–लेखन से पहले की तैयारी करनी चाहिए। इतिहास–लेखन इस समय 'एजेंडे' पर नहीं है, क्योंकि इतिहास का पुनर्लेखन हो जाना उतना महत्त्वपूर्ण नहीं है, जितना पुनर्लेखन से संबंधित प्रश्नों से जूझते हुए जनवादी लेखकों के इतिहास–विवेक और आलोचनात्मक विवेक की प्रखरता और उनके सैद्धांतिक औजारों का विकास। अभी तक हमारे पास साहित्य के इतिहास का कोई 'मॉडल' नहीं है और न ऐसा कोई 'मॉडल' कल्पना से तैयार ही किया जा सकता है। अतः हमें उपलब्ध इतिहासों की मार्क्सवादी दृष्टि से आलोचना करनी चाहिए और विभिन्न आचार्यों द्वारा लिखे गए उच्छिन्न, स्वतंत्र और स्वतःसंपूर्ण इतिहासों की जगह साहित्य का अध्ययन एक सांस्कृतिक प्रक्रिया के रूप में करते हुए साहित्य के विकास–क्रम को अन्य समकालीन कला–रूपों के साथ तत्कालीन सामाजिक, आर्थिक, राजनीतिक परिवर्तनों के परिप्रेक्ष्य में आवयविकता में व्याख्यायित करना चाहिए।

इस दिशा में जो समस्याएँ अथवा कठिनाइयाँ मनमोहन ने विस्तार से बताईं, संक्षेप

में इस प्रकार थीं : (1) अब तक लिखे गए इतिहासों में अपनाई गई भाववादी दृष्टि के स्थान पर मार्क्सवादी वैज्ञानिक दृष्टि से समूचे साहित्य पर नए सिरे से विचार, (2) मार्क्सवादी साहित्येतिहासकारों की यांत्रिक समझ की आलोचना करते हुए आधार और अधिरचना के अंतःसंबंधों को सही-सही समझना और सरलीकरणों से बचना, (3) विभिन्न कालों में समाज के प्रमुख तथा गौण अंतर्विरोधों को पहचानते हुए अधिरचना के सभी अवयवों की सांस्कृतिक प्रभावशीलता और परिवर्तनशीलता का अध्ययन, (4) साहित्य के समकालीन सामाजिक यथार्थ और सांस्कृतिक प्रक्रियाओं के रूप में उस समय की मूल्य-चेतना एवं रचना-प्रक्रिया संबंधी विशिष्ट माँगों और दबावों को समझना, (5) विभिन्न कालों के साहित्यिक उपकरणों—भाषा और साहित्य-रूपों—के विकास का अध्ययन, (6) साहित्यिक प्रवृत्तियों के संक्रमण और परिवर्तन की प्रक्रियाओं का वैज्ञानिक अध्ययन, (7) आर्थिक-राजनीतिक इतिहास, सामाजिक-वैचारिक इतिहास और सांस्कृतिक-सौंदर्यशास्त्रीय इतिहास के साथ साहित्य के इतिहास का सही संबंध-निर्धारण आदि।

बहस के लिए वक्ताओं को आमंत्रित करते हुए रमेश उपाध्याय ने मनमोहन द्वारा उठाए गए प्रश्नों को रेखांकित किया और उनके इस कथन की ओर कि "साहित्य के इतिहास-लेखन की अभी तात्कालिक आवश्यकता नहीं है", ध्यान दिलाते हुए बहस के लिए यह प्रश्न सामने रखा कि क्या साहित्य-रचना के साथ-साथ साहित्य के मार्क्सवादी इतिहास-लेखन का काम भी जनवादी रचनात्मक गतिविधि की एक अनिवार्य प्राथमिकता नहीं है?

कांतिमोहन ने कहा कि रमेश उपाध्याय की बात ठीक है। साहित्य का इतिहास-लेखन भी एक तात्कालिक आवश्यकता है। मनमोहन भी इस बात को समझते हैं और उन्होंने इसीलिए बड़े विस्तार और वैज्ञानिक ढंग से इतिहास-लेखन की समस्याओं पर विचार करते हुए उसके प्रारंभिक कार्य पर जोर दिया है। लेकिन इसमें दो दिक्कतें हैं। इस कार्य को करने में सक्षम लोगों और इसके लिए अपेक्षित साधनों का अभाव। फिर भी इसकी बड़ी आवश्यकता है, क्योंकि इससे जनवादी साहित्यकारों को अपने अतीत, वर्तमान और भविष्य को जानने-समझने और त्वरित गति से अपने वर्तमान को बदलने के लिए सक्रिय हस्तक्षेप करने में मदद मिलेगी। मनमोहन का यह लेख इसी दिशा में एक प्रारंभिक प्रयास है और ऐसे प्रारंभिक प्रयासों की बड़ी जरूरत है, क्योंकि इतिहास-लेखन के सिद्धांतों को निश्चित किए बिना इतिहास का लेखन संभव नहीं होगा।

कर्णसिंह चौहान ने साहित्य के मार्क्सवादी इतिहास-लेखन का महत्त्व शिक्षा की दृष्टि से स्पष्ट किया। उन्होंने कहा कि जिस प्रकार सव्यसाची ने प्रेम के उपन्यासों की आवश्यकता बताई, उसी प्रकार छात्रों के लिए साहित्य का इतिहास-लेखन भी बड़ा जरूरी है। इस चिंता की शुरूआत शिवदान सिंह चौहान, नामवर सिंह आदि ने की थी, लेकिन उन्होंने इस काम को आगे नहीं बढ़ाया। हमें यह काम करना है, लेकिन यह काम हवा में आगे नहीं बढ़ेगा। अब तक जो इतिहास लिखे गए हैं, उनमें तमाम कमियाँ

और बुराइयाँ ही नहीं हैं, काफी अच्छी चीजें भी हैं। हम लोग आवेश में सभी को प्रतिक्रियावादी कह डालते हैं, लेकिन ग्रियर्सन, रामचंद्र शुक्ल, हजारी प्रसाद द्विवेदी आदि ने जो इतिहास लिखे हैं, उनमें बहुत कुछ ऐसा है, जो हमारे काम का है। रामचंद्र शुक्ल द्वारा लिखा गया इतिहास आज भी सर्वाधिक मान्य और प्रचलित क्यों है, इस पर हमें विचार करना चाहिए और उनकी परंपरा को आगे बढ़ाना चाहिए। जनवादी साहित्येतिहास के समुचित लेखन के लिए हमें लोकसाहित्य पर विशेष बल देना चाहिए, उसकी खोज और उसका अध्ययन करना चाहिए। यह एक चुनौती है और हमें इसे स्वीकार करना चाहिए।

चंचल चौहान यद्यपि दोपहर को कुछ अस्वस्थ हो गए थे और अतिथि-कक्ष में लेटे हुए ही माइक से सुनाई देती चर्चा सुन रहे थे, लेकिन मनमोहन के पर्चे में यह सुन कर कि मार्क्सवादी दृष्टि से साहित्य के इतिहास-लेखन का अभी कोई काम नहीं हुआ है, उनसे रहा नहीं गया और सभा-कक्ष में आकर उन्होंने बोलते हुए कहा कि खतरों के प्रति सावधान करना बुरी बात नहीं, लेकिन छिटपुट रूप में ही सही, मार्क्सवादी दृष्टि से साहित्य का इतिहास लिखने का काम हमें शुरू जरूर करना चाहिए। साथ ही जो प्रयास हुए हों या हो रहे हों, उनकी उपेक्षा भी नहीं करनी चाहिए। मनमोहन के पर्चे में उन प्रयासों का उल्लेख बिलकुल नहीं है, जो पिछले कुछ समय में हुए हैं। चंचल चौहान ने अपना ही उदाहरण देते हुए कहा कि मैंने ही सन 1880 से अब तक की हिंदी-समीक्षा का इतिहास लिखा है। क्या ऐसे प्रयासों को नजरअंदाज कर दिया जाना चाहिए?

सुधीश पचौरी ने कहा कि मनमोहन ने अब तक लिखे गए इतिहासों के बारे में जो टिप्पणियाँ की हैं, वे बहुत ही 'जनरलाइज्ड' हैं। इतिहास-लेखन कभी शून्य में नहीं होता। पूर्ववर्ती इतिहासों की परंपरा से हट कर कोई इतिहास नहीं लिखा जा सकता। मनमोहन ने उनकी असफलताओं की ही चर्चा की, उनकी उपलब्धियों को सामने नहीं रखा। इसके बाद सुधीश ने विस्तार से भाषा तथा साहित्य-रूपों के बारे में चर्चा करते हुए बताया कि मार्क्सवादी दृष्टि से साहित्य का इतिहास लिखते समय युग-विशेष के साहित्य के कथ्य मात्र की व्याख्या और विश्लेषण से काम नहीं चलेगा, भाषा और कला-रूपों को तत्कालीन सामाजिक-सांस्कृतिक परिस्थितियों से जोड़ कर देखते हुए कथ्य पर उनके द्वारा पड़नेवाले प्रभावों और दबावों को भी देखना पड़ेगा।

मनमोहन ने उठाई गई आपत्तियों के उत्तर देते हुए कहा कि जो विचार मेरे पर्चे के बारे में प्रकट किए गए हैं, उनमें से अधिकांश से मैं सहमत हूँ, लेकिन रमेश उपाध्याय ने इतिहास-लेखन को प्राथमिक अनिवार्यता बनाने की जो बात की है, उससे मैं सहमत नहीं हूँ। यह काम तुरंत नहीं किया जा सकता। इस काम में बहुत-सी समस्याएँ और कठिनाइयाँ हैं, पहले उन्हें समझना और सुलझाना होगा। प्रारंभिक तैयारी किए बिना इतिहास लिख डालने से हमारी कठिनाइयाँ कम होने के बजाय बढ़ेंगी ही, इसलिए इतिहास लिखने से पहले यह जानना जरूरी है कि इतिहास कैसे लिखा जाए। लोकसाहित्य की बात मुझसे छूट गई, इसका मुझे खेद है।

अंत में रमेश उपाध्याय ने साहित्य के जनवादी इतिहास-लेखन को तात्कालिक महत्त्व की एक अनिवार्य प्राथमिकता बताते हुए मनमोहन के इस कथन से असहमति प्रकट की कि इतिहास-लेखन इस समय 'एजेंडे' पर नहीं है। उन्होंने कहा कि इससे ऐसा लगता है, जैसे यह काम हम लोग क्रांति के बाद आराम से बैठ कर करने की सोच रहे हैं। इतिहास का पुनर्लेखन एक सतत प्रक्रिया है। वह निरंतर होता रहता है और होते रहना चाहिए, क्योंकि वह केवल लिखी-पढ़ी जानेवाली कोई पुस्तक नहीं, बल्कि हमारी जमीन है, जिस पर हमें आगे बढ़ना है, और वह दिशा-सूचक यंत्र भी, जिसकी सहायता से हम सही दिशा में आगे बढ़ते हैं। कठिनाइयों की चर्चा यहाँ बहुत की गई, लेकिन कठिनाइयाँ हमारे किस काम में नहीं हैं? जनता को सचेत और संगठित करना बहुत कठिन काम है, लेकिन क्या इसलिए हमें यह काम मुल्तवी कर देना चाहिए? नहीं, हमें कठिनाइयों को हल करते हुए ही अपना रास्ता बनाना और आगे बढ़ना है। ऐसा कभी नहीं होता कि पहले हम सारी कठिनाइयाँ दूर कर लें और तब आगे बढ़ें। दूसरी बात यह है कि कभी-कभी हम अपने काम को और उसे करने के तरीके को ठीक-ठीक न समझ पाने के कारण भी अपनी कठिनाइयों को बहुत बढ़ा-चढ़ा कर देखने लगते हैं।

उन्होंने साहित्य और साहित्य के इतिहास के संदर्भ में कई उदाहरण देते हुए कहा: हमें कक्षाओं में जो हिंदी साहित्य का इतिहास पढ़ाया जाता है और रामचंद्र शुक्ल आदि के जो इतिहास-ग्रंथ हमारे सामने रखे जाते हैं, उससे शायद हमारी धारणा यह बन जाती है कि साहित्य का इतिहास काल-विभाजन आदि करते हुए एक मोटे पोथे के रूप में ही लिखा जाता है, जिसमें आरंभ से अब तक की समस्त साहित्यिक प्रवृत्तियाँ, उनके प्रमुख लेखकों और उनकी रचनाओं का परिचय आदि सब एक साथ मिल जाए। अगर हम साहित्य के इतिहास-लेखन की यही धारणा लेकर चलेंगे तो वास्तव में यह हमें बहुत ही बड़ा और बहुत ही कठिन काम लगेगा। लेकिन अगर हम साहित्य के इतिहास को रचनाओं, रचनाकारों और साहित्यिक प्रवृत्तियों के मूल्यांकन तथा पुनर्मूल्यांकन के रूप में देखें—और इतिहास के पुनर्लेखन का वास्तविक अर्थ यही है—तो किसी एक रचना, किसी एक रचनाकार या किसी एक साहित्यिक प्रवृत्ति का मूल्यांकन या पुनर्मूल्यांकन भी इतिहास-लेखन ही है और इस रूप में यह काम बड़ी आसानी से किया जा सकता है। किया भी जा रहा है। अगर कबीर, निराला, प्रेमचंद, मुक्तिबोध, 'नई कविता' या 'नई कहानी' के बारे में मूल्यांकन या पुनर्मूल्यांकन की दृष्टि से कोई अच्छा शोधपरक ग्रंथ या कोई अच्छा लेख भी लिखा जाता है, तो वह एक प्रकार से इतिहास का लेखन या पुनर्लेखन ही है। परसों से आज तक हमने यहाँ जो बातें की हैं, उन्ही को यदि लिपिबद्ध कर दिया जाए तो वह भी एक प्रकार का इतिहास-लेखन ही होगा। यदि हम इतिहास-लेखन के काम को इस दृष्टि से देखें तो हमें यह काम बहुत कठिन नहीं लगेगा और हम ऐसी गलत बात भी नहीं कहेंगे कि यह काम हमारे 'एजेंडे' पर नहीं है।

(जनवरी, 1978)

विचारधारा और साहित्य

दिल्ली के निकट साहिबाबाद में मेरठ विश्वविद्यालय के लाजपराय कॉलेज में 24 और 25 दिसंबर 1978 को पाँचवें प्रगतिशील लेखक सम्मेलन का आयोजन किया गया। विगत पाँच वर्षों से प्रतिवर्ष होते आ रहे इन महत्त्वपूर्ण सम्मेलनों की कड़ी में संपन्न यह पाँचवाँ सम्मेलन एक विशेष नवीनता लिये हुए था कि इस बार आयोजित समस्त गोष्ठियों का केंद्रीय विषय एक ही था : विचारधारा और साहित्य।

24 दिसंबर को सर्वप्रथम उद्घाटन-गोष्ठी हुई, जिसकी अध्यक्षता उर्दू के कवि सागर निजामी ने की। स्वागताध्यक्ष थे जी.एस. चौधरी और उद्घाटनकर्ता हर्षदेव मालवीय। सर्वप्रथम राजकुमार शर्मा ने साहिबाबाद के प्रगतिशील लेखक सम्मेलनों का संक्षिप्त परिचय देते हुए अध्यक्ष, स्वागताध्यक्ष, उद्घाटनकर्ता और शमशेर बहादुर सिंह, त्रिलोचन, हंसराज रहबर, क्षेमचंद्र सुमन आदि प्रमुख साहित्यकारों का परिचय श्रोताओं को दिया। दो छोटी बालिकाओं द्वारा सरस्वती-वंदना और कॉलेज के प्राचार्य तथा प्राध्यापकों द्वारा अतिथियों को माल्यार्पण किए जाने के बाद स्वागताध्यक्ष जी.एस. चौधरी, प्राचार्य बी.एस. त्यागी और कॉलेज की हिंदी परिषद् के अध्यक्ष विजयपाल निर्वाण द्वारा मुख्य अतिथियों तथा आगंतुक साहित्यकारों का स्वागत किया गया।

अपने उद्घाटन-भाषण में हर्षदेव मालवीय ने कहा कि 1936 में प्रेमचंद की अध्यक्षता में लखनऊ में हुए प्रगतिशील लेखक संघ के प्रथम अधिवेशन से लेकर अब तक प्रगतिशील साहित्य का आंदोलन निरंतर आगे बढ़ता रहा है। बीच-बीच में कुछ शिथिलताएँ भी आईं, विरोधियों ने इसे बदनाम भी किया, फिर भी यह धारा चलती रही और हिंदी, उर्दू, मराठी, गुजराती, कन्नड़, मलायलम आदि समस्त भाषाओं का साहित्य इससे प्रभावित हुआ। आज देश के नौजवान लेखक पुन: एक नए उत्साह से इस आंदोलन को आगे बढ़ा रहे हैं, जिनमें से कई बहुत अच्छे और महान् लेखक निकलेंगे। लेकिन उन्हें यह मूल बात हमेशा ध्यान में रखनी चाहिए कि 63 करोड़ लोगों के इस देश में साठ प्रतिशत से ज्यादा लोग ऐसे हैं, जिन्हें भरपेट खाना नहीं मिलता है। प्रगतिशील आंदोलन के विरोधी इसे एक राजनीतिक आंदोलन बताते हुए एक तरफ 'कला के लिए कला' की बात करते हैं और दूसरी तरफ 'देश के निर्माण' की। लेकिन

देश के निर्माण का अर्थ वे नहीं बताते। देश के निर्माण का अर्थ प्रगतिशील लेखकों और आलोचकों ने बताया है, और बिलकुल सही बताया है : शोषण का खात्मा और एक नए समाज का निर्माण, जिसमें न्यायपूर्ण व्यवस्था हो और सभी लोगों को जीवन की सुविधाएँ मिलें। और फिलहाल क्या स्थिति है, इसे लेखकों की दुर्दशा देख कर ही समझा जा सकता है। निराला जैसे महाकवि, जिन्होंने हिंदी जगत को इतना दिया, और जिनकी रचनाओं से प्रकाशकों ने लाखों कमाए, स्वयं पैसे-पैसे को मोहताज रहे। महापंडित राहुल सांकृत्यायन अपनी गरीबी के कारण अंतिम समय में विक्षिप्त-से हो गए। यहाँ उपस्थित अन्य लेखकों की क्या दशा है, मैं नहीं कह सकता, लेकिन अपनी जानता हूँ। मैंने इतनी पुस्तकें लिखीं, लेकिन पैसा ठीक से किसी का नहीं मिला। अतः प्रगतिशील लेखकों का एक दायित्व यह भी है कि वे लेखकों के शोषण के विरुद्ध भी संघर्ष करें।

सागर निजामी ने अपने अध्यक्षीय भाषण में कहा कि चेहरे से धोखा न खाएँ, मेरी उम्र 74 साल की है और मैं पिछले पचास वर्षों से अपने देश और जनता की सेवा कर रहा हूँ। 1936 में जिन पाँच लोगों ने प्रगतिशील लेखक संघ कायम किया था, उनमें से एक मैं भी था। मैं हमेशा यह मानता रहा हूँ कि साहित्यकार का काम पुराने समाज को बदलना और एक नया समाज बनाना है। प्रगतिशील लेखक आंदोलन ने यह विचार लेखकों और पाठकों तक बराबर पहुँचाया है और प्रगतिशील लेखकों के सम्मेलनों में शामिल होनेवाले लेखकों पर इसका बहुत असर पड़ा है। लेखक को सही दिशा मिल जाने पर उसका साहित्य कितना ऊँचा उठता है, यह चीज हम ग़ालिब के उदाहरण से समझ सकते हैं। ग़ालिब जब तक आगरा में थे, रंगीन किस्म की मामूली शायरी करते थे, मगर दिल्ली आने पर जब मिर्ज़ा इलाही बख्श का प्रभाव उन पर पड़ा तो उनके साहित्य की दिशा ही बदल गई। ऐसा ही प्रभाव बहुत-से लेखकों पर प्रगतिशील आंदोलन का पड़ा है। जो साहित्य इंसान और समाज को बदलने और बनाने में मदद करता है, वह प्रगतिशील साहित्य है। जो साहित्य यह बताता है कि ''इंसान तू कुछ नहीं है'', वह इंसान और समाज को सुलानेवाला है। हमारे धर्म हमें यही सिखाते हैं और आज जिस साहित्य में टूटना, बिखरना, मरना, गलना वगैरह ही दिखाई देता है, वह भी यही काम कर रहा है। सोचने की बात यह है कि अगर समाज वाकई ऐसा है कि उसमें इंसान अकेला खड़ा है तो वह क्या समाज है? ऐसा समाज तो फूँक देने के काबिल है। जो अदब ऐसे समाज पर, ऐसी जिंदगी पर असर नहीं करता, वह क्या अदब है? ऐसा अदब भी फूँक देने के काबिल है।

उर्दू-हिंदी के प्रश्न पर अपने विचार व्यक्त करते हुए उन्होंने कहा कि ये दो भिन्न भाषाएँ नहीं हैं। भाषा एक ही है, केवल इनके शब्द भिन्न हैं। कम-से-कम मैं अपनी शायरी से यह साबित कर सकता हूँ कि दोनों जबानों में कोई फर्क नहीं है। मैं अपनी शायरी में हिंदी और उर्दू के अल्फाज का ऐसा निकाह करता हूँ जो कभी टूटे ही नहीं। अपने कथन की सत्यता प्रमाणित करते हुए उन्होंने अपनी एक लंबी अप्रकाशित कविता

'माजी' (अतीत) के कुछ पृष्ठ पढ़ कर सुनाए। श्रोताओं ने उस कवितांश को खूब पसंद किया।

सम्मेलन के विधिवत उद्‌घाटन तथा चायपान के बाद दूसरी गोष्ठी आरंभ हुई, जिसमें 'निराला व्याख्यान माला' के अंतर्गत सुप्रसिद्ध इतिहासकार तथा पिछले दिनों अत्यधिक विवादास्पद रही पुस्तक 'प्राचीन भारत' के लेखक रामशरण शर्मा ने दूसरा व्याख्यान दिया। विषय था : विचारधारा और आरंभिक हिंदी साहित्य। इस गोष्ठी की अध्यक्षता कवि त्रिलोचन ने की और संचालन किया रामकृष्ण कौशिक ने।

विषय-प्रवर्तन करते हुए त्रिलोचन ने कहा कि विचारधारा और साहित्य के ऐतिहासिक परिप्रेक्ष्य को समझने के लिए यह समझना आवश्यक है कि इस शब्दावली से पहले भारत में धर्म, दर्शन और साहित्य में अनेक मतों और संप्रदायों की विभिन्नता के बावजूद आदर्शवादी विचारधारा का प्राबल्य था, जिसके कारण ये विभिन्न मत और संप्रदाय ऊपर से भिन्न होते हुए भी सारतः एक जैसे ही थे। बीसवीं सदी की विशेषता यह है कि हमारे यहाँ विचारधारात्मक संघर्ष उभरे, जो राजनीति, समाज, शिक्षा, साहित्य आदि सब में दिखाई दिए। इन संघर्षों ने समाज में परिवर्तन की एक प्रक्रिया शुरू की। पहले हमारी समाज-व्यवस्था चातुर्वर्ण्य और जातिगत संगठनों पर आधारित थी। एक जाति का दूसरी जाति से संबंध नहीं रहता था–यहाँ तक कि एक जाति के अंदर भी बहुत-से विधि-निषेध काम करते थे। धार्मिक आंदोलन भक्ति और ज्ञान के सैद्धांतिक स्तर पर मनुष्य को बराबर मानते हुए भी व्यवहार में वर्ण और जाति के भेदों को मान्यता देते थे। हिंदू होने का अर्थ इन भेदों में विश्वास करना माना जाता था। आज भी बहुत-से लोग यही बात मानते और प्रचारित करते हैं। उदाहरण के लिए अभी हाल में पुरी के शंकराचार्य ने यह घोषणा की है कि जो व्यक्ति जातियों में विश्वास नहीं करता, वह हिंदू नहीं है। लेकिन हिंदुत्व की यह व्याख्या गलत है। हिंदू धर्म समसामयिक इतिहास-बोध की दृष्टि से एक उदारतापूर्ण संघटन है, जिसके अंतर्गत कट्टरता के लिए कोई स्थान नहीं है। ईश्वर को माननेवाले और न माननेवाले, धर्मग्रंथों को माननेवाले और न माननेवाले, उपासना और कर्मकांड में आस्था रखनेवाले और न रखनेवाले, वर्ण और जातियों को माननेवाले और न माननेवाले, सब इस उदारतापूर्ण संघटन में आ जाते हैं। यह उदारता विगत लगभग सौ वर्षों के निरंतर विचारधारात्मक संघर्ष से आई है और यह इतिहास की गति एवं दिशा के अनुकूल है। लेकिन हमारे समाज की इतिहास-विरोधी शक्तियाँ अनेकानेक विचारधाराओं के माध्यम से इस उदारता के स्थान पर कट्टरता को स्थापित करने की चेष्टा कर रही हैं। साहित्यकार के नाते हमें उन विचारधाराओं को समझना चाहिए तथा सही विचारधारा अपना कर उनका विरोध करना चाहिए। इसके लिए अनुकूल परिस्थितियाँ समाज में मौजूद हैं, जो धर्म और जात-पाँत की सीमाओं को तोड़ रही हैं। विवाह, खान-पान और व्यवहार में जो परिवर्तन आ रहे हैं, उनको हमें विचारधारात्मक स्तर पर समझना चाहिए।

रामशरण शर्मा ने अपने महत्त्वपूर्ण व्याख्यान में कहा कि प्राचीन भारतीय समाज

में गुप्तकाल या कालिदास के जमाने तक यह पता लगाना बहुत मुश्किल है कि कौन-सी पुस्तक कब, कहाँ और किसके द्वारा लिखी गयी। यह भी आवश्यक नहीं कि एक पुस्तक एक ही लेखक द्वारा, या समकालीन कई लेखकों द्वारा लिखी गई हो। 'महाभारत' में पहले आठ हजार श्लोक थे, फिर चौबीस हजार हुए और फिर एक लाख हो गए। इसी प्रकार 'रामायण' में शुरू में बारह हजार श्लोक थे, फिर चौबीस हजार कर दिए गए। इससे यह निष्कर्ष निकलता है कि भारत के प्राचीन लेखक नाम के लिए नहीं, बल्कि कुछ सिद्धांतों या विचारों के प्रचार के लिए साहित्य-रचना करते थे।

प्राचीन साहित्य अधिकांशतः ब्राह्मणों की रचना है, जिनका स्थान वर्ण-व्यवस्था में सबसे ऊँचा था और जो उत्पादन में हाथ बँटाए बिना बैठे-बैठे खाते थे। इसलिए ब्राह्मणों के साहित्य में वर्ण-व्यवस्था को उचित और आवश्यक सिद्ध करते हुए उसमें ब्राह्मणों को विशेषाधिकारप्राप्त तथा सर्वोच्च स्थान का अधिकारी बताया गया है। बौद्धों ने क्षत्रियों को सर्वोच्च स्थान देने का विचार प्रस्तुत किया, लेकिन उनकी विचारधारा ज्यादा चली नहीं। लेकिन ब्राह्मणवाद भारतीय साहित्य में सदा से रहा हो, ऐसी बात नहीं है। ऋग्वेद हमारा सबसे पुराना साहित्य है—ईसा से तीन सौ वर्ष पूर्व अशोक के जमाने में लिपिबद्ध होने से पहले यह मौखिक साहित्य था—और उस पर ब्राह्मणों का प्रभाव नहीं है। लेकिन आगे चल कर यह प्रभाव बढ़ता जाता है।

विचारधारा और साहित्य अथवा राजनीति और साहित्य में कोई संबंध न माननेवाले लोगों की व्यंग्यपूर्ण आलोचना करते हुए उन्होंने कहा कि हमारा प्राचीन साहित्य इन दोनों के पारस्परिक संबंध को बहुत अच्छी तरह दर्शाता है। उदाहरण के लिए ईसा पूर्व 600 में जब राजशक्ति कायम हुई, जगह-जगह राजा पैदा हो गए, तो उसका प्रतिबिंब साहित्य में भी झलका। राजत्व में दैवी सिद्धांत सामने आया। 'महाभारत', 'मनुस्मृति' आदि में राजा को देवता का अंश बताया गया। कालांतर में—जैसे कुषाणों के समय में—राजा को देवपुत्र कहा जाने लगा और आगे चल कर हमारा साहित्य यह घोषित करने लगा कि राजा स्वयं ही देवता है। राजा को देवता मानने की परंपरा अभी तक साहित्य में चली आ रही है। इसी विचारधारा के प्रभाव में अंग्रेज-भक्त कवि लिखा करते थे—"जय-जय पंचम जार्ज आर्य अवनीश हमारे"। यह वस्तुतः राजशक्ति को मजबूत करनेवाली विचारधारा है, जिसके अंतर्गत साहित्य ने बड़े भ्रामक विचार और अंधविश्वास फैलाए हैं। उदाहरण के लिए कौटिल्य स्वयं अंधविश्वासी नहीं था, लेकिन 'अर्थशास्त्र' में उसने राजशक्ति को सुदृढ़ करने के लिए जनता में यह अंधविश्वास फैलाने का विधान किया है कि राजा के पास बड़ी भयानक अलौकिक शक्तियाँ होती हैं।

वर्णाश्रम व्यवस्था के बारे में शर्मा जी कहा कि यह ब्राह्मणों और क्षत्रियों की मिलीभगत से बनी और कायम रही है। प्राचीन साहित्य में राजा को वर्णों की स्थापना करनेवाला बताया गया है और ब्राह्मणों ने अपने साहित्य में सारा जोर वर्णाश्रम व्यवस्था की रक्षा पर दिया है। दरअसल उस जमाने में ब्राह्मण और क्षत्रिय समाज के एक वर्ग

के और वैश्य तथा शूद्र दूसरे वर्ग के लोग हैं। ब्राह्मणों और क्षत्रियों का उत्पादन से कोई संबंध नहीं था, ये केवल प्रबंधक थे। दोनों अपना टैक्स वसूल करते थे–एक सामाजिक शक्ति से और दूसरा राजशक्ति से। प्राचीन साहित्य में नीच कहलानेवाले दोनों वर्ण वैश्य और शूद्र वास्तव में उत्पादक वर्ग हैं। इनमें से वैश्यों का काम खेती करना था और शूद्रों का सबकी सेवा करना। इस समाज–व्यवस्था को कायम रखने में सामाजिक स्तर पर वर्ण–व्यवस्था और पारिवारिक तथा व्यक्तिगत स्तर पर पितृसत्तात्मक व्यवस्था पर आधारित विचारों का हाथ रहा है। 'रामायण' से कुल मिलाकर यही अर्थ निकलता है कि यह समाज–व्यवस्था बनी रहे। पुत्र को पिता की, छोटे भाई को बड़े भाई की, पत्नी को पति की और प्रजा को राजा की आज्ञा का पालन करना चाहिए। ब्राह्मण और क्षत्रिय शासन कर सकते हैं, राजर्षि और ब्रह्मर्षि बन सकते हैं, लेकिन शूद्र शंबूक तपस्या करने लगता है तो राम के द्वारा मार दिया जाता है।

प्राचीन भारतीय साहित्य की सबसे बड़ी विशेषता यह रही है कि उसमें साहित्यकारों का व्यक्तिगत झगड़ा नहीं रहा, सिद्धांतों के प्रचार पर जोर रहा है। परिवर्तन का साहित्य उसमें अधिक नहीं है। अधिकतर साहित्य वर्णाश्रम और पितृसत्तात्मक समाज–व्यवस्था की रक्षा पर जोर देनेवाली विचारधाराओं का साहित्य है, लेकिन प्राचीन साहित्यकार यह जानते थे कि विचारधाराएँ बदलती रहती हैं। इसलिए वे विचारधारा के लिए 'धर्म' शब्द का प्रयोग करते थे, क्योंकि धर्म परिवर्तनशील होता है। 'महाभारत' के शांतिपर्व में स्पष्ट कहा गया है कि देश–काल के अनुसार धर्म अधर्म और अधर्म धर्म हो जाता है। अधिकांश पुराने साहित्य में विचारों और सिद्धांतों का स्पष्ट प्रतिपादन किया गया है और उसका उद्देश्य शिक्षात्मक रहा है। आज के लेखक साहित्य में अपने उद्देश्य तथा विचारों को छिपाने की चेष्टा करते हैं, हमारे पुराने साहित्यकार इन चीजों को स्पष्ट रूप से सामने रखते थे। हमारा समस्त प्राचीन साहित्य विचारधारात्मक और प्रचारात्मक साहित्य है।

भोजनोपरांत अपराह्न में तीसरी गोष्ठी आरंभ हुई। विषय था : विचारधारा और आलोचना। अध्यक्ष–मंडल के सदस्य थे : गोपालकृष्ण कौल, हंसराज रहबर और आनंद प्रकाश। गोष्ठी का संचालन आनंद प्रकाश ने किया। वक्ताओं को आमंत्रित करने से पहले उन्होंने संक्षिप्त विषय–प्रवर्तन किया और कहा कि कई लोग यह मानते हैं कि विचारधारा और आलोचना में कोई अंतर नहीं है, लेकिन जैसा कि विषय से स्पष्ट है, दोनों भिन्न हैं। विचारधारा एक सिद्धांत है और आलोचना उसका व्यवहार। बहस के लिए निबंध–पाठ रामबक्ष ने किया।

रामबक्ष ने कहा कि 1967 के बाद हिंदी साहित्य में जनवादी लेखन का जो नया उभार आया, उसने रचना और आलोचना, दोनों को प्रभावित किया। आलोचना में रचनाकार की जीवन–दृष्टि की आलोचना प्रमुख हो गई। नए प्रगतिशील आंदोलन ने मुक्तिबोध के पदचिह्नों पर चलने का दावा किया, लेकिन चला नहीं। मुक्तिबोध ने साहित्य में तत्त्व के लिए संघर्ष की आवश्यकता पर जोर दिया था, जिसमें दो प्रकार

के संघर्ष शामिल थे : एक अभिव्यक्ति के विकास के लिए संघर्ष और दूसरा जीवन-दृष्टि के विकास के लिए संघर्ष। हमने तत्त्व के लिए संघर्ष पर बल नहीं दिया, इसलिए आलोचक रचना में यथार्थ के बजाय जीवन-दृष्टि पर बल देने लगे और लेखकों ने जीवन-दृष्टि के विकास के नाम पर अपने पात्रों की जीवन-दृष्टि का विकास कर डाला। 'कल्पवृक्ष' जैसी कहानियाँ लिखी गईं, जो कुछ खास पाठकों के लिए थीं। साहित्य का प्रथम दायित्व अपने पाठकों के प्रति होता है और पाठक दो प्रकार के होते हैं : सामाजिक परिवर्तन की आवश्यकता और उसके उपायों को जानने-बूझने वाले पाठक और बुर्जुआ पाठक। समकालीन साहित्य का उद्देश्य उस पाठक को संबोधित करना होना चाहिए, जो प्रतिक्रियावादी है और यह काम विचारधारा से नहीं, यथार्थ के चित्रण से होगा। जो लोग यह मानते हैं कि बुर्जुआ समाज की विसंगतियों का उद्घाटन तो बुर्जुआ लेखक ही कर देते हें और जनवादी लेखकों को समाज के आधारभूत वर्गों पर लिखना चाहिए (रामबक्ष ने नाम नहीं लिया, लेकिन दरअसल वे अक्टूबर 1978 में दिल्ली के जनवादी लेखक शिविर में इसराइल द्वारा व्यक्त किए गए विचारों की आलोचना कर रहे थे), वे समाज की वास्तविकता को नहीं, विचारधारा को साहित्य के मूल्यांकन का प्रतिमान बनाते हैं। लेकिन इससे साहित्य में यथार्थ की अवहेलना होती है। नए प्रगतिशील साहित्य में उपन्यास की अवहेलना इसका प्रमाण है। धूमिल के काव्य में यथार्थ कम, उस पर टिप्पणी अधिक थी। जगूड़ी आदि ने इस प्रवृत्ति का विकास किया। लेकिन इसके फलस्वरूप साहित्य में ऐसे पात्र आने लगे, जो किसी वर्ग के नहीं थे और 'सुपरमैन' बन कर जनता पर हास्य-व्यंग्यात्मक टिप्पणियाँ करते थे। जनता के दैनिक कार्यों के प्रति उनमें नकार और घृणा का भाव था और साहित्य में इसी घृणा-भाव का दार्शनिकीकरण तथा राजनीतिकरण हुआ। इससे साहित्य में वामपंथी भटकाव आया और धुआँधार क्रांतिकारी रचनाएँ लिखी गईं। यथार्थ के प्रस्तुतीकरण, यथार्थ के प्रति आलोचनात्मक रुख और आदर्श यथार्थ की परिकल्पना की उपेक्षा के कारण साहित्य में यथार्थवाद के स्थान पर अनुभववाद और प्रतीकवाद की प्रतिष्ठा हुई। उदाहरण के लिए समकालीन कविता में बच्चे का प्रतीक बार-बार आता है, लेकिन कवि लोग यह नहीं सोचते कि बच्चा पहले बच्चा है, उसके बाद कुछ और। कारण यह है कि समकालीन साहित्यिक परिवेश के 'सेंसर' के कारण लेखकों का मस्तिष्क 'कंडीशंड' हो गया है। लेखन में वे ही बातें आती हैं, जो आलोचक चाहते हैं। इसलिए साहित्यिक प्रतिमान विचारधारा को नहीं, यथार्थवाद को बनाया जाना चाहिए और रचना का महत्त्व यथार्थ के महत्त्व से निर्धारित होना चाहिए। समकालीन साहित्य का उद्देश्य होना चाहिए--सामंती संबंधों को बदलने के लिए प्रजातांत्रिक संबंधों की प्रेरणा देना। इस प्रकार के साहित्य के उदाहरण के रूप में रामबक्ष ने नागार्जुन, रघुवीर सहाय, रेणु और जगदंबा प्रसाद दीक्षित की रचनाओं के नाम लिये।

आनंद प्रकाश ने रामबक्ष के निबंध की मुख्य-मुख्य बातों को संक्षेप में प्रस्तुत करते हुए सुधीश पचौरी को चर्चा के लिए आमंत्रित किया, लेकिन सुधीश ने यह कहते हुए

कि ''विचारधारा और आलोचना के रिश्ते का एक स्तर तो रामबक्ष वाला हो सकता है और दूसरा यह कि इन रिश्तों में कितनी विविधता है'', रामबक्ष के निबंध पर बहस उठाने के बजाय अपनी ही बातें कहना उचित समझा। उन्होंने कहा कि पिछले दिनों यह स्थापित हो गया है कि राजनीति का साहित्य से संबंध है, इसलिए आलोचकों को यह देखना जरूरी लगने लगा है कि लेखक की राजनीति क्या है। यह ठीक नहीं है। विचारधारा कोई शुद्ध मानसिक प्रक्रिया नहीं, वह मन पर पड़ा हुआ जीवन का प्रतिबिंब है, जिसके जरिए मनुष्य चीजों को न केवल सभझता है, बल्कि उन्हें बदलने की भी सोचता है। अतः विचारधारा कोई निष्क्रिय तत्त्व नहीं, सक्रिय तत्त्व है। सक्रिय है, इसलिए वह लगातार परिवर्तनशील भी है। जीवन के संज्ञान को अमूर्त प्रतीकों में व्यवस्थित करना विचारधारा है, जो मूर्त से अमूर्त होती है और अमूर्त से मूर्त को प्रभावित करती है। साहित्य विचारधारा से अलग प्रक्रिया है, क्योंकि वह जीवन के संज्ञान को व्यवस्था देना मात्र नहीं, बल्कि उसका 'इमोशनल रिएक्शन' है। रचना चूँकि 'इमोटिव प्रोसेस' है, इसलिए वह विचारधारा के बिना हो सकती है, लेकिन आलोचना और विचारधारा का संबंध आत्यंतिक है। परंतु विचारधारा और आलोचना का संबंध चालक और चालित का संबंध नहीं है, वह आलोचना को सही 'एप्रोच' तो दे सकती है, लेकिन 'मैथड' नहीं दे सकती। उदाहरण के लिए रामविलास शर्मा और नामवर सिंह की आलोचना में 'एप्रोच' तो विचारधारा से निर्देशित है, लेकिन उनके 'मैथड' में गड़बड़ है। हमने गलती यह की है कि राजनीति के औजारों को आलोचना के औजार बना लिया है, इसलिए हम रचना में वामपंथ और प्रतिक्रियावाद देखते हैं, वामपंथी और प्रतिक्रियावादी शक्तियाँ नहीं। कविता में वाम को देखना और जीवन को न देखना गलत है। हम मार्क्सवाद को जीवन को बदलने का विज्ञान न मान कर एक बौद्धिक गतिविधि मान कर चल रहे हैं, जो गलत है। हमारी आलोचना में मार्क्सवादी 'मैथड' के बजाय मार्क्सवादी विचारधारात्मक विभ्रम ज्यादा है।

भगवान सिंह ने सुधीश पचौरी की इस बात से असहमति व्यक्त की कि साहित्य-रचना विचारधारा के बिना हो सकती है। उन्होंने कहा : साहित्य विचार देता है और विचार को विचारधारा से अलग नहीं किया जा सकता। विचारधारा समाज की पूरी उत्पादन-प्रक्रिया से संबंधित होती है, इसलिए जब तक समाज में विभ्रांत करनेवाली शक्तियाँ रहेंगी, विचारधारा में भी विभ्रम रहेंगे। उत्पादन के संबंध जब बदलने लगते हैं तो पिछली विचारधारा भी बदलती है, लेकिन वह एकाएक नहीं बदल जाती। पुरानी विचारधारा बहुत दिनों तक नई विचारधारा के साथ चलती रहती है। उसके बहुत-से तत्त्व नई विचारधारा से समायोजन कर लेते हैं, लेकिन नई शक्तियाँ उन पुराने तत्त्वों से लगातार संघर्ष करती रहती हैं। पुरानी मान्यताओं से जुड़े लोग नई विचारधारा से समायोजन करके चलते रह सकते हैं। अतः नई विचारधारा से जुड़े लोगों को उनसे वैचारिक संघर्ष करना पड़ता है। उदाहरण के लिए, स्वार्थसाधकता एक पुरानी विचारधारा है और कुछ लोग स्वार्थसिद्धि के लिए नई विचारधारा को भी अपना सकते

हैं, लेकिन जब तक उनमें स्वार्थसाधकता रहेगी, उनकी विचारधारा तर्कसंगत नहीं हो सकेगी। हमारे यहाँ पूँजीवादी, सामंतवादी, समाजवादी आदि विविध विचारधाराएँ प्रचलित हैं और उनसे जुड़े हुए लोगों के बीच हम रह रहे हैं। यह हमारा जीवन है, लेकिन इस जीवन का प्रतिबिंब मात्र विचारधारा नहीं है। यह सही है कि विचारधारा को हम खुद नहीं बनाते, ग्रहण करते हैं, लेकिन सही विचारधारा कौन-सी है, यह जानना और उससे अपने को जोड़ना एक सचेत प्रक्रिया है। सही विचारधारा को जान लेने के बाद भी और उससे अपने को जोड़ते हुए भी, अपने आधे से अधिक पुराने विचार संस्कार, पूर्वग्रह आदि के रूप में हममें बचे रहते हैं और हमें भ्रमित करते रहते हैं। इन विभ्रमों को तीव्र आलोचना के द्वारा दूर करके ही हम सही विचारधारा को अपना सकते हैं।

आलोचना का विचारधारा से संबंध बताते हुए उन्होंने कहा : यह इस पर निर्भर करता है कि साहित्य का विचारधारा से क्या संबंध है। मनुष्य की कोई भी अभिव्यक्ति विचारधारा से पृथक् नहीं हो सकती। साहित्य सदा ही विचारधारा से प्रेरित और संपृक्त रहता है, इसलिए आलोचना का प्रतिमान विचारशून्य या तथाकथित शुद्ध साहित्य नहीं हो सकता। साहित्य से जीवन के अनुभवों की माँग करना गलत नहीं, लेकिन यह समझना एक बहुत बड़ा भ्रम है कि उन अनुभवों की अभिव्यक्ति विचारधारा से शून्य हो सकती है। वास्तव में जीवन के अनुभव हमें विचार-सूत्र प्रदान करते हैं और वे ही अनुभव विचारधारा बन जाते हैं। साहित्य के मूल्यांकन से विचारधारा का संबंध यह है कि प्रत्येक रचना किसी-न- किसी विचारधारा से प्रेरित और संपृक्त होती है, चाहे वह स्पष्ट रूप से दिखाई न देती हो। उसके अध्ययन के लिए हमें छोटी-से-छोटी अभिव्यक्तियों पर भी गहराई से विचार करना चाहिए। विचारधारा की खामियाँ साहित्य में अवश्य आती हैं और लचर विचारधारा ही रचना को लचर बनाती है।

राजकुमार सैनी ने कहा : रामबक्ष की बातों से ऐसा लगा कि प्रगतिशील लेखन में यथार्थ नहीं, केवल विचारधारा प्रस्तुत हुई है। मैं इससे सहमत नहीं हूँ। रचना यदि रचना है, तो उसमें कोई-न-कोई यथार्थ व्यक्त होता ही है। यह और बात है कि वह यथार्थ क्या और कैसा है। इसलिए यह कहा जाए कि अमुक रचना में यथार्थ प्रस्तुत नहीं हुआ तो इसका अर्थ होगा कि वह रचना ही नहीं है। यदि वह रचना है, और संप्रेषित होती है, तो हमें मानना पड़ेगा कि उसमें यथार्थ है और विचारों की एक संगति भी है। विचारों की संगति ही विचारधारा है और यही उस रचना को संप्रेषणीय बनाती है। यह और बात है कि लेखक की ओर से प्रस्तुत विचारों की वह संगति उसकी मिथ्या चेतना या गलत विचारधारा के कारण तर्कसंगत न हो और उससे सामाजिक यथार्थ सही रूप में रचना में न उभर पाए। यहाँ एक विचारधारा लेखक की होगी और दूसरी पाठक या आलोचक की, और उन दोनों में टकराव होगा। मैं सुधीश की बातों से भी सहमत नहीं हूँ। माना कि विचारधारा की आलोचना मात्र साहित्य की आलोचना नहीं है, लेकिन विचारधारा की उपेक्षा कर के साहित्य की सही आलोचना संभव नहीं है, क्योंकि रचना में जो यथार्थ आता है, वह विचारधारा के साथ ही आता है। जहाँ तक आलोचना में

विभ्रम या अंतर्विरोध पैदा होने की बात है, वह तीन विचारधाराओं के टकराव से पैदा होता है। इनमें से एक विचारधारा लेखक की होती है, दूसरी आलोचक की और तीसरी युग की। सुधीश ने रामविलास शर्मा की आलोचना करते हुए कहा कि रचना के बजाय रचनाकार को देखनेवाला उनका 'मैथड' गलत था, लेकिन आलोचक पर यह शर्त लगाना कि वह कृतित्व को ही देखे, व्यक्तित्व को न देखे, गलत है। आलोचना भी एक रचना है और उसकी रचना-प्रक्रिया पर कोई बंदिश नहीं लगाई जा सकती। साहित्य में विचारधारा का 'एप्लीकेशन' निश्चय ही 'क्रिएटिव' होना चाहिए, लेकिन यही बात आलोचना पर भी लागू होती है।

आनंद प्रकाश अगले वक्ता को आमंत्रित करते कि अध्यक्ष-मडंल के सदस्य हंसराज रहबर ने बीच में उठ कर कहा कि बहस असंगत हो रही है। रामबक्ष की बातों के जवाब देने की कोई जरूरत नहीं है, जो यथार्थ और विचारधारा में भेद करके चलते हैं। विचारधारा के बिना साहित्य में तो क्या, जीवन में भी कोई चीज नहीं हो सकती। रामबक्ष रघुवीर सहाय को बड़ा यथार्थवादी लेखक मानते हैं। वे जरा रघुवीर सहाय की कहानी 'तीन मिनट' पढ़कर देखें कि उसमें कौन-सा यथार्थ है और कौन-सी विचारधारा !

अगले वक्ता प्रदीप मांडव ने कहा : यह सही है कि विचारधारा के बिना कोई सृजन नहीं हो सकता, लेकिन विचारों को रचना के ऊपर थोपा नहीं जाना चाहिए, विचार रचना में से निकलना चाहिए। रामबक्ष ने रमेश उपाध्याय की कहानी 'कल्पवृक्ष' की आलोचना की, लेकिन यह नहीं देखा कि वह किस यथार्थ को और किन परिस्थितियों में चित्रित करनेवाली रचना है। 'इमरजेंसी' जैसे व्यापक और जटिल अनुभव को यदि प्रतीक के माध्यम से यथार्थ रूप में चित्रित किया जाता है तो उसमें गलत क्या है? मुझे भगवान सिंह की बात ठीक लगी कि लचर विचारधारा ही रचना को लचर बनाती है। इसका उदाहरण है काशीनाथ सिंह की कहानी 'सुधीर घोषाल' और जगदंबा प्रसाद दीक्षित का उपन्यास 'मुर्दाघर', जिसकी रामबक्ष बड़ी तारीफ कर गए हैं। नागार्जुन जैसा कवि भी जब-जब लचर विचारधारा के चक्कर में पड़ा, उसकी रचना लचर हुई।

जबरीमल पारख ने कहा : रचना की समीक्षा के लिए हमें रचना-प्रक्रिया को टटोलना चाहिए। रामबक्ष का यह कहना कि रचनाकारों ने अपनी सामग्री जीवन से ग्रहण नहीं की, एक अर्द्धसत्य है। प्रत्येक रचना में यथार्थ होता है। सवाल यह है कि उस यथार्थ को रचनाकार किस रूप में और किस विचारधारा के साथ प्रस्तुत करता है। यथार्थ को अर्थात् घटना और पात्र आदि को लेखक कैसे और किस रूप में प्रस्तुत करे, यह उसे उसकी विचारधारा ही बताती है। आलोचक को रचना-प्रक्रिया की इन मुश्किल गाँठों को खोलने की प्रक्रिया अपनानी चाहिए। इससे वह पाठक की भी सहायता कर सकता है और रचनाकार की भी। मार्क्सवादी आलोचना में अब तक यह कहा जाता रहा है कि लेखक की विचारधारा ठीक नहीं थी, इसलिए रचना में गड़बड़ी हुई, जबकि

आलोचकों को यह दिखाना चाहिए कि रचना में गड़बड़ी क्या है और क्यों है।

जानकीप्रसाद शर्मा ने कहा : रामबक्ष के पर्चे को मैं इस दृष्टि से महत्त्वपूर्ण कहूँगा कि अब तक आलोचना के प्रतिमान कविता के आधार पर गढ़ने की कोशिश होती रही है, उन्होंने गद्य के आधार पर प्रतिमान बनाने की चिंता व्यक्त की। सुधीश की अधिकांश बातों से मैं सहमत हूँ, लेकिन क्चिारधारा की जो परिभाषा उन्होंने दी है, वह खतरनाक है, क्योंकि वह हमारे चिंतन को आगे बढ़ाने के बजाय लौटा कर अरस्तू की ओर ले जाती है। रामविलास शर्मा की आलोचना उन्होंने ठीक की है, क्योंकि रामविलास शर्मा ने विचारधारा के नाम पर गड़बड़ियाँ की हैं। मसलन उन्होंने फरमा दिया कि ग़ज़ल एक सामंती फॉर्म है। लेकिन क्या यह सही है? मुक्तिबोध ने मार्क्सवादी आलोचना को सही आधार दिया है, लेकिन उसमें भी एक खतरा है : वे विचारधारा के जातीय संदर्भ की ओर ध्यान नहीं देते, इसलिए 'कामायनी' की आलोचना करते हुए कहते हैं कि उसे इड़ा सर्ग पर ही समाप्त हो जाना चाहिए था। उन्होंने यह नहीं सोचा कि 'कामायनी' को आनंद सर्ग तक ले जाने में विचारधारा का जातीय संदर्भ काम कर रहा है। यह सही है कि विचारधारा अपने मूलाधार से पृथक् नहीं होती, लेकिन हमें ध्यान रखना चाहिए कि वह मूलाधार में ही सीमित कभी नहीं रहती।

कृष्णचंद्र गुप्त ने कहा : राजकुमार सैनी ने युग की विचारधारा की बात कही, लेकिन उससे यह भ्रम हो सकता है कि एक युग की रचनाओं में एक ही विचारधारा व्यक्त होगी। प्रत्येक रचना में विचारधारा अवश्य होती है, लेकिन प्रत्येक रचना में एक ही विचारधारा नहीं होती। एक ही समय में 'कामायनी' और 'गोदान' लिखे गए; एक ही समय में 'भारत-भारती', 'उद्धवशतक' और 'कुरुक्षेत्र' लिखे गए; लेकिन सबकी विचारधाराएँ अलग-अलग हैं। यथार्थ भी सब में है, लेकिन प्रश्न यह है कि कौन-सा यथार्थ प्रबल और प्रासंगिक रहा। अतः युगीन विचारधारा के बजाय साहित्य में युगीन यथार्थ पर जोर दिया जाना चाहिए।

रमेश रंजक ने कहा : राजकुमार सैनी का यह कहना कि आलोचना में रचनाकार के व्यक्तित्व को देखा जाना चाहिए, उचित नहीं है, क्योंकि रचनाकार के जीवन और उसकी रचना में फर्क हो सकता है। रचना में केवल जीवन-मूल्य ही प्रतिफलित नहीं होते, कुछ कलागत मूल्य भी प्रतिफलित होते हैं, जो आवश्यक नहीं कि रचनाकार ने अपने जीवनानुभवों से ही प्राप्त किए हों। यदि आलोचक उन कलागत मूल्यों की व्याख्या रचनाकार के जीवन मात्र से जोड़ कर करेगा और उसकी रचना पर पड़नेवाले कलात्मक परंपराओं, सामाजिक और सांस्कृतिक अपेक्षाओं, दार्शनिक-राजनीतिक गतिविधियों आदि के प्रभावों को नजरअंदाज करेगा तो सही आलोचना नहीं कर पाएगा। दूसरे, यदि आलोचक रचनाकार से जीवंत यथार्थ की माँग करता है तो उसे भी उस जीवंत यथार्थ का ज्ञान और अनुभव होना चाहिए।

अमरदेव शर्मा ने कहा : मैं भी राजकुमार सैनी की बात से सहमत नहीं हूँ। यदि आलोचक रचना में केवल रचनाकार के वैयक्तिक जीवन को ही खोजने का प्रयास

करेगा तो रचना के साथ क्या न्याय कर पाएगा ? आलोचक का दायित्व यह है कि वह रचना पर अपनी जीवन-दृष्टि आरोपित न करे, बल्कि रचना में जो जीवन-दृष्टि प्रकट हुई है, उसे देखे और उसका मूल्यांकन करे।

गोष्ठी के अंत में अध्यक्ष-मंडल के तीनों सदस्यों ने अपने अध्यक्षीय भाषण किए। गोपाल कृष्ण कौल ने कहा : रामबक्ष और सुधीश पचौरी ने प्रगतिशील आलोचकों और आलोचना में दोष ही दोष देखे। उन्होंने यह नहीं देखा कि प्रगतिशील आंदोलन से जुड़े आलोचकों की आलोचना में कितनी महत्त्वपूर्ण भूमिका रही है। पुराने या नए काव्यशास्त्रीय फार्मूलों में निहित विचारधारात्मक असंगतियों को देखने की दृष्टि किसने दी? क्या काव्यशास्त्र और शैलीविज्ञान के पुरोधाओं ने? आलोचना को गलत और असंगत सिद्ध करने की चेष्टा और रचना तथा पाठक के बीच से आलोचक को हटा दिए जाने की माँग प्रतिक्रियावादी करते रहे हैं। यह चीज दरअसल प्रगतिशील आलोचना से घबरा कर हुई है। आलोचना की आलोचना के बहाने आलोचक की भूमिका को ही नकारने की चेष्टा प्रतिक्रियावादी लोग करते रहे हैं। क्या हमें भी यही करना चाहिए? यदि आप आलोचक से केवल यह माँग करेंगे कि वह आपके साहित्य को पाठक तक पहुँचाने मात्र का काम करे, तो केवल फुटपाथी साहित्य पाठकों तक पहुँचेगा। ऐसी आलोचना का एकमात्र उद्देश्य पाठकों को आनंददायक या मनोरंजक चीजें पढ़ने की सिफारिश करना होता है और ऐसी आलोचना ने जो सबसे बड़ा गलत काम किया है, वह यह कि क्रांति और विद्रोह की बातों पर भी पाठकों को वाह-वाह करना सिखा दिया। उसने उन्हें साहित्य को सही ढंग से समझना और उससे प्रभावित होना नहीं सिखाया। देखने में आ रहा है कि लेखक चाहे प्रगतिशील हो, नाजुक वह भी होता है। आलोचना बर्दाश्त नहीं कर सकता। लेकिन प्रगतिशील लेखक यदि विकास करना चाहते हैं तो आलोचना को सहन करें और नाराज न हों; आलोचना का तिरस्कार न करें। प्रगतिशील आलोचक चाहे कुछ गड़बड़ियाँ करें, फिर भी बहुत ईमानदार हैं। प्रतिक्रियावादी लेखकों की तरह आप उन्हें बीच से हटाने की कोशिश न करें। यदि आप आलोचना और विचारधारा की प्रतिष्ठा नहीं करेंगे तो प्रतिक्रियावादी लेखकों की तरह अकेले पड़ जाएँगे और जहाँ तक आलोचकों द्वारा लेखकों को, उनकी रचनाओं को ठीक से समझे बिना, उठाने-गिराने की प्रवृत्ति का सवाल है, यह प्रवृत्ति कहीं भी हो, गलत है। नामवर सिंह और रामविलास इस प्रवृत्ति के उदाहरण हैं, लेकिन इनका हाल मिश्र बंधुओं जैसा है, जो यशपाल जैसे कथाकार की कहानी सुनते-सुनते सो गए थे और जब यशपाल ने उनके सोने की शिकायत की तो कह दिया था कि कहानी छोड़ जाओ, इतिहास के अगले संस्करण में तुम्हारा नाम डाल देंगे। रचना के प्रति ऐसी उपेक्षा कहीं भी हो, निंदनीय है।

हंसराज रहबर ने कहा : सबसे पहले यह प्रश्न उठाया जाना चाहिए कि विचारधारा कहाँ से आती है? इस संबंध में माओ का एक लेख 'सही विचार कहाँ से आते हैं?' स्मरणीय है। माओ ने सही विचारों के तीन स्रोत बताए हैं—उत्पादन में लगे लोग,

वैज्ञानिक अनुसंधान में लगे लोग, और वर्ग-संघर्ष में लगे लोग। इन तीन प्रकार के लागों से जुड़े बिना हम सही विचारधारा प्राप्त नहीं कर सकते और सही विचारधारा प्राप्त करना लेखकों के लिए ही नहीं, आलोचकों के लिए भी जरूरी है। लेखकों से कहें कि जीवन का यथार्थ लाओ और आप स्वयं उस यथार्थ से कटे रह कर मार्क्स-लेनिन के उद्धरण छाँटते रहें, तो आलोचना क्या करेंगे ? द्वंद्वात्मक भौतिकवाद या मार्क्सवाद मार्क्स या उसके वक्त से ही शुरू नहीं होता। उसके नियम तो प्रकृति और समाज में पहले से चले आ रहे थे, इसलिए मार्क्स से पहले की चीजों को गैर-यथार्थवादी मानने की बेवकूफी नहीं करनी चाहिए, बल्कि मार्क्सवाद की समझ के साथ पुरानी चीजों की नई व्याख्या की जानी चाहिए। हमारे देश में इस काम को करने की बहुत ज्यादा जरूरत है, क्योंकि यहाँ के लोग बहुत-सी पुरानी बातों और अंधविश्वासों के शिकार हैं।

आनंद प्रकाश ने कहा : इस बहस में दो मुख्य प्रश्न उभर कर आए हैं। पहला प्रश्न सामाजिक परिवर्तन के वर्तमान दौर से संबंधित है और दूसरा साहित्य तथा जीवन के अंत:संबंध के बारे में। रामबक्ष और सुधीश पचौरी की मान्यताएँ दोनों प्रश्नों के बारे में समान हैं, लेकिन मेरी राय में आज के जनवादी दौर की यह व्याख्या गलत होगी कि वह समाजवादी परिवर्तन से इतना विशिष्ट और अलग है कि उसके लिए यदि मूल समाजवादी राजनीति और सिद्धांतों के स्तर पर बुर्जुआ राजनीति और सिद्धांतों से समझौता करना पड़े तो कर लेना चाहिए। असल में जनवादी दौर को समाजवादी परिवर्तन की एक लंबी प्रक्रिया का एक अभिन्न अंग मान कर चलना चाहिए। इस दौर में बुर्जुआ शक्तियाँ जनतंत्र का इस्तेमाल अपने राजनीतिक हितों के लिए करती हैं और कभी भी सर्वहारा राजनीति का विरोध करने से नहीं चूकतीं, जबकि सर्वहारा वर्ग के लिए जनतंत्र अपनी राजनीति के अंतर्गत व्यापक शोषित वर्गों को एकजुट करने और समाज में परिवर्तनकारी संघर्ष की प्रक्रिया को तेज करने का माध्यम होता है। साथ ही यह भी समझना होगा कि सर्वहारा राजनीति बुर्जुआ राजनीति के विपरीत वास्तव में जनवादी होती है और मध्यवर्ग को बुर्जुआ राजनीति तथा चिंतन से मुक्त करके सही जनवादी चिंतन-पद्धति प्रदान करती है। इस संदर्भ में वह मध्यवर्ग के बीच फैले बुर्जुआ विभ्रमों पर तीव्र प्रहार करती है। इसलिए हमें रघुवीर सहाय या सर्वेश्वर दयाल सक्सेना जैसे लेखकों में मिलनेवाले बुर्जुआ मूल्यों को समझ कर उनके लेखन की जनवाद-विरोधी भूमिका को स्पष्ट करना होगा। उनसे समझौता करना या उन्हें किसी प्रकार का 'कंसेशन' देना, सही चिंतन और लेखन के लिए घातक हो सकता है।

जहाँ तक साहित्य और जीवन के संबंध का प्रश्न है, हमें उस शीतयुद्धीय दृष्टिकोण के प्रति सावधान रहना होगा, जो स्वतंत्रता-पश्चात् के दो दशकों में हिंदी लेखन पर हावी रहा है। इस दृष्टिकोण के अंतर्गत साहित्य और जीवन के बीच तथा विचारधारा और अनुभव के बीच एक ऐसी खाई उत्पन्न करने की कोशिश रहती है कि इन दोनों का सार्थक जुड़ाव न हो सके। इस खाई को बनाए रखने के लिए अमरीकी शीतयुद्धीय विचारधारा 'जीवन', 'अनुभव', 'कला' आदि के ऐसे 'मिस्टीक' प्रस्तुत करती है कि

लेखक और आलोचक विचारधारा को एक हानिकारक तत्त्व के रूप में देखें। ध्यान से देखें तो आज की बहस में प्रयुक्त होनेवाले कुछ मुहावरे उक्त रहस्यमूलक व्याख्या के बहुत निकट चले जाते हैं, मसलन रामबक्ष का यह कहना कि सब कुछ के बावजूद और पहले बच्चा एक बच्चा होता है, या पचौरी का यह कहना कि प्रगतिशील आलोचक साहित्य में वाम को ढूँढ़ते हैं, जीवन को नहीं। कहने की आवश्यकता नहीं कि इस दृष्टिकोण से अनिवार्यत: रूपवादी प्रवृत्ति पैदा होती है और जाने-अनजाने हम वही गलती करते हैं, जो नामवर सिंह जैसे आलोचकों ने अब तक की है। तभी नामवर सिंह को निर्मल वर्मा, श्रीकांत वर्मा आदि पसंद आते हैं और रघुवीर सहाय आदि को समर्थन तथा महत्त्व देने की आवश्यकता प्रतीत होती है।

यह सही है कि कुछ पुराने प्रगतिशील आलोचकों का विवेचन यांत्रिकता से ग्रस्त था और आज भी यह संभावना हो सकती है कि हम अपने चिंतन में यांत्रिक हों, लेकिन यांत्रिकता का विरोध उदारवादी होकर या नामवर सिंह की तरह रूपवादी होकर नहीं किया जा सकता, बल्कि प्रश्नों और समस्याओं को वस्तुपरक ढंग से विवेचित करके ही किया जा सकता है। इस सदंर्भ में गोपाल कृष्ण कौल और राजकुमार सैनी की बातें बहुत सही और सटीक हैं। यांत्रिकता के विरुद्ध संघर्ष करने में हमें भगवान सिंह की उस व्याख्या से बहुत सहायता मिल सकती है, जो उन्होंने विचार, विचारधारा और आलोचना के बारे में यहाँ प्रस्तुत की है। अंत में, यह मानना उचित नहीं कि विचारधारा कोई ऐसी चीज है, जिसे हम किसी अवसर के अनुरूप अपना लें या नकार दें। विचारधारा हमारे जीवनानुभवों के बीच एक व्यवस्था या संगति के रूप में अथवा एक व्यवस्था या संगति की ठोस संभावना के रूप में सदा विद्यमान रहती है और अंतत: अपने समय की उत्पादन-प्रणाली से नियमित-परिचालित होती है। आवश्यक यह है कि साहित्यिक आलोचना विचारधारा के इस रूप को पहचाने और साहित्य में उसकी सही भूमिका को स्पष्ट करे।

दूसरे दिन सोमवार, 25 दिसंबर 1978 को हुई पहली गोष्ठी का विषय था : विचारधारा और रचना-प्रक्रिया। गोष्ठी के अध्यक्ष-मंडल में थे शमशेर बहादुर सिंह, जयचंद्र राय और सुधीश पचौरी। संचालन सुधीश पचौरी ने किया।

बहस के लिए अपना निबंध 'जनवादी कहानी की रचना-प्रक्रिया' पढ़ते हुए रमेश उपाध्याय ने कहा कि वर्तमान जनवादी कहानी की रचना-प्रक्रिया के प्रश्न पर कुछ लेखक और आलोचक वैचारिक विभ्रम के शिकार होते दिखाई दे रहे हैं। एक ओर असगर वजाहत जैसे लेखक हैं, जो मजदूरों और किसानों के जीवन की कहानियाँ लिखनेवाले अधिकांश कहानीकारों में नासमझी, बेवकूफी और व्यावसायिक बदनीयती देखते हुए जनवादी कहानी में 'पॉजिटिव हीरो' के चित्रण का मजाक उड़ाते हैं; और दूसरी ओर सुधीश पचौरी जैसे आलोचक हैं, जो वर्तमान जनवादी दौर को समाजवादी यथार्थवाद का दौर न मानते हुए जनवादी कहानीकारों को यह सलाह देते हैं कि उन्हें मजदूरों और किसानों के जीवन की कहानियाँ न लिख कर मध्यवर्गीय जीवन को ही

अपनी कहानियों का विषय बनाना चाहिए। समाजवादी यथार्थवाद समाजवादी क्रांति के दौर में या उसके बाद ही भारत में शुरू होगा, यह मान्यता गलत है, क्योंकि एक तो साहित्य-संस्कृति की प्रमुख प्रवृत्ति का निर्धारण आज किसी एक देश की राजनीतिक परिस्थितियों के आधार पर नहीं किया जा सकता; दूसरे, जनवाद को आज समाजवादी परिवर्तन की संपूर्ण प्रक्रिया से काट कर नहीं देखा जा सकता। कारण यह है कि समाजवादी हुए बिना आज कोई भी सच्चे अर्थों में जनवादी नहीं हो सकता। सर्वहारा राजनीति और उसकी विचारधारा से जुड़े बिना जनवादी साहित्य तर्कसंगत, सार्थक और प्रासंगिक नहीं हो सकता, इसलिए साहित्य में जनवाद का अर्थ आज 'बुर्जुआ जनवाद' नहीं, 'जनता का जनवाद' या 'समाजवादी जनवाद' ही हो सकता है, और इसीलिए आज का साहित्य केवल 'आलोचनात्मक यथार्थवाद' तक सीमित नहीं रह सकता, उसे समाजवादी यथार्थवाद का साहित्य होना ही होगा। यह सही है कि वर्तमान जनवादी साहित्य में समाजवादी यथार्थवाद के साथ-साथ आलोचनात्मक यथार्थवाद और 'रिवोल्यूशनरी रोमांटिसिज्म' की प्रवृत्तियाँ भी साथ चल रही हैं, और इनका समाजवादी यथार्थ की दिशा से विरोध नहीं है, लेकिन वर्तमान युग में इन दोनों प्रवृत्तियों का सही होना भी इस पर निर्भर करता है कि ये समाजवादी यथार्थवाद की दिशा में अभिमुख हैं या नहीं। यदि आलोचनात्मक यथार्थवाद समाजवादी यथार्थवाद की दिशा में अग्रसर नहीं होगा तो प्रकृतवाद बन कर यथास्थितिवाद का पोषक बन जाएगा और यदि 'रिवोल्यूशनरी रोमांटिसिज्म' समाजवादी यथार्थवाद से कट जाएगा तो अराजकतावाद में परिणत हो जाएगा और उसमें स्वतःस्फूर्तता और तर्कहीनता के दोष उत्पन्न हो जाएँगे।

इस संदर्भ में पॉजिटिव हीरो का प्रश्न उठाते हुए रमेश उपाध्याय ने कहा कि 'पॉजिटिव हीरो' को काल्पनिक कह कर उसका मजाक उड़ानेवाले शायद यह मानते हैं कि यथार्थवादी साहित्य में कल्पना के लिए कोई स्थान नहीं होना चाहिए। लेकिन वे यह भूल जाते हैं कि यह शीतयुद्ध की राजनीति के अंतर्गत पतनशील बुर्जुआ लेखकों और आलोचकों द्वारा फैलाया गया एक भ्रामक विचार है, जिसके आधार पर साहित्य में 'लघु मानव' और 'आम आदमी' के नारे दिए गए हैं तथा रचना-प्रक्रिया से कल्पना के तत्त्व को एकदम खारिज कर देने की बेतुकी बातों के साथ यथार्थवाद के नाम पर साहित्य, चित्रकला और सिनेमा के क्षेत्रों में कई यथार्थवाद-विरोधी आंदोलन चलाए गए हैं। वास्तव में यथार्थ और कल्पना में विरोध पैदा करना उन सृजन-विरोधी और मानव-द्रोही लोगों की साजिश है, जो भविष्य के नए समाज से, नए मनुष्य से और समाजवाद तथा साम्यवाद के अंतर्गत उसके सुखी एवं सुंदर जीवन की कल्पनाओं से मनुष्य को वंचित रखना चाहते हैं। उन्हें साहित्य में असंभव कल्पनाओं, निरर्थक दिवास्वप्नों और अस्तित्ववादी फंतासियों से कोई परेशानी नहीं होती; कहानी में आदमी कीड़ा-मकोड़ा बन जाए तो उसे वे यथार्थवादी कहने को तैयार रहेंगे; लेकिन ज्यों ही सामाजिक परिवर्तन की शक्तियों का प्रतिनिधि या प्रतीक कोई शक्तिशाली और संघर्षशील 'पॉजिटिव हीरो कहानी में नजर आता है, उन्हें परेशानी होने लगती है और

वे उसे काल्पनिक घोषित या सिद्ध करने पर तुल जाते हैं।

यथार्थ और कल्पना में विरोध देखने के बजाय साहित्य में देखने की बात यह होती है कि लेखक की कल्पना कैसी है। उसकी कल्पना समाज के ऐतिहासिक विकास की गति एवं दिशा के अनुकूल भी हो सकती है और प्रतिकूल भी। अतीत में किसी स्वर्णिम युग की कल्पना करके मानवजाति को उसकी ओर लौट चलने के लिए प्रेरित करनेवालों को लगता है कि मानवता का भविष्य अंधकारमय और भयावह है, जबकि इतिहास इस मिथ्या धारणा का खंडन करके हमें यह बताता है कि मनुष्य उत्तरोत्तर सामाजिक प्रगति करता हुआ एक समतामूलक न्यायपूर्ण समाज-व्यवस्था की ओर बढ़ रहा है। ये दोनों धारणाएँ वस्तुतः दो भिन्न तथा परस्पर-विरोधी विचारधाराओं पर आधारित हैं, जिनसे लेखकों की कल्पनाएँ अनिवार्यतः निर्देशित होती हैं। समाज के ऐतिहासिक विकास की गति एवं दिशा के अनुकूल विचारधारा और भविष्योन्मुखी कल्पना से प्रगतिशील चिंतन और यथार्थवादी रचना का जन्म होता है और उसके प्रतिकूल विचारधारा तथा अतीतोन्मुखी कल्पना से प्रतिगामी चिंतन और आदर्शवादी रचना का।

जो लोग केवल अनुभव को यथार्थवादी रचना का आधार मानते हैं, वे यह नहीं देखते कि एक ही अनुभव मनुष्य को दोनों प्रकार की कल्पनाओं की ओर ले जा सकता है। हमारा अनुभव हमें कैसी कल्पना की ओर ले जाएगा, यह हमारी विचारधारा पर निर्भर करता है। प्रगतिशील विचारधारा के जरिए हम अपने अनुभव से भविष्योन्मुखी कल्पना करते हुए एक यथार्थवादी 'पॉजिटिव हीरो' की सृष्टि कर सकते हैं, जो वर्तमान की वास्तविकता और भविष्य की संभावनाओं का मूर्त रूप होगा, लेकिन प्रतिगामी विचारधारा के जरिए अतीतोन्मुखी आदर्शवादी कल्पना करते हुए हम हमेशा एक आदर्शवादी 'पॉजिटिव हीरो' की सृष्टि करेंगे, जो समाज में कभी संभव नहीं होगा। आदर्शवादी और यथार्थवादी 'पॉजिटिव हीरो' में फर्क यह है कि आदर्शवादी नायक प्रस्तुत करनेवाला लेखक अपने पाठकों से कहता है कि तुम्हें भी ऐसा ही होना चाहिए, जबकि यथार्थवादी नायक प्रस्तुत करनेवाला लेखक उनसे कहता है--तुम भी ऐसे हो सकते हो। रचना-प्रक्रिया के सिलसिले में समझने की बात यह है कि ऐतिहासिक संभावना भी यथार्थ ही है। जो लोग रचना-प्रक्रिया से कल्पना के तत्त्व को खारिज करके मात्र अनुभव के आधार पर यथार्थ-चित्रण का विधान करते हैं, उन्हें अनिवार्यतः रचना-प्रक्रिया में विचारधारा के निषेध की बात करनी पड़ती है। लेकिन उनकी बातों से विचारधारा का निषेध नहीं होता। होता केवल यह है कि वे सचेत रूप से सही विचारधारा को अपनाने के बजाय आँख मूँद कर प्रचलित शासकवर्गीय विचारधारा को अपना लेते हैं और यथार्थवाद के नाम पर सबसे घटिया किस्म की प्रकृतवादी रचना करते हैं, जो शोषक-शासक वर्ग के हितों को ही आगे बढ़ाती है।

बहस शुरू करते हुए मुरली मनोहर प्रसाद सिंह ने कहा : रमेश उपाध्याय ने एक सही मौके पर सही सवालों को अपने ढंग से उठाने की कोशिश की है। यह बहस कितनी जरूरी है, यह इसी से जाहिर है कि उन्हें 'पोलेमिक्स' की शैली अपनानी पड़ी है।

बुनियादी सवाल यह है कि विश्व-परिस्थिति की दृष्टि से वर्तमान युग कौन-सा है? यह युग समाजवाद की चौतरफा विजय और साम्राज्यवाद की पराजय का युग है। इस युग का प्रधान अंतर्विरोध क्या है, इसके बारे में मतभेद हो सकते हैं। एक ओर से कहा जा सकता है कि प्रधान अंतर्विरोध समाजवाद और साम्राज्यवाद के बीच है, तो दूसरी ओर से यह कहा जा सकता है कि प्रधान अंतर्विरोध राष्ट्रीय मुक्ति-संघर्ष और साम्राज्यवाद के बीच है। लेकिन दोनों में ही शक्ति और नेतृत्व प्रदान करनेवाली मुख्य शक्ति सर्वहारा वर्ग ही है, क्योंकि वही एक विकासमान शक्ति है। यही कारण है कि आज की साहित्यिक रचना के केंद्र में समाजवादी यथार्थवादी धारा है और वही मुख्य धारा है। लेकिन गोर्की ने कहा है कि समाजवादी यथार्थवाद के मुख्य होते हुए भी आलोचनात्मक यथार्थवाद और 'रिवोल्यूशनरी रोमांटिसिज्म' उसके विरोधी नहीं, साथी हैं। बहस का दूसरा मुद्दा यह है कि जनवाद क्या है? क्या इसका अर्थ 'बुर्जुआ पार्लियामेंटरी डेमोक्रेसी' है? नहीं। उसके कुछ मूल्य सुरक्षणीय हो सकते हैं, लेकिन हम जिस जनवाद की बात करते हैं, वह जनता का जनवाद या समाजवादी जनवाद ही है। आज विश्व में पूँजीपति कहीं भी जनवाद के लिए नहीं लड़ता, सर्वहारा वर्ग ही जनवाद की रक्षा करता है। जहाँ अर्द्ध-सामंती संबंध कायम हैं, वहाँ भी सर्वहारा वर्ग ही जनवाद की रक्षा करता है और उसे समाजवाद की ओर ले जाता है। इसलिए जनवादी साहित्य में सकारात्मक रूप में समाजवादी यर्थाथवाद, आलोचनात्मक यथार्थवाद और 'रिवोल्यूशनरी रोमांटिसिज्म' – ये तीनों ही धारणाएँ काम करती हैं, लेकिन इनमें मुख्य धारा समाजवादी यथार्थवाद की ही रहती है।

यथार्थवाद को समझने के लिए एंगेल्स द्वारा 'फायरबाख और जर्मन-दर्शन का अंत' में व्यक्त किए गए विचारों को समझना जरूरी है। एंगेल्स ने हीगेल के कुछ सूत्रों की व्याख्या के क्रम में कहा है कि जो तर्कसंगत है, वही यथार्थ है। जिसकी तार्किकता समाप्त हो जाती है, वह यथार्थ नहीं रहता। लेकिन केवल तर्कसंगत ही यथार्थ नहीं, इतिहास के वस्तुगत नियमों के अनुसार उसकी आवश्यकता भी होनी चाहिए। आज पूँजीवाद और साम्राज्यवाद अयथार्थ हो चुका है, क्योंकि न तो वह तर्कसंगत रह गया है, न आवश्यक। इसलिए जो विकासमान और आवश्यक है, वही यथार्थ है। यह है जनवाद और समाजवाद। आज जो कहानीकार केवल दमन और पस्ती का चित्रण करके छोड़ देते हैं, उनकी कहानियों में यथार्थ नहीं होता। यथार्थ-चित्रण का मतलब है : जो विकासमान है, उसको उभारना, अर्थात् पुरानी व्यवस्था से संघर्ष करके आगे आती हुई नई व्यवस्था का ठोस रूप में चित्रण करना। मौजूदा वास्तविकता के भीतर भ्रूण रूप में विकासमान यथार्थ का चित्रण ही यथार्थवाद है। आलोचनात्मक यथार्थवाद कहानीकार को वहाँ तक नहीं ले जाता, जहाँ तक समाजवादी यथार्थवाद और 'रिवोल्यूशनरी रोमांटिसिज्म' ले जाता है।

कुछ लोग पतनशील बुर्जुआ वर्ग और पूँजीवादी व्यवस्था के 'एक्स्पोजर' को ही यथार्थवाद समझते हैं, लेकिन यह काम तो आज अज्ञेय जैसे बुर्जुआ लेखक भी कर

रहे हैं। हमारा काम यहाँ से आगे शुरू होता है। हमारा काम है उस यथार्थ का चित्रण, जिसकी ओर हम बढ़ रहे हैं, भले ही वह पूर्ण रूप में नहीं, भ्रूण रूप में ही हो। रमेश ने 'पॉजिटिव हीरो' की बात उठाई है, वह बात अपनी जगह सही है। लेकिन 'पॉजिटिव हीरो' का मतलब यह नहीं है कि हम ऐसा नायक गढ़ कर प्रस्तुत कर दें, जो आज कहीं नहीं मिलता और कल मिल सकता है। 'पॉजिटिव हीरो' वह है, जो आज पूर्ण रूप में न सही, भ्रूण रूप से ही सही, लेकिन मिलता है। लेनिन ने कहा है कि क्रांति राजनीतिक गतिविधियों की पराकाष्ठा है, लेकिन 'पॉजिटिव हीरो' केवल पराकाष्ठा के बिंदु पर पहुँच कर ही मिले, यह आवश्यक नहीं। वह दिन-प्रतिदिन की राजनीतिक गतिविधियों में भी मिल सकता है। इसलिए 'पॉजिटिव हीरो' कल का आदमी नहीं, आज का ही आदमी है। रमेश के निबंध में कहीं-कहीं स्वतःस्फूर्तता की गंध है। समाजवाद आएगा ही आएगा, ऐसी बात नहीं है। उसके लिए सचेत प्रयास की जरूरत होती है। इसलिए समाजवादी यथार्थवादी लेखन के लिए विचारधारा से निर्देशित सचेत प्रयास की आवश्यकता है।

रामबक्ष ने कहा : यह बहस एक तरह से कल की बहस का विकास है। कल की ही नहीं, यह दरअसल उस बहस का विकास है, जो अक्टूबर (1978) में जनवादी लेखक शिविर में शुरू हुई थी। उसी बहस के क्रम में मैंने कल यह स्पष्ट करने की कोशिश की थी कि यथार्थवाद को आलोचना के प्रतिमान के रूप में प्रतिष्ठित करने की जरूरत है। एक उदाहरण से मैं आज अपनी बात कुछ और स्पष्ट करूँगा। 'इमरजेंसी' से पहले प्रगतिशील साहित्य पर कोई 'सेंसर' नहीं था, लेकिन 'इमरजेंसी' में जब 'सेंसरशिप' लागू हुई तो प्रगतिशील लेखकों के सामने यह संकट आ खड़ा हुआ कि वे क्या लिखें? बहुत-सों ने लिखा मगर छपवाया नहीं। दरअसल यह एक रचनात्मक चुनौती थी, जिसने हमें अहसास कराया कि हमारे पास अभिव्यक्ति के ऐसे उपकरण होने चाहिए, जिनसे ऐसी स्थितियों में भी हम अपनी बात कह सकें। ब्रिटिश शासन-काल में भी 'सेंसरशिप' थी, फिर भी लोग लिखते थे। प्रेमचंद का रचनात्मक विकास तो 'सोजेवतन' पर पाबंदी लग जाने के बाद ही हुआ। उसके बाद उन्होंने ऐसा लेखन किया कि उससे जनता तो उनकी बात समझे, पर सत्ता न समझे। इसलिए 'सेंसर' के कारण उनका लिखना बंद नहीं हुआ। साहित्य में यथार्थवाद के आग्रह का मतलब इसी प्रकार के साहित्य के आग्रह से है।

कुछ लोगों को जरा भी लीक से हट कर कही गई बात में 'बुर्जुआजी' की गंध आने लगती है। कुछ लेखकों के नाम लेने पर मेरी आलोचना की गई, लेकिन मेरा कहना यह था कि यदि कोई बुर्जुआ साहित्यकार यह दिखाता है कि इस व्यवस्था में मनुष्यता की कोई जगह नहीं, तो वह हमारे पक्ष में है। जहाँ तक जनवाद का प्रश्न है, इसमें संदेह नहीं कि उसकी रक्षा और स्थापना का काम सर्वहारा वर्ग का ही है, लेकिन अपने-आपको सर्वहारा की पार्टियाँ कहनेवाली भारत की कम्युनिस्ट पार्टियाँ जनवाद कहाँ देखती हैं ? सी.पी.आइ. को कांग्रेस में कुछ जनवादी तत्त्व नजर आते थे,

इसलिए उसने कांग्रेस और 'इमरजेंसी' का समर्थन किया और सी.पी.एम. को जनता पार्टी में जनवादी तत्त्व नजर आते हैं, इसलिए वह उसका समर्थन कर रही है। इसी तरह यदि 'पीपुल्स यूनियन फॉर सिविल लिबर्टीज' में शामिल कुछ बुर्जुआ मानवतावादी लोग जनतांत्रिक मूल्यों के लिए आवाज उठाते हैं तो हमें उनको अपने साथ रखना चाहिए। रेणु या रघुवीर सहाय को महत्त्व देने का मतलब उन्हें 'कंसेशन' देना नहीं, उनके स्वस्थ तत्त्वों को रेखांकित करना है।

दिविक रमेश ने कहा : रमेश उपाध्याय ने 'पॉजिटिव हीरो' की बात करते समय यथार्थवाद और यथास्थितिवाद को एक-दूसरे का विरोधी बताया है। यह गलत है, क्योंकि हम यथास्थिति के जरिए ही यथार्थ तक पहुँच सकते हैं। विचारधारा और अनुभव में भी हमें फर्क करना चाहिए। मेरी यह मान्यता है कि विचारधारा एक टॉर्च की तरह है, जिसके सहारे हमें यथार्थ का बीहड़ अँधेरा जंगल पार करना है, लेकिन उस बीहड़ अँधेरे में देखना तो हमें अपनी खुली आँखों से ही पड़ेगा। बिना अनुभव के विचारधारा कुछ नहीं होती। केवल विचारधारा से साहित्य नहीं लिखा जा सकता। मुरली बाबू ने कहा कि दमन और पस्ती का चित्रण यथार्थ नहीं, लेकिन सवाल यह है कि क्या हँसते-मुस्कराते मजदूरों का चित्रण यथार्थ होगा? वे जिस बात पर खुश हो रहे हों, वह उनका भ्रम भी तो हो सकता है। यथार्थ क्या है, इसका पता वहाँ विचारधारा से नहीं चलेगा, अनुभव से चलेगा। जिसके पास अनुभव नहीं होंगे, वह काल्पनिक दुनिया में रहेगा। रमेश उपाध्याय ने कल्पना पर बहुत जोर दिया है, लेकिन कल्पना से यथार्थवाद नहीं, चमत्कार पैदा होता है। यथार्थवाद तो यथास्थिति के चित्रण द्वारा ही आ सकता है। उनकी यह मान्यता भी गलत है कि कथ्य का अपना शिल्प नहीं होता। प्रत्येक कथ्य का अपना शिल्प होता है।

महेश दर्पण ने कहा : जो लोग यथार्थवाद और यथास्थितिवाद का अर्थ तक नहीं समझते, उनके बारे में क्या कहा जाए? दिविक रमेश ने टॉर्च और आँखोंवाली बात कह कर विचारधारा और अनुभव को फिर अलग-अलग कर दिया, जबकि कल से यहाँ कई विद्वान् लोग बार-बार यह बात कह रहे हैं कि दोनों परस्पर अटूट रूप से संबंधित हैं। और यह कौन-सी विचारधारा है, जो लेखक को यह बताती है कि समाज बीहड़ अँधेरा जंगल है और लेखक उसमें अकेला अपनी टॉर्च लिये भटक रहा है? मुरलीबाबू की बातों को भी दिविक जी ने बिलकुल गलत समझा है।

जहाँ तक रामबक्ष की बातों का सवाल है, उन्हें केवल 'इमरजेंसी' में ही प्रगतिशील साहित्य पर 'सेंसर' लगा दिखाई दिया। वास्तविकता यह है कि उस पर 'सेंसर' पहले भी था और आज भी है। सबसे बड़ा 'सेंसर' तो प्रकाशन-संबंधी है। व्यावसायिक पत्रिकाओं में प्रगतिशील लेखक आज तभी छप सकते हैं, जब स्वयं ही अपनी रचनाओं को 'सेंसर' करके भेजें। रामबक्ष शायद यही कहना चाहते हैं। उन्होंने प्रेमचंद का उदाहरण दिया, लेकिन आज के प्रतिशील लेखक प्रेमचंद की स्थिति में नहीं हैं। प्रेमचंद एक तो स्वयं अपने प्रकाशक थे, अत: उनके सामने प्रकाशन की समस्या नहीं थी; दूसरे,

वह दौर राष्ट्रीय स्वाधीनता आंदोलन का दौर था, जिसमें अंग्रेजों के 'सेंसर' के बावजूद पूँजीपतियों को साम्राज्यवाद-विरोधी लेखकों की आवश्यकता थी और ऐसी रचनाएँ छप जाया करती थीं। लेकिन आज स्थिति यह है कि पूँजीपति यथार्थवादी रचना नहीं, यथास्थितिवादी रचना प्रकाशित करना चाहते हैं। लेकिन क्या प्रगतिशील लेखकों से यथास्थितिवादी रचनाओं की माँग उचित है? जहाँ तक रामबक्ष का यह कहना है कि आज के प्रगतिशील लेखकों की रचनाओं को जनता नहीं समझ पाती, मैं उन्हें बता देना चाहता हूँ कि आज का पाठक कई टुटपुँजिए लेखकों-आलोचकों से कहीं आगे है।

जवरीमल पारख ने कहा : रमेश उपाध्याय ने 'पॉजिटिव हीरो' की बात उठाई है। उससे हमारा विरोध नहीं है और हो भी नहीं सकता। उन्होंने जिस 'हीरो' की बात की है, वह तो जनवादी साहित्य से आना ही चाहिए, क्योंकि वह समूह से उत्पन्न और समूह का नायक होता है, जैसे पावेल; मगर एक और भी 'हीरो' होता है, जो समूह का नहीं, समूह पर थोपा हुआ होता है, जैसे 'थैंक यू मिस्टर ग्लाड' का नायक। रमेशजी ने दूसरी बात मजदूरों और किसानों के चित्रण के बारे में उठाई है। जनवादी कहानी में मजदूर-किसान के चित्रण से हमारा विरोध नहीं है, लेकिन यह देखना होगा कि मध्यवर्गीय लेखक उनका चित्रण किस प्रेरणा से करते हैं, क्योंकि वह प्रेरणा ही निर्णायक होती है। मध्यवर्गीय लेखक प्राय: उनका चित्रण वैचारिक स्तर पर ही करते हैं, उनसे मानसिक स्तर पर जुड़ कर नहीं करते। इसलिए यह पूछना आवश्यक हो जाता है कि वैचारिक स्तर पर किए गए उस चित्रण की आवश्यकता और सार्थकता क्या है? लेकिन मुझे गलत न समझा जाए, रामबक्ष की बातों से मैं सहमत नहीं हूँ। बुर्जुआ लेखक यथार्थ को 'एक्सपोज' तो करते हैं, लेकिन उनके 'एक्सपोजर' से यह अर्थ नहीं निकलता कि यह जीवन जीने योग्य नहीं है, इसलिए इसे बदलना चाहिए, बल्कि उसका अर्थ केवल यह निकलता है कि जीवन जीने योग्य न तो है और न कभी होगा। ऐसे लेखकों को मानवतावादी नहीं कहा जा सकता।

मनमोहन ने कहा : यह बात पहले भी कई बार उठाई जा चुकी है कि विचारधारासंपन्न लेखक किस तरह के यथार्थवाद का सृजन करे। 'पॉजिटिव हीरो' की अवधारणा से सैद्धांतिक स्तर पर कोई असहमति नहीं, लेकिन सवाल यह है कि रचना में उसे हम कैसे हासिल करते हैं। पिछले दस साल के लेखन में जो एक आशावाद रहा है, उसकी समीक्षा भी होनी चाहिए। 'पॉजिटिव हीरो' आशावाद और निराशावाद, दोनों की देन हो सकता है। जो लेखक यथार्थ को बदलना चाहता है, उसे मालूम होना चाहिए कि मौजूदा यथार्थ क्या है, जिसे बदलना या हटाना है। जो हटाना है, हमें जब तक उसका बोध नहीं, तब तक उसकी जगह जो स्थापित करना है, उसका बोध भी नहीं हो सकता। इसलिए यथार्थवादी लेखक के लिए मौजूदा परिस्थितियों को समझना और उनकी सतत आलोचना करना अनिवार्य है। यदि राज्य या व्यवस्था हमारे लिए अमूर्त है तो हम यथार्थ से टकराने के बजाय एक 'यूटोपिया' की शरण लेंगे और यह हमारा

आशावाद नहीं, निराशावाद होगा। यह निराशावाद हमें यथार्थ से पलायन करना सिखाता है और इसके जरिए हम कोई वास्तविक 'पॉजिटिव हीरो' अपनी रचना में नहीं ला सकते। पिछले दस वर्षों की अधिकांश कविताएँ ऐसी हैं कि अंतिम पंक्तियों से कुछ पहले तक उनमें दमन और उत्पीड़न का अंधकार ही अंधकार दिखाई देता है और अंतिम पंक्तियों में अचानक क्रांति का प्रकाश हो जाता है। यह यथार्थ से टकराने के बजाय उससे कतरा कर निकल जाना और सत्य के बजाय एक स्वप्न की शरण लेना है, जो हमारे आशावाद की नहीं, निराशावाद की देन है, जिसके कारण हम क्रांति की पूरी प्रक्रिया को समझे बिना झट से कविता में क्रांति कर डालते हैं। यथार्थवादी रचना के लिए हमें यह ध्यान रखना चाहिए कि हमें विचारों से विचारों को अपदस्थ नहीं करना है, बल्कि एक यथार्थ को यथार्थ से अपदस्थ करना है, और यह काम तब तक नहीं हो सकता जब तक हम उस भयानक यथार्थ का चित्रण नहीं करते, जिसे हमें बदलना है।

कहानी में सर्वहारा वर्ग को केंद्र में रखा जाए या मध्यवर्ग को, यह फैसला करना आसान नहीं है। यथार्थ पर यदि लेखक की पूरी पकड़ है तो वह किसी भी वर्ग के पात्रों को उठा कर यथार्थवादी रचना कर सकता है। पिछले दिनों हमारे साहित्य में मध्यवर्ग के प्रति एक प्रकार की घृणा दिखाई दी है। लेकिन मध्यवर्गीय लेखकों में मध्यवर्ग के प्रति पाई जानेवाली यह घृणा या अपराध-भावना वास्तव में मध्यवर्गीय दृष्टिकोण है। इसी से उसमें सर्वहारा वर्ग के पात्रों के प्रति ललक पैदा होती है। लेकिन यह यथार्थ नहीं, 'रोमांटिसिज्म' है। यही कारण है कि सर्वहारा वर्ग के पात्रों को लेकर लिखी गई ज्यादातर कहानियों में सर्वहारा वर्ग का चित्रण मध्यवर्गीय दृष्टिकोण से किया गया दिखाई देता है और ऐसी कहानियों के वे 'पॉजिटिव हीरो', जो लेखक की आस्था के प्रतीक होते हैं, अवास्तविक हो जाते हैं और न तो हमें आकृष्ट कर पाते हैं, न प्रभावित। इसलिए सवाल यह नहीं है कि जनवादी कहानी में 'पॉजिटिव हीरो' होना चाहिए या नहीं, सवाल यह है कि हम उसे कैसे हासिल करते हैं।

राजा खुगशाल ने कहा : रमेश उपाध्याय ने जनवादी कहानी की रचना-प्रक्रिया को काफी विस्तार से स्पष्ट किया है। बाद के वक्ताओं ने अधिकतर उन्हीं की बातों को अपने-अपने ढंग से दोहराया है। अतः मैं कहानी की रचना-प्रक्रिया की चर्चा को आगे बढ़ाने के बजाय कविता के संदर्भ में विचारधारा की बात करना चाहता हूँ। यह कहना कि पिछले एक दशक की कविता में यथार्थवाद के स्थान पर 'रोमांटिसिज्म' और आशावाद के स्थान पर निराशावाद रहा है, जनवादी कविता की उपलब्धियों को नकारना है। इस दौर में 'मोचीराम', 'बलदेव खटिक', 'कठफूला बाँस', 'समरगाथा', 'हरिजन-गाथा' आदि जो अनेक 'थीमेटिक' कविताएँ लिखी गई हैं, उनकी रचना-प्रक्रिया पर विचार करें तो उक्त आरोप एक बड़ा गलत सरलीकरण लगता है।

राजकुमार सैनी ने कहा : मुरली बाबू ने यथार्थ की व्याख्या केवल 'रैशनल' और 'एसेंशियल' के रूप में की, लेकिन वास्तविकता 'रैशनल' और 'ऐसेंशियल' ही नहीं,

'फिनोमेनल' भी होती है। रचना में जो वास्तविकता आती है, वह यही 'फिनोमेनल' वास्तविकता होती है। दिविक रमेश ने विचारधारा और अनुभव को अलग करके देखा, लेकिन यह गलत है। वे शायद 'एपीयरेंस' और 'एसेंस' की बात करना चाहते थे, लेकिन इन दोनों में द्वंद्वात्मक संबंध होता है और यह संबंध विचारधारा का संबंध होता है और एक वैज्ञानिक विचारधारा द्वारा ही उसे समझा जा सकता है। टॉर्च और आँखों वाला रूपक ठीक नहीं, क्योंकि उससे अनुभव और विचार का द्वंद्वात्मक संबंध सामने नहीं आता। विचार को अनुभव से और अनुभव को विचार से अलग नहीं किया जा सकता। मनमोहन ने मध्यवर्गीय लेखकों में मध्यवर्ग के प्रति घृणा की बात कही, आत्मघृणा यदि उनमें है तो गलत है, लेकिन आत्मालोचना गलत नहीं। और मध्यवर्ग को आत्मालोचना के लिए अनिवार्यतः सर्वहारा वर्ग का दृष्टिकोण अपनाना होगा, अन्यथा मध्यवर्गीय दृष्टिकोण से तो वह आत्मालोचना तो क्या, आत्मघृणा भी नहीं कर पाएगा। अतः मध्यवर्गीय लेखकों में सर्वहारा वर्ग के चित्रण की ललक को मात्र 'फैशन' या 'रोमांटिसिज्म' कह कर हमें उनका मजाक नहीं उड़ाना चाहिए, बल्कि आत्मालोचना के लिए उस चित्रण की आवश्यकता को उनकी रचना-प्रक्रिया के संदर्भ में सहानुभूतिपूर्वक समझना चाहिए।

शैलेंद्र श्रीवास्तव ने कहा : रमेश उपाध्याय ने 'पॉजिटिव हीरो' के संबंध में कल्पना की बात की है, लेकिन लेखकीय कल्पना कपोलकल्पना नहीं होती। कहानी में जो घटनाएँ घटती हैं, वे वास्तविक जगत् में कहीं-न-कहीं अवश्य घटित हुई रहती हैं। दिविक रमेश ने विचारधारा को टॉर्च और समाज को जंगल बताया, यह उनका व्यक्तिगत नजरिया है, वास्तविकता नहीं। वास्तव में सामाजिक अनुभव और विचारधारा को लेखन से अलग नहीं किया जा सकता।

प्रताप सिंह ने कहा : मनमोहन ने एक बहुत जरूरी बात कही कि कहानी में 'पॉजिटिव हीरो' को हासिल कैसे किया जाए। रमेश उपाध्याय खुद कहानीकार हैं। मैंने बहुत पहले इनकी एक कहानी 'गलत पते पर' पढ़ी थी, जब ये मार्क्सवादी नहीं थे और रंगीन पत्रिकाओं में छपते थे। लेकिन 'पॉजिटिव हीरो' उनकी उस कहानी में भी था और प्रभावशाली था। फिर 'पॉजिटिव हीरो' की बात जनवादी कहानी के संदर्भ में ही क्यों की जाए ? लेकिन रमेश के पर्चे में एक महत्त्वपूर्ण बात कही गई है कि विचारधारा का महत्त्व लेखक के लिए इसलिए है कि वह यथार्थ को कैसे देखे और कैसे चित्रित करे। प्रेमचंद आज इसीलिए प्रासंगिक हैं कि वे मध्यवर्गीय मूल्यों से आगे बढ़ गए थे। लेकिन यह स्पष्ट नहीं हो पाया कि जनवादी कहानी का मापदंड क्या है।

रमेश रंजक ने कहा : मुरली बाबू ने रचना-प्रक्रिया के संदर्भ में विचारधारा का केवल बाहरी पक्ष लिया, आंतरिक पक्ष नहीं। रचना के लिए तीन चीजें जरूरी हैं : ज्ञान, अनुभूति और नाद या लय। मुक्तिबोध ने रचना-प्रक्रिया में जिन तीन क्षणों की चर्चा की है, उनमें से पहले दो क्षणों की बात सब पर लागू नहीं होती। (रमेश रंजक ने गीत की रचना-प्रक्रिया में संगीत की विस्तृत चर्चा की और बताया कि संगीत भी विचारधारा

से शून्य नहीं होता।)

गोष्ठी के अंत में अध्यक्ष-मंडल के दो सदस्यों ने अपने संक्षिप्त अध्यक्षीय भाषण किए। जयचंद्र राय ने कहा : रमेश उपाध्याय ने अपने पर्चे में 'पॉजिटिव हीरो' की समस्या उठा कर वर्तमान साहित्य और समाज की एक प्रमुख समस्या को रेखांकित किया। वह समस्या यह है कि हम जिस व्यवस्था के दौर से गुजर रहे हैं, उसके यथार्थ ने एक नए संभावनामय यथार्थ को आच्छन्न कर रखा है। उस नए यथार्थ की तलाश बहुत जरूरी है। साहित्य में ही नहीं, समाज में भी। वैज्ञानिक विचारधारा हमें यथार्थ के वैज्ञानिक विश्लेषण की शक्ति देती है और वह विश्लेषण वस्तुसत्य से हमारा साक्षात्कार कराता है। पर्चे में इस पर जोर दिया गया है, इसके लिए मैं लेखक को बधाई देता हूँ। एक वक्ता ने यहाँ कहा कि लेखक की यह मान्यता गलत है कि कथ्य का अपना शिल्प नहीं होता, लेकिन मेरे विचार से वक्ता महोदय की ही मान्यता गलत है कि प्रत्येक कथ्य का अपना शिल्प होता है। यह एक भाववादी मान्यता है, जो हमें दैवी प्रेरणा के सिद्धांत की ओर ले जाती है, जिसमें रचनाकार को एक निष्क्रिय माध्यम मात्र माना जाता है। वास्तविकता यह है कि रचनाकार सचेत रूप से अपना कथ्य चुनता और उसे उचित रूपाकार देता है। इस संदर्भ में रमेश रंजक की बातें ज्यादा सही थीं। प्रत्येक लेखक अपने कथ्य के लिए उचित शिल्प का अनुसंधान करता है और इसमें उसकी विचारधारा प्रमुख भूमिका निभाती है। इस अनुसंधान के लिए द्वंद्वात्मक भौतिकवाद ने हमें जो दृष्टि दी है, वही सबसे सही दृष्टि है। उसी से वैज्ञानिक विश्लेषण की क्षमता और सत्य की रचना संभव है।

शमशेर बहादुर सिंह ने कहा : मैं गोष्ठी के आयोजकों के प्रति कैसे आभार व्यक्त करूँ जिन्होंने 'विचारधारा और रचना-प्रक्रिया' जैसे विषय पर होनेवाली गोष्ठी का अध्यक्ष एक ऐसे रचनाकार को बना दिया, जो विचारों से अधिक अपनी कल्पना की दुनिया में उलझा रहता है। लेकिन मैंने यह महसूस किया कि यहाँ जो बहसें होती हैं, उनका असर होता है। मैं पिछले दो वर्षों से यहाँ के सम्मेलनों में आ रहा हूँ। लेकिन इस बार मैंने यह महसूस किया कि बहसें बिखरी-बिखरी न होकर समाहार की ओर जा रही हैं।

गोष्ठी के तीसरे अध्यक्ष और संचालक सुधीश पचौरी ने आयोजकों तथा गोष्ठी में भाग लेनेवाले लेखकों और श्रोताओं को धन्यवाद देकर गोष्ठी का समापन किया।

अपराह्न में सम्मेलन की अंतिम गोष्ठी रचना-गोष्ठी के रूप में हुई जिसकी अध्यक्षता त्रिलोचन, हंसराज रहबर और शमशेर बहादुर सिंह ने की। संचालन राजकुमार शर्मा ने किया।

रचना-पाठ के क्रम में सवर्प्रथम रमेश उपाध्याय ने अपनी कहानी 'धर्मशालावाली औरत' पढ़ कर सुनाई। (यह कहानी बाद में 'अग्निसंभवा' शीर्षक से प्रकाशित हुई।) तत्पश्चात् कविता-पाठ हुआ, जिसमें क्रमशः धनंजय सिंह, विवेकानंद, कुँवर बेचैन, रमेश रंजक, कुलदीप सलिल, स्वामी शरण 'स्वामी', शैलेंद्र श्रीवास्तव, राजा खुगशाल,

प्रताप सिंह, हरीश अखिल, राजकुमार सैनी, अच्छीराम, मनमोहन, योगेंद्र दत्त शर्मा, श्रीकृष्ण शर्मा, कुमार अनुपम, पुरुषोत्तम प्रतीक, सतीश वशिष्ठ, आनंद क्रांतिवर्धन, प्रेमनाथ शर्मा, शिवकुमार बुंदेला, विनोद खोसला, हंसराज रहबर, त्रिलोचन और शमशेर बहादुर सिंह ने अपनी कई-कई रचनाएँ सुनाईं।

अंत में बिशनलान गौड़, राजकुमार शर्मा और कॉलेज के प्राचार्य बी. एस. त्यागी ने सम्मेलन की सफलता पर संतोष और प्रसन्नता व्यक्त करते हुए लेखकों को धन्यवाद दिया और घोषणा की कि अब तक के पाँचों सम्मेलनों में पढ़े गए निबंधों और बहस की रिपोर्टों की एक पुस्तक शीघ्र ही प्रकाशित की जाएगी। (बाद में ऐसी दो पुस्तकें प्रकाशित हुईं : राजकुमार शर्मा के संपादन में 'विचारधारा और साहित्य' और राजकुमार शर्मा तथा जानकी प्रसाद शर्मा के संपादन में 'प्रेमचंद और यथार्थवादी परंपरा')।

सम्मेलन में हुई गोष्ठियों में कई अन्य लेखक भी उपस्थित थे, जिन्होंने यद्यपि चर्चा में भाग नहीं लिया, तथापि जिनकी उपस्थिति महत्त्वपूर्ण थी। ये थे कर्णसिंह चौहान, चंचल चौहान, प्रेम जनमेजय, रमेश बत्तरा, अवध नारायण मुद्‌गल, जगदीश चंद्रिकेश, पुरुषोत्तम वज्र, रमेश हरित, कुमार संभव, गिरिधर गोपाल, राजेंद्र शर्मा, भगवत स्वरूप गोयल, नित्यानंद तिवारी, वी. के. राय आदि।

(जनवरी, 1979)

जनवादी कहानी : रचना और आलोचना की समस्याएँ

चंडीगढ़ से प्रकाशित होनेवाली साहित्यिक पत्रिका 'निर्झर' से संबंधित 'निर्झर सहकार मंडल' के तत्त्वावधान में 'विचारीश' नामक जनवादी साहित्यिक-सांस्कृतिक मंच द्वारा 12 और 13 मई 1979 को आयोजित द्विदिवसीय लेखक सम्मेलन में जनवादी कहानी की रचना और आलोचना से संबंधित विभिन्न पक्षों पर महत्त्वपूर्ण विचार-विमर्श हुआ। इसमें स्थानीय लेखकों–कुमार विकल, सुरेंद्र मनन, प्रचंड, नरेंद्र निर्मोही, नरेंद्र बाजवा, मुकेश सेठी, जयसिंह आर्य, रमेश आनंद, धर्मेंद्र गोयल, श्याम भारती, प्रताप मेहता, सत्यप्रकाश सहगल आदि–के अलावा बाहर से भी बहुत-से लेखक आए थे, जैसे दिल्ली से भीष्म साहनी, रमेश उपाध्याय, आनंद प्रकाश, राजकुमार शर्मा, चंचल चौहान, राजकुमार सैनी, रमेश बत्तरा, प्रेम जनमेजय, सुरेश धींगड़ा, अनिल जनविजय और जानकी प्रसाद शर्मा; मुजफ्फर नगर से हरिश्चंद्र और रघुनाथ प्यासा; जालंधर से तरसेम गुजराल और गुरबचन सिंह; गाजियाबाद से अनिल कौशिक और आनंदपाल सिंह; लैंसडौन से राजकुमार गौतम; अलीगढ़ से सुरेंद्र सुकुमार; कानपुर से श्रीनाथ; भोपाल से विनोद तिवारी; लखनऊ से प्रभुशंकर गुप्त; कुरुक्षेत्र से पृथ्वीराज अरोड़ा; कैथल से यशकुमार मंगल; अंबाला से सूर्यस्वामी; बंगा से सुरेंद्र मंथन और नवाँशहर से कमलेश भारतीय।

स्वागत-समारोह और उद्घाटन-भाषण आदि की औपचारिकताओं से मुक्त इस सम्मेलन की शुरूआत शनिवार, 12 मई को सुबह एक संक्षिप्त रचना-गोष्ठी से हुई, जिसकी अध्यक्षता रमेश उपाध्याय ने की और संचालन किया रमेश बत्तरा ने। इसमें राजकुमार गौतम और नरेंद्र निर्मोही ने कहानी-पाठ किया। इसके बाद विचार-गोष्ठियाँ हुईं, जिनका विवरण इस प्रकार है :

पहली गोष्ठी। 12 मई 1979 पूर्वाह्न। विषय : जनवादी कहानी की रचना-प्रक्रिया। अध्यक्ष : राज़कुमार शर्मा। संचालक : प्रेम जनमेजय। प्रमुख वक्ता : रमेश उपाध्याय।

गोष्ठी के संचालक प्रेम जनमेजय ने जनवादी कहानी का सामान्य परिचय देते हुए

यह प्रश्न उठाया कि ऐसी क्या बात है कि आज जनवादी कहानी की रचना-प्रक्रिया पर विचार करना इतना आवश्यक हो उठा है। इस प्रश्न को वक्ताओं तथा श्रोताओं के लिए खुला छोड़ कर उन्होंने रमेश उपाध्याय को निबंध-पाठ करने के लिए आमंत्रित किया।

रमेश उपाध्याय ने हाल ही में लिखे गए अपने निबंध 'जनवादी कहानी की रचना-प्रक्रिया' को संक्षिप्त रूप में प्रस्तुत करने के बाद कहा : भारतीय साहित्य आज दो परस्पर-विरोधी प्रवृत्तियों के रूप में संघर्ष करता हुआ विकसित हो रहा है। एक ओर पूँजीवादी वर्ग-हितों का पोषक, साम्राज्यवादी शक्तियों का समर्थक और सामंतवादी मूल्यों का रक्षक वह व्यावसायिक साहित्य है, जो सामाजिक यथार्थ पर परदा डाल कर जनता को भ्रमित करते हुए वर्तमान समाज-व्यवस्था को कायम रखना चाहता है, तो दूसरी ओर पूँजीवाद-सामंतवाद-साम्राज्यवाद का विरोधी वह जनवादी साहित्य है, जो सामाजिक यथार्थ को सामने लाकर जनता को सचेत और संघर्षशील बनाते हुए मौजूदा समाज-व्यवस्था को बदलना चाहता है। समकालीन कहानी में भी यह संघर्ष चल रहा है, जिसके कारण कहानी की रचना और आलोचना में अनेक परिवर्तन होते दिखाई दे रहे हैं। जनवादी कहानी की रचना-प्रक्रिया के संबंध में मेरे विचार से पाँच प्रश्नों पर विचार करना आवश्यक है।

पहला प्रश्न भाषा का है। जनवादी कहानी की भाषा व्यावसायिक और तथाकथित साहित्यिक अर्थात् कलावादी कहानी की भाषा से स्पष्टतः भिन्न है। साहित्य की भाषा में परिवर्तन का अर्थ होता है हमारे जीवन में परिवर्तन, समाज के अन्य लोगों के साथ हमारे संबंधों में परिवर्तन, क्योंकि भाषा हमारी व्यावहारिक चेतना है, जो सदा सामाजिक होती है। अतः कहानी में कैसी भाषा आए, यह हमारी इच्छा पर नहीं, बल्कि हमारी समूची जीवन-प्रक्रिया, विचारधारा, पक्षधरता और प्रतिबद्धता पर—अर्थात् हमारे संपूर्ण सामाजिक अस्तित्व और व्यक्तित्व पर निर्भर है। इसलिए जनवादी कहानी की रचना-प्रक्रिया लिखने की मेज पर बैठ कर नहीं, बल्कि हमारी जीवन-प्रक्रिया से शुरू होती है और उसी में पूर्ण भी होती है।

दूसरा प्रश्न कथ्य के संबंध में उठता है। जनवादी कहानीकार अपने बाह्य परिवेश तथा आभ्यंतर जगत् में संघर्ष और आत्मसंघर्ष करता हुआ उन सब चीजों का विरोध करता है, जो असंगत, फालतू, मृत और जड़ हैं और उन चीजों को अपना नैतिक समर्थन तथा सौंदर्यात्मक अभिशंसा प्रदान करता है, जो तर्कसंगत, प्रासंगिक तथा ऐतिहासिक दृष्टि से आवश्यक हैं, जिनमें जीवन है, चेतना है, और आगे विकास की संभावना है। वर्णन या चित्रण वह दोनों प्रकार की चीजों का करता है, लेकिन ध्वंस और निर्माण की एक अनवरत प्रक्रिया से गुजरता हुआ वह गलत चीजों के विरुद्ध संघर्ष करता हुआ सही चीजों को समाज में प्रतिष्ठित करता है।

तीसरा प्रश्न जनवादी कहानी के शिल्प का है। कुछ लोग यह मानते हैं कि कथ्य का अपना शिल्प होता है, इसलिए शिल्प के लिए परेशान होने की जरूरत नहीं। लेकिन

कथ्य को रूपाकार देना एक सचेत क्रिया है, क्योंकि परंपरा से प्राप्त विधाओं के रूप तथा उपकरण यदि एक ओर हमारी अभिव्यक्ति में सहायक होते हैं, तो दूसरी ओर बाधक भी हो सकते हैं। हम अपने कथ्य के लिए महज उनका उपयोग नहीं करते, आवश्यकतानुसार उनका संशोधन, परिवर्द्धन, नवीनीकरण तथा रूपांतरण भी करते हैं, और यह सब हमें समाज और साहित्य की पारस्परिक अपेक्षाओं के मिलन-बिंदु पर पहुँच कर अपनी अभिव्यक्ति को संप्रेषणीय बनाने के लिए अनिवार्यतः करना होता है, निरंतर और सचेत रूप से। लेकिन इसका मतलब यह कदापि नहीं है कि जनवादी कहानी का कोई एक निश्चित रूप या शिल्प होता है और प्रत्येक जनवादी कहानी उसी रूप या शिल्प में लिखी जाती है। ब्रेख्त ने कहा है—सत्य को छिपाने के हजारों तरीके हो सकते हैं, तो सत्य को सामने लाने के भी हजारों तरीके हो सकते हैं।

चौथा प्रश्न कहानी में यथार्थ की चित्रण-पद्धति का है। यह मान्यता भ्रामक है कि लेखक केवल अपने देखे-जाने और जिये-भोगे को लिख कर यथार्थवादी लेखक हो जाएगा। यथार्थ चित्रण का अर्थ है सामाजिक यथार्थ में निहित अंतर्विरोधों को सही-सही समझना, उनसे उत्पन्न समस्याओं को वस्तुगत रूप में जानना, उनके बारे में अपनी राय कायम करना, उनके समाधान खोजना और तब अपनी समूची समझ, जानकारी, राय और सूझ के साथ संभावित या प्रस्तावित समाधान की ओर संकेत करते हुए एक संवेदनशील कलाकार की दृष्टि से उन्हें उनकी समग्रता में प्रस्तुत करना। जिस चित्रण में यह चीज नहीं होती, वह यथार्थवादी चित्रण नहीं होता। मसलन गरीबी का चित्रण मात्र कर देना यथार्थवाद नहीं है, उस चित्रण से गरीबी एक सामाजिक समस्या के रूप में पाठक के सामने आनी चाहिए, ताकि वह इसका कारण और समाधान खोजने के लिए प्रेरित हो।

पाँचवाँ और सबसे ज्यादा विवादास्पद प्रश्न यह है कि जनवादी कहानी में कौन-से विषय और किस प्रकार के चरित्र उठाए जाएँ। अपने जिये-भोगे को ही यथार्थ माननेवाले लोग अनुभव की प्रामाणिकता के नाम पर लेखकों को अपनी ही दुनिया में सीमित रहने की सलाह देते हैं, जो एक मध्यवर्गीय दुनिया है, क्योंकि अधिकांश लेखक मध्यवर्गीय हैं। जनवादी कहानीकार यह मानते हैं कि लेखक को सचेत संघर्ष तथा आत्मसंघर्ष करते हुए अपने सीमित मध्यवर्गीय अनुभव-संसार से बाहर निकल कर अपने अनुभव-क्षेत्र का विस्तार करना चाहिए और समाज के आधारभूत वर्गों तथा उनके संघर्षों का चित्रण करना चाहिए। जनवादी कहानी रहस्यात्मकता के विरुद्ध स्पष्टता की कहानी है। वह 'एपीयरेंस' की नहीं, 'ऐसेंस' की कहानी है, और यह 'एसेंस' सामाजिक अंतर्विरोधों के बीच सक्रिय मनुष्य के यथार्थ जीवन में निहित संघर्षों और संभावनाओं को—अर्थात् मनुष्य के सारभूत अस्तित्व और व्यक्तित्व को समझे बिना चित्रित नहीं किया जा सकता।

बहस की शुरूआत करते हुए आनंद प्रकाश ने कहा : रमेश उपाध्याय के निबंध से कुछ महत्त्वपूर्ण प्रश्न उभर कर सामने आए हैं। आज हिंदी साहित्य में कुछ बातों पर आम तौर पर सहमति है, जैसे आज का रचनाकार सामाजिक परिवर्तन के लिए

लिखता है, लेकिन कई बातें ऐसी हैं, जिन पर अभी और स्पष्टता से बात होनी चाहिए। सामाजिक परिवर्तन के लिए लिखने की बात पूँजीवादी विचार-प्रणाली के लोगों को भले ही रास न आए, लेकिन अधिकांश लेखक इसे मानते हैं। समस्या उनके सामने यह होती है कि ऐसा लेखन किस प्रकार किया जाए। उदाहरण के लिए इस प्रश्न पर अक्सर बहस होती है कि जनवादी कहानी के विषय क्या हों। रमेश उपाध्याय ने यह सही कहा है कि आज की कहानी के विषय केवल मध्यवर्गीय जीवन के विषय नहीं हो सकते, बल्कि उसमें मजदूर-किसान जीवन के विषय भी हों। लेकिन कुछ लोग यह प्रश्न उठाते हैं कि मध्यवर्गीय कहानीकार अपने सीमित अनुभवों से लिखें या अन्य वर्गों के बारे में भी लिखें।

इसके बारे में यह तर्क दिया जाता है कि मध्यवर्गीय लेखक अभी इतने सचेत नहीं हैं, इसलिए अपने ही जीवन के बारे में लिखें तो अच्छा हो। सामान्यतः यह बात सही भी है। लेकिन हमें यह देखना चाहिए कि मध्यवर्ग कोई स्वायत्त संसार नहीं है, बल्कि आधारभूत वर्गों द्वारा इस्तेमाल होनेवाला वर्ग है, इसलिए मध्यवर्गीय लेखकों को सर्वहारा वर्ग और किसान जीवन की ओर बढ़ कर अपने मध्यवर्गीय दायरे से निकलना चाहिए। सीमित अनुभव के आधार पर जिया-भोगा लिखने का तर्क वही तर्क है, जो सन् साठ या उससे पहले की कहानी में दिया जाता था। इसमें रचनाकार को बहुत संकुचित प्राणी मान लिया जाता है, जो अपने सामान्य अनुभवों से ऊपर उठ कर अपनी वैचारिकता, संवेदना, दृष्टिकोण आदि का विकास नहीं कर सकता। यह तर्क प्रायः पूँजीवादी विचार-प्रणाली के लोगों द्वारा दिया जाता है, लेकिन जब यही तर्क प्रगतिशील लोगों की तरफ से आता है, तो इसका मतलब यह हो जाता है कि जब तक समाजवादी परिवर्तन की स्थिति न आ जाए, मध्यवर्गीय लेखक मध्यवर्गीय जीवन-स्थितियों को रचना का विषय बनाते रहें। मेरे विचार से यह उचित नहीं है, क्योंकि मध्यवर्गीय व्यक्ति भी मध्यवर्ग की सीमाओं को समझ सकता है और संघर्ष तथा आत्मसंघर्ष द्वारा उनसे काफी हद तक बाहर भी आ सकता है। हाँ, यह हो सकता है कि कुछ मध्यवर्गीय लेखक वैचारिक स्तर पर तो सर्वहारा वर्ग की विचारधारा अपना लें, मगर सर्वहारा-जीवन को न जानते हों। इससे यथार्थवादी रचना नहीं हो सकती। लेकिन इस समस्या का समाधान मध्यवर्ग की सीमाओं में रहना नहीं, उनसे बाहर निकलना ही है। रमेश उपाध्याय ने एक बात यह भी बहुत सही कही है कि सत्य को हजारों तरीकों से कहा जा सकता है। यह बात न केवल व्यापक रूप में यथार्थ को ग्रहण करने के लिए, बल्कि रचनाकार की अपनी रचनाशीलता की परख के लिए भी जरूरी है।

सुरेंद्र सुकुमार ने कहा : आजकल जनवाद के अनेक अर्थ प्रचलित हैं। रमेश उपाध्याय ने बहुत अच्छी तरह स्पष्ट कर दिया है कि आज की स्थिति में समाजवाद के लिए पूँजीवाद, सामंतवाद और साम्राज्यवाद के विरुद्ध संघर्ष करनेवाला वर्ग ही जनवादी है और यह वर्ग उत्पादन-प्रक्रिया से जुड़ा हुआ शोषित सर्वहारा वर्ग है। जनवादी कहानी इसी वर्ग की, और इसी वर्ग के लिए है, लेकिन इस वर्ग के लिए कहानी लिखना

तभी संभव होगा जब हम उसके बीच रह कर उसके जीवन के अनुभव प्राप्त करें। जनवादी लेखक समाज के मुख्य अंतर्विरोध तो समझते हैं, लेकिन हमारी कहानी को स्थानीय स्तर के गौण अंतर्विरोधों की ओर भी देखना चाहिए और शोषण के तमाम रूपों को कहानी का विषय बनाना चाहिए। इसी से हमारा पाठक सचेत और संगठित हो सकता है। इसके लिए संप्रेषण का सवाल जरूर हल किया जाना चाहिए, जो तभी हल हो सकता है, जब हम उन लोगों की भाषा और अभिव्यक्ति अपनाएँ, जिनके लिए लिखते हैं। दूसरे, हमें केवल लिखने की ही नहीं, अपने साहित्य को जनता तक पहुँचाने की भी चिंता करनी चाहिए। हमें अपने आपसे पूछना चाहिए कि इसके लिए हम कितना काम करने को तैयार हैं। जहाँ तक हमारे लेखन पर प्रचार आदि के आरोपों का प्रश्न है, हमें ऐसे आरोपों की परवाह नहीं करनी चाहिए। रमेश उपाध्याय ने बिलकुल सही कहा है कि जनवादी कहानी स्पष्टता की कहानी है। जो लेखक स्पष्टता से बचते हैं, वे मेरे विचार से डरते हैं और अपनी जिम्मेदारी से बचते हैं।

चंचल चौहान ने कहा : रमेश उपाध्याय ने बड़ी विचारोत्तेजक बातें कहीं। वास्तव में मूल प्रश्न यही है कि कहानी क्यों, किसके लिए और कैसे लिखी जाए। इन तीनों प्रश्नों पर विचार करें तो जनवादी कहानी की रचना-प्रक्रिया पूरी तरह स्पष्ट हो सकती है। पहला प्रश्न है, कहानी क्यों लिखी जाए। एक वर्ग के लोग कहते हैं कि रचना स्वतःस्फूर्त चीज है, लेकिन वास्तव में साहित्य की रचना कुछ सामाजिक दबावों के अंतर्गत होती है, क्योंकि सामाजिक चेतना का निर्माण समाज से–यानी समाजिक संबंधों या उत्पादन के संबंधों से होता है। एक साहित्यिक विधा के रूप में कहानी का और एक कला-सिद्धांत के रूप में यथार्थवाद का विकास पूँजीवादी विकास के काल में हुआ है। कहानी पहले भी थी, लेकिन वह प्रकृतवाद, प्रत्ययवाद, रहस्यवाद आदि को अपना कर चलती थी। औद्योगिक क्रांति और सर्वहारा वर्ग के उदय के साथ कहानी में यथार्थवाद प्रतिष्ठित हुआ, और जैसा कि रमेश उपाध्याय ने कहा, कहानी में 'एपीयरेंस' के बजाय 'एसेंस' पर जोर दिया जाने लगा। लेकिन अभी तक हमारे बहुत-से कहानीकार प्रकृतवाद को ही यथार्थवाद मान कर 'एपीयरेंस' की कहानियाँ ही लिख रहे हैं, जैसे गिरिराज किशोर किसी एकाध मजदूर औरत को देख कर जो कहानी लिखते हैं, उसमें मजदूर औरत का वह वास्तविक चरित्र नहीं उभरता, जो 'सीटू' जैसे मजदूर संगठनों में काम करनेवाली मजदूर औरत के संघर्षशील चरित्र के यथार्थवादी चित्रण में उभरता है। अतः 'कहानी क्यों?' का उत्तर है संघर्षशील सामाजिक मनुष्य के यथार्थ को सामने लाना।

दूसरा प्रश्न है, कहानी किसके लिए लिखी जाए। कहानी सोद्देश्य विधा है और होनी चाहिए। लेकिन हम जनवादी लेखकों को थोड़ी आत्मालोचना भी करनी चाहिए। हमारे कई कहानीकार 'जन' के बजाय 'महाजनों' को ध्यान में रखकर या पाठक के बजाय किसी आलोचक 'सिंह' को ध्यान में रख कर कहानी लिखते हैं। इससे कहानी अपने उद्देश्य में सफल नहीं हो पाती। जनवादी कहानी जनता के लिए है। लेकिन 'जन' या

जनता का अर्थ केवल मजदूर-किसान नहीं होता, उसमें मध्यवर्ग भी आता है। मध्यवर्ग भी शोषित वर्ग है तथा सर्वहारा का मित्र है। रमेश उपाध्याय और आनंद प्रकाश ने जनवादी कहानी में मजदूरों और किसानों के जीवन के चित्रण पर जरूरत से ज्यादा जोर दिया है। जनवाद का अर्थ शुद्ध देशी घी नहीं है, उसमें घासलेट भी है। शोषण की प्रक्रिया मध्यवर्गीय लोगों को, व्यापारियों को और छोटे पूँजीपतियों को भी तोड़ रही है, इसलिए जनवाद की लड़ाई में वे भी शामिल हैं। उन्हें हम छोड़ नहीं सकते। जरूरी यह नहीं कि आप किस वर्ग के जीवन का चित्रण करते हैं, जरूरी यह है कि आपकी दृष्टि सर्वहारा वर्ग की हो। वही जनवादी दृष्टि है और उसका मतलब है पूँजीवाद, सामंतवाद और साम्राज्यवाद का विरोध। यदि यह दृष्टि है तो आप जनवादी साहित्य और जनवादी राजनीति में भी भेद कर सकते हैं; मध्यवर्गीय दृष्टि से तो मध्यवर्ग का भी यथार्थ चित्रण नहीं किया जा सकता।

अब तीसरे प्रश्न को देखें कि कहानी कैसे लिखी जाए। रमेश उपाध्याय ने कहानी की भाषा और शिल्प पर जोर दिया, यह अच्छी बात है। मैं भी जनवादी कहानी के सिलसिले में शिल्प पर विशेष जोर देना चाहता हूँ। जिस प्रकार कहानी के कथ्य के लिए आपके पास विश्व का संपूर्ण ज्ञान तथा अनुभव होना चाहिए, उसी प्रकार शिल्प के लिए भी आपको विश्व का संपूर्ण ज्ञान तथा अनुभव अर्जित करना होगा। कहानी के शिल्प की एक महान् परंपरा चेखव, मोपासाँ, गोर्की, प्रेमचंद, राहुल, यशपाल, अमरकांत, शेखर जोशी जैसे और आज के अनेक अन्य कहानीकारों ने विकसित की है। हमें उस परंपरा को प्राप्त करना चाहिए और पूरी मेहनत करके प्राप्त करना चाहिए। आज की कहानी में 'प्लॉट' प्रायः नहीं होता। मेरे विचार से वह अवश्य होना चाहिए। कहानी किसी घटना से शुरू होनी चाहिए। अरस्तू ने 'प्लॉट' और 'एक्शन' पर जोर दिया था, वह मेरे विचार से सही था। अब रहा सवाल यह कि कहानी कैसे लिखें, तो इसमें हम मुक्तिबोध की सहायता ले सकते है। उन्होंने कला के जिन तीन क्षणों की बात की है, उनको समझना कहानी की रचना-प्रक्रिया में सहायक हो सकता है। और जहाँ तक जनवादी कहानी को पाठकों तक पहुँचाने का सवाल है, यह संगठन का सवाल है। संगठन के द्वारा लेखक जनता तक पहुँचते हैं। ऐसा नहीं है कि जनवादी लेखक केवल लिखते हैं और पढ़े नहीं जाते। इसराइल और रमेश उपाध्याय जैसे लेखकों की कहानियाँ मजदूरों में खूब पढ़ी जाती हैं, भले ही इसका पता इन लेखकों को न चलता हो।

चंचल चौहान के इस विस्तृत वक्तव्य के बाद गोष्ठी के संचालक प्रेम जनमेजय ने कुछ कहानीकारों को आमंत्रित किया कि वे अपनी निजी रचना-प्रक्रिया के बारे में बताते हुए इस बहस को आगे बढ़ाएँ। इस क्रम में राजकुमार गौतम ने कहा : मैंने अपनी रचना-प्रक्रिया में कभी यह नहीं समझा कि मैं उस वर्ग के साथ हूँ, जिसका नाम लेकर चुके हुए लेखक–या तथाकथित प्रगतिशील लेखक–तमाम तरह की बातें करते हैं। सही लेखक वही लिखता है, जो वह जीता-भोगता है और उसे वही लिखना भी चाहिए;

सर्वहारा की बात करनेवाले लेखकों की कहानियों में सर्वहारा वर्ग के पात्र जितने संघर्षशील बना दिए जाते हैं, क्या वास्तविक जीवन में वे उतने सचेत और संघर्षशील होते हैं। क्या ऐसी कहानी पाठकों को प्रभावित कर सकती है? मुख्य बात यह है कि हमारी मानसिकता जिन संस्कारों की उपज है, उन संस्कारों को कहानी कैसे बदल सकती है। सर्वहारा वर्ग की कहानी पाठक को तभी प्रभावित कर सकती है, जब पाठक में सर्वहारा-मानसिकता हो। जब तक वह मानसिकता नहीं है, सर्वहारा को लेकर की जानेवाली नारेबाजी बेकार है। दूसरी बात : यदि एक धूल का कण उठा कर उस पर कहानी लिखी जा सकती है तो 'प्लॉट' या घटना का आग्रह करके उसे अतिनाटकीय बनाने की क्या जरूरत है? जनवादी कहानी के बारे में यहाँ एक दंभपूर्ण दावा किया गया है कि ये कहानियाँ बहुत लोकप्रिय हैं। लेकिन वे लोकप्रिय नहीं हैं, क्योंकि वे अतिनाटकीय कहानियाँ हैं। इसलिए मेरे विचार से मध्यवर्गीय लोगों के छोटे-छोटे अनुभवों का चित्रण ही कहानी में उचित है। झगड़ा केवल वर्ग-संघर्ष का नहीं, संस्कारों और मानसिकताओं का भी है। सौ रुपया और दो सौ रुपया कमानेवालों की मानसिकताओं में भी फर्क होता है। उनमें भी पारस्परिक शोषण और स्वार्थ होता है। अत: यह कहना गलत है कि वर्ग-संघर्ष का यथार्थ ही यथार्थ है।

सुरेंद्र सुकुमार ने पुनः बोलने की अनुमति लेकर कहा : इसे व्यक्तिगत आक्षेप न समझा जाए, लेकिन राजकुमार गौतम की मानसिकतावाली बात एकदम गलत और भ्रामक है। मानसिकता बदलने की बातें हमारे यहाँ सदियों से होती आ रही हैं। काम, क्रोध, लोभ, मोह के त्याग की बातें हजारों सालों से की जाती रही हैं, लेकिन क्या ऐसे उपदेश और दृष्टांत देनेवाले साहित्य से लोगों की मानसिकता कभी बदली जा सकती है? इसलिए हमें जड़ तक जाकर यह देखना चाहिए कि शोषण और स्वार्थ की मानसिकता उत्पन्न कैसे होती है। इसके लिए हमें समाज की आर्थिक-राजनीतिक परिस्थिति को समझने और बदलने की चेष्टा करनी होगी और इसके लिए हमें सर्वहारा वर्ग पर अपना ध्यान केंद्रित करना होगा, क्योंकि उसी की विचारधारा शोषण के कारणों को समझने में हमारी सहायता कर सकती है, और वही वर्ग समाज की आर्थिक-राजनीतिक व्यवस्था को बदल सकता है। शोषण की व्यवस्था को समाप्त किए बिना शोषण और स्वार्थ की मानसिकता नहीं बदली जा सकती।

रमेश बत्तरा ने कहा : रचना-प्रक्रिया को तीन हिस्सों में बाँट कर देखना चाहिए—लेखन, प्रसार, उद्देश्य। मैं किसी भी विषय पर लिखते समय इन तीनों चीजों को जरूर ध्यान में रखता हूँ। लेखन में ईमानदारी हो, उसका प्रसार बहुसंख्यक जनता तक हो सके, और लेखन सामाजिक परिवर्तन में सहायक हो, इसे मैं लेखन की सफलता और सार्थकता मानता हूँ। राजकुमार गौतम अपने तईं बहुत ईमानदार होते हुए भी यहाँ बहुत भावुक होकर बोले। वे अपनी कहानियों में भी बहुत भावुक दृष्टि से सोचते रहे हैं। कण पर भी कहानी लिखी जा सकती है, लेकिन देखना यह होगा कि कहानी कह क्या रही है। कण को पाठकों के सामने आखिर क्यों और किस उद्देश्य से प्रस्तुत

किया जा रहा है। रमेश उपाध्याय ने ठीक ही कहा है कि गरीबी का चित्रण मात्र कर देने से चित्रण का उद्देश्य पूरा नहीं होता। गरीबी के बारे में जितनी बातें अमीर लोग करते हैं, उतनी खुद गरीब लोग नहीं करते। हमारा उद्देश्य गरीबों को यह बताना नहीं है कि वे गरीब हैं, उद्देश्य यह बताना है कि वे गरीब क्यों हैं और गरीबी से छुटकारा पाने के लिए क्या कर सकते हैं। कहानी पढ़ कर पाठक पर यह प्रभाव नहीं पड़ना चाहिए कि समाज में जो शोषण और दमन हो रहा है, वह मेरे साथ नहीं हो रहा है, दूसरों के साथ हो रहा है। कहानी पाठक में आत्मतुष्टि का भाव पैदा करे चाहे लाचारी का, दोनों ही गलत हैं। कहानी पाठक में संघर्ष की समझ पैदा करे, उसमें लड़ने की हिम्मत और हौसला पैदा करे, तभी वह सार्थक कहानी है और इसके लिए सचेत और संघर्षशील पात्रों का कहानी में आना बहुत जरूरी है। कहानी के विषय कुछ भी हो सकते हैं, कहानी के पात्र भी किसी भी वर्ग के हो सकते हैं, लेकिन कहानीकार को मध्यवर्गीय भ्रमों से स्वयं मुक्त होने और पाठक को मुक्त करने की कोशिश जरूर करनी चाहिए। मध्यवर्ग को हम प्रायः हताश और निष्क्रिय दिखाते हैं, लेकिन इतना हताश और निष्क्रिय तो हमारा मध्यवर्ग भी नहीं है। अगर हम उसका भी सही-सही चित्रण कर सकें तो हमारी कहानी मनुष्य को जीवित और सक्रिय रहने के लिए प्रेरित कर सकती है। और कहानी इतना कर सके तो बहुत बड़ी बात है।

रघुनाथ प्यासा ने कहा : रमेश उपाध्याय ने दो बातें खास तौर से उठाईं—एक कथ्य की, दूसरी विचारधारा की। उन्होंने कहा कि हमें अपने कथ्य को सीमित नहीं करना चाहिए। यहाँ मेरा उनसे मतभेद है। मसलन दीवानी के वकील अलग होते हैं, फौजदारी के अलग। दीवानी का वकील फौजदारी का मुकदमा लड़ेगा तो असफल हो जाएगा। हम जिस दायरे में रहते और काम करते हैं, उसी के बारे में लिखें तो ज्यादा अच्छा होगा, क्योंकि अन्य क्षेत्रों के बारे में लेखक लिखेगा तो जानकारी के बिना लिखेगा और कहानी में प्रामाणिकता नहीं होगी। दूसरी बात रमेश उपाध्याय ने विचार के बारे में कही। उससे मैं सहमत हूँ। कहानी में बात आज सीधी और स्पष्ट कही जानी चाहिए। जो स्थिति हम उठाएँ, उसकी व्याख्या हमें अवश्य कर देनी चाहिए। अपनी कहानी को हमें हजारों अर्थों के लिए खुला नहीं छोड़ देना चाहिए। ऐसी कहानी पाठक को भ्रमों से मुक्त करने के बजाय भ्रमित करती है। सुरेंद्र सुकुमार ने कहानी को जनता तक पहुँचाने की समस्या उठाई। उसके बारे में मेरा एक निजी सुझाव है कि हम लोग कहानी लिखने के बाद अपने मित्रों, संपादकों या आलोचकों को अपना पहला पाठक बनाने के बजाय कहानी को उन लोगों के बीच जाकर सुनाएँ, जिनके लिए हमने कहानी लिखी है। इस प्रकार कहानी जनता तक पहुँचेगी और लेखक को भी पता चलेगा कि जनता उससे क्या चाहती है।

सुरेंद्र मनन ने कहा : रमेश उपाध्याय ने जनवादी कहानी की रचना-प्रक्रिया से संबंधित बड़े महत्त्वपूर्ण सवाल उठाए, लेकिन उनकी विशेषता यह है कि उन्होंने कहानीकारों को कोई बने-बनाए नुस्खे नहीं दिए कि वे कहानी कैसे लिखें। उन्होंने सब

लेखकों को अपनी रचना-प्रक्रिया में स्वतंत्र रहने की गुंजाइश छोड़ी है, बावजूद इसके कि एक सही दृष्टि और दिशा उन्होंने बताई है। लेकिन अन्य वक्ताओं ने ज्यादातर यह बताने की कोशिश की है कि हमें कहानी कैसे लिखनी चाहिए। मसलन चंचल चौहान ने कथ्य से लेकर शिल्प तक सब कुछ बता दिया कि जनवादी कहानी में यह-यह होना चाहिए। उन्होंने यहाँ तक कह दिया कि कहानी में 'प्लॉट' अवश्य होना चाहिए और कहानी किसी घटना से ही शुरू होनी चाहिए। मुझे इस प्रकार के निर्देश उचित नहीं लगते। पहली बात तो यह है कि जनवादी कहानी में प्लॉटहीनता है, यह बात सही नहीं है। और यदि कुछ कहानियों में वह हो भी तो कोई ज्यादा चिंताजनक बात नहीं है, बशर्ते कहानी यथार्थवादी हो और यथार्थ-चित्रण के साथ-साथ यथार्थ में निहित संभावनाओं की ओर संकेत करती हो। प्रत्येक रचनाकार की रचना-प्रक्रिया अलग होती है, उसे यह नहीं बताया जा सकता कि यों ही लिखो, और किसी तरह नहीं। रमेश उपाध्याय ने सही कहा है कि सत्य को कहने के हजारों तरीके हो सकते हैं। सुरेंद्र सुकुमार ने एक बहुत अच्छी बात उठाई कि लेखक को महत्त्वाकांक्षी नहीं होना चाहिए। चंचल चौहान का भी यह कहना ठीक था कि हमें अपनी कहानी पाठक के लिए लिखनी चाहिए, आलोचक के लिए नहीं। रघुनाथ प्यासा ने बहुत अच्छा सुझाव दिया कि हम जिन लोगों के लिए कहानी लिखें, उन लोगों को जरूर सुनाएँ। राजकुमार गौतम की बातों से मैं सहमत नहीं हो सका। हमें मानसिकता बदलने की बात नहीं, सामाजिक यथार्थ को बदलने की बात करनी चाहिए, क्योंकि सामाजिक यथार्थ से ही मानसिकता बनती है।

मुकेश सेठी ने कहा : रमेश उपाध्याय ने जनवादी कहानी का सवाल एक सही परिप्रेक्ष्य में उठाया। उन्होंने बड़ी सटीक बात कही कि जनवादी कहानी की भाषा 'क्रूड' और फूहड़ नहीं हो सकती--है भी नहीं। भौंडी और फूहड़ भाषा पूँजीवादी व्यवस्था की भाषा होती है। कई कहानीकार यह समझते हैं कि भाषा बदल कर हम जनवादी लेखक हो सकते हैं, लेकिन रमेशजी ने सौ फीसदी सच कहा है कि भाषा को बदलने का मतलब जीवन को बदलना होता है और इसका संबंध कहानीकार के अपने व्यक्तित्व में परिवर्तन से ही नहीं, संपूर्ण सामाजिक संबंधों में परिवर्तन से होता है। मैं चंचल चौहान की 'प्लॉट' वाली बात से सहमत नहीं हूँ। यदि लेखक के पास जनवादी दृष्टि और यथार्थवादी कला है तो प्लॉटहीनता कहानी का दोष नहीं बन सकती, बल्कि 'प्लॉट' वाली कहानियाँ ही कई बार नकली लगने लगती हैं। जो लोग मानसिकता की बात कर रहे हैं, वे दरअसल साहित्य को समाज से काट कर मनोविज्ञान में भटका देना चाहते हैं, जो हमारे यहाँ पहले भी काफी होता रहा है। मगर जनवादी कहानी का संबंध केवल मनोविज्ञान से नहीं, बल्कि सामाजिक मनुष्य की समूची जीवन-प्रक्रिया से है।

पंजाब विश्वविद्यालय (चंडीगढ़) में दर्शन विभाग के अध्यक्ष धर्मेंद्र गोयल एक आवेश में मंच पर आए और उन्होंने कहा : इस गोष्ठी में, जहाँ सब लोग मार्क्सवाद को सही मान कर चल रहे हैं, मेरा बोलना वैसा ही है जैसे शराबबंदी की मीटिंग में एक शराबी का बोलना। चंचल चौहान और आनंद प्रकाश ने यहाँ फतवा दिया है कि

कुछ बातें अंतिम रूप से तय हो चुकी हैं, लेकिन मैं यह मानता हूँ कि अभी कुछ भी तय नहीं हुआ है। चीजों को इस तरह तय करके चलना असल में अपने मतवाद को दूसरों पर थोपना है और यह मान कर चलना है कि सत्य एक ही है और जो उसे नहीं मानता, प्रतिक्रियावादी है। मैं यह नहीं मानता। रमेश उपाध्याय मार्क्सवादी हैं, लेकिन उन्होंने हमारी भाषा की चोरी की है। 'एपीयरेंस' और 'एसेंस' हमारे शब्द हैं। और यही कारण है कि वे इन शब्दों का प्रयोग इनके सही अर्थों में नहीं करते। यहाँ और भी बहुत-सी गलत बातें कही गई हैं। मसलन यह दावा किया गया है कि जनवादी कहानी बड़ी लोकप्रिय है, जबकि हकीकत यह है कि केवल बाजारू साहित्य लोकप्रिय होता है और जनता का साहित्य वही है। जनवादी साहित्य के नाम पर महज नारेबाजी होती है, उसमें कोई गहराई नहीं होती। आज यहाँ दो जनवादी कहानियाँ पढ़ी गईं। अगर जनवादी कहानी यही है, तो यह कहानी का विकास नहीं, ह्रास है। यें कहानियाँ अतीत की गौरवशाली कहानी-परंपरा में कहीं नहीं ठहरती हैं। लेकिन शराबबंदी की मीटिंग में मेरा यह कहना शायद धृष्टता माना जाएगा।

इसके बाद गोष्ठी के संचालक प्रेम जनमेजय ने रमेश उपाध्याय को बहस में उठे प्रश्नों के उत्तर देने के लिए बुलाया। रमेश उपाध्याय ने कहा : शब्द किसी की बपौती नहीं होते और 'एपीयरेंस' तथा 'एसेंस' मार्क्सवाद के लिए विजातीय शब्द नहीं हैं। धर्मेंद्र गोयल ने यह स्पष्ट नहीं किया कि जिसे वे 'हमारी भाषा' कहते हैं, वह क्या है और उसे बोलने वाले 'हम' कौन हैं। वे यह स्पष्ट कर देते तो शायद पता चल जाता कि वे कौन-सी शराब पिये हुए हैं। जनवादी कहानी पर उनके आरोप इतने निराधार और घिसे-पिटे हैं कि उनके उत्तर देने की आवश्यकता नहीं, केवल इतना ही कहना काफी होगा कि समाज में कोई चीज तभी चलती है, जब समाज को उसकी जरूरत होती है। जनवादी कहानी लिखी जा रही है और बहुत-से जनवादी लेखक सामने आ रहे हैं, इसका अर्थ यही है कि जनवाद आज हमारे समाज की आवश्यकता है।

सुरेंद्र सुकुमार, चंचल चौहान, सुरेंद्र मनन और रमेश बत्तरा ने जनवादी कहानी के प्रचार-प्रसार की जो समस्या उठाई, उस पर रमेश उपाध्याय ने कहा कि इस पर ध्यान देना बहुत जरूरी है, क्योंकि जनवादी कहानी की रचना-प्रक्रिया उसकी पाठ-प्रक्रिया से जुड़ी हुई है और मैं उस पर अलग से एक निबंध लिख रहा हूँ। इन मित्रों और रघुनाथ प्यासा ने जो सुझाव दिए, वे भी हमारे लिए काफी महत्त्वपूर्ण हैं। लेकिन रघुनाथ प्यासा और राजकुमार गौतम की इस बात से सहमत नहीं हुआ जा सकता कि लेखक को केवल अपने विशिष्ट अनुभव-क्षेत्र में सीमित रहना चाहिए। इस संबंध में हमें आइंस्टाइन के इस कथन को ध्यान में रखना चाहिए कि जीवन के किसी एक क्षेत्र में विशेषज्ञ और अन्य क्षेत्रों से अनभिज्ञ होना एक विशिष्ट मूर्खता है। मेरे विचार से साहित्य में ऐसी विशिष्ट मूर्खता की वकालत हमें नहीं करनी चाहिए। जहाँ तक संभव हो, हमें अपने अनुभव-क्षेत्र का विस्तार करना चाहिए और जैसा कि आनंद प्रकाश ने कहा, केवल मध्यवर्ग तक सीमित न रह कर समाज के आधारभूत वर्गों का अध्ययन करके उनकी

कहानी लिखनी चाहिए।

उन्होंने आगे कहा कि राजकुमार गौतम प्रगतिशील लेखकों को 'चुके हुए लेखक' कहते हैं और जनवादी कहानी को लोकप्रिय नहीं मानते, लेकिन हिंदी कहानी का इतिहास यह रहा है कि प्रगतिशील लेखकों की ही कहानी लोकप्रिय हुई है। व्यक्तिवादी लेखकों ने तो उसे अपठनीय बना कर पाठक को उससे विमुख ही किया है। मध्यवर्गीय दृष्टि से मध्यवर्ग पर लिखी गई कहानियाँ नितांत नीरस, अपाठ्य और अर्थहीन होती हैं। इसका कुछ अनुमान राजकुमार गौतम स्वयं अपनी कहानियों को प्रगतिशील या जनवादी कहानियों के आमने-सामने रख कर लगा सकते हैं।

अंत में राजकुमार शर्मा ने अपने अध्यक्षीय भाषण में कहा : यह गोष्ठी कई मायनों में बहुत सफल रही। सबसे पहले तो मैं इस सम्मेलन के संयोजकों को बधाई देता हूँ, जिन्होंने जनवादी कहानी की रचना-प्रक्रिया पर रमेश उपाध्याय को निबंध-पाठ के लिए आमंत्रित किया, जो स्वयं एक महत्त्वपूर्ण जनवादी कहानीकार तथा कहानी के समर्थ समीक्षक हैं। प्रत्येक विधा की अपनी कुछ निजी विशिष्टताएँ होती हैं, और उन्हें वही समझ सकता है, जो उस विधा के साथ रचा-बसा हो। कविता के प्रतिमान कहानी पर लागू करने की चेष्टाएँ हमारे यहाँ बहुत हुई हैं, लेकिन अब सिद्ध हो चुका है कि कविता के प्रतिमान कहानी पर लागू नहीं किए जा सकते। रमेश उपाध्याय ने जनवादी कहानी की रचना-प्रक्रिया पर विचार करते हुए वस्तुतः कहानी-समीक्षा से संबंधित कुछ आधारभूत प्रश्नों को उठाया है तथा अनेक प्रचलित भ्रमों का खंडन किया है। गोष्ठी की दूसरी सफलता यह रही कि इसमें धर्मेंद्र गोयल बोले। वे यदि न बोले होते तो बहस का पूर्वपक्ष सामने न आ पाता, केवल उत्तरपक्ष सामने आता, और बहस शायद अधूरी रह जाती। रमेश उपाध्याय ने अपने निबंध में ब्रेख्त को उद्धृत करते हुए कहा है कि सत्य को हजारों तरीकों से छिपाया जा सकता है तथा हजारों तरीकों से कहा जा सकता है। धर्मेंद्र गोयल का वक्तव्य सत्य को छिपाने के तरीकों का स्पष्ट उदाहरण था।

हमारे यहाँ भाववादी समझ के लोग यथार्थ से मुँह मोड़ने कि लिए प्रायः वर्तमान को अतीत में ले जाने की कोशिश करते हैं और दावा यह करते हैं कि वे सतह से गहराई में जा रहे हैं, लेकिन वर्तमान की चुनौतियों से भरे यथार्थ का सामना न कर पाने के कारण वे अतीत में ही खोकर या अपनी उस मिथ्या गहराई में ही डूब कर रह जाते हैं। अतः यह कहना कि यथार्थ की कोई एक ही व्याख्या मान्य नहीं हो सकती, मार्क्स के उस कथन की याद दिलाता है कि दार्शनिकों ने दुनिया को अनेक प्रकार से व्याख्यायित किया है, पर मूल बात तो उसे बदलने की है। धर्मेंद्र गोयल व्याख्याओं में उलझना और उलझाना चाहते हैं, यथार्थ को बदलने की बात नहीं करते। कारण यह है कि भाववादी दर्शन हर चीज को सामान्यीकरण और सरलीकरण की प्रक्रिया में डाल कर निरर्थक बना देता है। उन्होंने भी यही चेष्टा की, लेकिन चेष्टा कारगर नहीं हुई।

मध्यवर्ग के दो रूप होते हैं : एक वह जो अपनी समस्याओं के समाधानों को सर्वहारा वर्ग की समस्याओं के समाधानों से जोड़ कर देखता है और उनके लिए

प्रयत्नशील होता है, और दूसरा वह जो पूँजीवादी वर्ग-हितों के लिए काम करता है। मध्यवर्ग का यह दूसरा हिस्सा बड़ा खतरनाक होता है। इसकी भूमिका यह होती है कि समाज कभी सचेत न हो पाए। लेकिन आज का दौर ऐसा है कि इस प्रकार के बुद्धिजीवी अपना प्रभाव खोकर निरर्थक होते जा रहे हैं। अपनी निरर्थकता का अहसास उन्हें भी होता है, लेकिन वे अपनी वैचारिक सीमाओं से बाहर नहीं निकलना चाहते।

जहाँ तक जनवादी कहानी की रचना-प्रक्रिया का संबंध है, जनवादी कहानीकारों के सामने सबसे बड़ी समस्या यह है कि वे अपने और व्यापक जनता के बीच के अंतर्विरोधों को कैसे सुलझाएँ। जब तक ये अंतर्विरोध हल नहीं होते, रचनाकार सत्य नहीं, सत्याभास ही प्रस्तुत कर सकता है। बात यह है कि रचनाकार की सामाजिक स्थिति उसकी रचना-प्रक्रिया को निर्धारित करती है। रचनाकार समाज के विविध अनुभवों में से केवल उन्हीं अनुभवों को पकड़ता है, जो उसकी वर्गीय विचारधारा के अनुकूल होते हैं। इसी को संस्कारों का प्रभाव कहा जाता है। लेकिन संस्कारों के प्रभाव में यथार्थ की पहचान दरअसल हजारों वर्षों के इतिहास द्वारा तथा प्रचलित शासकवर्गीय विचारधारा द्वारा हमें सौंपी गई पहचान है। यथार्थ की इस पहचान और वास्तविक पहचान में फर्क होता है। यथार्थ की वास्तविक पहचान उस वर्ग की दृष्टि से होती है, जो समाज के विकास में सहायक प्रगतिशील वर्ग है।

इसे हम यों समझ सकते हैं कि प्रत्येक युग में सामाजिक न्याय की एक अवधारणा होती है तथा उस न्याय को पाने की एक मूर्त प्रक्रिया। सामंती, पूँजीवादी और समाजवादी समाजों में सामाजिक न्याय की अवधारणाएँ भिन्न होंगी। आज के युग में सामाजिक न्याय की अवधारणा शोषक और शोषित वर्ग के बीच के अंतर्विरोधों से उत्पन्न होती है, जिसमें न्याय का पक्ष सदा शोषित वर्ग का पक्ष होता है। अतः आज के रचनाकार के लिए शोषित वर्ग का पक्षधर होना एक ऐतिहासिक अनिवार्यता है। इस पक्षधरता के साथ रचनाकार जब मार्क्सवाद की वैज्ञानिक विचारधारा अपना कर सर्वहारा वर्ग की राजनीति से जुड़ता है, तभी अपने पूर्वनिर्मित संस्कारों से लड़ने के लिए आत्मसंघर्ष कर पाता है और सामाजिक यथार्थ का सारतत्त्व समझ कर अपने व्यक्तित्वांतरण के लिए प्रयत्नशील होता है। रचनाकार के व्यक्तित्व का उसकी रचना-प्रक्रिया से सीधा संबंध होता है, अतः जनवादी रचना के लिए पूँजीवादी विचारधारा वाले मध्यवर्गीय लेखक का जनवादी व्यक्तित्वांतरण एक आवश्यक पूर्वशर्त है।

दूसरी गोष्ठी। 12 मई 1979 अपराह्न। विषय : हिंदी कहानी में जन-पक्ष का विकास। अयध्क्ष : भीष्म साहनी। संचालन : विनोद तिवारी। प्रमुख वक्ता : आनंद प्रकाश।

आनंद प्रकाश ने कोई निबंध पढ़ने के बजाय मौखिक रूप से ही विषय-प्रवर्तन करते हुए कहा : पिछले दस-बारह वर्षों के दौरान लिखी गई हिंदी कहानी में जन-पक्ष का प्रश्न सबसे महत्त्वपूर्ण प्रश्न रहा है। इसका तात्पर्य है–कहानी की वैचारिक प्रकृति और वर्गीय पक्षधरता क्या है, उसकी दिशा क्या है, उसे कहाँ तक जाना है, आदि। सन्

'50 से '65 तक 'नई कहानी' और 'अकहानी' के दौर में ऐसी बहुत-सी कहानियाँ लिखी गईं, जिनमें यह बताया जाता था कि आज के समाज में मनुष्य की नियति क्या है। उसमें अस्मिता का संकट सबसे प्रमुख रहता था और यह दिखाया जाता था कि मनुष्य क्या-क्या सहन कर रहा है और उस सहने के प्रति उसकी प्रतिक्रिया क्या है। इसका कारण यह था कि आजादी के बाद जब यहाँ के शासक वर्ग ने सत्ता सँभाली तो उसने साहित्य को राष्ट्रीय आंदोलन की जीवंत परंपरा से काट देने की चेष्टा की और यह विचार पनपाया कि मूल्यों के विघटन, संत्रास, घुटन आदि की बात तो की जाए, लेकिन शोषण और वर्ग-संघर्ष का चित्रण न किया जाए। यह कहा गया कि अब संघर्ष का नहीं, राष्ट्र-निर्माण का समय है, इसलिए साहित्य को ज्यादा आलोचनात्मक या विश्लेषणात्मक होने की जरूरत नहीं।

इस विचारधारा का प्रभाव हिंदी कहानी पर भी पड़ा और ऐसी कहानियाँ लिखी जाने लगीं, जिनमें चित्रित अंतर्विरोध पूरे समाज के अंतर्विरोध नहीं होते थे। उनमें प्रायः एक तरफ व्यक्ति को और दूसरी तरफ समाज को खड़ा करके दोनों में विरोध दिखाया जाता था। यह दरअसल शीतयुद्धीय प्रचार द्वारा विकृत भावबोध से उत्पन्न अवैज्ञानिक दृष्टि थी। इस दृष्टि के लेखक अपने तईं ईमानदार होते हुए भी बुर्जुआ व्यक्तिवादी लेखक थे। उनका दृष्टिकोण ज्यादातर मध्यवर्गीय दृष्टिकोण था, जिसे भाववादी दृष्टिकोण भी कह सकते हैं। कहानियों का कथ्य यह होता था कि हालत बड़ी खराब है, कुछ किया जाना चाहिए, लेकिन कुछ किया नहीं जा सकता। इस अवैज्ञानिक दृष्टिकोण के कारण कहानी में वायवी, अवैज्ञानिक तथा रहस्यमय चीजों का इस्तेमाल होता था और लेखक प्रायः अहंवादी थे, जो आलोचना को बर्दाश्त नहीं करते थे। हालाँकि उस दौर में भी मार्कण्डेय और भैरव प्रसाद गुप्त जैसे कुछ लेखकों में जनवादी स्वर पाया जाता है, लेकिन वह उस दौर का मुख्य स्वर नहीं है।

हिंदी कहानी में जन-पक्ष का सवाल सन् '60 के बाद शुरू होता है। उस समय ज्यों-ज्यों सामाजिक संकट गहराने लगा, यहाँ का मध्यवर्ग सचेत होने लगा कि उसकी समस्याओं का मूल कारण क्या है। इससे लेखकों में प्रगतिशील दृष्टिकोण का विकास हुआ और वे अपने बुर्जुआ विभ्रमों को तोड़ने की कोशिश करने लगे। लेकिन कैसे तोड़ें, यह अधिक स्पष्ट नहीं था। वे समस्याओं से उदासीन तो रह नहीं सकते थे, लेकिन यह नहीं जानते थे कि अपनी समस्याओं को समाज के संघर्षशील वर्ग से कैसे जोड़ें। इसलिए उनकी कहानियाँ राजनीति को छोड़ कर प्रायः अन्य प्रश्नों से ही संबंधित होती थीं। यहाँ तक कि 'नई कहानी' के भीष्म साहनी और अमरकांत जैसे प्रगतिशील लेखक भी स्पष्टतः राजनीतिक कहानियाँ न लिख कर अन्य प्रश्नों पर लिखते थे। लेकिन सन् '67 के बाद से आज तक की हिंदी कहानी मुख्यतः राजनीतिक स्वरों की प्रधानता की कहानी है और इसमें जन-पक्ष का जबर्दस्त विकास हुआ है। यही कारण है कि जनवाद का स्वर आज की कहानी का मुख्य स्वर है और उसमें यह अहसास स्पष्ट दिखाई देता है कि सामाजिक विषमताएँ कहानी के केंद्र में होनी चाहिए तथा पाठकों को राजनीतिक

दृष्टि से सचेत बनाने की कोशिश की जानी चाहिए।

इस भूमिका के बाद आनंद प्रकाश ने वर्तमान जनवादी दौर की चार महत्त्वपूर्ण जनवादी कहानियों की विस्तार से चर्चा की। ये कहानियाँ थीं : काशीनाथ सिंह की 'सुधीर घोषाल', रमेश उपाध्याय की 'देवीसिंह कौन?' स्वयं प्रकाश की 'नीलकांत का सफर' और विजेंद्र अनिल की 'आग'। उन्होंने कहा : ये कहानियाँ राजनीतिक दृष्टिकोण से लिखी गई हैं और इनके लेखकों को पता है कि वे क्या लिख रहे हैं। 'सुधीर घोषाल' में 1967 के बाद के नक्सलवादी उभार को समझने की कोशिश है। 'देवीसिंह कौन?' में मजदूर आंदोलन के अर्थवादी चरित्र के स्थान पर उसके राजनीतिक चरित्र को उभार कर यह दिखाया गया है कि पूँजीवादी संकट तथा विकासमान संघर्षशील वर्ग-शक्ति का बुर्जुआ व्यवस्था के पास कोई जवाब नहीं है। 'नीलकांत का सफर' में प्रतीकात्मक पद्धति से सामाजिक परिवर्तन की शक्ति मजदूर वर्ग की ओर संकेत किया गया है और 'आग' में गाँव के मजदूर-किसानों में विकसित होती क्रांति-चेतना का चित्रण है। इन चारों कहानियों में राजनीतिक यथार्थ को खूब गहराई से परख कर देखने की कोशिश की गई है। ये कहानियाँ हिंदी कहानी में जन-पक्ष के विकास की एक बहुत बड़ी मंजिल तय कर देती हैं। ये हमें कुछ चौंकाती जरूर हैं, क्योंकि हम आम तौर पर साहित्य और राजनीति में संबंध नहीं जोड़ पाते, लेकिन ये कहानियाँ कई बड़े और गंभीर प्रश्न उठा कर पाठकों की राजनीतिक चेतना का विकास करने की कोशिश करती हैं। इन कहानियों का आलोचनात्मक पक्ष ज्यादा तीखा है, जिससे यह स्पष्ट हो जाता है कि बुर्जुआ व्यवस्था अमानवीय है और अमानुषीकरण को बढ़ानेवाली है। यह चीज बहुत महत्त्वपूर्ण है। इन लेखकों को शासक वर्ग की इतिहास-विरोधी प्रकृति और बुर्जुआ विचारधारा की अवैज्ञानिकता के बारे में कोई भ्रम नहीं है, यह इनकी बहुत बड़ी शक्ति है।

लेकिन ये कहानियाँ हिंदी कहानी तथा उसमें जन-पक्ष के विकास-क्रम में ऐतिहासिक महत्त्व की कहानियाँ होते हुए भी आज के जनवादी कहानीकारों के लिए 'मॉडल' कहानियाँ नहीं बन सकतीं। इनमें जो कमजोरियाँ हैं, उन्हें आज के जनवादी कहानीकारों को समझना होगा। मसलन 'सुधीर घोषाल' में कोई सुविचारित दृष्टिकोण नहीं, बल्कि एक आत्मस्फूर्त गुस्सेवाला दृष्टिकोण है, जो विवेकशील राजनीति का हिस्सा नहीं बन सकता। यह कहानी 'कॉमनसेंस पॉलिटिक्स' के आधार पर आक्रोश में लिखी गई कहानी है, इसीलिए यह रहस्यात्मक तथा चमत्कारपूर्ण अधिक है और सामाजिक यथार्थ को समझने की कोई अंतर्दृष्टि नहीं देती। 'देवीसिंह कौन?' में भी थोड़ी रहस्यात्मकता और चमत्कारप्रियता आ गई है, जिसका कारण यह है कि लेखक वैचारिक स्तर पर सही राजनीति की दिशा में अग्रसर होकर भी यथार्थ की बहुआयामी जटिलताओं में नहीं उतर पाता और मध्यवर्ग की भूमिका पर जरूरत से ज्यादा जोर देने के कारण आधारभूत वर्गों की सीधी टक्कर नहीं दिखा पाता। 'नीलकांत का सफर' में भी 'देवीसिंह कौन?' की तरह मजदूर वर्ग को अपराजेय शक्ति के रूप में चित्रित किया

गया है, लेकिन यांत्रिकता और सरलीकरण का शिकार लेखक अपने प्रतीकों को वास्तविक सामाजिक परिवर्तन के प्रतीक नहीं बना पाता। इसी तरह 'आग' में सामाजिक परिवर्तन की बहुआयामी प्रक्रिया का चित्रण नहीं होता और अचानक क्रांति की बात की जाने लगती है।

इस प्रकार इन चारों कहानियों की कमजोरी सामाजिक परिवर्तन की बहुआयामी प्रक्रिया को ठीक से न समझ पाने की कमजोरी है। इसलिए ये कहानियाँ राजनीतिक अंतर्दृष्टि के बजाय एक प्रकार के 'पॉलिटिकल मॉरलिज्म' को ही अधिक सामने लाती हैं। आज के जनवादी कहानीकारों को और इन कहानियों के लेखकों को भी इन कमजोरियों से मुक्त होना होगा। लेकिन ये कमजोरियाँ घर बैठ कर किताब पढ़ने से दूर नहीं हो सकतीं, बल्कि जैसा कि सुबह की गोष्ठी में रमेश उपाध्याय ने कहा था, अपने कथ्य और शिल्प के लिए लगातार सचेत संघर्ष तथा आत्मसंघर्ष करने से दूर होंगी।

बहस शुरू करते हुए राजकुमार सैनी ने कहा : आनंद प्रकाश की यह प्रस्थापना गलत है कि हिंदी की जनवादी कहानी राष्ट्रीय आंदोलन से जुड़ी कहानी की परंपरा से भिन्न एक नए ढंग की कहानी है। वस्तुतः वह उसी परंपरा से जुड़ी हुई है जिसमें प्रेमचंद और प्रसाद जैसे महत्त्वपूर्ण कहानीकार आते हैं। हिंदी कहानी में जन-पक्ष का विकास वहीं से शुरू होता है। प्रेमचंद, राहुल, निराला आदि में शोषित-दलित जनता के प्रति उत्कट सहानुभूति है। प्रसाद की कहानी 'बेड़ी' और 'ममता' तथा निराला की 'देवी' में जन की पक्षधरता स्पष्ट दिखाई देती है। आज की जनवादी कहानी इसी परंपरा में है। जनवादी कहानी का मूल लक्षण है पूँजीवाद का विरोध। प्रेमचंद और प्रसाद के जमाने तक हिंदी कहानी पूँजीवाद और सामंतवाद की आलोचना की कहानी थी। राहुल सांकृत्यायन तक आते-आते उसमें एक गुणांतर हो गया था कि उसमें पूँजीवाद-विरोध की भूमिका स्पष्ट होने लगी थी। आगे चल कर दूसरा गुणांतर यह हुआ कि आजादी के बाद ज्यों-ज्यों पूँजीवाद जन-विरोधी भूमिका अपनाता गया, हिंदी कहानी में जन-प्रतिरोध के रूप भी उभर कर आने लगे। इस गुणांतर के बाद कोई गुणातंर उसमें नहीं आया है।

आज की जनवादी कहानी में ये ही दो चीजें प्रमुख हैं : पूँजीवादी आतंक और जन-प्रतिरोध। लेकिन यह विकास सीधा नहीं है। जनवादी कहानी के साथ एक जनवाद-विरोधी धारा भी हिंदी कहानी में चलती रही है, जिसके कारण एक ओर अमानुषीकरण, मूल्य-विघटन या छद्म मूल्यों के सृजन की चेष्टा भी होती है, जिसके अंतर्गत 'पाजेब', 'जाह्नवी' और 'रोज' जैसी कहानियाँ लिखी गई हैं, तो दूसरी ओर मुक्तिबोध की 'काठ का सपना', भैरव प्रसाद गुप्त की 'श्रम', भीष्म साहनी की 'मकान', रामनारायण शुक्ल की 'प्रचार', इसराइल की 'फिर उसी कहानी की', माहेश्वर की 'प्रेमिका', मार्कण्डेय की 'बीच के लोग' और मुद्राराक्षस की 'निहत्थे' जैसी कहानियाँ लिखी गई हैं।

आनंद प्रकाश ने जो चार कहानियाँ ली हैं, वे भी इसी परंपरा में हैं। उनमें गुणात्मक रूप से कोई अतंर नहीं है। वे न तो हिंदी की प्रतिनिधि कहानियाँ हैं और न वे हिंदी कहानी में किसी गुणांतर को सूचित करती हैं। आनंद प्रकाश कहानियों में सरलीकरण की बात करते हैं, लेकिन उनकी बातें भी सरलीकरण के दोष से मुक्त नहीं हैं। मसलन मध्यवर्ग के सभी रचनाकारों को मध्यवर्गीय कहना एक सरलीकरण है। मध्यवर्ग में भी एक तरफ निम्न-मध्यवर्ग है, जो प्राय: प्रगतिशील होता है और दूसरी तरफ उच्च-मध्यवर्ग, जो प्राय: प्रगति-विरोधी होता है। आनंद प्रकाश सभी तरह के लेखकों को ईमानदारी का 'सर्टिफिकेट' देते हैं, यह भी एक सरलीकरण है। वे लेखकों की बेईमानी की बात नहीं करना चाहते और यह मान कर चलते हैं कि रचनाकार बुर्जुआ होकर भी ईमानदार हो सकते हैं। यह ठीक नहीं है, क्योंकि अधिकांश लेखक बेईमान थे और हैं। उन्हें बेईमान कहना पड़ेगा।

गोष्ठी के संचालक विनोद तिवारी ने कहा : जनवादी कहानी के बारे में यहाँ दो जनवादी आलोचक टकरा गए हैं, इसलिए अब मैं जनवादी कहानीकार रमेश उपाध्याय को आमंत्रित करता हूँ कि वे आलोचना की इस टकराहट के बीच रचना की स्थिति स्पष्ट करें।

रमेश उपाध्याय ने कहा : आनंद प्रकाश की यह बात सही है कि आज की जनवादी कहानी से उदाहरण के लिए उन्होंने जो चार कहानियाँ चुनीं, वे 'मॉडल' कहानियाँ नहीं हैं। अभी हमारी कहानियों में वह चीज नहीं आ पाई है, जो हम लाना चाहते हैं। जनवादी कहानी को रचना-प्रक्रिया तथा पाठ-प्रक्रिया की कई जटिल समस्याओं से जूझते हुए अभी एक लंबा रास्ता पार करना है। आनंद प्रकाश द्वारा की गई आलोचना इसमें सहायक हो सकती है। लेकिन मैं राजकुमार सैनी के इस कथन से सहमत नहीं हूँ कि 'नई कहानी' के प्रगतिशील लेखकों द्वारा लिखी गई कहानी और आज की जनवादी कहानी में कोई गुणात्मक अंतर नहीं है। आनेवाली पीढ़ियों को अपनी ही पीढ़ी का और आगे की कहानी को अपनी ही कहानी का विकास बताने की कोशिश हिंदी में कमलेश्वर और राजेंद्र यादव जैसे लेखक लगातार करते रहे हैं। राजकुमार सैनी ने भी यही पिटी-पिटाई बात कही है। उनका यह कहना सही है कि आनंद प्रकाश ने जिन चार कहानियों की चर्चा की, वे हिंदी की प्रतिनिधि कहानियाँ नहीं हैं—यहाँ तक कि वे इन चारों लेखकों की भी प्रतिनिधि कहानियाँ नहीं हैं—लेकिन मेरा खयाल है, आनंद ने भी उन्हें प्रतिनिधि कहानियों के रूप मे नहीं, इस दौर की महत्त्वपूर्ण कहानियों के उदाहरण स्वरूप प्रस्तुत किया था। मैं इन कहानियों के गुण-दोषों का विवेचन करना नहीं चाहता, क्योंकि इनमें मेरी अपनी भी एक कहानी शामिल है, लेकिन इतना अवश्य कह सकता हूँ कि ये कहानियाँ 'नई कहानी' के प्रगतिशील लेखकों की कहानियों से भिन्न और आगे की कहानियाँ हैं। 'नई कहानी' के प्रगतिशील लेखक भी आम तौर पर बुर्जुआ आलोचनात्मक यथार्थवाद से आगे नहीं बढ़ पाते, जबकि आज की जनवादी कहानी समाजवादी यथार्थवाद की दिशा में आगे बढ़ने के लिए प्रयत्नशील है।

जहाँ तक कमजोरियों का सवाल है, जनवादी कहानी में अभी बहुत कमजोरियाँ हैं, लेकिन यह रचनाकारों की निजी अक्षमताओं का ही सवाल नहीं है। मध्यवर्गीय लेखक आत्मसंघर्ष द्वारा अपने बुर्जुआ विभ्रमों से काफी हद तक मुक्त हो सकते हैं और वर्ग-संघर्ष में अपनी हिस्सेदारी के द्वारा काफी हद तक जनवादी रचना के लिए अपेक्षित सर्जनात्मक ऊर्जा प्राप्त कर सकते हैं, लेकिन हमें यह नहीं भूलना चाहिए कि रचनात्मक क्षमताओं का विकास केवल रचनाकार के आत्मपरक प्रयासों से ही नहीं होता, उसका संबंध संपूर्ण समाज की विकास-स्थिति और सामाजिक परिवर्तन के लिए किए जानेवाले जन-आंदोलनों की वस्तुगत स्थिति से भी होता है। जन-आंदोलनों का विकास साहित्य के विकास में सहायक होता है तो उनकी कमजोरियाँ भी साहित्य में प्रतिफलित होती हैं। प्रेमचंद के समय से आज तक जन-आंदोलनों का जो विकास हुआ है, उसने हिंदी कहानी में जन-पक्ष के विकास को निश्चय ही बहुत सही दिशा और गति प्रदान की है, लेकिन आज के जन-आंदोलन सामाजिक अपेक्षाओं को ठीक-ठीक पूरा कर पा रहे हैं, यह नहीं कहा जा सकता। इसलिए मेरा विचार यह है कि साहित्य की कमजोरियों की समस्याओं को आत्मपरक नैतिक स्तर पर उठाने के बजाय वस्तुपरक राजनीतिक स्तर पर समझा जाना चाहिए और साहित्य की आलोचना करते समय उसे प्रेरित-प्रभावित करनेवाले जन-आंदोलनों की कमजोरियों की भी आलोचना की जानी चाहिए।

वस्तुगत परिस्थितियाँ साहित्य को किस प्रकार प्रभावित करती हैं, यह चीज जनवादी कहानी में स्पष्ट देखी जा सकती है। जनवादी कहानी प्रचार-प्रसार के पूँजीवादी या सरकारी तंत्र से अलग,और उसके विरुद्ध जनता के अपने प्रसार-माध्यमों के विकास की चेष्टा के साथ विकसित होनेवाली कहानी है। छोटी-छोटी जनवादी या वामपंथी पत्रिकाओं के जरिए व्यापक जनता तक पहुँचने की जटिल समस्या ने कहानी के कथ्य और शिल्प दोनों को बहुत प्रभावित किया है। सब जानते हैं कि ऐसी पत्रिकाओं की पाँच सौ या एक हजार प्रतियाँ ही छपती हैं और जनवादी कहानी जिस जनता को संबोधित है, वह प्रायः अनपढ़ है या इन पत्रिकाओं तक उसकी सीधी पहुँच नहीं है। इस समस्या का समाधान तभी संभव था, जबकि जनवादी कहानी केवल पाठ्य न रह कर श्रव्य और दृश्य रूपों में भी जनता तक पहुँचाई जाती और इसके लिए आवश्यक था कि कहानी मध्यवर्गीय सीमित संसार से निकल कर व्यापक जन-जीवन का चित्रण करती, अपनी अभिव्यक्ति में स्पष्ट और जन-भाषा के निकट होकर सहज संप्रेषणीय बनती और केवल मुद्रित शब्द की सीमाओं में कैद न रह कर मंच पर से श्रोताओं को सुनाई या नाटक के रूप में दिखाई भी जा सकती। अतः जनवादी कहानी ने इस दिशा में कुछ सचेत प्रयास किया है और इसके कारण उसमें एक गुणात्मक-सा परिवर्तन हो रहा है।

आकस्मिक नहीं है कि जनवादी कहानी 'नई कहानी' के दौर में शुरू हुए मध्यवर्गीय नाम-रूपहीन एकाकी पात्रों के आत्मालाप से मुक्त होकर सचेत सामाजिक मनुष्यों के बीच एक सार्थक संवाद की दिशा में अभिमुख हुई, वस्तुपरक यथार्थ के

अधिक निकट पहुँची और उसमें किस्सागोई तथा नाट्यात्मकता का विकास हुआ। आज की अधिकांश जनवादी कहानियाँ पढ़ कर सुनाई जा सकनेवाली और थोड़े-से परिश्रम से नाटक में रूपांतरित करके दिखाई जा सकनेवाली कहानियाँ हैं। पिछले कुछ वर्षों में हिंदीभाषी प्रदेशों के अनेक जन-नाट्य-मंचों ने बहुत-सी कहानियों के नाट्य-रूपांतर हजारों-लाखों लोगों के सामने प्रस्तुत किए हैं और मंच से कविता-पाठ के साथ-साथ कहानी-पाठ के कार्यक्रम भी लोकप्रिय होने लगे हैं। मेरा खयाल है, जनवादी कहानी की सही आलोचना इस संपूर्ण विकास को ध्यान में रख कर ही की जा सकती है, और तब बहुत संभव है कि बहुत-सी कमजोरियाँ कमजोरियाँ न लगें और कई कमजोरियाँ कहानीकारों की आत्मपरक कमजोरियाँ न मालूम हों।

आनंदपाल सिंह ने कहा : कहानी कोई भी हो, वह भूख, सेक्स या स्वतंत्रता से संबंधित होती है, जो शाश्वत सत्य हैं। इन सत्यों को खानों और खेमों में नहीं बाँटा जा सकता। प्रतिबद्धता की बात मेरी समझ में नहीं आती। हिंदी साहित्य जब तक एक रहा, एक नदी के रूप में बहता हुआ महान् आंदोलन रहा, लेकिन खेमों में बँट जाने के कारण वह नदी कई उथली नालियों में बँट गई। आज के लेखक मनुष्य और समाज से प्रतिबद्ध नहीं, केवल अपने खेमे से प्रतिबद्ध हैं। राजनीति पर जोर ज्यादा हो गया है। इस देश में सारी क्रांतियाँ राजनीतिक होती हैं, पर आवश्यकता है सांस्कृतिक क्रांति की, और उसके लिए गाँवों की ओर लौटना जरूरी है, क्योंकि शहरों में सभ्यता ही सभ्यता है, संस्कृति गाँवों में है। आनंद प्रकाश ने जो कहानियाँ चुनीं, वे शहर की कहानियाँ थीं और खेमों में बँटी हुई कहानियाँ थीं। यदि हमें कहानी को जनता से जोड़ना है तो जन-संस्कृति की जड़ों तक जाने के लिए गाँवों की ओर जाना होगा तथा सम्यक् विचार, सम्यक् लक्ष्य और सम्यक् आचरण अपनाना होगा।

प्रचंड ने कहा : आज की हिंदी कहानी में जन-पक्ष का विकास तेजी से हो रहा है। आज की पीढ़ी के लोग अधिकतर जनवाद से प्रभावित हैं। लेकिन जन-पक्ष के विकास में कुछ बाधाएँ भी हैं। ये बाधाएँ दो प्रकार की हैं : बाह्य और आंतरिक। बाह्य बाधा तो हमारी सामाजिक व्यवस्था है, जो साहित्य में जन-पक्ष के विकास को हर प्रकार से रोकती है, लेकिन व्यवस्थाजन्य बाधाओं को राजनीति ही दूर कर सकती है, साहित्य नहीं, इसलिए हमारे सामने मुख्य बात आंतरिक बाधाओं की है जिन्हें हम दूर कर सकते हैं। जनवादी रचना का विकास जनवादी पत्रिकाओं के विकास से अनिवार्यतः जुड़ा हुआ है, अतः व्यावसायिक पत्रिकाओं के विरुद्ध जनवादी पत्रिकाओं के आंदोलन को जीवित रखना और उसे गति एवं ऊर्जा प्रदान करना समस्त जनवादी लेखकों का दायित्व है। इस दायित्व के निर्वाह में साहित्यिक खेमेबंदी अक्सर आड़े आती है। इसलिए हममें आपसी मतभेद भले ही रहें, व्यावसायिक पत्रिकाओं के विरुद्ध हमें एक होना चाहिए।

दूसरी बात : रमेश उपाध्याय जैसे कुछ अपवादों को छोड़ दें तो अधिकांश जनवादी कहानीकारों की रचनाएँ पाठकों को आकर्षित नहीं कर पातीं। इसलिए हमें यह भी ध्यान

रखना चाहिए कि पाठक हमारी कहानी से ऊब कर उससे विमुख न हो जाए। पाठक की उपेक्षा करनेवाली रचना कभी सफल और सार्थक नहीं हो सकती। सुबह की गोष्ठी में भाषा की बात की गई थी। कहानी में भाषा लेखक की नहीं, पात्र की होती है, और जीवंत पात्रों की भाषा ही जीवंत होती है, इसलिए कहानी में जीवंत पात्रों का चित्रण आवश्यक है। रमेश उपाध्याय ने एक बात यह कही थी कि लेखक को शिक्षक और मार्गदर्शक होना चाहिए। लेकिन शिक्षक को स्वयं शिक्षित और मार्गदर्शक को स्वयं मार्ग का ज्ञाता होना आवश्यक है। जिस क्षेत्र के बारे में लेखक कुछ नहीं जानता, उसके बारे में लिखने पर वह बीर राजा की कहानी 'खिड़की' के लेखक पात्र की तरह असफल होता है।

सुरेंद्र मंथन ने कहा : कहानी में जन-पक्ष का विकास कथानायकों का अध्ययन करके समझा जा सकता है। 'नई कहानी' से लेकर 'समांतर कहानी' तक यह नारा दिया जाता रहा है कि कथानायक का विघटन हो गया है, इसलिए कहानी में नायक का नहीं, बल्कि 'आम आदमी' का चित्रण होना चाहिए। जनवादी कहानी ने इस नारे में निहित भ्रामक मान्यताओं का खंडन करके जनता के जीते-जागते, संघर्षशील कथानायकों को पुनः कहानी में प्रतिष्ठित किया है, इसलिए उसमें जन-पक्ष का तेजी से विकास हुआ है। जनवादी कहानी की एक विशेषता यह भी है कि वह पात्रों की सामाजिक स्थिति को ही नहीं, उसके कारणों को भी बताती है और पाठक में यह चेतना जगाती है कि वह अपनी स्थिति और समस्याओं को समझ सके। मध्यवर्गीय चरित्रों पर कहानियाँ लिखना अनुचित नहीं है। उदाहरण के लिए रमेश उपाध्याय की बहुत-सी कहानियाँ मध्यवर्गीय चरित्रों पर ही लिखी हुई कहानियाँ हैं, लेकिन उनकी विशेषता यह है कि वे दो तरह के मध्यवर्गीय चरित्र सामने लाते हैं : एक तो वे जो राजीतिक चेतना से रहित होने के कारण शोषक वर्ग के पक्षधर होते हैं; और दूसरे वे, जो राजनीतिक चेतना से लैस होने के कारण शोषित वर्ग के पक्षधर होते हैं। गैर-जनवादी लेखकों में यह बात नहीं होती, क्योंकि उनके मध्यवर्गीय पात्र मध्यवर्गीय अथवा पूँजीवादी दृष्टिकोण को ही सामने लाते हैं, जिससे कहानी पाठक को सचेत नहीं बना सकती। प्रचंड ने भाषा की बात पर कहा कि जीवंत पात्रों की भाषा ही जीवंत होती है, लेकिन सचेत लेखक ही अपने पात्रों को सही भाषा दे सकता है। जो लेखक सचेत नहीं होते, उनके पात्र किसी भी वर्ग के हों, घिसी-पिटी भाषा का प्रयोग करते हैं। कुछ जनवादी कहानियों में भी यह कमजोरी दिखाई देती है, जिसे दूर करना आवश्यक है।

बहस के बाद आनंद प्रकाश को आमंत्रित किया गया कि वे अपने वक्तव्य पर की गई टिप्पणियों के बारे में कुछ कहना चाहें तो कहें। उन्होंने कहा : आज की कहानी में प्रगतिशील आंदोलन की कहानी से कोई गुणात्मक अंतर है या नहीं, यह आज की बहस में उभरनेवाला मुख्य प्रश्न है। राजकुमार सैनी का कहना है कि दोनों में कोई गुणात्मक अंतर नहीं है। लेकिन मैंने जिन कहानियों के उदाहरण दिए थे, उनमें यह बात स्पष्ट है कि आज के कहानीकार मात्र प्रगतिशील कहानियाँ नहीं लिख रहे हैं।

'प्रगतिशील' की जगह 'जनवादी' शब्द अपनाए जाने का अर्थ यह है कि पिछले दौर में एक बुर्जुआ लेखक भी प्रगतिशील हो सकता था, जबकि आज वह प्रगतिशील नहीं रह गया है।

दूसरे, प्रगतिशील कहानी अधिक-से-अधिक शासक वर्ग द्वारा फैलाए जा रहे भ्रमों का विरोध करती थी, जबकि जनवादी कहानीकार उस विरोध को सामाजिक परिवर्तन की मूल समस्या तक ले जाता है। रमेश उपाध्याय ने ठीक ही कहा है कि प्रगतिशील कहानी आम तौर पर 'बुर्जुआ क्रिटिकल रियलिज्म' की कहानी थी, जबकि आज की जनवादी कहानी 'सोशलिस्ट रियलिज्म' की तरफ विकास करनेवाली कहानी है। यह नया विकास इतना प्रभावशाली है कि इससे 'नई कहानी' के प्रगतिशील लेखकों में भी परिवर्तन आया है और वे आज पहले से अधिक सचेत होकर कहानियाँ लिख रहे हैं। उदाहरण के लिए पिछले दिनों प्रकाशित शेखर जोशी और मार्कण्डेय की कहानियों को देखा जा सकता है।

राजकुमार सैनी ने दूसरी बात ईमानदारी की उठाई। लेखकों को ईमानदार या बेईमान मान कर उनकी आलोचना करना सही आलोचना तथा मूल्यांकन में सहायक नहीं, बाधक होता है। लेखक की ईमानदारी या बेईमानी कहानी में भी आती है, और जब हम कहानी पर बात करें तो उसको हमें कहानी में ही देखना चाहिए। लेखक अपनी ईमानदारी के बावजूद बुर्जुआ हो सकता है, गलत हो सकता है, इसलिए उसके सामाजिक व्यवहार को उसके लेखन के परिप्रेक्ष्य में ही रख कर देखना चाहिए।

रमेश उपाध्याय की यह बात एक हद तक ठीक है कि लेखक अपने समय के जन-आंदोलनों की शक्तियों और सीमाओं से प्रभावित होता है, लेकिन वह उन सीमाओं का अतिक्रमण भी कर सकता है, जैसे प्रेमचंद ने किया था। आनंदपाल सिंह ने लेखकों की खेमेबाजी का विरोध किया, लेकिन खेमों का विरोध करना और लेखकों को सभी प्रकार के खेमों से अलग रहने की सलाह देना एक मध्यवर्गीय समझ है। जब समाज वर्गों में बँटा है तो समाज में दोनों वर्गों के खेमे होंगे, और यदि हम जनता के पक्षधर हैं तो जनता के खेमे से अलग कैसे रह सकते हैं? इसलिए हमें यह मान कर नहीं चलना चाहिए कि सभी खेमे खराब हैं। कौन-सा खेमा अच्छा है और कौन-सा खराब, यह पहचानने की क्षमता हममें अवश्य होनी चाहिए। किसी एक तरफ भी चार-पाँच खेमे हो सकते हैं, उनमें भी हमें देखना चाहिए कि कौन-सा खेमा ज्यादा सही है।

हिंदी कहानी में जन-पक्ष का विकास कई स्तरों पर हो रहा है। साहित्य में सामाजिक सक्रियता की ओर संक्रमण आज का एक सामान्य तथ्य है। उदाहरण के लिए हम रमेश बत्तरा जैसे कहानीकारों का विकास देख सकते हैं, जो 'नंग-मनंग' जैसी कहानी की भाववादी समझ से चल कर जनवादी कहानियों की ओर आ रहे हैं। ऐसे लेखकों के लिए इस तरह की बहस की काफी अच्छी भूमिका हो सकती है।

भीष्म साहनी ने अपने अध्यक्षीय भाषण में कहा : हिंदी कहानी में दस-दस साल में जो फर्क आते हैं, उन्हें समझना मेरे लिए आसान नहीं है। यह काम वे कर सकते

हैं, जो आलोचनात्मक दृष्टि से हर चीज पर ध्यान रखते हैं। जो लेखक खुद एक तरह का संघर्ष कर रहा हो, वह अपने काम को अलग होकर निष्पक्ष रूप से नहीं देख सकता। मेरे विचार से कहानी जिंदगी से फूट कर निकलती है। जो लेखक जिंदगी से जितना जुड़ा होगा और जितना संवेदनशील होगा, उतना ही सफल होगा। लेखक की तड़प उसे कहाँ ले जाएगी, यह नहीं कहा जा सकता। कई बार वह टूट सकता है, कई बार उसमें नए वलवले उठने लगते हैं। कौन-सी परिस्थितियाँ उसे प्रभावित करके कैसा बनाती हैं, यह विश्लेषण मेरे लिए कठिन है, लेकिन सामाजिक दबावों को मैं मानता हूँ।

स्वाधीनता से पहले के और बाद के लेखन में फर्क है। पहले का लेखक स्वतंत्रता-आंदोलन से भावात्मक रूप से जुड़ा हुआ था। स्वतंत्रता के बाद बुद्धिजीवियों की ही नहीं, आम जनता की भी वह सहभागिता की भावना टूटी। स्वाधीनता के बाद शासक वर्ग ने जनता को सत्ता से अलग कर दिया। बुद्धिजीवी भी उससे अलग हुआ। इस परिवर्तन का असर साहित्य पर पड़ा। साहित्य में समाज से कटाव, निराशा, एकाकीपन आदि की बातें होने लगीं। मेरी पीढ़ी पर इसका असर पड़ा है। कुछ लोगों ने आज यहाँ कहा कि हम लोग आलोचनात्मक यथार्थवाद के लेखक हैं। मेरे विचार से यह वातावरण का प्रभाव था। हम लोग मोहभंग की स्थिति के लेखक हैं। लेकिन जो लेखन जिंदगी से जुड़ा रहता है, वह जिंदगी से रस भी पाता रहता है। मात्र बौद्धिक स्तर पर कोई लेखन नहीं होता। समाज से कट कर अपने अंदर डूब जानेवालों का लेखन जीवित नहीं रहता। आज वातावरण कहाँ तक बदला है, यह कहना कठिन है, लेकिन मैं कैसा लिखता हूँ, यह बहुत कुछ मेरी अपनी तड़प पर निर्भर है।

हमारे देश के 90 प्रतिशत लोग गाँवों में रहते हैं, लेकिन गाँवों की कितनी कहानियाँ हमारे पास हैं? इसके लिए यह तर्क देना गलत है कि अधिकांश लेखक शहरों में रहनेवाले मध्यवर्गीय लेखक हैं। शहर में रह कर शहर के बारे में ही लिखा जाए, और वह लेखन अच्छा भी हो, यह कतई जरूरी नहीं है। जब तक लेखक की तड़प उसे अपने अनुभव-क्षेत्र का विस्तार करने के लिए बाध्य नहीं करती, वह अच्छा लेखन नहीं कर सकता। मध्यवर्गीय लेखक मध्यवर्ग पर ही लिखे, यह भी ठीक नहीं। बहुत-से लेखकों ने अपनी वर्गीय सीमाओं को तोड़ा है। हमारा मध्यवर्ग तो जनता से बहुत अलग नहीं है। लेकिन टॉल्सटॉय तो काउंट थे। फिर भी उन्होंने ग्रामीण किसानों के बारे में जो लिखा, वह कितना सजीव और प्रामाणिक है ! इसलिए एक लेखक के नाते मैं तो यही कह सकता हूँ कि कहानी में जन-पक्ष का विकास करने के लिए मूल बात जिंदगी से जुड़ना ही है।

तीसरी गोष्ठी। 13 मई 1979 पूर्वाह्न। विषय : आलोचना की पक्षधरता। अध्यक्ष : आनंद प्रकाश। संचालक : मुकेश सेठी। प्रमुख वक्ता : चंचल चौहान।

चंचल चौहान ने विषय-प्रवर्तन करते हुए कहा : सोवियत सौंदर्यशास्त्री एवनेर जिस के अनुसार पक्षधरता एक सौंदर्यशास्त्रीय प्रतिमान है। वर्ग-विभक्त समाज में सौंदर्याभिरुचि सबकी एक जैसी नहीं होती, वह भी वर्गीय होती है। उसे वर्ग-दृष्टि से न देखना और उसमें अभेदभाव बरतना—जैसा कि बुर्जुआ आलोचना में अक्सर किया जाता है—गलत है। लू शुन को एक बार किसी आलोचक ने सलाह दी कि वे शाश्वत सत्यों पर लिखा करें। लू शुन ने उत्तर दिया कि पसीना आना एक शाश्वत सत्य है, लेकिन सवाल यह है कि लेखक किसी राजकुमारी के सुगंधित पसीने के बारे में लिखे या किसी मजदूर के बदबूदार पसीने के बारे में ? इस प्रकार उन्होंने स्पष्ट कर दिया कि तथाकथित शाश्वत सत्य भी वर्ग-सापेक्ष होते हैं और उनसे संबंधित रचना तथा आलोचना में पक्षधरता का सवाल उठता है। आज के समस्त वैज्ञानिक विचारक सारी समस्याओं को वर्गीय दृष्टि से देखते हैं, और यह उचित भी है, इसलिए साहित्य की आलोचना में वर्गीय दृष्टि अथवा पक्षधरता का प्रतिमान लागू करना सर्वथा उचित है।

लेकिन यह प्रतिमान शोषक वर्ग के अनुकूल नहीं होता, क्योंकि उसके हितों को सामाजिक न्याय की दृष्टि से उचित सिद्ध नहीं किया जा सकता, और अन्याय का पक्ष कोई नहीं लेना चाहता। इसलिए वह जिस प्रकार समाज में वर्ग-संघर्ष पर पर्दा डालने की कोशिश करता है, उसी प्रकार साहित्य में पक्षधरता पर। यही कारण है कि आज रचना के रूप, शिल्प या ढाँचे को लेकर कई रूपवादी आंदोलन चलाए जा रहे हैं, जिनका मुख्य उद्देश्य है रचना के कथ्य को नकारना और उसे समस्त सामाजिक संदर्भों से काट देना। जनवादी समीक्षा के अनुसार केवल रूप के आधार पर समीक्षा करना अभेदवादी समीक्षा को प्रश्रय देना है, जो शोषक वर्ग के पक्ष में जाती है।

कुछ आलोचक समझते हैं कि रूपवाद में समाजशास्त्रीयता का थोड़ा पुट देकर आलोचना जनवादी हो जाती है। नामवर सिंह ने यही किया, लेकिन उनकी आलोचना रूपवादी ही रही। इसी तरह कुछ लोग समझते हैं कि जनवादी और मार्क्सवादी समीक्षा में कोई अंतर नहीं है। लेकिन अंतर किया जाना चाहिए। जनवाद में मार्क्सवाद को न जाननेवाले भी आ सकते हैं, जैसे मैथ्यू आर्नल्ड और रामचंद्र शुक्ल, लेकिन मार्क्सवादी समीक्षा में ऐतिहासिक और द्वंद्वात्मक भौतिकवादी वैज्ञानिक पद्धति अपनाई जाती है। लेकिन पक्षधरता का प्रतिमान जनवादी और मार्क्सवादी, दोनों समीक्षाओं में लागू होता है, और यही कारण है कि रूपवाद दोनों का ही विरोधी है। लेकिन रूपवाद आज गलत सिद्ध हो चुका है, क्योंकि पक्षधरता के प्रतिमान के बिना रचना की सही व्याख्या हो ही नहीं सकती।

आज की जनवादी समीक्षा में पक्षधरता के कई स्तर हैं। एक स्तर वह है जहाँ समीक्षक मार्क्सवादी न होते हुए भी अपने मानवीय विवेक के आधार पर शोषक वर्गों के विरुद्ध शोषित-पीड़ित जनता का पक्षधर होता है। दूसरा स्तर वह है जहाँ समीक्षक सचेत रूप से मार्क्सवादी-लेनिनवादी विचारधारा को अपनाता है और उसके आधार पर बनी समझ से शोषित सर्वहारा वर्ग से प्रतिबद्ध होता है। और तीसरा स्तर वह है, जहाँ

समीक्षक केवल वैचारिक स्तर पर सक्रिय न रह कर सर्वहारा की पार्टी से भी संबद्ध होता है। आज की जनवादी समीक्षा में पक्षधरता के ये तीनों स्तर आते हैं।

राजकुमार सैनी ने बहस शुरू करते हुए कहा : पक्षधरता का सवाल कोई आज का या नया सवाल नहीं है। जीवन और साहित्य में पक्षधरता हमेशा से रही है। 'रामायण' में वाल्मीकि राम का और 'महाभारत' में व्यास पांडवों का पक्ष लेते हैं तो अपने युग के आदर्श का पक्ष लेकर उसका चित्रण करते हैं। परंतु आज के युग में पक्षधरता का एक विशिष्ट अर्थ है—मार्क्सवादी समझ के आधार पर शोषित वर्ग की पक्षधरता। चंचल चौहान इसे आज का सौंदर्यशास्त्रीय प्रतिमान बताते हैं, लेकिन यह प्रतिमान सदा से रहा है। दूसरी बात उन्होंने रूपवाद के बारे में कही। यह सही है कि रूपवाद आलोचना की सही एप्रोच नहीं है, लेकिन उसका विरोध आँख मूँद कर नहीं किया जाना चाहिए। जनवादी आलोचना को रूपवाद के खतरों से सावधान रहते हुए भी रूप की उपेक्षा नहीं, बल्कि उसकी प्रतिष्ठा करनी चाहिए। यदि हम रूप की उपेक्षा करके केवल कथ्य के आधार पर आलोचना करेंगे तो हमारी आलोचना सरलीकृत होगी। केवल कथ्य के आधार पर एक अच्छे लेखक और दूसरे कुछ कम अच्छे लेखक का फर्क नहीं किया जा सकता।

धर्मेंद्र गोयल ने कहा : चंचल चौहान ने कहा कि पक्षधरता को आज की आलोचना का प्रतिमान मान लिया गया है, लेकिन किसी चीज का मान्य हो जाना एक बात है, उसका उचित होना दूसरी बात है। पक्षधरता का प्रतिमान उचित नहीं है, क्योंकि वह हमेशा अनुदार समाज का प्रतिमान होता है। यह साहित्येतर प्रतिमान है, जिसे साहित्य पर लागू नहीं किया जाना चाहिए। आनंद प्रकाश ने कल रहस्यात्मकता को साहित्य से बाहर निकाल देने की बात की थी, लेकिन जैसा कि विलियम एम्पसन ने कहा है, भाषा में किसी-न-किसी प्रकार की 'एम्बिग्युइटी' जरूर होती है। इसलिए हर रचना में रहस्यात्मकता होती है। प्रतिबद्धता की भी बहुत सारी बातें यहाँ की जा रही हैं, लेकिन प्रतिबद्ध होना साहित्य के औचित्य की गारंटी नहीं है। चालू चीजों को कथ्य बना कर की जानेवाली रचना कलाकृति नहीं बन पाती। कलाकृति में कथ्य एक बहुत ही सबल और केंद्रीय तत्त्व होता है, लेकिन स्वर, स्मृति, प्रतीक, तनाव, टकराहट, संतुलन आदि भी बहुत आवश्यक होते हैं। प्रतिमान ये हैं, न कि पक्षधरता। और पक्षधरता यदि होती भी है तो प्रत्येक व्यक्ति की भिन्न होती है। आलोचक को यह बात अपने दिमाग से निकाल देनी चाहिए कि वह दूसरों की पक्षधरता तय करेगा। यह समाजवाद नहीं, सामंतवाद और अधिनायकवाद है। कोई भी पक्षधरता हर लेखक के लिए सही नहीं हो सकती। जहाँ तक वर्गों की बात है, वर्ग कोई वास्तविकता नहीं है, वह केवल एक अवधारणा है, हमारे दिमाग की उपज है। साहित्य इस प्रकार की अवधारणाओं से ऊपर होता है।

रमेश उपाध्याय ने कहा : धर्मेंद्र गोयल ने औचित्य का प्रश्न उठाया, लेकिन औचित्य का प्रश्न भी पक्षधरता के आधार पर ही हल हो सकता है, क्योंकि वर्ग-विभक्त

समाज में जो चीज एक वर्ग के लिए उचित हो सकती है, वही दूसरे वर्ग के लिए अनुचित हो सकती है। सवाल एक ही पक्षधरता को सब पर थोपने का नहीं, बल्कि यह देखने और दिखाने का है कि सामाजिक न्याय की दृष्टि से किस वर्ग की पक्षधरता सही है। पूँजीवादी व्यवस्था में शोषित सर्वहारा वर्ग के हित ही उचित होते हैं, अतः उसी की पक्षधरता उचित है। सर्वहारा वर्ग की पक्षधरता मानव-हित और समाज-विकास की दृष्टि से सर्वथा उचित है और पूँजीवादी वर्ग की पक्षधरता मानव-विरोधी तथा समाज की प्रगति में बाधक होने के कारण सर्वथा अनुचित। धर्मेंद्र गोयल पक्षधरता को अनुचित बता कर दरअसल वर्ग-चेतना को अनुचित बताना चाहते हैं।

पूँजीवादी विचारधारा के लोग सदा ही यह कोशिश करते हैं कि जनता में वर्ग-चेतना विकसित न हो। इसलिए वे वर्गों को वास्तविकता नहीं, दिमाग की उपज बताते हैं। ऐसे लोग राज्यसत्ता को भी एक अमूर्त अवधारणा या दिमाग की उपज कहते हैं, लेकिन हम नित्यप्रति अनुभव करते हैं कि वह एक ठोस, मूर्त और प्रत्यक्ष चीज होती है। आपातकाल में ऐसे बहुत-से लोगों को, जो राज्यसत्ता को अमूर्त अवधारणा मानते थे, उसके प्रत्यक्ष दर्शन और अनुभव हुए। दूसरी ओर वर्ग-चेतना से युक्त लोगों ने उस दौर में यह भी देखा कि शोषक-शासक वर्गों द्वारा आपातकाल के नाम पर की गई शोषित वर्गों के दमन की उस कार्रवाई का समर्थन अधिकतर उन्हीं लेखकों ने किया था, जो वर्गीय पक्षधरता को साहित्येतर चीज मानते हैं।

जहाँ तक इस आरोप का प्रश्न है कि जनवादी समीक्षा केवल कथ्य के आधार पर चलती है, रचना के रूप या उसकी कलात्मकता पर ध्यान नहीं देती, मुझे यह शेर याद आता है कि "वो बात सारे फसाने में जिसका जिक्र न था, वो बात उनको बहुत नागवार गुजरी है।" यहाँ हम लोग कल से बराबर रचना के रूप, शिल्प और भाषा आदि के प्रश्नों पर विचार कर रहे हैं। इस गोष्ठी में चंचल चौहान और राजकुमार सैनी ने भी रचना के रूप को बहुत महत्त्वपूर्ण माना है। जो लोग रहस्यात्मकता को ही कलात्मकता की कसौटी मानते हैं, वे यथार्थ के उद्घाटन में नहीं, बल्कि उस पर परदा डालने में विश्वास करते हैं।

सुरेश शर्मा ने कहा : चंचल चौहान ने रूपवाद की बात की, लेकिन् यह स्पष्ट नहीं किया कि रूपात्मक समीक्षा हमारे लिए कितनी उपयोगी है। क्या आलोचना के लिए मार्क्सवाद से प्रतिबद्ध होना जरूरी है? क्या प्रेमचंद और निराला मार्क्सवादी थे? क्या मार्क्सवादियों ने तय कर रखा है कि वे ही सारी समस्याओं का समाधान करेंगे? आप लोगों का साहित्य कितने लोग समझ पाते हैं? फिर पक्षधरता की बात के क्या मानी हैं?

जानकी प्रसाद शर्मा ने कहा : पक्षधरता का सवाल रचना के उद्देश्य से जुड़ा सवाल है। वर्गीय पक्षधरता भिन्न होने पर रचना के उद्देश्य भिन्न हो जाते हैं, जिसका प्रभाव रचना के कथ्य पर ही नहीं, उसके रूप पर भी पड़ता है। जनवादी लेखकों में उद्देश्य की एकता के बावजूद जो कलात्मक या सौंदर्यात्मक फर्क होता है, उसका कारण यह

है कि विभिन्न लेखकों की संवेदना तथा अभिव्यक्ति-क्षमताओं में अंतर होता है। इसे परिवेशजन्य संस्कारों की भिन्नता भी कह सकते हैं। कुछ लोग यह मानते हैं कि प्रतिबद्धता का लेखक की रचनाशीलता पर बुरा असर पड़ता है। इसका अभिप्राय यह होता है कि लेखक को पार्टी से प्रतिबद्ध नहीं होना चाहिए। लेकिन सर्वहारा वर्ग की पार्टी और जनवादी लेखक के उद्देश्यों में कोई अंतर नहीं होता, इसलिए पार्टी-प्रतिबद्धता का उसकी रचनाशीलता पर कोई बुरा असर नहीं पड़ता। जहाँ तक लेखक और आलोचक की पक्षधरताओं में अंतर का सवाल है, दोनों की पक्षधरताओं में तत्त्वतः कोई अंतर न होते हुए भी रचना और आलोचना की प्रक्रियाओं की भिन्नता के कारण अंतर आ जाता है। रचनाकार की प्रक्रिया अंतर्वर्ती होती है, जिसमें वह बाह्य वास्तविकता का आभ्यंतरीकरण करता है, जबकि आलोचना की प्रक्रिया बाह्य स्थिति-सापेक्ष और बहुत कुछ समाजशास्त्रीय होती है। लेकिन पक्षधरता और प्रतिबद्धता दोनों के लिए अनिवार्य है। यथार्थ का चित्रण और उसका बोध तथा मूल्यांकन, दोनों ही पक्षधरता के बिना संभव नहीं।

चमनलाल प्रभाकर ने कहा : पक्षधरता की बात करते समय हमें लेखक और आलोचक की पक्षधरताओं पर भिन्न दृष्टि से विचार करना चाहिए। रचनाकार जीवन का प्रत्यक्षदर्शी होने के कारण अपनी पक्षधरता को स्पष्ट रूप से जाने बिना भी पक्षधर हो सकता है, जबकि आलोचक को अपनी पक्षधरता स्पष्टतः समझनी होती है, जिसके लिए उसमें जीवन की समझ के साथ-साथ समाज-व्यवस्था और विचारधारा की भी स्पष्ट समझ होनी चाहिए। मध्यवर्गीय लेखकों के लिए पक्षधर आलोचना अत्यंत आवश्यक है, क्योंकि वहीं से उन्हें अपनी सामाजिक भूमिका का पता चलता है।

हरिश्चंद्र ने कहा : हमारी परंपरा यह रही है कि सौंदर्य रूप में होता है, लेकिन मैं समझता हूँ कि रचना के उद्देश्य में भी उसका सौंदर्य निहित होता है—यह और बात है कि केवल सही उद्देश्य से रचना सुंदर नहीं हो जाती, उसके लिए यह भी जरूरी है कि रचना का रूप और शिल्प उस उद्देश्य के निमित्त किए जानवाले संप्रेषण के अनुकूल हो।

भीष्म साहनी ने कहा : सौंदर्यबोध कोई शुद्ध क्रिया नहीं है। वह सापेक्ष होती है। उसमें हमारी भावनाएँ, नैतिक मान्यताएँ आदि भी आती हैं। कथ्य और शिल्प एक-दूसरे में घुले-मिले रहते हैं और रचना के लिए दोनों समान रूप से महत्त्वपूर्ण होते हैं। कथ्य रचना में रूप के साथ ही आता है, जैसे शायर को किसी शेर की आधी पंक्ति का सूझ जाना कथ्य भी है और रूप भी। कहानी के पहले वाक्य से ही कथ्य और रूप दोनों शुरू हो जाते हैं। विभिन्न युगों में सौंदर्य के हमारे प्रतिमान बदलते रहते हैं, उनके प्रति हमारी प्रतिक्रिया भी बदलती रहती है, जो हमारे ज्ञान, संस्कार या मानसिक गठन पर निर्भर करती है, लेकिन कोई चीज केवल इस बात से सही और सुंदर नहीं हो जाती कि हम उसे वैसी मानते हैं। उसकी कसौटी वस्तुगत यथार्थ है, जो हमसे स्वतंत्र होता है। इसलिए रूपवादियों का यह कहना कि रचना अपने-आपमें स्वतंत्र है, एक

अतिसरलीकरण है। वह हमारे विचार, भावना, पक्षधरता आदि सबसे संबद्ध होती है।

बहस का समापन करते हुए चंचल चौहान ने कहा : इस गोष्ठी में जो वैचारिक टकराहट हुई, वह बहुत अच्छी बात है। इस संसार में भेद और अभेद दोनों हैं। यदि हम केवल भेद की दृष्टि से देखेंगे तो भी गलती करेंगे और केवल अभेद की दृष्टि से देखेंगे तो भी। धर्मेंद्र गोयल का यह कहना कि वर्ग कोई वास्तविकता नहीं, केवल एक अवधारणा है, अभेदवादी दृष्टि का परिचायक है। लेकिन अवधारणाएँ हवा में नहीं बन जातीं, यथार्थ में किसी चीज के मौजूद होने पर ही उसकी अवधारणा संभव होती है। चेतना को पदार्थ से उद्भूत न मानना भाववाद है और भाववाद तथा भौतिकवाद में द्वंद्व हमेशा से रहा है। यहाँ भी रहा। राजकुमार सैनी का यह कहना कि पक्षधरता का प्रतिमान साहित्य में हमेशा से रहा है, ठीक नहीं है। पहले पक्षधरता तो थी, लेकिन आलोचना में वह एक प्रतिमान के रूप में लागू नहीं होती थी।

अंत में आनंद प्रकाश ने अपने अध्यक्षीय भाषण में कहा : आज की बहस हम सबके लिए बहुत प्रेरणादायक है। चंचल चौहान ने बड़ी महत्त्वपूर्ण बात कही कि आलोचना के प्रतिमानों में भी पक्षधरता का सवाल निहित रहता है। आज की गोष्ठी में उन प्रतिमानों की टकराहट भी देखने में आई। धर्मेंद्र गोयल ने रहस्यात्मकता को साहित्य के एक प्रतिमान के रूप में प्रस्तुत किया। लेकिन यह प्रतिमान बहुत पुराना और गलत है। इसके द्वारा यथार्थ को एक ऐसा 'मिस्टीक' बनाया जाता है, जो हमारी 'लॉजिकल अंडरस्टेंडिंग' तथा 'रैशनल फैकल्टीज' से परे हो, ताकि उसकी परीक्षा न की जा सके। लेकिन जब आप 'अवधारणाओं' की बात करते हैं तो इसका मतलब यह होता है कि यथार्थ को समझना एक 'रैशनल' क्रिया है, और यदि हम ऐसा नहीं मानते तो इसका मतलब है कि हम यथार्थ की ही नहीं, उसे समझने के अपने मानदंडों की भी परीक्षा नहीं करना चाहते। धर्मेंद्र गोयल की विचारधारा 'लिबरलिज्म' की विचारधारा है, जिसमें निर्णय की ओर न जाने की, दुविधा में पड़े रहने की, बल्कि जो निर्णय की ओर बढ़ें, उन्हें भी पीछे खींचने की कोशिश की जाती है। इस विचारधारा की कोशिश मनुष्य को ज्ञान से हटा कर अज्ञान की ओर ले जाने की होती है।

दूसरी बात उन्होंने यह उठाई कि क्या पक्षधरता का मानदंड उचित है? सवाल यह है कि उचित और अनुचित का विवेक कैसे पैदा होता है? आलोचक का एक मानदंड निजी हो सकता है, लेकिन जैसा कि अभी भीष्म साहनी ने कहा, एक मानदंड वस्तुगत यथार्थ का भी होता है, जो आपसे बाहर और आपकी इच्छा तथा रुचि से स्वतंत्र है। उसे सचेत और वैज्ञानिक ढंग से समझना आलोचक का काम है, इसलिए वस्तुनिष्ठ होना बहुत जरूरी है। वस्तुनिष्ठ होकर ही हम यह जान सकते हैं कि समाज में प्रचलित सारे मत, वाद, दृष्टिकोण आदि सही नहीं हैं, बल्कि सही वह है, जो वस्तुगत यथार्थ के निकट पड़ता है, और उसके निकट होने का मतलब है बहुसंख्यक शोषित समाज का पक्षधर होना।

इस गोष्ठी के बाद भोजनोपरांत सम्मेलन की जो चौथी और अंतिम गोष्ठी हुई,

उसकी विशेषता यह थी कि उसमें किसी प्रौढ़-प्रतिष्ठित लेखक या समीक्षक को अध्यक्ष न बना कर तीन युवा लेखकों का एक अध्यक्ष-मंडल बनाया गया, जिसकी सभी ने सराहना की। उस गोष्ठी का विवरण इस प्रकार है :

चौथी गोष्ठी। 13 मई 1979 अपराह्न। विषय : साहित्य में यथार्थ। अध्यक्ष-मंडल : सुरेंद्र सुकुमार, राजकुमार गौतम, अनिल कौशिक। संचालक : जानकी प्रसाद शर्मा। प्रमुख वक्ता : भीष्म साहनी और राजकुमार सैनी।

भीष्म साहनी ने निबंध-पाठ करते हुए कहा : यथार्थवाद और यथावत् चित्रण में अंतर है, क्योंकि कोई घटना अपने में स्वतंत्र नहीं होती, उसका जन्म जिंदगी में से होता है और वह जिंदगी से सैकड़ों तंतुओं से जुड़ी होती है। परिवेश से जुड़ कर तथा समाज के व्यापक परिप्रेक्ष्य में ही किसी घटना का कोई अर्थ होता है। जब तक किसी घटना में से कोई अर्थ न निकले और इंसानी रिश्तों के स्तर पर उसकी कोई विशिष्टता न हो, हम उसे यथार्थवाद नहीं कह सकते। लेकिन किसी घटना में लेखक क्या देखता है, इसका जवाब अलग-अलग लेखकों के संदर्भ में अलग-अलग भी हो सकता है। युद्ध में मरनेवाले एक सिपाही की मौत में एक लेखक को जीवन की नश्वरता का भास हो सकता है, दूसरे को सिपाही के निपट एकाकीपन का, तो किसी तीसरे को आधुनिक युद्धों की विभीषिका का। एक लेखक एक घटना को भाग्यवादी दृष्टि से देख सकता है, दूसरा अस्तित्ववादी दृष्टि से और तीसरा मानवतावादी दृष्टि से। अपने संस्कारों, मान्यताओं, अनुभवों आदि के आधार पर लेखक की जो अपनी विशिष्ट दृष्टि बन जाती है, उससे वह किसी घटना में कोई विशिष्टता देखता है और उसी को दिखाने के लिए उसका चित्रण करता है।

लेकिन लेखक की यह दृष्टि साहित्य-रचना का महत्त्वपूर्ण और अनिवार्य तत्त्व होते हुए भी पूर्ण रूप से स्वतंत्र नहीं है। लेखक किसी नए यथार्थ की सृष्टि नहीं करता, वह जीवन के यथार्थ को व्यक्त करता है और उसे कला का रूप देता है, इसलिए वही यथार्थ सच्चा यथार्थ है, जो जीवन के वस्तुपरक यथार्थ की कसौटी पर परखा जा सकता है, जो जीवन के वस्तुपरक यथार्थ के अनुरूप होता है। यदि ऐसा न हो तो प्रत्येक लेखक का अपना यथार्थ और अपना सत्य हो। पर लेखक मनमानी नहीं कर सकता। अपनी निजी मान्यताओं पर वह बड़ी-से-बड़ी रचना कर ले, तब भी जब तक वह जीवन के वस्तुगत यथार्थ पर खरी नहीं उतरती, हम उसे प्रामाणिक अथवा यथार्थ की संज्ञा देंगे ही नहीं। इस प्रकार लेखक की दृष्टि और वस्तुपरक यथार्थ के बीच निरंतर एक घात-प्रतिघात चलता रहता है।

अपनी दृष्टि की विशिष्टता के बावजूद लेखक जीवन के वस्तुपरक यथार्थ का ही अन्वेषी होता है और जहाँ तक वह उसकी झलक अपने साहित्य में ला पाता है, वहीं तक यथार्थवादी होता है। विचारों के धरातल पर तो बातें बड़ी साफ होती हैं, और तर्कसंगत भी, लेकिन न तो जीवन का सत्य देख पाना इतना आसान है और न ही

लेखक की दृष्टि इतनी साफ होती है। ज्यादा वक्त तो हम किसी झुटपुटे में ही अपना रास्ता टटोल-टटोल कर आगे बढ़ने की कोशिश करते रहते हैं। लेखक का मस्तिष्क उसका पथ-प्रदर्शक उतना नहीं होता, जितना उसका संवेदन। महान् लेखक बहुत बड़े विद्वान् न होकर भी जीवन को परत-दर-परत हमारे सामने उघाड़ते चले जाते हैं। लेकिन मस्तिष्क संवेदन से अलग भी नहीं है। सूझ और जानकारी साहित्य में संवेदन का अभिन्न अंग बन कर सक्रिय होती है। इसलिए जीवन के यथार्थ को समझने में न तो बँधे-बँधाए फार्मूले काम आते हैं, न किताबी ज्ञान।

यथार्थवादी रचना के लिए आवश्यक है जीवन का अनुभव, लेखक का संवेदन, जिसमें सूझ और जानकारी भी शामिल है। इसके साथ ही लेखक में युगबोध भी होना चाहिए, जिससे उसके युग की नैतिक और सामाजिक मान्यताएँ जुड़ी रहती हैं। अपने काल की मूल विसंगति का बोध ही युगबोध होता है। यह मूल विसंगति किसी-न-किसी रूप में हमारे समूचे सामाजिक जीवन को प्रभावित करती है और जिंदगी के हर पहलू को छूती है। उस मूल विसंगति की पकड़ ही युगबोध है और उसमें लक्षित होनेवाला नैतिक मूल्य ही युग-सत्य। लेकिन यह सत्य विज्ञान की खोजों के सत्य की भाँति नंगा-बूचा सत्य नहीं होता, उसके साथ हमारी संवेदनाएँ जुड़ी रहती हैं। उसके साथ हमारी नैतिक दृष्टि और सौंदर्यबोध भी जुड़ा रहता है। इसलिए विज्ञान के सत्य और कला के सत्य में बहुत अंतर होता है। लेखक का संसार इंसानी रिश्तों का संसार होता है और जितना अधिक वह इनके नजदीक रहेगा, इनमें गहरे उतरेगा, उतना ही अधिक वह जीवन के यथार्थ को अपने साहित्य में व्यक्त कर पाएगा।

दूसरा निबंध राजकुमार सैनी का था। उन्होंने निबंध-पाठ करते हुए कहा : हिंदी कहानी का प्रारंभ और उसका आज तक का विकास काल्पनिक यथार्थवादी दृष्टि से लेकर वैज्ञानिक यथार्थवादी दृष्टि में क्रमशः और यकायक संक्रमित होती हुई कहानी का विकास है। बंग महिला, किशोरीलाल गोस्वामी और रामचंद्र शुक्ल आदि द्वारा लिखित हिंदी की प्राचीन कहानियाँ अपने युग और भूखंड के परिवेश में व्याप्त सामाजिक यथार्थ की धुँधली-उजली अभिव्यक्तियाँ हैं। यह हिंदी कहानी में यथार्थवाद के विकास की पहली मंजिल है, जो प्रेमचंद, कौशिक, सुदर्शन आदि की कहानियों में विकसित होती दिखाई देती है, किंतु इस युग के महान् और प्रतिनिधि कथाकार प्रेमचंद ही हैं। प्रेमचंद की 'पूस की रात' और 'कफन' शीर्षक कहानियों के साथ हिंदी कहानी सामाजिक यथार्थ-दृष्टि से समाजवादी यथार्थ-दृष्टि तक की एक गुणात्मक मंजिल तय कर लेती है। प्रेमचंद की कहानियों में विकसित और गुणांतरित समाजवादी यथार्थ-दृष्टि के विकास की दूसरी मंजिल राहुल, यशपाल, रांगेय राघव, निराला, अमृतराय आदि की कहानियों में विकसित होती हुई आगे बढ़ती है। राहुल और रांगेय राघव की ऐतिहासिक भौतिकवादी दृष्टि तथा यशपाल की द्वंद्वात्मक भौतिकवादी दृष्टि की कहानियाँ मिल कर हिंदी कथासाहित्य में एक पुष्ट वैज्ञानिक यथार्थवादी दृष्टि का प्रवर्तन करती हैं और इस प्रकार हिंदी कहानी के विकास की तीसरी मंजिल में गुणांतरित होती हैं।

वैज्ञानिक यथार्थवाद की मंजिल शुरू होते ही उसके निषेध की तैयारियाँ होने लगती हैं और 'नई कहानी' का आंदोलन जन्म लेता है। किंतु इस निषेध के निषेध के रूप में उसी समय मुक्तिबोध, भैरव प्रसाद गुप्त, अमरकांत, मार्कण्डेय, शेखर जोशी, भीष्म साहनी, रामनारायण शुक्ल, हंसराज रहबर, हरिशंकर परसाई आदि की प्रौढ़ वैज्ञानिक यथार्थवादी दृष्टि से लैस कहानियाँ सामने आती हैं, जो हिंदी कहानी के विकास की एक और नई मंजिल हैं। आज की हिंदी कहानी इसी वैज्ञानिक यथार्थवादी दृष्टि के प्रखर होते जाने की कहानी है, जिसमें इसराइल, ज्ञानरंजन, रमेश उपाध्याय, काशीनाथ सिंह, माहेश्वर, स्वयं प्रकाश, असगर वजाहत, पंकज बिष्ट, रमेश बत्तरा, नमिता सिंह आदि नए नाम जुड़ते जाते हैं।

पढ़े गए निबंधों पर बहस की शरूआत करते हुए तरसेम गुजराल ने कहा : साहित्य में यथार्थ की बात करते समय हमें यथार्थवादी रचना और रचनाकारों के बारे में बात करने के साथ-साथ उन रचनाओं, रचनाकारों और आंदोलनों के बारे में भी बात करनी चाहिए जो यथार्थ के नाम पर यथार्थवाद-विरोधी साहित्य को प्रश्रय देते हैं। इसके दो रूप होते हैं। एक रूप तो धर्मेंद्र गोयलवाला है, जो यथार्थ की वस्तुपरकता से ही इनकार करते हैं और उसे नितांत आत्मपरक सच्चाई बता कर उसका निषेध करते हैं, और दूसरा रूप वह है, जो 'समांतर कहानी' जैसे आंदोलनों में दिखाई देता है, जिनमें 'आम आदमी' और समयगत सच्चाइयों के नाम पर एक प्रकार की झूठी और गलत कहानी को यथार्थवादी कहानी के रूप में प्रस्तुत किया जाता है। हमें यथार्थवाद-विरोध के इन दोनों रूपों का विरोध करना चाहिए, जिनमें से एक में पक्षधरता और प्रतिबद्धता को स्वीकार ही नहीं किया जाता, और दूसरे में पक्षधरता और प्रतिबद्धता को गलत तरह से परिभाषित करके लेखकों और पाठकों को शोषित वर्ग का पक्षधर बनाने के बजाय परोक्षतः शोषक वर्ग का पक्षधर बनाया जाता है।

धर्मेंद्र गोयल ने कहा : मुझे फिर गलत समझा जाएगा, फिर भी मैं कहूँगा कि वस्तुपरक यथार्थ जैसी कोई चीज नहीं होती। हरा रंग कहने के लिए हरा होता है, लेकिन उसके पंद्रह शेड्स होते हैं। जहाँ तक अर्थ की बात है, दो शब्दों को मिला कर जो तीसरी चीज पैदा होती है, वह अर्थ है। लेकिन यह अर्थ भी आरोपण से मुक्त नहीं होता, जैसे कि हमारी संवेदना आरोपणों से मुक्त नहीं होती। अतः जिसे आप वस्तुपरक यथार्थ कहते हैं, वह भी एक आरोपण ही है। जीवन का सिद्धांत यह है कि हरएक व्यक्ति आरंभ से अपने इतिहास को रिपीट करता है। वह समाज में उपलब्ध बहुत-से मुखौटों में से एक का वरण करके उसे अपना बनाता है। यथार्थ जड़ नहीं है, वह बदलता रहता है, इसलिए साहित्य में यथार्थ को लाने के लिए शाश्वत सत्य की आवश्यकता पड़ती है। व्यक्तिगत अभिरुचि से युगबोध तक पहुँचने की यात्रा सबको अलग-अलग करनी पड़ती है, इसलिए यह कहना कि वस्तुपरक यथार्थ भी कुछ होता है, और एक समय में एक ही यथार्थ होता है, गलत है।

रमेश उपाध्याय ने कहा : कुछ लोग वस्तुपरक यथार्थ को नहीं मानते, लेकिन मेरा

खयाल है कि समस्त रचनाकार अपनी रचना-प्रक्रिया में वस्तुपरक यथार्थ का अनुभव करते हैं, उसका दबाव महसूस करते हैं। उदाहरण के लिए, लेखक जब लिखता है, उसका पहले से सोचा हुआ कई बार बदल जाता है। कई बार हम कहानी में कोई चरित्र उठाते हैं, जो हमें लगता है कि हमारा खूब जाना-पहचाना है, लेकिन हम पाते हैं कि वह चरित्र हमारी समझ को चुनौती देता हुआ एक ऐसी दिशा में विकसित होने लगता है, जो हमारी पूर्वयोजना से भिन्न होती है। कई बार यह भी होता है कि हम कोई रचना पूरी तो कर डालते हैं, लेकिन हमें लगता रहता है कि बात अभी बनी नहीं। यह 'बात का न बनना' क्या है? और उस बात को बनाने के लिए हम क्यों बार-बार उस रचना में संशोधन, परिवर्तन और परिवर्द्धन करते रहते हैं? आखिर वह कौन-सी कसौटी है, जिस पर हम अपनी रचना को परखते चलते हैं? और वह कौन-सा बिंदु है, जहाँ पहुँच कर हमें लगता है कि अब यह रचना ठीक हो गई है? यह कसौटी समाज का वस्तुपरक यथार्थ ही है, जो हमारी इच्छा और विचारधारा से स्वतंत्र है, और जो हम पर बराबर यह दबाव डालता रहता है कि हम उसके खिलाफ मनमानी न करें। जब हमारी रचना उस वस्तुपरक यथार्थ के निकट पहुँचती है, तभी वह प्रामाणिक और विश्वसनीय हो पाती है और तभी वह पूर्णता प्राप्त करती है, जिससे हमें सर्जनात्मक संतोष प्राप्त होता है। यह हम रचनाकारों का दैनंदिन अनुभव है और इसे झुठला कर ही हम कह सकते हैं कि वस्तुपरक यथार्थ कुछ नहीं होता।

भीष्म साहनी ने रमेश उपाध्याय का वक्तव्य पूरा होते ही अध्यक्ष-मंडल से दो मिनट बोलने की अनुमति ली और कहा : रमेश जी ने डॉक्टर गोयल की बात का बड़ा अच्छा जवाब दिया है। मैं इसके बारे में एक उदाहरण देना चाहता हूँ। टॉल्स्टॉय के जमाने में रूस की एक अदालत में हत्याकांड में पकड़ी गई एक औरत पर मुकदमा चल रहा था। जूरी में बैठे हुए एक सज्जन ने उस औरत को पहचान लिया। उन्हें याद आया कि यह औरत उनकी पुरानी नौकरानी है, जिसके साथ उन्होंने दुर्व्यवहार किया था और बाद में घर से निकाल दिया था। उन सज्जन ने यह घटना टॉल्स्टॉय को सुनाई और कहा कि मैंने ठीक ही किया, जो उस औरत को निकाल दिया। टॉल्स्टॉय ने अपने उपन्यास 'रिजरेक्शन' में उस औरत का चरित्र लिखना शुरू किया। शुरू करते समय उनकी धारणा थी कि जज अच्छा आदमी था और वह लड़की बुरी थी। लेकिन जब वे उस घटना की तह में गए और दस-बारह बार उसे लिख चुके, तब उन्होंने पाया कि जज को उन्होंने बड़े काले रंगों में चित्रित किया है और लड़की को बड़े उज्ज्वल चरित्र के रूप में। उनकी यह धारणा क्यों बदल गई? जैसा कि रमेशजी ने कहा, वह वस्तुपरक यथार्थ की ही कसौटी थी, जिसने टॉल्स्टॉय की धारणा को बदल दिया।

सूर्यस्वामी ने कहा : साहित्य में यथार्थ पूरा मकान नहीं होता, उसका आधार होता है। वह रचना का अंत नहीं, आरंभ है। इसलिए रचना यथार्थ से अलग तो नहीं होती, किंतु यथार्थ को किसी एक पक्ष से देखना गलत है। उसे हर पक्ष से देखना चाहिए। मैं भीष्म जी की इस बात से सहमत नहीं हूँ कि रचनाकार किसी नए सत्य की सृष्टि

नहीं करता। वह यथार्थ से प्रारंभ करके उससे हट कर एक नया यथार्थ 'क्रिएट' करता है। वह 'यथा' से 'तथा' तक जाता है और वह 'तथा' हमेशा 'यथा' से भिन्न होता है।

गुरबचन सिंह एक आवेश में मंच पर आए और उन्होंने तीव्र स्वर में कहा : हम सुबह से जनवाद और यथार्थवाद की बातें कर रहे हैं, लेकिन अपनी बातों को वैज्ञानिक यथार्थवाद से नहीं जोड़ रहे हैं। यदि हमारी दृष्टि वैज्ञानिक है तो उसका नाम लेने में हमें क्या डर है? हम स्पष्ट क्यों नहीं कहते कि हम मार्क्सवादी हैं और उसी के आधार पर अपनी बात कहते हैं? शायद कुछ लोगों का यहाँ यह खयाल है कि ऐसा कहने से बात साहित्यिक न रह कर राजनीतिक हो जाएगी, लेकिन यह राजनीतिक बात नहीं है, और हो भी तो उससे हमें परहेज नहीं करना चाहिए। हमें शोषित वर्ग को अपने साहित्य से सचेत करना है तो यह बताना ही होगा कि समाज में वर्ग-संघर्ष चल रहा है और उस संघर्ष में सर्वहारा वर्ग को मार्क्सवाद की वैज्ञानिक विचारधारा से लैस होकर समाजवाद की स्थापना के लिए प्रयास करना है। अतः हमारा कर्तव्य हो जाता है कि हम स्पष्ट बताएँ कि समाजवाद क्या है और कैसे लाया जा सकता है।

मुकेश सेठी ने कहा : गुरबचन सिंह का आवेश सच्चा है, क्योंकि उन्होंने संघर्ष किया है और संघर्षशील लोगों के बीच रहते हैं। हम इस चीज का स्वागत करते हैं, लेकिन उनका यह कहना कि यहाँ मार्क्सवाद के बारे में कोई बात नहीं हुई, या कि उसका नाम लेने से हम डरते हैं, सही नहीं है। ये बातें कल से आज तक बराबर होती रही हैं। लेकिन उन्हें यह ध्यान रखना चाहिए कि साहित्यिक मंच राजनीतिक मंच से भिन्न होता है।

इस क्षेपक के बाद बहस का सूत्र पुनः जोड़ते हुए यशकुमार मंगल ने कहा : वैसे तो यह गोष्ठी जनवादी लेखकों की है, लेकिन मैं यह कहना चाहता हूँ कि कवि और कहानीकार पहले कवि और कहानीकार होता है, बाद में जनवादी, प्रगतिवादी आदि। रचनाकार यदि सचमुच रचनाकार है तो सामाजिक दायित्व के साथ लिखता है और सामाजिक दायित्व के साथ लिखनेवाला रचनाकार ही यथार्थवादी होता है। भीष्म जी ने यथार्थवादी रचना की प्रक्रिया बताई, यह उनके निबंध की विशिष्टता थी।

गोष्ठी के संचालक जानकी प्रसाद शर्मा ने कहा : इस गोष्ठी में साहित्य और यथार्थ के संबंध पर मार्क्सवादी और गैर-मार्क्सवादी दोनों दृष्टियों से विचार हुआ। लेकिन पूरी गोष्ठी का सार यह है कि वस्तुपरक यथार्थ से प्रेरित, प्रभावित और प्रमाणित होने वाला साहित्य ही यथार्थवादी साहित्य है। भीष्म जी ने हमें एक महत्त्वपूर्ण विचार-सूत्र दिया कि अपने देश-काल की मूल विसंगति का बोध ही यथार्थवाद है। निस्संदेह इस विषय पर अभी और भी कई लोग बोलना चाहते होंगे, लेकिन गोष्ठी का समय समाप्त हो रहा है, अतः अब मैं अध्यक्ष-मंडल के सदस्यों को आमंत्रित करता हूँ कि वे संक्षेप में अपने विचार आपके सामने रखें।

राजकुमार गौतम और अनिल कौशिक ने स्वयं कुछ कहने के बजाय अपना समय अध्यक्ष-मंडल के तीसरे सदस्य सुरेंद्र सुकुमार को दिया, लेकिन सुकुमार को गोष्ठी का

इतनी जल्दी समाप्त हो जाना अच्छा नहीं लगा। उन्होंने अध्यक्षीय भाषण करने के बजाय इतना ही कहा कि ऐसी गोष्ठियों में हमें बहस को रोकना नहीं चाहिए, बल्कि उसे कुछ निष्कर्षों तक पहुँचाने की कोशिश करनी चाहिए। यहाँ यह नहीं हुआ और इतनी महत्त्वपूर्ण बहस अधूरी रह गई। मेरा सुझाव है कि भविष्य में ऐसे सम्मेलनों में इतने सारे विषय न रख कर किसी एक ही मुद्दे पर कई-कई गोष्ठियाँ कराई जाएँ।

सम्मेलन के संयोजकों में से एक रमेश बत्तरा ने सम्मलेन में भाग लेनेवाले लेखकों तथा साहित्य-प्रेमियों का आभार प्रकट करते हुए क़हा : जनवादी लेखकों का सम्मेलन केवल मार्क्सवादी लेखकों का सम्मेलन नहीं होता। वह वामपंथी और जनवादी दोनों प्रकार के लेखकों का मिलाजुला सम्मेलन होता है। इसलिए यह अपेक्षा करना उचित नहीं कि यहाँ उपस्थित सभी लोग मार्क्सवादी ही होंगे। वैसे हम जनवादी लेखक आत्मालोचना में विश्वास रखते हैं और अपनी आलोचनाओं तथा सुझावों का स्वागत करते हैं, लेकिन हमें ऐसी बातें कहने से बचना चाहिए, जो पूरे सम्मेलन पर आक्षेप-सी लगें। आत्मालोचना या आलोचना अपना ही विरोध न बन जाए, इसका हमें अवश्य ध्यान रखना चाहिए।

(जून *1979*)

प्रेमचंद की यथार्थवादी परंपरा और समकालीन रचना-संदर्भ

विगत पाँच वर्षों की भाँति इस वर्ष भी साहिबाबाद में मेरठ विश्वविद्यालय के लाजपतराय कॉलेज में एक प्रगतिशील लेखक सम्मेलन का आयोजन 15 और 16 दिसंबर 1979 को किया गया था। हिंदी के महान् यथार्थवादी साहित्यकार प्रेमचंद की जन्म शताब्दी (1880-1980) को ध्यान में रखते हुए इस वर्ष बहस का केंद्रीय विषय 'यथार्थवाद' रखा गया था। दोनों दिन बड़ी गंभीर, विचारोत्तेजक और सार्थक बहस हुई, जिसमें दिल्ली तथा अन्य नगरों से आए हुए बहुत-से रचनाकारों तथा आलोचकों ने हिस्सा लिया।

15 दिसंबर को सुबह से ही वर्षा और शीत-लहर का प्रकोप था, फिर भी सम्मेलन में भाग लेनेवालों की संख्या पिछले सम्मेलनों से किसी प्रकार कम नहीं थी। पहले सत्र में उद्घाटन-समारोह तथा 'निराला व्याख्यान माला' के अंतर्गत विशिष्ट व्याख्यान हुआ। उद्घाटन समारोह के अध्यक्ष-मंडल में थे मुहम्मद हसन, त्रिलोचन, नामवर सिंह, हंसराज रहबर और कमर रईस। संचालन किया जानकी प्रसाद शर्मा ने।

सबसे पहले राजकुमार शर्मा ने आंगतुक साहित्यकारों का स्वागत किया और अध्यक्ष-मंडल में बैठे साहित्यकारों के साथ-साथ अन्य महत्त्वपूर्ण आगंतुक साहित्यकारों का परिचय उपस्थित श्रोताओं को दिया। तत्पश्चात् कॉलेज के प्रिंसिपल बी. एस. त्यागी ने साहित्यकारों का स्वागत किया और प्रेमचंद को भावपूर्ण श्रद्धांजलि अर्पित करते हुए साहिबाबाद में प्रेमचंद स्मारक शिला स्थापित करने का प्रस्ताव किया, जिसका करतल-ध्वनि से स्वागत और समर्थन किया गया।

बी. एल. गौड़ ने सम्मेलन के उद्देश्यों की जानकारी देते हुए कहा कि हमारा समाज एक संघर्ष के दौर से गुजर रहा है, जिसमें शिक्षकों और लेखकों की एक महत्त्वपूर्ण भूमिका है। लाजपतराय कॉलेज की हिंदी परिषद् द्वारा किए गए कार्य हमारे परिवेश की जन-चेतना की अभिव्यक्ति हैं। यह छठा प्रगतिशील लेखक सम्मेलन प्राचार्य त्यागी के उद्योग से तथा उनसे जुड़ी हुई प्रगतिशील ताकतों के सहयोग से संपन्न हो रहा है। पिछले पाँच सम्मेलनों के बारे में संतोषपूर्वक कहा जा सकता है कि उनसे प्रगतिशील चेतना का विकास और पोषण हुआ है। इन सम्मेलनों का उद्देश्य है विचार-विनिमय के द्वारा प्रगतिशील चेतना और रचनात्मक ऊर्जा का विकास। पिछले वर्ष के सम्मेलन

के साथ हमने एक नया काम और शुरू किया है कि सम्मेलन में पढ़े गए लेखों और उन पर हुई बहस को संकलित करके पुस्तक रूप में व्यापक पाठक समुदाय के सामने प्रस्तुत किया जाए। यह पहला प्रयास राजकुमार शर्मा द्वारा संपादित पुस्तक 'विचारधारा और साहित्य' के रूप में सामने आ चुका है। इस पुस्तक में ओमप्रकाश ग्रेवाल, रमेश उपाध्याय, भगवान सिंह, आनंद प्रकाश, राजकुमार सैनी, चंचल चौहान, मैनेजर पांडेय, मनमोहन, शिवकुमार मिश्र, भीष्म साहनी, नित्यानंद तिवारी तथा राजीव सक्सेना के महत्त्वपूर्ण लेख संकलित हैं और गत वर्ष के सम्मेलन में हुई बहस की विस्तृत रिपोर्ट भी दी गई है। इस वर्ष और आगे भी ऐसी पुस्तकें निकालते रहने का हमारा निश्चय है। सम्मेलनों के आयोजन में कॉलेज के प्राचार्य त्यागी जी के साथ-साथ राजकुमार शर्मा और रामकृष्ण कौशिक का विशेष योगदान रहा है।

इसके बाद सम्मेलन का उद्घाटन-समारोह हुआ, जिसकी अध्यक्षता त्रिलोचन ने की और उद्घाटन-भाषण नामवर सिंह ने किया। इस समारोह में दिए गए दोनों भाषण क्रमशः इस प्रकार हैं :

नामवर सिंह का उद्घाटन-भाषण

जब स्वयं प्रगतिशील लेखकों का संगठन अपने सम्मेलन नहीं कर सकता, तब एक महाविद्यालय प्रगतिशील लेखक सम्मेलन कर रहा है, यह यहाँ के प्राचार्य, प्राध्यापकगण और छात्रों की प्रतिश्रुति और प्रतिबद्धता का प्रमाण है। विशेष रूप से यह बी. एस. त्यागी की निष्ठा का प्रमाण है, जो विज्ञान के आदमी होते हुए भी साहित्य में इतनी रुचि लेते हैं। यह छठा सम्मेलन प्रेमचंद जन्म-शताब्दी के दौर में हो रहा है, अतः यह उचित ही है कि इसमें यथार्थवादी साहित्य की समस्याओं पर विचार किया जाए। यद्यपि यहाँ के सम्मेलन पहले भी प्रेमचंद की परंपरा को आगे बढ़ाने के लिए कृतसंकल्प रहे हैं, लेकिन आज का सम्मेलन विशिष्ट है, क्योंकि जन्म-शताब्दी वर्ष में प्रेमचंद की यथार्थवादी साहित्य-परंपरा पर विचार हो रहा है।

मेरी दृष्टि में इस सम्मेलन में जिन समस्याओं पर विचार किया जाना चाहिए, उनमें से एक यह है कि आज एक बड़े पैमाने पर यथार्थवाद को नकारने, झुठलाने और उसके महत्त्व को कम करने का प्रयास हमारे साहित्य में हो रहा है। इसी तरह प्रेमचंद का महत्त्व भी कम करने की कोशिश की जा रही है। मानस-चतुश्शती, सूर-पंचशती आदि की तरह प्रेमचंद शताब्दी भी धूमधाम से कई लोग मनाएँगे, जिसमें दिखाने के लिए तो प्रेमचंद का गुणगान होगा, लेकिन देखना यह चाहिए कि प्रेमचंद का ऐसा गुणगान करनेवालों की विचारधारा क्या है। बहुत-से लोग ऐसे हैं, जो प्रेमचंद का गुणगान तो करते हैं, लेकिन उनकी यथार्थवादी परंपरा को नकारते हैं। उदाहरण के लिए अज्ञेय की पुस्तक 'शाश्वती' को देखा जा सकता है, जिसमें अज्ञेय ने यथार्थवाद के बारे में लिखा है कि प्रगतिशील लेखक यथार्थवाद को बहुत स्थूल बना देते हैं, जबकि वास्तविक यथार्थवाद अमूर्तन की चीज है। यानी लोकजीवन से कटा हुआ अंतर्मन का यथार्थ ही

अज्ञेय के लिए वास्तविक यथार्थवाद है। कुछ ऐसे लेखक भी हैं, जो प्रगतिशील चेतना से संबद्ध रहे हैं, लेकिन आज वे भी यथार्थवाद का विरोध कर रहे हैं। उदाहरण के लिए निर्मल वर्मा, जिन्होंने प्रेमचंद के 'गोदान' का विश्लेषण करते हुए लिखा है कि होरी के चरित्र का तालमेल उपन्यास के ढाँचे से नहीं बैठता, क्योंकि उपन्यास का ढाँचा उन्नीसवीं शताब्दी के पुराने यथार्थवादी उपन्यास का ढाँचा है। इस तरह गोदान' की वस्तु ठेठ भारतीय है और रूप विदेशी। इस प्रकार निर्मल वर्मा ने भारतीयता का ठेकेदार बन कर प्रेमचंद में एक अंतर्विरोध दिखाने की कोशिश की है।

इन उदाहरणों से समझा जा सकता है कि पिछले दो दशकों से हिंदी में आधुनिकतावाद की जो प्रवृत्ति चली है, उसके अंतर्गत नए भावबोध, नई संवेदना, नए शिल्प आदि के नाम पर यथार्थवाद का विरोध किया जा रहा है। इस प्रवृत्ति के लेखक काफ्का, जेम्स ज्वायस या एंटी-नॉवेल का नाम लेकर यह सिद्ध करने की कोशिश करते हैं कि यथार्थवाद तो उन्नीसवीं सदी की एक पुरानी चीज है, हम नई चीज दे रहे हैं। ये लेखक साहित्य में विचारधारा और राजनीति का विरोध करते हैं, लेकिन इनके द्वारा चलाए गए आंदोलन के पीछे एक निश्चित विचारधारा ही नहीं, एक गहरी राजनीति भी है।

यदि हम स्वयं को प्रेमचंद से जोड़ते हैं तो हमें देखना चाहिए कि साहित्य में प्रेमचंद के साथ जिस यथार्थवाद की प्रवृत्ति शुरू हुई वह स्वाधीनता-संग्राम से जुड़ी होने के कारण एक नई जीवन-दृष्टि को साथ लेकर चलनेवाली प्रवृत्ति थी। यूरोपीय संदर्भ में उपन्यास मध्यवर्ग का महाकाव्य है, ऐसा कहा जाता है, लेकिन हमारे यहाँ ऐसी बात नहीं है। प्रेमचंद से पहले के उपन्यासों को उपन्यास नहीं कहा जा सकता। चाहे वे उपदेशात्मक उपन्यास हों, चाहे जासूसी, चाहे तिलिस्मी और ऐयारी के-वे सही अर्थों में उपन्यास नहीं हैं। हिंदी में सही अर्थों में उपन्यास प्रेमचंद से शुरू होता है, जो मध्यवर्ग का महाकाव्य नहीं, बल्कि किसानों के महत्त्वपूर्ण जन-उभार की सामाजिक भूमिका को सामने लानेवाली विधा है। प्रेमचंद की दृष्टि उस आजादी की लड़ाई को देख रही थी, जो सामंतवादी-साम्राज्यवादी मूल्यों के विरुद्ध लड़ी जा रही थी। भारतीय उपन्यास भारतीय जीवन की, भारत के किसानों के जीवन की महागाथा है। उसमें किसानों के संघर्ष और उत्थान की बात है। भारतीय उपन्यास का जन्म उस समय हुआ, जब यूरोप में यह विधा ह्रास पर थी, क्योंकि उस समय वहाँ उपन्यास की मौत की घोषणा की जा रही थी। हिंदी में किसानों की निर्णायक भूमिका के साथ उपन्यास शुरू हुआ। बंकिम, रवींद्र और शरत् की परंपरा भले ही पश्चिम का अनुसरण कर रही हो, लेकिन हिंदी में प्रेमचंद के उपन्यासों के साथ भारतीय उपन्यास का जन्म हो रहा था।

प्रेमचंद भारतीय उपन्यास के जनक हैं, जिसके मूल में भारतीय किसान का जागरण है और इसी के साथ हिंदी में यथार्थवाद शुरू होता है। इस यथार्थवाद का राजनीतिक महत्त्व है। प्रेमचंद ने केवल किसानों के जीवन का चित्रण ही नहीं किया, बल्कि यह भी दिखाया कि पूरे समाज में विभिन्न वर्गों की क्या स्थिति है। जमींदार, महाजन,

पूँजीपति, साम्राज्यवादी शासक आदि सभी वर्गों की स्थिति को उन्होंने स्पष्ट किया। अतः प्रेमचंद का यथार्थवाद केवल जीवन का चित्रण नहीं है, बल्कि समाज को बदलने के लिए यथार्थ का चित्रण है। वह किसानों के नेतृत्व में चलनेवाले मुक्ति-संघर्ष की गाथा है। कुछ लोग यथार्थवाद को एक शैली मानते हैं, लेकिन यथार्थवाद शैली नहीं, बल्कि एक राजनीतिक निर्णय है। आजादी की लड़ाई में विभिन्न वर्गों के संघर्ष में ज्यों-ज्यों तेजी आती है, प्रेमचंद के यथार्थवाद में गहराई, जटिलता और सूक्ष्मता आती है।

यथार्थवाद कोई जड़ फार्मूला नहीं, जिंदगी के संघर्षों में हिस्सेदारी के साथ अपनाई जानेवाली दृष्टि है, जो प्रेमचंद के साहित्य में 'पंच परमेश्वर' से शुरू होकर 'कफन' और 'पूस की रात' तक जाती है। प्रेमचंद का यथार्थवाद एक नहीं है। जैसे-जैसे संघर्ष बढ़ता गया है, उनके यथार्थवाद में गहराई और तेजी आती गई है। प्रश्न उठता है कि प्रेमचंद से जिस यथार्थवाद की शुरूआत हुई, आज उसका रूप क्या होगा। हो सकता है, कुछ लोग यथार्थवाद से नुस्खा बनाने की कोशिश करें, लेकिन यह प्रेमचंद की परंपरा को आगे बढ़ानेवाली बात नहीं होगी। यथार्थवाद संबंधी 'ग्रेट जर्मन डिबेट' में एक तरफ जार्ज लूकाच थे, दूसरी तरफ ब्रेख्त। दोनों मार्क्सवादी, दोनों प्रगतिशील, दोनों यथार्थवादी। लेकिन इस सवाल पर दोनों एकमत नहीं थे कि उस समय यथार्थवाद का रूप क्या हो। लूकाच उन्नीसवीं सदी की परंपरा की वकालत करते हुए आधुनिकता को ह्रासोन्मुख कहते थे, लेकिन ब्रेख्त ने कहा कि यथार्थवाद को नुस्खे या फार्मूले में नहीं बाँधा जा सकता। यथार्थवाद एक राजनीतिक रूप में परिवर्तनशील होता है। आज के साहित्य में भी यह सवाल उठेगा कि आज यथार्थवाद का कौन-सा रूप सही है, लेकिन क्या उसका एक ही रूप सही हो सकता है?

यथार्थवाद के अनेक रूप हो सकते हैं। यथार्थवाद का वही रूप आज नहीं है, जो प्रेमचंद के 'प्रेमाश्रम' में दिखाई देता है। आज चीजें बदल गई हैं। आज का सेठ, मजदूर या किसान वह नहीं रहा, जो पहले था। अर्थात् यदि हम यथार्थवादी हैं, तो हमें जिंदगी की जो पेचीदगी है, उसमें होनेवाले जो परिवर्तन हैं, और उनके साथ साहित्य में उभरनेवाली जो तस्वीर है, उसे देखना चाहिए। यदि सच्चाई का चित्रण करते हुए कोई लेखक अतिसरलीकरण करता है, तो वह यथार्थवादी नहीं है और यदि कोई लेखक उलझन फैलाता है, तो वह भी यथार्थवादी नहीं है; इसलिए देखा जाना चाहिए कि वह दृष्टि क्या है, जिससे जिंदगी को देखा जा रहा है।

आज के लिए आलोचनात्मक यथार्थवाद सही है या समाजवादी यथार्थवाद, ये बातें इस सम्मेलन में चर्चा का विषय बनेंगी। मैं केवल इतना ही कहूँगा कि इन सब सवालों पर प्रेमचंद का साहित्य हमारा मार्गदर्शन करेगा। प्रेमचंद हमें कहीं भी उलझाते नहीं, अँधेरे में नहीं रहने देते। प्रेमचंद वह रोशनी है, जो हमें प्रकाश देती रहेगी।

त्रिलोचन शास्त्री का अध्यक्षीय भाषण

यह बहुत अच्छी बात है कि यह सम्मेलन प्रेमचंद जन्मशती के अवसर पर एक कॉलेज

में हो रहा है, लेकिन प्रेमचंद को सराहनेवाले केवल शिक्षक और लेखक ही नहीं, एक बहुत बड़ा समुदाय है। उनकी आलोचना भी बहुत हुई है। इलाचंद्र जोशी ने, जो अंतर्मन के उद्घाटन को ही साहित्य का उद्देश्य कहते हैं, एक लेख में लिखा है कि हिंदी उपन्यास की दयनीयता के एक कारण प्रेमंचद भी हैं, लेकिन प्रेमचंद की महानता के आगे ये आलोचनाएँ तुच्छ हैं।

प्रेमचंद की सबसे बड़ी विशेषता यह है कि वे देशव्यापी आंदोलन से जुड़े रहे। व्यक्ति से लेकर पूरे समाज तक उनकी दृष्टि गई। यथार्थवाद को उन्होंने अपनी रचना का मानदंड बनाया और उसका पालन किया। जब कोई नया आंदोलन चलता है तो उसकी धारा अधिक प्रबल नहीं होती। बाद में उस पर विचार होता है। सन् '42 से '45 तक यथार्थवाद संबंधी बहस साहित्य में खूब चली और प्रेमचंद के साहित्य ने इस धारणा को पुष्ट किया कि साहित्य राष्ट्रीय आंदोलन और किसान-जीवन के यथार्थ का चित्रण करके ही सार्थक होता है, लेकिन बाद में यह विचार जोर पकड़ गया कि लेखक जिस वर्ग में है–यानी मध्यवर्ग में–उसी का चित्रण करे। प्रेमचंद ने मध्यवर्ग पर अधिक ध्यान नहीं दिया। उन्होंने समाज के आधारभूत वर्गों पर अपना ध्यान केंद्रित किया।

प्रेमचंद पर अक्सर हल्केपन का आरोप लगाया जाता है, लेकिन यह आरोप वे ही लगाते हैं, जो गहराई या व्यापकता देश में नहीं, कहीं बाहर देखते हैं। प्रेमचंद को सराहने के लिए हमें अपने देश से, अपने समाज से जुड़ना पड़ेगा। प्रेमचंद के समकालीनों में निराला और प्रसाद ने उन्हें सही समझा था। प्रसाद ने प्रेमचंद की बात मान कर ही उपन्यास लिखे थे और उनके उपन्यासों पर प्रेमचंद का प्रभाव है।

प्रेमचंद ने आदर्शोन्मुख यथार्थवाद का समर्थक होने की बात लिखी थी। आज आदर्शोन्मुख का अर्थ कुछ भी लिया जाए, लेकिन उनके साहित्य की पीठिका यथार्थवाद ही है। प्रेमचंद के पास तथ्य और लेखन के विषय इतने थे कि कल्पना की आवश्यकता ही उन्हें नहीं थी। वे अच्छी तरह समझते थे कि सामाजिक आंदोलन से जुड़ कर ही साहित्य सोद्देश्य और सार्थक हो सकता है और ऐसे साहित्य को यथार्थवादी होना पड़ेगा।

आज यथार्थवाद-विरोधी प्रवृत्ति परास्त हो रही है और प्रेमचंद के यथार्थवाद की प्रवृत्ति जोर पकड़ रही है। इसीलिए यथार्थवाद-विरोधी लोग प्रेमचंद का भी विरोध कर रहे हैं, लेकिन जो लोग प्रेमचंद की परंपरा को आगे बढ़ाना चाहते हैं, उनमें सामाजिक आंदोलनों के प्रति वैसी ही जागरूकता होनी चाहिए, जैसी प्रेमचंद में थी। आज समाजवाद की प्रतिष्ठा के लिए सर्वहारा वर्ग संघर्ष कर रहा है–इस यथार्थ को समझ कर ही प्रेमचंद की परंपरा को आगे बढ़ाया जा सकेगा, लेकिन इसके साथ ही सामाजिक जीवन से व्यापक परिचय और तथ्यों की अधिक जानकारी होना भी जरूरी है। उसी के आधार पर यथार्थवाद आगे बढ़ता है। जीवन का व्यापक अनुभव हो और राजनीतिक दृष्टि साफ हो, तभी लेखन में गहराई और भाषा की सादगी आ सकती है। यह बात हम प्रेमचंद से सीख सकते हैं।

सम्मेलन के पहले सत्र में कमर रईस की अध्यक्षता में 'निराला व्याख्यान माला'

के अंतर्गत 'प्रेमचंद और वर्तमान सामाजिक संदर्भ' विषय पर मोहम्मद हसन का विशिष्ट व्याख्यान हुआ। विशिष्ट व्याख्यान और अध्यक्षीय भाषण क्रमशः इस प्रकार हैं :

मुहम्मद हसन का विशिष्ट व्याख्यान

प्रेमचंद हिंदी-उर्दू दोनों के लेखक थे। वे उस वक्त के लेखक थे, जब एक नया समाज बन रहा था और नए सवाल उठ रहे थे। 1857 से लेकर प्रेमचंद के जमाने तक साहित्य में चार नाम बड़े महत्त्वपूर्ण थे। एक नाम था नजीर अहमद का, जिन्होंने अपने उपन्यासों को 'किस्सा' कहा। इससे पहले दास्तानों की परंपरा थी, जिनमें नेकी और बुराई की लड़ाई में नेकी जीतती थी और बहुत-सी अलौकिक बातें हुआ करती थीं, लेकिन इन दास्तानों में किसानों के चित्र हैं, जो आगे चलकर प्रेमचंद के यहाँ आये। नजीर अहमद के जमाने में भारत में मध्यवर्ग उभर रहा था और उसमें सुधार की आवश्यकता अनुभव की जा रही थी। वह एक 'रेनेसाँ' का जमाना था—सामंती चीजों को काटने, छोड़ने का जमाना था। दूसरा नाम रतननाथ सरशार का था। 'आजादकथा' में सरशार ने ऐसी कहानी लिखी थी, जो उस जमाने को नायक बना कर चलती है। इसीलिए इसे उपन्यास नहीं, 'पिकारेस्क' कहा गया। तीसरा नाम शरर का है। इनके जमाने में मुसलमानों ने अंग्रेजों के खिलाफ जो लड़ाइयाँ लड़ीं, उनका प्रभाव इनके साहित्य पर पड़ा। और चौथा नाम था 'उमराव जान अदा' के लेखक मुहम्मद हादी हसन का, जिन्होंने उमराव जान के चरित्र में एक औरत का पतन नहीं, बल्कि पूरे समाज का पतन चित्रित किया। प्रेमचंद के साहित्य पर इन चारों लेखकों का और दास्तानों का बड़ा प्रभाव था, लेकिन प्रेमचंद ने इस परंपरा को एक नया मोड़ दिया। यह मोड़ था पुरानी मान्यताओं के विरुद्ध एक नए किस्म की मान्यताएँ रखने की कोशिश।

इकबाल, गांधी और टैगोर भी उसी दौर के हैं। इनके साथ रखकर प्रेमचंद को देखा जाए तो यह बात सामने आती है कि ये सब लोग समान रूप से एक सवाल से जूझ रहे थे कि पश्चिमी सभ्यता का क्या जवाब दिया जाए। भारतीय सभ्यता को पश्चिमी सभ्यता से आगे सिद्ध करने की कोशिश इकबाल में भी मिलती है और प्रेमचंद में भी। लेकिन दोनों में एक अंतर है। इकबाल 'सारे जहाँ से अच्छा हिंदोस्ताँ हमारा' की बात करते हैं, लेकिन यह मान कर चलते हैं कि पश्चिम के मुकाबले भारत के अध्यात्म को रखना ही काफी नहीं, बल्कि कोई और चीज है, जो पश्चिमी सभ्यता से बड़ी है। वह चीज थी व्यक्ति और उसकी भावना को एक 'कल्चरल एजेंट' के रूप में देखना। यह वह जमाना था, जब उदारतावाद पीछे हट रहा था और गांधी ने आकर व्यक्ति के एक विचार को प्रस्तुत किया, जिसके साथ अध्यात्मवाद जुड़ा हुआ था। प्रेमचंद ने इस विचार को अपनाया, लेकिन चौरा-चौरी की घटनाओं के समय यह बात लोगों के सामने आई कि गांधी के अहिंसावाद और अध्यात्मवाद से काम नहीं चलेगा, बल्कि क्रांतिकारी जीवन-दृष्टि अपनानी होगी। इसी समय इकबाल और प्रेमचंद में गांधीवाद-विरोधी विचार उभरते हैं। 'रंगभूमि' के सूरदास का चरित्र इसका उदाहरण है। आतंकवादी आंदोलन ने भी प्रेमचंद को प्रभावित किया और उनकी यह धारणा बनी कि

एक व्यक्ति भी नए समाज को जन्म दे सकता है, लेकिन उसी जमाने में अंतरराष्ट्रीय स्तर पर जो विकास हुए, उनसे प्रेमचंद ज्यादा प्रभावित हुए ओर वे किसान वर्ग की और आकृष्ट हुए–लेकिन बहुत सारी उन कमजोरियों के साथ, जो बुर्जुआ दृष्टिकोण से चीजों को देखने के कारण पैदा होती हैं।

किसान की अगुआई खुद किसान नहीं करता, या तो पूँजीवादी वर्ग करता है या सर्वहारा वर्ग करता है। प्रेमचंद किसान–आंदोलन के नेतृत्व के बारे में मध्यवर्गीय विचारधारा के साथ सोचते हैं, इसलिए उनके यहाँ जहाँ एक तरफ क्रांतिकारी रुख है तो दूसरी तरफ बुर्जुआ विचारधारा भी है। यही वजह है कि तमाम नएपन के बावजूद उनके साहित्य में रूमानियत मौजूद है, जो पतनशील वर्ग की विचारधारा के साथ आती है। इकबाल में यह चीज नहीं, लेकिन प्रेमचंद में है। वे बुर्जुआ विचारधारा से पूरी तरह टक्कर नहीं ले पाते। राजनीतिक आंदोलन में किसानों को एक खास तौर से इस्तेमाल करने की कोशिश पहले भी होती थी, आज भी होती है। आजादी के आंदोलनों के दौरान बुर्जुआ नेतृत्व की नीयत यह थी कि साम्राज्यवाद को धमकाने के लिए किसानों का नाम लिया जाए, लेकिन किसानों के संगठनों को आगे न बढ़ने दिया जाए। इस तरह की चीज प्रेमचंद में भी मिलती है और इकबाल में भी, लेकिन एक अवस्था ऐसी आती है कि प्रेमचंद इस अंतर्विरोध से मुक्त हो जाते हैं, क्योंकि उनका समाज से जो संबंध था, वह केवल दिखावटी नहीं, वास्तविक संबंध था। अपनी कहानी 'कफन' में प्रेमचंद उपदेशात्मकता, समाज–सुधार आदि से आगे बढ़ गए हैं। कुछ लोगों ने इसे एक नकारात्मक कहानी कहा है, लेकिन प्रेमचंद का उद्देश्य उसमें यह दिखाना है कि समाज में कोई ऐसी चीज नहीं है, जो सुधारने से ठीक हो जाए।

(इसके बाद मुहम्मद हसन ने 'कफन' को एक प्रतीकात्मक कहानी मानते हुए उसकी विस्तृत व्याख्या की और बताया कि उसमें बुझता हुआ अलाव पुरानी समाज–व्यवस्था का प्रतीक है और एक बच्चे के पैदा होने की तकलीफ और तड़प एक नई व्यवस्था के पैदा होने की प्रतीक है।)

समकालीन संदर्भ में यथार्थवादी परंपरा को आगे बढ़ाने के लिए हमें साहित्य को दो बातों से मुक्त कराना होगा–एक ओर राष्ट्रवाद से और दूसरी ओर जोला जैसे प्रकृतवाद से। प्रेमचंद प्रकृतवाद से हमेशा दूर रहे। उनके यथार्थवाद में सामाजिक परिवर्तन की बात हमेशा मुख्य होकर आती है। प्रेमचंद के यथार्थवाद की प्रगतिशील परंपरा कितनी जीवंत है, इसका अनुमान इस बात से लगाया जा सकता है कि फैज अहमद फैज पिछले दिनों जब लखनऊ आए तो उन्होंने 1936 में प्रगतिशील लेखक संघ के पहले अधिवेशन में प्रेमचंद द्वारा दिए गए अध्यक्षीय भाषण को याद करते हुए कहा कि अगर मैं प्रेमचंद का वह भाषण सुनने न आया होता तो आज मैं फैज न होता। लेकिन प्रेमचंद की परंपरा का सवाल कुछ उलझा हुआ सवाल बन गया है, या, बना दिया गया है। प्रेमचंद के बाद दो तरह के लोग आए–एक वे जिन्होंने प्रेमचंद की क्रांतिकारिता तो ली, मगर समाज को नहीं देखा, अतः उनके साहित्य में रूमानियत आ

गई, जिसे प्रेमचंद छोड़ चुके थे, और दूसरे वे जिन्होंने गाँव और किसानों की जिंदगी पर लिखा तो, मगर जिंदगी को देखने में प्रेमचंद की-सी यथार्थवादी दृष्टि नहीं अपनाई। यानी उस जिंदगी को एक नई व्याख्या देने की, जिंदगी के नए मूल्यों के संदर्भ में उसे देखने की कोशिश नहीं की। यह प्रेमचंद की यथार्थवादी परंपरा नहीं है।

एक तरफ वे लोग जो प्रेमचंद के देहात को बगैर उनकी नजर के देखते हैं और दूसरी तरफ वे लोग जो प्रेमचंद की नजर को बगैर उनके देहात के देखते हैं–ये दोनों ही तरह के लोग प्रेमचंद की परंपरा को आगे नहीं बढ़ाते। दोनों ही तरह के लोगों में यथार्थवाद की जगह रूमानियत आ जाती है। इन दोनों ही तरीकों से किसान को साहित्य में इस्तेमाल करना, बुर्जुआ और मध्यवर्गीय दृष्टियों से किसान को इस्तेमाल करना है। प्रेमचंद किसानों को सामाजिक परिवर्तन की शक्ति मानते हैं। जो लोग किसानों में निहित क्रांतिकारी संभावनाओं को नहीं देख पाते, वे यथार्थवादी नहीं हो सकते। प्रगतिशील लेखक संघ में भी कई लोग ऐसे थे, इसलिए सामंतवाद-विरोध के स्तर पर तो उनमें एका था, लेकिन जब यह सवाल आया कि मूल्यों के निर्माण का दायित्व शोषित वर्ग का है, तो ये लेखक बिखर गए। वर्गीय दृष्टिकोण के अभाव में नए मूल्यों का निर्माण नहीं हो सकता और न कोई नया अनुशासन चल सकता है।

कुछ लोग प्रेमचंद को यथार्थवादी नहीं, आदर्शवादी कहते हैं, तो कुछ लोग 'सोशल फिलासफी' को साहित्येतर या 'नॉन-लिटरेरी' कहते हैं। उन पर गांधीवादी और अध्यात्मवादी होने के आरोप लगाए जाते हैं, लेकिन दिलचस्प बात यह है कि प्रेमचंद पर ये आरोप हमेशा उलटे साबित होते हैं। मिसाल के तौर पर पाकिस्तान में प्रेमचंद को लेकर एक तरफ यह सवाल उठता है कि उन्हें उर्दू-साहित्य की परंपरा में कहाँ रखें, क्योंकि उर्दू का पुराना साहित्य मुस्लिम समाज की उपदेशात्मकतावाला साहित्य है, जो प्रेमचंद के साहित्य में नहीं है। पाकिस्तान के लिए यह सवाल बहुत महत्त्वपूर्ण है, क्योंकि यह पाकिस्तानी 'आइडेंटिटी' का सवाल है। इसके साथ ही इंतजार हुसैन जैसे कुछ लोग हैं, जो प्रेमचंद के साहित्य को कला की दृष्टि से खारिज करते हैं और उनकी दृष्टि को साहित्येतर बताते हैं। लेकिन दूसरी तरफ हालत यह है कि प्रेमचंद का साहित्य और उस पर लिखे हुए लेख पाकिस्तान में आज और भी ज्यादा प्रकाशित हो रहे हैं। कारण यह है कि पाकिस्तान का आदमी प्रेमचंद के साहित्य में अपनी जड़ें खोजता है और पाता है कि उनकी परंपरा ऐसी परंपरा है, जो आज भी प्रासंगिक है। प्रेमचंद की परंपरा का यही महत्त्व है। उन्होंने एक नए यथार्थवाद को जन्म दिया था, जो न तो प्रकृतवाद है, न नारेबाजी; बल्कि वह सामाजिक परिवर्तन की बेचैनियों को हमारे सामने लानेवाला यथार्थवाद है और आज हमारे समाज के लिए यही यथार्थवाद उपयोगी हो सकता है।

कमर रईस का अध्यक्षीय भाषण

सवाल यह है कि आज की स्थिति में साहित्यिक और सामाजिक स्तर पर जो कुछ हो रहा है, उसमें प्रेमचंद की परंपरा का क्या महत्त्व है। प्रेमचंद एक समुद्र हैं; जिसमें उनकी

जिंदगी के चालीस साल के हिंदुस्तान की तमाम हकीकतें भरी पड़ी हैं। अन्य लोगों में और प्रेमचंद में फर्क यह है कि प्रेमचंद ने अपने सामाजिक यथार्थ को भावनात्मक और वैचारिक स्तर पर ही नहीं, अपने जीवन के स्तर पर भी आत्मसात किया था, इसीलिए वे अपने साहित्य में यथार्थवाद का एक नया रूप प्रस्तुत कर सके।

लेकिन प्रेमचंद के यथार्थवाद और उनकी जीवन-दृष्टि में कदम-कदम पर तब्दीलियाँ आती रही हैं। ये तब्दीलियाँ सामाजिक यथार्थवाद के संदर्भ में उनके 'क्रिएटिव अमल' (सर्जनात्मक व्यवहार) की वजह से आई हैं। प्रेमचंद जब लिखते थे, तब पहले अंग्रेजी में एक खाका बनाते थे, फिर उर्दू में लिखते थे और फिर हिंदी में। इस रचना-प्रक्रिया में प्रेमचंद को सामाजिक, सांस्कृतिक और साहित्यिक-तीनों स्तरों पर बहुत जूझना पड़ता था। वे समाज के सारे यथार्थ को अपनी रचना में समेटना चाहते थे, इसलिए रचना के स्तर पर तरह-तरह के सवाल उनके सामने आते थे। यह संघर्ष उस दौर के हिंदी-उर्दू के किसी और अदीब में देखने को नहीं मिलता। उनके रचनात्मक संघर्ष का दूसरा और सबसे महत्त्वपूर्ण पहलू यह है कि उनकी बुनियादी वफादारी गरीब किसानों के साथ या खेत-मजदूरों के साथ थी, जिसकी वजह से उनके लिए यह आवश्यक हो जाता था कि वे गाँव के एक साधारण गरीब आदमी से लेकर देश-विदेश की तमाम राजनीतिक गतिविधियों पर नजर रखें और एक पूरे 'वर्ल्ड-व्यू' के साथ उस गरीब आदमी की जिंदगी को चित्रित करें। इसलिए राष्ट्रीय और अंतरराष्ट्रीय स्तर पर जो परिवर्तन लक्षित होते थे, उनका प्रभाव प्रेमचंद की रचना-प्रक्रिया पर और उनके साहित्य पर पड़ता था। लेकिन इन परिवर्तनों के बावजूद वे कभी भटके नहीं, क्योंकि उन्होंने जनता से प्रेम करने का, किसानों और मजदूरों की पक्षधरता का और वर्ग-संघर्ष की विचारधारा से प्रतिबद्धता का रास्ता अपनाया। इसीलिए वे हमेशा सही ढंग से आगे बढ़ते गए।

प्रेमचंद ने अपने साहित्य में सबसे ज्यादा महत्त्व सामाजिक समस्याओं को दिया, जो न केवल आज मौजूद हैं, बल्कि जो आज और भी उलझ गयी हैं। प्रेमचंद को लोग गांधीवादी मानते हैं, लेकिन उन्होंने कांग्रेस के प्रति जो दृष्टिकोण अपनाया, वह यह था कि इससे जनता, यानी किसान और मजदूर कोई उम्मीद न रखें। इसके नेतृत्व में चलने से जॉन की जगह गोविंद आ जाएगा, गरीब किसान-मजदूर को कुछ नहीं मिलेगा। कारण यह था कि प्रेमचंद बुर्जुआ और सामंती ताकतों के असली चरित्र को अच्छी तरह समझते थे।

प्रेमचंद अपने साहित्य में सभी धर्मों के चरित्र उठाते हैं, लेकिन वे उसके धर्म पर नहीं, बल्कि उसके वर्ग-चरित्र और वर्ग-चेतना पर जोर देते हैं। अन्य लेखक ऐसा नहीं करते। आज जातिवाद और धार्मिक सांप्रदायिकता को बढ़ाने के लिए बुर्जुआ पार्टियों के हथकंडे बहुत बढ़ गए हैं। यह चीज प्रेमचंद ने बहुत पहले महसूस कर ली थी। इसीलिए उन्होंने अछूतों पर कहानियाँ लिखीं। इंतजार हुसैन जैसे लोगों की यह आलोचना कि प्रेमचंद में कला नहीं, सिर्फ समाज और राजनीति है, गलत है। लेकिन ऐसी आलोचना

को बढ़ावा देने के लिए एक हद तक प्रगतिशील आलोचक भी जिम्मेदार हैं, जिन्होंने प्रेमचंद की कला पर कम, उनके दृष्टिकोण और विचारधारा पर ज्यादा बात की है। लेकिन प्रेमचंद बहुत बड़े कलाकार हैं। उनके कला सबंधी लेख और विचार पढ़ें और उनके साहित्य में 'टेकनीक' के प्रयोगों को ध्यान से देखें तो यह बात अच्छी तरह समझी जा सकती है।

दूसरे सत्र में सम्मेलन की प्रथम वैचारिक गोष्ठी हुई, जिसमें चंद्रभूषण तिवारी और मुरली मनोहर प्रसाद सिंह ने निबंध-पाठ किया तथा आनंद प्रकाश ने मौखिक रूप से अपने विचार व्यक्त किए। गोष्ठी का विषय था : प्रेमचंद की यथार्थवादी परंपरा और समकालीन कथासाहित्य। गोष्ठी की अध्यक्षता हंसराज रहबर ने की और संचालन जानकी प्रसाद शर्मा ने किया। तीनों वक्ताओं तथा अध्यक्ष द्वारा व्यक्त किए गए विचार क्रमशः इस प्रकार हैं :

चंद्रभूषण तिवारी

प्रेमचंद की परंपरा के बारे में इधर कुछ भ्रामक और अनर्गल स्थितियाँ पैदा की जा रही हैं। एक ओर तो इंद्रनाथ मदान जैसे आलोचक हैं, जो यह कहते हैं कि हिंदी कथासाहित्य में आधुकिता-बोध की शुरूआत प्रेमचंद की आखिरी दौर की रचनाओं से हुई है–उपन्यास 'गोदान' से और कहानी में 'पूस की रात' और 'कफन' से––क्योंकि इन रचनाओं पर वैचारिकता अथवा आदर्श एवं कल्पना का वैसा आरोपण नहीं है, जैसा कि प्रेमचंद की आरंभिक रचनाओं में है। दूसरी ओर समांतरवादियों के नाम से ख्यात वे लेखक हैं, जो प्रेमचंद के पात्रों को निम्न-मध्यवर्ग के पात्र कह कर अपने 'आम आदमी' का पर्याय बताते हैं और खुद को प्रेमचंद की परंपरा से जोड़ने की कोशिश करते हैं। लेकिन प्रेमचंद को आधुनिकतावादी लेखकों से जोड़ना भ्रामक है, क्योंकि हिंदी में आधुनिकता-बोध जिस रूप में रचनाओं की राह से होकर आया है, उसका आवश्यक संदर्भ है किसी बाहरी 'पर्सपेक्टिव' का निषेध, एक प्रकार की विच्छिन्नता, एक प्रकार की अनैतिहासिक परिणति, एक प्रकार का मूलोच्छेद। प्रेमचंद की रचनाओं में ऐसा कुछ नहीं है। उनकी अंतिम रचनाओं में भी उत्पादन के वही संबंध चित्रित हुए हैं, जो उनकी प्रारंभिक रचनाओं में। अंतर केवल यह है कि अंतिम रचनाओं में प्रेमचंद का आदर्शवाद या सुधारवाद छँट गया है और वे पहले की तुलना में जीवन-यथार्थ के सूत्रों को अधिक सजगता से ग्रहण किए हुए प्रतीत होते हैं।

इसी तरह समांतरवादियों का यह कहना अनर्गल है कि वे निम्न-मध्यवर्गीय 'आम आदमी' की कहानी लिखने के कारण प्रेमचंद की परंपरा से जुड़े हुए हैं, क्योंकि उनके साहित्य में प्रेमचंद के गरीब किसानों का वह तबका नहीं है, जो लुढ़कने के बाद खेतिहर मजदूरों में रूपांतरित होने को विवश है और जिसका आर्थिक जीवन-संदर्भ वस्तुतः निम्न-मध्यवर्ग से भी नीचे का है। समांतरवादियों की रचनाओं में सामाजिक अंतर्विरोधों का यथार्थ चित्रण तो दूर, प्रेमचंद की रचनाओं में मिलनेवाला सामान्य ताप भी नहीं है।

परंपरा स्वयं में कोई जड़ वस्तु अथवा अविचल स्थिति नहीं है। प्रेमचंद किसानों के प्रति पूरी हमदर्दी रखते हुए भी उनके परंपरागत सामंती संस्कारों तथा मिथ्या धारणाओं की आलोचना करते हैं। 'प्रेमाश्रम' से लेकर 'कर्मभूमि', 'गोदान' आदि सभी कृतियों में उनकी यह आलोचना दिखाई देती है। प्रेमचंद स्वयं अपनी परंपरा से–अर्थात् अपने ही पूर्ववर्ती आदर्शवाद और सुधारवाद से–संघर्ष करते हैं और इस निष्कर्ष पर पहुँचते हैं कि 'आदर्श से काम नहीं चलेगा'। प्रेमचंद के साहित्य में अनुभवों के संसार और विचारों की दुनिया का एक द्वंद्व लगातार दिखाई पड़ता है जिसमें वे अनुभव से विचार की ओर बढ़ने और पुन: अनुभवों की दुनिया में लौटने की द्वंद्वात्मक प्रक्रिया से गुजरते हैं। गाँवों के यथार्थ और उसके अंतर्विरोधों को वे किसी लेखकीय अथवा वैचारिक स्तर पर ग्रहण नहीं करते, बल्कि व्यापक जन–समुदाय, विशेष रूप से ग्रामीण जन–समुदाय से आत्मीय संपर्क तथा तीव्र मानसिक लगाव के द्वारा ग्रहण करते हैं। अत: विपुल अनुभव–संदर्भों से निर्मित और एक भौतिक तथ्य के रूप में तब्दील होती हुई उनकी प्रगाढ़ मानसिक अवस्थिति ही वह आधार–बिंदु है, जहाँ से उनकी यथार्थवादी परंपरा की खोज की जा सकती है। इससे अलग हट कर किसी वैचारिक सूत्र को पकड़ कर हम उनकी परंपरा की कोई सही पहचान नहीं कर सकते।

यथार्थ को व्यक्त करने की दृष्टि से भी प्रेमचंद की पद्धति यही है कि वे अलग से कोई साहित्यिक 'सिचुएशन', परिवेश या पात्रों का निर्माण नहीं करते। प्रेमचंद के पात्र किसान, मजदूर, बनिया, जमींदार आदि का एक सामान्य आर्थिक जीवन अपने पूरे परिवार के साथ जीते हैं। वे अज्ञेय या जैनेंद्र के साहित्यिक पात्रों की तरह नहीं हैं कि प्रेम करें तो प्रेम ही करते जाएँ, या बाकी जीवन की सब चीजें भूल कर प्रेम और क्रांति ही करते जाएँ। साहित्यिक जीवन साहित्यिक ढाँचे का होता है, वास्तविक जीवन सामाजिक ढाँचे का। प्रेमचंद के साहित्य में सामान्य जीवन का सामाजिक ढाँचा होता है, और यह उनके यथार्थ–चित्रण की एक बहुत बड़ी विशेषता है। यथार्थ चित्रण के लिए प्रेमचंद परिवार को पकड़ते हैं, वहीं से व्यक्ति पर केंद्रित होते हैं और वहीं से समूह की ओर बढ़ते हैं। पारिवारिक जीवन का यह आधार ही प्रेमचंद के पात्रों को एक ओर रूढ़ियों, परंपराओं, संस्कारों आदि से जोड़ता है, तो दूसरी ओर मौजूदा जीवन–यथार्थ से। इस तरह यथार्थ का एक दोहरा 'पैटर्न' उभरता है, जिसमें सामाजिक आधार तथा अधिरचना, दोनों साथ–साथ बिंबित होते रहते हैं। उनकी परवर्ती यथार्थवादी कृतियों में इसकी आश्चर्यजनक अन्विति दिखाई पड़ती है।

प्रेमचंद के साहित्य का ढाँचा भारतीय समाज के ढाँचे की ही साहित्यिक परिणति है। इसके लिए उन्हें अलग से कोई प्रयोग नहीं करना पड़ा है। प्रेमचंद की यथार्थवादी परंपरा के संदर्भ में समकालीन कथासाहित्य को देखने का यह एक प्रमुख विचारणीय संदर्भ है, क्योंकि 'नई कहानी' आंदोलन के बाद यह चीज हिंदी के कथासाहित्य में से गायब होती गई है–[illegible] मन:स्थितियाँ और मुद्राएँ रह गई हैं और सर्वत्र एक 'रूटलेसनेस' की स्थिति है। इसके विपरीत प्रेमचंद अपने पात्रों को खूब जानते हैं और

पाठकों को भी उनसे बखूबी परिचित कराने के लिए बार-बार उनको वर्तमान और अतीत से जोड़ते रहते हैं। इस प्रकार पात्रों की वैयक्तिक प्रवृत्ति से लेकर उसकी वर्गीय नियति तक स्पष्ट हो जाती है। यही कारण है कि प्रेमचंद एक व्यापक पाठक वर्ग का निर्माण कर सके, जबकि समकालीन कथासाहित्य एक बहुत ही सीमित समुदाय तक केंद्रित है। यही कारण है कि कहानी विधा आज व्यापक पाठक वर्ग से अलग-थलग पड़ कर सहसा समाप्त होती दिखाई देती है और कथासाहित्य की पत्रिकाएँ खत्म होती जा रही हैं।

आजादी के बाद भारत में बहुत कुछ परिवर्तित हुआ है और आजादी के बाद के लेखकों ने परिवर्तन की प्रक्रिया को ही एक प्रमुख विषय बनाया है। नागार्जुन, रेणु तथा भैरव प्रसाद गुप्त ने आजादी के बाद के गाँवों के आर्थिक तथा सांस्कृतिक संदर्भों को आधार बना कर अपनी औपन्यासिक कृतियों को प्रेमचंद की परंपरा से जोड़ने का प्रयत्न किया है। उसमें न तो प्रेमचंद-साहित्य के-से विपुल जीवन-अनुभव मिलते हैं, न वैचारिक स्तर का वह द्वंद्व, लेकिन वस्तुगत यथार्थ और लेखकीय चेतना में एक फर्क अवश्य मिलता है। आलोचना और व्यंग्य के स्वर तेज होते जा रहे हैं, लेकिन रेणु की कृतियों को देखें तो यथार्थ के आवरण में वहाँ आधुनिकतावाद का भी एक हाथ बढ़ता हुआ दिखाई देता है जिसके कारण रेणु ग्रामीणं अंचलों में रहनेवाले लोगों की विसंगतियों का ही नहीं, बल्कि उनकी नवोदित चेतना का भी उपहास करने लगते हैं। आलोचनात्मक यथार्थवाद वाकई इन दोनों की अभिसंधि होता है। बाद के साहित्य में श्रीलाल शुक्ल तथा राही मासूम रजा की कृतियों में भी आधुनिकता और यथार्थ का घालमेल दिखाई देता है। इस घालमेल की शुरूआत 'नई कहानी' आंदोलन के साथ हुई–रचना से भी ज्यादा कहानी-समीक्षा की ओर से।

हिंदी कहानी की एक मजबूत शक्ल भी है। मार्कण्डेय, शेखर जोशी, अमरकांत तथा भीष्म साहनी की कहानियों में प्रेमचंद के बाद वैयक्तिक तथा सामाजिक यथार्थ की प्रस्तुति के बहुत सारे नए प्रतिमान मिलते हैं। प्रेमचंद के कथासाहित्य के अंतर्गत ग्रामीण जीवन-संदर्भों का जो क्षेत्र अपनाया गया था, उसके अलावा शहरी जीवन, नवोदित मध्यवर्ग की विसंगतियों, गाँवों से शहरों में स्थानांतरित हुए वर्ग से उसके आर्थिक संबंधों तथा उनसे जुड़े हुए प्रश्नों को देखने की एक बेहद सार्थक कोशिश इनके द्वारा दिखाई देती है। लेकिन 'नई कहानी' आंदोलन के भीतर से एक साहित्यिक मुद्रा भी विकसित हुई जिसके अंतर्गत कमलेश्वर, राजेंद्र यादव, मोहन राकेश, निर्मल वर्मा आदि के आत्मगत ढाँचे के भीतर से कथा-सूत्रों को पकड़ने के छद्म प्रयोग किए गए। इन्हीं के कंधों पर चढ़ कर सातवाँ दशक आया, जिसमें इसराइल, रामनारायण शुक्ल तथा ज्ञानरंजन को छोड़कर किसी का प्रेमचंद की परंपरा से कोई संबंध नहीं है।

इसके बाद बगावत की घोषणा करता हुआ आठवाँ दशक आया, जिसमें व्यवस्था-विरोध के नाम पर बहुत कुछ लिखा गया। इसी के बीच से वह समांतर आंदोलन भी विकसित हुआ है, जिससे हमारे कई जनवादी कथाकार भी शुरू में संबद्ध रहे हैं। लेकिन

उससे विद्रोह करने के बाद रमेश उपाध्याय, असगर वजाहत, सतीश जमाली, स्वयं प्रकाश आदि इधर वैचारिक स्तर की पूरी सजगता के साथ अपना लेखन कार्य कर रहे हैं। एक सही 'स्टैंड-प्वाइंट' के होते हुए भी कोई रचना गलत ढाँचे की कैसे शिकार हो जाती है, यह बात रमेश उपाध्याय तथा असगर वजाहत की इधर की कुछ प्रतीकात्मक कहानियों अथवा रूपक-कथाओं में देखी जा सकती है। दूसरी ओर प्रेमचंद के ढाँचे के करीब होकर भी मिथिलेश्वर की कहानियाँ उनसे अलग दिखाई देती हैं। इसलिए प्रेमचंद की यथार्थवादी परंपरा को पहचानने के लिए इन दोनों तथ्यों पर निगाह रखने की जरूरत है–एक सही 'स्टैंड-प्वाइंट' और उसके अनुकूल अभिव्यक्ति का ढाँचा।

मुरली मनोहर प्रसाद सिंह

स्वाधीन भारत के शासक वर्ग की पार्टियों तथा 'व्यक्ति-स्वातंत्र्य' और 'आत्म-साक्षात्कार' के नशे में झूमते पूँजीवादी संस्कृति के पैरोकारों ने इतिहास की कार्यसूची पर उभरते भारत की अवरुद्ध क्रांति के जिन प्रश्नों को स्थगन के अंधकूप में डाल दिया है, उनकी प्रतिध्वनि और प्रतिबिंब प्रेमचंद का यथार्थवादी कथासाहित्य है। प्रेमचंद की सौवीं वर्षगाँठ पर 'कर्मभूमि' के प्रोफेसर शांतिकुमार के इस वक्तव्य पर फिर से ध्यान देने की जरूरत है कि "दया और धर्म की बहुत दिनों परीक्षा हुई और ये दोनों हल्के पड़े। अब तो न्याय-परीक्षा का युग है।" इस सूत्र के सहारे ही हम समकालीन संवेदना से प्रेमचंद की कथा-कृतियों के मूल्य-संदर्भों को जोड़ने में कारगर होंगे।

प्रेमचंद अपने कथासाहित्य में समाज के गर्भ से उभर रही संगठित प्रतिरोध की शक्तियों को उभार कर सामने लाते हैं। उन्होंने अपनी रचनाओं में मुख्य रूप से खेतिहर मजदूरों, गरीब किसानों और स्त्रियों की मुक्ति का प्रश्न उठाया है। राष्ट्रीय मुक्ति-संघर्ष के सारभूत सत्य के रूप में प्रेमचंद समाज के उन्हीं तबकों की वर्गीय आधार-भूमि से संपूर्ण समाज की अंतःक्रिया को ग्रहण करते हैं। आज भी भारत का खेतिहर-संकट अर्थतंत्र के अनेक क्षेत्रों में से एक क्षेत्र का संकट मात्र नहीं है, बल्कि सामाजिक प्रगति और विकास का पूरा क्रम ही खेतिहर-संकट के समाधान पर अवलंबित है। यह सर्वप्रमुख राष्ट्रीय प्रश्न है–ऐसा प्रश्न जो 'न्याय-परीक्षा' की निर्णायक कसौटी बन गया है।

साहित्य और संस्कृति के क्षेत्र में सक्रिय बुद्धिजीवियों में से कुछ की मान्यता यह रही है कि भारत का किसान, खासकर हिंदी भाषी क्षेत्र का किसान, एक निष्क्रिय समुदाय है। लेकिन यह एक 'मिथ' है। प्रेमचंद ने अपने साहित्य से इस 'मिथ' को तोड़ा है कि भारत का किसान एक निष्क्रिय, अंधविश्वासी, मूर्तिपूजक और जड़ समुदाय है। प्रेमचंद किसानों की चेतना के अविकसित स्तर का विश्वसनीय यथार्थ चित्र तो प्रस्तुत करते हैं, लेकिन साथ-साथ वे अपने युग के किसानों को वर्गहित तथा मान-अपमान के प्रश्न पर प्रतिकार, संघर्ष और संगठित प्रतिरोध की दिशा में हरकत करते हुए भी

दिखाते हैं। 'कर्मभूमि' और 'प्रेमाश्रम' इसके उदाहरण हैं। 'प्रेमाश्रम' का बलराज अपने पिता मनोहर तथा गाँव की किसान बिरादरी के सामने कहता है, "तुम लोग तो ऐसी हँसी उड़ाते हो, मानो काश्तकार होता ही कुछ नहीं। वह जमींदार की बेगार करने के लिए बनाया गया है। लेकिन मेरे पास जो पत्र आता है, उसमें लिखा है कि रूस देश में काश्तकारों का ही राज है, वे जो चाहते हैं, करते हैं। उसी के पास और कोई देश बलगारी है। वहाँ अभी हाल की बात है, काश्तकारों ने राजा को गद्दी से उतार दिया है और किसानों और मजदूरों की पंचायत राज करती है।" हालाँकि लखनपुर के किसानों पर इस भाषण का कोई प्रभाव नहीं पड़ता, लेकिन वे जब भयानक उत्पीड़न की प्रकिया से खुद गुजरते हैं तो संघर्ष की बात उनकी समझ में आने लगती है।

अवध के किसान आंदोलन पर उपलब्ध ऐतिहासिक दस्तावेज बतलाते हैं कि प्रेमचंद ने उपन्यास के केंद्र में उत्पीड़ित किसान जनता को क्यों रखा। असहयोग आंदोलन के आरंभ होने से पहले ही पूरे अवध में किसान आंदोलन भड़क उठा था। इसके प्रारंभ और संचालन पर कांग्रेस का कोई प्रभुत्व न था। यहाँ तक कि महात्मा गांधी और पंडित नेहरू जैसे नेताओं का भी इस आंदोलन से कोई संबंध नहीं था। 1922 के बाद ही कांग्रेस इस आंदोलन के भीतर पैठ सकी। प्रेमचंद के 'प्रेमाश्रम' पर इस आंदोलन का जबर्दस्त प्रभाव है।

लेकिन यह प्रचलित मान्यता अत्यंत भ्रामक है कि प्रेमचंद केवल किसान-जीवन के कथाकार हैं और उनकी कथाकृतियों में केवल किसानों के सामाजिक जीवन के चित्र ही यथार्थ और विश्वसनीय चित्र हैं। वास्तविकता यह है कि प्रेमचंद-साहित्य में समाज के विविध वर्गों के बीच से लिये गए परस्पर-विरोधी रुझानवाले पात्रों की व्यापक उपस्थिति से यथार्थ का एक विशाल दृश्यपट निर्मित होता है। इस चीज को न समझने के कारण ही 'गोदान' में दो कथाओं की असंबद्धता का विवाद खड़ा किया गया था, लेकिन सामंती उत्पादन-संबंधों के भीतर से टूटते और बनते सामाजिक आचरण का भारत के नवोदित मध्यवर्ग से द्वंद्वात्मक संबंध किस प्रकार का है, यह हम कथा के इस द्विविध आयाम से ही समझ सकते हैं। अंग्रेजी राज के उत्पीड़क पहलुओं का निचोड़ पेश करने के लिए प्रेमचंद हाकिम-हुक्काम, डॉक्टर-वकील, पत्रकार-नेतागण आदि के विविध स्तरों के वर्गीय और सामाजिक रुखों को किसान-जमींदार संघर्ष के निर्णायक प्रश्नों पर दिखलाते हैं। इसी के साथ विभिन्न सामाजिक तबकों की अंत:क्रिया के भीतर से सुधारवादी आंदोलन की भूमिका उसके खोखले आदर्शों और व्यवहार से उनके अलगाव की अंत:समीक्षा यथार्थ के आंतरिक संघात को पूरी भयावहता के साथ उद्घाटित करती चलती है। जन-दबाव तथा मानवीय करुणा के प्रभाव से बिचौलिए वर्ग के पात्रों के आत्मिक रूपांतरण के उदाहरणों से प्रेमचंद का कथासाहित्य भरा पड़ा है। दूसरी तरफ फलमूलकता अथवा व्यावहारिक बुद्धि से प्रेरित किसानों की जीवन-दृष्टि संघर्ष की निर्णायक घड़ी में किस प्रकार परिवर्तन की प्रक्रिया से गुजर रही है, यह भी विश्वसनीयता के साथ अंकित होता चलता है। ह्रासशील समाज की अंत:क्रिया के बृहत्

वृत्तांत के भीतर भविष्य की यथार्थ-चेतना भी वस्तुगत विकास-क्रम की ऐतिहासिक सीमाओं के साथ बार-बार प्रतिध्वनित होती है।

प्रेमचंद के यथार्थवादी साहित्य के भीतर मौजूद राष्ट्रीय मुक्ति-संघर्ष के दौर के यथार्थ के अभावों को हम तभी प्राणवान बना सकते हैं, जब आज के भारतीय समाज के भीतर हो रहे विघटन और रूपांतरण की प्रक्रिया को मेहनतकश जनता की जीवन-स्थिति, उसके संघर्ष और उसकी ऐतिहासिक भूमिका के संदर्भ में उभर रहे यथार्थ को आत्मसात करें। निश्चय ही सर्वहारा वर्ग की चेतना से ही इतिहास की कार्यसूची पर उपस्थित भारत की जनवादी क्रांति के प्रश्नों पर सही रास्ता दिखलाई पड़ेगा। लेकिन इस यथार्थ को आत्मसात किए बगैर सर्वहारा विश्वदृष्टि अपनाने का नारा ऊँची नाकवाले बुद्धिजीवियों का एक किताबी नारा है जो आज के लेखक को यथार्थ के साथ उसके द्वंद्व में अथवा रचनाशीलता के स्तर पर मदद नहीं करता।

आनंद प्रकाश

अपनी बात कहने से पहले मैं पूर्ववक्ताओं के वक्तव्य पर कुछ बातें कहना चाहूँगा। प्रेमचंद आलोचना के विषय के रूप में मुख्यत: तबसे उभरे हैं, जबसे जनवादी आंदोलन और पत्रिकाओं का उभार आया है। जनवाद-विरोधी खेमे के लोग प्रेमचंद के प्रभाव को साहित्य पर एक खतरनाक प्रभाव मानते हैं। पिछले बीस वर्षों में शीतयुद्धीय राजनीति के अंतर्गत उस खेमे की ओर से प्रेमचंद पर प्रहार करने का उपक्रम किया जाता रहा है। यह षड्यंत्र भले ही न हो, लेकिन यह तथ्य है कि ऐसा हुआ है।

प्रेमचंद के बारे में आज यहाँ जो चर्चा हुई, उसमें नामवर सिंह की बातों पर गंभीरता से बात नहीं की जा सकती। मसलन उन्होंने कहा कि प्रेमचंद के लेखन में कई तरह के यथार्थवाद हैं, लेकिन हमें प्रेमचंद को एक संपूर्ण व्यक्तित्व के रूप में देखना चाहिए। उनके यथार्थवाद में कई यथार्थों की बात करना यथार्थ की सही समझ का सूचक नहीं, बल्कि वह यथार्थ की एक अमूर्त कल्पना को सामने लाता है। दूसरी बात उन्होंने भारतीय उपन्यास की कही, लेकिन प्रश्न उठता है, क्या किसान आंदोलन साहित्य की एक नई विधा को जन्म दे सकता है? क्या यही बात बांगला या भारतीय भाषाओं के उपन्यास के बारे में भी कही जा सकती है? तीसरी बात यथार्थवाद की कोटियों के बारे में है। पश्चिमी आलोचकों ने इस संबंध में जो 'कैटगरीज' दी हैं, उनमें यथार्थवाद की एक ठोस व्याख्या है। हम उस व्याख्या से असहमत हो सकते हैं, लेकिन उसे गलत रूप में पेश नहीं करना चाहिए। मसलन आलोचनात्मक यथार्थवाद के बारे में नामवर सिंह की समझ शायद यह है कि वह बुर्जुआ वर्ग की आलोचना है, लेकिन बुर्जुआ वर्ग की आलोचना सामंती दृष्टिकोण से भी की जा सकती है। क्या हम उस आलोचना को यथार्थवादी आलोचना कह सकते हैं? नामवर सिंह अपनी 'स्कॉलरशिप' प्रदर्शित करने के लिए लूकाच और ब्रेख्त के नाम लेते हैं, लेकिन इनके नाम लेकर वे जो कुछ कहना चाहते हैं, उससे लगता है कि वे केवल 'इंडेक्स स्कॉलर' हैं। अन्यथा जार्ज लूकाच

ने टामस मान के संदर्भ में यह बात कही है कि एक समय में बुर्जुआ वर्ग का क्रांतिकारी स्वरूप था, जो बाद में पतनशील हो गया। उस दौर के लेखकों ने बाद में बुर्जुआ वर्ग की पतनशीलता की जो आलोचना की, वह 'बुर्जुआ क्रिटिकल रियलिज्म' कहलाया।

मुहम्मद हसन ने 'कफन' को प्रतीकात्मक कहानी के रूप में विश्लेषित किया, लेकिन वह प्रतीकात्मक कहानी नहीं है। वह एक यथार्थवादी कहानी है और उसकी व्याख्या यथार्थवादी शब्दावली में ही की जानी चाहिए। चंद्रभूषण तिवारी का लेख आज की उपलब्धि था। उन्होंने आज के साहित्यिक माहौल के संदर्भ में प्रेमचंद की परंपरा की बात की है। मदान जैसे आलोचक और समांतर आंदोलन से संबद्ध लेखक जिस तरह प्रेमचंद को 'डिस्टॉर्ट' कर रहे हैं, उसके बारे में उनकी आलोचना बिलकुल सही है। उन्होंने सवाल भी बहुत सही उठाया है कि हिंदी कहानी क्यों खत्म होती जा रही है। मेरे विचार से इसका कारण यह है कि कहानी मध्यवर्गीय भावबोध की शिकार होकर जीवन से कटती चली गई है। अतः प्रश्न को यों भी रखा जा सकता है कि क्या आज की कहानी आज के जीवन के लिए उपयुक्त 'फॉर्म' है?

मुरली बाबू ने अपने पर्चे में किसान आंदोलन के राजनीतिक संदर्भ को केंद्र में रखा है, जो बहुत महत्त्वपूर्ण है, लेकिन एक बात पर उनसे मेरी असहमति है--वह यह कि प्रेमचंद निस्संदेह एक महत्त्वपूर्ण लेखक हैं, लेकिन आप प्रेमचंद की विचार-दृष्टि की सीमाओं को सही तरह से क्यों नहीं दिखाते। तत्कालीन किसान आंदोलन का नेतृत्व बुर्जुआ वर्ग के हाथ में था, इसलिए किसान आंदोलन से जुड़े रहने के बावजूद प्रेमचंद का दृष्टिकोण बुर्जुआ वर्ग का दृष्टिकोण था। यही कारण है कि प्रेमचंद के साहित्य में उनके अनुभव तथा विचारधारा में लगातार एक टकराव होता रहता है।

अब मैं अपनी तरफ से कुछ बातें कहूँगा। प्रेमचंद के साहित्य में हमें विचार-दृष्टि का एक विकास दिखाई देता है। मसलन 'गोदान' की शुरूआत प्रेमचंद होरी दृष्टिकोण से करते हैं, लेकिन बाद में स्पष्ट होता है कि उनका दृष्टिकोण होरी का नहीं, बल्कि गोबर का दृष्टिकोण है, जो किसान नहीं, खेतिहर मजदूर है। मगर वही गोबर जब शहर चला जाता है तो प्रेमचंद समझ नहीं पाते कि अब क्या किया जाए। यह सवाल उन्होंने 'मंगलसूत्र' में उठाया, जो अधूरा रह गया। 'मंगलसूत्र' में वे किसी प्रकार के आदर्शवाद को उचित नहीं मानते। वहाँ वे शोषण की एक नई पद्धति से उत्पन्न एक नई मानसिकता का चित्रण करते हैं। आज प्रेमचंद की प्रासंगिकता यही है कि हम किसान या खेतिहर मजदूर के दृष्टिकोण को नहीं, बल्कि शहरी मध्यवर्ग के दृष्टिकोण को अपनाएँ। कारण यह है कि किसान के दृष्टिकोण में सामंती विचारधारा शामिल रहती है, जिसकी आलोचना की जानी चाहिए। किसान या खेतिहर मजदूर की भूमिका सर्वहारा वर्ग के नेतृत्व में ही सही हो सकती है। यदि किसान सर्वहारा को 'बाइपास' करके स्वयं नेतृत्व करता दिखाया जाएगा तो यह यथार्थवाद नहीं, 'रोमांटिसिज्म' होगा। अतः किसानों से जुड़े संदर्भों में किसान की क्रांतिकारी चेतना सर्वहारा वर्ग की विचारधारा के अनुसार तर्कसंगत, वैज्ञानिक और क्रांतिकारी दृष्टि से चित्रित होगी, तभी आज का साहित्य

सार्थक हो सकेगा।

हंसराज रहबर का अध्यक्षीय भाषण

आज की गोष्ठी में विषय का निर्वाह केवल चंद्रभूषण तिवारी ने किया। मुरली ने केवल प्रेमचंद के यथार्थवाद पर बात की और आनंद प्रकाश की बातें तो कहीं भी नहीं जुड़ पाईं। असल में प्रेमचंद की परंपरा को आज के संदर्भ में ही देखा जाना चाहिए। यथार्थवादी साहित्य वही होता है, जो अपने युग-सत्य को व्यक्त करता है। वह सत्य क्या है, यह आज पढ़े गए पर्चों से मालूम होता है। लेकिन यह बात स्पष्ट नहीं हो पाती कि आज उस सत्य का क्या रूप है। मोहम्मद हसन ने तो हर चीज को प्रतीकात्मक बना कर उस सत्य को छिपाने की कोशिश ही ज्यादा की। इन डॉक्टरों और प्रोफेसरों का काम ही यह है। और हमारे देश की ट्रेजेडी यह है कि साहित्य-संस्कृति में अगुआ ये ही लोग रहते हैं। प्रेमचंद जन्म-शताब्दी मनाने के लिए जो कमेटी बनी है, उसमें भी ये डॉक्टर-प्रोफेसर लोग ही हैं। उसमें रहबर का नाम नहीं है, जबकि मैंने प्रेमचंद पर इतना महत्त्वपूर्ण काम किया है। जिस समय मैंने प्रेमचंद पर किताब लिखी, उस समय प्रेमचंद को नकारना शुरू हो गया था। प्रेमचंद के विरोधियों का कहना था कि प्रेमचंद सुधारवादी थे, हम क्रांतिवादी हैं, लेकिन असलियत यह नहीं थी। मार्क्स को पढ़ कर कोई क्रांतिकारी नहीं हो जाता। माओ ने कहा है कि मार्क्सवाद-लेनिनवाद केवल पढ़ने की चीज नहीं, ठोस परिस्थितियों पर लागू करने की चीज है। इसके लिए अतीत के विचारकों से अपना सूत्र जोड़ना चाहिए और जनता से सीखना चाहिए। आजकल साहित्य में प्रगतिवाद और प्रतिक्रियावाद गड्डमड्ड हो रहा है। इसे समझने के लिए प्रेमचंद को समझना जरूरी है।

प्रेमचंद ने 1905 से लिखना शुरू कर दिया था, जबकि गांधी का नाम 1921 से पहले कोई नहीं जानता था, इसलिए प्रेमचंद को गांधीवादी कहना सरासर गलत है। वे यथार्थवादी थे, जबकि गांधी आदर्शवादी था। प्रेमचंद ने गांधीवादी सूरदास को अंधा बना कर गांधीवाद को अंधा बताया है। 'आहुति' कहानी में उन्होंने बताया है कि जॉन की जगह गोविंद को गद्दी पर बिठा देने से समस्याएँ हल नहीं होंगी। यह भविष्यवाणी बिलकुल सही सिद्ध हुई, इसका कारण यह था कि प्रेमचंद यथार्थवादी थे।

प्रेमचंद अपने यथार्थवाद तक किसी वैज्ञानिक चिंतन द्वारा नहीं, बल्कि अपने अनुभव और साहित्य-निष्ठा के जरिए पहुँचे थे। उनकी परंपरा को हमें द्वंद्वात्मक भौतिकवाद के जरिए आगे बढ़ाना था, लेकिन यह काम हमने अभी तक नहीं किया है। आज अगर हम प्रेमचंद पर बात कर रहे हैं, तो वक्त हमसे यही तकाजा कर रहा है और हमें इस तकाजे को समझना चाहिए।

पहले दिन का कार्यक्रम शाम को लगभग आठ बजे पूरा हुआ। रात को लेखकों के भोजन और विश्राम की व्यवस्था कॉलेज में ही थी। भोजन के उपरांत लेखकगण अलग-अलग कमरों में देर रात तक गपशप और विचारों का आदान-प्रदान करते रहे।

एक कमरे में विजेंद्र, राजकुमार सैनी, केवल गोस्वामी, श्याम कश्यप आदि जमे हुए थे, तो दूसरे में चंद्रभूषण तिवारी, शिवकुमार मिश्र, राजकुमार शर्मा, जानकी प्रसाद शर्मा, रमेश बत्तरा, तरसेम गुजराल, सुरेंद्र मनन, मुकेश सेठी, प्रदीप सक्सेना, रमेश उपाध्याय आदि। तेज हवा और तीखी ठंड के बावजूद रात के लगभग एक बजे तक लोग साहित्य-चर्चा करते रहे। युवा कथाकारों ने चंद्रभूषण तिवारी के साथ समकालीन कहानी की रचना और आलोचना पर लंबी बहस चलाई। तत्पश्चात् जालंधर से आए हुए कहानीकार तरसेम गुजराल ने अपनी एक कहानी का पाठ किया। सोने से पहले चंद्रभूषण तिवारी ने अपने टेपरिकॉर्डर से शांति सुमन के लिखे हुए और उन्हीं के गाए हुए जनवादी गीत सुनवाए। इस अनौपचारिक और आत्मीयतापूर्ण वातावरण में गंभीर विचार-विमर्श के साथ-साथ रचनाकारों तथा आलोचकों के सम्मिलित ठहाके भी गूँजते रहे। यह इतना ताजगी देनेवाला अनुभव था कि रात को देर से सोने के बावजूद सुबह कोई भी देर तक सोया नहीं रह सका और सुबह की चाय के साथ ही चर्चाएँ उसी जिंदादिली के साथ फिर शुरू हो गईं। चर्चा के केंद्र में जनवादी कहानी की समस्याएँ प्रमुख थीं।

दूसरे दिन, अर्थात् 16 दिसंबर को रविवार था और वर्षा भी नहीं हो रही थी, इसलिए सम्मेलन में वक्ताओं और श्रोताओं की उपस्थिति पहले दिन की अपेक्षा और भी अधिक थी।

आज की पहली गोष्ठी का विषय था : यथार्थवाद की प्रकृति और समकालीन रचना-संदर्भ। गोष्ठी की अध्यक्षता शिवकुमार मिश्र ने की और संचालन राजकुमार शर्मा ने किया। रमेश उपाध्याय ने इसी शीर्षक के निबंध का पाठ किया, जिस पर क्रमशः श्याम कश्यप, राकेश वत्स, राजा खुगशाल, राजकुमार सैनी, अरुण प्रकाश, चंद्रभूषण तिवारी, मैनेजर पांडेय, चंचल चौहान, सुधीश पचौरी और कर्णसिंह चौहान ने विस्तार से चर्चा की। अंत में शिवकुमार मिश्र ने अध्यक्षीय भाषण किया। इस गोष्ठी में व्यक्त विचार क्रमशः इस प्रकार हैं :

रमेश उपाध्याय

मैं अपना लेख पढ़ने से पहले राजकुमार शर्मा द्वारा संपादित पुस्तक 'विचारधारा और साहित्य' पर 8 दिसंबर 1979 को दिल्ली में जनवादी लेखक मंच द्वारा आयोजित गोष्ठी में चली यथार्थवाद संबंधी उस बहस की ओर संकेत करना चाहता हूँ, जिसमें मेरे लेख 'जनवादी कहानी की रचना-प्रक्रिया' में व्यक्त इस विचार की आलोचना की गई थी कि समकालीन साहित्य की सबसे सही और मुख्य प्रवृत्ति समाजवादी यथार्थवाद है। उस बहस में एक ओर श्याम कश्यप ने यह कहा था कि भारत में समाजवाद आने से पहले ही साहित्य में समाजवादी यथार्थवाद की बात करना गलत है, तो दूसरी ओर सुधीश पचौरी का यह कहना था कि समकालीन साहित्य में अभी आलोचनात्मक यथार्थवादी दृष्टि से मध्यवर्गीय जीवन पर ही लिखा जाना उचित और आवश्यक है, क्योंकि भारत

की जनता अभी तक भाग्यवाद, अवतारवाद, रूढ़िवाद, जातिवाद आदि में जकड़ी हुई है, जबकि हम साहित्य में सर्वहारा वर्ग की विचारधारा तथा समाजवादी यथार्थवाद की बात कर रहे हैं। तीसरी ओर नामवरसिंह का कहना यह था कि 'समाजवादी यथार्थवाद' और 'आलोचनात्मक यथार्थवाद' कोरे शब्द हैं और यथार्थवाद को केवल इन शब्दों में सीमित करके ही नहीं समझा जा सकता। साहित्य और समाज के प्रत्येक प्रश्न को भाषा का प्रश्न बना देने में कुशल नामवर जी ने उस गोष्ठी में यथार्थवाद को नेति-नेति की शैली में निर्गुण ब्रह्म जैसा बताते हुए यह फरमाया था कि ये अवधारणाएँ यथार्थ से सीधा साक्षात्कार करने में बाधक होती हैं।

मेरे विचार से श्याम कश्यप जैसे लोगों की आपत्ति का उत्तर देना आवश्यक नहीं, क्योंकि समाजवादी और गैर-समाजवादी कई देशों में अनेक मार्क्सवादी रचनाकार तथा आलोचक यह सिद्ध कर चुके हैं कि समाजवादी क्रांति होने से पहले भी साहित्य में समाजवादी यथार्थवाद संभव है, लेकिन नामवर सिंह जैसे लोगों के बारे में यह कहा जाना चाहिए कि मूल प्रश्न से कतरा कर यथार्थवाद संबंधी बहस को कोरे शब्दों की बहस बताते हुए स्वयं उसे कोरी शाब्दिक बहस बना देना मार्क्सवादी तरीका नहीं है। दूसरे, यथार्थवाद के नाम पर 'यथार्थ से सीधा साक्षात्कार' करने का नारा आज हिंदी साहित्य में मार्क्सवाद-विरोधी और समकालीन जनवादी साहित्य के शत्रुओं द्वारा दिया जा रहा है। अपने लेख में मैंने ऐसी ही यथार्थवाद-विरोधी प्रवृत्तियों की चर्चा की है, जो इस प्रकार है :

'यथार्थ से सीधे साक्षात्कार' का नारा लगानेवाले लोग यह कहते हैं कि साहित्य को किसी प्रकार की विचारधारा तथा नैतिकता की 'साहित्येतर' अवधारणाओं से मुक्त होना चाहिए; समाज में सुधार या परिवर्तन करना साहित्य का काम नहीं है; नैतिक मूल्य तथा राजनीतिक विचार साहित्य को दूषित करते हैं; आदि। संक्षेप में यह नारा वही पुराना 'कला के लिए कला' वाला नारा है, जो वर्तमान संदर्भों में 'विचारधारा के अंत' के शीतयुद्धीय नारे से जुड़ा हुआ है। यह नारा सन् '50 के आसपास समाजवाद का विरोध करने तथा पूँजीवाद को ही मनुष्य की अंतिम नियति बताने के उद्देश्य से अमरीका तथा यूरोप के कुछ प्रतिक्रियावादी बुद्धिजीवियों ने दिया था और 'एनकाउंटर' नामक पत्रिका द्वारा उछाला गया था, जहाँ से अज्ञेय और भारती जैसे लोगों ने उठा कर इसे हिंदी साहित्य में गुँजाना शुरू कर दिया था। हालाँकि आज इस नारे की असलियत काफी हद तक खुल कर सामने आ चुकी है, फिर भी अशोक वाजपेयी, रमेशचंद्र शाह और विष्णु खरे जैसे लोग अब भी इसे गुँजाए जा रहे हैं। कहने की आवश्यकता नहीं कि यह यथार्थवाद के नाम पर यथार्थवाद-विरोध का उपक्रम है।

जहाँ तक समाजवादी यथार्थवाद के विरुद्ध आलोचनात्मक यथार्थवाद को उचित और आवश्यक बताने का प्रश्न है, हमें यह ध्यान रखना चाहिए कि यथार्थवाद के नाम पर 'यथार्थ की आलोचना' का नारा आज उन लोगों के द्वारा दिया जा रहा है, जो 'कला के लिए कला' अथवा 'विचारधारा के अंत' के नारों में तो विश्वास नहीं करते और

यह भी मानते हैं कि सोद्देश्य साहित्य की रचना करना साहित्यकार का नैतिक दायित्व है, लेकिन अपने साहित्य का उद्देश्य यथार्थवादी ढंग से निश्चित नहीं कर पाते।

ऐसे लेखक प्रायः उस मध्यवर्ग से संबंधित हैं, जो मौजूदा समाज-व्यवस्था में शोषित-पीड़ित होने के कारण क्षुब्ध तो रहता है, लेकिन बुर्जुआ जनवाद में आस्था रखने के कारण जिसे यह लगता है कि यदि मौजूदा व्यवस्था में कुछ सुधार कर दिए जाएँ तो आगे बढ़ने और तरक्की करने की अभी काफी गुंजाइशें हैं। अपनी इस वर्गीय स्थिति और विचारधारा के कारण वे इस भ्रम में रहते हैं कि बुर्जुआ जनवाद में सबको अपने-अपने ढंग से समाज को सुधारने की आजादी है, किसी भी विचारधारा और किसी भी प्रकार की राजनीति में कोई मूलभूत अंतर नहीं है, और जो चीज सफल हो जाए, वही सही है।

वे यह नहीं समझ पाते कि वर्ग-विभक्त समाज में हर चीज वर्गीय होती है और वर्गों में संघर्ष होने के कारण सही-गलत का प्रश्न वर्गीय हितों के सही या गलत होने से जुड़ा होता है। अतः सही-गलत या उचित-अनुचित के तमाम निर्णय लोगों की वर्गीय पक्षधरता और प्रतिबद्धता से प्रेरित या प्रभावित होते हैं। पिछले दस वर्षों में 'समांतर' या 'आम आदमी' के साहित्य के नाम पर जो ढेर-सा लेखन हुआ है, उसमें हमें ऐसी ही 'आलोचना' मिलती है, जिसके कारण रचनाएँ सामाजिक सवालों को गलत ढंग से उठाती हैं और पाठकों को उनके जीवन की वास्तविक समस्याओं के वास्तविक समाधानों की दिशा में प्रेरित नहीं कर पातीं और अंततः निरर्थक सिद्ध होती हैं।

समकालीन हिंदी आलोचना में यथार्थवादी साहित्य के विरोध में दो नारे खास तौर पर उछाले जा रहे हैं—एक नारा 'भारतीयता' का है, और दूसरा 'लोकप्रियता' का। भारतीयता का तर्क देकर प्रायः यह कहा जाता है कि यथार्थवाद भारतीय साहित्य में एक विदेशी, अतः त्याज्य प्रवृत्ति है, क्योंकि इसके अतंर्गत लिखा जानेवाला साहित्य एक विदेशी विचारधारा (मार्क्सवाद) को अपना कर भारत की जातीय संस्कृति (जिसका प्राण धर्म है!) के विरुद्ध एक विदेशी आदर्श (समाजवाद) को भारत की जनता पर थोपने का अनुचित कार्य करता है। दूसरी तरफ 'लोकप्रियता' का तर्क देकर यह कहा जाता है कि मार्क्सवाद एक 'साहित्यिक सेंसर' है, जिससे लोगों का दिमाग 'कंडीशंड' हो जाता है और वे सामाजिक यथार्थ के नाम पर कुछ खास तरह की चीजें (अर्थात् वर्ग-संघर्ष से प्रेरित और उसे आगे बढ़ानेवाली रचनाएँ) कुछ खास तरह के पाठकों (अर्थात् सर्वहारा वर्ग के पक्षधर और समाजवाद के आकांक्षी पाठकों) के लिए लिखने लगते हैं, जिसके कारण उनका साहित्य लोकप्रिय नहीं हो पाता। इस प्रकार 'भारतीयता' के नाम पर साहित्य में समाजवादी यथार्थवाद का विरोध किया जाता है और 'लोकप्रियता' के नाम पर यथार्थवादी लेखकों से यह अपील की जाती है कि वे यथार्थवादी साहित्य न लिख कर शासकवर्गीय प्रचारतंत्र द्वारा प्रकाशित-प्रसारित होकर 'विशाल पाठक समुदाय' तक पहुँचनेवाला 'लोकप्रिय' साहित्य लिखें।

यथार्थवादी रचनाकार आज प्रेमचंद की परंपरा को आगे बढ़ाने की चेष्टा कर रहे

हैं तो 'भारतीयता' का नारा लगानेवाले निर्मल वर्मा जैसे लोग यथार्थवाद को 19 वीं शताब्दी की एक पुरानी और विदेशी चीज बता कर प्रेमचंद के साहित्य को पुराना और अभारतीय सिद्ध करने की चेष्टा कर रहे हैं। यथार्थवादी रचनाकार आज मुक्तिबोध की परंपरा से अपने को जोड़ रहे हैं तो श्रीकांत वर्मा जैसे लोग मुक्तिबोध के साहित्य को 'आलोचनात्मक यथार्थवाद' का साहित्य बता कर मनमाने ढंग से व्याख्यायित कर रहे हैं। इसके कारण समकालीन साहित्य में कई भ्रम फैल रहे हैं, जिनके शिकार कुछ यथार्थवादी लेखक और आलोचक भी हो जाते हैं। उदाहरण के लिए 'भारतीयता' के तर्क से प्रभावित कुछ लोग या तो यह मानने लगते हैं कि भारत एक धर्मप्राण देश है, अतः भारतीय समाज में यदि कोई परिवर्तन हुआ तो धर्म के आधार पर होगा; या फिर यह कि भारत की जनता अभी तक अनेक प्रकार के धार्मिक अंधविश्वासों में जकड़ी हुई है, अतः सामाजिक परिवर्तन की बात करने से पहले अज्ञान, अंधविश्वास, भाग्यवाद, रूढ़िवाद आदि की जड़ धर्म को समूल उखाड़ फेंकना आवश्यक है। लेकिन ये दोनों ही मान्यताएँ गलत और भ्रामक हैं, क्योंकि ये धर्म के वास्तविक स्वरूप और उसकी वास्तविक जड़ों को न समझ पाने के कारण पैदा होती हैं।

इस संबंध में सही समझ हमें मार्क्सवाद-लेनिनवाद से ही प्राप्त हो सकती है, जो यह बताता है कि धर्म का विरोध किया जाना चाहिए, लेकिन यह बात अवश्य ध्यान में रखनी चाहिए कि धार्मिक विश्वासों से उत्पन्न बुराइयों का उन्मूलन वर्ग-संघर्ष से पहले नहीं, बल्कि उसके साथ-साथ और उसी की प्रक्रिया में हो सकता है। इसका अर्थ यह होता है कि साहित्य सुधारवादी होकर नहीं, बल्कि क्रांतिकारी होकर ही आज यथार्थवादी हो सकता है। यों भी कह सकते हैं कि बुर्जुआ दृष्टिकोण से सामाजिक बुराइयों की आलोचना करने से नहीं, बल्कि सर्वहारा वर्ग की क्रांतिकारी विचारधारा के अनुसार सामाजिक रूपांतरण की बात करके ही आज का साहित्य यथार्थवादी हो सकता है।

जहाँ तक 'लोकप्रियता' का संबंध है, यह कहना कि समाजवादी यथार्थवाद का साहित्य लोकप्रिय नहीं है, अपने अज्ञान का प्रदर्शन करना है। यह सही है कि समाजवादी यथार्थवाद का सहित्य शासकवर्गीय प्रचारतंत्र से प्रकाशित-प्रसारित न हो पाने के कारण विशाल पाठक समुदाय तक नहीं पहुँच सकता, लेकिन इससे न तो हमें यह निष्कर्ष निकाल लेना चाहिए कि वह लोकप्रिय नहीं है और न यह कि हमें सामाजिक रूपांतरण की बात छोड़ कर 'यथार्थ की आलोचना' मात्र से संतोष करते हुए शासकवर्गीय प्रचारतंत्र के जरिए 'विशाल पाठक समुदाय' तक अपनी बात पहुँचानी चाहिए।

यह एक तथ्य है कि समाजवादी यथार्थवाद का साहित्य शासकवर्गीय प्रचारतंत्र के जरिए जनता तक नहीं पहुँचाया जा सकता, लेकिन तथ्य यह भी है कि इस साहित्य का विकास प्रचार-प्रसार के जन-माध्यमों के विकास के साथ-साथ हुआ है और उन माध्यमों से वह व्यापक जनता में पहुँच कर लोकप्रियता भी प्राप्त कर रहा है। जनवादी

पत्रिकाओं, जनवादी साहित्य-सम्मेलनों, जन-नाट्य मंचों, जन-साहित्य के अध्ययन-केंद्रों आदि की आवश्यकता इसीलिए पड़ी है और इन माध्यमों के द्वारा समाजवादी यथार्थवाद का साहित्य केवल लिखित शब्द तक सीमित न रह कर दृश्य और श्रव्य रूपों में भी जनता तक पहुँच रहा है तथा दिनोंदिन लोकप्रिय हो रहा है। इसकी प्रभविष्णुता और लोकप्रियता का इससे बड़ा प्रमाण और क्या होगा कि शासकवर्गीय प्रचारतंत्र से लाखों-करोड़ों लोगों तक अपनी बात पहुँचाने में समर्थ लेखक भी इस साहित्य की सफलता से आतंकित और बौखलाए हुए हैं !

श्याम कश्यप

रमेशजी ने कहा है कि कई मार्क्सवादी रचनाकारों तथा आलोचकों ने यह सिद्ध कर दिया है कि समाजवादी क्रांति से पहले भी साहित्य में समाजवादी यथार्थवाद हो सकता है, लेकिन मेरी जानकारी में ऐसा कुछ नहीं है। यदि ऐसी बात है तो रमेशजी इस तरह की चीजों के अनुवाद हिंदी में क्यों नहीं करते, ताकि दूसरे लोग भी पढ़ सकें?

रमेशजी 'जनवादी साहित्य', 'जनवादी कहानी' आदि का प्रयोग बहुत करते हैं, जबकि इसके लिए उन्हें 'प्रगतिशील साहित्य' का प्रयोग करना चाहिए, क्योंकि 'जनवादी' और 'प्रगतिशील' दो भिन्न अवधारणाएँ हैं। क्या वे 'जनवादी' शब्द के द्वारा 'प्रगतिशील साहित्य' से कुछ भिन्नता प्रदर्शित करना चाहते हैं? यदि ऐसा है तो यह बात हमारे उद्देश्य को क्षति पहुँचा सकती है।

धर्म के बारे में रमेशजी का दृष्टिकोण गलत है। धर्म हमेशा जनवाद का विरोधी नहीं होता। बहुत-सी प्रगतिशील लड़ाइयाँ धर्म के आवरण में लड़ी गई हैं। सूर, तुलसी, कबीर आदि के साहित्य ने धर्म के आवरण में सामंतवाद-विरोधी भूमिका निभाई है।

रमेशजी केवल समाजवादी यथार्थवाद को सही मानते हैं, जबकि यथार्थवाद का वह मानवतावादी रूप भी उचित है, जिसे 'क्लासिकल यथार्थवाद' कहते हैं, जिसकी चर्चा शिवकुमार मिश्र ने अपनी पुस्तक में की है। ऐसे यथार्थ के लेखक हमारे 'एलाइ' हो सकते हैं। क्या प्रेमचंद का यथार्थवाद समाजवादी यथार्थवाद था? त्रिलोचन की कविताओं को हम किस यथार्थवाद में रखेंगे? अतः यथार्थवाद को केवल आलोचनात्मक और समाजवादी यथार्थवाद में सीमित नहीं किया जा सकता। इसके लिए हमें मुक्तिबोध, विजेंद्र, मनमोहन, राजेश जोशी आदि की कविताओं को सामने रख कर बात करनी चाहिए। मुझे लगता है कि आज के साहित्य में समाजवादी यथार्थवाद के बीज तो हैं, लेकिन समाजवादी यथार्थवाद नहीं है। आज तो समाजवाद की ओर उन्मुख क्रांतिकारी यथार्थवाद है और वही सही है।

राकेश वत्स

रमेश का लेख सुन कर मेरी यह धारणा पुष्ट हुई कि समकालीन यथार्थवाद का सबसे बड़ा संकट यह है कि लोगों के वक्तव्य, रचना और व्यवहार में बहुत फर्क है। लोग

शब्दों को 'एक्सप्लाइट' करते हैं, इसलिए एक विशेष प्रकार के यथार्थवाद की बात करते हैं, जो वायवी हो जाती है। सही साहित्यकार वह होता है, जिसके शब्द व्यवहार में उद्घाटित होते हैं। आज यह नहीं हो रहा है। सोच और अमल की एकता, कथनी और करनी की एकता की बात नहीं हो रही है। रमेश उपाध्याय समाजवादी यथार्थवाद की बात करते हैं, लेकिन उनकी कहानी 'कामधेनु' कहाँ से समाजवादी यथार्थवाद की कहानी है? वे व्यावसायिक पत्रिकाओं का विरोध करते हैं, लेकिन खुद एक लंबे अरसे तक उनमें छपते रहे हैं। हमें व्यावसायिक पत्रिकाओं का विरोध नहीं करना चाहिए, बल्कि उनको अपने उद्देश्य के लिए 'एक्सप्लाइट' करना चाहिए।

राजकुमार शर्मा ने अगले वक्ता को बुलाने से पहले राकेश वत्स की बातों पर टिप्पणी करते हुए कहा : राकेशजी ने आत्मसुरक्षात्मक बातें कही हैं, क्योंकि इन्हें व्यावसायिक पत्रिकाओं के संपादकों के सामने जाकर भी जवाबदेही करनी है। दूसरे, उनकी बातें बहस को आगे बढ़ाने के बजाय व्यक्तिगत आक्षेपों तक ही सीमित रहीं। व्यक्तिवादी लोग व्यक्तिगत संदर्भों से आगे बढ़ भी कैसे सकते हैं !

प्रदीप सक्सेना ने मंच पर आकर कहा कि यह बहस रमेश उपाध्याय के लेख में उठाए गए मुद्दों पर न होकर इधर-उधर भटक रही है। मैं केवल इतना निवेदन करने आया हूँ कि आगे जो लोग आएँ, लेख पर ही बहस करें।

शिवकुमार मिश्र ने भी अध्यक्ष-पद से यही अनुरोध आगे आनेवाले वक्ताओं से किया। लेकिन अगले वक्ता शिवकुमार सिंह भदौरिया ने पुनः बहस को भटकाते हुए कहा : मेरी समस्याएँ एक पाठक की समस्याएँ हैं। मैं किसी वर्ग या विचारधारा से प्रतिबद्ध नहीं, लेकिन आप लोगों का शुभचिंतक हूँ। यह सम्मेलन सी. पी. आइ. के प्रगतिशील लेखक संघ या सी. पी. एम. के जनवादी लेखक मंच का सम्मेलन नहीं है। यह तो समाज की नई रचना के लिए है। वैचारिक या पार्टी-प्रतिबद्धता अपने-आपमें कोई लक्ष्य नहीं। उससे आंदोलन नहीं चलता, केवल वाद-विवाद होता है। अपने-आपको प्रगतिशील शक्तियाँ कहनेवाले नेता लोग आभिजात्य परंपरा और सामंती परिवेश में पैदा हुए हैं और इनके पिछलग्गू लेखक सच्चे अर्थों में प्रगतिशील नहीं, परंपरावादी प्रगतिशील या बुर्जुआ प्रगतिशील हैं। संघों या मंचों की आवश्यकता मात्र बौने लोगों को होती है। प्रगतिशील आंदोलन का चरित्र क्या है? राकेश वत्स ने ठीक कहा कि इन लोगों का चिंतन कुछ और है, अभिव्यक्ति कुछ और। व्यवहार तो है ही नहीं। ये लोग जन की बात करते हैं, लेकिन जनता से कहीं भी नहीं जुड़े हैं।

राजकुमार शर्मा ने अगले वक्ता को बुलाने से पहले पुनः टिप्पणी की कि यह बहुत अच्छी बात है कि यहाँ सब लोग प्रगतिशील या जनवादी ही नहीं हैं। भदौरियाजी का वक्तव्य यह बताता है कि यही वह दिमाग है, जिसे हम लोगों को अपने साहित्य से बदलना है। 'कॉमनसेंस' के दायरे से ये जो तर्क आ रहे हैं, इन्हें देख कर ब्रेख्त की यह बात याद आती है कि सचाई को ढँकने के भी हजारों तरीके होते हैं !

राजा खुगशाल

प्रेमचंद ने जिस समय के यथार्थ को हमारे सामने रखा, उसे क्या नाम दिया जाए, इससे पहले यह देखना जरूरी है कि उनका यथार्थवाद किन परिस्थितियों की देन है। प्रेमचंद का साहित्य अपने समय के लिए, भारतीय संदर्भ में ही नहीं, विश्व-साहित्य के संदर्भ में भी बहुत प्रासंगिक है। गोर्की को अपने समाजवादी यथार्थवाद के चित्रण में उतने रचनात्मक द्वंद्व से नहीं गुजरना पड़ा जितने से प्रेमचंद को; क्योंकि गोर्की के सामने कथासाहित्य और यथार्थवाद की एक लंबी परंपरा थी, जबकि प्रेमचंद हिंदी कथासाहित्य की ही नहीं, साहित्य में यथार्थवाद की भी नींव रख रहे थे। इसके लिए प्रेमचंद को न केवल अपने समय के, बल्कि अपने समय से आगे के पात्रों की रचना करनी पड़ी। 'गबन' की जालपा, 'गोदान' के होरी और मेहता आदि ऐसे ही पात्र हैं। प्रेमचंद वर्तमान के साथ भविष्य को देखते थे। उन्होंने ब्रिटिश शासन के समय कहा था–कल जब आजाद हो जाएँगे और तुम राज करोगे तो तुम ही हमारा खून पी जाओगे। उनकी बात सच निकली क्योंकि वे यथार्थवादी थे। रमेश उपाध्याय ने अपने लेख में मुद्दे तो ठीक उठाए हैं, लेकिन उनका लेख सैद्धांतिक ही रह गया है, समकालीन रचनाओं पर उन्होंने बात नहीं की है। रचना की अवहेलना करके चलने वाली सैद्धांतिक आलोचना सतही हो जाती है।

राजकुमार सैनी

रमेश उपाध्याय का यह कहना मेरे विचार से सही है कि समाजवादी क्रांति से पहले भी साहित्य में समाजवादी यथार्थवाद हो सकता है। श्याम कश्यप भी उसे केवल बीज रूप में स्वीकार करते हैं, लेकिन मेरा विचार यह है कि क्रांति एक दिन में नहीं होती। क्रांति के बाद समाजवादी यथार्थवाद साहित्य में अचानक नहीं आ जाता। यह कला के क्षेत्र में एक 'मैथड' है, जो क्रांति से पहले ही विकसित होने लगता है। रूस में उसका प्रवर्तन गोर्की के उपन्यास 'माँ' से हुआ था और लेनिन ने उस पर टिप्पणी करते हुए कहा था कि अब तक के रेंगते हुए यथार्थवाद के मुकाबले यह एक फन उठा कर चलनेवाला यथार्थवाद है। 'माँ' में चित्रित सामाज़िक यथार्थ और उसका 'पॉजिटिव हीरो' पावेल समाजवादी यथार्थवाद को सामने लाते हैं। उपन्यास के शुरू में पावेल का अपने पिता के प्रति जो दृष्टिकोण है, वह आलोचनात्मक यथार्थवादी दृष्टिकोण है, लेकिन बाद में जब वह समझता है कि पिता पूँजीवादी व्यवस्था का शिकार था, तब उसका दृष्टिकोण समाजवादी यथार्थवाद का दृष्टिकोण है। क्रांति से पहले बोल्शेविक वहाँ जिस यथार्थ को जी रहे थे, वह समाजवादी यथार्थवाद ही था।

लेकिन हमें एक बात का ध्यान रखना चाहिए कि यथार्थवाद और विचारधारात्मक बोध एक चीज नहीं है। कल चंद्रभूषण तिवारी ने प्रेमचंद के अनुभव-संसार और उनकी विचारधारा को 'काउंटरपोज' किया था, लेकिन अनुभव और विचार एक-दूसरे से जुड़े होते हैं और दोनों का संबंध रचनाकार के कलात्मक बोध से होता है। इन तीनों चीजों

से यथार्थवादी साहित्य की रचना होती है।

अरुण प्रकाश

यथार्थवाद की कई परतें होती हैं और वे युग के साथ बदलती हैं। पिछले आठ-दस वर्षों में जो कुछ हमने देखा है, उसका अर्थ और सैद्धांतिक पक्ष समझ कर ही हम यथार्थवाद की बात कर सकते हैं। उदाहरण के लिए सन् '66-67 में देश में सूखा पड़ा तो लोगों ने उसका मुकाबला करने के बजाय 'हरे राम, हरे कृष्ण' की ध्वनियाँ गुँजाईं, लेकिन इस बार सूखा पड़ने पर खेतों को सींचने के लिए जब डीजल नहीं मिला तो लोगों ने पेट्रोल-पंप में आग लगा दी और बिजली नहीं मिली तो बिजली-इंजीनियरों की पिटाई की। यह अंतर कहाँ से आया ? इस अंतर को विगत, वर्तमान और भविष्य के संदर्भ में जानना साहित्यकार का दायित्व है।

मूलाधार और अधिरचना की चीजों में जो रिश्ता है, उसके बारे में हमें यांत्रिक ढंग से नहीं सोचना चाहिए। धर्म के खिलाफ लड़ने में आज हमने साहित्यिक पहल खत्म कर दी है, लेकिन धर्म अभी मौजूद है। धर्म का स्वरूप बदल रहा है। एक सौ छतीस ऐसे नए पंथ चल रहे हैं, जो वैज्ञानिक शब्दावली में बात करते हैं। यह एक चुनौती है, जिसे हमें स्वीकार करना चाहिए। लेकिन धर्म के बारे में आज हम आलोचनात्मक यथार्थवाद की दृष्टि से नहीं लिख सकते, हमें समाजवादी यथार्थवाद की दृष्टि अपनानी पड़ेगी, क्योंकि वही अतीत, वर्तमान और भविष्य के संदर्भ में हमें हमारे परिवर्तनशील यथार्थ को समझने में मदद कर सकती है। इस दृष्टि से रमेश उपाध्याय का पर्चा बहुत सामयिक और महत्त्वपूर्ण है।

चंद्रभूषण तिवारी

विषय काफी फैल गया है, इसलिए मैं रमेश उपाध्याय के पर्चे से ही अपनी बातों को जोड़ना चाहूँगा। उन्होंने बड़े सही समय पर सही मुद्दे उठाए हैं। समकालीन रचना-संदर्भ में यथार्थवाद की प्रकृति को समझने के लिए हमें यथार्थवाद के विरुद्ध अपनाए जाने वाले आधुनिकतावादी दृष्टिकोण पर नजर रखनी चाहिए। पूँजीवादी देशों में आधुनिकतावाद का इस्तेमाल यथार्थवाद के विरुद्ध आज खूब किया जा रहा है। अतः यथार्थवाद के संदर्भ में एक अंतर्विरोध तो यह है; दूसरा अतंर्विरोध पुनरुत्थानवाद और यथार्थवाद के बीच का है। हमारे यहाँ इन दोनों अंतर्विरोधों को देखा जा सकता है। अतः समकालीन यथार्थवादी साहित्य को इन दोनों मोर्चों पर लड़ना है और यह लड़ाई आलोचनात्मक यथार्थवाद की सहायता से नहीं, समाजवादी यथार्थवाद के जरिए ही लड़ी जा सकती है।

जो लोग यह मानते हैं कि समाजवादी यथार्थवाद का संबधं क्रांति के किसी विशेष दौर या चरण से होता है, वे गलती करते हैं, क्योंकि समाजवादी यथार्थवाद एक पद्धति है, एक 'मैथडोलॉजी' है, किसी चरण की वस्तु नहीं। पूंजीवादी देशों में सामाजिक व्यवस्था इतनी गलत हो चुकी है कि वह अयथार्थ हो गई है। जो व्यवस्था व्यक्ति अथवा

समाज को आगे नहीं बढ़ने देती, वह अयथार्थ हो जाती है। इसी को कहते हैं–"दि रीयल इज नॉट रीयल।" यदि प्रकृतवादी ढंग से इस यथार्थ को यथार्थ मान कर चित्रित किया जाएगा तो वह यथार्थवाद नहीं होगा। यदि इस अयथार्थ के प्रति घृणा, आलोचना अथवा विरोध का भाव रचना में आता है तो उसे हम यथार्थवाद कह सकते हैं, लेकिन महत्त्वपूर्ण सवाल यह है कि इस विरोध को कौन कहाँ तक ले जाता है।

आलोचनात्मक यथार्थवादवालों ने अपने आक्रोश, गुस्से और वैयक्तिक विद्रोह से मौजूदा समाज-व्यवस्था का विरोध तो किया, लेकिन इतिहास का सही बोध न होने से वे सामाजिक अंतर्विरोधों को नहीं समझे और समाज का भविष्य नहीं देख सके। आलोचनात्मक यथार्थवाद में ऐतिहासिक चेतना के अभाव के कारण आधुनिकतावाद बड़ी आसानी से खप जाता है, जो यथार्थवाद-विरोधी प्रवृत्ति है। काफ्का में आलोचनात्मक यथार्थवाद की सीमाएँ बड़ी स्पष्ट दिखाई पड़ती हैं, जिसे कुछ लोग यथार्थवादी मानते हैं, तो दूसरे आधुनिकतावादी। 'एंटी-स्टोरी', 'एंटी-नावेल', 'एंटी-थियेटर' में भी आलोचनात्मक यथार्थवाद होता है, जहाँ सारी चीजें अँधरे में एक चीख बन जाती हैं। निर्मल वर्मा की कहानी 'लंदन की एक रात' का नायक बाहर निकलने के लिए चीखता है, लेकिन रास्ता नहीं पाता। यह 'मॉडर्निज्म' और 'बिहेवियरिज्म'; यह पात्रों और घटनाओं को मनमाने ढंग से मोड़ने की बात; यह सब ऐतिहासिक चेतना के अभाव में होता है।

समाजवादी यथार्थवाद ऐतिहासिक चेतना के द्वारा सामाजिक अंतर्विरोधों की प्रक्रिया को वहाँ पहुँचाता है, जहाँ प्रगतिशील तत्त्वों को ऐतिहासिक परिणति प्राप्त होती है। इस तरह की बात मार्कण्डेय की कहानी 'बीच के लोग', इसराइल की कहानी 'फर्क', रमेश उपाध्याय की कहानी 'देवीसिंह कौन?' आदि में देखी जा सकती है। नागार्जुन के उपन्यास 'बलचनमा' को भी समाजवादी यथार्थवाद का उपन्यास कहा जा सकता है।

अरुण प्रकाश ने बहुत अच्छी बातें कीं, लेकिन जिस बदलाव की बात उन्होंने की है, उसे यथार्थवादी ढंग से चित्रित किया जाए तो वह समाजवादी यथार्थवाद ही होगा, अतः यथार्थवाद के कई स्तरों की बात करके भ्रम उत्पन्न नहीं करना चाहिए। राजकुमार सैनी ने अनुभव और विचार के अंतर्विरोध का जो सवाल उठाया, उसके बारे में मुझे यह कहना है कि वे यदि माओ के लेख 'सही विचार कहाँ से आते हैं?' को देखें तो यह बात स्पष्ट हो सकेगी।

मैनेजर पांडेय

जिस समय मैं यहाँ आया, रमेश उपाध्याय अपना लेख पढ़ते हुए यथार्थवाद-विरोधी लोगों की बात कर रहे थे। लेख पर बहस शुरू होते ही ऐसे लोग यहाँ दिखाई भी दे गए। भदौरियाजी ने कई महत्त्वपूर्ण बातें कहीं। उनसे हमारे मन में आत्मविश्लेषण का भाव जरूर पैदा हुआ, लेकिन द्विवेदीजी से (आचार्य हजारी प्रसाद द्विवेदी से) सुनी हुई एक बात याद आ गई। अगर कोई आदमी किसी से रास्ता पूछे और रास्ता बताए जाने

पर इंगित दिशा में चला जाए तो गंतव्य तक पहुँच सकता है, लेकिन यदि वह आदमी दिशा इंगित करने के लिए उठाई गई उँगली को पकड़ कर लटक जाए तो क्या होगा? जनवादी साहित्य के सम्मेलन, गोष्ठियाँ और पत्रिकाएँ आदि केवल दिशा देती हैं, यदि भदौरियाजी यह उम्मीद करेंगे कि उनके द्वारा क्रांति हो जाएगी, तो उन्हें निराशा ही होगी। इसी तरह यदि कोई यह सोचता है साहित्य में सामाजिक परिवर्तन की बात करने का अधिकार केवल उनको ही है, जो व्यवहार में समाज को बदल कर दिखा दें, तो उसे भी रचना, वक्तव्य और व्यवहार में सदा अंतर्विरोध ही नजर आएँगे। दरअसल यह भी यथार्थ या सामाजिक परिवर्तन के विरोध का एक तरीका है।

पिछले बीस वर्षों के इतिहास को देखें तो 'नई कविता' और 'नई कहानी' के लोग, जो अनुभव की प्रामाणिकता की बात करते थे, यथार्थवाद-विरोधी थे। लक्ष्मीकांत वर्मा ने कहा कि यथार्थवाद एक राजनीतिक षड्यंत्र है और उनके दादा गुरु वात्स्यायन ने कहा कि यथार्थवाद केवल कुंठा उत्पन्न करता है। यह 'परिमल' के मंच की बात थी, लेकिन आज भी एक यथार्थवाद-विरोधी और जन-विरोधी मंच मौजूद है। वह है मध्य प्रदेश साहित्य अकादमी का 'पूर्वग्रह', जिसने जनवादी लेखकों तथा आलोचकों पर आक्रमण करने का एकसूत्री कार्यक्रम चला रखा है। पिछले दिनों 'पूर्वग्रह' में अनेक लेख, पत्र और साक्षात्कार छपते रहे हैं, जिनमें जनवादी लेखकों-आलोचकों को बहुत भद्दी गालियाँ दी जाती रही हैं। विष्णु खरे के लेख में दी गई गालियों का उल्लेख तो रमेश उपाध्याय ने अपने पर्चे में किया ही है।

यह बहुत दुखद बात है कि कुछ प्रगतिशील लोग फिर भी उससे सहयोग कर रहे हैं। 'पूर्वग्रह' को देखें तो आधुनिकतावादी लोग आज पश्चिम से संरचनावाद को उधार लेकर प्रचारित कर रहे हैं, जो एक 'मैथडोलॉजी' ही नहीं, 'आइडियॉलॉजी' भी है। उधर अज्ञेय और निर्मल वर्मा अपने-अपने तरीकों से यथार्थवाद का विरोध कर रहे हैं। 'शाश्वती' में अज्ञेय ने लिखा है–यदि आपको पहले से मालूम है कि आप क्या खोजने चले हैं, तो आप क्या यथार्थवादी हैं ! यथार्थवादी तो जानता है कि वह क्या खोज रहा है। अज्ञेय उसे यह बता रहे हैं कि निरुद्देश्य हाथ-पैर मारना ही यथार्थवाद है।

अज्ञेय और निर्मल वर्मा दोनों को आजकल भारतीय उपन्यास की चिंता सता रही है, जबकि इन दोनों ने हिंदी उपन्यास को अभारतीय बनाया है। वे प्रेमचंद के महत्त्व को नकारने की कोशिश कर रहे हैं, जबकि प्रेमचंद ने न केवल हिंदी के, बल्कि दुनिया-भर के उपन्यास-साहित्य में 'फॉर्म' के स्तर पर कुछ नया दिया है। भारत में प्रेमचंद ने और चीन में लू शुन ने उपन्यास में जो कुछ दिया, वह यूरोपीय उपन्यास से भिन्न है।

यथार्थवाद की चर्चा आज पुनः जोर पकड़ रही है, यह बहुत अच्छी बात है। इस संदर्भ में एक बात तो यह है कि लूकाच की यथार्थवाद संबंधी मान्यताओं को हमें आँख मूँद कर स्वीकार नहीं कर लेना चाहिए। लूकाच ने मार्क्स और एंगेल्स के बारे में तो

काफी गलत बातें लिखी ही हैं, सोल्झेनित्सिन को भी यथार्थवादी माना है। यथार्थवाद की बात करते समय हमें तीन बातों का ध्यान रखना चाहिए : एक तो इस अवधारणा की ऐतिहासिकता का, दूसरे इसकी वर्गीय स्थिति का और तीसरे इसकी सामाजिक-राजनीतिक आवश्यकता का।

नामवरजी ने 8 दिसंबर को जनवादी लेखक मंच की गोष्ठी में कहा था कि ब्रेख्त ने कहीं भी समाजवादी यथार्थवाद शब्द का प्रयोग नहीं किया है, लेकिन वास्तविकता यह है कि ब्रेख्त ने न केवल उसकी चर्चा की है, बल्कि उसके दस-बारह रूप भी गिनाये हैं। जहाँ तक श्याम कश्यप का सवाल है कि समाजवादी क्रांति से पहले समाजवादी यथार्थवाद नहीं हो सकता, यह देख कर अजीब लगता है कि जो लोग रूस की सारी बातें स्वीकार करते हैं, इस संबंध में कई रूसी लेखकों द्वारा कही गई बातों को स्वीकार क्यों नहीं करते !

चंद्रभूषण तिवारी ने कहा कि यथार्थवाद एक 'मैथड' है लेकिन वह 'मैथड' ही नहीं, एक दृष्टिकोण भी है, एक जीवन-दृष्टि भी है। अतः यथार्थवाद को हमें रचना-पद्धति, जीवन-दृष्टि और रचना-दृष्टि तीनों के रूप में देखना चाहिए। तिवारीजी इसे क्रांति के किसी चरण से नहीं जोड़ना चाहते, लेकिन यथार्थवाद की प्रकृति पर विचार करने के लिए हमें इस बात पर अवश्य ही विचार करना होगा कि हम किस चरण में हैं और हमारी आवश्यकताएँ क्या हैं। आज होरी लू लगने से ही नहीं, सशस्त्र संघर्ष करते हुए भी मरता है। प्रेमचंद आज होते तो इस चीज को भी दिखाते। अतः प्रेमचंद की परंपरा को विकसित करने का अर्थ उनका अनुकरण करना नहीं, बल्कि वर्तमान यथार्थ का चित्रण करना है।

चंचल चौहान

यथार्थ और यथार्थवाद में अंतर है। इसी तरह समाजवादी यथार्थ और समाजवादी यथार्थवाद में अंतर है। यथार्थ तो हमेशा रहा है, लेकिन सब कालों में सब लेखक यथार्थवादी नहीं रहे हैं। यथार्थ का चित्रण मात्र कर देने से कोई लेखक यथार्थवादी नहीं हो जाता–उसके लिए सामाजिक परिवर्तन का 'पर्सपेक्टिव' और उसके लिए सही विचारधारा आवश्यक होती है। वैज्ञानिक दृष्टि से युगसापेक्षता में चित्रित यथार्थ ही यथार्थवादी हो सकता है। यथार्थवाद की अवधारणा 19 वीं सदी में साहित्य और सौंदर्यशास्त्रीय चर्चा में सामने आई थी, लेकिन वैज्ञानिक चिंतन ने वर्गीय दृष्टिकोण से यथार्थ को देखने की यथार्थवादी अवधारणा को जन्म दिया। आलोचनात्मक यथार्थवाद की इतिहास में काफी महत्त्वपूर्ण भूमिका रही है, लेकिन उसकी सीमाएँ भी थीं। रूस में अनेक दृष्टिकोणों से यथार्थ का चित्रण किया जाता था, जिनकी दृष्टि-संबंधी सीमाएँ उस चित्रण में विकृतियाँ उत्पन्न करती थीं, अतः मार्क्सवादी-लेनिनवादी दृष्टिकोण से किए गए चित्रण को उन चित्रणों से अलगाने के लिए समाजवादी यथार्थवाद कहा गया। यहाँ हिंदी में भी समाजवादी यथार्थवाद से यही अर्थ लिया जाता है। अतः जो लोग इसके

स्थान पर आलोचनात्मक यथार्थवाद को प्रतिष्ठित करना चाहते हैं, वे साहित्य में मार्क्सवादी-लेनिनवादी वैज्ञानिक विश्वदृष्टि के विरुद्ध अन्य दृष्टियों को प्रतिष्ठित करना चाहते हैं।

यथार्थवाद को आगे बढ़ाने के लिए अबुद्धिवाद से लड़ना बेहद जरूरी है, चाहे यह अबुद्धिवाद निर्मल, श्रीकांतवाला अबुद्धिवाद हो, चाहे नामवर सिंह और श्याम कश्यप द्वारा व्यक्त किया गया अबुद्धिवाद। रमेश उपाध्याय ने ठीक किया कि ऐसे लोगों की आलोचना की। 'आइवरी टॉवर' में बैठे हुए लोग चाहे बाहर के हों, चाहे हमारे बीच में, उनके अबुद्धिवाद से हमें लड़ना ही होगा।

सुधीश पचौरी

आज की बहस के बारे में मेरी मजबूरी यह है कि मैंने रमेश उपाध्याय का पर्चा नहीं सुना। (जिस समय पर्चा पढ़ा जा रहा था, सुधीश कुछ लोगों के साथ उठकर बाहर चले गए थे।) चंद्रभूषण तिवारी और मैनेजर पांडेय की बातें अच्छी लगीं। यथार्थवाद की प्रवृत्ति को लेकर आज कई मतभेद हैं। ये मतभेद इस बात का प्रमाण हैं कि यथार्थवाद से विभिन्न लेखकों के संबंध और निकटता में अतंर है। ये मतभेद तभी दूर हो सकेंगे जब इतिहास को सामने रखा जाएगा। कारण यह है कि कई बार गलती हमसे होती है, कई बार गलती होती नहीं, समझी जाती है, लेकिन इतिहास गलती करनेवालों को छान देता है।

सबसे पहले तो जनवाद का अर्थ विचारणीय है, क्योंकि जनवाद को कहीं मार्क्सवाद के अर्थ में, कहीं पूँजीवादी जनवाद के अर्थ में, तो कहीं चीनी समाज के नवजनवाद के अर्थ में इस्तेमाल किया जा रहा है। इसलिए वर्तमान दौर में एक खास चरण को अभिहित करनेवाले शब्द की अर्थव्याप्ति से गलतियाँ हो सकती हैं। दूसरे, साहित्य और विचारधारा का संबंध भी विचारणीय है। कोई आदमी मार्क्सवादी पार्टी का सदस्य होते ही सही रचनाकार नहीं हो जाता, लेकिन यह मान लेना भी गलत है कि एक आदमी मार्क्सवादी पार्टी से संबंधित है, इसलिए अच्छा लेखक नहीं हो सकता। यही बात अन्य राजनीतिक दलों से जुड़े लेखकों के बारे में है। भले ही उनकी राजनीतिक समझ दूसरी हो, वे यथार्थवादी हो सकते हैं। पार्टी देख कर निर्णय करना ज्ञान के प्रति एक मूढ़तापूर्ण दृष्टिकोण है। यह दृष्टिकोण प्रगतिशील आंदोलन के समय में रहा है। आज भी इसके 'हैंग ओवर' मौजूद हैं। अगर किसी की विचारधारा कम्युनिस्ट-विरोधी है, तो इसका अर्थ यह नहीं है कि उसकी रचना भी यथार्थ-विरोधी है। मार्क्सवादी आलोचक का दायित्व है कि वह इसमें सावधानी बरते। तथ्य के प्रति उसका एक खोजपूर्ण रवैया होना चाहिए, आसानी का नहीं। यदि कोई मार्क्सवादी आलोचक किसी जनसंघी लेखक को प्रगतिशील कहता है और आप उस आलोचक को गैर-मार्क्सवादी घोषित कर देते हैं, तो यह पार्टी देख कर आलोचना करना है। कम्युनिस्ट पार्टी में ऐसे कई लोग मिल सकते हैं, जो पहले आर. एस. एस. के कट्टर हिंदू कार्यकर्ता रहे हों।

जीवन कोई जड़ स्थिति नहीं, एक परिवर्तनशील प्रक्रिया है। मार्क्सवादी लोग किसी शुद्ध, प्रबुद्ध, चैतन्य में आस्था नहीं रखते। यदि एक कट्टर कम्युनिस्ट-विरोधी गलती से ही सही, जनवादी सवाल पर एक हद तक आपके साथ आता है, तो उसकी इस सही गलती को हम गलत क्यों कहें ? यदि जे. पी. और मोरारजी जनवाद के सवाल पर आपके साथ आते हैं, तो क्या उन्हें गलत मान कर साथ नहीं लिया जाना चाहिए? इसलिए हमें गलतियों से घबराना नहीं चाहिए।

मार्क्सवादी आलोचना का सवाल एक या दो लोगों को कठघरे में खड़ा करने का सवाल नहीं है। कठघरे में मैं भी लोगों को खड़ा कर सकता हूँ। एक कथाकार सन् '64 में सेक्स की कहानी लिख रहे थे, 74 में कम्युनिस्टों को नैतिकता सिखा रहे थे और आज मार्क्सवादी हैं। क्या मैं उनके लेखन के इस विकास को शक की नजर से देखूँ? नहीं, मैं उनके कार्य को देखूँगा। कोई प्रगतिशील यदि प्रतिक्रियावादी हो सकता है, तो कोई प्रतिक्रियावादी भी प्रगतिशील हो सकता है।

कुछ लोग समाज-सुधार से बिदकते हैं। सब जानते हैं कि सुधारवाद से वे सामाजिक सुधार नहीं होते, जो क्रांतिकारी आंदोलन से होते हैं। फिर भी सुधारवाद की एक भूमिका होती है। राममोहन राय ने सती प्रथा के खिलाफ लड़ाई लड़ी। राष्ट्रीय जागरण में आधुनिकता के वे पहले स्वर थे। विधवा-विवाह, अछूत प्रथा आदि के वे कट्टर शत्रु थे। भारतेंदु, महावीर प्रसाद द्विवेदी, रामचंद्र शुक्ल और प्रेमचंद–सबने इन सवालों पर लिखा और जन-जागरण किया। इसलिए समाज-सुधारों से बिदकने की जरूरत नहीं। वे क्रांति की प्रक्रिया में सहायक हो सकते हैं। कम्युनिस्ट आंदोलन की यह बहुत बड़ी कमी रही है कि भारत की कम्युनिस्ट पार्टियों के पास राजनीतिक क्रांति का कार्यक्रम तो था, लेकिन समाज-सुधार का कोई कार्यक्रम नहीं था। इसलिए सी. पी. आइ. (एम.) ने अपने 'प्लेनम' में कहा है कि पूरे हिंदी क्षेत्र में समाज-सुधार के आंदोलनों की जरूरत है।

मुक्तिबोध ने कहा था कि संयुक्त परिवार का टूटना हमारे समय की सबसे बड़ी दुर्घटना है। सती प्रथा समाप्त हो गई, लेकिन क्या वे संबंध अभी तक मौजूद नहीं हैं? हमारे घरों की स्थिति आज भी वही है। सुधीश पचौरी बाहर क्या है और अपने परिवार में क्या है, अपनी पत्नी के साथ उसका क्या संबंध है, यह देखा जाए तो लगेगा कि अंदर सब कुछ 'इटैक्ट' है, बाहर बहुत कुछ बदला हुआ है। एक कम्युनिस्ट अंदर कुछ है, और बाहर कुछ और। इन कमजोरियों पर नजर न रखना सत्य को नकारना है। परिवार के स्तर पर सामंत और बाहर प्रगतिशील बने रहने से काम नहीं चलेगा। इस 'गैप' को मिटाने के लिए हमें संघर्ष करना होगा। ये कमजोरियाँ हजारों सुनारों की चोट की तरह हमारे चिंतन और व्यवहार को प्रभावित करती हैं। क्या रचना के एक हथौड़े से इन्हें दूर किया जा सकता है? ये जो संस्कार हैं, इन्हें तोड़े बिना साहित्य में आप चाहे 'पॉजिटिव हीरो' ले आएँ, चाहे 'निगेटिव हीरो', कुछ नहीं हो सकता। यदि ये स्थितियाँ न होतीं तो आज हम समाजवादी यथार्थवाद की बात कर सकते थे, लेकिन

ऐसी स्थितियों में समाजवादी यथार्थवाद की बात करनेवालों को चीन में लू शुन ने क्रांतिकारी आंदोलन के जल पर आए हुए झाग कहा था। रूस में क्रांति के बाद लेनिन ने 'मिलिटेंट मैटीरियलिज्म' नामक पर्चे में कहा था कि मार्क्सवाद का बार-बार उल्था कर देना बहुत आसान है, लेकिन असली लड़ाई कठिन काम है। हमारे यहाँ भाग्यवाद के खिलाफ बड़ी लड़ाई लड़ी गई। समाज में बड़े-बड़े परिवर्तन आए, लेकिन भाग्यवाद ज्यों-का-त्यों बना हुआ है। पहले विरुदम्मा थी तो आज संतोषी माँ है। धर्म के ये नए रूप हमारे काम को और कठिन बना देते हैं।

आप जिसे विचारधारा की लड़ाई कहते हैं, उसका क्या अर्थ है? परंपरा का एक रूप, जो गलित है, और दूसरा जो आधुनिक है, उसका चित्रण करने के लिए हमें कैसे पात्र चाहिए? कैसी स्थितियाँ चाहिए? इन प्रश्नों के उत्तर देने के लिए हमें इस पर विचार करना चाहिए कि लोग हिंदी फिल्में इतनी ज्यादा क्यों देखते हैं? इसलिए कि उनमें स्वतंत्र प्रेम का चित्रण होता है। स्वतंत्र प्रेम की स्थिति समाज में नहीं है, लेकिन यह हमारे लोगों, विशेषकर युवा लोगों की एक 'मिनिमम' माँग है, जहाँ से बराबरी की बात शुरू होती है। इसलिए यदि एक प्रेम-कहानी को प्रगतिशील कहानी मान लिया गया तो क्या गजब हो गया? यदि मैं संघर्ष की कहानी की जगह प्रेम की कहानी की माँग करके इतिहास का रुख मोड़ रहा हूँ तो इतिहास मुझे उठा कर कूड़ेदान में फेंक देगा। लेकिन सवाल मेरा नहीं, वास्तविकता का है।

'पॉजिटिव हीरो' की बात इधर खूब हो रही है, लेकिन हमारे समाज में 'पॉजिटिव हीरो' की धारणा क्या है? चमत्कार के प्रति एक लालसा। इसलिए 'पॉजिटिव हीरो' का 'डेवलपमेंट' आज 'शोले' का गब्बरसिंह है—एक क्रूर खलनायक ! चंद्रभूषण तिवारी ने सवाल उठाया था कि कहानी क्यों कम होती जा रही है? कहानी इसलिए कम होती जा रही है कि हमारे कथाकार इसमें चमत्कारी 'सुपर हीरो' लाने लगे हैं, जिसे देख कर लगता है कि 'जब-जब होइ धर्म की हानी' वाली स्थिति में यह हीरो कोई अवतारी पुरुष है, लेकिन चमत्कार में आस्था, आपकी कहानी क्या पैदा करेगी—उससे ज्यादा तो वह गब्बरसिंह और जय गुरुदेव से पैदा होती है। इसलिए पाठक उधर ही जाएगा।

इसके साथ ही सवाल उठता है व्यावसायिक पत्रिकाओं का। कुछ लोग उन पत्रिकाओं में लिखना गलत मानते हैं। मैं नहीं मानता। मुझसे तो जो भी कहता है, उसकी पत्रिका में लिखता हूँ। और इस मामले में मैं आज के सबसे अच्छे प्रगतिशील रचनाकार भीष्म साहनी की बात मानता हूँ। उन्होंने मुझसे कहा है कि मैं इन पत्रिकाओं में इसलिए लिखता हूँ कि ये दूर-दूर तक जनता के पास पहुँचती हैं और पाठकों तक मेरी बात पहुँचाती हैं। मैं भी यही मानता हूँ। इन पत्रिकाओं में लिखना छोड़ने की बात हमें तब तक नहीं करनी चाहिए, जब तक 'वर्किंग क्लास' अपने मंचों को इतना विकसित न कर ले कि 'कंपिटीशन' में इन्हें पीट ले।

कर्णसिंह चौहान

सबसे पहले तो मैं रमेश उपाध्याय को बधाई देना चाहता हूँ कि उन्होंने ऐसा

विचारोत्तेजक पर्चा पढ़ा कि उस पर इतनी गरमागरम और अच्छी चर्चा हो रही है, लेकिन खेद की बात यह है कि रमेश के पर्चे में उठाए गए सवाल जिन लोगों को संबोधित हैं, वे यहाँ पर अपना स्पष्टीकरण तो दे रहे हैं, उन तर्कों का उनके पास कोई जवाब नहीं है, जो रमेश के पर्चे में दिए गए हैं।

सबसे पहले जनवादी और व्यावसायिक पत्रिकाओं की बात लें। व्यावसायिक पत्रिकाएँ जनवादी साहित्य की विरोधी हैं, यह किसी से छिपा नहीं है, लेकिन उनके इस वास्तविक चरित्र का उद्घाटन उस बहस से हुआ जो हमने पिछले दस वर्षों में चलाई है। इन दस वर्षों में हम इस स्थिति में पहुँच गए हैं कि पत्रिकाओं का अंतर अब छोटी और बड़ी पत्रिका का अंतर न रह कर जनवादी और जन-विरोधी पत्रिकाओं के अंतर के रूप में स्पष्ट हुआ है। पहले छोटी पत्रिकाएँ बड़ी पत्रिकाओं तक पहुँचने की एक सीढ़ी मानी जाती थीं–इसी रूप में बहुत-सी पत्रिकाएँ निकलती थीं और इसी उद्देश्य के लिए बहुत-से लेखकों द्वारा इस्तेमाल की जाती थीं, लेकिन आज वह स्थिति है कि जन-विरोधी व्यावसायिक पत्रिकाओं से टूट कर कई लेखक जनवादी साहित्यिक पत्रिकाओं की ओर आए हैं और व्यावसायिक पत्रिकाओं में धड़ाधड़ छपनेवालों को भी यह लगने लगा है कि साहित्यिक महत्त्व प्राप्त करने के लिए जनवादी पत्रिकाओं में छपना चाहिए। दोनों प्रकार की पत्रिकाओं के इस फर्क को मिटाने की जरूरत नहीं, बल्कि स्पष्ट करने की जरूरत है। रमेश ने अपने पर्चे में यही किया है और इस संबंध में जो तर्क उन्होंने दिए हैं, उन्हें 'कंपिटीशन' के तर्कों से नहीं काटा जा सकता। व्यावसायिक पत्रिकाओं से जनवादी पत्रिकाओं का संबंध व्यावसायिक प्रतिस्पर्द्धा का संबंध नहीं, बल्कि वैचारिक और राजनीतिक स्तर पर विरोध का संबंध है। यथार्थ-विरोधी फूहड़ साहित्य के विरुद्ध यथार्थवादी कलात्मक साहित्य की श्रेष्ठता सिद्ध करने का काम जनवादी पत्रिकाओं ने किया है और यही उनकी सफलता है। इस सफलता को व्यावसायिक प्रतिस्पर्द्धा में प्राप्त सफलता से नहीं जोड़ा जाना चाहिए।

दूसरी बात समाजवादी और आलोचनात्मक यथार्थवाद के बारे में है। इसके बारे में कई सवाल उठे हैं। कुछ लोग इसे कोरी शाब्दिक बहस समझ रहे हैं, लेकिन ये वे लोग हैं, जो यथार्थ को केवल भाषा तक सीमित मानते हैं या जिनकी नजर खिड़की के बाहर देखने के बजाय खिड़की के काँच को ही देख कर चौंधिया जाती है। दूसरी ओर कुछ लोग यह भी कह रहे हैं कि समाजवादी यथार्थवाद केवल उन्हीं देशों में हो सकता है, जिनमें समाजवादी परिवर्तन हो गया है। यह एक सतही नजरिया है, जिसका खंडन 'माँ' उपन्यास के उदाहरण मात्र से नही होता। देखने की बात यह है कि समाजवादी व्यवस्था अचानक नहीं आ जाती। उसकी स्थापना की प्रक्रिया कोई वायवी चीज नहीं। उसके पीछे ठोस भौतिक शक्तियाँ होती हैं और सामाजिक परिवर्तन की यह प्रक्रिया एक भौतिक शक्ति के रूप में संसार की सारी प्रक्रियाओं को प्रभावित करती है। हमारे समाज में मजदूर और किसान जो लड़ाई आज लड़ रहे हैं, क्या वह कोई अमूर्त चीज है? क्या वे किसी अमूर्त चीज के लिए लड़ रहे हैं? तब उस लड़ाई का

चित्रण अमूर्त और वायवी क्यों हो? यदि यह लड़ाई समाजवाद के लिए है तो उसके चित्रण को समाजवादी यथार्थवाद कहने में क्या आपत्ति है? या तो आप कहिए कि इस लड़ाई का चित्रण करने की कोई जरूरत नहीं है, लेकिन यदि आप मानते हैं कि इसका चित्रण आवश्यक है तो इसे सही नाम से पुकारने में ऐतराज क्यों?

समाजवादी यथार्थवाद के सवाल के साथ यह सवाल भी उठा है कि हमें मध्यवर्गीय जीवन पर ही लिखना चाहिए या समाज के संघर्षरत आधारभूत वर्गों पर भी? लेकिन आधारभूत वर्गों पर लिखे बिना समाजवादी यथार्थवाद साहित्य में कैसे आ सकता है? एक जमाने में रमेश उपाध्याय मध्यवर्गीय जीवन की कहानियाँ लिखते थे, लेकिन मार्क्सवादी होने के बाद उन्हें यह लगा कि मुझे समाज के मूलभूत वर्गों पर लिखना चाहिए और वर्ग-संघर्ष के यथार्थ को अपने साहित्य में लाने की उन्होंने कोशिश की, तो उनके इस कदम की सराहना होनी चाहिए। आपत्ति की इसमें क्या बात है? उनके साहित्य में कुछ कमजोरियाँ हो भी सकती हैं, नहीं भी हो सकतीं, लेकिन मान लिया जाए कि कुछ खामियाँ हैं, तो उन खामियों को क्या हम समाजवादी यथार्थवाद की खामियाँ कहेंगे ? ये खामियाँ 'ट्रांजीशनल पीरियड' की खामियाँ हैं, जिन्हें आलोचना तथा आत्मालोचना द्वारा दूर किया जा सकता है। लेकिन क्या उन खामियों को देख कर हमें यह निष्कर्ष निकाल लेना चाहिए कि समाजवादी यथार्थवाद गलत है और रमेश को कमरे में बंद होकर मध्यवर्गीय जीवन की ही कहानियाँ लिखते रहना चाहिए? सर्वहारा वर्ग की दृष्टि की बात करना और लेखक से यह कहना कि इस दृष्टि से सर्वहारा वर्ग पर नहीं, केवल मध्यवर्ग पर लिखो, क्या उचित है? मेरे खयाल से यह कहना लेखक से यह कहना है कि आगे मत बढ़ो, पीछे लौटो !

मेरे विचार से सही मुद्दा यह हो सकता था कि समाजवादी यथार्थवाद का लेखन सिद्धांत और व्यवहार में तालमेल बिठा कर ही किया जा सकता है, क्योंकि आधारभूत वर्गों पर लिखते समय जो गलतियाँ होती हैं, वे 'प्रेक्टिस' के अभाव से होती हैं। इनकी आलोचना हो सकती है और की जानी चाहिए। उदाहरण के लिए एक 'ट्रेड-यूनियन' में संघर्ष करता हुआ मजदूर वही नहीं है, जो उस संघर्ष में दिखाई देता है। उसका अपने गाँव से भी ताल्लुक है। शहर में चाहे वह नंगा ही रहे, लेकिन जब अपने गाँव जाता है, सबसे अच्छे कपड़े पहन कर जाता है, और वहाँ जाकर यह नहीं बताता कि वह शहर में क्या संघर्ष कर रहा है, बल्कि अपनी आमदनी और साहबी की डींग मारता है। इसलिए उसका चित्रण उसके समस्त अंतर्विरोधों के साथ होना चाहिए। लेकिन इन अंतर्विरोधों को हम किस दृष्टिकोण से देखते हैं, यह महत्त्वपूर्ण है, क्योंकि कुछ लोग ऐसे अंतर्विरोधों को देख कर यह निष्कर्ष निकाल लेते हैं कि गाँव जाकर डींग मारना या परिवार में सांमती ढंग से रहना और बाहर 'ट्रेड-यूनियन' में मार्क्सवाद और संघर्ष की बात करना, दोनों बातें एक साथ नहीं चल सकतीं, अतः उस मजदूर को वे दोनों ही जगह झूठा मान लेते हैं और मजदूरों के आंदोलनों को संदेह या घृणा की दृष्टि से देखने लगते हैं। ऐसे लोगों की कहानियों में मजदूर 'ट्रेड-यूनियन' का चंदा खा जाते

हैं, या अपने साथियों को ही धोखा देते हैं। ऐसी घटनाएँ कुछ हो सकती हैं, लेकिन इससे न तो मार्क्सवाद गलत हो जाता है, न वर्ग-संघर्ष अयथार्थ हो जाता है। यदि कोई मजदूर के अंतर्विरोधों को देख कर मजदूर वर्ग के ही अंतर्विरोधों को यथार्थ मान लेता है, और पूँजीपति-मजदूर वर्ग के अंतर्विरोधों पर परदा डाल देता है, तो वह यथार्थवादी नहीं है। इसलिए कहानी में जिस तरह मजदूर को केवल 'ट्रेड-यूनियन' का झंडा उठाए दिखाना गलत है, उसी तरह उस झंडे को गलत मान लेना भी गलत है। एक गलती व्यवहार की कमी के कारण होती है तो दूसरी सिद्धांत की कमी के कारण। लेखकों को हम एक गलती से बचाने के लिए दूसरी गलती करने की सलाह नहीं दे सकते।

जहाँ तक समाज-सुधार का प्रश्न है, प्रगतिशील या जनवादी लेखन में समाज-सुधार पर हमेशा जोर रहा है, लेकिन उसका रूप वह नहीं हो सकता, जो बुर्जुआ मानवतावादी सुधारवाद का होता है। अवतारवाद, रूढ़िवाद, या सामंती मूल्यों के विरुद्ध लड़ाई लड़ने को यदि आप अपने कार्यक्रम का एक अलग मुद्दा बना कर चलेंगे तो इन्हें दूर करना तो दूर, आप इनमें घुस भी नहीं सकते। ये चीजें वर्ग-संघर्ष की प्रक्रिया में ही दूर होती हैं। किसी पौराणिक मिथक को उठा कर आदर्शवादी ढंग से नहीं, बल्कि भौतिकवादी ढंग से धर्म, अवतारवाद आदि की जड़ों को खोज कर उन पर प्रहार करते हुए ही ये चीजें दूर होंगी। इस संबंध में रमेश ने जो लेनिन का उदाहरण दिया है, वह बहुत महत्त्वपूर्ण है। प्रेमचंद ने समाज-सुधार के प्रश्न को हमेशा वर्ग-संघर्ष के साथ उठाया है और यही उनका यथार्थवाद है। किसी तरह के आदर्शवाद से इसमें काम नहीं चल सकता, यह बात प्रेमचंद समझते थे। रूस में गोर्की ने जो 'गॉड-बिल्डिंग' की कोशिश की थी, उसकी लेनिन ने कड़ी आलोचना की थी। मिथक को इतिहास से जोड़ कर देखना एक प्रगतिशील काम हो सकता है, लेकिन यदि कोई लेखक उसे शाश्वत बना कर आधुनिक रूप देता है, तो वह सौ साल पहले का आर्यसमाजी दृष्टिकोण सामने लाता है, जो आज तमाम प्रतिक्रियावादी लोगों का दृष्टिकोण है।

मैनेजर पांडेय ने समकालीन यथार्थ के बारे में एक संकेत किया कि आज का होरी खेत में लू लगने से मरनेवाला नहीं, सशस्त्र संघर्ष में गोली खाकर मरनेवाला होरी है। एक हद तक यह सही है, और यह एक नई बात भी है, लेकिन किसानों के संगठन और आंदोलन को भुला कर केवल सशस्त्र संघर्ष की बात भी यथार्थवादी नहीं है।

शिवकुमार मिश्र का अध्यक्षीय भाषण

बहस इतनी ज्यादा और व्यापक हो गई है कि समझ में नहीं आ रहा, मैं कहाँ से अपनी बात शुरू करूँ। इस बहस में सामाजिक या राष्ट्रीय संदर्भों के अलावा कुछ व्यक्तिगत संदर्भ भी बराबर आते रहे हैं, जिन्हें दिल्ली में न रहने के कारण मैं नहीं जानता। इसलिए उन संदर्भों में किसी का पक्ष लेने या किसी का विरोध करने का प्रश्न मेरे सामने नहीं है। मुझे खुशी इस बात की है कि यथार्थवाद की प्रकृति को समकालीन संदर्भ में समझने के लिए इतनी बड़ी गोष्ठी का आयोजन किया गया और बहस के लिए रमेश उपाध्याय

ने इतना अच्छा लेख पढ़ा कि सुबह ग्यारह बजे से अभी (शाम के छह बजे) तक उस पर बहस चल रही है।

यथार्थवाद पर मैंने भी एक किताब लिखी है और लिखते समय मैंने देखा कि यथार्थवाद के संबंध में मूलभूत बातों पर जो 'कन्फ्यूजन' है, वह आज का नहीं, दस-पंद्रह साल पहले का है। जिन दिनों 'आलोचना' का संपादन शिवदान सिंह चौहान करते थे, मैंने उसमें समाजवादी यथार्थवाद पर एक लेख लिखा था। उस समय शिवदान सिंह और चंद्रभूषण तिवारी से इस पर बहस हुई और कुछ मुद्दों को साफ करने के लिए हमने कुछ प्रश्न 'मार्क्सवाद और मूल दार्शनिक प्रश्न' नामक पुस्तक के लेखक ओमप्रकाश आर्य के पास भेजे थे। उन्होंने स्थितियों को सुलझाने के बजाय और उलझा दिया। शिवदान सिंह अपने ढंग से उन प्रश्नों को उलझा रहे थे। इसलिए मुझे वह लेख लिखना पड़ा। तो, यह उलझन नई नहीं है, उस समय भी थी।

लेकिन तब से अब तक मैंने जो कुछ पढ़ा-लिखा है, उसके आधार पर मैं कह सकता हूँ कि समाजवादी यथार्थवाद समाजवादी व्यवस्था से पहले भी संभव है। इस शब्द का प्रयोग सबसे पहले गोर्की ने किया था और आलोचनात्मक यथार्थवाद से इसे अलगाने के लिए किया था, क्योंकि इसके द्वारा वे एक नई वास्तविकता को सामने लाना चाहते थे। उसके कुछ सूत्र भी उन्होंने दिए। रमेश उपाध्याय ने अपने पर्चे में इसी का संकेत किया है और ठीक ही कहा है कि वर्तमान दौर समाजवादी यथार्थवाद का दौर है।

इस चीज को समझने के लिए पहले एक बात साफ हो जानी चाहिए कि समाजवादी यथार्थवाद की बात करने का मतलब आलोचनात्मक यथार्थवाद की उपलब्धियों को नकारना नहीं है। बहुत-से महान् लेखक आलोचनात्मक यथार्थवाद के लेखक रहे हैं, जैसे टॉल्स्टॉय, रोम्या रोलाँ, डिकेन्स आदि। इन्होंने उपन्यास-विधा को तो व्यक्तित्व और गरिमा दी ही है, अपने समाज की व्यवस्था की आलोचना करके एक सही भूमिका भी निभाई है। इसलिए वे आज भी हमारे लिए सम्माननीय हैं। प्रेमचंद की बात सुबह से हो रही है, लेकिन किसी ने यह नहीं कहा कि प्रेमचंद भी आलोचनात्मक यथार्थवाद के लेखक हैं। ऐसा कहने से प्रेमचंद की कोई अवमानना नहीं होती। समाजवादी यथार्थवाद आलोचनात्मक यथार्थवाद से आगे की चीज है, लेकिन कोई लेखक समाजवादी यथार्थवाद का लेखक होने मात्र से महान् लेखक नहीं हो जाता। नागार्जुन, इसराइल, रमेश उपाध्याय या राजेश जोशी समाजवादी यथार्थवाद के लेखक हैं, इसका मतलब यह नहीं है कि ये प्रेमचंद से बड़े लेखक हैं। भले ही प्रेमचंद आलोचनात्मक यथार्थवाद के लेखक हैं, पर इन सबसे बड़े हैं।

समाजवादी यथार्थवाद को वर्तमान दौर में संभव न माननेवाले या उसका विरोध करनेवाले लोग प्रेमचंद का नाम लेते हैं और यह प्रश्न उठाते हैं कि प्रेमचंद के यथार्थवाद को क्या कहा जाएगा। इससे उनका आशय शायद यह होता है कि आप एक तरफ प्रेमचंद की परंपरा को आगे बढ़ाने की बात करते हैं, दूसरी तरफ उनके आलोचनात्मक यथार्थवाद को अस्वीकार करके समाजवादी यथार्थवाद की बात करते हैं। इसलिए पहले

यही बात साफ हो जानी चाहिए कि प्रेमचंद के यथार्थवाद की प्रकृति क्या थी। प्रेमचंद ने अपने यथार्थवाद को 'नग्न यथार्थवाद' से अलगाने के लिए उसे 'आदर्शोन्मुख यथार्थवाद' का नाम दिया था। 'नग्न यथार्थवाद' से उनका आशय प्रकृतवाद से था, क्योंकि प्रकृतवादी लेखक हिंदी में यथार्थवादी माने जाते थे। इसी को नग्न यथार्थ कहा जाता था। यदि प्रेमचंद के सामने प्रकृतवाद स्पष्ट होता तो वे 'नग्न' की बात न करते, लेकिन आशय उनका प्रकृतवाद से ही था और उसी से वे अलग होना चाहते थे। इसीलिए आदर्शोन्मुख शब्द आया। आज जब यथार्थवाद संबंधी शब्दावली स्पष्ट हो चुकी है, हम कह सकते हैं कि प्रेमचंद का यथार्थवाद प्रकृतवाद से भिन्न आलोचनात्मक यथार्थवाद था, जिसकी दिशा समाजवादी यथार्थवाद की दिशा थी। अतः उनकी परंपरा को आगे बढ़ाने के लिए समाजवादी यथार्थवाद की बात की जा रही है तो कुछ अनुचित नहीं है।

यथार्थवाद न तो नग्न होता है, न कटु, न घोर, न घनघोर, न मनोवैज्ञानिक, न अतंश्चेतनावादी–जिसे अज्ञेय ने जेम्स ज्वाइस से उधार लिया है–ये सब 'सूडोरियलिज्म' हैं। यथार्थवाद इन सबसे अलग चीज है। मैनेजर पांडेय ने लूकाच की बड़ी आलोचना की, लेकिन यथार्थवाद के बारे में लूकाच ने बहुत महत्त्वपूर्ण काम किया, बहुत-सी धुंध हटाई। लूकाच का सबसे बड़ा महत्त्व इस बात में है कि उन्होंने आधुनिकतावाद के विरुद्ध यथार्थवाद की बहस उठाई और यह बुनियादी सवाल उठाया कि लेखक की महानता आंतरिक और बाह्य यथार्थ के पृथक्करण में है या उसके समीकरण में है? कुछ लोगों ने यहाँ यथार्थवाद को 'मैथड' बताया, तो दूसरों ने जीवन-दृष्टि कहा। अंर्स्ट फिशर ने यथार्थवाद को एक पद्धति के रूप में लिया है, लेकिन पांडेयजी ने ठीक कहा कि यह जीवन-दृष्टि भी है। दरअसल यह जीवन-दृष्टि ही है। जहाँ तक शब्दावली का प्रश्न है, आदर्शवाद और यथार्थवाद केवल साहित्यिक शब्द नहीं, दार्शनिक शब्द हैं। यथार्थवाद दर्शन का शब्द है। भारतीय दर्शन के पुराने ग्रंथों में 'इंडियन रियलिज्म' शब्द मिलता है। यह एक दार्शनिक दृष्टि है, जो साहित्य और कला में आई है। मार्क्स ने चेतना और अस्तित्व का जो मूल प्रश्न उठाया था, वह यथार्थवाद के प्रश्न को समझने में सबसे ज्यादा सहायक होता है। जो कुछ हमसे बाहर है और अपने निजी अधिकार से वस्तुगत रूप में अस्तित्ववान है, उसको चित्रित करनेवाला ही यथार्थवादी हो सकता है। बाकी सब घालमेल है।

आलोचनात्मक यथार्थवाद भी दर्शन में आता है। 'कॉमनसेंस रियलिज्म' भी दर्शन में आता है, लेकिन यथार्थवाद भौतिक जगत् की व्याख्या अथवा आलोचना तक सीमित नहीं है। मार्क्स ने कहा था कि मुख्य प्रश्न जीवन की व्याख्या का नहीं, उसे बदलने का है। इसलिए यथार्थवाद एक दृष्टि या आंदोलन के रूप में तभी विकसित हो सकता है, जब लेखक भाववाद से मुक्त होकर भौतिकवादी हों और सामाजिक परिवर्तन की प्रक्रिया में शामिल हों। कुछ लोग सचेत रूप से मार्क्सवाद को अपनाए बिना भी यथार्थवादी हो सकते हैं, लेकिन ऐसे लेखक ज्यादा दूर तक नहीं चल सकते। प्रेमचंद

में एक द्वंद्व दिखाई देता है। यह द्वंद्व संस्कारों और विवेक का द्वंद्व है। ज्यों-ज्यों उनका विवेक संस्कारों पर विजयी होता जाता है, वे यथार्थवादी होते जाते हैं। 'गोदान' तक यह विजय पूरी हो चुकी थी। आज हम उनकी यथार्थवादी परंपरा को आगे बढ़ाना चाहते हैं तो हमें उनकी इस चीज को पाथेय के रूप में साथ लेकर चलना चाहिए कि उनमें सही विचारधारा की ओर विवेकपूर्वक बढ़ने और एक नए रास्ते पर चलने की ललक बराबर रही।

समाजवादी यथार्थवाद ही आज की मुख्य और सही प्रवृत्ति है और इसके बारे में कोई भ्रम नहीं होना चाहिए। मैंने यथार्थवाद के बारे में लिखते समय समाजवादी यथार्थवाद के संबंध में सामग्री की खोज की तो अनेक स्थानों पर उसकी परिभाषा 'डिपिक्शन ऑफ सोशलिस्ट रियलिटी' के रूप में मिली। लेकिन 'चाइनीज लिटरेचर' के एक अंक में मैंने पाया कि 'सोशलिस्ट व्यूप्वाइंट' से 'रियलिटी' का चित्रण समाजवादी यथार्थवाद है। अतः यह चीज स्पष्ट हो जानी चाहिए कि समाजवादी दृष्टिकोण से आज के यथार्थ का जो चित्रण किया जा रहा है, वह समाजवादी यथार्थवाद है। हमारे यहाँ कई तरह के लेखक हैं। प्रतिक्रियावादी भी, बुर्जुआ मानवतावादी भी, आलोचनात्मक यथार्थवादी भी, लेकिन इसी समाज में ऐसे भी लेखक हैं, जो समाजवादी दृष्टिकोण से चीजों को देखते हैं, क्योंकि वे मार्क्सवादी विचारधारा से लैस हैं। यह दृष्टिकोण और यह विचारधारा आज के साहित्य की एक ऐतिहासिक आवश्यकता बन जाती है तो उसमें एक गुणात्मक परिवर्तन हो जाता है। अतः हिंदी साहित्य में यथार्थवाद की प्रकृति में एक गुणात्मक परिवर्तन हो गया है।

प्रेमचंद ने सामाजिक परिवर्तन की समस्या को 'प्रेमाश्रम' में उठाया, लेकिन उन पर परंपरागत सुधारवादी आर्यसमाजी संस्कार हावी हो गए, इसलिए समाधान भी वे वैसे ही दे पाए, लेकिन धीरे-धीरे वे उन संस्कारों से मुक्त होते गए। 'रंगभूमि' में उनका सबसे आदर्श पात्र सूरदास है और इस उपन्यास में प्रेमचंद 'सेवासदन' और 'प्रेमाश्रम' वाला समाधान नहीं देते, लेकिन औद्योगीकरण के बारे में उनकी दृष्टि साफ नहीं थी। फिर भी चूँकि प्रेमचंद पूरी ईमानदारी के साथ वस्तुस्थिति से अपना संबंध रखते थे, इसलिए उन्होंने सूरदास को पराजित दिखाया। यह यथार्थवाद की विजय थी। एंगेल्स ने इसी को बाल्जाक के संदर्भ में 'ट्रायंफ ऑफ रियलिज्म' कहा था। बाल्जाक जिस सामंती व्यवस्था से संबद्ध था, उसी की धज्जियाँ उसने अपने साहित्य में उड़ाईं। यही यथार्थवाद की विजय है। यही विजय प्रेमचंद में दिखाई देती है।

आज हमारे सामने साहित्यिक स्तर पर एक ओर आधुनिकतावाद से और दूसरी ओर पुनरुत्थानवाद से लड़ने की चुनौती है। इन दोनों चुनौतियों को स्वीकार करके ही, इन दोनों प्रवृत्तियों से लड़ कर ही, हम आज यथार्थवादी हो सकते हैं। इसके लिए हमें यथार्थवाद के विरोध में सक्रिय शक्तियों को पहचानना होगा और रचना के स्तर पर उनको जवाब देना होगा। इसके लिए हमें मार्क्सवादी विचारधारा से लैस होकर यथार्थ को उसकी गतिशीलता में पहचानना होगा। इस लड़ाई में आलोचनात्मक यथार्थवाद

हमारा 'एलाइ' होगा और हमें यह बात याद रखनी होगी कि आलोचनात्मक यथार्थवादी लेखक यदि ईमानदारी से जिंदगी को देखता है और विवेकपूर्वक रचना करता है तो यथार्थवादी और महान् लेखक हो सकता है। प्रेमचंद इसी की मिसाल हैं। आलोचनात्मक यथार्थवाद के लेखक होने से वे छोटे नहीं हो जाते। सबसे महत्त्वपूर्ण बात है सही विचारधारा के साथ जिंदगी को देखना, जिंदगी पर हमारी पकड़ का मजबूत होना और हममें रचनात्मक सामर्थ्य का होना। इसके बिना हम समाजवादी यथार्थवाद के लेखक तो क्या, लेखक ही नहीं हो सकते।

एक बात और : समाज-सुधार बनाम सामाजिक परिवर्तन की बहस उठाना फिजूल है और यह मान कर सुधारवाद की बात करना तो बहुत बड़ी भूल है कि जनता मूर्ख है, इसलिए परंपरावादी, रूढ़िवादी, अवतारवादी या अंधविश्वासी है। हमें यह देखना चाहिए कि जनता का इतिहास जिस तेजी से आगे बढ़ रहा है, उससे हम कदम मिला पा रहे हैं या नहीं। हमें अपने साहित्य में जनता की काल्पनिक जिंदगी गढ़ने की जरूरत नहीं, बल्कि जनता की वास्तविक स्थिति के अनुरूप अपनी कल्पना को बदलने की जरूरत है। समाजवादी यथार्थवाद नुस्खों से साहित्य में नहीं आएगा, पूरी ईमानदारी के साथ जिंदगी को सही दृष्टि से देख कर और अपने रचनात्मक सामर्थ्य को बढ़ा कर आएगा। पहले हम अपनी दृष्टि साफ करें, जिंदगी पर अपनी पकड़ मजबूत करें, अपने रचनात्मक सामर्थ्य को बढ़ाएँ। इस बात को कुछ दिनों के लिए मुल्तवी कर दें कि हम किस लेखक को यथार्थवाद के किस खाते में खतियायेंगे, लेकिन यथार्थवाद संबंधी इस बहस को हम जारी रखें क्योंकि इसके बारे में अभी बहुत-से भ्रम हैं। इसके बारे में हमारी जानकारी भी बहुत कम है, जिसका एक उदाहरण तो इसी गोष्ठी में मिला। मैंने अपनी पुस्तक 'यथार्थवाद' में एक जगह 'क्रिटिकल रियलिज्म' लिखा था, प्रेस की गलती से वह 'क्लासिकल रियलिज्म' छप गया। पुस्तक के दूसरे संस्करण में यह भूल सुधार भी दी गई, लेकिन इस गोष्ठी के एक वक्ता (श्याम कश्यप) ने उस भूल को न समझ कर 'क्लासिकल रियलिज्म' को भी यथार्थवाद का एक प्रकार मान लिया और यहाँ उसका उल्लेख किया।

गोष्ठी के अंत में प्रो. वेदव्यास ने लाजपतराय कॉलेज की प्रबंध-समिति की ओर से सम्मेलन में आए लेखकों और श्रोताओं को धन्यवाद दिया तथा कॉलेज के प्राचार्य बी. एस. त्यागी को बधाई दी कि उनके उद्योग से ऐसे सफल सम्मेलन यहाँ होते हैं।

सम्मेलन के अंतिम सत्र में हमेशा की तरह रचना-गोष्ठी हुई, जिसकी अध्यक्षता जनवादी कवि त्रिजेंद्र ने की और जिसमें रमेश रंजक, पुरुषोत्तम प्रतीक, रामकुमार कृषक, महेश उपाध्याय, श्याम विमल, कुलदीप सलिल, सत्यप्रकाश प्रखर आदि ने कविता-पाठ किया।

(जनवरी, 1980)

जनवादी लेखक संघ की निर्माण-प्रक्रिया

अक्टूबर 1981 में पचास से अधिक लेखकों द्वारा 'जनवादी लेखक संघ का प्रस्तावित घोषणापत्र' जारी किया गया, जो 'कथन' के नवंबर-दिसंबर 1981 के अंक में इस प्रकार प्रकाशित हुआ :

जनवादी लेखक संघ का प्रस्तावित घोषणापत्र

यहाँ हम पचास से अधिक लेखकों द्वारा जारी किया गया जनवादी लेखक संघ नामक प्रस्तावित लेखक संगठन का घोषणापत्र प्रकाशित कर रहे हैं, जिसके साथ जारी किए गए एक पत्र में इन लेखकों ने लिखा है कि ''यह प्रस्तावित संगठन के घोषणापत्र का अंतिम रूप नहीं, बल्कि मसौदा-भर है। इसे जारी करने के पीछे हमारा इरादा यह है कि प्रस्तावित लेखक संगठन के निर्माण के बारे में लेखकों के बीच होनेवाले व्यापक विचार-विमर्श के लिए यह एक आधार का काम कर सके। हमारी इच्छा है कि हिंदी के तमाम लेखकों के बीच इस मसौदे पर मुक्त और व्यापक विचार-विमर्श हो, ताकि उसमें से आलोचना, टिप्पणियों आदि के रूप में जो सुझाव सामने आएँ, उनकी रोशनी में इसे अंतिम रूप देकर जनवादी लेखकों के एक प्रस्तावित सम्मेलन में उनकी स्वीकृति के लिए पेश किया जा सके, और प्रस्तावित सम्मेलन में एक सर्वस्वीकृत घोषणापत्र तथा संविधान को आधार बना कर लेखकों के एक जनवादी, व्यापक तथा सशक्त संगठन का निर्माण किया जा सके। इसलिए हम आपसे आग्रह करते हैं कि आप संलग्न मसौदे को बहस के लिए प्रस्तुत एक दस्तावेज मान कर इस पर अपने-अपने क्षेत्र के हिंदी लेखकों के बीच व्यापक विचार-विमर्श की प्रक्रिया शुरू करें और उसमें उभरे सुझाव, टिप्पणियाँ आदि भिजवाएँ। साथ ही, उन लोगों के नाम और पते भी हमें भिजवाएँ, जो इस मसौदे की मूल बातों से सहमत हैं तथा प्रस्तावित लेखक सम्मेलन में शिरकत करना चाहते हैं। इस मामले में, अगर आप और जानकारी चाहते हों, या अपने इलाके में स्थानीय स्तर पर आयोजित लेखक-सम्मेलनों में हममें से किसी की भागीदारी चाहते हों तो लिखने में संकोच न करें।''

प्रस्तावित घोषणापत्र को जारी करनेवाले लेखकों के नाम अकारादि क्रम से इस

प्रकार हैं : अयोध्या सिंह, अवधनारायण सिंह, आईदान सिंह भाटी, इसराइल, ओमप्रकाश ग्रेवाल, ऋतुराज, कमर मेवाड़ी, कर्णसिंह चौहान, कांतिमोहन, काजी अब्दुल सत्तार, कुँवरपाल सिंह, गंगा प्रसाद विमल, चंचल चौहान, चंद्रबली सिंह, चंद्रभूषण तिवारी, छेदीलाल गुप्त, जमना प्रसाद ठाड़ा राही, नंदकिशोर बोड़ा, नईम अहमद, नमिता सिंह, नीलकांत, पारस अरोड़ा, बच्चन सिंह, बी. आर. प्रजापति, बृजेंद्र कौशिक, भैरव प्रसाद गुप्त, मनमोहन, महादेव साहा, महेंद्र नेह, मानसिंह खयाल, मार्कण्डेय, माहेश्वर, मुकुट बिहारी सरोज, मुरली मनोहर प्रसाद सिंह, यादव चंद्र पांडेय, रमेश उपाध्याय, रमेश कुंतल मेघ, रमेश शर्मा, राजकुमार शर्मा, विमल वर्मा, विश्वंभरनाथ उपाध्याय, शिवकुमार मिश्र, शिवराम, शिव वर्मा, शील, श्रीहर्ष, सनतकुमार, सव्यसाची, सुधीश पचौरी, हरीश भादानी और हेतु भारद्वाज।

लेखकों से अनुरोध है कि इसके बारे में प्रकाशनार्थ संक्षिप्त टिप्पणियाँ 'कथन' को भेजें और राय, सुझाव, प्रश्न, विस्तृत टिप्पणियाँ आदि श्री भैरव प्रसाद गुप्त, 1 एफ/1 बेनीगंज, इलाहाबाद (उ.प्र.) को।–संपादक

आजादी के तैंतीस वर्षों के बाद भी हमारा देश आज एक नाजुक स्थिति से गजुर रहा है। आजादी के पहले हमारी जनता ने अपने राजनीतिक, सामाजिक, आर्थिक और सांस्कृतिक पुनर्निर्माण के जो महान् स्वप्न देखे थे, वे इन वर्षों के दौरान लगातार टूटते और बिखरते गए हैं। उन्हें साकार करने के लिए जनता के संघर्षों में अपनी पूरी शक्ति और संकल्प के साथ शरीक होते हुए हमारे महान् लेखकों ने हमारे साहित्य की राष्ट्रीय और जनवादी परंपरा स्थापित की। इसलिए उस परंपरा को अपनी कीमती विरासत समझने वाले हमारे सारे लेखकों के लिए उन स्वप्नों का टूटना और बिखरना स्वभावतः चिंता का विषय है।

पराधीनता के दौर में हिंदी के लेखकों ने साम्राज्यवादी-सामंतवादी व्यवस्था और उसकी विचारधारा के विरुद्ध भारतीय जनता के संघर्ष को शक्तिशाली बनाने में बहुत ही शानदार भूमिका निभाई थी। भारतेंदु और उनके मंडल के लेखकों ने अपनी रचनाओं के माध्यम से हमारे साहित्य की धारा को राष्ट्रीयता और जनवाद की ओर मोड़ा। प्रेमचंद ने उस परंपरा का अभूतपूर्व विकास किया और हमारे राष्ट्रीय मुक्ति-संग्राम और देश की मेहनतकश जनता की शोषण से मुक्ति के अभिन्न संबंध की पहचान की। प्रगतिशील लेखक संघ के व्यापक संगठन और प्रभाव के साथ साम्राज्यवाद-सामंतवाद विरोधी संघर्ष सारी भारतीय भाषाओं के साहित्य की मुख्य धारा बन गया। भारतीय जनता की राजनीतिक, आर्थिक और सामाजिक मुक्ति के संघर्ष के साथ-साथ साम्राज्यवाद और सामंतवाद की पतनशील, पिछड़ी और अंधविश्वासपूर्ण विचारधाराओं के विरुद्ध एक प्रगतिशील और वैज्ञानिक विचारधारा के लिए संघर्ष में उसकी महान् उपलब्धियों को अस्वीकार नहीं किया जा सकता।

आजादी के बाद देश के शासक वर्ग ने आम जनता में तरह-तरह के भ्रम पैदा किए। हमारे लेखकों का एक काफी बड़ा हिस्सा भी उन भ्रमों का शिकार हुआ। हमारे

साहित्य की राष्ट्रीय और जनवादी परंपरा के विरुद्ध प्रयोगवाद के नाम पर एक यथार्थ-विमुख नए सौंदर्य का उदय और प्रचार-प्रसार हुआ। जो मूल्य पश्चिमी देशों की विशिष्ट परिस्थितियों में वहाँ उत्पन्न और प्रचलित हुए थे, उन्हें हमारे देश के निहित स्वार्थों ने साहित्य और अन्य सांस्कृतिक माध्यमों से हमारी जनता के मन में बैठाने की कोशिश की। पश्चिमी चिंतन और साहित्य पर छाए क्षणवाद, संशयवाद, कुंठावाद, लघु-मानववाद, अस्तित्ववाद और उससे संलग्न अजनबीपन, अकेलापन, आत्मकेंद्रीयता आदि यथार्थवाद-विरोधी, पतनशील और अमानवीय मूल्यों ने आधुनिकतावाद, और विश्वमानवतावाद (कॉस्मोपोलिटनिज्म) के आवरण में हमारे साहित्य में प्रवेश किया और हमारे साहित्य की राष्ट्रीय और जनवादी परंपरा पर हमला बोल कर उसे कमजोर किया। नई परिस्थितियों की पेचीदगी की पहचान करने में असफल और अपने नेतृत्व की संकीर्णतावादी समझ और व्यवहार के कारण प्रगतिशील लेखक संघ संगठित, व्यापक और प्रभावशाली ढंग से इस हमले का सामना नहीं कर सका। ऐसी हालत में अपनी विश्वसनीयता खोकर उसका कमजोर हो जाना और बिखरना स्वाभाविक था। आपातकाल के दौरान उसके नेतृत्व ने आपातकाल का समर्थन और देश की जनवादी शक्तियों से गहरा अलगाव कर उसकी बची-खुची विश्वसनीयता भी समाप्त कर दी। आज स्थिति यह है कि हमारे पास ऐसा कोई संगठन नहीं है, जो सारे देशभक्त और जनवादी लेखकों को एकजुट कर उन्हें अपने साहित्य की गौरवपूर्ण और जनवादी परंपरा को आज की नई परिस्थितियों में आगे बढ़ाने के लिए प्रेरित और आंदोलित कर सके।

देश की वर्तमान स्थिति ऐसे लेखकों से तात्कालिक जवाबी कार्यवाही की माँग करती है। विश्व के पैमाने पर जब पूँजीवादी व्यवस्था एक दुर्निवार और स्थायी संकट में फँसी हुई है, हमारे देश के शासक वर्ग ने पूँजीवादी-सामंती व्यवस्था के अंतर्गत पूँजीवादी विकास का जो कार्यक्रम चुना है, उसके गंभीर नतीजे हमारे सामने हैं। इस कार्यक्रम ने न केवल हमारे राजनीतिक और आर्थिक जीवन पर ही, बल्कि सांस्कृतिक जीवन पर भी बड़े पूँजीपति घरानों को अपना शिकंजा कसने में मदद पहुँचाई है। साम्राज्यवादी लूट-खसोट और षड्यंत्र और हमारी महान् प्रगतिशील एवं जनवादी राष्ट्रीय संस्कृति पर उसके निरंतर बढ़ते हुए हमलों ने आज स्थिति को और भी विषम बना दिया है। आर्थिक संकट के साथ-साथ राजनीतिक और सांस्कृतिक संकट भी लगातार गहरे होते जा रहे हैं।

दिन-ब-दिन बढ़ती हुई गरीबी, महँगाई और बेरोजगारी, हरिजनों तथा समाज के पिछड़े और गरीब तबकों पर बढ़ते हुए जुल्म और अत्याचार, मजदूरों-किसानों और निम्न-मध्यवर्ग के लोगों का भयावह शोषण और दमन, भ्रष्टाचार और नैतिक मूल्यों का अवमूल्यन, शासक वर्गों की राजनीति में कुत्सित अवसरवाद और गुंडागर्दी, कानून और व्यवस्था के टूटते हुए ढाँचे के साथ सामान्य नागरिक जीवन में फैलती हुई असुरक्षा की भावना, शासनतंत्र की नपुंसकता और नृशंसता और नौकरशाही का उस पर गहरा होता हुआ प्रभाव, पुलिस द्वारा स्त्रियों के साथ दुर्व्यवहार और अभियुक्तों की आँखें निकाल

देने की घटनाएँ, देश के विभिन्न भागों में सक्रिय विघटनकारी प्रवृत्तियों को उकसाने और बढ़ानेवाली शक्तियों द्वारा राष्ट्रीय एकता को खंडित करने तथा जनवादी आंदोलन को कमजोर करने की साजिशें, क्षेत्र, भाषा, संप्रदाय और जाति के नाम पर फैलाई जा रही संकीर्णता, वैमनस्य, तनाव और दंगे, निम्नमध्यवर्गीय बुद्धिजीवियों और पढ़े-लिखे युवकों के असंतोष को पथभ्रष्ट करने, उनमें कुत्सित मानसिकता भरने, उन्हें आत्मकेंद्रित और समाज-विमुख बनाने के लिए बाजारों को रक्तपात, अपराध, सैक्स आदि से संबंधित देशी और साम्राज्यवादी देशों, विशेषतः अमरीका से आयातित साहित्य से पाट देने की खुली छूट और तरह-तरह के आध्यात्मिक गुरुओं और उनके संगठनों का फैलाव, चलचित्रों और कला के अन्य माध्यमों तथा प्रचार-प्रसार के साधनों से युवकों और जनसाधारण को काल्पनिक लोकों में भटकाने या उन्हें अवांछित दिशाओं में प्रवृत्त करने की साजिश—वर्तमान भारतीय जीवन की एक तस्वीर यह है, और यह तस्वीर बहुत ही निराशाजनक है।

लेकिन, उसकी एक दूसरी तस्वीर भी है, जो हमारी जनता के स्वस्थ मन की, अन्याय और अत्याचार के प्रति उसकी सहज घृणा की और उसके विरुद्ध संघर्ष के अथक और अदम्य उत्साह की, अपनी अंतिम विजय में उसके विश्वास की तस्वीर है। अपनी मुक्ति और देश के भविष्य की यह तस्वीर उत्तरोत्तर उद्‌बुद्ध, एकताबद्ध और संगठित होती हुई जनता बना रही है। भारतेंदु से लेकर आज तक हमारे सारे देशभक्त और जनवादी लेखकों ने उसी तस्वीर को पूर्णता देने के लिए अपनी कलमों की सारी ताकत जनता को समर्पित की है। उन्होंने प्रकाशन और प्रचार-प्रसार के माध्यमों पर शासक वर्गों के आधिपत्य के बावजूद, जनता पर उनकी विचारधारा के असर के बावजूद अपने सीमित साधनों के बल पर सारे प्रतिगामी और पतनशील मूल्यों के विरुद्ध संघर्ष करते हुए जनाभिमुखता, धर्म-निरपेक्षता, आशावादिता, संघर्षशीलता, शोषित-पीड़ित वर्गों के प्रति आत्मीयता, अंतरराष्ट्रीयता आदि मूल्यों को हमारे साहित्य की विरासत का अभिन्न अंग बना दिया है। उन्होंने अपने को संगठित कर, अपनी लघु और अक्सर अनियतकालीन पत्रिकाएँ निकाल कर, गोष्ठियों, विचार-विनिमय आदि के आयोजन कर जनता और साहित्य के संबंधों को मजबूत करने, साहित्य को जनता की आकांक्षाओं का आईना बनाने और जनता की चेतना के स्तर को ऊपर उठाने में जो सफलताएँ हासिल की हैं, वे सारे जनवादी लेखकों के लिए चुनौती और संबल दोनों हैं।

वर्तमान व्यवस्था और हमारी जनता के बीच निरंतर और स्पष्ट तथा और उग्र होता जा रहा अंतर्विरोध आज की स्थिति की मुख्य विशेषता है। अपने तमाम विचारधारात्मक अस्त्रों से जनता को गुमराह करने या दमन के अपने तमाम अस्त्रों से संघर्ष के उसके मनोबल को तोड़ने में अपनी अक्षमता के अहसास के साथ व्यवस्था इस अंतर्विरोध का हल जनता के जनतांत्रिक अधिकारों और नागरिक स्वतंत्रता पर आक्रमण के द्वारा करना चाहती है। आपातकाल की घोषणा एक ऐसा ही आक्रमण था। आज पुनः वैसे ही या उससे भी अधिक सुनियोजित और जोरदार आक्रमण की तैयारियों के लक्षण सामने आ

रहे हैं और सर्वाधिकारवाद को आपातकाल से भी अधिक दृढ़ आधार पर स्थापित करने के लिए देश के संविधान को प्राय: उलट देने की साजिशें चल रही हैं और उनके अंतर्गत जनता के मौलिक अधिकारों, समाचारपत्रों और न्यायपालिकाओं की स्वतंत्रता, राज्यों के सीमित स्वायत्त अधिकारों आदि पर हमले किए जा रहे हैं। इस तरह जनवाद पर खतरे के बादल फिर मँडराने लगे हैं।

इसलिए जनवाद की रक्षा और उसके विकास का संघर्ष जनता के विभिन्न वर्गों और हिस्सों के सारे संघर्षों का केंद्रीय और अभिन्न अंग बनता जा रहा है। नागरिक के रूप में अपनी सामाजिक भूमिका के निर्वाह के लिए लेखक की अभिव्यक्ति की स्वतंत्रता के प्रश्न को उस संघर्ष से अलग नहीं किया जा सकता; क्योंकि यह असंभव है कि जनता के जनवादी अधिकार और उसकी नागरिक स्वतंत्रता उससे छिन जाये, उसका दमन हो, और लेखक की अभिव्यक्ति की स्वतंत्रता कायम रह जाए और वह दमन से बच जाए।

कला और साहित्य की शक्ति का बोध व्यवस्था को भी है। इसलिए जनवादी मूल्यों में आस्था रखनेवाले और उनके लिए संघर्ष करनेवाले लेखकों और संस्कृतिकर्मियों के विरुद्ध दमन की योजना बनानेवाला शासक वर्ग बड़े पैमाने पर लेखकों को खरीदने के प्रयत्न में भी लगा है। उसके सक्रिय प्रोत्साहन से व्यवस्था से जुड़े हुए तथा प्रतिक्रियावादी लेखक बड़े ही सुनियोजित ढंग से अपने को पुनर्संगठित कर रहे हैं और जनाकांक्षाओं को प्रतिबिंबित करनेवाले तथा उनके लिए संघर्ष करनेवाले लेखकों को भी आज तरह-तरह के संरक्षणों, प्रलोभनों तथा पुरस्कारों से गुमराह करने की कोशिश कर रहे हैं। निश्चय ही नई कहानी आंदोलन और बाद में साहित्य की लघुपत्रिकाओं की प्रखर जनवादी चेतना से संपन्न लेखकों के सम्मिलित प्रयास से जिस संघर्षमूलक रचनात्मक वातावरण का निर्माण हो रहा था, उसे विघटित करने के लिए शासनतंत्र और व्यवस्था की यह मिलीभगत है। परिणामत: आधुनिकतावाद और सौंदर्यवाद की प्रवृत्तियों के पुनर्विस्तार के वही खतरे आज फिर हमारे सामने उपस्थित हैं, जिन्हें स्वतंत्रता के बाद एक बड़े संघर्ष के दौरान यथार्थोन्मुख लेखन और जनवादी साहित्यिक आंदोलन ने प्राय: छिन्न-भिन्न कर दिया था।

इस स्थिति की भी उपेक्षा नहीं की जा सकती कि व्यवस्था ने साहित्य का व्यवसायीकरण कर साहित्य के सारे सृजनात्मक मूल्यों और उसके महान् सामाजिक उद्‌देश्यों के लिए खतरा पैदा कर दिया है। व्यवस्था ने साहित्यिक कृतियों के प्रकाशन को भी लगभग असंभव-सा कर दिया है। पिछले तीन-चार वर्षों में प्रकाशन-साधनों की कीमतों में लगभग दसगुनी वृद्धि का यह एक स्वाभाविक परिणाम हुआ है कि साहित्यिक कृतियाँ आज सामान्य पाठकों की क्रय-शक्ति के बाहर हो गई हैं।

इसके अतिरिक्त व्यवस्था साहित्य का व्यवसायीकरण कर प्रतिभासंपन्न लेखकों को भी खरीदने के लिए प्रयत्नशील है। यह स्थिति साहित्य के सारे सृजनात्मक मूल्यों और उसके महान् सामाजिक उद्देश्यों के लिए खतरनाक है।

फिर भी यह प्रसन्नता की बात है कि व्यवस्था के इन सारे संगठित प्रयत्नों के बावजूद, जो उसने हमारे साहित्य को जनता के जीवन, उसकी आकांक्षाओं और उसके संघर्षों से विमुख करने के लिए किए हैं, हमारे लेखकों का एक काफी बड़ा हिस्सा अपनी सामाजिक भूमिका के बारे में लगातार सोचता रहा है और अनेक तरह के प्रलोभनों और कठिनाइयों का सामना करते हुए उसका सही निर्वाह कर रहा है।

इस सजग चेतना और सक्रियता की ही यह परिणति है कि आपातकाल के कटु अनुभवों से सबक लेकर एक ओर जनता के जनवादी अधिकारों और नागरिक स्वतंत्रता के लिए बढ़ते हुए खतरे को देखते हुए और दूसरी ओर साहित्य तथा संस्कृति पर शासनतंत्र के कसते हुए शिकंजे की कठोरता के अनुभव से, उनके विरुद्ध अविलंब जवाबी कार्रवाई की आवश्यकता महसूस करते हुए हमारे अधिकांश लेखक आज अपना एक ऐसा संगठन चाहते हैं जो किसी भी हालत में जनविरोधी शक्तियों के प्रति अवसरवादी और समझौतापरस्ती का रुख न अपनाए। जनवादी लेखक संघ एक ऐसा ही संगठन है।

जनवादी लेखक संघ ऐसे लेखकों का संगठन है जो साहित्य की वस्तु, रूप और शैलियों के बारे में अपने दृष्टिकोणों और रुचियों की भिन्नता के बावजूद जनवाद को हमारी सामाजिक और सांस्कृतिक नियति का एक अभिन्न अंग मानते हैं, जो उसे हमारी सभ्यता और संस्कृति के विकास की एक अनिवार्य शर्त मानते हैं, और जो उसकी रक्षा और विकास के संघर्ष को अपना एक आवश्यक लेखकीय कर्तव्य समझते हैं।

जनवादी लेखक संघ ऐसे लेखकों का संगठन है जो यह समझते हैं कि उनका हित जनता के हित से पूरी तरह जुड़ा हुआ है। अनुभव उन्हें बताता है कि न केवल उनके आर्थिक, सामाजिक तथा अन्य भौतिक हित ही, बल्कि उनकी लेखनी की स्वतंत्रता भी उन जनतांत्रिक अधिकारों और नागरिक स्वतंत्रताओं पर निर्भर है, जिनकी रक्षा और विस्तार के लिए हमारे देश की जनता–विशेषत: मेहनतकश जनता–लड़ाई की अगली पाँत में रहती है और उनके लिए सबसे ज्यादा उत्सर्ग करती है। इसलिए जनवादी लेखक संघ का यह प्रयास है कि हमारे लेखक एकजुट होकर जनता के एक शक्तिशाली दस्ते के रूप में जनवाद की रक्षा और विस्तार के संघर्ष में अपने कर्तव्य का पूरा और सही निर्वाह कर सकें। उनका कर्तव्य है कि वे हमारी जनता के जीवन, उसके स्वप्नों और संघर्षों को अपनी रचनाओं में बिंबित करें, उसकी जनवादी चेतना को पुष्ट और विकसित करें, उसके संघर्ष के मनोबल को दृढ़ करें। जनवादी लेखक संघ इस कर्तव्य को अपने साहित्य में राष्ट्रीय और जनवादी आंदोलन की परंपरा की देन समझता है।

जनवादी लेखक संघ ऐसे लेखकों का संगठन है, जो सांप्रदायिक संकीर्णता, जातिवाद, पुनरुत्थानवाद, विघटनवाद तथा अंधराष्ट्रवाद और भाषा तथा क्षेत्रीयता के नाम पर हमारी जनता और राष्ट्र की एकता को तोड़नेवाली शक्तियों के विरुद्ध संघर्ष करते हैं।

जनवादी लेखक संघ ऐसे लेखकों का संगठन है, जो तथाकथित विश्वमानवतावाद

की साम्राज्यवादी विचारधारा के विरुद्ध संघर्ष करना अपना राष्ट्रीय दायित्व समझते हैं, क्योंकि इसकी आड़ में साम्राज्यवाद साधारण जनता को तथा बुद्धिजीवियों को हमारी राष्ट्रीय संस्कृति से विच्छिन्न करने का प्रयत्न करता है।

जनवादी लेखक संघ ऐसे लेखकों का संगठन है, जो आधुनिकतावाद के विरुद्ध संघर्ष करना आवश्यक समझते हैं, क्योंकि आधुनिकतावाद हमारे साहित्य की सारी यथार्थवादी और जनवादी परंपराओं को समाप्त करने का षड्यंत्र करता है।

जनवादी लेखक संघ ऐसे लेखकों का संगठन है, जो जनवाद के विस्तार के लिए संघर्ष करते हैं, जिससे हमारी जनता अपनी जिंदगी को शोषण से मुक्त कर उसे बेहतर बना सके और अपनी रचनात्मक शक्ति का विकास कर सके।

जनवादी लेखकों का यह सगंठन ऐसे तमाम लेखकों को एकजुट होकर अपनी रचनात्मक शक्ति संयुक्त और संगठित करने का आह्वान करता है, जिनकी जनवाद में आस्था है, जो सामाजिक विकास और परिवर्तन के प्रति एक वैज्ञानिक दृष्टिकोण रखते हैं, जो साहित्य और संस्कृति के क्षेत्र में जन-विरोधी, मानव-विरोधी अराजक आधुनिक प्रवृत्तियों की भर्त्सना करते हैं, जो अंतरराष्ट्रीय तनाव और युद्धोन्माद पैदा करनेवाली शक्तियों के विरोधी हैं, जो पतनशील पूँजीवादी विचारों के खिलाफ संघर्ष करते हैं, जो समाज और साहित्य के घातक सामंती अवशेषों का मूलोच्छेद चाहते हुए राष्ट्रीय संस्कृति की महान् जनवादी परंपरा के पोषक और पक्षधर हैं, जो एक नई शोषण्मुक्त समाज-व्यवस्था के निर्माण का स्वप्न देखते हैं और जो अपनी रचनाओं के माध्यम से उस स्वप्न को साकार करने के लिए अनवरत संघर्षरत हैं।

यह घोषणापत्र 'कथन', 'कलम', 'उत्तरगाथा' आदि पत्रिकाओं में प्रकाशित हुआ था और अलग से भी इसकी प्रतियाँ सैकड़ों लेखकों को भेजी गई थीं, ताकि इस पर व्यापक विचार-विमर्श हो सके, प्राप्त सुझावों की रोशनी में इसे अंतिम रूप देकर प्रस्तावित सम्मेलन में सर्वसम्मति से स्वीकार किया जा सके और "सर्वस्वीकृत घोषणापत्र तथा संविधान को आधार बना कर लेखकों के एक जनवादी, व्यापक तथा सशक्त संगठन का निर्माण किया जा सके।" प्रस्तावित घोषणापत्र पर हस्ताक्षर करनेवाले लेखकों ने भैरव प्रसाद गुप्त के संयोजकत्व में जनवादी लेखक संघ के प्रथम राष्ट्रीय सम्मेलन की तैयारी-समिति का गठन किया और तैयारी के तौर पर देश के विभिन्न प्रांतों में अनेक स्थानों पर प्रस्तावित घोषणापत्र पर विचार-विमर्श करने के लिए अनेक क्षेत्रीय सम्मेलनों और विचार-गोष्ठियों का आयोजन किया गया। इनमें से दिल्ली, कलकत्ता, जोधपुर, भोपाल और रोहतक के सम्मेलन विशेष रूप से महत्त्वपूर्ण रहे। उदाहरण के लिए दिल्लीवाला सम्मेलन इस प्रकार हुआ :

दिल्ली में जनवादी लेखक संघ का क्षेत्रीय सम्मेलन

जनवादी लेखक संघ के प्रस्तावित घोषणापत्र पर विचार करने के लिए 26 नवंबर 1981 को दिल्ली के लेखकों का एक सम्मेलन स्थानीय प्यारेलाल भवन में हुआ, जिसमें दिल्ली

और आसपास के लगभग 200 लेखकों ने भाग लिया। मुख्यत: हिंदी लेखकों के अलावा उनमें कुछ लेखक उर्दू, पंजाबी, मराठी और अंग्रेजी के भी थे तथा विवान सुंदरम् जैसे सुप्रसिद्ध चित्रकार और एम. के. रैना जैसे सुप्रसिद्ध रंगकर्मी अन्य कला-माध्यमों से जुड़े लोगों का प्रतिनिधित्व करते हुए उपस्थित थे। दो सत्रों में संपन्न हुए इस पूरे दिन के सम्मेलन में विभिन्न विचारधाराओं और विभिन्न राजनीतिक दृष्टिकोणों के बावजूद बहस बड़ी गंभीरता के साथ और सौमनस्यपूर्ण वातावरण में चली। दिल्ली में बहुत दिनों बाद एक ही मंच से तमाम तरह के लेखकों का यह सद्‌भावनापूर्ण विचार-विमर्श एक ओर जहाँ जनवादी लेखकों की एकजुट होने की आकांक्षा का परिचायक था, वहीं सम्मेलन के संयोजकों की सबको साथ लेकर चलने की उदार भावना का भी।

पहले सत्र में सर्वप्रथम इस सम्मलेन की तैयारी-समिति के संयोजक सुधीश पचौरी ने लेखकों का स्वागत किया और सूचना दी कि प्रथम सत्र के अध्यक्ष-मंडल के तीन सदस्य नेमिचंद्र जैन, गोपाल कृष्ण कौल और केदारनाथ सिंह चाहते हुए भी कुछ अनिवार्य व्यस्तताओं के कारण उपस्थित नहीं हो सकेंगे। अत: प्रथम सत्र की अध्यक्षता मराठी के सुप्रसिद्ध नाटककार गोविंद पुरुषोत्तम देशपांडे ने की। संचालक थे असगर वजाहत।

नागार्जुन ने सम्मेलन का उद्‌घाटन किया। उद्‌घाटन-भाषण में उन्होंने कहा :

बंधुओ, दिन-रात गगन-विहार में मगन विश्व-मंच की समग्र लीलाओं को अपने नाखूनों के दर्पण में मुस्करा-मुस्करा कर देखनेवाले राष्ट्र नेताओं की विदाई और अगवानी में हवाई अड्‌डों की तरफ लपकनेवाले थके-बूढ़े पुरस्कार बटोरू रचनाकारों की फौज बहुत बड़ी तो नहीं है, परंतु उनके इस आचरण से मेरे जैसे औघड़, अपवित्र एवं मूडी दादा साहित्यकार का दिल बेहद दुखी होता है।

तो क्या गगन-विहार का कोटा केवल हमारे राष्ट्र-नेताओं तक ही सीमित है? नहीं, बंधु,, निरंतर प्रगति-प्रगति जपनेवाले हमारे बीसियों सहोदर रचनाकार भी गगन-विहार का सुख लूटनेवालों में शामिल हैं। और सच पूछिए तो अपने इन सगे-सहोदरों के प्रति नफरत के मारे अक्सर मेरी नींद मध्य निशा में उचट जाती है। इन दिनों मैं उन्निद्र रोग का शिकार हूँ और मेरे इस रोग का बहुत बड़ा श्रेय हमारे उन सहोदर एवं वयस्क रचनाकारों को भी है, जो संगठन की इकाइयों का इस्तेमाल कार्निवाल की जादुई कुर्सियों की तरह करना जान गए हैं। आए दिन विश्व-साहित्य के महामनीषियों की स्मृति में शताब्दी-समारोह छोटे-छोटे राष्ट्र तक मना रहे हैं। हमें बार-बार बुलावा आता है। हम बार-बार पासपोर्ट और वीसा हासिल करने के चक्कर में आए दिन परेशान नजर आते हैं।

यह सब आखिर क्या है? हमारे समकालीन सहोदर रचनाकारों का तरुण शब्दशिल्पियों के प्रति कौन-सा संदेश है आज की संकटपूर्ण घड़ियों में ? राष्ट्र को नए सिरे से गुलाम बनाने की प्रभुवर्गीय आकांक्षाएँ अब लगभग जाहिर हो चुकी हैं। अंतरराष्ट्रीय मुद्राकोष से अरबों-खरबों का कर्ज हमारी इस पवित्र भूमि पर महानरक

को उतार लानेवाला उद्योग-पर्व है, क्या इस ओर हमारे समकालीन सहोदर रचनाकारों का ध्यान नहीं जाता है कभी ? हम तो इस महादान पर सौ बार नहीं, हजार-हजार बार थूकेंगे। मुझे तो साफ-साफ नजर आता है कि इस क्रूर कुटिल आचरण की तरफ से तरुण रचनाकारों का ध्यान फेरने का ही नाटक चल रहा है। मैं अक्सर व्यक्तिगत बातचीत में अपने को श्रीमान आशीर्वादीलाल की दिव्य उपाधि से घोषित करता रहा हूँ। परंतु अब मुझे आशीर्वादीलाल की इस नाटकीय भूमिका का परित्याग करना ही पड़ेगा–मुंडन-कनछेदन, बच्चों-बच्चियों की वर्षगाँठ और शादी-ब्याह के मांगलिक क्षणों का जहाँ तक प्रश्न है, आशीर्वादीलाल जी ठीक हैं, उनकी भी एक सामाजिक भूमिका रही है, रहेगी, परंतु हर मामले में आशीर्वादीलाल जी का यह रुख अब तो अपने को असह्य लगने लगा है।

नाना प्रकार के प्रलोभनों का इंद्रजाल कदम-कदम पर हमारा इंतजार कर रहा है। क्या आज का तरुण शब्दशिल्पी सृजनशील कलाकार नई पीढ़ी का अभिनव चिंतक 'ठगिनी माया' के मोहक नखरों को समझ नहीं रहा? हाँ, तरुण पीढ़ी पूरी तरह चौकन्नी है, वह पग-पग पर चौकस है। वह हमें भी चुपचाप जाँच-परख रही है। सत्तर वर्ष का यह बुजुर्ग रचनाकार अब तो खुल कर तरुण रचनाधर्मियों का साथ देगा–वह सहर्ष तरुणतम पीढ़ी के बहुआयामी संघर्षों में मुक्त मन से शामिल रहना चाहेगा और शामिल है। स्वाधीनता-प्राप्ति के बाद जो भी भूलें हमसे हुई हैं–यह बूढ़ा रचनाकार उनका साक्षी रहा है। यह साक्ष्य नई पीढ़ी के लिए सावधानी का संदेश है।

पिछले वर्षों से बढ़ रहे अविराम नरमेध आपको चैन से बैठने देंगे, जब मेरे जैसा चिर रोगी भी, भावनात्मक स्तर पर ही सही, इस कदर बेचैन हो उठता है? इस बेचैनी ने मुझे लगभग उन्निद्र कर रखा है। मेरी इस बेचैनी का एक विशेष संदर्भ पिछले दिनों से स्पष्ट रूप लेता गया है। भारत के उत्पीड़ित जनगण के करवट बदलते मुक्ति-संघर्ष की यह नई मंजिल है। प्रभु वर्ग की ठगिनी माया ने हर तरफ से हमला बोल दिया है–संगठित होने और बोलने, लिखने तथा अभिव्यक्त करने की स्वतंत्रता पर चौतरफा हमले से हम भी चौकन्ने हैं और हरकत में आ रहे उत्पीड़ित जनगण के संग्राम को आत्मसात भी कर रहे हैं। जनवादी लेखक संघ का यह सम्मेलन ऐसे ही विकट युग में हो रहा है। प्रभु वर्ग के हर षड्यंत्र को विफल करने के संघर्ष में मैं आपके संगठन के साथ हो गया हूँ तथा प्रगतिशील लेखक संगठन के कर्ता-धर्ताओं को आश्वस्त करना चाहता हूँ कि जनवाद की रक्षा के इस नए संघर्ष में तरुण पीढ़ी कोई बिखराव के बीज नहीं बोएगी, बल्कि प्रगतिशील सहोदर अग्रज बंधुओं के संघर्ष तथा अधूरे सपनों को मूर्तिमान करेगी तथा आत्मा के शिल्पी की सच्ची भूमिका निभाएगी।

आज जनवाद के लिए संघर्ष तथा यथार्थवादी रचनाशीलता के लिए रचनाकारों के आत्मसंघर्ष के इस विकट क्षण में लेखकों की आर्थिक दुरवस्था ने भी भयंकर रूप धारण कर लिया है। जनवादी लेखक संघ के इस संगठन से हम आशा करते हैं कि यह लेखकों की आर्थिक अवस्था के संघर्ष के प्रश्न पर भी सचेत भूमिका निभाएगा।

उद्‌घाटन के बाद जनवादी लेखक संघ के प्रस्तावित घोषणापत्र का मसौदा पढ़ा गया और उस पर चर्चा शुरू हुई। सबसे पहले कांतिमोहन ने 'जनवाद की रक्षा में लेखक की भूमिका' शीर्षक निबंध का पाठ किया, जिसमें उन्होंने कहा : चूँकि आज अधिकाधिक लेखक शोषण, उत्पीड़न, जातिवाद, सांप्रदायिकता, धर्मांधता, अंधविश्वास, भाग्यवाद आदि के विरुद्ध आवाज बुलंद कर रहे हैं और अपने साहित्य को परिवर्तनकामी शक्तियों से जोड़ रहे हैं, इसलिए अन्य मेहनतकश तबकों के अधिकारों के साथ-साथ अभिव्यक्ति की स्वतंत्रता के उनके अधिकार को भी कुचलने की भूमिका बनाई जा रही है। अपने इस अधिकार की रक्षा के लिए साहित्यकारों को संघर्ष करना ही होगा और एक ऐसे सशक्त और व्यापक संगठन का निर्माण करना होगा, जो मसौदे के शब्दों में "किसी भी हालत में जन-विरोधी शक्तियों के प्रति अवसरवादी और समझौतापरस्ती का रुख न अपनाए।"

अनवर अजीम ने कहा : मैंने 1966 से इस तरह के जलसों में शिरकत करना बंद कर दिया था। उस साल उर्दू के अदीबों का एक जलसा हुआ था, जिसमें मैंने बन्ने भाई (सज्जाद जहीर) की तहरीर 'न्यू हौराइजंस' के जवाब में एक पेपर पढ़ा था, जिसका उनवान था 'न्यू होराइजंस ऑर लॉस्ट होराइजंस?' उसमें मैंने बताया था कि 1936 में लेखकों का जो संगठन बना था, और जिसकी रहनुमाई प्रेमचंद जैसे लेखक ने की थी, वह बीस साल में किस तरह बिखर गया। बुनियादी बात यह थी कि सन् छत्तीस में संगठित होने वाले तरक्कीपसंद अदीब धीरे-धीरे अपनी तरक्की करने में लग गए। उनमें से ज्यादातर फिल्म की तरफ चले गए या प्रेस, रेडियो, टी. वी. वगैरह में। लेकिन उन्होंने यह नहीं सोचा कि इन माध्यमों का मालिक कौन है। नतीजा यह हुआ कि कृष्णचंदर, साहिर लुधियानवी, ख्वाजा अहमद अब्बास आदि तमाम लोग उन साँचों में फिट हो गए, जो मालिक वर्ग के बनाए हुए थे। जाहिर है कि आप इन दायरों में जाएँगे तो इनकी बनाई हुई हदों में ही काम करेंगे। वे हदें हमारी लेखकीय गतिविधि की ही नहीं, जीवन-पद्धति की भी हदें बन जाएँगी। इसलिए वह 'आइडियलिज्म' और समाजवादी तसव्वुरात धीरे-धीरे खत्म होते गए, और 'क्रियेटिविटी' के उफुक खो गए। आज जबकि जनवादी लेखक संघ बन रहा है, मैं उम्मीद करता हूँ कि वैसी गलतियाँ फिर नहीं दोहराई जाएँगी। और यह उम्मीद ही इस जलसे में मेरी शिरकत की खास वजह है।

उमाशंकर ने अपने वक्तव्य में प्रगतिशील लेखक संघ को 'डैड फोर्स' बताते हुए इस बात पर जोर दिया कि हम अपने साहित्य की महान् जनवादी परंपरा को पहचानें और जनता के वर्तमान संघर्षों में सहभागी होकर उसे आगे बढ़ाएँ।

कुलभूषण ने कहा कि जनवादी लेखक संघ के प्रस्तावित घोषणापत्र में जो बातें हैं, वे सही हैं, लेकिन हमें नारेबाजी से बचना चाहिए। इस संघ को हम राजनीति से अलग न रखें, लेकिन पार्टी से अलग रखें, क्योंकि लेखक दलों में बँट कर नहीं रहता, वह मानव होकर ही मानवता तक अपनी बात पहुँचा सकता है। साथ ही हमें आज के प्रकाशन-जगत् की स्थिति को देखते हुए यह कोशिश भी करनी चाहिए कि हमारी

रचनाएँ पाठक तक पहुँच सकें और लेखक-पाठक के संबंध दृढ़ हो सकें।

नरेंद्र कोहली ने कहा कि सारे आंदोलन अपने हाथ में नेतृत्व लेने के लिए होते हैं। सारे संगठन इसलिए बनाए जाते हैं कि कुछ लोग महत्त्वपूर्ण होकर व्यक्तिगत लाभ उठा सकें। जनवादी लेखकों के बीच सांप्रदायिकता-विरोधी चर्चा बहुत होती है, लेकिन लेखकों की सांप्रदायिकता का भी विरोध होना चाहिए; उन लेखकों का विरोध होना चाहिए, जो अपने गुट के बाहर के लेखकों को अछूत मानते हैं।

कर्णसिंह चौहान ने कहा : 1936 के बाद इतिहास में यह दूसरा मौका है, जब हम इतनी बड़ी और महत्त्वपूर्ण शुरूआत के लिए एकत्र हो रहे हैं। 1936 में जो प्रगतिशील लेखक संघ बना, वह साम्राज्यवाद-विरोध के मुद्दे पर बना था, इसलिए 1947 के बाद यद्यपि उसे विधिवत भंग कर देने की घोषणा भले ही नहीं हुई, पर वह संगठन जीवित नहीं रह पाया। जरूरत इस बात की थी कि आजादी के बाद नए शासक वर्ग द्वारा उत्पन्न की गई नई परिस्थितियों का सही मूल्यांकन करके संगठन को नए आधार पर बनाया और चलाया जाता, लेकिन प्र.ले.स. की बागडोर जिन लोगों के हाथों में रही, वे परिवर्तन के बजाय नवनिर्माण की बात करते हुए लेखकों को नए शासक वर्ग की सेवा के लिए प्रेरित करने लगे। लेकिन आजादी के बाद आम जनता के साथ-साथ लेखकों का भी मोहभंग हुआ और सातवें दशक में जन-आंदोलनों के साथ-साथ साहित्य में जनवादी दृष्टिकोण उभरा। लेखकों में अपने एक नए संगठन की अकुलाहट पैदा हुई, जो 1973 में बाँदा के प्रगतिशील लेखक सम्मेलन में पूरी तरह व्यक्त भी हुई, लेकिन उस सम्मेलन के आयोजक अधिकांश लेखकों के इस विचार से सहमत नहीं हुए कि नई परिस्थितियों का मूल्यांकन करके जनवादी अधिकारों पर होनेवाले हमलों और तानाशाही के खतरों का मुकाबला करने के लिए लेखकों का एक नया जनवादी संगठन बनाया जाए। नतीजा यह हुआ कि वहाँ नया संगठन नहीं बन सका। इसलिए आज हम जिस संगठन के निर्माण की बात कर रहे हैं, उसका केंद्रीय मुद्दा है : आजादी के बाद नए शासक वर्ग द्वारा पैदा की गई परिस्थितियों का सही मूल्यांकन करके तानाशाही प्रवृत्तियों के विरुद्ध जनवाद की रक्षा के लिए संघर्ष। आज के अधिकांश लेखक इस बात पर सहमत हैं और हो सकते हैं।

जानकी प्रसाद शर्मा ने कहा : मौजूदा परिस्थिति और सामाजिक परिवर्तन के दूरगामी उद्देश्य को ध्यान में रखते हुए जनवादी लेखक संघ कोरा साहित्यिक संगठन नहीं, बल्कि एक हद तक राजनीतिक संगठन भी होगा। प्रस्तावित घोषणापत्र में जो समझ है, वह भारत की कम्युनिस्ट पार्टी (मार्क्सवादी) की समझ है और मैं समझता हूँ कि संगठन इसी समझ से चलेगा तो ठीक चलेगा। लेखकों के मामले में एक व्यावहारिक लोच हममें जरूर होनी चाहिए, पर संगठन का ठोस सैद्धांतिक आधार कायम रहना चाहिए, नहीं तो इसमें सब तरह के लोगों को भर लिया जाएगा और सिद्धांतहीन ढंग से एकत्र हो जानेवाले लोग अवसरवादी रुख अपनाएँगे और संगठन को इस्तेमाल करने की तथा इस्तेमाल न कर पाने पर भंग करने की कोशिश करेंगे। हम संकीर्णतावादी न

हों, पर उदारवाद और वर्ग-सहयोगवाद से हमें अवश्य बचना चाहिए।

मुरली मनोहर प्रसाद सिंह ने कहा कि जनवादी लेखक संगठन के निर्माण के बारे में हमारी यह समझ साफ होनी चाहिए कि यह एक प्रक्रिया है और इसमें सारे अंतर्विरोध एक ही झटके में हल नहीं हो सकते। एक ही साथ सारे अंतर्विरोधों को हल कर लेने की व्यग्रता व्यर्थताबोध की ओर ले जाती है। उससे हमें सावधान रहना चाहिए।

प्रेम जनमेजय ने प्रकाशकों द्वारा लेखकों के शोषण के विरोध को संगठन का मुख्य उद्देश्य मानते हुए कहा कि इसके लिए लेखकों को संगठित होना पड़ेगा और उनके बीच छुआछूत नहीं चलेगी। हमारा आचरण उदार होना चाहिए। खतरा यह भी है कि बातें शुरू में बड़ी आदर्शवादी होती हैं, लेकिन अंत में मंच कुछ व्यक्तियों के लिए हो जाता है।

कृष्णबिहारी मिश्र ने कहा कि लेखन व्यक्तिगत कार्य है, इसलिए संगठन उसमें लेखकों की कोई मदद नहीं कर सकता। संगठन की जरूरत है लेखकों को प्रकाशकों के शोषण से बचाने के लिए, और इसका उपाय है सहकारी प्रकाशन। मगर ऐसा संगठन संकीर्ण दृष्टि और कथनी-करनी में भेद रख कर नहीं बनाया जा सकता।

रमाकांत ने कहा : घोषणापत्र में वर्तमान स्थिति की समीक्षा और संगठन के उद्देश्य बहुत अच्छे हैं, उनसे कोई असहमति नहीं हो सकती, किंतु लेखकों की सबसे बड़ी चिंता रनात्मकता का विकास और ऐसे वातावरण की सृष्टि होनी चाहिए, जिसमें रचना करना संभव हो। तनिक भी समझदार लेखक अपने सामाजिक दायित्व को अच्छी तरह समझता है और रचना में उसका निर्वाह भी करता है। पूर्ण प्रतिक्रियावादी रचना कोई नहीं होती। मैं यह भी नहीं मानता कि पुरस्कार या शासकीय प्रश्रय पाकर कोई लेखक जातिच्युत हो जाता है। पुस्तकों का प्रसार बढ़ाने, साहित्य को जनता तक पहुँचाने, अधिक पाठक पैदा करने और लेखक की दशा सुधारने की दिशा में यदि संगठन कुछ कर सके तो अधिक उपयोगी होगा। विचारधारात्मक सवाल इन सवालों के हल होने के साथ हल हो जाएगा, या यदि आज नहीं भी होता तो कोई खास नुकसान नहीं होगा।

दिविक रमेश ने कहा : मैं नहीं समझता कि प्रगतिशील लेखक संघ की भूमिका इतनी दरिद्र हो गई कि एक नए संगठन की जरूरत हो। मुझे जनवादी लेखक संघ की सैद्धांतिक बातों से मतभेद नहीं है, लेकिन व्यवहार में मुझे इससे संबद्ध लेखकों में संकीर्ण गुटबाजी दिखाई देती है। उनके लेखन और व्यवहार में अंतर है। वे अकादमी और मध्य प्रदेश कला और साहित्य परिषद् के पुरस्कारों आदि का विरोध करते हैं, लेकिन नागार्जुन, त्रिलोचन आदि को अपने मंच को सजाने के लिए अपने साथ रखते हैं, जो वहाँ से पुरस्कार आदि लेते हैं।

रमेश उपाध्याय ने कहा : जनवादी लेखक संघ के निर्माण की परिकल्पना विगत लगभग एक दशक से चल रहे जनवादी साहित्य के आंदोलन की देन है। अतः यह जो संगठन बनने जा रहा है, किन्ही थोड़े-से लेखकों की नहीं, बल्कि बहुत-से और बहुत तरह के लेखकों की आकांक्षाओं का प्रतिफलन है। इससे कई प्रकार की अपेक्षाएँ की

जा सकती हैं, जैसे कि यह लेखकों को प्रकाशकों के शोषण से बचाए, सहकारी प्रकाशन चलाए, साहित्य को जनता तक पहुँचाए, लेखकों की कथनी और करनी के भेद को दूर कर सके, संकीर्णतावादी न हो, आदि-आदि। ऐसी अपेक्षाएँ यहाँ व्यक्त भी हुई हैं और वे गलत भी नहीं हैं। मगर हमें यह ध्यान रखना चाहिए कि संगठन का मुख्य उद्देश्य क्या है। मुख्य उद्देश्य उस जनवादी आंदोलन को आगे बढ़ाना और मजबूत बनाना है, जिसने हमें संगठित होने के लिए प्रेरित किया है। हम संगठन बना लें और आंदोलन को भूल जाएँ या उसे गौण मान कर लेखकों के व्यावसायिक हितों की सुरक्षा जैसे कार्यों को ही प्रमुख मान लें, यह मेरे विचार से उचित नहीं है। प्रगतिशील लेखक संघ प्रगतिशील साहित्य के आंदोलन से बना था, लेकिन बाद में हुआ यह कि आंदोलन समाप्त हो गया और संगठन बना रहा। इसके परिणाम हम सबके सामने हैं। आंदोलन के न रहने पर कोई संगठन औपचारिक रूप से भले ही बना रहे, वास्तव में जीवित और जीवंत नहीं रह सकता। अतः हमारी पहली और प्रमुख चिंता यह होनी चाहिए कि जनवादी लेखक संघ जनवादी साहित्य के आंदोलन को कैसे आगे बढ़ा सकता है।

गोविंद देशपांडे ने अपने अध्यक्षीय भाषण में कहा : जनवादी लेखक संघ के इस प्रस्तावित घोषणापत्र के बारे में मेरा सुझाव यह है कि इसमें इस सवाल का जवाब देना जरूरी है कि यह संगठन क्यों बन रहा है। आज जबकि प्रायः सभी तरह के संगठन विघटित हो रहे हैं, हम एक नए विकल्प के निर्माण का काम केवल इस आधार पर नहीं कर सकते कि हालात बुरे हैं। यह काम इस बात को समझ कर होगा कि हम एक क्रांतिकारी समय में जी रहे हैं, एक परिवर्तनकारी प्रक्रिया में जी रहे हैं, और उस प्रक्रिया में नई परिस्थितियों का मुकाबला करने के लिए हमें एक नए संगठन की जरूरत है। दूसरी बात यह कि घोषणापत्र में आधुनिकतावाद के बारे में जो कहा गया है, उससे मैं पूरी तरह सहमत नहीं हूँ, क्योंकि इस विशाल भारतीय समाज में, जिसकी कई आत्माएँ हैं, कहीं आधुनिकतावाद भी जरूरी है। जहाँ तक घोषणापत्र और संगठन के स्वरूप के बारे में आज हुई बहस का सवाल है, आपस में आरोप-प्रत्यारोप करते समय हमें अपनी 'शिजोफ्रेनिक सोसाइटी' को ध्यान में रखना चाहिए। यह 'शिजोफ्रिनिया' शासक वर्ग का है, लेकिन हम भी इसके शिकार हैं। इसलिए यदि किसी संघ में कुछ अवसरवादी लोग हैं तो इसका मतलब यह नहीं है कि संघ ही गलत है या संगठन होना ही नहीं चाहिए। हमें इस 'शिजोफ्रेनिया' पर आक्रमण करना है, इसे 'रिजेक्ट' करना है, लेकिन यह तभी हो सकता है, जब हम वैचारिक और सैद्धांतिक रूप से इसके लिए तैयार हों। इस तैयारी में प्रस्तावित घोषणापत्र हमारी मदद करता है, हालाँकि यह थोड़ा जटिल, अमूर्त और अस्पष्ट है। इसे और ज्यादा स्पष्ट होना चाहिए।

दोपहर के कामचलाऊ भोजन के बाद, जिसकी व्यवस्था सम्मेलन में शामिल लेखकों से ही चंदा करके की गई थी, सम्मेलन का दूसरा सत्र शुरू हुआ। सम्मेलनों में आम तौर पर दूसरे सत्र में उपस्थिति काफी कम हो जाती है, लेकिन इस सम्मेलन की विशेषता यह थी कि इसमें लोग अंत तक उपस्थित रहे और उन्होंने पूरी संजीदगी

के साथ बहस को सुना और उसमें हिस्सा लिया।

दूसरे सत्र के अध्यक्ष-मंडल में थे विष्णु प्रभाकर, त्रिलोचन, राजेंद्र यादव और ओमप्रकाश ग्रेवाल। संचालन किया कर्णसिंह चौहान ने। यह सत्र अन्य कला-माध्यमों से जुड़े लोगों द्वारा जनवादी लेखक संघ के साथ एकजुटता के इजहार से शुरू हुआ।

विवान सुंदरम् ने कहा : आज अनेक चित्रकार यह महसूस करने लगे हैं कि वे आम जनता और बुद्धिजीवियों, साहित्यकारों आदि के आंदोलनों से कट कर नहीं रह सकते। यह अहसास विशेष रूप से उन चित्रकारों को हुआ, जिन्होंने आपातकाल के दौरान उसके विरुद्ध स्टैंड लिया। उस समय उन्हें अन्य लोगों से एकजुटता की जरूरत महसूस हुई और वह नहीं मिल सकी। हालाँकि भारतीय चित्रकार आज लेखकों से भी ज्यादा विभिन्न गुटों में बँटे हुए हैं, लेकिन कम-से-कम तीस-चालीस चित्रकार ऐसे हैं, जो संगठित होकर जनवादी आंदोलन का अंग बनना चाहते हैं। अपनी कला में भी वे पश्चिम के अनुकरण पर अमूर्त चित्र बनाने के बजाय अब जन-जीवन का चित्रण कर रहे हैं और जिस 'इलस्ट्रेटिव पेंटिंग' को पिछले कुछ वर्षों में नीची नजर से देखा जाने लगा था, वे अपना रहे हैं। वे चाहते हैं कि सोद्देश्यता, कथात्मकता आदि चित्रकला में फिर से आए। साथ ही वे यह भी चाहते हैं कि वे लेखकों, रंगकर्मियों, सिनेमा आदि माध्यमों से संबद्ध कलाकर्मियों के संपर्क में आएँ। जनवादी लेखक संघ को अपना समर्थन देते हुए मैं आशा करता हूँ कि वह अन्य कलाकर्मियों को साथ लेकर चलनेवाला संगठन होगा।

एम. के. रैना ने कहा : थियेटर और सिनेमा से जुड़े हम लोगों के लिए तो लेखकों के संपर्क मे रहना हमेशा ही जरूरी होता है, लेकिन हमें शिकायत है कि हमारे जनवादी संघर्षों में लेखक हमारा साथ नहीं देते। अभी पिछले दिनों दिल्ली में एक 'गजट' आया था कि थियेटरवालों को नाटक करने से पहले पुलिस से एक लाइसेंस लेना होगा और पुलिस यह तय करेगी कि कोई नाटक समाज के लिए ठीक है या नहीं। हम लोगों ने इसका विरोध करने के लिए एक सम्मेलन करने की कोशिश की, लेकिन दिल्ली के कुछ नामी-गरामी लेखक, जिनमें से कुछ नाटककार भी थे, बार-बार बुलाने पर भी नहीं आए। यह 'सेंसर' हम कलाकारों पर ही नहीं, खुद लेखकों पर भी था, लेकिन उन्होंने स्वयं इसका विरोध करना तो दूर, विरोध में हमारा साथ तक नहीं दिया। जनवादी लेखक संघ में, मुझे आशा है, रंगकर्मी और दूसरे कलाकार साथ आएँगे। हम लोगों से इसके लिए जितना कुछ हो सकेगा, हम करेंगे। विभिन्न कला माध्यमों के लोगों का एक संयुक्त संगठन बनना आज की जरूरत है।

कँवलदीप गुलाटी ने कहा : मैं जन नाट्य मंच की तरफ से आप सबका क्रांतिकारी अभिनंदन और जनवादी लेखक संघ के निर्माण का स्वागत करता हूँ। अभी विवान सुंदरम् और एम. के. रैना ने जो कुछ कहा है, वही मैं भी कहना चाहता हूँ। आज जरूरत इसी बात की है कि सब तरह के कलाकर्मी एकजुट हों और जनवादी आंदोलन से जुड़ें। जन नाट्य मंच आपके संघर्षों मे सदा आपके साथ रहेगा।

रमेश उपाध्याय ने पहले सत्र से चल रही बहस को पुनः शुरू किया और प्रस्तावित घोषणापत्र को बेहतर बनाने के लिए अपने सुझाव देते हुए कहा कि इसमें एक तो प्रगतिशील लेखक संघ के नेतृत्व की संकीर्णतावादी समझ के साथ-साथ उसकी उदारतावादी और वर्ग सहयोगवादी नीतियों की आलोचना भी की जानी चाहिए; दूसरे, इसमें 'नई कहानी' के समूचे आंदोलन को 'प्रखर जनवादी चेतना से संपन्न लेखकों का सम्मिलित प्रयास' कहते समय यह स्पष्ट किया जाना चाहिए कि उसमें प्रगतिशीलता और व्यावसायिकता के दो भिन्न रुझान मौजूद थे; और तीसरे, इसमें साहित्य के व्यवसायीकरण की समस्या के विभिन्न आयामों को अच्छी तरह स्पष्ट किया जाना चाहिए। इसके बाद उन्होंने अपने निबंध 'जनवादी लेखकों का संगठन : कुछ व्यावहारिक सुझाव' पढ़ा, जिसमें उन्होंने इस बात पर जोर दिया कि जनवादी लेखकों के संगठन को व्यक्तिगत स्तर पर लेखकों के रचना-कर्म में, सामाजिक स्तर पर उनके आर्थिक हितों की रक्षा और संवृद्धि में, और राजनीतिक स्तर पर जनता के जनवादी अधिकारों और नागरिक स्वतंत्रताओं (जिनमें लेखकों की अभिव्यक्ति की स्वतंत्रता भी शामिल है) की रक्षा करने में सहायक होना चाहिए।

योगेश गुप्त ने कहा : लेखन के लिए आज सबसे बड़ा खतरा यह है कि लेखक-प्रकाशक संबंधों में कोई स्वस्थता नहीं है। अपने लेखन को हम समझौता किए बिना प्रकाशित नहीं करा सकते। प्रगतिशील प्रकाशन संस्थानों ने भी इस दिशा में नहीं सोचा है। पीपुल्स पब्लिशिंग हाउस इसकी मिसाल है, जहाँ से रामविलास शर्मा जैसे लेखक की पुस्तकें भी नहीं छप पातीं। दूसरी तरफ सरकारी 'एजेंसियाँ' और ज्ञानपीठ जैसी संस्थाएँ ऐसी कोशिश कर रही हैं कि लेखन में से आक्रोश निकल जाए। और हममें से अधिकांश लोग इन प्रक्रियाओं में शामिल हैं। अगर हम ऊपर से क्रांतिकारी बनते हैं और भीतर से इन 'एजेंसियों' से जुड़े हैं तो इस संगठन की क्या जरूरत है? महीप सिंह यहाँ बैठे हैं, उन्होंने भी एक लेखक संघ खोला है। लेकिन वे कितना बड़ा व्यापार कर रहे हैं, सब जानते हैं। लेखन के लिए दूसरा बड़ा खतरा राजनीति से है। राजनीति द्वारा 'इंपोज' की गई 'कंडीशंस' लेखन के लिए कभी अच्छी नहीं होतीं। आज के जनवादी लेखन में फार्मूले हैं; वह आत्मा नहीं, जो डिस्टर्ब करे, सोचने को मजबूर करे। जनवादी लेखक संघ का प्रस्तावित घोषणापत्र भी ऐसी ही आत्माविहीन भाषा में लिखा गया है। उसमें जिंदा शब्द नहीं हैं।

महीप सिंह ने लेखक संघ 'खोलने' की बात पर काफी देर तक अपनी और अपने भारतीय लेखक संघ तथा सहकारी प्रकाशन की प्रशंसा करने के बाद कहा कि यह सम्मेलन विभिन्न विचारों के लेखकों को इकट्ठा करने और बोलने का मौका देने के लिए बधाई का पात्र है। लेकिन जनवादी लेखक संघ का घोषणापत्र बहुत अमूर्त और राजनीतिक मुहावरों, शब्दों और वाक्यांशों से भरा हुआ है। यह मसौदा हमारे जीवन के प्रश्नों से सीधा साक्षात्कार नहीं करता। आज एक तरफ प्रकाशन को लेकर भयंकर व्यवसाय पनप रहा है और दूसरी तरफ पत्रिकाओं और प्रकाशनों पर पूँजीपतियों और

सरकार का शिकंजा जकड़ता जा रहा है। लेकिन इसके बारे में घोषणापत्र में केवल अमूर्त बातें हैं। मैं जनवादी लेखक संघ के निर्माण की प्रक्रिया का स्वागत करता हूँ, लेकिन यह कहना चाहता हूँ कि लेखक संगठन एक ही नहीं रहेगा, अनेक होंगे और वे कुछ मुद्दों पर एक संयुक्त मोर्चा बनाएँगे जो न केवल राजनीति के लिए बल्कि लेखकों के लिए भी अच्छा रहेगा।

मैनेजर पांडेय ने कहा : कोई संगठन न तो खराब लेखक को अच्छा बना सकता है, न अच्छे लेखक को खराब लेखक, क्योंकि लेखन एक व्यक्तिगत कार्य है। संगठन संघर्ष के लिए होता है और वह तभी सही हो सकता है, जब उसके केंद्र में लेखक और लेखन नहीं, जनता हो। अतः संगठन को लेखकों की ही नहीं, जनता की भी चिंता करनी चाहिए। कुछ बातें जो मैं कहना चाहता था, रमेश उपाध्याय ने कह दीं। मसलन उन्होंने प्रगतिशील लेखक संघ के विघटन के कारणों का संकेत किया। मेरे विचार से प्र. ले. स. संकीर्णतावादी नीति के कारण नहीं, बल्कि विसर्जनवादी नीति के कारण विघटित हुआ। हमें साहित्य में संयुक्त मोर्चे के सवाल पर पुनर्विचार करना चाहिए, क्योंकि प्र. ले. स. के दौरान एक संयुक्त मोर्चा बना और टूटा। कहीं ऐसा न हो कि जनवादी लेखक संघ का संयुक्त मोर्चा भी उसी तरह टूटे। इसका घोषणापत्र वाकई अमूर्त है। उदाहरण के लिए इसमें यह स्पष्ट नहीं किया गया है कि पूर्वग्रह-मंडली और उससे संबद्ध लेखकों के बारे में हमारी क्या नीति होनी चाहिए।

प्रयाग शुक्ल कुछ गहरी बात कहना चाहते थे, लेकिन वे शायद इतनी गहराई में उतर गए कि उससे ऊपर आकर स्पष्ट कुछ कहना उनके लिए मुश्किल हो गया। उनकी उलझी हुई शब्दावली से जो बात पल्ले पड़ सकी वह यह थी कि साहित्य में गुटबंदी है, लोग पिछले दो-चार वर्षों के और अपने मित्रों के साहित्य को ही साहित्य समझते हैं। घोषणापत्र में जिन चीजों का जिक्र है, उनसे असहमत होने का तो प्रश्न ही नहीं है, लेकिन उसके पीछे रचनात्मक प्रक्रिया नहीं है। फिर हम ऐसा कोई संगठन बनाने की क्यों सोचें? लेखक को जितना रचना होता है, खुद रचता है। लेकिन लेखक असुरक्षित है, सारा समाज असुरक्षित है, इसलिए लेखकों के संगठन की जरूरत हो सकती है।

सरिता माहेश्वर ने संगठन के निर्माण के प्रति अपना संपूर्ण समर्थन व्यक्त करते हुए सुझाव दिया कि यह संगठन केवल हिंदी के लेखकों का नहीं, बल्कि भारत की सभी भाषाओं के लेखकों का संगठन होना चाहिए। इसकी नींव आम सहमति पर आधारित एक ठोस जनवादी कार्यक्रम पर रखी जानी चाहिए, ताकि लेखकों के आपसी मतभेद और भिन्न राजनीतिक दृष्टिकोण संघ की प्रगति में बाधक न हों और इसके सदस्यों के लिए एक सर्वमान्य आचार-संहिता भी नियत की जाए, ताकि जन-विरोधी कार्यों में लिप्त रहनेवाले लोग इसे गलत दिशा में न ले जा सकें।

मनमोहन ने पहले के वक्ताओं की इस शिकायत को उचित बताया कि घोषणापत्र में अमूर्तता है और सुझाव दिया कि इसे एक 'कौंप्रिहेंसिव प्रोग्राम' के रूप में 'डेवलप'

किया जाना चाहिए, जिसमें प्र. ले. स. की विस्तृत आलोचना हो; जनवादी लेखक संघ के कार्यभारों का निर्धारण किया जाए; यह स्पष्ट किया जाए कि शिक्षा, धर्म, 'मास-मीडिया', फुटपाथी साहित्य, व्यावसायिक पत्रिकाओं आदि के बारे में हमारा क्या रवैया होना चाहिए; और यह भी स्पष्ट किया जाए कि अन्य लेखक संगठनों के मौजूद होते हुए भी जनवादी लेखक संघ क्यों बनाया जा रहा है। उन्होंने कहा कि जनवादी लेखक संघ प्र.ले.स. की असफलाओं से नहीं, बल्कि 'पॉजिटिव' जरूरतों से पैदा होनेवाला सगंठन है। जहाँ तक इसके नेतृत्व का सवाल है, एक तर्कसंगत जनवादी विचारधारा इसका नेतृत्व करेगी, लेकिन इसमें बहुत-से गैर-मार्क्सवादी लेखक भी आएँगे। हमें उनकी ममतापूर्ण समीक्षा और अपनी निर्मम आलोचना करनी होगी।

बहस अभी और भी काफी देर चल सकती थी लेकिन समय बहुत हो चुका था, अत: भगवान सिंह, माहेश्वर, रमेश बत्तरा, इब्बार रब्बी, चंचल चौहान, अशोक चक्रधर, अजय तिवारी आदि अनेक वक्ताओं से क्षमा-याचना करते हुए संचालक ने अध्यक्ष-मंडल के सदस्यों को आमंत्रित किया और उन्होंने अपने अध्यक्षीय भाषण किए।

राजेंद्र यादव ने कहा : घोषणापत्र से असहमति की कोई गुंजाइश नहीं, हालाँकि 'समरी डिसमिसल' और 'समरी कंजेंट' एक ही बात है। घोषणापत्र राजनीतिक शब्दावली से बोझिल है और योगेश गुप्त की बात ठीक है कि इसमें आत्मा नहीं है, जिंदा शब्द नहीं हैं। लेकिन ऐसा कोई मसौदा अंतिम नहीं हो सकता, क्योंकि विचार एक प्रक्रिया है। संगठन एक तरफ लेखकों की व्यावहारिक समस्याएँ हल करने के लिए होता है और दूसरी तरफ उनके वैचारिक अंतर्विरोधों को दूर करने के लिए। मगर चूँकि विचार के मामले में सारी चीजें पहले से तय नहीं की जा सकतीं, इसलिए फिलहाल हमें व्यावहारिक समस्याओं पर बात करनी चाहिए। यह बहुत अच्छी बात है कि यहाँ सब तरह के लोगों को आमंत्रित किया गया है, लेकिन खेद है कि जो लोग इस विचारधारा के सबसे निकट हो सकते थे, वे यहाँ नहीं हैं। भले ही उन्होंने गलतियाँ की हों, भले ही उनमें भटकाव रहे हों, पर उन्होंने इस जनवादी चेतना को जिंदा रखा है। (राजेंद्र यादव का इशारा प्र.ले.स. के लोगों की ओर था। संचालक कर्णसिंह चौहान ने इसका स्पष्टीकरण देते हुए कहा कि उन लोगों को बुलाया गया था, उनमें से कुछ लोगों ने सम्मेलन में शामिल होने की स्वीकृति भी दी थी, लेकिन आए नहीं।) दूसरी बात : यहाँ रमेश उपाध्याय ने 'नई कहानी' आंदोलन में दो रुझानों की बात कही, लेकिन वास्तव में 'नई कहानी' आंदोलन उस समय की शीतयुद्ध की विचारधारा का विरोधी आंदोलन था। 'नई कविता' में प्रतिक्रियावादी भले ही रहे हों, 'नई कहानी' में नहीं थे। जहाँ तक व्यावसायिकता का सवाल है, हमें व्यावसायिक और सरकारी तंत्र के बारे में एकतरफा बातें न करके इस संपूर्ण व्यवस्था के सामने लेखकीय स्वतंत्रता का सवाल उठाना चाहिए। सवाल यह है कि जो लेखक आपातस्थिति, पुरस्कार, सरकारी नौकरियों आदि से जुड़े हुए हैं, वे अपनी अभिव्यक्ति की स्वतंत्रत को कैसे बचा सकते हैं? इसके लिए हमें व्यावसायिक तथा सरकारी संस्थाओं के समानांतर अपनी पत्रिकाएँ और सहकारी

प्रकाशन स्थापित करने होंगे। यदि जनवादी लेखक संघ यह कर सके तो बहुत बड़ा काम होगा।

विष्णु प्रभाकर ने कहा : यदि हम ऐसा कोई व्यापक मंच बना सकें, जिसमें सभी जनवादी लेखक इकट्ठे होकर अपनी बात कह सकें तो मैं उसका स्वागत करूँगा। मैं दिल्ली में प्रगतिशील लेखक संघ का संस्थापक सदस्य था, लेकिन बाद में उसमें से मुझे निकाल दिया गया, क्योंकि मैं मार्क्सवादी नहीं था। अब भी नहीं हूँ। लेकिन जब उसे व्यापक बनाया गया और मुझे उसमें फिर से लिया गया तो मैं स्वयं निकल कर चला आया, क्योंकि उसमें रह कर मैं आपातस्थिति का समर्थन नहीं कर सका। लेखक किसी एक सिद्धांत से नहीं, समूचे जीवन से जुड़ता है, हालाँकि उसका अपना एक सिद्धांत हो सकता है। मैं जहाँ तक जा सकता हूँ, आपके साथ हूँ, और जहाँ मेरे सिद्धांत की बात आयेगी, आपसे अलग भी हो सकता हूँ। मेरे विचार से लेखकों की सबसे बड़ी जरूरत यह है कि वे जनता से जुड़ें, उसके दुख-दर्द को अपना बना कर लिखें। और ऐसा होगा तो हमें पाठकों की भी कोई कमी नहीं रहेगी। जहाँ तक प्रकाशन की समस्याओं का सवाल है, हमें यह सोचना चाहिए कि लेखकों की सहकारी प्रकाशन संस्थाएँ यदि केरल और पंजाब में बन कर सफल हो सकती हैं तो हिंदी क्षेत्र में क्यों नहीं हो सकतीं? मुझसे जहाँ तक सहयोग हो सकेगा, मैं दूँगा।

त्रिलोचन ने कहा : एक संगठन बन रहा है तो स्पष्ट है कि उसे बनानेवालों की कुछ योजनाएँ हैं और उनका पता इस घोषणापत्र से चलता है। यह जरूर है कि घोषणापत्र बनानेवाले नए लोग रहे होंगे। सहकारी प्रकाशन पर मैं पहले भी बल देता रहा हूँ। यदि एक भी सहकारी प्रकाशन हिंदी में सफल हो गया तो व्यावसायिक प्रकाशकों का व्यवहार बदल जाएगा। दूसरी बात यह है कि जिस तरह प्रगतिशील लेखक संघ केवल हिंदी के लेखकों का संगठन नहीं था, उसी तरह जनवादी लेखक संघ को भी समस्त भारतीय भाषाओं के लेखकों का, बल्कि लेखकों का ही नहीं, सभी कलाकर्मियों का संगठन होना चाहिए।

ओमप्रकाश ग्रेवाल ने पूरे दिन की बहस में उभर कर आए मुख्य मुद्दों को समेटते हुए कहा : यह विचार-विमर्श बहुत ही उपयोगी और लाभदायक रहा है। घोषणापत्र पर चाहे ऊपर से लगता हो कि हम सब सहमत हैं, पर मतभेद भी सामने आए हैं। उसे लेकर कुछ लोगों के मन में आशंकाएँ हैं और कुछ लोगों को उससे अतिरिक्त अपेक्षाएँ हैं। ये दोनों बातें उसे पूरी तरह न समझ पाने के कारण पैदा हुई हैं। यह प्रस्ताव साहित्यकारों को किसी दल से जोड़ कर संगठित करने का नहीं, बल्कि जनवादी लेखकों का एक व्यापक मंच बनाने का है। इसलिए यह आशंका कि यह लेखकों को घुमा-फिरा कर किसी दल से जोड़ने की कोशिश है, घोषणापत्र को न समझ पाने के कारण पैदा हुई है। इसी तरह जो लोग इससे कुछ अतिरिक्त अपेक्षाएँ करते हैं, उन्हें भी समझना चाहिए कि यह जनवादी लेखकों का मंच है, लेखकों की ट्रेड-यूनियन नहीं। घोषणापत्र का केंद्रीय मुद्दा है अपनी जनवादी सांस्कृतिक विरासत को संकट से उबारने

के लिए पहलकदमी की जरूरत, क्योंकि यह जरूरत मौजूदा मंचों द्वारा पूरी नहीं हो पा रही है। इंसान की इंसानियत, उसकी गरिमा, उसकी स्वतंत्रता जैसे जनतांत्रिक मूल्यों की हमारी विरासत आज खतरे में है और इस खतरे को घोषणापत्र में बड़ी गंभीरता से स्पष्ट किया गया है। ये ही वे मूल्य हैं, जिनकी रक्षा के लिए कलम उठाने पर लेखक जनवादी कहलाने का हकदार होता है, और जब इन मूल्यों पर संकट हो तो यह समझना चाहिए कि वह लेखक के जनवादी व्यक्तित्व पर ही संकट है। कई लेखक ऐसे हो सकते हैं जो लेखन में इन जनवादी मूल्यों की बात करते हों और जीवन में इन्हें न अपनाते हों। उनसे मेरा अनुरोध है कि वे इन्हें अपने जीवन से भी जोड़ें और आज के संकट को स्वीकारते हुए एक मंच पर आकर इससे निपटने के लिए सहयोग करें। यह केवल प्रकाशन का सवाल नहीं, इस खतरे के विरुद्ध एकजुट होकर संघर्ष करने का सवाल है। यह जनवादी मूल्यों की, हमारे सांस्कृतिक मूल्यों की, रक्षा का सवाल है, जिनके बिना आपका जनवादी व्यक्तित्व ही समाप्त हो जाता है। जनवादी लेखक संघ इन्हीं मूल्यों की रक्षा और विस्तार करने के लिए बनाया जा रहा है।

दिल्ली में हुए इस सम्मेलन की भाँति जब अन्य अनेक स्थानों पर भी ऐसे ही सम्मेलन हो चुके और उनके अंतर्गत प्रस्तावित घोषणापत्र पर इसी प्रकार के विचार-विमर्शों ने संगठन के निर्माण की एक उत्साहवर्द्धक पृष्ठभूमि तैयार कर दी, तो तैयारी समिति ने जनवादी लेखक संघ का पहला राष्ट्रीय सम्मेलन दिल्ली में बुलाया, जिसका विवरण इस प्रकार है :

जनवादी लेखक संघ का स्थापना-सम्मेलन

13 फरवरी 1982 की सुबह। दिल्ली में कड़ाके की ठंड है। दस बजने को हैं। सुबह का घना कोहरा छँट गया है और सुहावनी धूप निकल आई है। मंदिर मार्ग पर स्थित साउथ इंडिया क्लब के सभागार के सामने खुली धूप में देश के विभिन्न भागों से आए हुए और स्थानीय जनवादी लेखक एक-दूसरे से मिल रहे हैं, परिचित हो रहे हैं, बतिया रहे हैं। आत्मीय बातचीत के बीच बेलौस ठहाके गूँज रहे हैं। भारत के मुक्तिकामी संघर्षशील जनगण के साथ कदम मिला कर चलनेवाले, उनके जीवन-संघर्षों और आशाओं-आकांक्षाओं को वाणी देकर अनेक कलात्मक रूपों में उन्हीं तक पहुँचानेवाले इन जनवादी लेखकों के मन में बरसों से अपने संगठन की जो आकांक्षा पल-पनप रही थी, आज फलीभूत होने जा रही है। तभी तो ये पाँच सौ से अधिक लेखक शीत-लहर के इस मौसम में भी दूर-दूर से अपना किराया-भाड़ा खर्च करके इस सम्मेलन में शिरकत करने आए हैं। जो नहीं आ सके हैं, उन्होंने शुभकामना संदेश भेजे हैं।

सम्मेलन शुरू हुआ तो सभागार खचाखच भरा हुआ था। उद्घाटन-सत्र का संचालन करने के लिए कर्णसिंह चौहान मंच पर आए। उन्होंने इस सत्र के अध्यक्ष-मंडल के लिए जन-कवि शील, पंजाबी के वयोवृद्ध लेखक प्रीतम सिंह गुराया और हिंदी के प्रख्यात आलोचक शिवकुमार मिश्र के नाम प्रस्तावित किए। रमेश उपाध्याय ने मंच पर

जाकर प्रस्ताव का अनुमोदन किया। तालियों की गड़गड़ाहट के बीच अध्यक्ष-मंडल ने आसन ग्रहण किया। कोटा के जन नाट्य मंच के कलाकारों ने पहले जमना प्रसाद ठाड़ा राही के दो गीत 'ये कैसी व्यवस्था है' और 'अब तो जाग-जाग री धरती' और फिर साहिर लुधियानवी की एक ग़ज़ल 'बहुत घुटन है, कोई सूरते बयाँ निकले' संगीत के साथ प्रस्तुत की। इसके बाद शिवकुमार मिश्र ने पिछले दिनों दिवंगत हुए लेखकों, बुद्धिजीवियों तथा कलाकर्मियों के बारे में एक शोक-प्रस्ताव पढ़ा और सभागार में उपस्थित सभी लोगों ने खड़े होकर दिवंगतों के प्रति मौन श्रद्धांजलि अर्पित की।

अब स्वागताध्यक्ष राजेंद्र यादव मंच पर आए और उन्होंने लेखक साथियों को संबोधित करते हुए कहा : जनवादी लेखक संघ की स्थापना के इस अवसर पर दिल्ली के लेखकों की ओर से मैं आप सबका हार्दिक स्वागत करता हूँ। लेखकों का ऐसा संगठन, जिसके पीछे यह वैचारिक दृष्टि हो कि हम जनता के साथ हों और जनता के लिए काम करें, 1936 के बाद पहली बार बन रहा है। इसकी आवश्यकता बहुत पहले से महसूस की जा रही थी। यह सम्मेलन इस आवश्यकता को पूरा करेगा, इसलिए इसका ऐतिहासिक महत्त्व है। निस्संदेह इस संगठन के पीछे एक विचार है, लेकिन विचार एक ऐसी प्रक्रिया है, जो हमेशा चलती रहती है। पहले से निश्चित विचार लेखन में बहुत मदद नहीं करते। लेखन में अनुभव और विचार दोनों को साथ लेकर चलना होता है। अनुभव की व्याख्या और परिभाषा करना विचार का काम है, लेकिन लेखक की मूल पूँजी अनुभव ही है। यह अनुभव ही है, जो वर्तमान व्यवस्था के आतंक के विरुद्ध हममें संगठित होने का विचार उत्पन्न करता है। लेखकों के संगठन की आवश्यकता इसलिए होती है कि लेखक आपस में संवाद कायम करें और मिलजुल कर काम करें। संगठन के सवालों पर विचार तो आगे होंगे ही, मैं आप लोगों का हार्दिक स्वागत और अभिनंदन करता हूँ और आशा करता हूँ कि सम्मेलन की व्यवस्था में जो कमियाँ और गलतियाँ रह गई हों, उनके लिए आप क्षमा करेंगे।

स्वागत-भाषण के बाद सम्मेलन की तैयारी-समिति के संयोजक भैरव प्रसाद गुप्त ने प्रारंभिक वक्तव्य देते हुए कहा : बंधुओ, पहले मैं आप सबको प्रणाम करता हूँ, फिर मुंशी प्रेमचंद को प्रणाम करता हूँ। जब से जनवादी लेखकों के संगठन की बात शुरू हुई, तब से बराबर प्रेमचंद की याद आती रही। 1936 में प्रगतिशील लेखक संघ की स्थापना के समय जो भाषण उन्होंने दिया था, उसकी याद आती रही। वह भी एक ऐतिहासिक अवसर था, यह भी एक ऐतिहासिक अवसर है। जो खुशी और उमंग उस अवसर पर उस जमाने के लेखकों में थी, वही खुशी और उमंग आज के लेखकों में आज के दिन है। उस सम्मेलन में भी कई पीढ़ियों के लेखक थे और इस सम्मेलन में भी कई पीढ़ियों के लेखक मौजूद हैं। हमारा यह सम्मलेन सभी पीढ़ियों और सभी विचारों के लेखकों का प्रतिनिधि सम्मेलन है। जो चीज हमें विचार, अनुभव या सिद्धांत के स्तर पर जोड़ती है, वह है आज की स्थिति में जनवाद की रक्षा और उसे आगे बढ़ाने की भावना। इसी भावना ने हमें यहाँ इकट्ठा किया है। इसी भावना से हम इस जाड़े के

मौसम में अपना किराया खर्च करके यहाँ आए हैं। जनवादी लेखक संघ के प्रस्तावित घोषणापत्र का लेखकों ने अत्यंत उत्साहपूर्वक जो स्वागत और समर्थन किया है, वह इस संगठन के प्रति उनकी गहरी रुचि और उत्साह का सूचक है। यह इस बात का सबूत है कि इस घोषणापत्र ने लेखकों के दिलों की बातों को सामने रखा है और उन्हें आंदोलित किया है।

अभी अधिक कुछ न कह कर मैं इतना ही कहूँगा कि आप हर बात को पूरी गहराई से सोच-समझ कर और खुले मन से निर्णय लें, अपने संगठन का निर्माण करें, अपने-अपने क्षेत्रों में जाकर इसकी शाखाएँ खोलें और काम को आगे बढ़ाएँ। हमारा यह संगठन बहुत ही विराट् संगठन होगा। किसी भी विचार के लेखक के लिए इसमें स्थान होगा। शर्त केवल यही है कि जनवाद में उसकी आस्था होनी चाहिए। इसे ध्यान में रखते हुए आप खूब सोच-समझ कर, विवेकपूर्वक और गंभीरतापूर्वक निर्णय लें और जनवाद की रक्षा तथा उसे आगे बढ़ाने के कार्य का संकल्प लेकर यहाँ से जाएँ।

इसके बाद कर्णसिंह चौहान ने सम्मेलन के विधिवत उद्‌घाटन के लिए उर्दू के प्रख्यात कथाकार काजी अब्दुल सत्तार को आमंत्रित करते हुए कहा कि हमारा संगठन केवल हिंदी के लेखकों का नहीं, बल्कि सभी भाषाओं के लेखकों और कलाकारों का संगठन होगा, इसलिए हमने सम्मेलन का उद्‌घाटन करने के लिए काजी अब्दुल सत्तार को आमंत्रित किया है।

काजी अब्दुल सत्तार ने अपने उद्‌घाटन-भाषण में कहा : आज से बहुत साल पहले जब प्रगतिशील लेखक संघ की शुरूआत हुई थी, तब प्रेमचंद ने लेखकों के हाथ में एक मशाल दी थी और सारे अदीब और फनकार अवाम के दिलों की धड़कन बन गए थे। उन्होंने ऐसे अफसाने और ऐसे गीत लिखे, जिन्हें जनता सुनना चाहती थी। लेकिन हिंदुस्तान आजाद हुआ, पाकिस्तान पैदा हुआ, और प्रगतिशील लेखक इस बात पर बँट गए कि आजादी सच्ची है या झूठी। प्रगतिशील लेखक संघ को तोड़नेवाला यह एक बहुत बड़ा हादसा था। लेकिन इससे भी बड़ा हादसा उर्दू जबान के साथ हुआ, उर्दू के प्रगतिशील साहित्य के साथ हुआ। पाकिस्तान की हर हुकूमत प्रगतिशील लेखकों की विरोधी रही और हर हुकूमत ने उनका दमन किया। लेकिन उर्दू की अच्छी पत्रिकाएँ पाकिस्तान से ही निकल रही थीं। आजादी के बाद हिंदुस्तान में उर्दू की पत्रिकाएँ निकलीं तो, लेकिन वे कमजोर होती गईं। इसलिए उर्दू लेखकों के लिए पाकिस्तान में छपना बड़ी बात हो गई। दूसरी तरफ सांप्रदायिकता की जो आग भड़की, उसके कारण हिंदुस्तान के प्रगतिशील लेखक समझ नहीं पाए कि क्या लिखें। भूख, गरीबी, बीमारी और बेकारी के खिलाफ लेखन के जरिए जो लड़ाई चल रही थी, वह हिंदू-मुस्लिम फसाद के बीच दब कर रह गई।

इसके बाद रूस ने हंगरी पर और चीन ने हिंदुस्तान पर हमला किया। इससे भी भारत के प्रगतिशील लेखकों के लिए बड़ी मुश्किल पैदा हुई। लेकिन इससे भी बड़ी बात थी लेखकों का अवसरवाद। और हमारी आलोचना ने भी अवसरवादी लेखकों को

ही ताज पहनाए। इसका नतीजा यह हुआ कि प्रगतिशील लेखन और भी बिखर गया। व्यवस्था ने भी प्रगतिशील लेखन को नष्ट करने में कोई कसर नहीं छोड़ी। भारत की यह शानदार परंपरा रही है कि यहाँ पचास-पचास हजार लोग साथ बैठ कर रात-रात भर अदब सुनते हैं। इस परंपरा को तोड़ने की कोशिश की गई। कोई अदब तब तक जिंदा नहीं रह सकता, जब तक नौजवान उसके साथ न हों, इसलिए कोशिश की गई कि नौजवानों को प्रगतिशील लेखन से अलग कर दिया जाए। इसके लिए व्यक्तिवाद और नकारवाद के नारे दिए गए और नौजवान इस फिसलन-भरे रास्ते पर फिसल गए। यदि हमारे पास कोई संगठन होता, पत्रिकाएँ होतीं, नौजवानों को देने के लिए कोई मंच होता, तो हम उन्हें फिसलने से रोक सकते थे। लेकिन यह नहीं था। ऐसे माहौल में जो पत्रिकाएँ थीं भी, उनमें से प्रगतिशील रचनाएँ और रचनाकार छँटते गए। प्रगतिशीलों पर हमले हुए, लेकिन उन हमलों के खिलाफ वैचारिक संघर्ष चलाने की कोशिश की गई तो उसे लेखकों की व्यक्तिगत लड़ाई बना दिया गया।

दस बरस तक यह हुआ कि प्रगतिशील लेखक किसी जलसे में जाते थे तो दस मिनट तक गालियाँ सुनते थे और तब अपनी बात कहते थे। और प्रगतिशील लेखक संघ के जलसों में प्रगतिशील लेखकों को गालियाँ देनेवाले लोग अध्यक्ष बनाए जाते थे और उन्ही को रेडियो और टेलीविजन के कार्यक्रमों में बुलाया जाता था, जहाँ बड़े-बड़े प्रगतिशील लोग बैठे हुए थे। अगर यह सब न हुआ होता तो आज यह जलसा भी न होता। इसलिए मैं आप लोगों से प्रार्थना करता हूँ कि आपका संगठन तो होना ही चाहिए, आपके पास अपनी एक पत्रिका भी होनी चाहिए। पत्रिका हिंदी में ही नहीं, उर्दू में भी होनी चाहिए, बल्कि भारत की प्रत्येक भाषा में होनी चाहिए और साथ ही हमारी पत्रिकाओं में जो रचनाएँ छपें, वे कथ्य और रूप दोनों ही दृष्टियों से अच्छी रचनाएँ होनी चाहिए। हमें ऐसी रचनाएँ चाहिए, जो खूबसूरत भी हों और तंदुरुस्त भी, निरी खूबसूरती या निरी तंदुरुस्ती से कोई रचना अच्छी नहीं बनती।

मलयालम के लेखक और 'देशाभिमानी' पत्रिका के संपादक थयाट्टु शंकरन् भी सम्मेलन में आए हुए थे। हिंदी न जानने के कारण उन्होंने अंग्रेजी में लेखकों को संबोधित करते हुए जनवादी लेखक संघ के प्रति अपनी शुभकामनाएँ प्रकट कीं। रमेश उपाध्याय ने उनके भाषण का तत्काल मौखिक अनुवाद प्रस्तुत किया। शंकरन् ने कहा : बड़ी प्रसन्नता की बात है कि आप लोग हिंदी में जनवादी लेखन का आंदोलन चला रहे हैं। केरल में हम मलयालम भाषा के लेखकों ने भी जनवादी लेखकों का एक संगठन बना रखा है। इस संगठन का नाम देशाभिमानी स्टडी सर्कल है, जिसके द्वारा हम लेखकों को संगठित करते हैं, लेखक-सम्मेलन और लेखक-शिविर आयोजित करते हैं। इन सम्मेलनों और शिविरों में हम अनेक लेखकों और आलोचकों को आमंत्रित करते हैं, आलोचक लेखकों की कविताएँ और कहानियाँ सुनते हैं, उन्हें सलाह देते हैं और उनकी सलाह सुनते हैं। हम लेखकों का ही नहीं, हर प्रकार के प्रगतिशील और जनवादी लोगों का एक व्यापक संगठन बना रहे हैं, जिसमें हम नाटक, सिनेमा,

चित्रकला और अन्य क्षेत्रों के लोगों को भी शामिल करते हैं। हमारा संगठन हर प्रकार की राजनीतिक विचारधारा के लेखकों को साथ लेकर चलता है और उसमें नौजवान और बुजुर्ग सभी तरह के लोग शामिल हैं। मैं अपने संगठन और आंदोलन की तरफ से जनवादी लेखक संघ के प्रति अपनी शुभकामनाएँ व्यक्त करता हूँ।

पंजाबी के लेखक प्रीतम सिंह गुराया ने कहा : हम क्या लिखें, कैसे लिखें, किसके लिए लिखें, इन प्रश्नों पर हमारे मन में कोई अस्पष्टता नहीं होनी चाहिए। पिछले कुछ समय से हिंदी, उर्दू और पंजाबी के लेखन में यह अस्पष्टता रही है और इसका कारण यह रहा है कि लेखकों का दिशा-निर्देश करनेवाला कोई मजबूत और व्यापक संगठन नहीं रहा है। इसलिए जनवादी लेखक संघ के निर्माण के लिए होनेवाला यह सम्मेलन बहुत ही महत्त्वपूर्ण है। मुझे विश्वास है कि यह सम्मेलन इतिहास में एक मील-पत्थर होगा और लेखकों पर इसका जबर्दस्त प्रभाव पड़ेगा। पंजाबी में हम लोगों का भी एक संगठन है–पंजाबी केंद्रीय सभा। इसमें हमने एक प्रयोग किया है कि प्रगतिशील और गैर-प्रगतिशील सभी तरह के लेखकों को साथ लेकर चलने की कोशिश हमने की है। हम यह मानते हैं कि साहित्य यदि साहित्य है, तो जिंदगी के साथ चलता है और ऐसा साहित्य प्रतिगामी नहीं हो सकता, भले ही उसको लिखनेवाले प्रतिगामी विचारों के हों। हाँ, जो लोग अवसरवादी हैं, सरकारी पिट्ठू हैं, रेडियो और टी. वी. वाले लोग हैं, उनके द्वारा हम पर अनेक आक्रमण किए जाते हैं। ऐसा नहीं है कि हम उनके हमलों का जवाब नहीं देते, लेकिन सही जवाब उन्हें तभी दिया जा सकता है जब हमारा एक मजबूत संगठन हो। इस सम्मेलन के बाद जो संगठन बनेगा, उससे हम ज्यादा संगठित और ज्यादा शक्तिशाली हो सकेंगे और अपना काम ज्यादा अच्छी तरह कर सकेंगे। इसलिए मैं इस सम्मेलन का हार्दिक स्वागत करता हूँ।

हिंदी की प्रगतिशील परंपरा के मूर्धन्य रचनाकार शील ने अपने अध्यक्षीय भाषण में कहा : हम और हमारे आगे आनेवाली पीढ़ी के लोग आज यहाँ जनवादी लेखक संघ का ऐतिहासिक अभ्युदय देखने के लिए एकत्र हुए हैं, जो न केवल साहित्य को बल्कि देश को भी एक नई दिशा देनेवाला होगा। हमारा यह संगठन अपने राष्ट्रीय साहित्य की प्रगतिशील परंपराओं को आगे बढ़ानेवाला संगठन होगा। हमें भारतेंदु से, प्रेमचंद से, प्रगतिशील लेखन के आंदोलन से जो शानदार विरासत मिली है, उसे आगे बढ़ाते हुए जनवाद की रक्षा और उसे आगे बढ़ाने का ऐतिहासिक दायित्व पूरा करना है। इसके लिए हमें एक व्यापक मोर्चा जनवाद-विरोधी शक्तियों के खिलाफ बनाना है, जिसमें जनवाद में आस्था रखनेवाले तमाम लेखकों को साथ लेकर चलना है और शिक्षित तथा अशिक्षित दोनों ही तरह के लोगों को आंदोलित करनेवाला साहित्य रचना है। 1936 में शुरू हुए प्रगतिशील लेखन आंदोलन ने 1947 तक यह काम बड़ी खूबी से किया था, लेकिन बाद में वह आंदोलन दिशाभ्रष्ट होकर बिखर गया। आज मुझे अपनी एक पुरानी कविता याद आ रही है :

पहुँच गए अपनी मंजिल पर
अपने महल बनानेवाले
पहुँच गए अपनी मंजिल पर
छल का जाल बिछानेवाले
उनकी मंजिल इतनी ही थी
अब आगे तुमको तय करनी।

अंत में उद्घाटन-सत्र के तीसरे अध्यक्ष शिवकुमार मिश्र ने कहा : कोई संगठन ऐसे ही नहीं बन जाया करता कि दस-पाँच लोग इकट्ठे हो गए और संगठन बना लिया। इतने बड़े अखिल भारतीय संगठन के निर्माण के पीछे एक बहुत बड़ी विचार-प्रक्रिया रही है। जब प्रगतिशील लेखक संघ का निर्माण हुआ, तो वह भी कुछेक लोगों के मन की बात नहीं, इतिहास की माँग थी। समय ने जो चुनौतियाँ रचना के सामने फेंकी थीं, उनका सामना देश की सभी भाषाओं के लेखकों ने किया था। वह हमारी विरासत है। हम उस पर गर्व करते हैं। सब जानते हैं, कितने उत्साह, साधना और संकल्पधर्मी चेतना से उस संघ का जन्म हुआ। लेकिन 1947 के बाद वे संकल्प और उद्देश्य बिखरने-से लगे और वस्तुत: तभी से लेखकों के एक नए संगठन की बात सोचने का सिलसिला शुरू हुआ। हम जो संगठन बनाने जा रहे हैं, यह समय की, इतिहास की माँग है। दोस्तो, यह व्यवस्था, जिससे लड़ने के लिए हम संकल्पबद्ध हैं, हजार बाँहोंवाली विषकन्या है, जिसका एक हाथ किसी की पीठ थपथपाता है, दूसरा किसी की गर्दन मरोड़ता है, तीसरा किसी को विष पिलाता है। यह एक तिलिस्म है। प्रगतिशील लेखक संघ से संबंधित हमारे बंधु इस तिलिस्म को पहचान न सके और उसमें खोते गए। इससे हमारे नौजवान लेखकों का असंतुष्ट होना स्वाभाविक था, जो व्यवस्था को उत्तरोत्तर खूँख्वार होते और पुराने प्रगतिशीलों को उससे समझौता करते देख रहे थे।

मैं स्वयं बीस-बाईस साल तक प्र. ले. स. से जुड़ा रहा, लेकिन मुझे भी उससे अलग होने का निर्णय लेना ही पड़ा। यहाँ और भी बहुत-से लेखक साथी बैठे हैं, जिन्हें यह निर्णय लेना पड़ा है। हमने खुशी से नहीं, बड़े अफसोस के साथ यह निर्णय लिया है। मैं ऐसा अनुभव करता हूँ कि पिछले दो वर्षों में प्रेमचंद की जो चर्चा हमने की है, उसका भी प्रभाव हम पर पड़ा है। प्रेमचंद ने जिस आजादी और जनवाद का सपना देखा था, हमने भी देखा है, और हमने समझा है कि प्रेमचंद की उस विरासत के सच्चे उत्तराधिकारी हम तभी बन पाएँगे, जब प्रेमचंद के उस सपने को पूरा करेंगे। भैरवजी ने आरंभ में प्रेमचंद को जो प्रणाम किया, वह इसीलिए कि इस संगठन के पीछे प्रेमचंद की प्रेरणा है, प्रेमचंद का आशीष है।

प्रगतिशील लेखक संघ के प्रति हमारा कोई शत्रुतापूर्ण रुख नहीं है, लेकिन हम महसूस करते हैं कि आज की इस आतंककारी व्यवस्था को बदलने में यदि हम अपना योग नहीं देते तो हमारी कोई सार्थकता नहीं हो सकती। मगर इसके लिए संगठित प्रयासों की जरूरत है और यह जरूरत ही जनवादी लेखक संघ को जन्म दे रही है। हमारा

बल इसमें है कि बुजुर्गों के साथ नए रचनाकारों की एक बड़ी जमात यहाँ मौजूद है, जिस पर हमारी सारी आशाएँ-आकांक्षाएँ टिकी हुई हैं। हम सब बहुत निष्ठा और संकल्प के साथ यहाँ आए हैं। जनवादी लेखक संघ के औचित्य को हम अपनी बहसों से ज्यादा अपनी सर्जना और लेखकीय आचरण के द्वारा सिद्ध करेंगे।

हमारा रास्ता बहुत सीधा और साफ नहीं है। हमारे रास्ते में बड़ी-बड़ी बाधाएँ मौजूद हैं। एक ओर दमन का आतंक है तो दूसरी ओर प्रलोभनों की फिसलन। रंग-बिरंगी पत्रिकाओं में छपना, सरकार की ओर से पुस्तकों का प्रकाशन और उनकी थोक खरीद, बड़े-बड़े इनाम, हवाई यात्राएँ आदि तमाम तरह के प्रलोभन हैं, जिनके बीच से हमें रास्ता निकालना होगा। यदि हम भी इनसे भटकें तो इस संगठन की कोई जरूरत नहीं है। हम अपने आचरण से अपने समकालीन और आगे आनेवाले लेखकों के लिए एक उदाहरण प्रस्तुत करेंगे। हमें विश्वास है कि इस खतरनाक और काँटों भरी राह पर चलते हुए हम अपने शब्द और कर्म के अंतराल को पाट सकेंगे, जनता और लेखन के बीच की दूरी को पाट सकेंगे, जनता से सीखेंगे और शिक्षित भी करेंगे और जनता के साथ यह दोहरा संबंध बना कर व्यवस्था की आक्रामकता का प्रतिकार करते हुए आगे बढ़ेंगे।

हम लेखक हैं और हमारा सबसे पहला काम है अच्छे-से-अच्छा लिखना। लेखक की सबसे बड़ी शक्ति जनता है। हमारी कोशिश होनी चाहिए कि हम जनता की रुचि, प्रवृत्ति, रुझान और संकल्प की दिशा में अपनी कल्पना को ढालें, न कि साहित्य में अपनी कल्पना के अनुरूप एक नकली जनता प्रस्तुत करें। राजेंद्र यादव ने अनुभव और विचार की बात की थी। हम स्वीकार करते हैं कि अनुभव पर विचार को तरजीह देने की गलती पिछले दौर में हमसे हुई है, लेकिन हम उन्हें आश्वस्त करना चाहते हैं, और संकल्प करते हैं, कि वे गलतियाँ फिर नहीं होने देंगे। मगर हम यहाँ यह स्पष्ट कर देना जरूरी समझते हैं कि अनुभव और विचार में कुछ मूल्य भी शामिल रहते हैं। जनवादी लेखक संघ सब तरह के विचारोंवाले लेखकों के लिए खुला संगठन है, लेकिन जनवादी मूल्यों पर इसके सब सदस्यों की सहमति जरूरी है, ताकि लक्ष्यों की एकता रह सके। नहीं तो यह कोई भानुमती का पिटारा नहीं है। शासक वर्ग के मूल्यों में और आपके मूल्यों में कोई अंतर नहीं है तो आपको संगठन की जरूरत नहीं है और संगठन को आपकी जरूरत नहीं है। प्रगतिशील लेखक संघ में आज यही तो हो रहा है। उसके सम्मेलनों में मंत्री स्वागत करता है, मंत्री भोज देता है, तो इसीलिए कि दोनों के मूल्य एक हैं। और इसीलिए हमारा रास्ता उससे अलग है। हम नहीं चाहेंगे कि हमारे संगठन का भी वही हश्र हो।

लेखकों पर हमारा कोई दबाव नहीं है, हम उन्हें कोई निर्देश नहीं देना चाहते, लेकिन हम ह्रासशील साहित्य का विरोध जरूर करेंगे, हम उस आधुनिकतावाद का विरोध जरूर करेंगे, जो यथार्थवादी धारा के लिए आज सबसे बड़ी चुनौती है। आज लड़ाई दो प्रकार की जीवन-दृष्टियों की लड़ाई है। एक दृष्टिकोण यह है कि मनुष्य का भविष्य खत्म हो गया है और वह कुछ नहीं कर सकता, दूसरा दृष्टिकोण है कि अपनी

सारी बदहाली के बावजूद जनता ऐसी शक्ति है, जो दुनिया को बदल कर अपना भविष्य स्वयं बना सकती है। जनवादी लेखन और जनवादी लेखकों के संगठन में यह दूसरा दृष्टिकोण ही रहता है और रहना चाहिए। इसी दृष्टिकोण से जनवादी मूल्यों में हमारी आस्था होती है और हम जनवाद की रक्षा तथा उसे आगे बढ़ाने के लिए संकल्पबद्ध होते हैं। इसी संकल्प के साथ मैं इस संगठन की आवश्यकता अनुभव करता हूँ।

सम्मेलन के पहले सत्र में जनवादी लेखक संघ के प्रस्तावित घोषणापत्र पर बहस होनी थी। भोजन के बाद आरंभ हुए इस सत्र का संचालन भी कर्णसिंह चौहान ने किया। अध्यक्ष-मंडल में थे इलाहाबाद से आए हुए कथाकार मार्कण्डेय, अमृतसर से आए हुए आलोचक रमेश कुंतल मेघ और तमिलनाडु से आए हुए तमिल लेखक अरुणन। अरुणन अपने साथ तमिलनाडु प्रगतिशील लेखक संघ के सचिव के. मुथाइया का एक पत्र लेकर आए थे। रमेश उपाध्याय ने अंग्रेजी में लिखे हुए उस पत्र को पढ़ कर सुनाया और उसका हिंदी अनुवाद भी प्रस्तुत किया। पत्र में लिखा था :

तमिलनाडु प्रगतिशील लेखक संघ की ओर से मैं हिंदी क्षेत्र के लेखकों के सम्मेलन के इस शुभ अवसर पर आपका अभिनंदन करता हूँ। मैं आशा करता हूँ कि आपके इस सम्मेलन से एक ऐसे संगठन का निर्माण होगा, जो हिंदी साहित्य की सर्वोत्तम परंपराओं को आगे बढ़ाएगा। आपने अपने उद्देश्य अपने घोषणापत्र में बखूबी स्पष्ट कर दिए हैं, जिसे हमने अपनी तमिल भाषा की साहित्यिक पत्रिका में प्रकाशित किया है। सचमुच ही आज देश में स्वतंत्र चिंतन, लेखन और संगठन के मौलिक अधिकारों पर कुठाराघात करने के लिए शक्ति-संचय करती हुई सर्वाधिकारवादी प्रवृत्तियों के विरुद्ध संघर्ष करना अत्यंत आवश्यक है।

सत्र की कार्रवाई शुरू होने से पहले भैरव प्रसाद गुप्त ने आगे की तमाम कार्रवाइयों को संयोजित करने के लिए आठ सदस्यों की एक संचालन-समिति का प्रस्ताव किया, जिसका समर्थन सदन में उपस्थित सभी लेखकों ने तालियाँ बजा कर किया। संचालन-समिति के सदस्य थे : मार्कण्डेय, शिवकुमार मिश्र, ओमप्रकाश ग्रेवाल, चंद्रभूषण तिवारी, कर्णसिंह चौहान, आयोध्या सिंह, चंद्रबली सिंह और भैरव प्रसाद गुप्त।

चंद्रबली सिंह ने घोषणापत्र प्रस्तुत करते हुए उन आलोचनाओं और सुझावों की चर्चा की, जो उस पर लेखकों के बीच हुई व्यापक बहस के बाद प्राप्त हुए थे। उन्होंने कहा : मुझे खुशी है कि लेखकों के बीच आम तौर पर घोषणापत्र का स्वागत हुआ है। कुछ आलोचना भी हुई है, जो स्वाभाविक ही थी, क्योंकि जब हम एक लंबे दौर के अनुभवों से सबक लेते हुए उन्हें व्याख्यायित और परिभाषित करते हैं तो यह असंभव है कि हर बिंदु पर सबकी राय एक हो।

इन आलोचनाओं और सुझावों को एक-एक करके सामने रखते हुए चंद्रबली सिंह ने विस्तार से घोषणापत्र की व्याख्या की और बताया कि अधिकांश आलोचनाएँ घोषणापत्र को ठीक ढंग से समझ न पाने के कारण हुई हैं। अमूर्तता के आरोप का जवाब देते हुए उन्होंने कहा कि इसका अमूर्त होना अंशतः अपरिहार्य था, क्योंकि हर चीज

के उदाहरण देकर इसे मोटा पोथा नहीं बनाया जा सकता था; उदाहरण आप स्वयं जोड़ लें तो पाएँगे कि अमूर्तता समाप्त हो गई है।

किसी राजनीतिक दल का घोषणापत्र होने के आरोप का उत्तर देते हुए उन्होंने कहा कि इसमें राजनीति तो है, क्योंकि जब हमने अपना नाम जनवादी लेखक रखा है तो जाहिर है कि हम एक खास तरह के लेखक हैं, जो जनता और समाज की समस्याओं को समझ कर अपने कर्तव्य पर विचार करते हैं, लेकिन इसमें बहुत-से राजनीतिक दलों के स्वीकारने योग्य जो न्यूनतम चीजें हो सकती हैं, वे ही रखी गई हैं, अतः यह किसी एक राजनीतिक दल का घोषणापत्र नहीं है।

परंपरा में केवल भारतेंदु और प्रेमचंद का नामोल्लेख करने के सवाल पर उन्होंने कहा कि इस परंपरा में भारतेंदु और प्रेमचंद के बाद निश्चय ही अनेक महत्त्वपूर्ण लेखक आते हैं, और हम उनका आदर करते हैं, लेकिन ये दो ही नाम इसलिए महत्त्वपूर्ण हैं कि इन्होंने परंपरा को नए मोड़ दिए हैं–भारतेंदु ने राष्ट्रीयता और जनवाद की परंपरा की नींव डाली और प्रेमचंद ने यथार्थवाद की परंपरा की–इसलिए केवल इन दो का ही नामोल्लेख उचित था।

जनवादी लेखक संघ और प्रगतिशील लेखक संघ के बीच का फर्क स्पष्ट न करने से संबंधित आलोचना को उन्होंने स्वीकार किया और प्र.ले.स. के महासचिव भीष्म साहनी द्वारा प्रकाशित कराई गई एक खुली चिट्ठी का हवाला देते हुए उस फर्क को स्पष्ट किया।

वस्तु, रूप और शैलियों की भिन्नता के सवाल पर उन्होंने कहा कि यह आलोचना संबंधित पैराग्राफ को पूरा न पढ़ने के कारण हुई है, जिसके बादवाले हिस्से में स्पष्ट रूप से लेखक पर जनवादी लेखक होने की शर्त लगाई गई है, जो कि तमाम भिन्नताओंवाले लेखकों को जोड़ती है।

आधुनिकतावाद और विश्वमानवतावाद संबंधी अस्पष्टता को अपनी व्याख्या से दूर करते हुए उन्होंने कहा कि इसमें अनुवाद की भूल अवश्य हुई है, क्योंकि 'कॉस्मोपॉलिटनिज्म' का अनुवाद 'विश्वमानवतावाद' न होकर 'विश्वमानववाद' होना चाहिए, अन्यथा इसके बारे में कोई अस्पष्टता नहीं है।

जनवादी साहित्य के भाषा और शैली से संबंधित कोई संकेत घोषणापत्र में न होने की बात पर उन्होंने कहा कि यद्यपि हम साहित्य में विविधता के हामी हैं, फिर भी भाषा के बारे में हम लोगों के बीच स्पष्टता होनी चाहिए, अतः यह सुझाव अच्छा है और इससे संबंधित संशोधन घोषणापत्र में किया जाना चाहिए।

घोषणापत्र में जनवाद की परिभाषा न दिए जाने के सवाल पर उन्होंने कहा कि यद्यपि इसमें किसी एक स्थान पर उसकी परिभाषा नहीं दी गई है, लेकिन घोषणापत्र में जगह-जगह अनेक संकेत हैं, जिनसे बखूबी यह समझा जा सकता है कि जनवाद से हमारा आशय क्या है। पूरा घोषणापत्र पढ़ने से स्पष्ट हो जाता है कि जीवन, समाज, साहित्य और संस्कृति में जनवाद की अभिव्यक्ति कैसे होती है।

आनंद प्रकाश (दिल्ली), सरला माहेश्वरी (पश्चिम बंगाल), नीरज सिंह (बिहार), नंद भारद्वाज (राजस्थान), नमिता सिंह (उत्तर प्रदेश), शंभुनाथ (पश्चिम बंगाल), शलभ श्रीराम सिंह (मध्यप्रदेश), कर्मजीत सिंह (हरियाणा), देवीप्रसाद त्रिपाठी (उत्तर प्रदेश), मैनेजर पांडेय (दिल्ली), मनमोहन (हरियाणा), रोहिताश्व (आंध्र प्रदेश) शिवकुमार (पंजाब), अरुण प्रकाश मिश्र (असम), रामकृपाल पांडेय (उत्तर प्रदेश) बालमुकुंद साही (बिहार), नीलकांत (उत्तर प्रदेश), पवन समीर (पंजाब), गोपाल कृष्ण कौल (दिल्ली), अरुण माहेश्वरी (पश्चिम बंगाल), कमल किशोर श्रमिक (उत्तर प्रदेश), लल्लन राय (हिमाचल प्रदेश), वंशीधर सिंह (बिहार), मृणाल (बिहार), पन्नालाल नाहटा (दिल्ली), रतन चौहान (मध्य प्रदेश) और हरेंद्र सिंह राय (पश्चिम बंगाल) आदि ने घोषणापत्र पर खुल कर अपने विचार व्यक्त किए और अनेक सुझाव दिए। संचालन-समिति ने घोषणापत्र को अंतिम रूप देने के लिए सभी सुझावों को नोट किया।

अंत में रमेश कुंतल मेघ ने अपने अध्यक्षीय भाषण में कहा : घोषणापत्र कार्यक्रम नहीं होते, निर्देशपत्र होते हैं। उनमें रणनीति का बयान होता है, रणकौशल नहीं बताया जाता। 1936 में जब प्रगतिशील लेखक संघ बना था, तबसे हम लोग एक अनवरत मोहभंग से गुजरते हुए आज पुनः संगठित होने के लिए एकत्र हुए हैं। प्रगतिशील लेखक संघ के साथ दिक्कत यह है कि जनता आगे जा रही है और उसका नेतृत्व पिछड़ रहा है। प्रगतिशील लेखक संघ से हमारा कोई विरोध नहीं है, लेकिन उसने जो काम अधूरे छोड़ दिए, उनको हमें पूरा करना है; जिन दिशाओं में उसे जाना चाहिए था और नहीं गया, उन दिशाओं में हमें आगे बढ़ना है। जनवादी लेखक संघ के घोषणापत्र में यह दृष्टि स्पष्ट है। वर्तमान परिस्थितियों का वर्णन भी उसमें तथ्यपरक रूप में हुआ है। सत्ता के वर्ग-चरित्र के बारे में भी घोषणापत्र एकदम स्पष्ट है।

प्रथम सत्र के समापन के तुरंत बाद सुप्रसिद्ध गायिका उमा गर्ग ने पहले दुष्यंत कुमार की दो ग़ज़लें और फिर श्रोताओं के अनुरोध पर फ़ैज़ अहमद फ़ैज़ की एक ग़ज़ल संगीत के साथ प्रस्तुत की। भोजनोपरांत अशोक चक्रधर के संचालन में कवि-सम्मेलन हुआ, जिसमें हिंदी, उर्दू, राजस्थानी, हरियाणवी आदि भाषाओं के लगभग पचास कवियों ने अपनी जनवादी रचनाएँ सुनाईं।

दूसरे दिन 14 फरवरी को सुबह दस बजे सम्मेलन का दूसरा सत्र शुरू हुआ, जिसका संचालन चंद्रबली सिंह ने किया। अध्यक्ष-मंडल में थे महादेव साहा, थयाटु शंकरन, अनवर अजीम, दूधनाथ सिंह और लक्ष्मीनारायण लाल।

सत्र की कार्रवाई शुरू होने से पहले हरियाणा के लोकगायक रामप्रसाद ने अपने गीत सुनाए और कोटा के जन नाट्य मंच ने संगीत सहित एक ग़ज़ल और दो गीत प्रस्तुत किए। इसके बाद चंद्रबली सिंह ने तार द्वारा प्राप्त कुछ संदेश पढ़ कर सुनाए। पहला संदेश असम के प्रगतिशील लेखकों की संस्था नतून साहित्य परिषद् के सचिव अनिल राय चौधरी का, दूसरा संदेश कर्नाटक के विद्रोही लेखक संगठन (रेबेल राइटर्स

ऑर्गनाइजेशन) के राज्य संयोजक रामचंद्रप्पा का और तीसरा संदेश कर्नाटक के प्रमुख लेखक निरंजन लेटूस का था, जिसमें जनवादी लेखक संघ के सम्मेलन के लिए शुभकामनाएँ व्यक्त करते हुए कहा गया था कि सर्वाधिकारवादी शक्तियों के विरुद्ध एकजुट होकर संघर्ष करते हुए ही हम साहित्य और संस्कृति के क्षेत्र में समय की चुनौतियों को स्वीकार कर सकते हैं। ग्रेट ब्रिटेन की प्रगतिशील लिखारी सभा के सचिव अवतार सादिक भी सम्मलेन में उपस्थित थे। उन्होंने अपनी संस्था की ओर से शुभकामनाएँ व्यक्त करते हुए कहा कि मेहनतकश जनता की जो समस्याएँ भारत में हैं, वे ही ग्रेट ब्रिटेन में हैं। वहाँ भी भारतीय मूल के कुछ लेखक हैं और वे निरंतर यहाँ के लेखकों से संपर्क रखते हैं। हम चाहेंगे कि जनवादी लेखक संघ से हमारा संगठन संबद्ध हो।

इसके बाद चंद्रभूषण तिवारी ने जनवादी लेखक संघ का प्रस्तावित संविधान लेखकों के विचारार्थ प्रस्तुत किया और चंद्रबली सिंह ने उस पर उपस्थित लेखकों के विचार आमंत्रित किए। प्रस्तावित संविधान की प्रतियाँ पहले ही लेखकों में वितरित की जा चुकी थीं। मोहनलाल (उत्तर प्रदेश), श्रीनिवास शर्मा (पश्चिम बंगाल), सुवास सिन्हा (पश्चिम बंगाल), राजेंद्र यादव (दिल्ली), अरुण प्रकाश मिश्र (असम), राधेश्याम बंधु (उत्तर प्रदेश), सुनील वाजपेयी (उत्तर प्रदेश), मनमोहन (हरियाणा), चंचल चौहान (दिल्ली), प्रीतम सिंह गुराया (पंजाब), अवतार सादिक (ग्रेट ब्रिटेन) आदि ने मौखिक रूप से और कई लेखकों ने लिखित रूप में अपने सुझाव प्रस्तुत किए। सदन ने सम्मेलन की संचालन-समिति को यह अधिकार दिया कि वह प्राप्त सुझावों की रोशनी में संविधान को अंतिम रूप देकर स्वीकृति के लिए पुनः सदन के सामने प्रस्तुत करे।

प्रस्तावित संविधान पर हुई बहस में सबसे विवादास्पद मुद्दा जनवादी लेखकों के लिए एक आचरण-संहिता बनाने और उसे संविधान में शामिल करने का था। अनेक लेखकों का विचार था कि यदि हमें प्रगतिशील लेखक संघ की तरह अवसरवादी होने से बचना है तो यह निश्चय करना ही होगा कि व्यावसायिक और सरकारी पत्र-पत्रिकाओं, रेडियो-टेलिविजन जैसे प्रसार-माध्यमों, विभिन्न अकादमियों आदि से हमारा क्या और कैसा संबंध होना चाहिए।

शिवकुमार मिश्र ने बहस में हस्तक्षेप करते हुए कहा : हम जनवादी लेखक कुछ मूल्यों और उद्देश्यों को सामने रख कर अपने संगठन का निर्माण कर रहे हैं। इसमें अनेक मत-मतांतरों के लेखक रहेंगे, लेकिन शर्त यही है कि वे उन मूल्यों और उद्देश्यों से सहमत होंगे। व्यावसायिक पत्र-पत्रिकाओं में लिखने, सरकारी पुरस्कार आदि पाने के बारे में लेखकों पर कोई प्रतिबंध नहीं लगाया जा सकता, क्योंकि यह गैर-जनतांत्रिक होगा, लेकिन लेखकों को स्वयं यह देखना होगा कि वे अपने आचरण के द्वारा संगठन के उद्देश्यों और जनवादी मूल्यों के विरुद्ध कोई कार्य तो नहीं कर रहे हैं।

बहस का एक मुद्दा यह भी था कि जनवादी लेखक संघ का किसी राजनीतिक दल से संबंध हो या न हो। मन्नू भंडारी ने कहा : मेरे मन में बहुत सारी शंकाएँ हैं।

मुझे लगता है, जिस तरह प्रगतिशील लेखक संघ एक पार्टी से जुड़ा हुआ था, उसी तरह यह संघ भी एक विशेष राजनीतिक पार्टी से जुड़ा होगा। मुझे लगता है कि राजनीतिक विचारधारा लेखक का मार्गदर्शन तो कर सकती है, लेकिन राजनीतिक पार्टी के साथ लेखक नहीं चल सकता, क्योंकि उसमें 'कंसिस्टेंसी' नहीं होती। यहाँ कहा गया है कि यह किसी पार्टी का मंच नहीं, एक व्यापक संगठन होगा। अगर यह हो सका तो बहुत अच्छी बात होगी। मुझे बड़ी खुशी है कि यहाँ बड़े खुले दिल से विचार-विमर्श हुआ है। पक्ष और विपक्ष दोनों की बातें सामने आई हैं। यह संगठन ऐसा ही खुले विचार-विमर्श का मंच रहे, इसके लिए मैं अपनी हार्दिक शुभकामनाएँ देती हूँ।

चंद्रबली सिंह ने कहा : मैं मन्नू की बातों से पूरे सोलह आना सहमत हूँ। जनवाद केवल राजनीतिक मूल्य ही नहीं है, वह सांस्कृतिक और आत्मिक मूल्य भी है। यहाँ पार्टी से संबद्ध लोग भी हैं और ऐसे लोग भी हैं, जो किसी पार्टी से संबद्ध नहीं हैं। दोनों तरह के लोगों में खुले दिल से विचार-विमर्श होता रहे, हम गलती करें तो आप हमारी आलोचना करें, आप गलती करें तो हम आपकी आलोचना करें, तो ये शंकाएँ नहीं रहेंगी।

इसके उपरांत अध्यक्ष-मंडल के तीन सदस्यों—अनवर अजीम, लक्ष्मीनारायण लाल तथा दूधनाथ सिंह—ने अपने विचार व्यक्त किए।

अनवर अजीम ने कहा : मुझे खेद है कि मैं कल यहाँ नहीं आ सका। कल मैं ऑथर्स गिल्ड ऑफ इंडिया के एक जलसे में शरीक था। लेकिन कल की बातें मैंने अखबार में पढ़ीं। मैंने काजी अब्दुल सत्तार की बातें पढ़ीं। उन्होंने कहा कि प्रगतिशील लेखक संघ में कई लोग अवसरवादी थे। सवाल उठता है कि हम अदीब को उसकी रोजमर्रा की जिंदगी से जाँचें या उसके काम से? अगर हम रोजमर्रा की जिंदगी से चीजों को तय करने लगेंगे तो अदीब के फराइज को समझने में दिक्कत होगी। तब यह सवाल जरूर उठेगा कि कल जो अनवर अजीम ऑथर्स गिल्ड के जलसे में था, आज वह जनवादी लेखक संघ के मंच पर भाषण क्यों कर रहा है। या फिर जो काजी अब्दुल सत्तार एक रोज पद्मश्री लेने गए थे, वे आज यहाँ क्यों हैं। इसलिए मेरा खयाल है कि हम अदीब को उसकी रोजमर्रा की जिंदगी से न जाँचें, बल्कि यह देखें कि लेखन के स्तर पर वह क्या कर रहा है और कैसे कर रहा है। कोई रेडियो-टेलीविजन पर लिखता है, तो धर्मभ्रष्ट नहीं हो जाता। व्यवस्था का जाल हर तरफ फैला हुआ है। जो व्यवस्था रेडियो-टेलीविजन में है, वही व्यवस्था यूनिवर्सिटी में भी है। इसलिए मैं जनवादी लेखक संघ का स्वागत करते हुए आपको इस संकीर्णता के खिलाफ आगाह करना चाहता हूँ।

आम तौर पर अध्यक्ष-मंडल के सदस्यों के भाषणों के समय बहस बंद हो जाती है, लेकिन इस सत्र में यह भी हुआ कि अध्यक्ष-मंडल के एक सदस्य का भाषण होने के बाद एक श्रोता ने मंच पर आकर उसकी बातों का प्रतिवाद किया। यह बहस अनवर अजीम और काजी अब्दुल सत्तार के बीच हुई। काजी अब्दुल सत्तार ने कहा : मैं अनवर अजीम की तकरीर से उत्तेजित हुआ और मैं 'हिप्पोक्रेट' नहीं कि इसे छिपा सकूँ। मेरे

खिलाफ बहुत लिखा गया है, लेकिन मैंने कभी जवाब नहीं दिया, क्योंकि मैं मानता हूँ कि जवाब उसको दिया जाना चाहिए, जो इसके काबिल हो। अनवर अजीम काबिल हैं, इसलिए मैं उन्हें जवाब देना जरूरी समझता हूँ। पद्मश्री मिलने पर मेरे दोस्त मुद्राराक्षस ने जब मुझ पर व्यंग्य किया था, मैंने कहा था–दोस्त, तुम इस देश के बहुसंख्यक समुदाय के सदस्य हो, तुम्हें पद्मश्री मिले और तुम उसे ठुकरा दो तो तुम पर कोई आँच नहीं आएगी, लेकिन मैं अल्पसंख्यक हूँ, अलीगढ़ मुस्लिम यूनिवर्सिटी में हूँ, मेरी रचनाएँ पाकिस्तान से छपी हैं, मुझे पाकिस्तान का एजेंट कह देना बहुत आसान है। यही वजह थी कि मैंने पद्मश्री लेना स्वीकार किया, वर्ना पद्मश्री मेरे लिए बहुत बड़ी इज्जत नहीं है। मेरी इज्जत है मेरे दोस्तों और पाठकों से मुझे मिलनेवाला प्यार।

अध्यक्ष-मंडल के दूसरे सदस्य लक्ष्मीनारायण लाल ने कहा : जिन व्यक्तियों ने इस जनवादी लेखक संघ की स्थापना की है, उन सबको मैं हृदय से बधाई देता हूँ। मैं जानता हूँ कि उन्होंने कितना बड़ा जोखिम मोल लिया है। साफ है कि जिस बड़ी संस्था से अलग होकर उन्होंने यह संस्था बनाई है, उसके द्वारा इसका कितना विरोध होगा। लेकिन इस संगठन के जिन सस्दयों को मैं व्यक्तिगत रूप से जानता हूँ, उनमें से बहुत-से ऐसे हैं कि यदि समझौता करते तो ये आज कुछ भी हो सकते थे। लेकिन ये एक मूल्य के लिए लड़े। जनवाद के लिए लड़े। मैं लेखक के जनवादी होने को यों समझता हूँ कि पहले वह व्यक्ति होता है, क्योंकि रचना व्यक्ति के धरातल पर ही होती है, लेकिन यह व्यक्ति सुविधाजीवी, समझौतावादी, उपभोक्ता या मतदाता मात्र नहीं होता, बल्कि सर्जक होता है, जो अपने-आपसे और चारों ओर के समाज से संबंधित होता है। संबंधित होकर ही वह जन होना शुरू होता है और तभी हम उसे जनवादी कह सकते हैं। यानी हर व्यक्ति जनवादी नहीं हो सकता। उसे व्यक्ति से सर्जक और सर्जक से जन होना है और इसके लिए एक विशेष मूल्य, मर्यादा और तैयारी की जरूरत है। प्रलोभनों का जाल चारों तरफ फैला हुआ है। 1936 के बाद से अब तक चीजें काफी बदल गई हैं। आज तो व्यवसायी, सरकार, प्रकाशक और आलोचक सब जनवादी बन बैठे हैं, जो आपको घोट कर पी जाना चाहेंगे। जनवादी लेखकों को इस नई परिस्थिति का मुकाबला करना पड़ेगा। फिर भी मुझे विश्वास है कि जनवादी लेखक संघ में से बहुत बड़े-बड़े लेखक पैदा होंगे।

अंत में दूधनाथ सिंह ने कहा : यहाँ जो बहस हुई है, उसके लिए मैं सब लेखकों को धन्यवाद देता हूँ। यहाँ अनेक शंकाएँ व्यक्त की गईं। निश्चय ही जनवादी लेखक संघ का संगठन बनने से पहले और बन जाने के बाद भी शंकाएँ रहेंगी, क्योंकि उन शंकाओं का गहरा ताल्लुक हमारे रचनाकार होने से है। शंकाओं के बिना रचनात्मक लेखन संभव ही नहीं है। लेकिन ये शंकाएँ ऐसी नहीं हैं कि इनका समाधान न हो सके। व्यवस्था से लेखक के संबंध की बात यहाँ उठाई गई। लेखक का सभी व्यवस्थाओं से विरोध नहीं होता। हम गलत व्यवस्था के विरुद्ध एक बेहतर व्यवस्था के लिए लड़ रहे

हैं, अराजकता के लिए नहीं। अतः व्यवस्था के बजाय हमें वर्गों की बात करनी चाहिए। लेखक का चरित्र लेखन और जीवन दोनों में से किसी वर्ग के हितों के साथ या उसके विरुद्ध होने से स्पष्ट होता है। इसके साथ ही यह भी स्पष्ट हो जाता है कि शोषणकारी व्यवस्था से अपने को जोड़नेवाला लेखक जनवादी लेखक संघ में नहीं होगा। लेकिन हमें यह ध्यान रखना चाहिए कि बुनियादी तौर पर हम लोगों का काम लिखना है। संगठन बन जाने से हमारा यह काम खत्म नहीं हो जाता, बल्कि हमारी जिम्मेदारी बढ़ जाती है। अगर हमें अपने संगठन को जिंदा रखना है तो हम बेहतर लिखें, हर वर्ष अपने और दूसरों के लिखे हुए का मूल्यांकन करें और बराबर एक आलोचनात्मक और विश्लेषणात्मक रवैया अपनाएँ। मुझे आशा है कि यह होगा।

चंद्रबली सिंह ने यह कहते हुए इस सत्र का समापन किया कि किसी भी संगठन के लिए विचारों का आदान-प्रदान आवश्यक है और इस दृष्टि से यह सत्र बहुत सफल रहा है।

सम्मेलन का तीसरा सत्र संगठन के निर्माण का सत्र था। इसके संचालक थे चंद्रभूषण तिवारी और अध्यक्ष-मंडल में थे मार्कण्डेय, शील और अयोध्या सिंह।

कर्णसिंह चौहान ने पिछले सत्र में जनवादी लेखक संघ के प्रस्तावित संविधान पर उठी आपत्तियों और सुझावों को प्रस्तुत करते हुए बताया कि वर्गीकरण करने के बाद लगभग तीस ठोस सुझाव प्राप्त हुए हैं। फिर उन्होंने एक-एक करके सभी सुझावों को सामने रखा और उनके संबंध में संचालन-समिति की राय को सामने रखते हुए अनेक शंकाओं का समाधान किया और बताया कि कौन-कौन-से सुझाव स्वीकार कर लिये गए हैं।

चंद्रबली सिंह ने इसी प्रकार घोषणापत्र पर उठी आपत्तियों और सुझावों को प्रस्तुत किया और संचालन-समिति द्वारा दिए गए अंतिम रूप में घोषणापत्र को स्वीकृति के लिए सदन के सामने रखा। उपस्थित लेखकों ने पहले हाथ उठा कर और फिर तालियाँ बजा कर सर्वसम्मति से घोषणापत्र को स्वीकार किया। इसी प्रकार संविधान को भी सर्वसम्मति से स्वीकार किया गया।

दोनों दस्तावेजों के स्वीकृत होते ही 'जनवादी लेखक संघ जिंदाबाद' के नारों से सभागार गूँज उठा। यह एक ऐतिहासिक क्षण था। ऐसा लगा जैसे यहाँ उपस्थित प्रत्येक लेखक सब साथी लेखकों की आवाज में आवाज मिला कर अपने प्राणों में एक नई शक्ति का संचार अनुभव कर रहा हो।

इसके बाद संगठन के निर्माण की प्रक्रिया शुरू हुई। केंद्रीय परिषद् के 91 सदस्यों के चुनाव के लिए विभिन्न प्रदेशों में लेखकों की संख्या के आधार पर निर्धारित 'कोटे' के अनुसार उपस्थित लेखकों से अपने-अपने सर्वसम्मत प्रतिनिधियों के नाम माँगे गए और उनके आधार पर 91 सदस्यों की सूची भैरव प्रसाद गुप्त ने प्रस्तुत की, जिसे सदन में उपस्थित लेखकों ने हर्षध्वनि से स्वीकार कर केंद्रीय परिषद् के निम्नलिखित 91 सदस्यों का चुनाव किया :

उत्तर प्रदेश से 22 सदस्य : भैरव प्रसाद गुप्त, मार्कण्डेय, नीलकांत, दूधनाथ सिंह, चंद्रबली सिंह, कुँवरपाल सिंह, वेदप्रकाश अमिताभ, नमिता सिंह, अवधेश श्रीवास्तव, सुदर्शन नारंग, अश्वघोष, वेदिका वेद, सव्यसाची, प्रदीप सक्सेना, शील, कृष्ण कुमार कोमल, कमल किशोर श्रमिक, जवरीमल्ल पारख, रघुराज दीक्षित, मोहनलाल तिवारी, रामजीत, नईम अहमद।

पंजाब और हरियाणा से 6 सदस्य : रमेश कुंतल मेघ, शिवकुमार, ओमप्रकाश ग्रेवाल, मनमोहन, सुरेंद्र मनन, आबिद आलमी।

पश्चिम बंगाल से 11 सदस्य : अयोध्या सिंह, इसराइल, अरुण माहेश्वरी, शंभुनाथ, विमल वर्मा, सरला माहेश्वरी, अवधनारायण सिंह, छेदीलाल गुप्त, श्रीनिवास शर्मा, मीरा सिन्हा, सुवास सिन्हा।

दिल्ली से 15 सदस्य : राजेंद्र यादव, कर्णसिंह चौहान, रेखा अवस्थी, असगर वजाहत, रमेश उपाध्याय, सुधीश पचौरी, विष्णु नागर, राजकुमार शर्मा, असद जैदी, चंचल चौहान, माहेश्वर, रमेश रंजक, रमेश बत्तरा, अशोक चक्रधर (एक स्थान रिक्त)।

बिहार से 15 सदस्य : चंद्रभूषण तिवारी, यादवचंद्र पांडेय, नीरज सिंह, मृणाल, उदयशंकर, वंशीधर सिंह, रजनीकांत सिन्हा, सुरेंद्र प्रसाद, रामजनक सिंह, रामनिवास, बालमुकुंद साह, नरेंद्र सुजन, ओवैस अहमद दौराँ, राजेंद्र मंडल, नंदकिशोर नंदन।

मध्य प्रदेश से 7 सदस्य : वकार सिद्दीकी, विजय बहादुर सिंह, जयप्रकाश जायसवाल, रामप्रकाश त्रिपाठी, नरेंद्र जैन, किशन तलवानी, निर्मल शर्मा।

राजस्थान से 10 सदस्य : ऋतुराज, हेतु भारद्वाज, पारस अरोड़ा, भागीरथी चंदोरा, नरेंद्र शर्मा, हंसराज चौधरी, शिवराम, बृजेंद्र कौशिक, सरल विशारद, हरीश भादानी।

हिमाचल प्रदेश से 2 सदस्य : लल्लन राय और सुंदर लोहिया।

गैर-हिंदी क्षेत्रों से 3 सदस्य : दशरथ सिंह (महाराष्ट्र), शिवकुमार मिश्र (गुजरात), रोहिताश्व (आंध्र प्रदेश)।

इनके अलावा चार सदस्य परिषद् द्वारा मनोनीत किए गए : काजी अब्दुल सत्तार, महादेव साहा, राही मासूम रजा, अमृतराय।

इस प्रकार केंद्रीय परिषद् का चुनाव हो जाने के बाद केंद्रीय परिषद् के सदस्यों ने सर्वसम्मति से केंद्रीय कार्यकारिणी का चुनाव किया, जो इस प्रकार है :

अध्यक्ष : भैरव प्रसाद गुप्त।

उपाध्यक्ष : शील, महादेव साहा, मार्कण्डेय, शिवकुमार मिश्र, राजेंद्र यादव, रमेश कुंतल मेघ।

महासचिव : चंद्रबली सिंह।

सचिव : ओमप्रकाश ग्रेवाल, कर्णसिंह चौहान, चंद्रभूषण तिवारी, इसराइल।

कोषाध्यक्ष : कुँवरपाल सिंह।

सदस्य : हरीश भादानी, दूधनाथ सिंह, रमेश उपाध्याय, सव्यसाची, वकार सिद्दीकी,

विजय बहादुर सिंह, यादवचंद्र पांडेय, रेखा अवस्थी, मनमोहन, सुधीश पचौरी, अरुण माहेश्वरी, अयोध्या सिंह, असगर वजाहत, नीरज सिंह, बृजेंद्र कौशिक, नीलकांत, लल्लन राय।

केंद्रीय कार्यकारिणी का चुनाव हो जाने के तुरंत बाद केंद्रीय कार्यकारिणी की पहली बैठक हुई, जिसमें संगठन के तात्कालिक रूप से आवश्यक कार्यों के बारे में विचार हुआ और कुछ निर्णय लिये गए।

इसके बाद पुनः सभी लेखक सभागार में उपस्थित हुए और चंद्रभूषण तिवारी ने केंद्रीय कार्यकारिणी का परिचय दिया। उन्होंने प्रत्येक पदाधिकारी और सदस्यों के व्यक्तित्व और कृतित्व पर प्रकाश डालते हुए सबका परिचय दिया। वे ज्यों ही कोई नाम लेते, सभागार तालियों की गड़गड़ाहट से गूँज उठता था। अंत में एक बार फिर 'जनवादी लेखक संघ जिंदाबाद' के नारे लगाए गए और प्रसन्नता के इस क्षण को अविस्मरणीय बनाने के लिए हरीश भादानी, यादवचंद्र पांडेय, विपिन मणि, शलभ श्रीराम सिंह और रमेश रंजक ने अपने कई प्रेरक गीत मंच पर आकर सुनाये।

सर्वसम्मति से कुछ प्रस्ताव पारित किए गए, जो इस प्रकार थे :

1. युद्ध के खतरे के खिलाफ,
2. तानाशाही के बढ़ते रुझान के खिलाफ,
3. सांस्कृतिक-साहित्यिक संस्थाओं के जनवादीकरण के लिए,
4. कॉपीराइट कानून में संशोधन और लेखकों के हितों की रक्षा के लिए,
5. लेखकों, पत्रकारों और बुद्धिजीवियों पर हमलों के खिलाफ,
6. स्त्रियों पर अत्याचार के खिलाफ,
7. इतिहासकार इरफान हबीब के प्रति दुर्व्यवहार के खिलाफ, और
8. लेखकों की सहकारी प्रकाशन-संस्था की स्थापना के लिए।

इसके बाद महासचिव चंद्रबली सिंह ने अपना प्रेरक वक्तव्य दिया। उन्होंने कहा : हमारा यह सम्मेलन जिस तरह से चला, जिस तरह से हमने अपनी जनता की समस्याओं के साथ-साथ अपने लेखन की समस्याओं का चित्र अपने सामने रखा, उससे महसूस हुआ कि हममें बड़ा उत्साह है। अब हमें सोचना होगा कि लेखन के जरिए हम किस तरह अच्छे ढंग से अपनी सामाजिक भूमिका का निर्वाह करें। हमें देखना होगा कि समाज की किन शक्तियों से जुड़ कर हम इस समाज को बदल सकते हैं और ऐसी व्यवस्था ला सकते हैं, जिसमें जनता सुखी हो और हमारी प्रतिभा फल-फूल सके। इसके लिए हमें अपने लेखन का ही चरित्र नहीं बदलना है, स्वयं अपना भी चरित्र बदलना है, ताकि हम जनता से जुड़ सकें, उसके भावों और विचारों को आत्मसात कर सकें, उसकी भाषा में उससे बात कर सकें, उससे सीख सकें और उसे सिखा भी सकें। हम जानते हैं कि हममें से कई लोगों के विचार आपस में नहीं मिलते, लेकिन हमें एक-दूसरे से जोड़नेवाली शक्ति जनता है। हम जनता के दस्ते के सिपाही हैं। इसलिए हम जनता से नए रिश्ते बनाने के साथ-साथ आपस में भी नए रिश्ते बनाएँ। एक-दूसरे की

आलोचना हम अवश्य करें, लेकिन हमारा उद्देश्य एक-दूसरे को आगे बढ़ाना हो। तभी हम जनता के संघर्षों में उसका साथ देनेवाले सच्चे सिपाही बन सकेंगे। अन्य भाषा-भाषी लेखक साथी, जो केरल, तमिलनाडु, पंजाब और इंग्लैंड से आकर यहाँ उपस्थित हुए हैं और हमारा उत्साह बढ़ा रहे हैं, उनकी उपस्थिति से पता चलता है कि पूरे देश में ही नहीं, दुनिया भर में एक उथल-पुथल हो रही है और संगठन की आवश्यकता महसूस की जा रही है। इसलिए मैं आप सबको हार्दिक धन्यवाद देते हुए कहना चाहता हूँ कि हम अपने संगठन को ऐसा बनाएँ कि सारी दुनिया के लोग कह सकें कि भारत के जनवादी लेखकों ने अपनी जनता का साथ दिया।

अंत में जनवादी लेखक संघ के अध्यक्ष भैरव प्रसाद गुप्त ने अपना प्रेरक वक्तव्य दिया, जिसमें उन्होंने कहा : विदा के क्षणों में वाणी मूक और आँखें मुखर हो जाती हैं, फिर भी कुछ कहना जरूरी है। हमने अब तक कई संगठन बनाए, लेकिन जिस गंभीरता और सुझ-बूझ के साथ हमने अपने घोषणापत्र और संविधान को पारित किया है, जिस प्रसन्नता और उत्साह के साथ अपने संगठन का निर्माण किया है, वह बेमिसाल है। इसके लिए मैं आप सबको धन्यवाद देता हूँ। आप आश्वस्त रहें, आपने जिन कंधों पर भार सौंपा है, वे काफी मजबूत हैं। लेकिन इसका मतलब यह नहीं है कि जिन्हें कोई भार नहीं सौंपा गया है, उन पर कोई भार नहीं। हमारे संगठन में कोई किसी से आगे या पीछे नहीं है और इस संगठन की शक्ति इसके पदाधिकारी नहीं, आप सब लोग हैं। इसलिए आज हमने जो महान् संकल्प लिया है, उसे पूरा करने के लिए आप कुछ भी उठा न रखेंगे, इसका मुझे पूरा भरोसा है। इसी संकल्प के साथ आप लोग यहाँ से जाएँ, संगठन के काम को आगे बढ़ाएँ, जन-आंदोलन से जुड़ें और अन्य लोगों को उससे जोड़ें। थोड़ी देर बाद हम अलग होकर यहाँ से चले जाएँगे, लेकिन यह दो दिन का संबंध कोई यात्रियों का-सा संबंध नहीं, बल्कि एक परिवार के आत्मीय लोगों का संबंध है। जिस तरह एक परिवार के लोग दूर-दूर जाकर भी एक-दूसरे को नहीं भूलते, वैसे ही हम भी एक-दूसरे को नहीं भूलेंगे।

सम्मेलन का समापन दो जनवादी नाटकों के प्रदर्शन के साथ हुआ। एक नाटक 'समरथ को नहिं दोस गुसाईं' दिल्ली के जन नाट्य मंच ने प्रस्तुत किया और दूसरा 'जनता पागल हो गई है' कोटा के जन नाट्य मंच ने।

(मार्च, 1982)

मार्क्सवादी सौंदर्यशास्त्र और यथार्थवाद

जनवादी लेखक संघ के केंद्रीय संगठन ने अपनी कार्यकारिणी की पिछली बैठक में यह निर्णय लिया था कि भविष्य में केंद्रीय कार्यकारिणी तथा केंद्रीय परिषद् की बैठकों के समय महत्त्वपूर्ण विषयों पर विचार-गोष्ठियों, रचना-गोष्ठियों, लेखक-शिविरों आदि के अखिल भारतीय आयोजन किए जाएँगे। अतः 3 और 4 सितंबर 1983 को दिल्ली में हुई केंद्रीय कार्यकारिणी की चौथी बैठक के अवसर पर एक कहानी-गोष्ठी, एक काव्य-गोष्ठी तथा दो विचार-गोष्ठियों का आयोजन किया गया। ये कार्यक्रम नई दिल्ली के कांस्टीट्यूशन क्लब के सभागार में संपन्न हुए। इनमें देश के विभिन्न हिस्सों से आए हुए तथा स्थानीय लेखकों को मिला कर लगभग दो सौ लेखकों ने भाग लिया।

इस अवसर पर हुई रचना-गोष्ठियों का तो अपना महत्त्व था ही, मार्क्सवादी सौंदर्यशास्त्र और यथार्थवाद पर जो दो विचार-गोष्ठियाँ हुईं, वे कई अर्थों में ऐतिहासिक महत्त्व की थीं। उनमें न केवल विभिन्न भाषाओं के विद्वान् लेखकों ने भाग लिया, बल्कि ऐसे मुद्दों पर चर्चा भी हुई, जो जनवादी साहित्य के विकास के लिए ऐतिहासिक महत्त्व रखते हैं।

कहानी-गोष्ठी

3 सितंबर को पूरे दिन चलनेवाली केंद्रीय कार्यकारिणी की बैठक के बाद शाम के सात बजे कहानी-गोष्ठी रखी गई थी। श्रोता छह बजे से ही पहुँचने शुरू हो गए थे। सात बजे तक सभागार खचाखच भर चुका था। गोष्ठी की अध्यक्षता इसराइल, नीलकांत और अनवर अजीम ने की। संचालन कर्णसिंह चौहान ने किया।

हिमांशु जोशी ने 'हत्यारे', रमेश उपाध्याय ने 'शहर सुंदर है' और प्रदीप मांडव ने 'जरीब' नामक कहानी का पाठ किया। उसके बाद कहानियों पर विस्तार से चर्चा हुई, जिसमें योगेश गुप्त, चंद्रभूषण तिवारी और अध्यक्ष-मडंल के तीनों सदस्यों ने अपने विचार व्यक्त किए। अगले दिन की गोष्ठियों में भी इन कहानियों की चर्चा हुई।

पहली विचार-गोष्ठी : मार्क्सवादी सौंदर्यशास्त्र

4 सितंबर को सुबह के सत्र में 'मार्क्सवादी सौंदर्यशास्त्र' विषय पर गोष्ठी हुई। दस बजे ही सभागार लेखकों से भर गया था और उनकी भारी संख्या में उपस्थिति एक बड़े सम्मेलन का-सा आभास दे रही थी। इनमें दिल्ली से बाहर के लेखकों में प्रमुख थे कलकत्ता से आए हुए महादेव साहा, अयोध्या सिंह, इसराइल, अरुण माहेश्वरी और मालिनी भट्टाचार्य; बिहार से चंद्रभूषण तिवारी; उत्तर प्रदेश से भैरव प्रसाद गुप्त, शील, चंद्रबली सिंह, नीलकांत, सव्यसाची, कृष्णकुमार कोमल और भरत सिंह; राजस्थान से हरीश भादानी, बृजेंद्र कौशिक और नरेंद्र कुमार शर्मा; मध्य प्रदेश से विजय बहादुर सिंह, वकार सिद्दीकी, शरद श्रीवास्तव और गिरधर बरनवा; पंजाब से रमेश कुंतल मेघ और शिवकुमार; गुजरात से शिवकुमार मिश्र; हिमाचल प्रदेश से लल्लन राय; हरियाणा से ओमप्रकाश ग्रेवाल, मनमोहन, शुभा, महावीर शर्मा, धन्वंतरि और रघुवीर सिंह हूडा आदि। स्थानीय लेखकों में से उन कतिपय लेखकों के नाम, जिन्होंने समयाभाव के कारण गोष्ठियों में हिस्सेदारी नहीं की, लेकिन उपस्थित रहे, इस प्रकार हैं : नेमिचंद्र जैन, राजेंद्र यादव, केदारनाथ सिंह, त्रिलोचन, योगेश गुप्त, पंकज सिंह, रमेश उपाध्याय, धर्मेंद्र गुप्त, भगवान सिंह, आनंद प्रकाश, राजकुमार शर्मा, कुलदीप सलिल, रमेश रंजक, प्रदीप मांडव, हरदयाल आदि।

गोष्ठी की अध्यक्षता महादेव साहा, भैरव प्रसाद गुप्त, शिवकुमार मिश्र और चंद्रबली सिंह ने की और संचालन चंद्रभूषण तिवारी ने किया।

मराठी के प्रसिद्ध लेखक गोविंद पुरुषोत्तम देशपांडे ने 'भविष्यानुवर्ती सौंदर्यशास्त्र' नामक मराठी आलेख अंग्रेजी में प्रस्तुत किया। मराठी साहित्य में आज दलित साहित्य के संदर्भ में विद्रोह के सौंदर्यशास्त्र और मार्क्सवादी सौंदर्यशास्त्र के बीच जो बहस चल रही है, उसके प्रसंग में उन्होंने कहा कि इस बहस में सौंदर्य की वर्गनिष्ठता का सवाल न उठा कर मार्क्सवाद की इस मूल स्थापना को ध्यान में रखना चाहिए कि मनुष्य का सामाजिक अस्तित्व उसकी चेतना का निर्धारण करता है, क्योंकि सामाजिक अस्तित्व में जाति और वर्ग दोनों आ जाते हैं। इस प्रकार सौंदर्य की वर्गनिष्ठता के बजाय हमें उसकी समाजमातृकता पर जोर देना चाहिए और विद्रोह के सौंदर्यशास्त्र की बात करने वालों को यह बताना चाहिए कि विद्रोह का सौंदर्यशास्त्र भविष्यानुवर्ती मार्क्सवादी सौंदर्यशास्त्र ही हो सकता है। विद्रोह पाश्चात्य 'एनलाइटिनमेंट' की सीमाओं में ही आबद्ध रहेगा तो न तो साहित्य विकास करेगा, न सौंदर्यशास्त्र। अतः जरूरी है कि दलित साहित्य उन सीमाओं से मुक्त हो। मार्क्सवादी सौंदर्यशास्त्र का विकास करने के लिए हमें अपनी परंपरा से अवश्य जुड़ना चाहिए, मगर साथ ही यह भी देखना चाहिए कि अब तक का सारा सौंदर्यशास्त्र अतीतोन्मुखी रहा है, जबकि मार्क्सवादी सौंदर्यशास्त्र भविष्योन्मुखी है। उसका काम यह देखना नहीं है कि कौन महान्, महानतर या महानतम

है; उसका काम यह देखना है कि क्या प्रासंगिक, ज्यादा प्रासंगिक या सबसे ज्यादा प्रासंगिक है। कोई कृति तभी महान् हो सकती है, जब वह अपने समय के लिए सर्वाधिक प्रासंगिक हो। साहित्य कालातीत नहीं, कालावलंबी है और कालावलंबी होकर ही वह महान् हो सकता है।

रमेश कुंतल मेघ ने 'मार्क्सवादी सौंदर्यशास्त्र' नामक निबंध का पाठ करते हुए विस्तार से बुर्जुआ सौंदर्यशास्त्र और मार्क्सवादी सौंदर्यशास्त्र के वैचारिक आधार, उसके संदर्भ में रचना-प्रक्रिया की समाजोन्मुखता, साहित्य की स्वायत्तता और सापेक्षता, वस्तु और रूप की परस्पर-निर्भरता आदि पर अपने विचार व्यक्त किए। उन्होंने कहा कि मार्क्सवादी सौंदर्यशास्त्र का विकास अभी अपनी प्रारंभिक अवस्था में ही है, इसलिए फिलहाल हमारा काम एक ऊबड़-खाबड़ जमीन को समतल बनाने जैसा ही है। आगे आनेवाले लोग रास्ता बनाएँगे और आगे बढ़ेंगे। अभी तो हमें यह देखना है कि मार्क्सवादी सौंदर्यशास्त्र का निर्माण कैसे हो; अब तक के जो भारतीय और विदेशी सौंदर्यशास्त्री हुए हैं, उनसे हम क्या ले सकते हैं; उनमें ऐसा क्या है, जो हमें छोड़ना पड़ेगा और क्या ऐसा है, जिसका विरोध करना पड़ेगा।

बहस की शुरूआत करते हुए मैनेजर पांडेय ने कहा कि मार्क्सवादी सौंदर्यशास्त्र के निर्माण में सबसे पहली कठिनाई यह है कि अब तक का सारा गैर-मार्क्सवादी सौंदर्यशास्त्र सौंदर्य को रहस्य बना कर रखता आया है। इसलिए हमारा सबसे पहला काम यह होना चाहिए कि सौंदर्य को तथा सौंदर्यशास्त्र को रहस्यमयता के घेरे से बाहर निकालें और इसके लिए जरूरी है कि हम सौंदर्यशास्त्र को दर्शन से निकाल कर इतिहास में लाएँ। दूसरी कठिनाई तत्त्ववाद की है, जो सौंदर्यशास्त्र के लिए बड़ा खतरा बना हुआ है। इसके अंतर्गत सौंदर्य के कुछ तत्त्व खोजे जाते हैं और उनको सभी कलाओं पर तथा सभी कालों की कलाकृतियों पर लागू करने की कोशिश की जाती है। मेघजी ने अभी जो लेख पढ़ा, उसमें भी ऐसी कोशिश थी। इस तत्त्ववाद की परिणति अंततः कलाकृति को एक संपूर्णता में देखते हुए पिंड में ही ब्रह्मांड खोजने की होती है। अतः इस तत्त्ववाद से बचना जरूरी है। तीसरी कठिनाई यह है कि सौंदर्यशास्त्र को शुष्क, नीरस और अपाठ्य होने से कैसे बचाया जाए। यह सही है कि शास्त्र की भाषा सर्जनात्मक साहित्य की भाषा से भिन्न होती है, लेकिन उसे हमें ज्यादा-से-ज्यादा रुचिकर और बोधगम्य बनाने की चेष्टा करनी चाहिए। चौथी कठिनाई यह है कि समाजवादी देशों से—विशेषतः रूस से—आज सौंदर्यशास्त्र संबंधी जो चिंतन आ रहा है, वह हमारी ज्यादा मदद नहीं करता, बल्कि हमें उलझाता है, इसलिए उससे मदद लेते समय हमें सावधान रहना चाहिए। लेकिन इसका अर्थ यह भी नहीं कि हम बाहर की हर चीज को संदेह की दृष्टि से देखें और 'भरत या मार्क्स?' जैसे सवाल उठाने लगें। मार्क्सवादी सौंदर्यशास्त्र को भारतीय परंपरा से अवश्य जोड़ा जाना चाहिए, लेकिन अतीत के प्रति पूजाभाव रख कर नहीं, बल्कि उसका विवेकपूर्वक मूल्यांकन करते हुए। आज कुछ मार्क्सवादी आलोचकों में अतीत की रक्षा, वर्तमान पर आक्रमण और भविष्य के प्रति संदेह का भाव दिखाई

देता है। इससे मार्क्सवादी सौंदर्यशास्त्र का विकास नहीं होगा। उसका विकास करने के लिए हमें समकालीन नई रचनाशीलता से जुड़ना होगा और नई रचनाशीलता से जुड़ने का मतलब है उसकी जमीन से भी जुड़ना और जब हम सामाजिक संदर्भ से जुड़ेंगे तो सौंदर्यशास्त्र को केवल कलाओं के इतिहास तक सीमित नहीं रखेंगे, बल्कि उसे सामाजिक इतिहास तक ले जाएँगे, और जैसा कि गोंविद देशपांडे ने कहा, उसे भविष्यानुवर्ती सौंदर्यशास्त्र बना पाएँगे।

कुमारेश चक्रवर्ती ने अंग्रेजी में बोलते हुए कहा कि संस्कृति के क्षेत्र में वर्गीय अवधारणा को लागू करना सबसे मुश्किल काम है। गोविंद देशपांडे ने दलित सौंदर्यशास्त्र बनाम मार्क्सवादी सौंदर्यशास्त्र की चर्चा की। दलित साहित्य एक खास तरह के सामाजिक संगठन की अभिव्यक्ति है, जिसे हम यांत्रिक रूप से वर्गीय संगठन नहीं कह सकते। जाति और वर्ग का मसला अभी पूरी तरह हल नहीं हुआ है। लेकिन इसका अर्थ यह नहीं है कि हम अपने साहित्य-चिंतन या सौंदर्य-चिंतन में से वर्ग की अवधारणा को निकाल दें। वैसा करने पर हम अनिवार्यतः साहित्य की पूर्ण स्वायत्तता की बात करने लगेंगे। साहित्य और कला ही क्या, समाज में कोई चीज स्वायत्त नहीं होती। मुझे तो ऐसा लगता है कि सापेक्ष स्वायत्तता की बात करनेवाले भी जाने-अनजाने एक सुविधावादी रास्ते पर चलने लगते हैं और ग्राम्शी का नाम लेते हुए आदर्शवाद की दिशा में चले जाते हैं। लेकिन वर्ग की अवधारणा को लेकर चलने का मतलब यह भी नहीं है कि हम यांत्रिक ढंग से क्रांति की बातें करने लगें और यह समझने लगें कि रचना में यदि मार्क्सवादी शब्दावली नहीं आई, या वर्ग-संघर्ष आदि की बात नहीं की गई, तो रचना प्रगतिशील नहीं होगी। जहाँ तक मार्क्सवादी सौंदर्यशास्त्र का सवाल है, मैं इतना ही कहूँगा कि उसका विकास मार्क्सवादी सिद्धांत और व्यवहार को जोड़ने पर ही हो सकेगा। आज के संदर्भ में उसका विकास मौजूदा जनवादी आंदोलन से तथा उसके संदर्भ में सांस्कृतिक स्तर पर किए जाने वाले सामूहिक एवं वैयक्तिक प्रयासों से जोड़ने पर होगा। मेरे विचार से इस समय भारत में एक जनवादी सौंदर्यशास्त्र की जरूरत है, जो मौजूदा जनवादी आंदोलन की जरूरतों से पैदा होगा।

(कुमारेश चक्रवर्ती के बाद बहस को कांतिमोहन, अरुण माहेश्वरी, राजेश सक्सेना, जगदीश्वर तथा सुलेख शर्मा ने आगे बढ़ाया, परंतु दुर्भाग्यवश टेपरिकॉर्डर में कुछ खराबी आ जाने के कारण इन वक्ताओं के वक्तव्य रिकॉर्ड नहीं हो पाए।)

बहस में भाग लेनेवाले अंतिम वक्ता थे नामवर सिंह। उनका भाषण बहुत महत्त्वपूर्ण था, अतः वह संपूर्ण रूप में दिया जा रहा है :

नामवर सिंह का संपूर्ण भाषण

अध्यक्ष-मंडल के आदरणीय सदस्यगण और मित्रो,

अक्सर रस की चर्चा नीरस और सौंदर्य की चर्चा असुंदर होती है। यह विरोधाभास देखा जाता है। क्यों ऐसा होता है, इस पर आपने भी सोचा होगा, मैं भी सोच रहा था।

मुझे ऐसा लगता है कि जब सुंदर की चर्चा करते हुए हम 'सिस्टम' बनाते हैं, शास्त्र रचते हैं, तो उस शास्त्र के अपने कुछ तर्क होते हैं, नियम होते हैं, जिनके कारण वह सुंदर की मांसल, मूर्त कृतियों से धीरे-धीरे अलग होता जाता है, अमूर्त होता जाता है, और अपनी प्रणाली बनाने लगता है। यह भाववाद में अक्सर होता है। जरूरी है कि मार्क्सवाद भी इसका शिकार हो? इसलिए सुंदर की चर्चा करते समय खास तौर से हमारे मित्र और साथी, परम प्रिय मेघजी की रचनाओं के संदर्भ में मैं निवेदन करना चाहता हूँ कि वे जैसे भाववादी हेगेलवादी सौंदर्यशास्त्र की प्रणालीबद्धता के विरुद्ध स्थापना कर रहे हैं, वैसे ही स्वयं एक प्रणाली बना रहे हैं–उसमें अक्सर कठिनाई होती है।

इस संदर्भ में मुझे ग्राम्शी की एक बात याद आती है–यद्यपि ग्राम्शी की आलोचना यहाँ आज कई बातों को लेकर की गई है–कि बुखारिन ने जब 1923-24 के आसपास मार्क्सवाद पर 'हैंडबुक' लिखी थी तो ग्राम्शी ने कहा था कि जिस दौर से मार्क्सवाद गुजर रहा है, उसमें 'हैंडबुक' लिखना कयामत है। मार्क्सवाद को, जो शास्त्र नहीं है, बल्कि 'गाइड टु एक्शन' है, आप शास्त्र बनाने की कोशिश कर रहे हैं। एक चौकोर चीज को गोल चीज में डालने की कोशिश कर रहे हैं। यह अपने-आप में मार्क्सवाद का विरोध है। उसकी चेतना का विरोध है। ग्राम्शी ने कहा था–उस समय के लिए कहा था, यह हमेशा के लिए सच नहीं है–कि कोई शास्त्र जब पूर्ण परिपक्वता पर पहुँच जाता है तब कदाचित उसका 'सिस्टम' बनाने की जरूरत पड़े, लेकिन जब वह संघर्ष के दौर से, निर्माण और विकास के दौर से गुजर रहा हो, उस समय उसकी प्रकृति आम तौर पर वही होगी और वही होनी चाहिए, जो स्वयं मार्क्स की अपनी रचनाओं की थी। वह 'क्रिटिकल क्रिटीक' का रोल अदा करता है, वह 'पोलेमिक्स' का रोल अदा करता है।

गोविंद देशपांडे और रमेश कुंतल मेघ दोनों के विवेचनों को आप देखें तो इ[illegible] से एक का रोल 'पोलेमिकल' था, जो मार्क्सवादी सौंदर्यशास्त्र के निर्माण और विकास की सही दिशा है, और दूसरे की कोशिश उसे 'सिस्टम' और प्रणाली में बाँध देने की थी। और मुझे लगता है कि ग्राम्शी की बात इस संदर्भ में सही है–खास तौर से मार्क्सवादी सौंदर्यशास्त्र जिस दौर से गुजर रहा है, उसमें वह बिलकुल सही है। सभी लोग स्वीकार करते हैं कि मार्क्सवादी सौंदर्यशास्त्र का वैसा विकास अभी नहीं हुआ है, जैसा मार्क्सवादी अर्थशास्त्र का। मार्क्सवादी राजनीतिशास्त्र की तुलना में तो वह और भी कम विकसित हुआ है। इसलिए पहली बात तो मुझे यह लगती है कि मार्क्सवादी सौंदर्यशास्त्र का रोल इस विकास के दौर में संघर्षशील होगा, 'पोलेमिकल' होगा, विवादात्मक होगा। उसका रोल 'क्रिटिकल क्रिटीक' का होना चाहिए।

अब यदि इस दौर से गुजरना है तो उसमें अपने देश की इन समस्याओं पर हम कैसे विचार करें? मैं साँस रोक कर इंतजार कर रहा था–जब प्रेमचंद का नाम कई बार आया तो सोचा कि शायद सौंदर्यशास्त्र के सिलसिले में प्रेमचंद का कहा हुआ एक मशहूर वाक्य जरूर कोई-न-कोई कहेगा। प्रेमचंद ने प्रगतिशील लेखक संघ के प्रथम

अधिवेशन के अध्यक्ष-पद से जो महत्त्वपूर्ण भाषण दिया था, उसमें उन्होंने कहा था कि हमें सौंदर्य की परिभाषा बदलनी पड़ेगी। और यह बात वह आदमी कह रहा था, जो स्वयं सौंदर्य की एक नई परिभाषा अपनी रचनाओं के द्वारा देने की कोशिश कर चुका था। और उस संदर्भ में उन्होंने बताया कि बादलों को देख कर–मेघ जी क्षमा करें–मेघ को देख कर एक किसान के मन में वही भाव नहीं उठ सकते हैं, जो महलों में रहनेवालों के मन में उठेंगे, क्योंकि दोनों का जीवन-अस्तित्व और जीवन-अनुभव एक ही वस्तु के बारे में दो भिन्न दृष्टिकोण पेश कर रहा है। प्रेमचंद मार्क्सवाद से कितने प्रभावित थे, कितने नहीं; कितने करीब थे, कितने दूर थे, फीते लेकर नापिए आप लोग; लेकिन एक जनता के लेखक की हैसियत से सौंदर्यशास्त्र का एक महत्त्वपूर्ण सूत्र उन्होंने दिया था। और आप पाएँगे कि उसमें वह वर्ग-सिद्धांत विद्यमान है, जिसमें वे मानते हैं कि सौंदर्य का कोई शाश्वत सिद्धांत नहीं होता। सभी वर्गों के लिए समान सिद्धांत नहीं होता है। भिन्न हुआ करता है। टकराहट होती है।

इस संदर्भ में हमारा प्रयत्न यह होना चाहिए कि प्रेमचंद के बाद हम स्वयं देखें कि कविता में, कथा-साहित्य में, पिछले पचास-साठ वर्षों में रचनाकारों ने किस रूप में सौंदर्य की परिभाषा बदली है, बदलने की कोशिश की है, उसके लिए संघर्ष किया है अपनी वास्तविकताओं के बीच। एक मार्क्सवादी सौंदर्यशास्त्री उन अनुभवों को सिद्धांत का रूप देने की कोशिश यदि करे तो विकास करेगा। यदि वह उन अनुभवों से अलग होकर शास्त्रों से शास्त्र पैदा करने की कोशिश करेगा तो फिर शास्त्र नहीं बनेगा।

दूसरे लोगों ने कहा है कि फल से फल पैदा नहीं होता है। फल के बीज को जब मिट्टी में डालते हैं तब उससे पेड़ पैदा होता है और वहाँ से फिर दूसरा फल पैदा होता है। इसलिए अगर कोई सोचता है कि हेगेल के सौंदर्यशास्त्र से मार्क्सवादी सौंदर्यशास्त्र निकलेगा, या क्रोचे से निकलेगा, या भरत से निकलेगा, तो यह उलटी प्रक्रिया है, गैर-मार्क्सवादी है। शास्त्र से शास्त्र कभी नहीं बनता है। जब भी बनेगा–और यदि हम सिद्धांत और व्यवहार की एकता को मानते हैं तो सौंदर्यशास्त्र संबंधी जो नया मार्क्सवादी सिद्धांत विकास करेगा–वह स्वयं अपने जनवादी, क्रांतिकारी, प्रगतिशील लेखकों के रचनात्मक प्रयासों द्वारा सौंदर्य की जो परिभाषाएँ पिछले पचास-साठ साल में बदली गई हैं, उन्हीं से बनेगा। निराला 'वह तोड़ती पत्थर' में केवल एक पत्थर तोड़नेवाली औरत का चित्र ही नहीं उपस्थित करते हैं, बल्कि सौंदर्य की एक नई परिभाषा भी देते हैं। जब वे 'श्याम तन भर बँधा यौवन' ही नहीं, बल्कि उसके क्रोध की और करुणा की मूर्ति भी रचते हैं, तब एक नया सौंदर्य हमारे सामने आता है, जो सारे छायावादी सौंदर्यशास्त्र को तोड़ देता है। इस आलोक में यदि हम मार्क्सवादी सौंदर्यशास्त्र का विकास करने की कोशिश करेंगे तो कदाचित कुछ कदम हम लोग आगे बढ़ सकें। वह कदाचित भारतीय भी होगा, कम नीरस होगा, कम असुंदर होगा और वह रचनाकारों से इतना दूर भी नहीं जाएगा और शायद जनता के लिए भी उपयोगी होगा।

इस संदर्भ में गोविंद देशपांडे ने एक महत्त्वपूर्ण सवाल उठाया है और वह है दलित

सौंदर्यशास्त्र का, जिसे हम लोगों ने जाति और वर्ग की परिभाषा में समझने की कोशिश की है। ऐसा लगा कि यह सवाल इसलिए उठ रहा है कि दलित लेखकों में से कई हैं, जो मार्क्सवाद-विरोधी हैं; कुछेक हैं, जो मार्क्सवाद को अपनाते हैं। मैं जाति और वर्ग की सीमा से अलग होकर आपको याद दिलाना चाहूँगा कि कुछ लोग 'ब्लैक एस्थेटिक्स' की भी बात करते हैं और उनका कहना है कि एक अश्वेत जिस तरह से दुनिया को देखता है, उसी तरह से एक श्वेत नहीं देखता है। दलित लोग जो यह कहते हैं कि हम अपने अस्तित्व या जीवन-अनुभवों के बीच इस दुनिया को और इसके अंदर की सारी सुंदर समझी जानेवाली चीजों को वैसे ही नहीं देखते हैं जैसे दूसरे लोग देखते हैं, तो यह सचाई है। महत्त्वपूर्ण रचनाएँ इससे लिखी गई हैं। 'ब्लैक एस्थेटिक्स' के आधार पर और दलित सौंदर्यशास्त्र के आधार पर रचनाएँ लिखी गई हैं। सवाल यह है कि यह जो दलित सौंदर्यशास्त्र सामने रखा गया है यहाँ, मार्क्सवाद से कहाँ न्यून पड़ता है और कितनी दूर तक उसमें योग देता है? मेरा खयाल है कि इस यथार्थ को मार्क्सवाद स्वीकार करता है। जब हम यह मानते हैं कि सर्वहारा की नजर में–थोड़ी देर के लिए दलितों को उसके समानांतर रख कर देखिए–वही सुंदर नहीं है, जो बुर्जुआ की नजर में सुंदर है, तो इस स्थिति को स्वीकार करने में क्यों आपत्ति होनी चाहिए? मार्क्स तो इससे आगे बढ़ कर कहते हैं कि इस स्थिति का वास्तविक कारण यह बना है कि यदि वह सुंदर चीजों को सुंदर नहीं समझ पाता तो इसलिए कि उतनी दूर तक वह मनुष्य नहीं रह गया है। मजदूर के 'एलियेनेशन' की बड़ी चर्चा की जाती है, विस्तार से मार्क्स की जिस पुस्तक 'इकॉनोमिक एंड फिलोसोफिकल मैन्युस्क्रिप्ट्स' की चर्चा आज यहाँ की गई है, उसमें कहा गया है कि शोषण के कारण, दमन के कारण वह मजदूर उतनी दूर तक मनुष्य नहीं रह जाता है। यहाँ तक कि वह जिस संगीत-वाद्य का निर्माण करता है, उसी के संगीत को सुनने की क्षमता रखनेवाले उसके कान नहीं बचते हैं। मेहनत के दौरान वह रंग का बोध खो देता है, स्पर्श का बोध खो देता है। इसलिए जरूरी यह है कि वह इस योग्य बने। उसकी सारी इंद्रियाँ मनुष्य की हों। अर्थात वह मजदूर सर्वहारा न रह जाए, बल्कि सच्चे अर्थों में एक नई व्यवस्था के अंतर्गत 'अनएलियेनेटेड', 'इन टु सेंस प्रोड्यूसर' बन जाए।

दलित सौंदर्यशास्त्र की सीमा यह है कि वह दलित की वास्तविक स्थिति को तो स्वीकार करता है, लेकिन उसके अतिक्रमण के लिए जो मार्ग मार्क्स ने बताया है–कदाचित, मैंने देखा नहीं है, गोविंद देशपांडे ज्यादा जानते होंगे–उससे आगे बढ़ कर, उससे मुक्त होकर सौंदर्य की पूरी परिकल्पना को और उस जाग्रत और सही सौंदर्यबोध तक पहुँचने की प्रक्रिया को दलित सौंदर्यशास्त्र नहीं दिखाता है। कम-से-कम मेरे देखने में नहीं आया। इसलिए उसकी सीमा यह नहीं है कि वह वर्ग के स्थान पर एक जाति की परिकल्पना अपनाता है, बल्कि उसकी सीमा यह है कि वह दलित की वास्तविकता स्वीकार करके उसकी मुक्ति का जो मार्ग हो सकता है–और वह संघर्ष का मार्ग है–उसको वह केवल दलितों की मुक्ति के रूप में समझता है। लेकिन जिस प्रकार

सर्वहारा अकेला अपने को मुक्त नहीं कर सकता, बल्कि व्यापक पैमाने पर किसानों से मिले और अन्य वर्गों का सहयोग प्राप्त किए बिना अपनी मुक्ति नहीं पा सकता–जिसके साथ वह सभी वर्गों को मुक्त करता है–उसी तरह दलित की मुक्ति भी केवल दलित होने और रहने में नहीं है। और न दलित सौंदर्यशास्त्र की मुक्ति इस बात में है। इसलिए मुझे लगता है, दलित सौंदर्यशास्त्र को सहानुभूति के साथ यदि हम समझें और उसकी वास्तविकता को स्वीकार करते हुए उसके अगले कदम की ओर आगे बढ़ें तो हम दलित सौंदर्यशास्त्र को मार्क्सवादी सौंदर्यशास्त्र के अंतर्गत हजम ही नहीं करेंगे, बल्कि उसको एक सही दिशा भी दे सकेंगे और मार्क्सवादी सौंदर्यशास्त्र का विकास भी कर सकेंगे।

दूसरी बात, जो उन्होंने उठाई, वह यह कि भारतीय सौंदर्यशास्त्र से मार्क्सवादी सौंदर्यशास्त्र क्या ले, कैसे ले, क्या ले सकता है। स्वयं हम लोग मार्क्स को ही देखें कि उन्होंने अपने पूर्ववर्ती सौंदर्यशास्त्र से क्या लिया है। चूँकि प्रत्येक शास्त्र के विकास के लंबे इतिहास में उसके प्रत्यय बनते हैं, 'कांसेप्ट्स' बनते हैं, 'कैटेगरीज' बनती हैं, इसलिए तय समझिए कि मार्क्सवादी सौंदर्यशास्त्र केवल 'मोड्स ऑफ प्रोडक्शन' और 'मीन्स ऑफ प्रोडक्शन' जैसी 'इकॉनोमिक कैटेगरीज' पर ही नहीं चलेगा, केवल 'पोलिटिकल इकॉनोमी' की कैटेगरीज पर ही नहीं चलेगा। सौंदर्यशास्त्र के इतिहास में भाववादी और बुर्जुआ, अनेक परिकल्पनाएँ विकसित हुई हैं–जिन्हें 'इमेज' वगैरह कहा गया है–इन परिकल्पनाओं को मार्क्सवादी सौंदर्यशास्त्र आलोचनात्मक बुद्धि के साथ लेकर अपनी चिंतन-प्रक्रिया और ढाँचे में एक नई अर्थवत्ता प्रदान करेगा। जैसे 'बुर्जुआ पोलिटिकल इकॉनामी' के 'कांसेप्ट्स' को ग्रहण करते हुए मार्क्स ने उनके अर्थों को बदला था, उसी तरह से मार्क्सवादी सौंदर्यशास्त्र का अर्थ अतीत की संपूर्ण परिकल्पनाओं और 'कैटेगरीज' का तिरस्कार नहीं है, बल्कि उनमें नए अर्थ भरना है। मसलन संगीत की आलोचना करते समय आप हमेशा वर्ग और जनता से काम नहीं चला सकते। कविता या उपन्यास की आलोचना करते समय कविता और उपन्यास की भी कुछ 'कैटेगरीज' हैं, जिन्हें आपको लेना पड़ेगा ही। सवाल यह है कि इन्हें किस ढाँचे में आप लेते हैं और उस ढाँचे में उन्हें क्या अर्थ देते हैं।

इस सिलसिले में मैं कहना चाहूँगा कि यह देश भाग्यशाली है कि सौंदर्यशास्त्र की बड़ी समृद्ध परंपरा यहाँ है। और वह केवल काव्यशास्त्र की नहीं, संगीत की, चित्रकला की, मूर्तिकला की, स्थापत्य की भी परंपरा है, जिनकी अनेक परिकल्पनाएँ विकसित हुई हैं, और ऐसे ग्रंथ हैं, जिन पर लोगों ने काम भी किया है। सवाल यह है कि उन्हें लेकर हम कैसे मार्क्सवादी सौंदर्यशास्त्र का निर्माण करें। यहाँ मैं यह कहना चाहूँगा कि भरत या मार्क्स की, दोनों में से एक को चुनने और दूसरे का छोड़ने की, बात यहाँ नहीं है।

मित्रो, थोड़ी जो जानकारी मुझे है, उससे मुझे ऐसा लगा कि परंपरा ज्यों-की-त्यों अपनाई या त्यागी नहीं जाती, उसका विकास होता है। वह बदलती रहती है। उदाहरण

के लिए काव्यशास्त्र में आगे चल कर बहुत दिनों तक रस-सिद्धांत एक धुरी बन गया था, जो केवल काव्य तक सीमित नहीं था, बल्कि संगीत में, चित्रकला में, मूर्तिकला में भी था। समस्त कलाओं का केंद्रबिंदु रस बन गया था। यह सचाई है, किंतु रस-सिद्धांत वही नहीं रह गया था–'सिस्टम' बनाते समय--जो भरत मुनि के समय था। इस पर लोगों ने किताब लिखी है। जी. के. बेडेकर ने बहुत अच्छा लेख लिखा था। हिंदी में भी छपा था। भरत के समय जो यह रस-केंद्रित सौंदर्यशास्त्र था, वह मुख्यतः उत्पादन-उन्मुख था--'प्रोडक्शन ओरियेंटेड' था। क्रमशः वर्गों के आपसी सबंधों के विकास के कारण सामंती दौर में पूरा-का-पूरा रस-सिद्धांत उत्पादन से हट कर आस्वाद में बदल गया। यानी 'कंजंप्शन' से जुड़ गया। आमतौर पर हुआ करता है, जैसे अर्थव्यवस्था में, उसी तरह सौंदर्यशास्त्र के क्षेत्र में भी हम देखते हैं कि अनेक मान्यताएँ चलती हैं, जो उत्पादन की ओर से शुरू होती हैं और उनकी परिणति 'कंजंप्शन' में या उपभोग में या आस्वाद में होती है। भरत मुनि के रस-सिद्धांत को--रस को--हम सब समय एक-सा मान कर नहीं चलेंगे, बल्कि उसकी जड़ों तक जाएँगे।

और इस मामले में याद रखना चाहिए कि भरत मुनि ज्यादा लोकवादी हैं। यह हमें नहीं सोचना चाहिए कि दलित सौंदर्यशास्त्र की बात गोविंद देशपांडे ही कर रहे थे। स्वयं भरतों को उसी वर्ण-व्यवस्था में बहुत निम्न कोटि में रखा जाता था और वे बहुत मान्य नहीं थे। उनको वर्ण-व्यवस्था स्वीकार नहीं करती थी। वे अस्पृश्य या अछूत थे, इसीलिए पंचम वेद कह कर नाटक को मान्यता दी गई, क्योंकि वह वेद के समान कोटि नहीं पा सकता था। और स्वयं भरत के विचारों के बारे में बताएँ कि वे चरक-सुश्रुत जैसे उस समय के भौतिकवादियों के करीब थे--अपेक्षाकृत लोकायतों के करीब थे। इसलिए भरत के समूचे नाट्यशास्त्र में निरूपित सौंदर्यशास्त्र को यदि हम बुर्जुआ या सामंतवादी मान कर तिरस्कृत करेंगे तो हम एक बहुत बड़ी संपदा खो देंगे। स्वयं जार्ज लूकाज ने जब मार्क्सवादी सौंदर्यशास्त्र की पुनर्व्यवस्था की अपने विशाल ग्रंथ में--जो जर्मन में होने के कारण यहाँ के उपस्थित लोगों में केवल डॉक्टर अनिल भट्टी तक सीमित है, लेकिन उनकी चर्चा करते समय कहा जाता है कि उसमें--लूकाच अरस्तू तक जांता है और अरस्तू के अनुकरण-सिद्धांत को 'रिवाइव' करते हुए कहता है कि वह बड़ा ही वस्तुनिष्ठ था और उसका आधार भौतिकवादी था। अनुकरण-सिद्धांत में कोई भाववाद नहीं है। खैर, क्या व्याख्या की, कैसे की, वह विस्तार की चीज है। इसलिए भारतीय साहित्यशास्त्र और सिद्धांत से मार्क्सवादी साहित्यशास्त्र या सौंदर्यशास्त्र ले सकता है उन संकल्पनाओं और अवधारणाओं को, और आज के संदर्भ में उनका विकास करने की कोशिश की जा सकती है। अन्यथा यह वही उच्छेदवादी दृष्टिकोण होगा, जो किसी समय 'प्रोलेटेरियन आर्ट' के सिलसिले में था, 'प्रोलेटेरियन एस्थेटिक्स' के बारे में था। इस खतरे से, इस भटकाव से हमें बचना होगा।

और भटकाव तो चलते ही रहते हैं। किसी समय हम लोग अतीत की सर्वथा उपेक्षा करते थे, पांडेजी ने कहा कि इस समय हम अतीत के पूजक हो गए हैं। तो ऐसी

स्थितियाँ आएँ, लेकिन मेरा खयाल है कि मार्क्सवादियों के बीच अतीत की पूजा के उतने बड़े खतरे नहीं हैं, जितने अतीत की सर्वथा उपेक्षा के। ''भ्रम में जो दिया ज्ञान में लो तुम गिन-गिन।'' निराला ने कहा है। इसलिए ज्ञान में गिन-गिन कर लीजिए। यह नहीं कि मुट्ठी बाँध कर ले लीजिए। इस तरह कदाचित हम विकास कर सकेंगे।

अंतिम बात, जो इससे निकलती दिखाई देती है वह यह कि प्राचीन शास्त्र से लेते समय रचना को बराबर ध्यान में रखें। जो सबसे महत्त्वपूर्ण बात इस संदर्भ में है, जिसे नहीं भूलना चाहिए, वह यह है कि मार्क्सवादी सौंदर्यशास्त्र का विकास स्वयं इस मामले में 'लौप्साइडेड' रहा है। शुरू में हम लोगों ने कला की सामाजिक उत्पत्ति-'सोशल ओरिजिन ऑफ आर्ट'-के बारे में बहुत किताबें लिखीं। इसलिए अधिकांश मार्क्सवादी सौंदर्यशास्त्र उत्पत्तिपरक है। इसके बाद दूसरे जिस क्षेत्र का विकास हुआ है, वह 'फंक्शनल' है, कि इसका क्या उपयोग है, क्या लाभ है, जनता के लिए, मजदूरों के लिए, क्रांति के लिए। उत्पत्तिमूलक और उसके उपयोगमूलक, इन दोनों पक्षों पर इतना ज्यादा लिखा गया है कि एक बड़ी समस्या बराबर रह जाती है, और वह इस चुनौती के रूप में है कि स्वयं जो 'एस्थेटिक ऑब्जेक्ट' है, 'एस्थेटिक प्रोसेस' है, 'एस्थेटिक एक्शन' है, उसके बारे में भी जब तक हम लोग नहीं कहते हैं, तब तक सारी मार्क्सवादी आलोचना अनावश्यक रूप से एक राजनीतिक आलोचना प्रतीत होगी, अनावश्यक रूप से आर्थिक आलोचना प्रतीत होगी। सामाजिक प्रतीत होगी, ऐतिहासिक प्रतीत होगी। लेकिन स्वयं वह विश्वसनीयता नहीं प्राप्त कर सकेगी, जहाँ हम किसी क्रांतिकारी कलाकृति के लिए सौंदर्य का निरूपण कर सकें। और इस संदर्भ में मैंने कई शब्द इस्तेमाल किए हैं– 'एस्थेटिक ऑब्जेक्ट', कहा है, 'एस्थेटिक प्रोसेस' कहा है, 'एस्थेटिक एक्शन' कहा है-जान-बूझ कर मैंने कहा है; क्योंकि किसी कलाकृति को कलावस्तु मान लेना अपने-आप में एक बहुत ही खतरनाक धारणा है, जो स्वयं कला को रूपवाद की दिशा में, सौंदर्यवाद की दिशा में ले जाती है।

कलाकृति कलावस्तु है या वह एक क्रिया या प्रक्रिया है? यह धारणा अपने-आप में मार्क्सवादी सौंदर्यशास्त्र के निर्माण के लिए एक नया बिंदु प्रस्तुत करती है। और इस निर्माण की प्रक्रिया में, मुझे लगता है, कुछ ऐसी नई अवधारणाएँ मार्क्सवादी सौंदर्यशास्त्र ने विकसित भी की हैं। अभी यथार्थवाद का नाम लिया गया। ब्रेश्ट ने कुछ और चीजों के बारे में बात की है। इसलिए क्रांतिकारी, जनवादी, या जो समाज को बदलनेवाली कृतियाँ हैं, उनके बारे में सिर्फ यही कहना काफी नहीं है कि वे किस वर्ग से और किस काल से पैदा हुई हैं, बल्कि स्वयं हमें यह कोशिश करनी चाहिए कि कलाकृति में-चाहे वह अतीत की कृति हो या आज लिखी जानेवाली कृति हो-सौंदर्य का कोई वह नुक्ता खोज कर बता सकें, जो बुर्जुआ सौंदर्यशास्त्री को न दिखा हो, लेकिन जो उस कृति को ज्यादा प्रासंगिक बनाता हो।

और इस सिलसिले में, यानी जब हम इस चुनौती का सामना करेंगे, तो डॉक्टर देशपांडे के उस कथन से केवल टकराने के लिए नहीं, बल्कि उसे नकारने के लिए

प्रस्तुत होंगे कि मार्क्सवादी सौंदर्यशास्त्र केवल प्रासंगिकता बतानेवाला है, कला की गुणवत्ता बतानेवाला नहीं है। मैं समझता हूँ कि यह पराजय होगी मार्क्सवादी सौंदर्यशास्त्र की कि गुणवत्ता बुर्जुआ सौंदर्यशास्त्री बताएगा–कि कौन 'ग्रेट' है–और हम यह बताएँगे कि क्या 'रिलेवेंट' है। यह श्रम-विभाजन मार्क्सवाद नहीं स्वीकार करता है। वह एक समग्र दर्शन है। वह विश्वदृष्टि है। इसलिए किसी कलाकृति की प्रासंगिकता बताने के साथ ही मार्क्सवादी सौंदर्यशास्त्र को बताना पड़ेगा कि एक ही क्रिया संपन्न करनेवाली दो कृतियों में कौन श्रेष्ठतर है।

'क्वांटिटी' और 'क्वालिटी' ऐसे 'कांसेप्ट्स' हैं, जिनको मार्क्सवाद स्वीकार करता है। इनको मार्क्सवाद ने जब अन्यत्र नहीं अस्वीकार किया है तो सौंदर्यशास्त्र के क्षेत्र में ही क्यों अस्वीकार करेगा? 'क्वांटिटी' 'क्वालिटी' में कैसे बदलती है, यह मार्क्सवादी नहीं बताएगा तो क्या दूसरे लोग बताएँगे? इसलिए मैं समझता हूँ कि इस प्वाइंट पर हमारे मित्र गोविंद देशपांडे एकदम गलत हैं और यह स्पष्ट कहने की जरूरत है। प्लेखानोव ने भी यही काम किया था। जब भी मार्क्सवादी सौंदर्यशास्त्र इस सिलसिले में काम का बँटवारा करेगा, गलती करेगा। इसीलिए कला की उत्पत्ति और इतिहास बताने के लिए प्लेखानोव ने डार्विन और मार्क्सवाद का सहारा लिया था और कलाकृतियों की गुणवत्ता बताने के लिए उसने कांट का सहारा लिया था। यदि आप मार्क्सवादी सौंदर्यशास्त्र को केवल ऐतिहासिक मानेंगे–डॉक्टर देशपांडे इतिहास पर बहुत जोर दे रहे थे–तो गुणवत्ता निर्धारित करने के लिए बुर्जुआ और भाववादी सौंदर्यशास्त्रियों और कला-समीक्षकों के पास जाने के अलावा आपके पास कोई मार्ग नहीं रहेगा।

अंततः, मार्क्सवादी सौंदर्यशास्त्र विकास करने की दिशा में अग्रसर हो तो बराबर यह ध्यान में रखना चाहिए कि यह केवल 'एकेडेमिक' चर्चा नहीं है, बल्कि इसका मुख्य उद्देश्य वही है–जो मार्क्स का एक सामान्य कथन है–कि हमारा काम केवल व्याख्या करना नहीं, हमारा काम बदलना है। और मार्क्सवादी सौंदर्यशास्त्र की कसौटी यही है कि आज के युग में कला के विभिन्न क्षेत्रों में काम करनेवाले कलाकारों को वह कितनी दूर तक उत्प्रेरित करता है। और उसके लिए जरूरी है कि शिक्षक को उनसे शिक्षित भी होना चाहिए। मार्क्सवादी सौंदर्यशास्त्रियों की यह 'एरोगेंस' है कि सिद्धांत ज्यादा बघारते हैं और स्वयं रचनाकारों से सीखने की कोशिश कम करते हैं।

बहस में उठे सवालों के जवाब देते हुए पहला निबंध-पाठ करनेवाले गोविंद देशपांडे ने कहा कि नामवर सिंह ने मुझे यह कहने के लिए गलत ठहराया है कि सौंदर्यशास्त्र का काम लेखकों की महानता का निर्णय करना नहीं, बल्कि कलाकृति की प्रासंगिकता का निर्णय करना है। लेकिन मैं फिर जोर देकर कहता हूँ कि लेखकों को महान, महानतर या महानतम सिद्ध करना मार्क्सवादी सौंदर्यशास्त्र का काम नहीं है। उसका काम यही देखना है कि कौन-सी रचना क्यों प्रासंगिक है, क्यों ज्यादा प्रासंगिक है और क्यों सबसे ज्यादा प्रासंगिक है।

दूसरा निबंध-पाठ करनेवाले रमेश कुंतल मेघ ने भी मुख्यतः नामवर सिंह की ही

बातों पर आपत्ति की। उन्होंने कहा कि डॉक्टर नामवर सिंह मौका देख कर बोलते हैं। मार्क्सवादी लोगों के बीच एक तरह की बातें कहते हैं, गैर-मार्क्सवादी या मार्क्सवाद-विरोधी लोगों के बीच दूसरी तरह की बातें कहते हैं। इस तरह मार्क्सवाद को 'सिस्टम' मैं नहीं बना रहा हूँ, नामवर सिंह बना रहे हैं।

अंत में अध्यक्ष-मंडल की ओर से बहस का समाहार करते हुए शिवकुमार मिश्र ने कहा कि यहाँ दलित साहित्य की जो चर्चा हुई, उससे ऐसा लगा कि दलित साहित्य एक ही प्रकार का साहित्य है और समूचा दलित साहित्य मार्क्सवाद या मार्क्सवादी सौंदर्यशास्त्र का विरोधी है। वास्तविकता यह नहीं है। दलित लेखकों में भी अनेक मार्क्सवादी हैं या मार्क्सवाद के प्रति झुकाव रखते हैं। दूसरी बात यह है कि दलित साहित्य मराठी के अलावा गुजराती भाषा में भी लिखा जा रहा है और गुजराती के ज्यादातर दलित लेखक मार्क्सवादी हैं। आज स्वयं कई दलित लेखक ही इस बात का विरोध कर रहे हैं कि दलित ही दलित लेखन कर सकता है। अतः हमें दलित साहित्य के सौंदर्यशास्त्र और मार्क्सवादी सौंदर्यशास्त्र को एक-दूसरे के विरोध में खड़ा करके नहीं देखना चाहिए। जहाँ तक मार्क्सवादी सौंदर्यशास्त्र के अपने विकास की बात है, हमें यह ध्यान रखना चाहिए कि जिस तरह मार्क्सवाद कोई जड़ चीज नहीं है, उसी तरह मार्क्सवादी सौंदर्यशास्त्र भी गतिशील है। यह ठीक है कि रचना पर विचार करके ही हम शास्त्र का निर्माण कर सकते हैं, लेकिन हमें यह भी देखना होगा कि आज पश्चिम में बहुत-से लोग सौंदर्य-चिंतन में मार्क्सवाद का विरोध भी रचना पर जोर देकर कर रहे हैं। ऐसी जो चीजें पश्चिम से आ रही हैं, उनसे हमारे कुछ कला-चिंतक आतंकित नजर आते हैं और उनके प्रभाव में मार्क्सवादी सौंदर्य-दृष्टि को 'डाइल्यूट' करके इतना उदार बनाते जा रहे हैं कि विसर्जनवाद का खतरा नजर आने लगा है। अतः हमें यह भी देखना होगा कि हम कहीं इतने उदार न हो जाएँ कि अपनी मूल जमीन से ही हट जाएँ। बहस में प्राचीन भारतीय परंपरा से जुड़ने की बात आई और कहा गया कि अतीत की पूजा उतनी खतरनाक नहीं है, जितनी अतीत की उपेक्षा। मार्क्सवादी दृष्टि से देखें तो दोनों ही खतरनाक हैं। अतीत से हम सीख भी सकते हैं और सीख भी रहे हैं—सौंदर्यशास्त्र के क्षेत्र में कुछ मार्क्सवादी चिंतक इस दृष्टि से काम कर रहे हैं—लेकिन हम अतीतजीवी नहीं हैं। अतीत से हमारा सरोकार हमेशा वर्तमान और भविष्य के संदर्भ में होता है।

दूसरी गोष्ठी : मार्क्सवादी सौंदर्यशास्त्र और यथार्थवाद

भोजनोपरांत अपराह्न में हुई दूसरी गोष्ठी का विषय था : मार्क्सवादी सौंदर्यशास्त्र और यथार्थवाद। इसकी अध्यक्षता अयोध्या सिंह, चंद्रबली सिंह, कुँवरपाल सिंह, सव्यसाची और विजय बहादुर सिंह ने की तथा संचालन कर्णसिंह चौहान ने किया।

मालिनी भट्टाचार्य ने अंग्रेजी में लिखा हुआ अपना निंबध 'रियलिज्म एंड रेजिस्टेंस इन मार्क्सिस्ट एस्थेटिक्स' प्रस्तुत किया। उन्होंने कहा कि कोई कृति तभी यथार्थवादी होती है, जब वह तत्कालीन वस्तुस्थिति की गहरी और सही समझ व्यक्त करती हो।

इसीलिए विभिन्न युगों में यथार्थवादी रचना का वस्तुतत्त्व और रूप भिन्न होता है। अतः एक युग की यथार्थवाद संबंधी परिकल्पना को दूसरे युग पर नहीं थोपा जा सकता। सामंतवाद से पूँजीवाद में संक्रमण करते समाज का यथार्थवाद एक प्रकार का होगा, पूँजीवाद के पतनशील दौर का यथार्थवाद दूसरे प्रकार का होगा। इसी तरह फासीवादी शासन के अंतर्गत यथार्थवाद एक तरह का होगा तो समाजवादी व्यवस्था के अंतर्गत दूसरी तरह का। यह गतिशीलता और परिवर्तनशीलता न केवल साहित्य में, बल्कि हमारी साहित्यशास्त्रीय और सौंदर्यशास्त्रीय अवधारणाओं में भी परिलक्षित होती है। लेकिन एक बात यथार्थवादी रचना में हमेशा दिखाई देती है कि वह यथार्थ में हस्तक्षेप (इंटरवेंशन) करती है और किसी-न-किसी प्रकार के प्रतिरोध (रेजिस्टेंस) को सामने लाती है। वस्तुस्थिति का तटस्थ चित्रण यथार्थवाद नहीं है, बल्कि उसमें प्रतिरोध की भावना अनिवार्य है—भले ही इस प्रतिरोध के रूप हर युग में भिन्न हों।

लेकिन यथार्थवादी रचना का सुंदर या कलात्मक होना भी जरूरी है। कलात्मक रूप से अच्छी रचना राजनीतिक रूप से भी अच्छी रचना होगी। नवीन प्रयोगों से रूप और शिल्प में होनेवाला नवोन्मेष क्रांतिकारी रचना का लक्षण है। प्रश्न उठता है कि हम सौंदर्यशास्त्रीय दृष्टि से किसी रचना के कलात्मक मूल्य का निर्धारण कैसे करें। इसके लिए हमें रचना की रचना-प्रक्रिया से ज्यादा उसकी पाठ-प्रक्रिया ('रीडिंग') पर ध्यान देना होगा। हर कलात्मक रचना में लेखक कुछ रिक्तियाँ और मौन ('गैप्स एंड साइलेंसेज') छोड़ देता है, जिन्हें पाठक रचना को पढ़ते समय अपनी चेतना से भरता है और इसी प्रक्रिया में रचना की कलात्मकता और सुंदरता सामने आती है। मगर इस पाठ-प्रक्रिया में नैतिकतावादी दृष्टि नहीं अपनाई जानी चाहिए, जो सौंदर्यशास्त्रीय चिंतन को रचना के अच्छे या बुरे प्रभाव तक सीमित कर देती है। पाठक श्रोता या दर्शक रचना से प्रभावित होकर अच्छा या बुरा नहीं बनता। उसकी अच्छी-बुरी प्रवृत्तियाँ समाज की देन होती हैं। अच्छी रचना उस सामाजिक यथार्थ में हस्तक्षेप करके अच्छी प्रवृत्तियों को मजबूत बनाती है और बुरी प्रवृत्तियों को कमजोर करती है। उदाहरण के लिए यह कहना कि सिनेमा हमारे बच्चों को बिगाड़ रहा है, नैतिकतावादी दृष्टि का परिचायक है, जिसमें जोर अच्छे और बुरे सिनेमा में फर्क करने पर नहीं, बल्कि सिनेमा मात्र को ही बुरा सिद्ध करने पर होता है। यथार्थवादी दृष्टि से हम यह कहेंगे कि समाज में बुरी प्रवृत्तियाँ मौजूद हैं, खराब सिनेमा उन्हें मजबूत बना रहा है।

ओमप्रकाश ग्रेवाल ने बहस की शुरूआत करते हुए कहा कि सुबह की गोष्ठी में गोविंद देशपांडे ने एक बहुत अच्छी बात कही थी कि हम सौंदर्यशास्त्र की चर्चा को केवल सैद्धांतिक न बनाएँ। सिद्धांतों की टकराहट केवल सिद्धांतों की नहीं, बल्कि उनके पीछे की वास्तविकताओं की टकराहट होती है। आज की बहस में उन वास्तविकताओं का ध्यान रखा गया, इसलिए बहस काफी सार्थक और रोचक बनी। लेकिन सुबह की बहस में उठी इस बात को स्वीकार नहीं किया जा सकता कि मार्क्सवादी सौंदर्यशास्त्र केवल रचना की प्रासंगिकता का निर्णय करता है, रचनाकारों की महानता का निर्णय

नहीं करता। रचना की प्रासंगिता कितनी है, यह बताने के साथ ही हमारी जिम्मेदारी यह बताने की भी है कि कौन-सा रचनाकार क्यों और कितना महत्त्वपूर्ण है। अभी इस गोष्ठी में मालिनी भट्टाचार्य ने यथार्थवाद के बारे में जो लेख पढ़ा है, उसमें उन्होंने बड़े महत्त्वपूर्ण मुद्दे उठाए हैं और मैं उनकी अधिकांश बातों से सहमत हूँ, लेकिन मैं उनकी इस स्थापना से सहमत नहीं हो पा रहा हूँ कि कलात्मक रूप से अच्छी रचना राजनीतिक रूप से भी अच्छी रचना होगी। यह स्थापना उनके लेख की अन्य स्थापनाओं के विरोध में जाती है, क्योंकि सारे लेख में स्थापना यह है कि यद्यपि सामाजिक यथार्थ और कला परस्पर संबद्ध हैं, फिर भी एक-दूसरे से विशिष्ट भी हैं। यह बात मैं इसलिए उठा रहा हूँ कि उनके लेख में मुझे एक प्रवृत्ति यह लगी कि कलाकृति को रूप की ओर से देखना शुरू करें। वे कहती हैं कि जहाँ 'टेक्नीकल इनोवेशंस' होंगे, वहाँ जरूरी तौर पर क्रांतिकारी 'फर्वर' होगा। यह मान्यता मुझे स्वीकार्य नहीं लगती। कलात्मक प्रतिभा तो किसी 'फासिस्ट' लेखक में भी हो सकती है। हो सकता है, वह यथार्थवादी रचना न कर सकता हो, लेकिन कलात्मक प्रयोग कर सकता है। हिंदी के संदर्भ में प्रयोगवाद और 'नई कविता' को देखें तो इस साहित्य का पहला नारा यही था कि शिल्प के नए-नए प्रयोग किए जाएँ, लेकिन उसका कथ्य किसी भी अर्थ में क्रांतिकारी नहीं था।

कुमारेश चक्रवर्ती ने कहा कि सौंदर्यशास्त्र, यथार्थवाद और मौजूदा जनवादी आंदोलन के अंत:संबंधों के संदर्भ में मालिनी भट्टाचार्य का लेख बड़ा सुगठित है और मोटे तौर पर मैं उससे सहमत हूँ। लेकिन मैं उनकी पाठ-प्रक्रिया और 'गैप्स एंड साइलेंसेज' वाली बात से सहमत नहीं हूँ, क्योंकि रचना को पढ़ते समय इनको भरने में पाठकों की चेतना के विभिन्न स्तर होंगे और रचना के बारे में शिक्षित, कम-ज्यादा शिक्षित और अशिक्षित पाठकों की समझ भिन्न होगी। मालिनी ने एक सवाल और उठाया है कि कलाकृतियों पर हमें नैतिक दृष्टि से विचार नहीं करना चाहिए। मैं इस बात से भी सहमत नहीं हूँ, क्योंकि यदि कोई कला लोगों को प्रतिक्रियावादी बनाती है और वे अपराधों और क्रांति-विरोधी कार्यों में संलग्न होते हैं, तो हमें उसके बारे में नैतिक दृष्टिकोण अपनाना ही होगा।

बहस को आगे बढ़ाते हुए चंद्रभूषण तिवारी ने कहा कि मालिनी भट्टाचार्य का लेख मेरे लिए बहुत विचारोत्तेजक है। यथार्थवाद के बारे में इसके ऊपरी स्वर से तो मैं सहमत हो लेता हूँ, लेकिन गहराई में जाने पर कठिनाई होती है। पहली बात तो यह कि यथार्थवाद एक पद्धति नहीं, बल्कि दृष्टिकोण है, लेकिन मालिनी ने यथार्थवाद को एक पद्धति के रूप में पेश किया है। इसलिए उनके लेख की शैली और मान्यताएँ बहुत कुछ आधुनिकतावादियों के निकट पहुँच गई हैं। 'मौन और रिक्तियों' के बात से ऐसा लगता है, मानो रचनाकार जान-बूझकर रचना में मौन और रिक्तियाँ छोड़ता है और पाठक से अपेक्षा करता है कि वह उनको भरे। यह मेरे विचार से आधुनिकतावादी दृष्टिकोण है। मुझे और ज्यादा विस्मय तब हुआ, जब उन्होंने हस्तक्षेप की बात की,

पक्षधरता की बात नहीं की। मेरी समझ से हस्तक्षेप एक व्यक्तिगत प्रक्रिया है, जबकि पक्षधरता में एक सामूहिकता से जुड़ने की बात है। इसलिए मुझे इस शब्दावली के प्रति थोड़ी आशंका है। कलात्मक रूप से अच्छी रचना राजनीतिक स्तर पर भी अच्छी होगी—इस स्थापना में भी मुझे व्यक्तिगत कलात्मक प्रयत्न और रूप को प्राथमिकता देने की कोशिश दिखाई देती है। इसलिए स्पष्ट कहा जाना चाहिए कि यह लेख आधुनिकतावादी प्रभावों से लिखा गया है और रचनाकार के व्यक्तिवाद को आगे बढ़ानेवाला है। जहाँ तक यथार्थवाद के विभिन्न रूपों का सवाल है, मेरे विचार से आज न तो समाजवादी यथार्थवाद की स्थिति है और न आलोचनात्मक यथार्थवाद की, बल्कि इन दोनों के बीच की एक स्थिति है—जनवादी यथार्थवाद की। इस बात को चंद्रबली सिंह और शिवकुमार मिश्र ने उठाया है। जनवादी यथार्थवाद वहाँ होता है, जहाँ लेखक पक्षधर होकर लड़ाई लड़ने के साथ-साथ अपने 'स्टैंडप्वाइंट' के कारण किसान, मजदूर और आम जनता के बीच अपने को महसूस करे, उनसे सहानुभूति रखे।

मनमहोन ने कहा कि लेखक पर पक्षधरता की शर्त लगाना गलत है। मैं इस बात को उलट कर कहना चाहता हूँ कि यथार्थवादी लेखक अनिवार्यतः प्रक्षधर लेखक होगा। पक्षधरता की शर्त केवल 'कांशस राइटर' के साथ हो सकती है। मालिनी के पर्चे में कलात्मक रूप से अच्छी रचना के राजनीतिक रूप से भी अच्छी होने की जो बात है, उसे भी मैं इस रूप में रखना चाहूँगा कि यदि किसी रचना में कलात्मक कमजोरियाँ हैं, तो क्या वह राजनीतिक कमजोरी नहीं है? इसमें परिप्रेक्ष्य का सवाल है। रचना में कमजोरी रह जाती है तो इसका मतलब है कि सही परिप्रेक्ष्य बन नहीं पाया है। यथार्थ की समझ क्या है, यह ज्यादा महत्त्वपूर्ण नहीं है, बल्कि महत्त्वपूर्ण यह है कि यथार्थ को आत्मसात कितना किया गया है। 'रोमेंटिसिज्म', अधीरता, आदर्शीकरण यथार्थ नहीं है। 'रियलिटी' को अगर समग्रता में ग्रहण किया जाए तो वह 'एक्सपोजर' भी करेगी और रास्ता भी दिखाएगी। पहली बात तो यह है कि जब आप यह मानते हैं कि यह जनवाद का दौर है तो यह भी मानिए कि साहित्य एक 'ऑब्जेक्टिव हिस्टॉरिकल प्रोसेस' है, और उसे हम निर्धारित नहीं करते, इसलिए जो लेखक अपने अनुभवों के आधार पर लिखता है, वह उस ऐतिहासिक प्रक्रिया से संबंधित होता है। उस पर पक्षधरता और प्रतिबद्धता आदि की शर्तें नहीं लगाई जा सकतीं। ये शर्तें तो केवल एक सचेत लेखक पर लगाई जा सकती हैं।

जर्मन भाषा और साहित्य के विद्वान् अनिल भट्टी ने अंग्रेजी में बोलते हुए कहा कि इस बहस में सबसे ज्यादा बहसतलब मुद्दा यह उठा है कि सैद्धांतिक दृष्टि से अच्छी कला राजनीतिक दृष्टि से अच्छी कला होगी या नहीं। मेरे विचार से यह कहना गलत है कि राजनीतिक रूप से तो एक रचना अच्छी है, सौंदर्यात्मक दृष्टि से अच्छी नहीं है। अगर ऐसा है तो उस रचना में जरूर कोई गड़बड़ है। दूसरा बहसतलब मुद्दा मालिनी के पर्चे से यह उठा है कि कलाकृति के मूल्य-निर्धारण में पाठ-प्रक्रिया ('रीडिंग') की क्या भूमिका है, हालाँकि मालिनी ने उचित ही इस प्रक्रिया में बाहर से लाई जानेवाली

चीजों से मौन और रिक्तियों को भरने के बारे में बहुत सतर्क रहने की चेतावनी दे दी थी।

मैं यहाँ पीटर राइट की पुस्तक 'एस्थेटिक्स ऑफ रेजिस्टेंस' का हवाला देना चाहता हूँ। इसमें लेखक ने एक स्तर पर मनुष्य की सौंदर्य-चेतना के समूचे इतिहास को प्रतिरोध के इतिहास के रूप में प्रस्तुत किया है। इस क्रम में लेखक ने पूर्वप्रदत्त कलाकृतियों का पुनरध्ययन ('रि-रीडिंग') करते हुए उनमें मौजूद मौन तथा रिक्तियों को भरा है। अतः कलाकृतियों में मौन और रिक्तियाँ तो होती ही हैं, और उन्हें हम अपनी चेतना के स्तर से भरते हैं, और उनको इस तरह से भरना हमारे प्रतिरोध की अभिव्यक्ति का एक रूप होता है। यह प्रतिरोध आधिपत्य के विरुद्ध होता है, जिसकी अभिव्यक्ति हम कलाकृति की खाली जगहों को भर कर करते हैं।

इस बात को मनमोहन की एक बात से जोड़ना चाहिए। मनमोहन ने 'कांशस राइटर्स' को इस चर्चा से अलग रखने की बात कही है, लेकिन हम इन समस्याओं पर उन 'नाइव राइटर्स' (भोले-भाले लेखकों) के संदर्भ में बात नहीं कर सकते, जो सही पद्धति अपना कर अपने भोलेपन ('नाइविटी') का अतिक्रमण करते हुए यथार्थवाद तक पहुँचते हैं। हमारा वास्ता उत्तरोत्तर उस सचेत लेखक से है, जो सचेत होकर कलात्मक रचना करता है। उसकी क्षमता और चेतना की यह सीमा हो सकती है कि वह सौंदर्यात्मक एवं राजनीतिक, दोनों दृष्टियों से यह समझने में असमर्थ रहे कि वह क्या कर रहा है और उसकी इस सीमा की व्याख्या उसकी रचना में निहित सौंदर्यात्मक एवं राजनीतिक अंतर्वस्तु की अक्षमता के रूप में की जा सकती है।

सुधीश पचौरी ने कहा कि अगर आज के दौर को हम 'राइटर्स' की नजर से देखते हैं और आज के 'कांक्रीट' दौर में अपने इस संगठन के जरिए लेखकों के बीच में कुछ 'सर्विसेज' करना चाहते हैं, तो हमें देखना चाहिए कि वे 'राइटर' जो एक 'कांक्रीट कंडीशंस' के भीतर एक खास तरह की प्रक्रिया के भीतर 'एजूकेट' होकर आ रहे हैं, उनकी अनेकानेक समस्याएँ हैं, 'क्रियेटिव प्रोसेस' की समस्याएँ हैं। एक चीज तो जरूर है कि यह पूरा 'सिस्टम'–'क्लास सिस्टम'--एक तरफ दमन कर रहा है, शोषण कर रहा है, तो दूसरी तरफ 'रेजिस्टेंस' है और वह 'रेजिस्टेंस' सिर्फ नारेबाजी नहीं है, कुछ और भी है। इस पिछड़े हुए देश में अपने-आपको 'एक्सप्रेस' कर पाना क्या अपने-आपमें एक 'फॉरवर्ड प्रोसेस' नहीं है? और अगर कोई 'राइटर' अपने 'सेल्फ' को 'एक्सप्रेस' करता है, तो क्या वह इस 'फॉरवर्ड प्रोसेस' की तरफ नहीं जा रहा है? यानी कि क्या 'रियलिटी' से साक्षात्कार करने के जो 'टूल्स' हैं, उन्हें अर्जित करने की कोशिश नहीं कर रहा है? वह कर रहा है। उस पर इतने दमन हैं, इतने अवरोध हैं कि उस 'रियलिटी' को भी वह रख देता है तो अपने-आपमें वह एक 'रेजिस्टेंस' बन जाता है। वह कैसे बनता है, यह बात आप आज से पच्चीस-पचास साल बाद बेहतर तय कर सकेंगे। यह बहुत 'प्रिमेच्योर' होगा कि आप उस पर पचास 'कंडीशंस' आज लगा दें कि इतनी लंबी कूद फाँदो, तब जाकर जनवादी बनोगे। यह 'एटीट्यूड' क्रांति से पहले

ही 'प्रोलेटेरियन डिक्टेटरशिप' लादने का 'एटीट्यूड' है, जो हमें 'पी. डब्लू. ए.' से विरासत में मिला है। आज तो लिखना ही अपने-आपमें जनवादी कार्य है। वह अपने-आपमें 'इंटरवेंशन' बन रहा है। इसलिए आज हमें यथार्थवाद संबंधी कोई 'कंडीशंस' लेखक पर नहीं लगानी चाहिए।

बहस के बाद मालिनी भट्टाचार्य ने अपने आलेख पर उठाई गई आपत्तियों के संदर्भ में कहा कि मैं इस बहस के लिए आभारी हूँ, क्योंकि इससे मुझे अपने पर्चे के 'मौन और रिक्तियों' को भरने में मदद मिलेगी। लेकिन चूँकि चंद्रभूषणजी ने मुझे व्यक्तिवादी और आधुनिकतावादी कह कर लताड़ा है, इसलिए मुझे आत्मरक्षा में एक-दो बातें कहनी ही पड़ेंगी। उन्होंने यह तो सही कहा कि मैंने यथार्थवाद को पद्धति के रूप में ज्यादा लिया है, दृष्टिकोण के रूप में कम; लेकिन कलाकृति में दृष्टिकोण पद्धति में अंतर्निहित रहता है और आप एक को दूसरे से पृथक् नहीं कर सकते। आधुनिकतावादियों का तरीका है लेखक से कृति की ओर जाने का। इस संदर्भ में मैं यह भी कहना चाहती हूँ कि 'समाजवादी यथार्थवाद' की जगह 'जनवादी यथार्थवाद' शब्द का प्रयोग उचित है, पर हमें इसको स्वीकार करते हुए भी इसकी परिभाषा खूब सोच-समझ कर करनी चाहिए, कि इससे अपने राष्ट्रीय संदर्भ में हमारा क्या मतलब है।

दूसरी बात मैं कुमारेश चक्रवर्ती के इस कथन के बारे में कहना चाहती हूँ कि रचना की पाठ-प्रक्रिया से एक औसत पाठक का क्या संबंध हो सकता है। अगर हम इस सवाल को यों रखें कि क्या औसत पाठक साहित्यिक रचना को पढ़ सकता है, तो जाहिर है कि जवाब होगा : नहीं। भारत के 70 प्रतिशत लोग तो कुछ भी नहीं पढ़ सकते। लेकिन अगर लेखक यह सोच कर लिखें तो शायद लिखना ही बंद कर देंगे। लेखक कभी भी वास्तविक ('एक्चुअल') पाठकों के लिए नहीं लिखता, वह संभावित ('पॉसिबल') पाठकों के लिए लिखता है और वह अपने संभावित पाठक की चेतना के उच्चतम स्तर को ध्यान में रख कर लिखता है। आम दर्शक 'पथेर पांचाली' को नहीं समझ पाता तो इसका मतलब यह नहीं होता कि 'पथेर पांचाली' अच्छी फिल्म नहीं है। एक अच्छी कलाकृति बहुसंख्यक जनता की समझ में आने की दृष्टि से आज अप्रासंगिक हो सकती है, लेकिन ऐतिहासिक रूप से समाज के बदल जाने पर वह पुनः प्रासंगिकता प्राप्त कर सकती है।

बहस में एक सवाल नैतिक दृष्टि से कला को देखने के बारे में भी उठाया गया। इस संदर्भ में मैं फिर कहना चाहूँगी कि कला के संदर्भ में नैतिकतावादी दृष्टिकोण गलत है। उदाहरण के लिए बंगाल में आज 'अपसंस्कृति' के बारे में एक बहस चल रही है। कुछ लोगों के लिए इसका अर्थ है पुराने मूल्यों का पतन। देखना होगा कि ये पुराने मूल्य कौन-से हैं। कुछ लोग कहते हैं कि आजकल बच्चे बिगड़ रहे हैं, इसका कारण यह है कि स्त्रियाँ नौकरी करने लगी हैं। क्या इस नैतिकतावादी दृष्टिकोण को सही कहा जा सकता है?

अंत में अध्यक्ष-मंडल की ओर से कुँवरपाल सिंह ने यह कहा कि आज की बहस

में कई बार बुर्जुआ संस्कृति की बात सुनने में आई, पर सवाल उठता है : क्या भारतीय बुर्जुआ वर्ग के पास अपनी कोई संस्कृति है? मुझे नहीं लगता कि उसके पास यूरोप के बुर्जुआ वर्ग की तरह अपनी कोई संस्कृति है। वह सामंती संस्कृति को ही तोड़-मरोड़ कर प्रस्तुत कर रहा है, जिसमें पिछले कुछ समय से साम्राज्यवादी संस्कृति भी बड़े पैमाने पर घुलमिल रही है। इसलिए बुर्जुआ सौंदर्यबोध की बात भारत के संदर्भ में मुझे जँचती नहीं है। जहाँ तक यथार्थवाद का सवाल है, भारत में यथार्थवाद सामंतवाद और साम्राज्यवाद के विरोध में पनपा है। खास तौर से 1930 के बाद जब कांग्रेस ने सामंतवाद और साम्राज्यवाद से समझौता किया तो उसके विरोध में हमारे साहित्य में--मुख्यतः गद्य साहित्य में--एक सामाजिक यथार्थवाद का उदय हुआ। यथार्थवाद जनविरोधी संस्कृति के विरुद्ध तथा एक वैज्ञानिक दृष्टि के साथ हमारे यहाँ विकसित हुआ है। अतः हम सामंतवाद, पूँजीवाद और साम्राज्यवाद के विरोध के साहित्य को सामाजिक यथार्थवाद का साहित्य कह सकते हैं।

जनवादी लेखक संघ के महासचिव चंद्रबली सिंह ने अंतिम अध्यक्षीय भाषण देते हुए कहा कि आज यहाँ जो बहस हुई है, उससे दो चीजें बहुत स्पष्ट हो जाती हैं : एक तो यह कि मार्क्सवादी लेखक और आलोचक भी कई मुद्दों पर आपस में टकराते हैं, और यह बहुत अच्छी बात है, क्योंकि मार्क्सवाद कोई जड़ चीज नहीं, बल्कि एक निरंतर विकासमान जीवन-दृष्टि और विश्वदृष्टि है। उसके विकास के लिए यह वैचारिक टकराव अत्यंत आवश्यक है। दूसरी बात यह कि वे लोग, जो जनवादी लेखक संघ के बारे में शुरू से कुछ संदेह का भाव रखते थे, या यह समझते थे कि यहाँ सब लोगों पर कोई एक राय थोप दी जाएगी, उनके सामने भी यह स्पष्ट हो गया होगा कि इस संगठन में खुल कर विचार-विमर्श करने तथा अपने मतभेदों को निस्संकोच सामने लाने का कैसा खुला वातावरण है...

(टेपरिकॉर्डर में पुनः खराबी आ जाने के कारण चंद्रबली सिंह के भाषण का काफी बड़ा हिस्सा रिकॉर्ड नहीं हो पाया। उनके भाषण का जो अंतिम अंश रिकॉर्ड हो सका, वह आगे प्रस्तुत है :)

... जो यथार्थ को समग्रता से समझने की क्षमता देगा। मालिनीजी ने इसी संदर्भ में कहा था कि लेखक हस्तक्षेप करता है। शायद इसे न समझने के कारण चंद्रभूषण भाई ने उसका अर्थ कुछ दूसरा लगा लिया। मालिनी के कहने का अर्थ था कि लेखक यथार्थ को जैसा देखता है, उसी तरह से उसे स्वीकार नहीं करता। वह यथार्थ और अपने द्वारा प्रस्तुत उस यथार्थ के कलात्मक बिंब के बीच स्वयं आता है और उस यथार्थ को बदलता है। यह देख कर कि क्या उसमें 'टिपिकल' है, क्या प्रतिनिधि तत्त्व है, उस पर जोर देता है। मालिनी द्वारा प्रयुक्त शब्द 'इंटरवेंशन' किताबों में अक्सर इस्तेमाल नहीं होता है, इसलिए चंद्रभूषणजी ने समझा कि यह आधुनिकतावाद से लिया हुआ शब्द है। यह आधुनिकतावाद का शब्द नहीं है। बल्कि इसके जरिए मालिनी ने यथार्थ के बारे में मार्क्सवादी दृष्टि को ही रखा है। इसके आगे-पीछे भी बहुत-सी बातें मालिनी ने कही

थीं, इसलिए भ्रम की कोई गुंजाइश नहीं थी। इसके बावजूद 'हस्तक्षेप' का इतना गलत अर्थ निकाला जाए, यह मेरी समझ में नहीं आता। लेकिन चंद्रभूषणजी ने यह कर दिया।

मार्क्सवादी सौंदर्यशास्त्र की यह मान्यता है कि सच्चा लेखक या कलाकार अपने देखे हुए जीवन को उसी तरह प्रस्तुत नहीं कर देता, बल्कि उसके कलात्मक बिंबों से अपनी कृति में एक नई दुनिया रचता है। यही छोटे और बड़े लेखक की पहचान होती है। हाँ, मालिनी की एक बात की मैं आलोचना करना चाहता हूँ। उन्होंने कहा कि रचनाओं को नैतिक दृष्टि से नहीं देखना चाहिए। अंशतः तो उनकी बात ठीक है, लेकिन क्या हमारी जनता ने सदियों से जिन सौंदर्यात्मक मूल्यों की कल्पना की है, उनमें नैतिक मूल्य शरीक नहीं हैं? सुंदरता की कल्पना हम नैतिकता को अलग हटा कर नहीं कर सकते। लेकिन मालिनी इसी प्रसंग में एक और बात कह गईं, जो स्वीकार्य नहीं हो सकती। उन्होंने कहा कि बच्चे सिनेमा के प्रभाव से नहीं बिगड़ते, बल्कि सामाजिक परिस्थितियों के कारण बिगड़ते हैं। लेकिन कला केवल आधार से निर्मित ही नहीं होती, उस पर असर भी डालती है। दोनों में घात-प्रतिघात होता है। अगर ऐसा नहीं होता तो हमें ऐसी चीजों से लड़ने की जरूरत ही न होती। इस तरह से एकांगी बात करने से हमारा दृष्टिकोण गलत हो जाता है।

गोष्ठी के संचालक कर्णसिंह चौहान ने धन्यवाद देकर गोष्ठी का समापन किया और काव्य-गोष्ठी के आरंभ की घोषणा की।

काव्य-गोष्ठी

शाम के सात बजे से रात के साढ़े दस बजे तक कविता-पाठ का कार्यक्रम चला। काव्य-गोष्ठी के अध्यक्ष थे त्रिलोचन, शील और रमेश रंजक। गोष्ठी का संचालन भी रमेश रंजक ने किया।

कविता-पाठ करने वाले कवि थे : इंदुकांत आंगिरस, महावीर शर्मा, पुष्पा शर्मा, गिरधर बरनवा, निरंकार नारायण श्रीवास्तव, शुभा, कृष्ण कुमार कोमल, कृष्ण गोपाल वर्मा, कैलाश कबीर, प्रताप अनम, हरीश भादानी, उर्मिल सत्यभूषण, नरेंद्र वसिष्ठ, वकार सिद्दीकी, कुलदीप सलिल, जानकी प्रसाद शर्मा, पंकज सिंह, मनमोहन, राजकुमार सैनी, बृजेंद्र कौशिक, पुरुषोत्तम प्रतीक, रामकुमार कृषक, रमेश रंजक, शील और त्रिलोचन।

(अक्टूबर, 1983)

पीढ़ियाँ आमने-सामने : भैरव प्रसाद गुप्त तथा अन्य

कथा-पत्रिका 'सारिका' में कुछ समय तक एक स्तंभ निकला था : पीढ़ियाँ आमने-सामने। उसमें विभिन्न पीढ़ियों के हिंदी कथाकारों की बातचीत प्रकाशित हुआ करती थी। इसी सिलसिले में 16 जनवरी 1984 को दिल्ली में भैरव प्रसाद गुप्त, रमेश उपाध्याय, प्रदीप मांडव, रमेश बत्तरा और महेश दर्पण के बीच बातचीत हुई। संयोग से उर्दू के कथाकार काजी अब्दुल सत्तार भी उपस्थित थे। थोड़ी-सी बातचीत उनसे भी हुई थी, लेकिन वह विषयांतर जैसी थी, इसलिए यहाँ उस अंश को छोड़ दिया गया है।

रमेश बत्तरा : भैरव दा, हिंदी कहानी में प्रेमचंद की परंपरा क्या है?

भैरव प्रसाद गुप्त : सन् 1936 में प्रेमचंद की अध्यक्षता में लखनऊ में प्रगतिशील लेखक संघ का पहला अधिवेशन हुआ था। उस समय तक कहानी करीब-करीब हिंदी जगत् में छा चुकी थी। उस समय बहुत-से कहानीकार कहानियाँ लिख रहे थे, जिनमें यशपाल, अज्ञेय और जैनेंद्र प्रमुख थे। उसके बाद प्रगतिशील लेखक आंदोलन शुरू हुआ तो और कई कहानीकार उभर कर सामने आए, जिनमें उपेंद्रनाथ अश्क, अमृतलाल नागर, भगवतीचरण वर्मा आदि थे।

प्रदीप मांडव : प्रगतिशील आंदोलन के दौरान उभरे लेखकों का प्रमुख योगदान क्या था?

भैरव प्रसाद गुप्त : प्रगतिशील आंदोलन के दौरान निश्चय ही लेखकों ने प्रेमचंद की विरासत को सँभाला और उसे आगे बढ़ाने का प्रयास किया। वह साम्राज्यवाद विरोध-का दौर था। लेकिन प्रगतिशील आंदोलन सिर्फ साम्राज्यवाद-विरोध तक सीमित नहीं रहा, बल्कि राष्ट्रीय पूँजीपतियों और सामंतों के खिलाफ भी उसने काम किया और सबसे बड़ी बात यह थी कि प्रगतिशील लेखकों ने प्रेमचंद से आगे बढ़ कर मजदूरों और किसानों पर लिखना शुरू किया। यह एक बहुत बड़ा मोड़ था।

महेश दर्पण : आप प्रगतिशील लेखक संघ से स्वयं कब जुड़े ?

भैरव प्रसाद गुप्त : सन् 1944 में। उस समय मैं 'माया' में आ गया था। मगर 'माया' का स्वर प्रगतिशील नहीं था। प्रगतिशील लेखक संघ की सदस्यता स्वीकार कर

लेने के बाद मेरी जानकारी बढ़ी–प्रगतिशील लेखक आंदोलन के बारे में, मार्क्सवाद के बारे में, साम्यवाद के बारे में–और तब 'माया' को मैंने धीरे-धीरे बदलना शुरू किया और सन् 1950 तक आते-आते 'माया' एक तरह से प्रगतिशील कहानीकारों की पत्रिका हो गई। उसमें लगातार यशपाल, रांगेय राघव, भगवत शरण उपाध्याय, अमृतलाल नागर, पहाड़ी, अमृतराय आदि की कहानियाँ छपने लगीं। इस स्थिति में 'माया' एक तरह से दूसरे खेमे के कहानीकारों में बदनाम भी हो गई थी। जैनेंद्र की कहानियाँ तो कभी-कभी छपती थीं, परंतु मेरे संपादन-काल में अज्ञेय की एक भी कहानी नहीं छपी। हिंदी की कहानियों के साथ-साथ मैं 'माया' में अन्य भारतीय भाषाओं की–बांगला की, मराठी की, गुजराती की और दक्षिण भारतीय भाषाओं की–कहानियाँ भी छापता था। 1947 में 'माया' का एक विशेषांक छपा था, जिसमें विदेशों के प्रगतिशील, मार्क्सवादी या कम्युनिस्ट लेखकों की कहानियाँ भी छपी थीं। दूसरी बात यह कि 'माया' के उन पुराने लेखकों को बहुत तकलीफ होने लगी थी, जो पहले उसमें बहुत छपते थे। जैसे प्रदीप नाम के एक लेखक थे...

प्रदीप मांडव : जो बाद में फिल्मी गीत लिखने लगे थे ?

भैरव प्रसाद गुप्त : हाँ, वही। दूसरे एक और लेखक थे, जो पौराणिक धारा की कहानियाँ लिखा करते थे। ये दो लेखक पहले 'माया' में बहुत छपते थे। ये लोग बहुत लंबी-लंबी पौराणिक कहानियाँ लिखते थे, जो बहुत ही मनोरंजनपूर्ण होती थीं। जाहिर है, जब ये कहानियाँ छपनी बंद हो गईं तो इनकी भी शिकायतें आने लगीं। इसका परिणाम यह हुआ कि 1951-52 आते-आते मुझ पर थोड़ा अंकुश लगाने की कोशिश शुरू हो गई। खैर, तो नतीजा यह हुआ कि मालिकों ने मुझसे कहा कि आप 'माया' छोड़ दीजिए, इसको हम कुछ दिलचस्प बनाने की सोच रहे हैं।

रमेश बत्तरा : वहाँ से छोड़ा कब ?

भैरव प्रसाद गुप्त : सन् 1954 में 'माया' को हमने छोड़ दिया, लेकिन संयोग कुछ ऐसा हुआ कि पहली जनवरी को हमने छोड़ा और दूसरे या तीसरे दिन ही श्रीपतराय से मेरी भेंट हुई। उन्होंने एक महीना पहले ही अपनी पुरानी पत्रिका 'कहानी' को, जिसे वे पहले बनारस से निकालते थे, फिर से शुरू किया था और श्यामू संन्यासी को संपादक बनाया था। लेकिन जब उन्हें पता चला कि मैंने 'माया' को छोड़ दिया है तो उन्होंने कहा कि आप हमारे यहाँ आ जाइए और 'कहानी' को सँभालिए।

महेश दर्पण : हाँ, इस बात का जिक्र कहीं आया था। मन्नू भंडारी ने कहा है कि कहानी उन्होंने श्यामू संन्यासी के नाम भेजी थी और छपी आपके संपादन में...

भैरव प्रसाद गुप्त : हाँ, तो उसके पहले ही वर्ष में, 1955 में, मैंने 'कहानी' का एक विशेषांक निकाला। इस विशेषांक को मैंने इस रूप में आयोजित किया था कि इसमें पुरानी पीढ़ी के कहानीकार भी रहें, नयी पीढ़ी के कहानीकार भी रहें, और भारत की सभी भाषाओं में जो प्रतिष्ठित कहानीकार हैं, उनकी भी एक-दो कहानियाँ रहें। उद्देश्य यह था कि कहानी के विकास-क्रम की रूपरेखा प्रस्तुत की जा सके और पाठक तथा

लेखक विशेषांक पढ़कर यह समझ सकें कि हमारी पुरानी पीढ़ी के कथाकार–यशपाल आदि–कैसा लिख रहे हैं, या कि नए कहानीकार जैसे मार्कण्डेय, अमरकांत, शेखर जोशी आदि–कैसी कहानियाँ लिख रहे हैं, और दूसरी भाषाओं में कैसी कहानियाँ लिखी जा रही हैं।

रमेश बत्तरा : इतने परिश्रम के साथ 'माया' को एक स्वरूप देने के बाद आपने उसे छोड़ क्यों दिया ?

भैरव प्रसाद गुप्त : जब सब लोग यह कहने लगे कि यह तो प्रगतिशीलों की पत्रिका हो गई है, तो मालिकों के दिमाग में भी यह बात बैठने लगी। लोगों ने उनसे शिकायत भी करना शुरू कर दिया।

रमेश उपाध्याय : भैरव दा, यह बताइए कि इनमें और पहले की कहानियों में क्या फर्क था?

भैरव प्रसाद गुप्त : इस सवाल का जवाब इस तरह दिया जा सकता है कि इन कहानियों के साथ ही 'नई कहानी' आंदोलन की शुरूआत हुई।

रमेश उपाध्याय : इसीलिए मैंने पूछा।

भैरव प्रसाद गुप्त : एक फर्क यह था कि यशपाल, इलाचंद्र जोशी, अमृतलाल नागर, भगवतीचरण वर्मा, या वे लेखक जो प्रेमचंद के जमाने से लिखते चले आ रहे थे, उनकी कहानियाँ नाटकीय होती थीं, काल्पनिक होती थीं। ये लेखक किसी सवाल या समस्या को उठा लिया करते थे और अपनी भाषा या शिल्प के बल पर कहानी खड़ी कर दिया करते थे। लेकिन जो नए कहानीकार आए, उन्होंने सचमुच जीवन के यथार्थ को अपना विषय बनाया और उसी तरह की भाषा और शिल्प को अपनाया। नए कहानीकारों की कहानियाँ हर रूप में भिन्न थीं–कथ्य की दृष्टि से, कला की दृष्टि से, भाषा और शिल्प की दृष्टि से भी। उसी समय ग्रामीण कथा शुरू हुई...

प्रदीप मांडव : आंचलिक?

भैरव प्रसाद गुप्त : आंचलिक नहीं। आंचलिक कहानी बाद में आई। ग्रामीण कथा अलग चीज थी। उसमें ग्रामीण चरित्र थे, गाँव के लोगों की समस्याएँ थीं, गाँव के लोगों की भाषा थी। कहानियों में बोलियों का पुट दिया जाता था। कस्बों की कहानियाँ भी लिखी गईं। कमलेश्वर तो कस्बे के कहानीकार ही कहलाने लगे।

प्रदीप मांडव : इसमें कौन-कौन सी कहानियाँ थीं ?

भैरव प्रसाद गुप्त : कई कहानियाँ थीं, जैसे रांगेय राघव की 'गदल', विष्णु प्रभाकर की 'धरती अब भी घूम रही है', अमरकांत की 'डिप्टी कलक्टरी' आदि। यशपाल, मार्कण्डेय आदि की कहानियाँ भी थीं। एक कहानी मेरी भी थी 'फूल'। भीष्म साहनी की 'चीफ की दावत' और मोहन राकेश की 'मलबे का मालिक' भी थीं।

रमेश बत्तरा : 'नयी कविता' के आंदोलन से कुछ संबंध था इसका ?

भैरव प्रसाद गुप्त : इस समय दरअसल वातावरण 'नई कविता' का ही था, क्योंकि 1952 के आते-आते प्रगतिवाद तो बिखर गया था, लेकिन 'नई कविता' का

आंदोलन चल रहा था। अज्ञेय के नेतृत्व में चलनेवाला यह आंदोलन हालाँकि बहुत सीमित था, लेकिन चर्चा में था। साहित्य की बात कविता के रूप में ही होती थी। और उसमें भी 'नई कविता' की ही बात होती थी। लेकिन जब 'नई कहानी' का आंदोलन शुरू हुआ और नए-नए कहानीकार उभरने लगे, 'कहानी' पत्रिका के माध्यम से उनका प्रचार-प्रसार होने लगा, तो 'नई कविता' का आंदोलन धीरे-धीरे खत्म हो गया।

रमेश उपाध्याय : बल्कि कई कवि तो कहानियाँ भी लिखने लगे...

भैरव प्रसाद गुप्त : हाँ, जैसे रघुवीर सहाय, धर्मवीर भारती, सर्वेश्वर।

रमेश बत्तरा : जो कहानीकार उस समय आए और आपके द्वारा संपादित विशेषांक में जिनकी कहानियाँ छपीं, उनमें से कई लोग आज भी लिख रहे हैं। लेकिन यह बताइए कि उनका लिखना कमतर क्यों होता चला गया ?

प्रदीप मांडव : कुछ का तो लिखना बिलकुल बंद ही हो गया।

भैरव प्रसाद गुप्त : उस समय वातावरण और था, आज का वातावरण और है। 'नई कहानी' आंदोलन के दौरान ऐसा वातावरण बनाया गया था कि नए कहानीकारों में यह होड़ लगी रहती थी कि कौन किससे बेहतर कहानी लिखता है। आज वह होड़ का वातावरण नहीं है। दूसरी बात यह कि 'नई कहानी' का आंदोलन प्रगतिवाद के आंदोलन के टूट जाने पर एक नए प्रगतिशील आंदोलन के रूप में आया था। उसे मैंने यह रूप दिया था। 'परिमल' वालों ने इसका विरोध किया और जब किसी आंदोलन में शक्ति होती है, तो विरोध होने पर वह और भी शक्तिशाली बनता है। एक बात यह भी थी कि 'परिमल' की परंपरा गोष्ठियों की थी, जबकि प्रगतिशील लेखक संघ की परंपरा सम्मेलनों की थी। इस तरह अब कवि-सम्मेलनों की तरह कहानी-सम्मेलन होने लगे। कई जगह 'शाम-ए-अफसाना' के आयोजन हुए। कहानीकार कहानी पढ़ते और हजारों लोग सुनते थे।

महेश दर्पण : आपने किसी ऐसे कहानी-सम्मेलन या कहानी की शाम में भाग लिया हो तो उसके विषय में बताएँ।

भैरव प्रसाद गुप्त : उज्जैन में मुझे बुलाया गया था। यह बात 1962 की है। प्रेमचंद जयंती के अवसर पर हरिशंकर परसाई और रमेश बक्षी आदि ने वह आयोजन किया था...तो मैं कह रहा था कि 'नई कहानी' आंदोलन ने एक वातावरण बनाया, जिसमें नए कहानीकारों को खूब लिखने और अच्छा लिखने की प्रेरणा मिलती थी। उस समय जो अच्छी कहानी छपती थी, बहुत चर्चित होती थी। 'कल्पना' पत्रिका पर हालाँकि 'परिमल' वाले छाये हुए थे, लेकिन उसमें मार्कण्डेय छद्म नाम से एक कॉलम लिखते थे।

रमेश उपाध्याय : शायद 'चक्रधर' नाम से 'साहित्यधारा'...?

भैरव प्रसाद गुप्त : इससे पहले कहानी पर ज्यादा कुछ लिखा नहीं गया था, और जो लिखा गया था, वह सतही था। कहानी को इससे पहले कोई महत्त्वपूर्ण साहित्यिक विधा माना ही नहीं गया। यहाँ तक कि प्रेमचंद को भी 'उपन्यास-सम्राट्' ही कहा गया,

'कहानी-सम्राट्' नहीं।

प्रदीप मांडव : यह दौर कब तक चला ?

भैरव प्रसाद गुप्त : 'नई कहानी' का आंदोलन 1960 तक 'कहानी' के माध्यम से चला। इसके बाद मेरे साथ कुछ वैसी ही घटना घटी, जैसे 'माया' में घटी थी। श्रीपतराय को भी एक शुक्लजी के कहने पर 'कहानी' को व्यावसायिक पत्रिका बनाने की सूझ गई। लेकिन मैंने 'कहानी' छोड़ने के बाद तुरंत राजकमल प्रकाशन के डायरेक्टर ओंप्रकाशजी के आग्रह पर 'नई कहानियाँ' के संपादन का कार्यभार सँभाल लिया। इसके बाद 'नई कहानी' का आंदोलन करीब तीन साल और चला। 'नई कहानियाँ' में कुछ और कॉलम मैंने जोड़े। कहानी-समीक्षा को और जोरदार बनाया गया। नामवर सिंह ने इसमें 'हाशिये पर' कॉलम शुरू किया। जो अच्छी कहानियाँ छपती थीं, उनकी चर्चा वे इसमें करते थे। लेकिन उसके बाद जब मैंने 'नई कहानियाँ' को छोड़ दिया तो 'नई कहानी' का आंदोलन बिखर गया। उसका संपादन कमलेश्वर ने ले लिया और दूधनाथ सिंह, ज्ञानरंजन, रवींद्र कालिया वगैरह साठोत्तरी पीढ़ी के कहानीकारों को छापना शुरू कर दिया। और नामवर सिंह की जगह मिले इनको धनंजय वर्मा... तो जाहिर है कि जब आंदोलन बिखरा तो इसका प्रभाव 'नई कहानी' आंदोलन के कहानीकारों पर भी पड़ा और उनका लिखना या तो पहले जैसा नहीं रहा या करीब-करीब बंद हो गया।

प्रदीप मांडव : लेकिन, बात कुछ एकपक्षीय नहीं हो रही है? किसी एक व्यक्ति के किसी एक पत्रिका के हट जाने से क्या आंदोलन बिखर जाया करते हैं?

भैरव प्रसाद गुप्त : आंदोलन में व्यक्ति की बहुत महत्त्वपूर्ण भूमिका होती है।

प्रदीप मांडव : तो क्या प्रगतिशील आंदोलन भी किसी व्यक्ति के कारण चला और किसी व्यक्ति के कारण बिखरा?

भैरव प्रसाद गुप्त : प्रगतिशील आंदोलन बिखरा, लेकिन प्रगतिशील लेखन खत्म नहीं हुआ। प्रगतिशील लेखक नहीं बिखरे थे। जैसे हम बराबर प्रगतिशील बने रहे। हम सभी, प्रगतिवादी आंदोलन के न होते हुए भी प्रगतिवाद से जुड़े हुए थे...और कहानी-आंदोलन को जो नया रूप दिया गया था, इसीलिए दिया गया था कि इस आंदोलन के माध्यम से हम वही काम करें, जो प्रगतिशील आंदोलन के माध्यम से हो रहा था।

रमेश उपाध्याय : आंदोलन में व्यक्तियों की महत्त्वपूर्ण भूमिका होती है, यह तो ठीक है, लेकिन आंदोलनों के चलने और बिखरने के पीछे कुछ ठोस कारण होते हैं। प्रगतिवाद का आंदोलन एक विशेष सामाजिक-राजनीतिक परिस्थिति में शुरू हुआ था और एक विशेष सामाजिक-राजनीतिक परिस्थिति के कारण ही बिखरा था। इसलिए मेरा खयाल है कि 'नई कहानी' आंदोलन को भी आप सामाजिक-राजनीतिक परिस्थिति से जोड़ कर देखें और...

भैरव प्रसाद गुप्त : साहित्यिक आंदोलन राजनीतिक आंदोलन नहीं होते। साहित्य में न कोई राजनीतिक आंदोलन चला है, न चल सकता है। साहित्यिक आंदोलनों के

शुरू होने और खत्म होने के कारणों को सांस्कृतिक क्षेत्र में खोजना चाहिए। 'नई कहानी' का आंदोलन उस समय बिखरा, जब साहित्य का लेखन और प्रकाशन बेतरह व्यावसायिक होने लगा था। और अब तो बहुत ही ज्यादा हो गया है। कहानी की एक भी अच्छी पत्रिका नहीं रह गई है।

रमेश बत्तरा : क्या आंदोलन जरूरी होते हैं?

भैरव प्रसाद गुप्त : आंदोलन जरूरी है। आंदोलन के बिना कोई विधा विकसित नहीं होती।

महेश दर्पण : आप 'नई कहानी' आंदोलन के बिखरने की बात बता रहे थे।

भैरव प्रसाद गुप्त : हाँ, मैं कह रहा था कि जब 1962 में मैंने 'नई कहानियाँ' पत्रिका का संपादन छोड़ा तब साहित्य पर व्यावसायिकता हावी होने लगी थी। व्यावसायिकता का मतलब है कि जिस तरह रोजी-रोटी कमाने के लिए कारखाने में मजदूर काम करने लगते हैं, ठीक उसी तरह लेखक, बुद्धिजीवी या संपादक भी लेखन या संपादन का काम करने लगते हैं। और व्यावसायिकता में होता यह है कि फसल बोता कोई और है, काटता कोई और है। काटना बहुत आसान काम है, बोने में बहुत कठिनाई होती है। तो 'नई कहानी' आंदोलन की फसल काटने का काम भारती ने किया। भारती ने 'धर्मयुग' में राजेंद्र यादव, कमलेश्वर और मोहन राकेश का त्रिकोण बना कर उछाला और नए कहानीकारों की एक सीरीज छापी...

रमेश उपाध्याय : 'कथा-दशक' नाम से, जिसमें पहले एक कहानीकार का वक्तव्य आता था और अगले सप्ताह उसकी कहानी...

भैरव प्रसाद गुप्त : हाँ, वही। इसका उद्देश्य यह था कि जो सही मायने में 'नई कहानी' के लेखक थे, जिनके कारण 'नई कहानी' आंदोलन को याद किया जाएगा, उनको नजरअंदाज किया जाए और उन कहानीकारों को प्रमुखता दी जाए, जो दरअसल 'नई कहानी' आंदोलन की मुख्य धारा में नहीं आते। राजेंद्र यादव, राकेश और कमलेश्वर के यहाँ आपको मजदूरों-किसानों की कहानियाँ नहीं मिलेंगी, जिनमें जीवन के संघर्ष हों, बल्कि ये अधिकतर मध्यम वर्ग के कहानीकार हैं...

प्रदीप मांडव : इन लोगों ने 'मेरा हमदम : मेरा दोस्त' जैसी लेखमालाएँ भी लिखीं, जिनमें एक-दूसरे को खूब उछाला...

महेश दर्पण : लेकिन जैसा आप कह रहे हैं कि ये लोग 'नई कहानी' की मुख्य धारा में नहीं आते, तो यह बताइए कि वे लोग कौन थे, जिन्हें आप 'नई कहानी' की मुख्य धारा से जुड़ा हुआ मानते हैं?

भैरव प्रसाद गुप्त : मैं इस संदर्भ में नाम लूँगा मार्कण्डेय का, शेखर जोशी का, और मैं नाम लूँगा अमरकांत का, शिवप्रसाद सिंह का, उषा प्रियंवदा का, मन्नू भंडारी का, रामकुमार का, भीष्म साहनी का।

रमेश बत्तरा : भीष्म साहनी, अमरकांत, मन्नू भंडारी आज भी लिख रहे हैं। इन लोगों के लेखन के प्रति आज आप कितने आश्वस्त हैं ?

भैरव प्रसाद गुप्त : मैं आश्वस्त नहीं हूँ। बिलकुल आश्वस्त नहीं हूँ। और अमरकांत के बारे में नामवर खुद भी लिख चुके हैं कि इनमें गिरावट आई है। जाहिर है कि अमरकांत जो आजकल लिख रहे हैं, उनकी प्रतिष्ठा के अनुरूप नहीं है।

रमेश बत्तरा : मगर इधर एक साक्षात्कार में नामवर सिंह ने इच्छा व्यक्त की है कि वे अमरकांत की रचनाधर्मिता पर विस्तार से लिखना चाहते हैं...

प्रदीप मांडव : यह बताएँ कि जिस 'नई कहानी' आंदोलन को आपने इतने बड़े उद्देश्य से चलाया था, सहसा वह रूपवाद की ओर क्यों मुड़ गया ? निर्मल वर्मा की कहानी 'परिंदे' का ही ढोल क्यों पीटा गया? या कि 'लंदन की एक रात'....

भैरव प्रसाद गुप्त : 'लंदन की एक रात' बुरी कहानी तो नहीं है। क्या वह कोई प्रतिक्रियावादी कहानी है? 'लंदन की एक रात' एक नयापन लेकर आई थी...

रमेश बत्तरा : क्या 'नई कहानी' आंदोलन के दौरान आपसे कोई गलती हुई जो याद आती है?

भैरव प्रसाद गुप्त : कोई गलती नहीं हुई, सिवाय इसके कि हमने नामवर सिंह को इसका सिद्धांतकार बनाया।

रमेश बत्तरा : अच्छा, उपाध्याय जी, आप 'नई कहानी' के जमाने से ही कहानियाँ लिख रहे हैं। उसके बाद के तमाम आंदोलन आपने देखे हैं, और उनमें से कुछ में आप शामिल भी रहे हैं; आप अपने बारे में कुछ बताएँ।

रमेश उपाध्याय : मैंने लिखना उस समय शुरू किया, जिसके बारे में भैरव दा ने बताया है कि 'नई कहानी' का आंदोलन बिखर रहा था। मेरी पहली कहानी 1962 में 'लहर' में छपी थी। उस समय मैं ज्यादा पढ़ा-लिखा नहीं था। जोधपुर में मजदूरी करता था, लेकिन साहित्य में मेरी रुचि उत्पन्न हो गई थी। पढ़ता-लिखता था, लेकिन साहित्यिक आंदोलनों से मेरा कोई लेना-देना नहीं था। 'नई कहानी' का बोलबाला था, लेकिन उस समय तक 'नई कहानी' भी पुरानी घोषित की जाने लगी थी। 1961 में 'लहर' ने अपना कहानी-विशेषांक हालाँकि 'नई कहानी विशेषांक' के नाम से ही निकाला था, लेकिन उसमें 'नई कहानी' आंदोलन के प्रमुख लेखकों से भिन्न लेखकों की कहानियाँ प्रकाशित हुई थीं। उसमें एक तरफ अगर उषा प्रियंवदा, हरिशंकर परसाई, रमेश बक्षी आदि की कहानियाँ थीं, तो दूसरी तरफ ज्ञानरंजन, काशीनाथ सिंह, मलयज और रमाकांत की कहानियाँ भी थीं। और देवीशंकर अवस्थी ने उसमें लिखा था कि पिछले कुछ समय से हिंदी कहानी में बासीपन-सा आ गया है। लगता है कि पुराने फार्मूले दोहराए जा रहे हैं। वजह शायद यह थी कि कहानी के क्षेत्र में एक नई पीढ़ी आ गई थी और नए ढंग की कहानियाँ लिख रही थी। 'नई कहानियाँ' पत्रिका में भैरवजी के हटने के बाद जब कमलेश्वर आए तो इस नई पीढ़ी के कहानीकारों की एक सीरीज शुरू हुई और नामवर सिंह ने भी 'नई कहानी' के झंडाबरदारों की आलोचना करते हुए इस नई पीढ़ी का स्वागत किया....

महेश दर्पण : हाँ, 'एक नई शुरूआत' के नाम से....

रमेश बत्तरा : आपका 'नई कहानी' आंदोलन के बारे में तब क्या विचार था और आज आप उसे क्या समझते हैं?

रमेश उपाध्याय : लिखना जिस समय शुरू किया था, उस समय तो कोई बहुत स्पष्ट विचार नहीं था, लेकिन आगे चल कर धीरे-धीरे यह बात समझ में आई कि 'नई कहानी' आंदोलन में दो धाराएँ थीं। एक धारा वह थी, जो प्रेमचंद की यथार्थवादी परंपरा से जुड़ी हुई थी और जिसके अंतर्गत प्रगतिशील चेतना से संपन्न यथार्थवादी कहानियाँ लिखी जाती थीं। दूसरी धारा के अंतर्गत मध्यवर्गीय मानसिकता के साथ लिखी जानेवाली वे तमाम कहानियाँ आती हैं, जिन पर कहीं आदर्शवाद या सुधारवाद हावी है, कहीं रूपवाद या कलावाद हावी है, तो कहीं अनुभववाद और आधुनिकतावाद हावी है। संयोग ही है कि 'नई कहानी' में ये दोनों धाराएँ एक साथ चल सकीं, वर्ना इनके बीच अंतर्विरोध काफी गहरे थे और वह आंदोलन बिखरा भी इन्ही प्रवृत्तियों के चलते, जबकि प्रगतिशील यथार्थवादी कहानी और अनुभववादी-आधुनिकतावादी कहानी के बीच टकराव हुआ और दूसरी धारा के लेखकों ने पहली धारा के लेखकों को आंदोलन से काट कर अलग करने की कोशिश में आंदोलन को ही चौपट कर दिया।

भैरव प्रसाद गुप्त : जैसे..? कहानीकारों के नाम लो।

रमेश उपाध्याय : जैसे एक तरफ आप थे, मार्कण्डेय थे, शेखर जोशी थे और दूसरी तरफ राजेंद्र यादव थे, मोहन राकेश थे, कमलेश्वर थे...

महेश दर्पण : तो इसमें प्रगतिशील आंदोलन की भी तो कुछ कमी रही होगी?

रमेश उपाध्याय : वह एक अलग सवाल है, जिसके बारे में भैरव दा अच्छी तरह बता सकते हैं। समूचा प्रगतिशील आंदोलन तो एक अलग स्तर पर बिखर चुका था, 'नई कहानी' का प्रगतिशील आंदोलन इस तरह बिखरा कि प्रगतिशील कहानीकारों को एक किनारे कर दिया गया, या उनको होना पड़ा। मुझे लगता है कि कुछ कमी प्रगतिशील कहानीकारों की तरफ से भी रही, और वह यह कि इन्होंने 'नई कहानी' के नएपन को अंतर्वस्तु के स्तर पर कम और रूप के स्तर पर ज्यादा परिभाषित किया। उदाहरण के लिए मार्कण्डेय ने अज्ञेय, जैनेंद्र और यशपाल पर लिखते समय अपने इन अग्रजों की कहानियों की अंतर्वस्तु की भिन्नता पर जोर देकर उसे स्पष्ट करने के बजाय इनकी कथा-रचना की पद्धति की समानता पर ज्यादा जोर दिया और यह निष्कर्ष निकाला कि तीनों लेखक चूँकि एक 'आइडिया' सोच कर उसके अनुसार पात्र और परिस्थितियाँ गढ़ कर कहानियाँ लिखते हैं, इसलिए इनकी कहानियाँ यथार्थवादी नहीं हैं। इस दृष्टिकोण के चलते जाने-अनजाने यथार्थवाद की जगह अनुभववाद पर, रूपवाद पर, कलावाद पर जोर दिया जाने लगा। नएपन को अंतर्वस्तु के नएपन से जोड़ कर देखने के बजाय अपने-आप में ही एक मूल्य माना जाने लगा। इसका नतीजा यह हुआ कि आधुनिकता की जगह आधुनिकतावाद की प्रतिष्ठा होने लगी और अच्छी कहानी की जो कसौटियाँ सामने आईं, उन पर प्रगतिशील यथार्थवादी धारा की कहानियों को कस कर आसानी से कृत्रिम, गढ़ी हुई, नकली, बनावटी, फार्मूलाबद्ध या प्रचारात्मक

कह कर खारिज किया जा सकता था। और यही हुआ भी। 'नई कहानी' आंदोलन के प्रगतिशील कहानीकारों की तो बात ही क्या, इन कसौटियों पर प्रेमचंद भी पुराने और अप्रासंगिक सिद्ध किए जाने लगे...

प्रदीप मांडव : इसका कोई प्रमाण ?

रमेश उपाध्याय : प्रमाण इससे बड़ा क्या होगा कि प्रेमचंद ने तीन सौ से ज्यादा कहानियाँ लिखी हैं, लेकिन उस दौर में उनकी बाकी तमाम कहानियों को भुलाकर सिर्फ दो ही कहानियों–'कफन' और 'पूस की रात'–की चर्चा होती थी, क्योंकि उस तथाकथित नएपन की कसौटियों पर शायद प्रेमचंद की बाकी कहानियाँ खरी नहीं उतरती थीं। एक और प्रमाण लीजिए : प्रेमचंद ने 'मंत्र' शीर्षक से दो कहानियाँ लिखी हैं। डॉक्टर चड्ढावाली 'मंत्र' कहानी की चर्चा तो कहीं-कहीं आपको मिल जाएगी, लेकिन चमारोंवाली 'मंत्र' की चर्चा कहीं नहीं मिलेगी।

महेश दर्पण : आपकी पीढ़ी ने इस चीज को समझा ?

रमेश उपाध्याय : बहुत बाद में और बहुत कम लोगों ने। ज्यादातर लोग तो आज भी इस चीज को नहीं समझ पा रहे हैं कि नएपन के नाम पर लोगों को उनकी जीवंत परंपराओं से काट देना किसी देश की संस्कृति के खिलाफ की जानेवाली सबसे बड़ी साजिश है। 'नई कहानी' का एक हिस्सा शायद अनजाने इस साजिश का शिकार है। लेकिन मुझे लगता है कि सातवें दशक में चले कुछ कहानी-आंदोलनों में व्यावसायिक तकाजों से जान-बूझ कर कुछ लोग इस साजिश में शामिल हुए। 1963-64 के आसपास ज्यादातर लोगों की समझ यह थी कि नयापन ही अपने-आप में सबसे बड़ा मूल्य है, इसलिए पुराना जो कुछ भी है, उसे नकारो और अपना नयापन सिद्ध करो; चाहे वह ऊलजलूल कहानियाँ लिख कर हो या ऊलजलूल हरकतें करके ही क्यों न हो ! लोग ऐसी कहानियाँ लिखते थे कि पाठक या तो उन्हें पढ़ ही न सके, या पढ़ कर हमेशा के लिए नए लेखकों की कहानी पढ़ने से तोबा कर ले। पाठक या जनता के प्रति यह रवैया होगा तो साहित्य के सामाजिक उद्देश्य, प्रगति और परिवर्तन की तमाम बातें खुद ही घिसी-पिटी और बकवास लगने लगेंगी। जाहिर है, उस समय 'नई कहानी' आंदोलन का वह उद्देश्य जो भैरवजी या दूसरे प्रगतिशील लेखकों का था, भुला दिया गया। उसकी निंदा की गई, लेकिन यह याद रखा गया कि नए कहानीकार अज्ञेय-जैनेंद्र-यशपाल के खिलाफ आंदोलन चला कर सामने आए थे, तो हम भी कोई आंदोलन चला कर अपने से पहले के तमाम कथाकारों का विरोध करते हुए स्थापित हो सकते हैं। अकहानी, सचेतन कहानी, साठोत्तरी कहानी आदि के जो आंदोलन चले, उनमें ज्यादातर लेखकों की समझ यही थी और यह समझ शुद्ध व्यावसायिकता से प्रेरित थी। इसी समझ के साथ सारी साहित्यिक उठापटक की जाती थी। यह तो 1967 के आसपास जब जनवादी आंदोलन कुछ उभार पर आया, तब कुछ लेखकों ने फिर से कहानी के नएपन को अंतर्वस्तु से जोड़ कर देखना शुरू किया और यथार्थवाद की परंपरा से अपने-आपको जोड़ने के लिए अपने अग्रज कथाकारों को आँख मूँद कर नकारने के बजाय उन्हें ध्यान

से पढ़ना, समझना और उनकी उपलब्धियों तथा गलतियों से सीखना शुरू किया।

रमेश बत्तरा : अकहानी, साठोत्तरी कहानी, समांतर कहानी आदि आंदोलनों का परिप्रेक्ष्य आपका देखा-भाला है। शुरू की कहानियों पर कहीं इन सबका प्रभाव भी रहा, मगर आप धीरे-धीरे अपना रास्ता अलग से तय करते गए। वजह?

रमेश उपाध्याय : बहुत व्यक्तिगत जवाब दूँ तो वजह यह है कि मुझे दूसरे लोगों के साथ चलना, पक्षधर होना, सामूहिक संघर्ष करते हुए आगे बढ़ना तो अच्छा लगता है–मैं यह भी मानता हूँ कि आंदोलन में आकर आदमी बहुत कुछ सीखता है, अपना विकास करता है, जो अलग-थलग रह कर नहीं किया जा सकता। लेकिन एक तो मुझे स्वार्थपरक गुटबंदी और कथनी-करनी के फर्क से नफरत है, दूसरे मुझे ऐसा भी लगता है कि रचना के स्तर पर रचनाकार नितांत अकेला होता है, उसे रास्ता खुद ही खोजना और तय करना होता है। हाथ में कलम लेकर जब आप कोरे कागज का सामना करते हैं तब कोई आंदोलन, कोई संगठन, कोई नेता, कोई मित्र, कोई सहायक आपकी मदद नहीं कर सकता। खास तौर से जब आप कुछ नया करना चाहते हैं, तब यह अकेलापन और भी बढ़ जाता है। ऐसी स्थिति में अगर आप किसी आंदोलन में शामिल होते हैं तो अपने साथ के लोगों से एक द्वंद्व की स्थिति पैदा हो जाती है। मैं अकहानी, साठोत्तरी कहानी आदि किसी आंदोलन में इसी वजह से शामिल नहीं हुआ। समांतर आंदोलन में शुरूआत के कुछ दिनों के लिए शामिल हुआ था, लेकिन जल्दी ही उसकी कथनी और करनी का फर्क मेरे सामने स्पष्ट हो गया और मैंने उससे अपने-आपको अलग कर लिया।

महेश दर्पण : आज आप जनवादी आंदोलन के साथ सक्रिय हैं....

रमेश उपाध्याय : हूँ... और इसलिए कि यहाँ मेरा रचनाकार किसी तरह की बंदिशें महसूस नहीं करता। या यों कह लीजिए कि जनवादी आंदोलन के उद्देश्य और मेरे उद्देश्य एक हैं। दूसरी बहुत बड़ी बात यह है कि इस आंदोलन में साथियों के साथ मतभेद रखने और बहस चलाने की गुजांइश है–मतभेद रहते हुए भी समान लक्ष्यों के लिए साथ-साथ काम करने की गुंजाइश है।

रमेश बत्तरा : क्या जनवादी आंदोलन के तहत व्यावसायिक पत्रिकाओं में न छपने का कोई निर्णय लेखकों ने लिया है?

भैरव प्रसाद गुप्त : नहीं, यह प्रत्येक लेखक का व्यक्तिगत फैसला है कि वह इनमें छपं या न छपे।

प्रदीप मांडव : आपकी क्या राय है?

भैरव प्रसाद गुप्त : अगर ये पत्रिकाएँ हमारी रचनाएँ छापती हैं तो हमें छपना चाहिए।

महेश दर्पण : उपाध्यायजी, आपने व्यावसायिक पत्रिकाओं में न छपने का फैसला क्या सोच कर किया...?

रमेश उपाध्याय : यह फैसला मुझे तब लेना पड़ा जब मैं जनवादी आंदोलन की

तरफ आया और मेरी रचनाओं में जो परिवर्तन आया, वह व्यावसायिक पत्रिकाओं को स्वीकार्य नहीं हुआ...रचनाएँ लौटने लगीं...ऐसे खतों के साथ कि ऐसी नहीं वैसी रचना भेजो। इसलिए लगा कि 'डिमांड' पर लिखने से बेहतर है कि इन पत्रिकाओं में छपा ही न जाए। वैसे, यह मेरा कोई अटल फैसला नहीं है, अगर कोई व्यावसायिक पत्रिका मेरी रचना को मेरी शर्तों पर छापने को तैयार हो।

रमेश बत्तरा : उपाध्याय जी, कई आलोचकों का आप पर यह आरोप है कि आपकी कहानियाँ विचारधारा का यांत्रिक स्वरूप बन गई हैं। इसके बारे में कुछ कहना चाहेंगे?

रमेश उपाध्याय : देखना चाहिए कि उन आलोचकों की कसौटियाँ क्या हैं। उनकी कसौटियों का पता इससे चल जाएगा कि वे कैसी कहानियाँ पसंद करते हैं। मसलन जो लोग प्रेमचंद की सिर्फ 'कफन' पसंद करते हैं, उनकी एक कसौटी है, जिस पर प्रेमचंद की बाकी कहानियाँ खरी नहीं उतरतीं। या नामवर सिंह अगर चेखव की कहानी 'दुख' को मॉडल की तरह सामने रखते हैं और कहानी को 'अकेली चीख' मानते हैं तो उनकी भी एक कसौटी है, जिस पर कहानी को 'अँधेरे में चीख' बतानेवाले निर्मल वर्मा ही खरे उतर सकते हैं; भैरवजी की कहानियाँ उस कसौटी पर एकदम खारिज हो जाएँगी। हालाँकि इधर कुछ जनवादी आलोचकों ने कहानी पर गंभीरता से लिखना शुरू किया है, लेकिन आम तौर पर हिंदी में कहानी-समीक्षा की स्थिति दरिद्र और दयनीय है। ज्यादातर कहानी-समीक्षाएँ सिर्फ यह बता पाती हैं कि अमुक-अमुक आलोचक की निजी पसंद क्या है और यह निजी पसंद भी व्यावसायिकता या दोस्ती के तकाजों से समय-समय पर बदलती रहती है। अपनी कहानियों के बारे में मैं खुद क्या कहूँ, जैसी हैं, पाठकों के सामने हैं, और पाठकों की तरफ से मुझे कभी निराशा नहीं हुई। निराश मैं आलोचकों की तरफ से भी नहीं हूँ, क्योंकि मुझे पता है कि मेरी कहानियाँ उन्हें पंसद भले ही न आती हों, पर उन्हें कोंचती हैं, परेशान करती हैं और मुखालफत के लिए मजबूर करती हैं।

रमेश बत्तरा : पिछले कुछ वर्षों से आप 'कथन' का संपादन भी कर रहे हैं। क्या संपादक के रूप में आपके लेखक को भी कोई योगदान मिला है?

रमेश उपाध्याय : मिला है। 'कथन' को जिस तरह व्यापक लेखक-पाठक समुदाय ने पंसद किया, अपनाया, सहयोग दिया, उससे मेरे आत्मविश्वास की पुष्टि हुई। मैंने यह पाया कि जनवादी लेखन का मेरा परिप्रेक्ष्य सही है। रचनाकार के रूप में मुझे यह भी मालूम हुआ कि आज पाठकों को कैसी रचना तथा आलोचना की जरूरत है। उस जरूरत को पूरा करने की कोशिश में तरह-तरह के अनुभव हुए। जनवादी साहित्य की बहुत-सी समस्याएँ मेरे सामने स्पष्ट हुईं, जो पहले स्पष्ट नहीं थीं।

महेश दर्पण : एक कहानीकार के नाते आपसे यह अपेक्षा की जा सकती थी कि 'कथन' को आप कहानी-पत्रिका बनाएँगे, लेकिन उसमें आपने सभी विधाओं को रखा और साहित्येतर लेखन को भी स्थान दिया। इसकी वजह?

रमेश उपाध्याय : मैं यह मानता हूँ कि कहानी ही क्या, कोई भी विधा आज अलग-थलग अपने ही दायरे में बंद रह कर विकसित नहीं हो सकती और हमें यथार्थवादी रचनाशीलता को आगे बढ़ाना है तो साहित्य की समस्त विधाओं को समझना पड़ेगा और इससे भी ज्यादा जरूरी बात है कि हमें विज्ञान और समाज-विज्ञान के क्षेत्रों में जो कुछ हो रहा है, उसको भी जानना-समझना पड़ेगा।

रमेश बत्तरा : आप आठवें दशक में उभर कर आए लेखन से भी भली-भाँति परिचित हैं। उसमें आपको क्या खूबियाँ और खामियाँ नजर आती हैं?

रमेश उपाध्याय : खूबी यह है कि आठवें दशक के जितने भी महत्वपूर्ण कहानीकार हैं, वे सब वैचारिक स्तर पर किसी-न-किसी रूप में जनवादी आंदोलन के साथ हैं, भले ही कुछ मुद्दों पर उनमें आपसी असहमतियाँ या मतभेद हों, और रचना के स्तर पर सभी कमोबेश यथार्थवादी हैं। खामी यह नजर आती है–और मुझे लगता है कि यह खामी कई अच्छे लेखकों को ले डूबेगी–कि कई लेखकों पर व्यावसायिकता और उसके तहत अपनाई जानेवाली 'सेल्फ-सेंसरशिप' हावी है, जिसके अपराध-बोध को वे कलावादी सिद्धांतों की आड़ में छिपाना चाहते हैं और जिसके चलते वे जनवादी आंदोलन का विरोध करने की स्थिति तक में पहुँच जाते हैं। मुझे लगता है कि यह रास्ता फिसलनभरा और आत्मघाती है। एक खामी मुझे यह भी नजर आती है–जिसका प्रत्यक्ष अनुभव मुझे 'कथन' के संपादन के दौरान हुआ है–कि ज्यादातर लेखक भाषा के मामले में लापरवाह हैं। भाषा पर यदि आपकी पकड़ सही नहीं है तो आप यथार्थ को भी सही-सही नहीं पकड़ सकते और अच्छी कहानी नहीं लिख सकते।

प्रदीप मांडव : आज की आलोचना की हालत पर कुछ बात करें। मुझे लगता है कि आलोचना की 'क्रियेटिविटी' खत्म हो गई है। आलोचक रचना के साथ यात्रा ही नहीं करना चाहता। यही कारण है कि आलोचना, जिससे लेखन का प्रसार होता है, अब उलटा असर कर रही है। कभी-कभी कोई रचनाकार यकायक उछाल दिया जाता है, और इतना उछाल दिया जाता है कि बेचारा कहीं का नहीं रहता। यह भी देखने में आता है कि कुछ आलोचक थोड़े दिन किसी रचना या रचनाकार की प्रशंसा करते हैं, लेकिन फिर उसी की निंदा करने लगते हैं। जैसे कुछ लोगों ने काशीनाथ सिंह की कहानी 'सुधीर घोषाल' को खूब उछाला और फिर उन्ही लोगों ने उसे अर्थहीन बताया।

महेश दर्पण : भैरव दा, आप क्या कहते हैं रचना और आलोचना के संबंधों पर?

भैरव प्रसाद गुप्त : एक घटना सुनो। गोर्की ने अपना उपन्यास 'माँ' लिखा तो उस पर लेनिन की राय जाननी चाही। उन्होंने पांडुलिपि लेनिन को भेज दी और उनकी राय का इंतजार करने लगे, पर लेनिन ने कोई जवाब नहीं दिया। चार-पाँच महीने बाद कहीं जाकर गोर्की और लेनिन की मुलाकात हुई। वह भी अजीबोगरीब माहौल में। अंडरग्राउंड मीटिंग के दौरान गिरजे के खंडहर में। वहाँ गोर्की एकाएक अस्वस्थ हो गए। लेनिन को गोर्की की अस्वस्थता का पता लगा तो वे तुरंत गोर्की के कमरे में गए और साथियों से उनके आराम का ठीक-ठाक इंतजाम करने को कहा। लेनिन गोर्की के

स्वास्थ्य के प्रति चिंतित थे, जबकि गोर्की के दिमाग में रह-रह कर यही बात आ रही थी कि पता नहीं, लेनिन ने मेरा उपन्यास अभी पढ़ा है या नहीं। आखिर उन्होंने लेनिन से पूछ ही लिया। लेनिन का जवाब बड़ा सधा हुआ था। कहा, मुझे यह उपन्यास बहुत पसंद नहीं है, लेकिन यह जनता के काम की चीज है, इसे फौरन छपवा कर मजदूरों में बँटवा दिया जाना चाहिए। ....यानी गोर्की एक ऐसे दृष्टिसंपन्न रचनाकार थे, जिन्हें आलोचक की गाइडेंस की उतनी जरूरत नहीं थी, जितनी अपेक्षाकृत कमजोर रचनाकार को हो सकती है। अब कोई कहे कि साहब, हम पर क्यों नहीं लिखा और उस पर क्यों लिख दिया, तो इसका जवाब यही है कि जागरूक और दृष्टिसंपन्न रचनाकार को उसके लेखन के बल पर जाना जाता है, जबकि कमजोर रचनाकार को सही दिशा पाने के लिए आलोचक की जरूरत होती है।

(फरवरी, 1984)

पीढ़ियाँ आमने-सामने : भीष्म साहनी तथा अन्य

दिल्ली में 20 अगस्त 1984 को कथाकर भीष्म साहनी के घर पर उनसे रमेश उपाध्याय, नमिता सिंह और कर्णसिंह चौहान की बातचीत हुई। यह बातचीत उस समय की कथा-पत्रिका 'सारिका' के 'पीढ़ियाँ : आमने-सामने' नामक स्तंभ में नवंबर 1984 में प्रकाशित हुई थी। इस स्तंभ में प्राय: कथाकार ही आमने-सामने हुआ करते थे, लेकिन इस बातचीत में आलोचक कर्णसिंह चौहान भी उपस्थित थे।

रमेश उपाध्याय : ऐसा लगता है कि 'कविता की वापसी' की घनघोर चर्चाओं के बावजूद कहानी आज फिर हिंदी साहित्य के केंद्र में है। वे लोग भी, जो कहानी पर लिखते-लिखते बरसों पहले 'इत्यलम्' कह कर चुप हो गए थे, फिर से कहानी पर लिखने के इरादे जाहिर कर रहे हैं। मेरे खयाल से इसकी वजह एक तो यह हो सकती है कि पिछले एक-डेढ़ दशक में हिंदी लेखन में यथार्थवादी प्रवृत्ति पुन: बलवती हुई है और यथार्थवाद से कथासाहित्य का बड़ा गहरा संबंध है—विशेष रूप से कहानी का—क्योंकि कहानी ऐसी विधा है, जो समय-समय पर आनेवाले भटकावों के बावजूद मूलत: और मुख्यत: यथार्थवादी साहित्यिक विधा है। दूसरी वज़ह मुझे यह मालूम होती है कि इस नए विकास से यथार्थवाद-विरोधी लोगों की नींद हराम होने लगी है और वे पुन: कहानी को छठे-सातवें दशकों की कहानी की व्यक्तिवादी, अनुभववादी और आधुनिकतावादी प्रवृत्तियों की तरफ मोड़ देना चाहते हैं। जो भी हो, इतना तो तय है कि पिछले दस-पंद्रह वर्षों में कहानी में कुछ महत्त्वपूर्ण बदलाव हुए हैं, क्यों न हम यहीं से अपनी बातचीत शुरू करें कि समकालीन कहानी में इधर क्या परिवर्तन आया है और उस परिवर्तन के क्या कारण हैं?

भीष्म साहनी : क्या परिवर्तन आया है, इसके बारे में तो बाद में बात करेंगे, पहले इसके कारणों को देखें। कई चीजें मेरे सामने आती हैं, जैसे जिंदगी की पेचीदगियाँ बढ़ी हैं, हमारी आर्थिक और सामाजिक स्थिति में परिवर्तन हुए हैं, हमारी व्यवस्था में परिवर्तन हुए हैं और जनता पर दबाव बढ़े हैं। शहरी जिंदगी में ही नहीं, ये दबाव देहाती

जिंदगी में भी हैं। इसका असर साहित्य पर किसी-न-किसी रूप में पड़ना जरूरी था।

नमिता सिंह : मैं भीष्मजी की बात से सहमत हूँ कि हमारे जीवन पर आर्थिक और सामाजिक दबाव बढ़े हैं। इसके साथ-साथ राजनीतिक स्तर पर भी कुछ बदलाव आए हैं। जैसे जन-आंदोलनों में तेजी आई है, कई राज्यों में कांग्रेस का विकल्प या गैर-कांग्रेसी सरकारें सत्ता में आई हैं, लोगों को एक रास्ता भी दिखा है, लोगों में यह आस्था भी पैदा हुई है कि मौजूदा व्यवस्था के अलावा भी कुछ हो सकता है। इसलिए कहानी में भी बदलाव आया है।

कर्णसिंह चौहान : मैं तो असल में आलोचक हूँ, इसलिए मुझको थोड़ा इतिहास में जाना पड़ेगा। रमेश ने जो भूमिका बाँधी कि 'कविता की वापसी' की चर्चाओं के बावजूद कहानी केंद्र में है और लोग उस पर चर्चाएँ कर रहे हैं, उसके बारे में मुझे यह कहना है कि कहानी पर कोई चर्चा करे, इससे आप यह न समझ लीजिए कि कहानी को केंद्र में मान कर चल रहे हैं लोग। फ़ैज़ का एक शेर है : कर चुके इश्क़ अब हवस ही सही, क्या करें फ़र्ज़ है अदा-ए-नमाज ! तो कई बार चर्चा ऐसे भी होती है कि एक जमाने में इश्क़ था कहानी से, अब हवस ही सही ! तो इतिहास यह है...

भीष्म साहनी : कहानीकारों का या आलोचकों का ? (सबकी हँसी)

कर्णसिंह चौहान : नहीं, मैं आलोचकों की बात कर रहा हूँ। खैर, कहानी में परिवर्तन तो हुआ है। यथार्थवादी कहानी प्रेमचंद के जमाने से शुरू हुई, लेकिन बाद में हम हिंदी कहानी में यथार्थवादी और यथार्थवाद-विरोधी प्रवृत्तियों का एक घमासान देखते हैं। अज्ञेय, जैनेंद्र, इलाचंद्र जोशी, भगवती चरण वर्मा आदि कई लेखक प्रेमचंद की परंपरा के विरोधी रहे और बाद में भी यह विरोध जारी रहा। पर दूसरी तरफ यथार्थवादी परंपरा भी चलती रही। लेकिन यथार्थवाद-विरोधी प्रवृत्तियों ने जो परिवर्तन कहानी में किया, उसको समझने के लिए सबसे महत्त्वपूर्ण काल है 1942, जब हमारे देश में कम्युनिस्ट पार्टी के खिलाफ एक मुहिम चली—राजनीति में चली और उसके बाद शीतयुद्ध के कारण साहित्य में भी चली। इसके चलते मनोविश्लेषणवादी, व्यक्तिवादी और आधुनिकतावादी प्रवृत्तियाँ साहित्य में उभरीं। इनके पीछे शीतयुद्ध की यह विचारधारा थी कि समाजवाद का विरोध करने के लिए उसे लोगों के सामने इस तरह पेश किया जाए कि उसमें और साम्राज्यवाद में कोई फर्क नजर न आए।

रमेश उपाध्याय : साहित्य के संदर्भ में इसकी चर्चा मुक्तिबोध ने भी की है।

कर्णसिंह चौहान : हाँ, और आजादी के बाद इसी विचारधारा के लोगों का वर्चस्व हुआ। कविता में तो साफ दिखता है कि नेतृत्व उनके हाथ में रहा और 'प्रयोगवाद', 'नई कविता,' 'अकविता' वगैरह के जरिए उन्होंने कविता को मनमाना मोड़ दिया। कहानी में भी यही चीज हुई, पर कहानी के साथ एक अच्छी बात यह रही कि—और यह शायद इस विधा की मजबूरी भी हो सकती है—कि 'नई कहानी' के माध्यम से नए कहानीकारों ने प्रेमचंद की यथार्थवादी परंपरा से अपने को जोड़ने और उन पेचीदगियों को समझने की कोशिश की, जो प्रेमचंद के बाद भारतीय जीवन में आई थीं। 'नई

कहानी' का यह स्वस्थ पहलू काफी समय तक दिखाई पड़ता है। लेकिन बाद में इस पर भी शीतयुद्ध की विचारधारा हावी हुई और 'अकहानी' के रूप में 'नई कहानी' का हश्र हुआ।

रमेश उपाध्याय : मगर प्रेमचंद की परंपरा को आगे बढ़ानेवाले कहानीकार इस दौरान बराबर सक्रिय रहे। यशपाल, रांगेय राघव, मुक्तिबोध, नागार्जुन, भैरव प्रसाद गुप्त, अमरकांत, मार्कण्डेय, शेखर जोशी, भीष्म साहनी, हरिशंकर परसाई वगैरह उस दौर में भी यथार्थवादी कहानी की परंपरा को आगे बढ़ाते रहे।

कर्णसिंह चौहान : यही मैंने कहा। लेकिन समकालीन कहानी में आनेवाले परिवर्तन को समझने के लिए शीतयुद्ध की विचारधारा के इस संदर्भ को याद रखना जरूरी है, क्योंकि समकालीन कहानी इसी के विरुद्ध संघर्ष करके आगे बढ़ी है और बदली है। यह बदलाव दिखाई देता है 1967 के आसपास, जब आजादी के बाद इस देश में शासक वर्गों के द्वारा बनाए गए तंत्र के विरुद्ध, यानी उस तंत्र में निहित अन्याय और अत्याचार के विरुद्ध लोगों का आक्रोश प्रकट होता है। उस समय हम देखते हैं कि तमाम राज्यों में जन-आंदोलन होते हैं और 1967 के चुनावों में कांग्रेस का वर्चस्व टूटता है, जगह-जगह गैर-कांग्रेसी सरकारें बनती हैं। यह लोगों के आक्रोश का विस्फोट है और इसका प्रभाव सीधा-सीधा न सही, पर साहित्य पर पड़ा जरूर। कहानी पर भी पड़ा।

रमेश उपाध्याय : यह भी ध्यान देने की बात है कि उस समय व्यावसायिक पत्रिकाओं के खिलाफ साहित्यिक पत्रिकाओं का एक जबर्दस्त आंदोलन शुरू हुआ और...

कर्णसिंह चौहान : हाँ, व्यावसायिक पत्र-पत्रिकाओं की आजादी के आंदोलन के दौरान जो एक स्वस्थ भूमिका रही, आजादी के बाद वह भूमिका उत्तरोत्तर समाप्त होती गई। मोटै तौर पर यह कहा जा सकता है कि 'नई कहानी' के आंदोलन तक उनकी स्वस्थ भूमिका दिखाई देती है और यथार्थवादी धारा के लेखक उनमें लिखते दिखाई देते हैं, लेकिन धीरे-धीरे इन पत्रिकाओं पर व्यावसायिकता बुरी तरह हावी हो जाती है। अच्छे लेखक वहाँ से हटने लगते हैं और नई-नई लघु साहित्यिक पत्रिकाओं का एक आंदोलन शुरू होता है। उस समय सैकड़ों ऐसे रचनाकार परिदृश्य पर आए, जो उस समय के जन-आंदोलन से जुड़े हुए थे। तो यह जो परिवर्तन हुआ है, उसका एक बड़ा संदर्भ है और यह ठोस संदर्भ है सामाजिक, आर्थिक और राजनीतिक।

भीष्म साहनी : एक बात मैं कहना चाहता हूँ। लिखनेवाला अपने आसपास की जिंदगी के बारे में इतनी साफ समझ लेकर निष्कर्ष नहीं निकाल पाता। ऐतिहासिक दृष्टि से देख कर तो हम निष्कर्ष निकाल लेते हैं; लेकिन जो जी रहा होता है उन अनुभवों के बीच में, उसके लिए निष्पक्ष और सही परिप्रेक्ष्य में चीजों को देखना कठिन होता है। मगर उसके लिए अपना अनुभव बहुत महत्त्वपूर्ण होता है। अगर वह अपने अनुभवों को ठीक से पकड़ता है तो सही परिप्रेक्ष्य में ये चीजें बाद में फिट हो जाती हैं और हम

देखते हैं कि उस समय यह एक स्वर था, यह एक प्रवृत्ति थी, जो पकड़ में तो आ गई, इस कहानी में लक्षित होती है, लेकिन लिखनेवाला इस बारे में सचेत रहा हो, यह जरूरी नहीं है।

कर्णसिंह चौहान : यह तो ठीक है, भीष्मजी, लेकिन जब एक वक्त के गुजर जाने के बाद हम दूर से उसको देखते हैं तो हमारे सामने वह चीज एक पूरी ऐतिहासिक प्रक्रिया के रूप में आती है। उसमें मतभेद भी होते हैं, अलग-अलग शेड्स भी होते हैं, अंतर्विरोध भी होते हैं। यह बिलकुल हो सकता है कि लिखनेवाला उस दौर में उतना सचेत न रहा हो, जितना आज हम उसे देख रहे हैं, लेकिन इतिहास का अपना एक तर्क भी होता है।

भीष्म साहनी : लेकिन एक नजरिए से चीजों को देखना, एक विशेष दृष्टि से देखना ...

नमिता सिंह : लेखक की विशेषता है...

भीष्म साहनी : हाँ, यह चीज उसके अंदर होती है। वर्ना एक ही घटना पर लिखते हुए दो लेखक अलग-अलग कहानियाँ नहीं लिखते। एक की नजर उसमें एक चीज को देखती है, दूसरे की नजर दूसरी चीज को देखती है। उसकी दृष्टि जरूर होती है, लेकिन वह घटना उसे कचोटती है तो मात्र चिंतन के स्तर पर नहीं।

रमेश उपाध्याय : यह तो ठीक है, लेकिन भीष्मजी, रचना में मात्र चिंतन के स्तर पर कुछ नहीं होता, अनुभव को चिंतन से अलग नहीं किया जा सकता। लेखक संवेदनशील है, इसका अर्थ ही यह है कि वह चिंतनशील है। इसीलिए चीजें उसे कचोटती हैं। जिन चीजों से उद्वेलित होकर वह लिखता है, उनमें समाज की तमाम जटिलताएँ और अंतर्विरोध मौजूद होते हैं और उस सबका प्रभाव रचना पर पड़ता है। लेकिन जिस लेखक की दृष्टि ज्यादा साफ, ज्यादा गहराई तक चीजों को देखनेवाली होती है—एक शब्द में कहें तो जो लेखक ज्यादा सचेत होता है—वह उस घटना को यथार्थ के बहुत सारे अनुषंगों के साथ पकड़ता है, जबकि वह लेखक जो कम सचेत है, निजी अनुभव की सीमा तक ही रह जाता है। उसका लेखन ज़्यादातर आत्मपरक होता है, उतना वस्तुपरक नहीं हो पाता और इससे होता यह है कि हम उसकी रचना में उस युग की बहुपक्षीय वास्तविकताओं को, उस युग के यथार्थ को नहीं पाते; जबकि एक ज्यादा सचेत लेखक की रचना में हम उस युग की संवेदना को भी पाते हैं और यह भी पाते हैं कि उस समय के यथार्थ की मुख्य चीजें क्या थीं, यानी समाज में अगर कोई अंतर्विरोध थे तो उनमें से कौन-से अंतर्विरोध मुख्य थे, कौन-से गौण थे।

भीष्म साहनी : मेरा कोई मतभेद नहीं है आपसे, लेकिन मैं समझता हूँ कि इसकी प्रक्रिया कुछ इस तरह की होती है : एक स्थिति में पाए जानेवाले विरोधाभास से एक आदमी का संवेदन झकझोरा जाता है, और यह संवेदन उसके सचेतन के अनुरूप बैठता है तो उसे कचोटता है। इस तरह लेखक यथार्थ से भावनात्मक स्तर पर जुड़ता है और अपने समय के विरोधाभास को गहराई से महसूस कर पाता है। हो सकता है, लेखक

वैचारिक स्तर पर इतना प्रबुद्ध न हो कि इन विरोधाभासों को ठीक-ठीक समझ सके, लेकिन यह जो उसका भावनात्मक स्तर पर यथार्थ से जुड़ना और महसूस करना है, लेखक द्वारा सचेत रूप से सोची गई कहानी को कहीं-का-कहीं ले जाता है और इस तरह से लिखी गई कहानी यथार्थवादी ही होती है, बशर्ते कि यथार्थ को सही प्ररिप्रेक्ष्य में देखने की दृष्टि लेखक के पास हो।

नमिता सिंह : हाँ, अगर दृष्टि उसके पास हो।

रमेश उपाध्याय : अच्छा, यह तो सही है कि सामाजिक, आर्थिक, राजनीतिक परिवर्तन साहित्य को प्रभावित करते हैं, लेकिन हमें इस पर भी विचार करना चाहिए कि साहित्य समाज से सिर्फ प्रभावित ही नहीं होता, बल्कि उसे प्रभावित करता भी है, और इस प्रक्रिया में स्वयं अपने रूपांतरण की आंतरिक आवश्यकताओं से भी प्रेरित होता है। अगर हम साहित्य को सामाजिक परिवर्तन का एक औजार मानें तो वैज्ञानिक या तकनीकी उपकरणों की तरह नई जरूरतों के मुताबिक साहित्य में भी लगातार परिष्कार और परिवर्तन की जरूरत सामने आएगी। मुझे लगता है कि आज कई कहानीकार सचेत रूप से कहानी में ऐसे परिष्कार और परिवर्तन लाने की कोशिश कर रहे हैं। इस चीज को आप लोग किस तरह देखते हैं?

नमिता सिंह : मुझे तो साहित्य से समाज को बदलने की बात में एक दंभ का-सा स्वर लगता है और इसमें मुझे यह खतरा भी नजर आता है कि हम सामाजिक परिवर्तन से संबंधित निष्कर्ष पहले निकाल लेते हैं और यथार्थ अनुभवों को उन निष्कर्षों के मुताबिक मोड़ देते हैं। इसलिए जब कोई लेखक समाज को बदलने की बात करता है तो मुझे लगता है कि विचारधारा को जबर्दस्ती साहित्य पर लादा जा रहा है।

भीष्म साहनी : देखिए, हम अपने काल के इतने निकट होते हैं कि हमारे लिए अपने ही काल की प्रवृत्तियों को स्पष्टतया निष्पक्ष रूप से देख पाना कठिन होता है। फिर भी, मोटे तौर पर मुझे लगता है कि हमारे इधर के साहित्य में कुछ तब्दीलियाँ आई हैं। जैसे एक चीज तो यह आई है कि लेखक हालाँकि अभी भी व्यक्ति को साहित्य के केंद्र में रखकर लिखता है, लेकिन अब वह समाज के परिप्रेक्ष्य में देख कर लिखता है। यह चीज प्रेमचंद ने ही शुरू की थी, इसमें कोई शक नहीं है, लेकिन कुछ आयाम इसमें बाद में जुड़े हैं। मसलन वर्गगत समाज की अवधारणा अधिक विकसित हुई है। मतलब, व्यक्ति तो अब भी कहानी के केंद्र में है, पर अब हम उसे एक स्वतःसंपूर्ण इकाई के रूप में नहीं लाते, बल्कि उसके साथ वह सब भी आता है, जो उससे जुड़ा हुआ है। मसलन, समाज की आर्थिक विषमताएँ और वर्गीय शक्तियाँ। लेखक अपनी कहानी के पात्र को इन सब चीजों के परिप्रेक्ष्य में देखता है और उसकी भूमिका को भी देखता है।

कर्णसिंह चौहान : यों कहें कि कहानी आत्मपरकता से वस्तुपरकता की ओर जा रही है...

भीष्म साहनी : हाँ, जो मुख्य तब्दीली आई है, वह यही है कि यथार्थ के साथ

आज का लेखक पहले की तुलना में ज्यादा जुड़ता है। कहानी में वह कोई नैतिक या आदर्शवादी दुमछल्ला नहीं लगाना चाहता। वह यथार्थ को पकड़ता है और यथार्थ के अंदर पाई जाने वाली परस्पर-विरोधी शक्तियों को पकड़ने की कोशिश करता है। अच्छा, इसमें खतरा तब होता है, जब लेखक सोचता है कि लो, लगे हाथ मैं उपदेश दे डालूँ या कोई आदर्श लोगों के सामने प्रस्तुत कर दूँ। वहाँ यथार्थ पर उसकी पकड़ कमजोर पड़ पाती है। वहाँ कोशिश यह होती है कि मैं स्थिति को इस ढंग से मोड़ दूँ कि जो निष्कर्ष मैं देना चाहता हूँ, उस पर यह सही बैठे। इस खतरे से बचने के लिए हमें यह समझना होगा कि दृष्टि और विचार, नैतिक मूल्य और मान्यताएँ, ये बहुत ही महत्त्वपूर्ण हैं, विचारधारा मुझे रोशनी देती है, चीजों को समझने की एक सूझ देती है, लेकिन मैं जिस कच्ची साम्रगी को जीवन में से उठाता हूँ, उसको प्रामाणिक स्तर पर रखते हुए ही अपनी बात कहूँगा, भले ही वह निष्कर्ष उसमें न आए, जो मेरा मस्तिष्क कहता है। अगर मेरे अंदर तड़प है तो वह उसमें व्यक्त होगी, क्योंकि कोई लेखक तटस्थ नहीं होता। अगर मेरी हमदर्दी किसी के साथ है, तो वह सामने आएगी, लेकिन यह यथार्थ के धरातल पर आएगी, मान्यता के धरातल पर भले ही न आए।

कर्णसिंह चौहान : रमेश ने जो सवाल उठाया था, वह जहाँ तक मेरी समझ में आया है, यह है कि नई जरूरतों के हिसाब से लेखक अपने औजारों को बदलने की कोशिश कैसे करता है। इसका एक पहलू तो यह हो सकता है कि हम भाषा, रूप और शैली वगैरह में आए परिवर्तनों की बात करें, मगर दूसरा और इससे ज्यादा महत्त्वपूर्ण पहलू यह है कि हम लेखक की दृष्टि में आए परिवर्तन की बात करें। मैंने गोर्की का एक निबंध पढ़ा था 'शिल्प संबंधी चर्चा', लेकिन उसमें शिल्प की वैसी चर्चा नहीं है, जैसी भाषा-शैली आदि के जरिए की जाती है। उसमें चर्चा यह है कि मैं अपनी जिंदगी में जिन अनुभवों, घटनाओं या चरित्रों के संपर्क में आया हूँ, उन्हें मैंने किस रूप में देखा है और किस रूप में दिखाने की कोशिश की है। इस तरह देखें तो तकनीक, शिल्प या रूप की बात जीवन के हमारे बुनियादी सरोकारों से जुड़ती है। मसलन मुक्तिबोध से लेकर आज तक के अनेक कहानीकारों ने व्यक्तित्वांतरण की प्रक्रिया को अपनी कहानियों में दिखाया है। यह प्रक्रिया आज समाज में प्रेमचंद के जमाने के मुकाबले बड़ी तेजी से घटित हो रही है। मध्यवर्ग के लोग शोषित वर्गों की तरफ आ रहे हैं, शोषक वर्गों की तरफ भी जा रहे हैं। यह चीज व्यक्ति की दृष्टि या विचारधारा को ही नहीं, उसके समूचे व्यक्तित्व को बदलती है और यह प्रक्रिया बड़ी जटिल, पेचीदा और अंतर्विरोधों से भरी प्रक्रिया है, जिसका चित्रण करने के लिए बहुत संभव है कि कहानीकार को कहानी लिखने के पुराने तरीके नाकाफी मालूम होते हों और वह नए तरीके तलाश करता हो। इस प्रक्रिया को दिखानेवाली कहानी चाहे मुक्तिबोध की 'क्लॉड ईथरली' हो, या मार्कण्डेय की 'बीच के लोग', या इसराइल की 'फर्क', या ज्ञानरंजन की 'घंटा', या काशीनाथ सिंह की 'सुधीर घोषाल', या रमेश उपाध्याय की 'दूसरी आजादी', या स्वयं प्रकाश की 'नीलकांत का सफर', या नमिता सिंह की 'ठहरा

हुआ सवेरा', या रमेश बत्तरा की 'कत्ल की रात', या सुरेश कांटक की 'एक बनिहार का आत्मनिवेदन' ये कहानियाँ केवल कथ्य में ही नहीं, बल्कि अपने शिल्प में भी नए ढंग की कहानियाँ हैं। यहाँ तक कि इन कहानियों में और इन्ही लेखकों की दूसरी कहानियों में भी हम शिल्प संबंधी फर्क देख सकते हैं। तो असल बात यह है कि जब हम कहानी में शिल्प या तकनीक की या शैली और रूप के परिवर्तन की बात करते हैं, तो वह चर्चा समाज के अंदर हो रहे उन परिवर्तनों की चर्चा होती है, जो रचनाकार अपने कथ्य में भी करना चाहता है, भले ही वह इसके प्रति सचेत हो या नहीं।

भीष्म साहनी : अच्छा, एक और परिवर्तन। पहले यह प्रवृत्ति पाई जाती थी कि गरीब और उत्पीड़ित आदमी दया का पात्र होता था और उसके प्रति अनुकंपा जगानेवाली कहानी लिखी जाती थी। अब उस आदमी को हम संघर्षरत पाते हैं। अब उसे हमारी सहानुभूति या अनुकंपा की अपेक्षा नहीं है। वह ज्यादा दृढ़, ज्यादा संघर्षशील और अपने बूते पर खड़ा होनेवाला व्यक्ति है। गरीबों में ग्रह जुझारूपन प्रायः दिखायी देता है, भले ही वह मेरे अनुभव में बहुत कम आया हो।

कर्णसिंह चौहान : है आपके अनुभव में। आपकी कहानी में है। 'कथन' में जो आपकी कहानी छपी है 'सँभल के बाबू', उसमें यह चीज है।

भीष्म साहनी : यह प्रवृत्ति क्योंकि जिंदगी में पाई जाती है, इसलिए लेखन में भी आएगी, क्योंकि लेखक उससे प्रभावित होते हैं।

रमेश उपाध्याय : सिर्फ प्रभावित होने की बात नहीं, भीष्मजी, लेखक समाज से अलग-थलग रहनेवाला और सामाजिक परिवर्तनों से सिर्फ प्रभाव ग्रहण करने का इकतरफा संबंध बनानेवाला निष्क्रिय प्राणी नहीं है। उन परिवर्तनों में वह खुद भी शामिल है। कहीं-न-कहीं वह परिवर्तन का माध्यम भी बनता है। अगर वह एक सचेत संवेदनशील और सक्रिय सामाजिक मनुष्य है, और यह महसूस करता है कि उसकी जिंदगी बदलनी चाहिए, तो वह खुद भी उसे बदलने की कोशिश क्यों नहीं करेगा? और इस कोशिश में वह अपने-आपको भी बदलेगा, अपने लेखन को भी बदलेगा।

नमिता सिंह : आप समझते हैं, आपकी कहानी से दुनिया बदल जाएगी ?

रमेश उपाध्याय : बदलेगी या नहीं, मैं नहीं जानता, लेकिन मैं कोशिश तो करूँगा कि वह बदले...

नमिता सिंह : पर आप कहानी के अंदर के बदलाव की बात भी कर रहे थे। कहानी के अंदर तो वास्तविकता आपको वैसी ही दिखानी होगी, जैसी वह वास्तव में है।

रमेश उपाध्याय : हाँ, जैसी वह वास्तव मैं है। लेकिन वास्तव में वह कैसी है, यह इस पर निर्भर करता है कि हम उसे कैसे समझते हैं। फर्ज कीजिए, एक शक्तिशाली आदमी अन्यायपूर्वक एक कमजोर आदमी को पीट रहा है। अगर मैं इसे पिटनेवाले आदमी का भाग्य, या उसके पूर्व जन्म का फल, या भगवान की लीला मानता हूँ तो मैं यह समझूँगा कि पिटना उस आदमी के भाग्य में लिखा है और इसमें वह या कोई

और कुछ नहीं कर सकता। हो सकता है कि इस घटना का मुझ पर कोई संवेदनात्मक प्रभाव ही न पड़े और मुझे यह घटना तनिक भी विचलित न करे। या यह भी हो सकता है कि पिटनेवाले पर मुझे दया आए और जैसा कि भीष्मजी ने कहा, मैं उसके प्रति अनुकंपा जगानेवाली कहानी लिख दूँ। लेकिन मान लीजिए, सामाजिक न्याय की चेतना से युक्त कोई यथार्थवादी लेखक इस घटना को देखता है, तो उसकी प्रतिक्रिया क्या होगी ? उसे लगेगा कि यह अन्याय हो रहा है और यह घटना उसकी चेतना को झकझोरेगी। वह सोचेगा कि इस अन्याय का कारण क्या है। यह भी कि यह चीज बंद होनी चाहिए। और यह भी कि यह चीज बंद हो सकती है या नहीं। नहीं हो सकती तो क्यों, और हो सकती है तो कैसे। ऐसा लेखक अगर इस घटना पर कहानी लिखेगा तो उसकी कहानी बिलकुल दूसरी तरह की होगी—न केवल अपने कथ्य में, बल्कि शिल्प में भी, संरचना में भी। बात यह है कि इन दोनों तरह की कहानियों में सिर्फ वह प्रभाव ही व्यक्त नहीं होगा, जो एक वास्तविक घटना ने इन दोनों लेखकों पर डाला है, बल्कि उनका सोचना-समझना भी व्यक्त होगा, उनकी पक्षधरता और प्रतिबद्धता भी व्यक्त होगी, वास्तविकता के प्रति उनका रुख-रवैया भी कहानी में व्यक्त होगा।

भीष्म साहनी : शायद मैं ठीक तरह से समझा नहीं पाऊँ, लेकिन यूरोप में पहली जंग के बाद एक मोहभंग का स्वर सुनाई देने लगा। दूसरी जंग के बाद तो और भी ज्यादा। और पश्चिमी यूरोप के देशों में साहित्य में अस्तित्ववादी दृष्टि ज्यादा आई। हमारे यहाँ आजादी के बाद जब जीवन की विषमताएँ बढ़ने लगीं तो हमारे कुछ साथियों को लगा कि हमारी स्थिति पश्चिमी यूरोप की स्थिति से मिलती-जुलती है, और वे भी उसी निष्कर्ष को लेकर एक अंधी गली में पहुँच गए, जिससे निकलने का रास्ता नहीं है। परंपरा हमें कोई रास्ता नहीं सुझाती, जीवन के मूल्य हमें कोई रास्ता नहीं सुझाते, मनुष्य अकेला और निस्सहाय हो गया है। भूल वहाँ हुई कि अपने देश के अनुभव को गौण मान कर एक निष्कर्ष को प्राथमिकता देते हुए चीजें लिखी गईं। मगर हमारी स्थिति पश्चिमी यूरोप की स्थिति नहीं थी। विषमताएँ और जटिलताएँ हमारे जीवन में थीं, इसके बावजूद हमारे लोग जीने के लिए संघर्ष कर रहे थे और उनके सपने टूटे नहीं थे, एक नया देश बनाने की भावना मरी नहीं थी। अंधी गली में हम कदापि नहीं पहुँचे थे। लेकिन सतही ढंग से स्थितियों की विषमताओं को समझ कर इस तरह के निष्कर्ष कहानी पर लादे गए और एक ऐसा रुझान आया, जो उत्तरोत्तर यथार्थ जीवन से कटता गया, अधिकाधिक आत्मकेंद्रित होता गया। लेखक अनुभव से कटते गए। अनुभव को मैं प्राथमिकता देता हूँ, क्योंकि अनुभव से गुजर कर ही हम अपनी स्थिति का जायजा ले सकते हैं।

कर्णसिंह चौहान : लेकिन, भीष्मजी, आप उस समय की स्थिति में और आज की स्थिति में अगर कोई समानता देख रहे हैं, तो उससे यह निष्कर्ष निकल रहा है कि आज जो लेखक कहानी में सामाजिक परिवर्तन की बात कर रहे हैं, वे अपने समाज के यथार्थ से, उसके अनुभवों से कटे हुए हैं, और बाहरी निष्कर्षों को कहानी पर लाद

रहे हैं। देखना चाहिए कि उस दौर में कौन-से लेखक अंधी गली में पहुँच जाने की बात कर रहे थे। आजादी के बाद तेलंगाना और दूसरी जगहों पर जन-आंदोलनों का दमन हुआ, साथ-साथ उनसे जुड़े हुए प्रगतिशील लेखकों का दमन हुआ, और उसके बाद लगभग बीस वर्षों तक साहित्य में इन लेखकों का विरोध हुआ, इनकी उपेक्षा की गई, इनके लेखन को पुराना, बासी, घटिया, नकली और निरर्थक बताया गया। व्यवस्था ने इन लेखकों को अपने तंत्र से प्रायः बाहर ही रखा और इन्हें वे सुविधाएँ नहीं मिलीं, जो अंधी गली में पहुँच जाने की बात करनेवाले लेखकों को मिलीं। तो अगर कुंठा, संत्रास, अकेलेपन आदि का अनुभव होना चाहिए था, तो इन लेखकों को होना चाहिए था, जिनका दमन हुआ, जिनकी उपेक्षा हुई, जो अपमानित किए गए। लेकिन अंधी गली, कुठा, संत्रास वगैरह की बातें इन प्रगतिशील लेखकों ने नहीं कीं। नागार्जुन, त्रिलोचन, रामविलास शर्मा, भैरव प्रसाद गुप्त, शेखर जोशी, आप और दूसरे लेखक, जिन्होंने दमन देखा था, अपनी जमीन से जुड़ कर बराबर लिखते रहे, जबकि दूसरी तरफ वे लेखक, जिनको ऐसी कोई परेशानी नहीं थी, टूटन, घुटन, पीड़ा, निराशा आदि की बातें कर रहे थे और 'अनुभव की प्रामाणिकता' के नारे देकर सारे-के-सारे प्रगतिशील लेखन को खारिज कर रहे थे। और आज भी प्रायः ऐसे ही लेखक, जिनको समाज के बुनियादी बदलाव से और उससे जुड़ी तकलीफों से कोई लेना-देना नहीं है, समकालीन प्रगतिशील या जनवादी साहित्य पर यह आरोप लगा रहे हैं कि उसमें अनुभव की प्रामाणिकता नहीं है...

रमेश उपाध्याय : हाँ, जैसे अभी जनवादी कहानी पर रमेश चंद्र शाह ने एक लेख लिखा है...

भीष्म साहनी : मैं 'अनुभव की प्रामाणिकता' की बात से कतई सहमत नहीं हूँ, क्योंकि 'अपना जिया-भोगा यथार्थ' बड़ी गलत-सी बात है। मैं कैंसर का मरीज हुए बिना भी कैंसर के रोगी के बारे में कहानी लिख सकता हूँ। अनुभव से मेरी मुराद वह नहीं है, जो मैंने खुद जिया है। मुराद यह है कि जो मैंने देखा है, पढ़ा है, सुना है, जिसने मेरी दृष्टि को पैना बनाया है, जिसने मुझे जिंदगी को समझने की सूझ दी है, और इस नजर से देखें तो हम लोगों की यह कमजोरी है कि हमारा अनुभव-क्षेत्र बड़ा ही सीमित है और हमने सचेत रूप से उसे बढ़ाने की दिशा में कोई कोशिश नहीं की है। आदमी उसी जीवन के बारे में ज्यादा अधिकार के साथ लिख सकता है, जो उसने जिया हो, बहुत नजदीक से देखा हो, या जो संस्कार रूप में उसे मिला हो। अगर मैं सर्वहारा के भविष्य में विश्वास करता हूँ तो मुझे सर्वहारा के जीवन को देखना चाहिए। हम लोग ज्यादातर मध्यवर्गीय लोग हैं और हमारे अनुभव भी ज्यादातर मध्यवर्गीय जीवन तक ही सीमित होते हैं, लेकिन अगर हम समाज के व्यापक यथार्थ का चित्रण करना चाहते हैं तो हमें अपने अनुभव के दायरे को बड़ा बनाना चाहिए। जरूरत है कि हम मध्यवर्ग के घेरे को थोड़ा तोड़ें।

नमिता सिंह : सही बात है, और मेरा खयाल है कि नए लोगों ने इस घेरे को

थोड़ा तोड़ा भी है और तोड़ रहे हैं।

कर्णसिंह चौहान : लेखक मध्यवर्गीय दायरे को तोड़ रहे हैं, इसका प्रमाण आज के लेखकों की कहानियाँ भी दे रही हैं। यों भी कह सकते हैं कि इस नए दौर की शुरूआत ही ऐसी कहानियों से होती है, जो इस दायरे को तोड़ती हैं। मसलन कुछ कहानियाँ हैं–रमेश उपाध्याय की 'देवीसिंह कौन?' काशीनाथ सिंह की 'सुधीर घोषाल', उदय प्रकाश की 'टेपचू', असगर वजाहत की 'दिल्ली पहुँचना है'। ये कहानियाँ मुझे एकदम अलग और 'ट्रेंड-सैटर' जैसी कहानियाँ लगती हैं। इस क्रम में आप कुछ वरिष्ठ कथाकारों की कहानियाँ भी ले सकते हैं, जैसे भैरव प्रसाद गुप्त की 'मंगली की टिकुली' या फिर 'कथन' में प्रकाशित उनकी दो कहानियाँ 'टिड्डे' और 'हनुमान' या जैसे मार्कण्डेय की 'बीच के लोग', या शेखर जोशी की 'सीढ़ियाँ', या फिर भीष्मजी की 'सँभल के बाबू'। ये पुरानी पीढ़ी के लेखकों की कहानियाँ होते हुए भी इसी दौर की कहानियाँ हैं, इसी 'ट्रेंड की कहानियाँ' हैं। इनमें से कुछ बहुत सशक्त हैं, कुछ कमजोर भी हैं, पर ये सभी कहानियाँ एक नए विकास को सूचित करती हैं। इन्हें आप एक तरह से उत्सवधर्मी कहानियाँ कह सकते हैं, जिनमें मजदूरों और किसानों के जीवन का चित्रण एक उल्लास और विजय-गर्व के साथ किया गया है। संघर्षशील मजदूरों और किसानों की विजय होगी, इसके बारे में इन लेखकों के मन में कोई उलझन नहीं है। इसलिए इन पर आरोप भी लगे हैं कि ये कहानियाँ प्रामाणिक नहीं हैं, कि इनमें संघर्षरत लोगों का केवल स्वस्थ पहलू ही दिखाया गया है, कि इनमें संघर्ष ही संघर्ष होता है, जीत ही जीत होती है, सब कुछ अच्छा ही अच्छा होता है, जबकि वास्तविकता ऐसी नहीं है, क्योंकि मजदूरों और किसानों में बुराइयाँ भी होती हैं, कमजोरियाँ भी होती हैं, पिछड़ापन भी होता है, क्रांतिभीरुता भी होती है, छद्म चेतना भी होती है। इसलिए कहा गया कि ये कहानियाँ जीवन के प्रामाणिक अनुभव पर आधारित नहीं, केवल विचारधारात्मक प्रतिबद्धता के आधार पर लिखी गई कल्पित कहानियाँ हैं, कि इनके पात्रों का चरित्र इकहरा है, कि उनके कार्यों का चित्रण अविश्वसनीय है, वगैरह-वगैरह।

नमिता सिंह : किसी हद तक ऐसा है भी।

कर्णसिंह चौहान : हो सकता है, मगर इन तमाम आरोपों के बावजूद इन कहानियों का स्वागत हुआ और ये चर्चित हुईं, इसकी क्या वजह थी, यह भी हमें देखना चाहिए। दरअसल, ये कहानियाँ लेखकों की चेतना में आए इस परिवर्तन को सामने लाती हैं कि जनता के जुझारू पक्ष को भी हमें सामने रखना है, जो अभी तक प्रायः नहीं रखा गया। यों होने को तो जीवन में तमाम चीजें होती हैं, लेकिन ऐसी कहानी में सभी चीजें आती हैं क्या? कहानी में आपने जीवन के जिस एक पक्ष को चुना है, उसी पर आप ध्यान केंद्रित करते हैं। मैं यह सवाल नहीं कर सकता कि आप इसमें यह भी लाइए और वह भी लाइए। अगर आप नारी के आंदोलनकारी रूप को सामने लानेवाली कहानी लिखें और मैं कहूँ कि इसमें उसका वेश्यावाला रूप तो आया ही नहीं,

तो क्या मेरी यह माँग जायज होगी? इसी तरह कहानी के शिल्प को लेकर सवाल उठाए जाते हैं कि यथार्थवादी कहानी में 'फैंटेसी' क्यों है, जैसे रमेश उपाध्याय की 'कामधेनु' या 'कल्पवृक्ष' कहानियों में, या उदय प्रकाश की 'टेपचू' में, या लोक-कथा की शैली में लिखी जानेवाली आज की कहानियों में-तो देखना यह चाहिए कि लेखक ऐसा क्यों कर रहे हैं, इन नए प्रयोगों की क्या जरूरत है। यह नहीं कि आपने यथार्थवादी कहानी की एक तसवीर मन में बना रखी है, जिसके अनुरूप लगने वाली कहानी तो यथार्थवादी, बाकी सब गैर-यथार्थवादी।

भीष्म साहनी : फिर भी मेरे खयाल से प्रामाणिकता की बात अपनी जगह है....

कर्णसिंह चौहान : प्रामाणिकता की माँग सही है, लेकिन सवाल यह है कि इन कहानियों में प्रामाणिकता है या नहीं? कहानी की प्रामाणिकता हम एक खास तरह की चित्रण-पद्धति में देखते हैं या कहानी के द्वारा सामने आनेवाली वास्तविकता में? मसलन रमेश बत्तरा की एक कहानी है 'दूसरी मौत', जिसमें एक बहू अपनी कहानी कहती है जिसे जला कर मार दिया गया है। क्या मरी हुई औरत अपनी कहानी कहने आ सकती है? बिलकुल अविश्वसनीय बात है। लेकिन क्या यह कहानी हमारे समाज का एकदम सटीक यथार्थ-चित्रण नहीं करती ? अनुभव की बात लें तो क्या 'सूरज कब निकलेगा' की प्रामाणिकता हम इस आधार पर जाँचेंगे कि स्वयं प्रकाश इस कहानी के पात्र भैराराम की तरह बाढ़ में कभी पेड़ पर टँगे रहे थे या नहीं ?

रमेश उपाध्याय : अगर केवल चित्रण की पद्धति का ही सवाल हो तो हिंदी की सारी फिल्में प्रामाणिक मानी जाएँगी, भले ही उनमें यथार्थ जरा भी न हो !

नमिता सिंह : कहानी की शैली अंतर्वस्तु के हिसाब से बदलती रहती है। कभी-कभी कुछ परिस्थितियों का दबाव भी होता है, जैसे 'इमरजेंसी' के दौर में कई लोगों ने कई तरह की कहानियाँ लिखीं। चीजों को काफी प्रतीकात्मक रूप में लिया। असगर वजाहत की उस दौर की छोटी-छोटी कहानियाँ इसका बहुत अच्छा उदाहरण हैं। और लोगों ने भी इस तरह के प्रयोग किए हैं। शिल्प में इधर बहुत बदलाव आया है, जैसे रमेश उपाध्याय की लंबी कहानियाँ हैं, 'कल्पवृक्ष' जैसी प्रतीकात्मक कहानियाँ हैं, कई और कहानियाँ हैं, जिनमें यथार्थ और प्रतीक दोनों को मिला कर अपनी बात पर जोर देने का प्रयास इन्होंने किया है। इसी तरह उदय प्रकाश की 'टेपचू' कहानी है, जिसके अंत की प्रतीकात्मक नाटकीयता कहानी के उद्देश्य को बड़ा मजबूत करती है। इस तरह इस बीच में लोगों ने कहानी में शिल्प के नए-नए प्रयोग तो किए ही हैं।

रमेश उपाध्याय : प्रयोग तो, मेरा खयाल है, आज सभी सचेत कहानीकार कर रहे हैं, जैसे शेखर जोशी की एक बड़ी सांकेतिक कहानी 'संवादहीन' अभी आई है। भीष्मजी आजकल सच्ची घटनाओं पर आधारित 'जहूर बख्श' जैसी कहानियाँ लिख रहे हैं, मुद्राराक्षस आमफहम अखबारी घटनाओं को छोटे-छोटे ब्योरों पर अतिरिक्त जोर

देकर कहानी में ढालने की कोशिश कर रहे हैं, जैसे उनकी कहानी 'दुर्घटना' आई है। राजेश जोशी कहानी में काव्यतत्त्व को प्रमुखता देकर कहानियाँ लिख रहे हैं, जो उनके संग्रह 'सोमवार और अन्य कहानियों' में छपी हैं। इसी तरह की एक कहानी उदय प्रकाश ने लिखी है 'मूँगा, धागा और आम का बौर'। शशांक की भी ऐसी ही एक कहानी 'कोसाफल' इधर आई है। स्वयं प्रकाश ने 'नैनसी का घूड़ा' नामक एक कहानी लिखी है, जिसमें उन्होंने एक पशु के माध्यम से आदमी की बात कही है। रमेश बत्तरा ने 'लड़ाई है' में भाषा के स्तर पर एक प्रयोग किया है तो 'दूसरी मौत' में कथ्य के स्तर पर। विजयकांत इधर 'मरीधार' और दूसरी कहानियों में वर्गीय हिंसा के अपने विषय को बरकरार रखते हुए भी सांकेतिकता का इस्तेमाल कर रहे हैं। पंकज बिष्ट ने अभी यथार्थ में 'फैंटेसी' मिला कर 'खिड़की' कहानी लिखी है। हबीब कैफी ने 'जमीन' और दूसरी कहानियों में सांप्रदायिकता की समस्या को व्यापक आयाम देने के प्रयास किए हैं। नमिता सिंह की अभी-अभी एक कहानी आई है 'गलत नंबर का जूता', जिसमें बड़ी सामान्य पारिवारिक बातों को व्यापक संदर्भों से जोड़ने का प्रयास किया गया है। रमाकांत, असगर वजाहत और माहेश्वर ने इधर कुछ छोटी-छोटी नीतिकथाएँ लिखी हैं। कुछ लोग छोटी कहानियों में बड़ी बात कहने की कोशिश कर रहे हैं तो कुछ लोग लंबी कहानियों की जरूरत महसूस कर रहे हैं, जैसे जगदंबा प्रसाद दीक्षित की लंबी कहानी 'शुरूआत', या श्रीनाथ की कहानी 'अपने हिस्से की आग'। और भी बहुत-सी अच्छी प्रयोगात्मक कहानियाँ गिनाई जा सकती हैं। इन प्रयोगों को देख कर लगता है कि समकालीन कहानीकार सचेत रूप से ऐसा कोई 'फॉर्म' तलाश रहे हैं, जिसमें आज की बेहद जटिल वास्तविकता को यथार्थवादी ढंग से प्रस्तुत किया जा सके।

कर्णसिंह चौहान : मतलब यह कि यह जो नए 'फॉर्म' की तलाश है, कहीं तो कथ्य के अनुसार होती है कि...

भीष्म साहनी : कथ्य को जिस रूप में कहानीकार ने देखा है....

कर्णसिंह चौहान : और कहीं उसके लक्ष्य के अनुसार भी कहानी का शिल्प और रूप बदलता है–यानी इस बात से भी कि आप किसलिए लिख रहे हैं, किसके लिए लिख रहे हैं, आपका पाठक कौन है। आज कई लेखक यह प्रयास कर रहे हैं कि उनकी कहानी सिर्फ पढ़े-लिखे लोगों के लिए ही न हो, उनके लिए भी हो जो पढ़ नहीं सकते, जिन्हें कहानी सुनाई जा सके। यह जरूरत आज की कहानी में कई परिवर्तन करा रही है। जैसे लोक-कथाओं के शिल्प को इधर कई लेखकों ने अपनाया है। असगर वजाहत ने अपनाया है, रमेश उपाध्याय ने अपनाया है, अभी एक नए लेखक महेश कटारे की कहानी 'इतिकथा-अथकथा' में लोक-कथावाला रूप सामने आया है। या जैसे रमेश की कुछ कहानियाँ इधर 'किसी देश के किसी शहर में' सीरीज के अंतर्गत 'सारिका' में छपी हैं, जिनमें शहरी जीवन को लोककथा के शिल्प में ढाल कर चित्रित करने की और आज के यथार्थ को रूपकों के माध्यम से सामने लाने की कोशिश ये कर रहे हैं। अब मिथक हैं, प्रतीक हैं...

नमिता सिंह : भीष्मजी, आपने भी तो 'शोभायात्रा' में एक प्रयोग किया है। उसमें प्रतीकात्मक ढंग से आपने अपनी बात कही है।

कर्णसिंह चौहान : ऐसी कई कहानियाँ हैं। मसलन संजीव की कहानी है 'तीस साल का सफरनामा'। एक बिलकुल नए लेखक अशफाक की कहानी है 'लोक-यमलोक'। और भी तमाम कहानियाँ हैं...

रमेश उपाध्याय : लेकिन अजीब बात है कि कहानी की रचना में तो इतना सब नया हो रहा है, पर कहानी-समीक्षा की हालत कुछ अच्छी दिखाई नहीं देती।

नमिता सिंह : मेरा खयाल यह है कि इस बीच हमारे पूरे राष्ट्रीय जीवन में 'शॉर्टकट' की जो अपसंस्कृति पनपी है, उसका असर हमारे साहित्य पर भी पड़ा है। आलोचकों ने अपना धर्म नहीं निभाया। इसके पीछे एक तो है खेमेबाजीवाली बात कि आलोचक भी बँटे हुए हैं, लेखक भी बँटे हुए हैं। पर यह बात सही है कि कुछ नए आलोचकों की अच्छी आलोचना को छोड़ दें तो कहानी की अच्छी आलोचना बहुत कम हुई है। हमारे यहाँ सैद्धांतिक आलोचना ज्यादा होती है, व्यावहारिक आलोचना की तो जैसे परंपरा ही खत्म होती जा रही है। कहानी की आलोचना को आलोचकों ने बहुत अगंभीर रूप से लिया है और मैं सोचती हूँ कि इससे जो 'गैप' इस दौर में आया है, उसके लिए इनको कभी माफ नहीं किया जाएगा। (बाकी सबकी हँसी) इसमें हँसने की बात नहीं। जैसे नामवर सिंह ने बहुत पहले एक बहुत ईमानदारी की बात कही थी–"मैं कहानियाँ बहुत कम पढ़ता हूँ।" ऐसा लगता है कि अब वे वास्तव में बहुत कम पढ़ते हैं। एक शिकायत मुझे कथाकार-आलोचकों से है। मैं यह सोचती हूँ कि कहानीकार को आलोचक नहीं बनना चाहिए, क्योंकि वह अपनी रचना को ही मानदंड मान कर दूसरों की रचना की बड़ी आत्मपरक समीक्षा करता है, जो समीक्षा कम एक पूर्वग्रह ज्यादा होती है। और जब धीरेंद्र अस्थाना या बलराम जैसे लेखक आलोचना लिखने लगते हैं, तब तो बहुत ही अजीब तरीके की आलोचना होती है। इन दोनों ने एक-एक सीरीज लिखी और ये अपनी हर किस्त में गणेश-पूजन की तरह पहले एक निश्चित प्रकार के कथाकारों पर जब तक कोड़े नहीं बरसा लेते थे, तब तक अपनी बात नहीं कहते थे। इससे एक तरह का पूर्वग्रह ही सामने आता है। ऐसी आलोचना से किसी को कोई लाभ नहीं होता।

कर्णसिंह चौहान : नामवर सिंह के बारे में तो अब एक ही बात कही जा सकती है कि "गुजरे वक्तों के हैं ये लोग, इन्हें कुछ न कहो।" और आपने जिन दूसरे लोगों के नाम लिये, उनके बारे में भी इतना ही कहना काफी है कि आलोचना करने के लिए नाम लेना ठीक नहीं, प्रशंसा अगर किसी की कर सकते हैं तो नाम लेकर कीजिए। दूसरी बात मैं यह कहना चाहता हूँ कि कहानी-समीक्षा की मौजूदा हालत से संतुष्ट तो कोई भी नहीं हो सकता, पर हालत इतनी निराशाजनक भी नहीं है। इस बीच कहानी की चर्चा लघु पत्रिकाओं में लगातार होती रही है और अच्छी कहानियाँ बराबर रेखांकित हुई हैं।

भीष्म साहनी : नामवरजी इस समय हमारे बीच मौजूद नहीं हैं और मैं नहीं जानता कि इस संबंध में उन्हें क्या कहना है। उन्हें ही लक्ष्य करके बात की जाए, मुझे सही नहीं लगता, पर जहाँ तक लेखक और आलोचक के रिश्ते का सवाल है, मैं आलोचक के महत्त्व से इनकार नहीं करता, लेकिन इतना अधिक महत्त्व मैं आलोचक को नहीं देता कि उसी की ओर देखता रहूँ, कि वह मेरी प्रशंसा करता है या नहीं। पाठक के साथ रिश्ता बनाने को मैं तरजीह देता हूँ, भले ही मेरा रिश्ता आलोचक के साथ बने या न बने। लेकिन यह समस्या किसी-न-किसी रूप में बनी रहती है। कुछ लेखकों को आलोचकों ने पढ़ा नहीं, सराहा नहीं, और वे हतोत्साह हुए। आलोचक का फर्ज होता है कि वह पढ़े और सुझाए भी। किसी भी कारण से आलोचक अगर लेखक की उपेक्षा करता है तो यह ईमानदारी नहीं है, क्योंकि आलोचक पूर्वग्रह के साथ चीजों को पढ़े, यह अपेक्षा हम उससे नहीं करते।

कर्णसिंह चौहान : भीष्मजी ने बहुत अच्छी बात कह दी है। किसी भी बड़े लेखक ने, जिसने अपने साहित्य का निर्णायक व्यापक जनता को माना है, कभी आलोचक की ज्यादा परवाह नहीं की है। फिर भी आलोचना का महत्त्व सभी स्वीकार करते हैं, क्योंकि अगर वह अच्छी आलोचना है तो लेखक और पाठक दोनों की मदद करती है और यही उसका काम है।

नमिता सिंह : आपने तो उपसंहार-सा कर दिया। (सबकी हँसी) लेकिन चलते-चलते मैं एक बात और कहना चाहूँगी कि कुछ आलोचक पुरुष लेखकों और महिला लेखकों में फर्क करते हैं। मेरा खयाल है कि यह प्रवृत्ति बहुत गलत है। मन्नू भंडारी, कृष्णा सोबती, नासिरा शर्मा, मृणाल पांडे, चित्रा मुद्गल या और लेखिकाएँ महिला होने के नाते पुरुष लेखकों से भिन्न हैं या इनकी कहानियों की समीक्षा करते हुए यह भाव रखना कि चलो भई, अपने सीमित दायरे में रह कर इन्होंने इतना कर लिया तो यह भी बहुत है, बड़ी गलत बात है। यह एक तरह से हम लोगों को नीचा दिखाने की या नीचे खींचने की कोशिश है। कोई महिला अगर महत्त्वपूर्ण कथाकार है तो अपनी रचना के बल पर है, किसी आलोचक की दया के बल पर नहीं। और महिला कथाकारों के अनुभव-संसार के सीमित होने की बात भी गलत है।

कर्णसिंह चौहान : दरअसल जब यथार्थवादी साहित्य का माहौल बनने लगता है और साहित्य में जीवन के महत्त्वपूर्ण प्रश्न उठाए जाने लगते हैं, तब चीजों को पटरी से उतार देने के प्रयास कुछ लोग करते ही हैं। ऐसे लोगों का प्रयास यह होता है कि चर्चा गंभीर मुद्दों से हट कर फालतू बातों पर होने लगे। महिलाओं और पुरुषों के लेखन में भेद करना भी ऐसी ही फालतू बात है, जिसका कोई महत्त्व नहीं।

भीष्म साहनी : पढ़नेवाले को क्या फर्क पड़ता है कि कहानी महिला ने लिखी है या पुरुष ने लिखी है? वह तो अच्छा साहित्य चाहता है, लेकिन महिला लेखकों का साहित्य में प्रवेश एक स्वागतयोग्य चीज है। इससे उन्होंने अपने दायरे को और विस्तृत किया है। संस्कृति के क्षेत्र में उनकी सक्रियता उत्साहवर्द्धक-सी बात है।

रमेश उपाध्याय : निश्चय ही हमारे देश में महिलाओं की जो स्थिति है, उसमें किसी महिला का लेखन के क्षेत्र में आ जाना ही बड़ी बात है, लेकिन आलोचना या मूल्यांकन में इस बात से कोई फर्क नहीं पड़ना चाहिए कि यह कहानी महिला लेखक की है या पुरुष लेखक की।

(*नवंबर, 1984*)

अलीगढ़ का जनवादी कथा-समारोह

कहानी लिखने और पढ़ने की चीज तो बाद में बनी, मूलतः तो वह सुनने-सुनाने की ही चीज है। पिछले वर्षों में कहानी-पाठ के छोटे-बड़े बहुत-से आयोजन हुए हैं। उनकी ही शृंखला में 28 जुलाई 1985 को अलीगढ़ में जनवादी लेखक संघ द्वारा कहानी-पाठ और उस पर चर्चा का एक आयोजन हुआ। कुँवरपाल सिंह और नमिता सिंह द्वारा आयोजित इस कथा समारोह में देश के विभिन्न भागों से आए हुए विभिन्न पीढ़ियों के चालीस से अधिक कथाकारों ने हिस्सा लिया, जिनमें हिंदी और उर्दू दोनों ही भाषाओं के कथाकार शामिल थे। भैरव प्रसाद गुप्त जैसे वयोवृद्ध कथाकार से लेकर अशोक सक्सेना जैसे बिलकुल नई पीढ़ी के कथाकारों तक ने अपनी कहानियाँ पढ़ कर सुनाईं। कहानियाँ पढ़ी गईं (दो उपन्यास-अंश भी) और उन पर अन्य कथाकारों तथा आलोचकों ने चर्चा की। सबसे ज्यादा उत्साह बढ़ानेवाली बात यह थी कि पूरे दिन के इस कार्यक्रम में दो सौ से अधिक श्रोता लगातार मौजूद रहे और तमाम कहानियों तथा उन पर की गई चर्चाओं को रुचिपूर्वक सुनते रहे।

यह कथा समारोह दो सत्रों में संपन्न हुआ। पहले सत्र में रमाकांत ने 'सड़क, शहीद और नाम', धर्मेंद्र गुप्त ने 'समुद्र', रमेश उपाध्याय ने 'लाइ लो', नीरज सिंह ने 'जरूरत' और अशोक सक्सेना ने 'ओवर एज' नामक कहानियाँ पढ़ कर सुनाईं। प्रदीप मांडव ने अपने अप्रकाशित उपन्यास 'मिट्टी का घोड़ा, लोहे की लगाम' का एक अंश पढ़ कर सुनाया। कहानी-पाठ के बाद ओमप्रकाश ग्रेवाल, विजय बहादुर सिंह और नीलकांत ने पढ़ी गई कहानियों पर अपने विचार व्यक्त किए। इस सत्र का संचालन चंद्रभूषण तिवारी ने किया, जिन्होंने आरंभ में समकालीन हिंदी कहानी पर और बीच-बीच में पढ़ी गई कहानियों पर संक्षिप्त किंतु सारगर्भित टिप्पणियाँ कीं। इस सत्र की अध्यक्षता भैरव प्रसाद गुप्त, मार्कण्डेय, शिवकुमार मिश्र और दूधनाथ सिंह ने की और अपने अध्यक्षीय भाषणों में उन्होंने भी विस्तार से कहानियों पर तथा उनसे उठनेवाले सवालों पर अपने विचार व्यक्त किए।

इस सत्र की विशेषता यह रही कि ओमप्रकाश ग्रेवाल की संतुलित समीक्षा के बाद विजय बहादुर सिंह और नीलकांत ने नितांत नकारात्मक आलोचना का रुख अपनाया,

जिसके कारण उन्हें अन्य लोगों की आलोचना का लक्ष्य बनना पड़ा। विजय बहादुर सिंह ने एक झटके में सब कहानियों को खारिज करते हुए कहा कि ये कहानियाँ कोई रचनात्मक अनुभव नहीं देतीं और इन्हें सुन कर ऐसा लगता है कि हिंदी कहानी ने प्रेमचंद के बाद कोई विकास नहीं किया है। नीलकांत ने रमेश उपाध्याय की कहानी 'लाइ लो' की तीखी आलोचना करते हुए चंद्रभूषण तिवारी को आड़े हाथों लिया कि उन्होंने इस कहानी को 'एक नया प्रयोग' कैसे कह दिया। उन्होंने ओमप्रकाश ग्रेवाल पर भी अपनी नाराजगी जाहिर की और कहा कि इस नितांत प्रकृतवादी कहानी को उन्होंने यथार्थवादी कहानी कैसे मान लिया।

रमाकांत और धर्मेंद्र गुप्त को आलोचकों का यह रवैया अच्छा नहीं लगा। उन्होंने अपनी बात कहने के लिए समय माँगा और तीखे स्वर में आलोचकों की आलोचना की। रमेश उपाध्याय ने भी कहा कि ऐसी नकारात्मक और नासमझी के साथ की गई आलोचना लेखकों और पाठकों की कोई मदद नहीं करती।

अंत में अध्यक्ष-मंडल के तीन सदस्यों–क्रमशः दूधनाथ सिंह, भैरव प्रसाद गुप्त और शिवकुमार मिश्र–ने आलोचकों और रचनाकारों के विवाद पर संतुलित टिप्पणियाँ करते हुए कहानियों पर अपनी राय प्रकट की। दूधनाथ सिंह ने 'लाइ लो' कहानी का विस्तार से विश्लेषण किया और नीलकांत का नाम लिये बिना उनकी सभी बातों का खंडन किया। शिवकुमार मिश्र ने प्रकृतवाद और यथार्थवाद का अंतर स्पष्ट करते हुए पढ़ी गई कहानियों को यथार्थवादी माना और इस बात को गलत बताया कि प्रेमचंद के बाद हिंदी कहानी ने कोई विकास नहीं किया है।

दूसरे सत्र में भैरव प्रसाद गुप्त ने 'मुँह अँधेरे', पंकज बिष्ट ने 'बच्चे गवाह नहीं हो सकते?', चित्रा मुद्गल ने 'मामला आगे बढ़ेगा अभी', रमेश बत्तरा ने 'दिल का मामला', इफ्तखार आलम खान ने 'नजिश', असगर वजाहत ने 'एक गधा और मैदान', धीरेंद्र अस्थाना ने 'विचित्र देश की प्रेमकथा' और सुदर्शन नारंग ने 'कमाई' नामक कहानी का पाठ किया। इसराइल ने अपने उपन्यास 'रोशन' का एक अंश पढ़ कर सुनाया। इसके बाद कुँवरपाल सिंह, महेश दर्पण और नंद भारद्वाज ने पढ़ी गई कहानियों पर समीक्षात्मक टिप्पणियाँ कीं। इस सत्र का संचालन चंचल चौहान ने किया। अध्यक्षता काजी अब्दुल सत्तार, राजेंद्र यादव और इसराइल कर रहे थे।

इस सत्र की विशेषता यह थी कि चर्चा करनेवालों के सामने केवल इस सत्र की कहानियाँ नहीं, बल्कि सुबह से शाम तक पढ़ी गई तमाम कहानियाँ थीं और पहले सत्र की विचारोत्तेजक बहस का संदर्भ भी था। अतः चर्चा में तुलनात्मक समीक्षा और मूल्यांकन का भाव आ जाना स्वाभाविक ही था। कुँवरपाल सिंह ने समारोह की सफलता पर संतोष व्यक्त करते हुए दोनों सत्रों में पढ़ी गई कहानियों की चर्चा की और कहा कि जो लोग कथासाहित्य में ठहराव की बात करते हैं, उनके लिए ये कहानियाँ एक सुखद संदेश हैं। महेश दर्पण ने कुछ कहानियों में सपाटबयानी की शिकायत करते हुए कई कहानियों में कथ्य, शिल्प और भाषा की ताजगी की प्रशंसा की। उन्होंने चित्रा

मुद्‌गल की लंबी कहानी की तुलना धीरेंद्र अस्थाना की लंबी कहानी से करते हुए सिद्ध किया कि चित्रा मुद्‌गल की कहानी लंबी होते हुए भी ऊब पैदा नहीं करती, क्योंकि उसमें कथ्य और भाषा की ताजगी है। नंद भारद्वाज ने कहा कि ये कहानियाँ सामाजिक यथार्थ के विभिन्न रूपों को सामने लाती हैं, लेकिन यह बात खटकती है कि ज्यादातर कहानियों में अकेले-अकेले संघर्षरत पात्रों का चित्रण किया गया है, लोगों का सामूहिक संघर्ष इनमें दिखाई नहीं देता।

अंत में अध्यक्ष-मंडल में से काजी अब्दुल सत्तार और राजेंद्र यादव बोले। काजी साहब ने कथा समारोह की सफलता पर संयोजकों को बधाई देते हुए कहा कि उर्दू और हिंदी में कहानी पढ़ कर सुनाने की एक लंबी परंपरा रही है और ऐसे आयोजनों से उसे आगे बढ़ाया जाना चाहिए। लेकिन उन्होंने इस बात पर खेद व्यक्त किया कि कहानी जिस तरह आगे बढ़ रही है, कहानी की आलोचना आगे नहीं बढ़ रही है। पहले सत्र में हुई चर्चा का हवाला देते हुए उन्होंने कहा कि सुबह रमेश उपाध्याय की कहानी के साथ इंसाफ नहीं किया गया, जबकि वह एक खूबसूरत, आर्टिस्टिक और असरदार कहानी थी। अपनी बात को स्पष्ट करते हुए उन्होंने बारीकी से 'लाइ लो' का विश्लेषण किया और उर्दू की कई प्रसिद्ध कहनियों से उसकी तुलना की।

राजेंद्र यादव ने भी अपने वक्तव्य में दोनों सत्रों की कहानियों पर विचार किया और 'लाइ लो' को सबसे अच्छी कहानी बताया। भैरव प्रसाद गुप्त की कहानी 'मुँह अँधेरे', चित्रा मुदग्ल की कहानी 'मामला आगे बढ़ेगा अभी' और अशोक सक्सेना की कहानी 'ओवर एज' की भी उन्होंने प्रशंसा की। उन्होंने कहा कि कहानी के लिए कोई भी अनुभव त्याज्य नहीं होता। उन्होंने इस बात पर प्रसन्नता प्रकट की कि आज पढ़ी गई कहानियों में विषयों की पर्याप्त विविधता रही। लेकिन उन्होंने इस बात की शिकायत की कि चित्रा मुदगल और रमेश उपाध्याय को छोड़ कर बाकी प्राय: सभी कहानीकारों ने श्रोताओं का ध्यान नहीं रखा। उन्होंने कहा कि कहानी सुनाना भी एक कला है और यदि कहानीकार कहानी सुनाते हैं तो उन्हें इस कला का भी विकास करना चाहिए।

(*अगस्त, 1985*)

उदयपुर में एक कहानी-गोष्ठी

उदयपुर में 'विचारधारा साहित्यिक मंच' की ओर से 22 जून 1987 को एक कहानी-गोष्ठी का आयोजन किया गया। कथाकार आलाम शाह खान और नाटककार मंगल सक्सेना की अध्यक्षता में हुई इस गोष्ठी में दिल्ली से आए रमेश उपाध्याय ने अपनी कहानी 'माटीमिली' का तथा उदयपुर में हीं कार्यरत नरेंद्र निर्मोही ने अपनी ताजा और अप्रकाशित कहानी 'दरार' का पाठ किया। पाठ के बाद इन दोनों कहानियों पर विस्तार से चर्चा हुई।

नरेंद्र निर्मोही की कहानी 'दरार' में पंजाब में धार्मिक तत्त्ववाद और आतंकवाद के परिणामस्वरूप उत्पन्न सामाजिक गतिरोध के कारण मानवीय तथा सामाजिक संबंधों में पैदा हुई दरार का चित्रण था। उस दरार को पाटने के लिए छटपटाते लोगों के भावनात्मक लगाव और संघर्ष को सोहन और भजने ताये के माध्यम से व्यक्त किया गया था।

रमेश उपाध्याय की कहानी 'माटीमिली' पश्चिमी उत्तर प्रदेश के ग्रामीण परिवेश की कहानी थी, जिसमें वर्ग-भेद और जाति-भेद के अलावा स्त्री और पुरुष के भेद को रधिया नामक कुम्हारिन के माध्यम से उभारते हुए एक असुरक्षित स्त्री तथा उसके जीवन-संघर्ष का मार्मिक चित्रण किया गया था।

नवल किशोर ने कहानियों पर चर्चा आरंभ करते हुए दोनों कहानियों पर विस्तार से विचार किया। उन्होंने युवा कथाकार नरेंद्र निर्मोही को यथार्थवादी और सही सोच का कथाकार बताते हुए 'दरार' की प्रशंसा की, लेकिन यह शिकायत भी की कि कहानी में लेखक ने अपनी ओर से कुछ ज्यादा ही टिप्पणियाँ की हैं, जिनसे कहानी का प्रभाव कम हो जाता है। रमेश उपाध्याय की कहानी 'माटीमिली' के बारे में उनका कहना था कि यह एक जिम्मेदार रचनाकार की प्रौढ़ रचना है। इसमें मानव-चरित्र का सूक्ष्म निरीक्षण, परिवेश का जीवंत चित्रण और यथार्थ का बहुआयामी, कलात्मक तथा प्रभावशाली उद्घाटन किया गया है। इसकी विशेषता यह है कि इसमें आज के बदलते हुए समाज़ में नारी-जीवन की विडंबनाओं का चित्रण करते हुए रधिया के अविस्मरणीय चरित्र की रचना की गई है।

प्रभा वाजपेयी ने 'दरार' को एक सशक्त और सार्थक रचना बताते हुए कहा कि

इसमें वर्तमान संदर्भों में मनुष्य और संप्रदाय के बीच एक नए रिश्ते को व्याख्यायित करने की ललक है। कहानी की भाषा और शब्द-प्रयोग बढ़िया हैं। 'माटीमिली' सामाजिक बदलाव की कहानी नहीं है, जैसा डॉक्टर नवल किशोर का मानना है, यह तो सामाजिक परिवर्तन को प्रखर और प्रचंड बनानेवाली कहानी है। रधिया उत्कृष्ट चरित्र है, लेकिन कहानी में मास्टर का चरित्र प्रेमचंद की परंपरा का आदर्शवादी प्रतिफलन है।

राजेंद्र सक्सेना ने कहा कि ये दोनों कहानियाँ परिवर्तित और परिवर्तनशील दौर की कहानियाँ हैं, जो आज के जीवन और सामाजिक यथार्थ से हमारा साक्षात्कार कराती हैं। 'दरार' एक युवा कहानीकार की काफी 'मैच्योर' रचना है। 'माटीमिली' प्रेमचंद की परंपरा को आगे बढ़ानेवाली एक ऐसी कहानी है, जिसमें परंपरा और प्रयोगशीलता को मिला कर कहानी को एक नया रूप दिया गया है। भाषा आंचलिक न होते हुए भी ग्रामीण परिवेश को जीवंत रूप में उभारने में सक्षम है।

पूनम दइया ने कहा कि रमेश उपाध्याय प्रेमचंद की परंपरा के लेखक नहीं हैं, क्योंकि उनकी कहानियों के सरोकार बिलकुल नए हैं। 'माटीमिली' में सामाजिक यथार्थ के प्रति—और विशेष रूप से भारतीय समाज में निम्न वर्ग की संघर्षशील नारी के प्रति—जो दृष्टिकोण अपनाया गया है, वह उन्हें प्रेमचंद से आगे का लेखक सिद्ध करता है।

राजेश चौधरी ने कहा कि निर्मोही की कहानी 'दरार' में कहीं-कहीं रुग्ण भावात्मक मानसिकता आ गई है, फिर भी कहानी अच्छी है। रमेश उपाध्याय की कहानी 'माटीमिली' पाठक के मन में रधिया के प्रति यद्यपि कोई स्पष्ट मनोभाव नहीं जगा पाती, फिर भी कुल मिलाकर कहानी अच्छा प्रभाव छोड़ती है।

लक्ष्मीनारायण नंदवाना का कहना था कि निर्मोही की कहानी में वक्तव्यबाजी अधिक हो गई है, जबकि रमेश उपाध्याय की कहानी में बात को घटनाओं, चरित्रों और संवादों के माध्यम से कहा गया है। 'माटीमिली' संघर्ष की कहानी है, लेकिन इसमें नारेबाजी नहीं की गई है, बल्कि पात्रों की स्थिति, परिस्थिति और मनोदशा का सूक्ष्म एवं कलात्मक अंकन किया गया है। रधिया का चरित्रांकन बहुत सुंदर और कहानी का अंत बड़ा मार्मिक है।

ओम शर्मा ने कहा कि 'दरार' एक सशक्त कहानी है, जिसमें वर्तमान परिवेश के रेशे-रेशे को उधेड़ा गया है, पर कहानी कहीं-कहीं रिपोर्ताजनुमा हो गई है। रमेश उपाध्याय की 'माटीमिली' में केवल रधिया और मास्टर के ही नहीं, बल्कि पंडित शिवदत्त और सोबरन के चरित्र भी बहुत प्रभावशाली हैं। यहाँ तक कि रधिया की बेटी बिट्टो भी, एक छोटी बच्ची होते हुए भी, अपना एक विशिष्ट चरित्र लेकर सामने आती है और कहानी में उसे भी एक सार्थक और महत्त्वपूर्ण भूमिका दी गई है।

सत्यप्रकाश जोशी ने कहानियों पर चर्चा न करके कहानी-गोष्ठियों की सार्थकता का प्रश्न उठाया और कहा कि कहानी लिखने-पढ़ने की नहीं, सुनने-सुनाने की चीज है। अतः गोष्ठियों में कहानियाँ पढ़ी नहीं जानी चाहिए, बल्कि मौखिक रूप से सुनाई

जानी चाहिए।

नंद चतुर्वेदी ने 'विचारधारा' द्वारा आयोजित गंभीर तथा सार्थक गोष्ठियों के लिए संयोजक नरेंद्र निर्मोही को बधाई दी और एक सार्थक साहित्यिक संवाद को उदयपुर में जारी रखने के उनके साहसिक प्रयास की सराहना की। गोष्ठी में पढ़ी गई कहानियों पर चर्चा शुरू करने से पहले उन्होंने अब तक की चर्चा पर यह प्रश्न उठाया कि सारी बहस कहानी-समीक्षा के कुछ प्रचलित शब्दों के आसपास ही क्यों घूमती रहती है? नए अनुभवों की रचनाओं को पुराने शास्त्रीय ढाँचों में रख कर परखना क्या नई रचनाशीलता के प्रति अन्याय नहीं है ? मूल प्रश्न यह है कि कहानी की अपनी आवश्यकता क्या है? कहानी प्रभावित करती है या नहीं ? कहानी में बयानबाजी या लेखकीय दखलंदाजी कोई बुरी चीज नहीं है, बशर्ते कि वह कहानी की माँग हो और उसे रचनात्मक रूप दिया गया हो। निर्मोही की कहानी 'दरार' में रिपोर्ताज की शैली और लेखकीय टिप्पणियाँ जरूरी ही नहीं, बहुत जरूरी हैं। वे कहानी को सार्थक तथा महत्त्वपूर्ण बनाती हैं। रमेश उपाध्याय की कहानी 'माटीमिली' बहुत ही सुंदर, सार्थक और प्रभावशाली कहानी है। समर्थ भाषा, नए शिल्प और सचेत रचना-कौशल से युक्त यह कहानी हमारे आज के सामाजिक यथार्थ का केवल साक्षात्कार ही नहीं कराती, बल्कि पाठक को संवेदनात्मक स्तर पर प्रभावित करती है और एक कलात्मक अनुभव प्रदान करती है। इसमें रधिया निश्चय की एक महत्त्वपूर्ण चरित्र है, लेकिन इस कहानी का मुख्य और सबसे महत्त्वपूर्ण पात्र मास्टर है। मास्टर रधिया की कल्पना का साकार बिंब है। वह एक आदर्श है, जिसे रधिया अपनी बिट्टो में देखना चाहती है। इसीलिए वह बिट्टो को पढ़ा-लिखा कर मास्टरनी बनाना चाहती है। प्रगतिशील और जनवादी कहानियों में मास्टर जैसे जागरूक पात्र आते हैं, लेकिन वे प्रायः बाहरी और आरोपित पात्रों के रूप में आते हैं। इस कहानी की विशेषता यह है कि मास्टर बाहरी या आरोपित पात्र न होकर कहानी की अंतर्वस्तु और रचना-प्रक्रिया के अभिन्न अंग के रूप में प्रकट हुआ है। आज पढ़ी गई दोनों कहानियाँ समकालीन हिंदी कहानी की दशा और दिशा के प्रति आश्वस्त करती हैं।

गोष्ठी के अध्यक्ष मंगल सक्सेना ने भी दोनों कहानियों की प्रशंसा की। निर्मोही की कहानी के आरंभ और अंत पर विचार करते हुए उन्होंने कहा कि कहानी श्मशान के वातावरण से शुरू होती है और मनुष्यों के भीतर पैदा होते जाते श्मशान को उकेरती जाती है। रिपोर्ताज शैली इस कहानी की खूबी है और यह एक सफल तथा सार्थक कहानी है। धर्म और पंथ के अंतर्निहित अलगाव और फर्क को भी कहानी में उभारा जाता तो और भी अच्छा होता। रमेश उपाध्याय की कहानी 'माटीमिली' नारी की अस्मिता और उसके संघर्ष की कहानी है, लेकिन उसमें पंडित शिवदत्त के माध्यम से धर्म का जो दमनकारी तथा उत्पीड़नकारी रूप सामने आता है, वह भी बहुत महत्त्वपूर्ण है। रधिया और मास्टर तो महत्त्वपूर्ण चरित्र हैं ही, पंडित शिवदत्त और उनका शिष्य सोबरन भी कम महत्त्वपूर्ण चरित्र नहीं हैं, बल्कि जिस ग्रामीण यथार्थ को यह कहानी

सामने लाती है, उसे उभारने में सोबरन का अंतर्विरोधपूर्ण चरित्र बहुत मदद करता है। यह कहानी प्रेमचंद की परंपरा को आगे बढ़ानेवाली, किंतु प्रेमचंद से बहुत आगे की कहानी है।

गोष्ठी के दूसरे अध्यक्ष आलम शाह खान ने कहा कि साहित्य हथियार नहीं होता, लेकिन वह हमें एक हौसला देता है, जो हथियार से भी बड़ा होता है। आज दो हौसला देने वाली कहानियाँ सुनने को मिलीं। निर्मोही की कहानी 'दरार' में वर्तमान का खूनी इतिहास रचा गया है और रमेश उपाध्याय की कहानी 'माटीमिली' में धर्म और राजनीति के हाथों शोषित-उत्पीड़ित जन की कहानी कही गई है। मगर रधिया का चरित्र मुझे आश्वस्त नहीं करता। जिस हिंदी कहानी में रांगेय राघव गदल जैसा नारी-चरित्र दे चुके हों, उसमें रधिया कोई आगे की कड़ी नहीं है, बल्कि गदल के सामने तो रधिया एकदम गधिया लगती है। लेकिन अन्य दृष्टियों से यह कहानी बहुत अच्छी और महत्त्वपूर्ण है। खास तौर से पंडित शिवदत्त और सोबरन के चरित्रों और उनके द्वारा सामने आनेवाली वास्तविकता के कारण। सबसे बड़ी बात है कि ये कहानियाँ भयंकर वास्तविकताओं को सामने लाकर भी हमें डराती नहीं, बल्कि हौसला देती हैं।

(जून, *1987*)

'दीवा बले सारी रात' : पंजाबी कहानी का एक जनवादी अनुभव

हिंदी की जनवादी कहानी ने पंजाबी कहानी को बहुत प्रभावित किया है। इसे मैं अपने निजी अनुभव से भी खूब जानता हूँ। पंजाबी में मेरी बहुत-सी कहानियों का अनुवाद हुआ है और मुझे पंजाबी कथाकारों की कई गोष्ठियों तथा कुछ बड़े सम्मेलनों में भी जाने का अवसर मिला है, जहाँ मेरी कहानियाँ सुनी गई हैं और हिंदी की जनवादी कहानी पर विस्तृत चर्चाएँ हुई हैं। दिल्ली में रहनेवाले कई पंजाबी कथाकार तो मेरे घनिष्ठ मित्र भी हैं। उनमें से एक हैं नछत्तर।

नछत्तर एक दिन मुझे बताते हैं :

पंजाब में पिछले कई वर्षों से वहाँ के कहानीकार कहानी-पाठ और चर्चा का एक विशेष प्रकार का आयोजन कर रहे हैं। किसी निश्चित तारीख को बहुत-से कहानीकार किसी एक कहानीकार के घर पर इकट्ठे होते हैं। पंजाब के विभिन्न नगरों और गाँवों से चल कर वे सभी शाम तक आ पहुँचते हैं। मेजबान कहानीकार मेहमान कहानीकारों का स्वागत-सत्कार करता है और उन्हें भोजन कराता है। दारू प्रायः सभी पीते हैं, लेकिन उस दिन दारू पीने पर सख्त पाबंदी रहती है, क्योंकि भोजन के उपरांत सब लोगों को रात-भर जाग कर कहानियाँ पढ़नी होती हैं, सुननी होती हैं, उन पर चर्चा करनी होती है। चाय थोड़ी-थोड़ी देर बाद सारी रात मिलती रहेगी, पर दारू की एक बूँद भी नहीं। इस आयोजन का नाम है 'दीवा बले सारी रात'। यह किसी मंच, मोर्चे या संगठन का आयोजन नहीं, कहानीकारों का अपना आयोजन है। इसके लिए कोई संस्था नहीं बनाई गई है, कोई चंदा नहीं लिया जाता, और इसमें आनेवालों को कोई मार्ग-व्यय आदि नहीं दिया जाता। इसमें शामिल होने वाले सभी कहानीकार इसके आयोजक-संयोजक हैं, सब अपने-अपने खर्चे पर आते हैं, और अगले कार्यक्रम के लिए उनमें से ही कोई एक उठ कर सबको आमंत्रित कर लेता है कि अगली गोष्ठी मेरे घर पर होगी। यह सिलसिला 1976 से चल रहा है। साल में दो-तीन गोष्ठियाँ हो जाती हैं। अब तक लगभग 30 गोष्ठियाँ हो चुकी हैं और पंजाब में 'ऐसे हालात' के

बावजूद (उन दिनों पंजाब में आतंकवाद बड़े भीषण रूप में फैला हुआ था) 'दीवा बले सारी रात' की गोष्ठियों का सिलसिला जारी है।

मुझे क्या मालूम कि नछत्तर द्वारा दी जा रही ये सूचनाएँ एक निमंत्रण की भूमिका हैं। वे कहते हैं : इस बार यह आयोजन पटियाला जिले में पंजाबी कहानीकार कृपाल कजाक के गाँव फतेहपुर राजपूताँ में (10 जून 1989 को) हो रहा है। प्रेम गोरखी गोष्ठी का संचालन करेंगे। कृपाल कजाक और प्रेम गोरखी की बड़ी इच्छा है कि इस बार आप भी इस कार्यक्रम में शामिल हों। दूसरे कहानीकर भी आपसे मिल कर खुश होंगे, क्योंकि आप पंजाब में खूब पढ़े जाते हैं।

पटियाला का नाम सुनते ही मुझे पटियाला विश्वविद्यालय के शिक्षक और प्रसिद्ध प्रगतिशील पंजाबी लेखक रविंदर रवि की याद आती है, जिनकी अभी दो दिन पहले ही आतंकवादियों ने हत्या कर दी है। मैं पूछता हूँ : ऐसी हालत में पटियाला में यह आयोजन करना उचित होगा?

ऐसी हालत तो कहीं भी पैदा हो सकती है। नछत्तर मुझे आश्वस्त करते हैं : फिर भी जीवन तो चलता ही है, और उसके साथ-साथ साहित्य भी चलता है। आप वहाँ चल कर देखेंगे कि आतंकित होकर लोग अपने घरों में बंद होकर नहीं बैठ गए हैं...

मैं निमंत्रण स्वीकार कर लेता हूँ।

कुछ दिन बाद मुझे कृपाल कजाक का पत्र मिलता है, जिसका एक-एक शब्द प्यार में पगा हुआ है। लगता है, मेरी 'हाँ' से उन्हें सचमुच ही हार्दिक प्रसन्नता हुई है। अगले दिन चंडीगढ़ से प्रेम गोरखी का भी लगभग ऐसा ही प्यारभरा पत्र मिलता है। गोरखी ने लिखा है : आपको कोई कष्ट नहीं होगा। नछत्तर आपको अपने साथ ले आएँगे।

जाने से दो दिन पहले दिल्ली विश्वविद्यालय के पंजाबी विभाग के अध्यक्ष जगबीर सिंह से मेरी बात हो रही है। मेरी मित्र मनजीत कौर भी उपस्थित हैं। रविंदर रवि दोनों के ही बड़े आत्मीय मित्र थे। रवि के साथ हुए हादसे का ही असर है कि वे दोनों मुझसे कहते हैं : एक बार फिर सोच लीजिए।

लेकिन मैंने सोच लिया है।

दस जून को सुबह दस बजे मैं नछत्तर के साथ पटियाला जानेवाली बस में सवार हो जाता हूँ। सौभाग्य से आज धूप नहीं है, बदली-सी छाई हुई है और ठंडी हवा चल रही है। पटियाला तक ऐसा ही खुशगवार मौसम बना रहता है। नछत्तर लगभग सारे रास्ते ऊँघते रहते हैं। मैं इटालो काल्वीनो की कहानियों का संग्रह 'कौस्मीकॉमिक्स' पढ़ता रहता हूँ। बीच-बीच में मैं भी ऊँघ लेता हूँ। रास्ता मेरा जाना-पहचाना है।

साढ़े तीन बजे हम पटियाला पहुँचते हैं। बस अड्डे पर सुरेंद्र कुमार शर्मा हमारी अगवानी के लिए मौजूद हैं। पहले वाराणसी में थे और रेलवे में नौकरी करने के साथ-साथ रंगमंच पर अभिनय भी करते थे। मेरे नाटक 'पेपरवेट' और मेरी कहानी

'कामधेनु' के नाट्य-रूपांतर में मुख्य भूमिकाएँ कर चुके हैं। नाम और काम से हम दोनों (पत्राचार के जरिए) एक दूसरे के पूर्वपरिचित हैं, पर भेंट आज पहली बार हुई है। इसलिए मुझसे हाथ मिलाते हुए वे अपना परिचय देते हैं, "मैं 'पेपरवेट' का बल्लू और 'कामधेनु' का डॉक्टर जब्बर सिंह।" मुझे प्रसन्नता होती है। यह सुन कर और भी कि वे मेरी रचनाएँ खोज-खोज कर पढ़ते रहते हैं।

बस अड्डे पर ही हम लोग चाय पी रहे हैं कि मोगा से बलेदवसिंह, चंडीगढ़ से प्रेम गोरखी और भीकी से लक्ष्मीनारायण पहुँच गए हैं। वे भी हमारे साथ चाय पीते हैं और फिर हम पाँचों कहानीकार कृपाल कजाक के गाँव फतेहपुर राजपूताँ जानेवाली बस में सवार हो जाते हैं। सुरेंद्र शर्मा बाद में आएँगे, क्योंकि उन्हें अभी और भी कई लोगों की अगवानी करनी है। प्रेम गोरखी तो मेरे पूर्वपरिचित हैं, पर बलदेवसिंह और लक्ष्मीनारायण से भी जल्दी ही उन्मुक्त बातचीत शुरू हो जाती है। अंगूर यहाँ सस्ता है और लक्ष्मीनारायण एक किलो अंगूर खरीद लाए हैं, जिन्हें खाते हुए, सहयात्रियों को खिलाते हुए, हँसते और हँसाते हुए हम लोग दस किलोमीटर का सफर कब तय कर लेते हैं, पता ही नहीं चलता।

पटियाला से ठीक दस किलोमीटर की दूरी पर एक बस अड्डा है, जहाँ उतर कर हमें कृपाल कजाक के गाँव जाना है। बस अड्डे पर दो पोस्टर लगे हुए हैं, जिन पर गुरमुखी में लिखा हुआ है : 'दीवा बले सारी रात' कहानी-गोष्ठी। एक पोस्टर पर गाँव की दिशा बतानेवाला तीर भी बना हुआ है। गाँव लगभग दो किलोमीटर दूर है, लेकिन वहाँ पहुँचने के लिए बढ़िया पक्की सड़क बनी हुई है और गाँव तक ले जाने के लिए पाँच रुपये में एक ताँगा भी मिल गया है। ताँगेवाला नौ-दस साल का एक छोटा-सा लड़का है, जो हिंदू या मुसलमान है। प्रेम गोरखी और बलदेव सिंह उससे हँसी-मजाक करते चल रहे हैं। एक मजाक मेरे बारे में भी होता है : गाँववाले सोचेंगे कि चार सरदार एक हिंदू को अगवा करके ला रहे हैं ! (लक्ष्मीनारायण हिंदू हैं, पर वे भी सिखों की तरह दाढ़ी और पगड़ी से सुसज्जित हैं।)

सड़क के दोनों तरफ खेत हैं। कुछ खेतों में भिंडी, टमाटर और खरबूजे हैं, तो कुछ खेत खाली पड़े हैं। बाकी खेतों में पानी भरा हुआ है और धान की रोपाई हो रही है। धान के खेतों में बिहारी मजदूर काम करते दिखायी दे रहे हैं। ताँगा ठीक कृपाल कजाक के घर के सामने रुकता है। बड़ा-सा पक्का मकान है। ऊँची चारदीवारी से घिरे हुए विशाल आँगन में ताजा खुदी हुई गीली मिट्टी पर कुर्सियाँ और चारपाइयाँ बिछी हुई हैं। कोई बताता है कि आँगन में सब्जियाँ उगी हुई थीं, कहानी-गोष्ठी के लिए उन्हें उखाड़ कर आँगन इस तरह तैयार किया गया है। कृपाल कजाक कहीं गए हुए हैं, उनके दो जवान बेटे हमारा स्वागत करते हैं और चाय-पानी पिलाते हैं।

अभी और लोगों के आने की प्रतीक्षा है और परिवार के सब लोग भोजन आदि की व्यवस्था में लगे हुए हैं, अतः चाय पीकर हम लोग घूमने निकल पड़ते हैं। गाँव के प्रायः सभी मकान पक्के हैं और उनमें से कुछ तो बड़े शहरों के आधुनिक मकानों

जैसे हैं, लेकिन गाँव के किनारे बरगद के एक पुराने विशाल वृक्ष के पास छोटी-सी पोखर ठेठ ग्रामीण वातावरण बना रही है, जिसके काले कीचड़वाले पानी में कुछ लोग छोटी-छोटी मछलियाँ पकड़ रहे हैं। गाँव तक आनेवाली सड़क एक पार्श्व से घूमती हुई दूसरी तरफ से पुनः खेतों में निकल कर एक छोटी नहर तक चली गई है। इधर भी कई खेतों में पानी भरा हुआ है और धान की रोपाई हो रही है। खरबूजों के खेत इधर भी हैं। एक खेत की मेंड़ पर एक बूढ़ा बाबा (सरदार) बैठा हुआ है। गोरखी और बलदेवसिंह उसके पास पहुँच कर बातों ही बातों में खरबूजे खाने की इच्छा प्रकट कर देते हैं और बूढ़ा बाबा खुशी-खुशी मीठे-मीठे खरबूजे लाकर खिलाने लगता है। हँसी-मजाक भी चल रहा है।

मैं पंजाब के लोगों की जिंदादिली पर मुग्ध हूँ और सोच रहा हूँ : सबसे बड़े आतंकवादी तो हमारे प्रचार-माध्यम हैं, जिन्होंने पंजाब के बारे में लोगों के मन में ऐसा डर बैठा दिया है कि जैसे यहाँ हरदम मारकाट ही मची रहती हो। ठीक है, आतकंवाद है, लोग मारे जाते हैं; लेकिन यहाँ यह जिंदगी भी तो है, जो पूरी जिंदादिली के साथ जी जा रही है। आज के पंजाब में लोग मौत ही क्यों देखते हैं? इस जिंदगी को क्यों नहीं देखते?

हम लोग खेतों से लौट कर देखते हैं कि बहुत-से लोग आ चुके हैं और आँगन भर चुका है। कृपाल कजाक भी आ गए हैं। वे मुझसे पहली बार मिल रहे हैं, लेकिन इस तरह लिपट कर मिलते हैं, जैसे बरसों पुरानी दोस्ती हो। लेखक-पाठक के नाते दोस्ती पुरानी है भी। अन्य आगंतुकों में वरयामसिंह संधू और कश्मीरसिंह पन्नू को छोड़ कर शेष से मैं पहली बार मिल रहा हूँ। पहली बार मिलनेवाले पंजाबी लेखक मुझसे हिंदी में बात करने की कोशिश करते हैं, लेकिन मैं उन्हें यह कह कर सहज कर देता हूँ कि आप बेशक पंजाबी में ही बोलिए। मुझे यह देखकर प्रसन्नता होती है कि ये लोग हिंदी का साहित्य खूब पढ़ते हैं। मेरी कहानियों के पंजाबी में हुए अनुवाद तो इन्होंने पढ़े ही हैं, सीधे हिंदी में भी मेरी बहुत-सी रचनाएँ पढ़ रखी हैं।

कजाक के घर के सामने एक सहकारी समिति का कार्यालय है, जिसके अहाते में एक हैंड-पंप लगा हुआ है। मैं, नछत्तर, वरयाम संधू, बलदेवसिंह आदि वहाँ खुले में स्नान करके यात्रा की थकान दूर करते हैं। तब तक शेष आनेवाले भी आ चुके हैं और भोजन तैयार है। भोजन उत्तम और स्वादिष्ट है। खाने की व्यवस्था शहरी ढंग की है, जैसी प्रायः विवाह-भोज में होती है। लगभग पचास लोगों की दावत है, इसलिए भोजन हलवाई बुला कर बनवाया गया है और हलवाई ने हलवा बड़ा ही स्वादिष्ट बनाया है। हम लोग मजाक करते हैं : ऐसा खाना खाकर सारी रात कैसे जागा जाएगा?

लेकिन बड़े आँगन में बिजली का 'दीवा' बल रहा है, जिसे आज सारी रात बलना है। कुर्सियों और चारपाइयों पर कहानीकार मुस्तैद होकर बैठ गए हैं। अंग्रेजी और पंजाबी के अखबारों के कुछ पत्रकार और छायाकार भी आए हुए हैं। गोष्ठी में भाग लेनेवाले कहानीकार हैं : वरयामसिंह संधू, बलदेवसिंह , तेजूराम कोहाड़ा, सुरिंदर रामपुरी,

नछत्तर, श्याम सुंदर दीप्ति, देविंदर बिमरा, हरभजनसिंह, गुलजार मोहम्मद गोरिया, सुरजीत जज, लक्ष्मीनारायण भीकी, सुरेंद्र कुमार शर्मा, प्रेम गोरखी, जगदीश जीत, प्रकाश प्रभाकर, दलबीर चेतन, अम्बरीश, जोधसिंह, हरजीत कैंथ, जसविंदर सिंह दाखा, हरबीरसिंह भँवर, जगरूपसिंह दातेवास, कश्मीरसिंह पन्नू, हरफूल, नेतसिंह, मानसिंह ढींडसा आदि। कुछ महिला कथाकार भी हैं, जैसे बलजीत कौर बल्ली, जसवंत जीत, गुरदेव कौर, जो कृपाल कजाक के परिवार और पड़ोस की महिलाओं के साथ एक ओर बैठी हुई हैं।

कृपाल कजाक 'दीवा बले सारी रात' के आयोजन का परिचय देते हैं, जिससे पता चलता है कि इस आयोजन से आलोचकों और स्वनामधन्य दिग्गज कथाकारों को अलग रखा जाता है, ताकि कहानीकार एक-दूसरे की कहानियों पर बेझिझक खुली चर्चा कर सकें। परिचय के बाद प्रेम गोरखी के संचालन में गोष्ठी शुरू होती है, जिसके आरंभ में हरफूल से संतराम उदासी की एक-दो रचनाएँ गाकर सुनाने का आग्रह किया जाता है। हरफूल की आवाज बहुत अच्छी है और उदासी की रचनाएँ उससे भी अच्छी हैं। उन दो गीतों के बाद कहानी-गोष्ठी शुरू होती है।

सबसे पहले मुझसे कहानी पढ़ने के लिए कहा जाता है। मैं अपनी कहानी 'बाजार में एक घर' पढ़ कर सुनाता हूँ। वरयाम संधू उस पर बहस शुरू करते हैं और एक ऐसा सवाल उठाते हैं, जिसे लेकर मेरी कहानी पर ही नहीं, बाद में पढ़ी जानेवाली अन्य कहानियों पर भी बहस चलती रहती है। सवाल है : जब कहानी लिखने का एक परंपरागत सहज रूप हमारे पास है, और उस रूप में मैंने भी कई अच्छी कहानियाँ लिखी हैं, तो अब प्रतीक, रूपक और फंतासी के रूपों को अपनाने की क्या आवश्यकता है? एक-एक करके सभी उपस्थित लोग कहानी पर अपने विचार प्रकट करते हैं और देशी-विदेशी अनेक कहानियों के उदाहरण देते हुए प्रकृतवाद से जादुई यथार्थवाद तक की बातें करते हैं। पंजाबी लेखकों की यह जागरूकता देख कर मुझे प्रसन्नता होती है।

मेरी (हिंदी की) कहानी के बाद पंजाबी कहानियों का पाठ शुरू होता है और सुबह तक सात कहानियाँ पढ़ी जाती हैं : रिश्तियाँ दी धुप्प-छाँह (बलदेवसिंह), चादर (गुलजार मोहम्मद गोरिया), चक्रव्यूह (श्याम सुंदर दीप्ति), नसीबो दी उडीक (देविंदर बिमरा), अगली फसल (अम्बरीश), पाहुँचा (कश्मीर सिंह पन्नू) और ताया पंजाबसिंह (जगरूपसिंह दातेवास)। प्रत्येक कहानी के पाठ के बाद उस पर बहस होती है और यह बहस उन शहरी गोष्ठियों में होनेवाली बहसों से बिलकुल भिन्न है, जहाँ वक्ताओं के लिए समय का टोटा पड़ा रहता है और काफी से ज्यादा समय संचालक तथा अध्यक्ष महोदय ले जाते हैं। यहाँ कोई अध्यक्ष नहीं है और संचालक मितभाषी है। समय की कोई कमी नहीं, क्योंकि सारी रात अपनी है। जिसको जो कुछ कहना हो, कहे। जितना भी बोलना हो, बोले। हर दस-पंद्रह मिनट बाद काँच के गिलासों में गरम-गरम चाय आ रही है और गोष्ठी अविराम चल रही है। बीच-बीच में कुछ हँसी-मजाक भी हो

जाता है। मेरे जैसे कुछ लोग एक-दो बार बाहर निकल कर सिगरेट भी पी आते हैं। नछत्तर जैसे कुछ लोग दो-ढाई बजे के बाद नींद पर काबू न पाकर चारपाइयों पर लंबे पड़ कर सो भी जाते हैं, लेकिन गोष्ठी उसी जोशोखरोश के साथ चलती रहती है। मेरे लिए यह एकदम नया अनुभव है। सोचता हूँ : काश, हिंदी के कहानीकारों में भी अपनी विधा के प्रति ऐसा ही लगाव होता !

शायद यह नए कहानीकारों को प्राथमिकता और प्रोत्साहन देने का परिणाम है कि वरयाम संधू, प्रेम गोरखी, नछत्तर, कृपाल कजाक और दलबीर चेतन जैसे अपेक्षाकृत वरिष्ठ और प्रतिष्ठित कहानीकार अपनी कहानियाँ नहीं पढ़ पाते। जगरूपसिंह दातेवास की 'ताया पंजाबसिंह' उस समय पढ़ी जाती है, जब आकाश में भोर की सफेदी झलकने लगती है और इस कहानी से पंजाब-समस्या पर जो बहस शुरू होती है, सूरज निकलने तक चलती रहती है।

मैं गोष्ठी में पढ़ी गई कहानियों पर अथवा आज की पंजाबी कहानी पर यहाँ कोई टिप्पणी करना नहीं चाहता। मैंने ये पंक्तियाँ अपने उस अद्भुत अनुभव को हिंदी के लेखकों-पाठकों के साथ साझा करने के लिए लिखी हैं, जो मुझे !0 जून 1989 की रात को फतेहपुर राजपूताँ में हुआ। मैं कहना चाहता हूँ कि पंजाब में 'वह सब' हो रहा है, तो 'यह सब' भी हो रहा है। विशेष बात यह है कि 'यह सब' किसी दल, संगठन या संस्था के बिना हो रहा है। अपना किराया-भाड़ा खर्च करके, जून की घोर गरमी में यात्रा का कष्ट उठा कर इतने सारे कहानीकार एक गाँव में इकट्ठे होकर कहानी पढ़ने-सुनने और उस पर चर्चा करने के लिए रतजगा करते हैं, यह कोई छोटी बात नहीं है।

(जून, 1989)

जनवादी कहानी पर पुनर्विचार

सासाराम (बिहार) के तीन कथाकार मित्रों–शंकर, अभय और नर्मदेश्वर–ने 9 और 10 अक्टूबर 1993 को अपनी पत्रिका 'अब' के कहानी-विशेषांक के लिए कहानी पर एक परिचर्चा का आयोजन किया। उन्होंने दिल्ली से मुझे, कलकत्ता से शंभुनाथ को, गया से सुरेंद्र चौधरी को, गोरखपुर से परमानंद श्रीवास्तव को और पटना से खगेंद्र ठाकुर को बुलाया। दो दिनों तक हम पाँच लोगों ने हिंदी कहानी के वर्तमान परिदृश्य पर जो विस्तृत बातचीत की, उसे उन्होंने टेप किया और 'अब' के बीसवें अंक (कहानी-विशेषांक, जनवरी 1995) में 'कथा-पंचायत' के नाम से प्रकाशित किया। यों इस बातचीत के समय 'अब' के तीनों संपादक, 'दस्तक' के संपादक राघव आलोक, कहानीकार प्रेम कुमार मणि तथा कुछ अन्य स्थानीय लोग भी उपस्थित रहे (स्थानीय आकाशवाणी केंद्र के लोगों ने आकर पहले सत्र की बातचीत को प्रसारण के लिए रिकॉर्ड किया), लेकिन बातचीत पूर्वयोजना के अनुसार हम पाँच लोगों के बीच ही हुई। अन्य लोग श्रोताओं और व्यवस्थापकों के रूप में ही उपस्थित रहे।

पहले दिन की बातचीत दो सत्रों में 'अब' के संपादकों में से एक अभय के घर (74 इ, गोरक्षिणी पथ) पर हुई और दूसरे दिन की बातचीत सासाराम के ऐतिहासिक तथा सुरम्य पर्यटन-स्थल शेरशाह के रोजे पर। दूसरे दिन की बातचीत के समय मैंने 'अब' के संपादकों से हँसी-हँसी में कहा कि हम पाँच पंचों की इस बातचीत को आप 'कथा-पंचायत' के नाम से प्रकाशित कीजिए और इस सिलसिले को आगे बढ़ाते हुए ऐसी और भी 'कथा-पंचायतें' आयोजित कीजिए। बात हँसी में कही गई थी, लेकिन वहाँ उपस्थित सभी लोगों ने इसे गंभीरतापूर्वक लिया और इसका समर्थन किया। बस, वहीं यह निश्चय हो गया कि हमारी बातचीत 'कथा-पंचायत' के नाम से ही प्रकाशित होगी।

'अब' के संपादकों ने टेप की गई पूरी बातचीत को कागज पर उतरवाया और उसकी प्रतियाँ हम पाँचों 'पंचों' को भेजीं, ताकि हम अपने-अपने वक्तव्यों में कुछ सुधार करना चाहें तो करके भेज दें। यह कितना कठिन और श्रमसाध्य काम रहा होगा, इसकी कल्पना की जा सकती है। ध्यान देने की बात यह है कि यह काम किसी बड़े

साधन-संपन्न संस्थान ने नहीं, बल्कि सीमित साधनों से निकलनेवाली और 'लघु' कहलानेवाली एक साहित्यिक पत्रिका ने किया। इसके लिए 'अब' के तीनों संपादक ही नहीं, उनकी वह पूरी टीम भी बधाई की पात्र है, जिसने इस महत्त्वपूर्ण तथा ऐतिहासिक ढंग के आयोजन को संभव और सफल बनाया। इस सिलसिले में अभय और उनके परिवार के लोगों का उल्लेख विशेष रूप से आवश्यक है, जिन्होंने 'पंचों' के आवास और भोजन की व्यवस्था अपने घर में बड़े ही आत्मीय भाव से की थी।

जिस समय हम बातचीत करने बैठे, उसी समय मुझे महसूस हुआ कि यह एक ऐतिहासिक क्षण है और इसको मुझे शब्दों में बाँध लेना चाहिए। मगर एक तो वहाँ 'नोट्स' लेने का अवकाश नहीं था, क्योंकि 'पंचों' में से एक होने के कारण मुझे निरंतर संवादरत रहना था; दूसरे, अपने 'नोट्स' लेने की विशेष आवश्यकता भी नहीं थी, क्योंकि हमारी पूरी बातचीत टेप की जा रही थी, जो बाद में 'अब' में प्रकाशित होनेवाली थी। लेकिन बातचीत जिस रूप में प्रकाशित हुई, उसे अच्छा तो क्या, संतोषजनक भी नहीं कहा जा सकता था। हालाँकि 'अब' के संपादकों ने टेप से कागज पर उतारी गई पूरी बातचीत का मसौदा सभी 'पंचों' को आवश्यक सुधार और परिष्कार के लिए भेज दिया था, और अब यह 'पंचों' की जिम्मेदारी थी कि वे अपनी-अपनी बातों को सुधार कर इस रूप में लिख दें कि बातें पाठकों के लिए स्पष्ट रूप में बोधगम्य हो जाएँ, फिर भी न जाने क्या कारण रहा कि पाँच में से तीन 'पंचों' के वक्तव्य यथावत, अर्थात् 'बोले गए रूप' में ही प्रकाशित हुए और उनमें से कुछ वक्तव्य तो इतने अटपटे थे कि प्रयास करने पर भी उनका अभिप्राय स्पष्ट न हो।

मैं यह मानता हूँ कि मौखिक रूप से कही गई बातों और लिखित रूप में प्रकाशित कराई जानेवाली बातों में फर्क होता है और उस फर्क को ध्यान में रखना जरूरी है। बोले गए शब्दों को ज्यों-का-त्यों प्रकाशित कराना वहीं उचित या आवश्यक हो सकता है, जहाँ बात से अधिक महत्त्वपूर्ण बात कहने का ढंग हो; अन्यथा इसका कोई महत्त्व नहीं कि बात कैसे कही गई। महत्त्व इसका है कि बात क्या कही गई। आपस में बातचीत करनेवाले लोग चाहे जितनी कोशिश करें, बहुत नपे-तुले शब्दों में अपनी बात नहीं कह सकते—और इसकी बहुत ज्यादा जरूरत भी नहीं होती, क्योंकि वे एक-दूसरे की इशारों में कही गई बातों को भी समझ लेते हैं; लेकिन उनके बोले हुए शब्दों को यदि ज्यों-का-त्यों लिख दिया जाए तो वह पाठक, जो किसी भिन्न देश-काल में अकेला बैठा पढ़ रहा है, उन शब्दों को कैसे समझ पाएगा? यदि 'पंचों' ने पाठकों को ध्यान में रख कर अपने वक्तव्यों को 'लिखित रूप' नहीं दिया था तो यह काम संपादकों को करना चाहिए था। मगर, कारण चाहे जो भी रहे हों, यह काम किया नहीं गया और प्रकाशित बातचीत में कई वक्तव्य तो ऐसे 'प्राकृतिक' रूप में छपे कि पाठक अपूर्ण वाक्यों, आधे-अधूरे संदर्भों और अबूझ उक्तियों के जंगल में खोकर अभिप्राय की हरी चिड़िया को खोजते ही रह जाएँ।

टेप से उतारी गई बातचीत का जो मसौदा मुझे भेजा गया था, उसके आधार पर मैंने अपनी 'बोली गई बातों' को सुधार-सँवार कर लिखित रूप दे दिया था और 'अब' के संपादकों को भेज दिया था। लेकिन 'कथा-पंचायत' के प्रकाशित रूप को पढ़ते समय मैंने पाया कि मेरी बातों के कुछ अंश काट-छाँट कर निकाल दिए गए हैं और मेरे एक वक्तव्य का 'बोला गया रूप' सुरेंद्र चौधरी के नाम से छप गया है। मैंने अपने अंतिम वक्तव्य में 'अब' के संपादकों तथा उनके साथियों को जो धन्यवाद दिया था, उसे भी उन्होंने, शायद विनम्रतावश, हटा दिया था। मुझे यह उचित नहीं लगा।

यदि 'कथा-पंचायत' सुसंपादित रूप में प्रकाशित हुई होती तो मैं उसे 'अब' से साभार लेकर यथावत इस पुस्तक में शामिल कर लेता। ऐसा न होने के कारण मैंने पुस्तक के पाठकों को ध्यान में रख कर उसको यथासंभव संपादित करते हुए फिर से लिखा है। प्रस्तुत रूप में मैंने अपने वक्तव्यों के उन अंशों को भी शामिल कर लिया है, जो 'अब' के संपादकों ने काट-छाँट कर निकाल दिए थे। अन्य 'पंचों' की बातों के 'बोले गए रूप' को भी मैंने यथाशक्ति 'लिखित रूप' देने का प्रयास किया है। ऐसा करते समय मैंने 'बात' को ही महत्त्वपूर्ण माना है, 'बात कहने के ढंग' को नहीं। उनकी 'बात' को मैंने यथावत प्रस्तुत करने का प्रयास किया है। फिर भी यदि कोई भूल मुझसे हो गई हो तो उसके लिए मैं क्षमाप्रार्थी हूँ। लेकिन मुझे आशा है कि 'कथा-पंचायत' का प्रस्तुत रूप पाठकों को ही नहीं, स्वयं 'पंचों' को भी अच्छा लगेगा।

'अब' में यह बातचीत 'कहानी का वर्तमान परिदृश्य' शीर्षक से प्रकाशित हुई थी, लेकिन मैंने पूरी बातचीत पढ़ने पर पाया कि इसमें मुख्य रूप से जनवादी कहानी पर पुनर्विचार किया गया है। अतः मैंने शीर्षक भी बदल दिया है।

सुरेंद्र चौधरी : मित्रो, कहानी की जिस परिचर्चा में हम यहाँ भाग लेने के लिए उपस्थित हुए हैं, उसका एक विशेष प्रयोजन है। पिछले तीस-चालीस वर्षों में हिंदी में लिखी गई कहानियों और कहानी-समीक्षाओं को ध्यान में रखें तो हम एक दुर्भाग्यपूर्ण निष्कर्ष निकालने को विवश हैं कि जिस तरह आलोचना कथा के संदर्भ में व्यर्थ हो जाती रही है, उसी तरह आलोचना के भी कथा-रचना के संदर्भ में की गयी जाँच-पड़ताल के कुछ अपने निष्कर्ष हैं। कथा-रचना और आलोचना के बीच एक टकराहट-सी है। टकराहट आलोचकों के बीच की हो, रचनाकारों के बीच की हो, या रचना-आलोचना के बीच की हो, उसे लक्षित करते हुए हमें मानना पड़ेगा कि अनुभवों का बहुत अच्छा स्रोत भी हिंदी कहानी के काम नहीं आ रहा है।

आजादी के बाद के चालीस साल अनुभवों की दृष्टि से बहुत विविध हैं। कुछ अनुभव नए हैं और कुछ पूर्वानुभवों के विस्तार हैं। भारतीय जीवन का मूल अंतर्विरोध जीवित है, पर उसके चारों ओर इतने नए अंतर्विरोध उत्पन्न हो गए हैं कि कभी-कभी उनसे संपूर्ण परिस्थिति के मौलिक रूप से बदल जाने का आभास होता

है। हम इस चीज के आधार पर यह सोच रहे थे कि कहानी जहाँ तक चल कर आ गई है, उससे आगे की पहचान करेगी। ऐसी स्थिति में कथा की आलोचना से एक प्रयोजन सिद्ध होता। जनवादी कहानी की जो चर्चा शुरू हुई थी, उससे आशा बँधती थी कि यथार्थ की गतिशीलता का एक सर्वथा नया आकलन होगा और संदर्भ की पूरी जटिलता को हम इस क्रम में समझ सकेंगे। लेकिन हुआ यह कि हिंदी कहानी में रचनात्मक अनुभव का संवर्द्धन किए बगैर क्रांतिकारी अनुभव-संवर्द्धन की कोशिश की गई। मगर पिछले दस वर्षों के अनुभव ने सिद्ध कर दिया है कि रचनात्मक अनुभव का संवर्द्धन किए बिना क्रांतिकारी अनुभव का भी संवर्द्धन नहीं होता। यह बात मैं केवल अपनी ओर से नहीं कह रहा हूँ। कहानी की आलोचना आज इस निष्कर्ष पर पहुँचने को विवश है। इसीलिए अपने पिछले एक लेख में मुझे लिखना पड़ा कि आलोचक अँधेरे में है और खाली हाथ खड़ा है, यद्यपि वह इस स्थिति को स्वीकार करने के लिए तैयार नहीं है।

मेरे लिए 'नई कहानी' के बाद जनवादी कहानी में एक विचारणीय मुद्दा यह था कि सामाजिक यथार्थ के धरातल पर अनुभव के संवर्द्धन और कहानी में कलात्मक संवर्द्धन के बीच एक 'लिंक' है, जिसके लिए हमने सामाजिक परिवर्तन को आधार बनाया है। एक बहुत महत्त्वपूर्ण 'लिंक' थी यह। उस समय लघु 'थीम्स' की तमाम लहरों ने रचनात्मक रूप से गति और परिवर्तन की माँग को तेज कर दिया था और कहानी 'नई कहानी' से जनवादी कहानी तक बढ़ कर नए अनुभवों का संकलन करने का दावा कर रही थी। एक अच्छी बात यह थी कि बहुत छोटे-छोटे पर जटिल अनुभवों के अनुषंग कहानी में जुड़ रहे थे और एक क्रांतिकारी शुरूआत की उम्मीद बँधा रहे थे।

अगर यह प्रक्रिया उदग्र क्रांतिकारी अभियान में न बदलती तो शायद अच्छे परिणाम निकलते। यह कोई आरोप नहीं है जनवादी कहानी पर, लेकिन इतना जरूर है कि जनवादी कहानी के चरित्र को गढ़ने के क्रम में हमने अनुभव-संवर्द्धन और कलात्मक संवर्द्धन के बीच की कड़ी को तोड़ दिया। और उसका परिणाम क्या निकला? इस दौर में कहानी कम चर्चित हुई, कहानीकार ज्यादा चर्चित हुए और 1980 के आसपास हम कुछ कहानीकारों को ही लगातार दोहराते रहे। कुछ ऐसी कहानियाँ लिखी गईं, जिनमें जैसा कि नामवरजी ने कहा है, यथार्थ का आतंक अधिक था। अगर इस 'आतंक' का भी रचनात्मक उपयोग सही ढंग से होता रहता तो उसका एक अच्छा परिणाम निकल सकता था, पर ऐसा नहीं हुआ। निश्चय ही कुछ बहुत अच्छी कहानियाँ, जिनकी संख्या बहुत ज्यादा नहीं है, इस दौरान लिखी गईं। उनसे कम-से-कम यह आभास होता है कि ऐसे चरित्र हमारे बीच हैं। लेकिन बाद में यह हुआ कि ऐसे क्रांतिकारी चरित्र कहानी में आने लगे, जो यथार्थ में हमारे बीच नहीं थे। इसीलिए उन क्रांतिकारी चरित्रों का चेहरा धीरे-धीरे धूमिल होता गया और प्रश्न उठने लगा : यह कैसी क्रांति है, जिसके क्रांतिकारी स्वरूप की पहचान हम

नहीं कर पा रहे हैं?

कहानी में क्रांतिकारी तत्त्व केवल विषय में नहीं होते, बल्कि उसमें चित्रित सामाजिक वास्तविकता में होते हैं। वे चरित्र के भीतर होते हैं और इसकी बहुत अच्छी मिसाल हैं प्रेमचंद। उनके चरित्र बहुत साधारण हैं, पर उनमें जो आत्मबल है, वह उन्हें क्रांतिकारी बना देता है। जनवादी कहानी में हमने यह भुला दिया कि हम अभी एक क्रांतिकारी दौर से ही गुजर रहे हैं, क्रांति के दौर से नहीं। दोनों में अंतर है, यह तो स्पष्ट ही है। हमें यह देखना चाहिए था कि हमारी कहानियों के नायक क्रांति के नायक नहीं, बल्कि क्रांति की तैयारी के नायक हैं।

आजादी के बाद जो एक व्यापक लहर कहानी में आई, वह टुकड़ों में आई और हमारी तमाम सावधानी के बावजूद असंश्लिष्ट ही बनी रह गई। इससे भी कहानी की गतिशीलता को क्षति पहुँची और आज जब हम वर्तमान में कहानी के स्वरूप पर चर्चा करने बैठे हैं तो निश्चित रूप से दो बातें दिखाई देती हैं। पहली यह कि विडंबनाओं के महाभोज से हमारा काम नहीं चलेगा। इससे कोई बात नहीं बनती। महाश्वेता देवी ने तीन-चार उपन्यास विडंबनाओं के महाभोज पर लिखे और फिर चुप हो गईं। अनेक लेखकों ने उस ढंग की कहानियाँ लिखीं, जैसे रमेश उपाध्याय ने 'देवीसिंह कौन?' और काशीनाथ सिंह ने 'सुधीर घोषाल'। इनकी पहचान हम करना चाहते थे, कि ये जो चरित्र थे हमारे बीच, इनमें नया क्या था। बहुत सारे चरित्र थे, जिनकी पहचान हम करना चाहते थे, लेकिन उन चरित्रों का चेहरा धीरे-धीरे धूमिल होता गया। दूसरी बात यह कि इधर जो कहानियाँ लिखी जा रहीं हैं, उनमें कई मसालेदार कहानियाँ हैं। उनकी पहचान भी हम करना चाहते थे। मसालेदार कहानियाँ किसी भी विषय पर लिखी जा सकती हैं। मसलन सांप्रदायिकता आज एक मसाला है। जैसे मैथिलीशरण गुप्त ने कहा था कि राम तुम्हारा नाम स्वयं ही काव्य है, कोई कवि बन जाए सहज संभाव्य है; वैसे ही आज सांप्रदायिकता पर कहानी लिख कर कोई कहानीकार बन जाए, सहज संभव है। मैं कोशिश करूँगा, और आप लोगों से भी चाहूँगा, कि आज की कहानी में यह जो मसाला आ रहा है, उस पर बात करें और देखें कि इससे कहानियों की रचनाशीलता पर क्या प्रभाव पड़ रहा है। हम इस पर बात आगे बढ़ाएँ और अनुभव के कलात्मक संवर्द्धन पर दृष्टि केंद्रित करें। रमेशजी, आप शुरू कीजिए।

रमेश उपाध्याय : आप लोग आलोचक हैं, मैं कहानीकार के रूप में अपनी बात कहूँगा। पिछले बीस-पच्चीस वर्षों से हिंदी कहानी जिस दौर से गुजर रही है, उसमें बहुत-सी अच्छी कहानियाँ लिखी गई हैं। उनमें से कुछ कहानियों पर आलोचकों ने भी ध्यान दिया है और वे साहित्यिक चर्चा में भी आई हैं। फिर भी मुझे ऐसा लगता है कि इस दौर की कहानी को ऐसे आलोचक नहीं मिले, जो पूर्ववर्ती कहानी से इसकी तुलना करते हुए इसके नएपन, वैशिष्ट्य और महत्त्व को स्पष्ट करते और इस दौर की मुख्य धारा जनवादी कहानी पर कुछ नए ढंग से विचार करते। एक तो हिंदी में ज्यादातर आलोचक कविता के आलोचक हैं, इसलिए कहानी, उपन्यास, नाटक,

निबंध और अन्य विधाओं की आलोचना का काम निरंतर और बेहतर ढंग से नहीं हो पाता। दूसरे, जो आलोचक कहानी पर जब-तब लिखते भी हैं, वे अपनी पसंद या राजनीति को ध्यान में रख कर लिखते हैं। और उसकी कसौटी पर खरी न उतरनेवाली कहानी पर या तो ध्यान ही नहीं देते या उसमें केवल दोष देखते हैं।

अभी चौधरीजी ने जनवादी कहानी की चर्चा की। उससे यह तो स्पष्ट नहीं हुआ कि जनवादी कहानी को वे क्या समझते हैं, पर उससे उन्हें जो शिकायतें हैं; वे सामने आईं। उन्होंने कहा कि जनवादी कहानी से उन्हें जो उम्मीद थी–कि उससे यथार्थ की गतिशीलता का एक नया संदर्भ विकसित होगा–वह पूरी नहीं हुई। उन्हें शिकायत है कि उसमें रचनात्मक अनुभव का संवर्द्धन या अनुभव का कलात्मक संवर्द्धन नहीं हुआ। उन्होंने यह भी कहा कि अच्छी कहानियों के अभाव में आज का आलोचक अँधेरे में और खाली हाथ खड़ा है। मैं उनके वक्तव्य को अच्छी तरह समझ नहीं पाया, लेकिन अगर आलोचक वाकई अँधेरे में है और खाली हाथ खड़ा है, तो उसे आज की कहानी से अपनी शिकायतों को सामने लाने के साथ-साथ जरा अपनी तरफ भी देखना चाहिए कि वह अँधेरे में क्यों है और खाली हाथ क्यों खड़ा है। मेरे विचार से आज की हिंदी कहानी का परिदृश्य उतना निराशाजनक नहीं है, जितना चौधरीजी के वक्तव्य से मालूम होता है।

कुछ समय पहले स्वयं प्रकाश ने एक लेख लिखा था, जिसमें उन्होंने इस दौर की बहुत-सी अच्छी कहानियाँ गिनाई थीं और आलोचकों से पूछा था : क्या ये श्रेष्ठ कलात्मक कहानियाँ नहीं हैं? यदि हैं तो इन्हें एक जगह संकलित क्यों नहीं किया जाता ? इनका भाषाशास्त्रीय और शैलीवज्ञैनिक अध्ययन क्यों नहीं किया जाता ? इनके परिप्रेक्ष्य और दृष्टिकोण की पहचान और परख क्यों नही की जाती? 'नई कहानी' के दौर की कहानियों से इनका तुलनात्मक अध्ययन क्यों नहीं किया जाता ? इनके शिल्प, रूप और सौंदर्य पर कोई बात क्यों नहीं होती? यह सब पूछते हुए स्वयं प्रकाश ने आलोचकों को ललकारा था कि महोदय आप क्या कर रहे हैं? आपका काम क्या है? लेकिन मुझे याद नहीं आता कि स्वयं प्रकाश के इस लेख का हमारे आलोचकों ने कहीं कोई नोटिस भी लिया हो, या उनके प्रश्नों के उत्तर देने की कोई चेष्टा की हो। इससे लगता है कि अपनी पसंद की, अथवा किसी भी तरह से चर्चा में ले आई जानेवाली, कुछ गिनी-चुनी कहानियों पर ही बात करना और बाकी कहानियों पर निराधार फतवे देते रहना ही हमारे आलोचकों का काम है।

जनवादी कहानीकारों ने बार-बार यह कहा है कि हम जो कहानियाँ लिख रहे हैं, उन्हें समझने और सराहने के लिए एक नई समीक्षा-दृष्टि चाहिए, एक नए सौंदर्यशास्त्र की आवश्यकता है; क्योंकि यदि आप हमारी कहानियों को 'नई कहानी' या 'अकहानी' वाली दृष्टि से देखेंगे तो कतई नहीं समझ पाएँगे। लेकिन इस चुनौती को स्वीकार करनेवाला कोई ऐसा आलोचक अभी तक सामने नहीं आया, जो इस दौर की श्रेष्ठ कहानियों को चुन कर उनके सभी पक्षों पर व्यवस्थित ढंग से विचार करे।

हमारे आलोचक लेखकों को सिखाने, उन्हें उपदेश देने, या उन्हें खारिज करने के लिए तो हमेशा तैयार रहते हैं, लेकिन प्राय: ऐसा देखने में नहीं आता कि रचनाकार कुछ कह रहे हैं, तो वे उसका भी महत्त्व समझें, उनसे संवाद करें, और जरूरत हो तो अपनी समझ को बदलने की कोशिश करें। इसलिए इस दौर की महत्त्वपूर्ण कहानियाँ सही ढंग से रेखांकित नहीं हो पाई हैं और आलोचकों को ऐसी अनेक शिकायतें बनी हुई हैं, जो मेरा खयाल है कि आसानी से दूर हो सकती हैं। इस दौर की कहानी के बारे में, खास तौर से जनवादी कहानी के बारे में, कलात्मकता की कमी या उसके अभाव की शिकायत अक्सर की जाती है, लेकिन कहानियों का विश्लेषण करते हुए कलात्मकता संबंधी प्रतिमानों को स्पष्ट करने का जरूरी काम नहीं किया जाता। मेरे खयाल से आज की इस विचार-गोष्ठी का एक महत्त्वपूर्ण काम यह हो सकता है कि हम उन प्रतिमानों को स्पष्ट करने का प्रयास करें। मैं आप सभी आलोचक मित्रों से अनुरोध करता हूँ कि आप बताइए : कलात्मकता से आप क्या समझते हैं? एक अच्छी कहानी आपके विचार से क्या है? कहानियों के उदाहरण देते हुए आप यह बता सकें तो बहुत अच्छा रहे।

परमानंद श्रीवास्तव : मेरा खयाल है कि आलोचक की पसंद कोई बड़ा मुद्दा नहीं है, क्योंकि आलोचक किसी कहानी को पसंद करता है तो उसे अपनी पसंद को भी परिभाषित करना पड़ेगा। यह सही है कि अच्छी कहानी का चुनाव तो हमें करना ही होगा, अच्छी और महत्त्वपूर्ण कहानी को अलग तो हम करेंगे ही, क्योंकि हमारी सारी कोशिश से यह दिखाई देना चाहिए कि जिसे हम अच्छी कहानी कह रहे हैं, उसे अच्छी कहानी क्यों कह रहे हैं। लेकिन कोई कहानी अच्छी किसी सामान्य कारण से भी हो सकती है और महत्त्वपूर्ण किन्ही और कारणों से भी हो सकती है।

बातचीत को हम चाहे जितना भी सीमित करना चाहें—पिछले दस वर्षों की कहानी या बीस वर्षों की कहानी—लेकिन हमारे सामने एक बड़ी चुनौती तो यह है ही कि भारतीय जीवन-संदर्भ के भीतर घटित होनेवाली स्थितियों के पिछले जो अनुभव हैं, जिनकी बात अभी सुरेंद्रजी ने की, वे क्या हैं और उनसे कोई रचना कैसे गुणवत्ता प्राप्त करती है। हमारा खयाल है कि कहानी को हम प्रगतिशील या जनवादी नाम न दें, तो भी यह मान कर चलेंगे कि यथार्थ के चित्रण के लिए यह एक तरह की महत्त्वपूर्ण विधा है। अत: यह तो हमें देखना ही होगा कि कहानी में यथार्थ कैसे और किस रूप में आ रहा है तथा वह कहानी की गुणवत्ता को कैसे तथा किस रूप में प्रभावित कर रहा है।

जाहिर है कि कहानी कविता से किसी मायने में भिन्न है—अपनी बनावट में, अपने प्रभाव में भी शायद—हालाँकि यह भी होता है कि बहुत सारी कहानियाँ कविताओं की तरह होती हैं और बहुत सारी कविताएँ कहानियों की तरह होती हैं। शायद ऐसा होना कभी-कभी उनकी गुणवत्ता में सहायक भी होता है। लेकिन कहानी की गुणवत्ता का निश्चय करने में आज हमें जो कठिनाई दिखाई दे रही है, वह यह

है कि पिछले पच्चीस-तीस वर्षों की ढेरों कहानियों में यथार्थ का एक अत्यंत सुपरिचित ढाँचा कहानी की सीमा बना रहा है, जो बहुत हद तक हमको लगता है कि एक स्तर पर हमको जानकारी-भर देनेवाला है। होना यह चाहिए कि वह जानकारी-भर देने का काम न करे, बल्कि उससे आगे जाकर हमारे संवेदन-तंत्र को कुरेदनेवाला हो, उसमें उद्वेलन पैदा करनेवाला हो, और उससे उसकी अपनी बनावट तथा अपनी प्रकृति भी आंदोलित होती हो, उसके भीतर कोई विशेष चीज जन्म लेती हो। लेकिन ऐसा कम होता है।

मेरा खयाल है कि इस खोज से हम बच नहीं सकते कि क्यों इतनी सारी कहानियाँ यथार्थ का अत्यंत साधारण या मामूली बयान-भर हैं, जिसे हम एक ऊपरी स्तर की जानकारी ही कहेंगे। जैसा अभी कहा गया कि सांप्रदायिकता तो वह विषयवस्तु हो गई है, जिस पर कोई भी लिखेगा तो थोड़ी देर के लिए उस कहानी की एक सार्थकता दिखाई देगी। जाहिर है कि आज सांप्रदायिकता की चुनौती हमारे सामने है और इसीलिए उस पर ढेरों कहानियाँ लिखी जा रही हैं, लेकिन उनमें से ज्यादातर यथार्थ की सतही जानकारी देनेवाली अत्यंत साधारण कहानियाँ हैं। अगर सांप्रदायिकता की समस्या से उलझते हुए कोई बड़ी कहानी लिखी जाएगी तो वह हमें केवल जानकारी नहीं देगी, बल्कि हमारी समझ भी बढ़ाएगी--सांप्रदायिकता के बारे में भी और कहानी के बारे में भी। ऐसी कहानी अपनी प्रकृति में, या अपने स्वधर्म में, या अपने प्रभाव में भी कुछ खास विशेषताएँ पैदा करेगी।

इसलिए यह जो अच्छी या महत्त्वपूर्ण कहानी को परिभाषित करने का सवाल है, उसके बारे में मेरा कहना है कि बहुत ज्यादा परिभाषित करने से भी यह समस्या हल नहीं होती है। लेकिन इतना जरूर है कि एक अच्छी या महत्त्वपूर्ण कहानी बार-बार याद आती है और उसमें कुछ अनुषंग ऐसे होते हैं, जो उसके हर नए पाठ तक दृष्टि में रहते हैं। तो मेरा खयाल है कि एक अच्छी कहानी की गुणवत्ता इस आधार पर जाँची जानी चाहिए कि हमारे समय में अगर वह बार-बार पढ़ी जाती है और अलग-अलग व्यक्तियों द्वारा पढ़ी जाती है, तो उसके पाठ में ऐसी क्या विशेषताएँ प्रकट होती हैं, जो कहानीकार के अपने सोच का प्रमाण देती हों और हमारी समझ को भी आलोकित करती हों।

आत्मतुष्ट आलोचक हैं हमारे बीच, तो यह खतरनाक है। लेकिन रचनाकार आत्मतुष्ट हों तो भी शायद खतरनाक है; क्योंकि रचनाकार किसी विषयवस्तु को चुन कर अगर उसे केवल जानकारी के स्तर पर लिखता है, तो उसके लिए हर लेखन शैली का एक जाना-पहचाना मुहावरा बन जाता है। ऐसा कविता के साथ खासा हुआ है कि बहुत सारी कविताएँ एक ही ढंग में लिखी जा रही हैं। महत्त्वपूर्ण है उसमें हस्तक्षेप करके अपने लिए एक पद्धति बना लेना, और हर रचना के लिए एक पद्धति बना लेना नहीं, बल्कि हर रचना के लिए एक नई पद्धति बना लेना, हर कहानी के लिए एक नया तंत्र खोज लेना। यही सार्थक होता है। और इसको अपने भीतर से

निकालना होता है, आविष्कृत करना होता है।

जाहिर है कि यह कोशिश हमारे समय के लेखक कर रहे हैं, कहानीकार भी कर रहे हैं। ऐसा नहीं है कि उन पर हमारी दृष्टि नहीं गई है। लेकिन यह कोशिश कहीं कला के स्तर पर दिखाई देती है, तो कहीं अनुभव-तंत्र में एक खास तरह की गहनता के स्तर पर। होना यह चाहिए कि इन दोनों का एक खास तरह का संगठन रचना में बने। जब तक ऐसा नहीं होता, तब तक मुश्किल है कि हम पचास कहानियों में से एक अच्छी या महत्त्वपूर्ण कहानी चुन कर अलग कर सकें। इसलिए मुझे लगता है कि आज की कहानी को सामान्य स्तर की जानकारी मात्र देनेवाली कहानी से आगे बढ़ कर ऐसी कहानी होना चाहिए, जिसमें एक सामान्य अनुभव को एक खास तरह से कहा जाए। जब तक हम सामान्य को विशेष नहीं बनाएँगे, तब तक तो सामान्य की गुणवत्ता भी रचना के लिए प्रकट नहीं होगी।

मेरा खयाल है कि कहानी को जाँचने के लिए हम संभावना के द्वार काफी मुक्त रखें। कहानी का भविष्य इसी में है, बजाय इसके कि हम दस कहानियों को कहें कि ये एक तरह की कहानियाँ हैं और इन-इन कारणों से महत्त्वपूर्ण हैं। हमारी यह कोशिश होनी चाहिए कि हर आनेवाली रचना के लिए एक नई संभावना बनी रहे। अतः पहली विचारणीय बात तो यह है कि इस संभावना को उन्मुक्त रखने लिए क्या परिस्थिति हम बना रहे हैं। और जिस परिस्थिति से हमें टकराना है, वह हमें किस तरह की शिक्षा दे रही है। यानी आज का समय हमें किस अर्थ में शिक्षित कर रहा है। क्या वह हमें रचना के स्वतंत्र अनुशासन के लिए तैयार कर रहा है? और, क्या उसकी कोई खास तरह की गुणवत्ता कहानी में दिखाई दे रही है? पहले हम लोग इस स्तर पर बात कर लें, फिर जब दूसरे स्तर पर बात करेंगे तो शायद कुछ कहानियों पर केंद्रित होंगे–यह देखने के लिए कि हम जो स्थापना कर रहे हैं, वह हमारी काल्पनिक पसंद है या कि सचमुच उससे रचना की गुणवत्ता पर कोई खास असर पड़नेवाला है। शंभुनाथ जी, आप कुछ कहें।

सुरेंद्र चौधरी : शंभुनाथ जी, बीच में एक सवाल खड़ा करने के लिए क्षमा करें। यहाँ कहा गया कि जनवादी कहानी का सौंदर्यशास्त्र नहीं गढ़ा गया। जिस आंदोलन की स्थापना की जा रही थी, उसके लिए बड़ा जरूरी था कि उसकी रचना-रीति को समझा जाए। उसमें नई परिस्थितियाँ आ रही थीं, नए चरित्र आ रहे थे, नए संघर्ष की ऊर्जा पैदा हो रही थी। तो ये तमाम चीजें जब हो रही थीं, तो उसका सौंदर्यशास्त्र जरूरी था। लेकिन साधारणीकरण लेखक का नहीं, पाठक का होता है, इसलिए प्रश्न उठता है कि क्या कहानी का पाठक सौंदर्यशास्त्र का साधारण आधार बनाएगा? फिर, क्यों ऐसा था कि प्रेमचंद को अपने सौंदर्यशास्त्र की व्याख्या की जरूरत नहीं पड़ी और रमेश जी को पड़ रही है?

परमानंद श्रीवास्तव : लेकिन यह देख लीजिए कि कहानी की बात कहाँ से शुरू की जाए।

सुरेंद्र चौधरी : मैंने बात यहाँ से शुरू की थी कि भारतीय समाज के जाने-पहचाने चरित्रों को कहानी में किस ढंग से रखा जाए। खैर, इस सवाल पर फिर हम लोग चर्चा करेंगे। शंभुनाथजी, आप कहें।

शंभुनाथ : कहानी के सकंट की खोज आलोचना में और आलोचना के संकट की खोज कहानी में हो रही है, जबकि दोनों के संकट का वास्तविक आधार हमारे जीवन में है। एक अच्छी कहानी के बारे में कोई भी परिभाषा या मानदंड उपस्थित करना मुश्किल है, खासकर ऐसे युग में, जब जनवादी कहानी के ढाँचे में ही कई तरह की कहानियाँ लिखी जा रही हों। सबसे महत्त्वपूर्ण बात यह है कि हमारे युग की कहानी यथार्थ के अन्वेषण या आतंक के दौर से नहीं गुजर रही है। वह विकासशील यथार्थ के बदलाव को पहचानने की कोशिश कर रही है। इसलिए वस्तुत: यथार्थ का कोई आतंक नहीं है। यदि आतंक है तो वह मिथ्या चेतना का आतंक है। और मिथ्या चेतनाओं के आंतक को तोड़ कर जब कहानी कोई मानवीय चरित्र विकसित करती है, या कोई 'विज़न' देती है, तब वह एक सौंदर्यालोक भर नहीं होती। वह एक मुठभेड़ होती है विकास की दर्दनाक सभ्यता से। वस्तुत: जिस यथार्थवाद को आधार बना कर पिछले दशक से कहानियाँ लिखी जा रही थीं, उसमें आज एक बिखराव की अवस्था जरूर है, पर यह यथार्थवाद का युगांत नहीं है। यह यथार्थवाद के संबंध में एक नई धारणा बनाने का वक्त है।

समकालीन कहानी में यथार्थवाद का विलोप नहीं हुआ है, बल्कि यथार्थवाद की जो हमारी इकहरी धारणा थी, वह टूटी है। एक अच्छी कहानी का अच्छा मानदंड हमें प्रेमचंद की कहानी में मिल सकता है। प्रेमचंद की कहानी की सबसे बड़ी विशेषता यह थी कि उन्होंने यथार्थवाद का कोई मॉडल निर्धारित नहीं किया। उनका यथार्थवाद निरंतर विकासशील यथार्थवाद था। इसलिए उन्होंने अपनी ही कहानी-परंपरा को, अपने ही कलारूपों को बार-बार चुनौती दी। इस तरह उन्होंने बदलते यथार्थ के साथ अपनी कहानी को विकसित किया। प्रश्न यह है कि कोई कहानीकार बदलते यथार्थ के साथ अपनी कहानी को विकसित कर रहा है या वह कहानी की किसी रूढ़ धारणा में ही कैद है। अत: सबसे पहले यह पहचानने की जरूरत है कि समकालीन कहानी में रूप और अंतर्वस्तु के स्तर पर रूढ़ धारणाओं से मुक्ति की कोशिशें कहाँ-कहाँ हैं। जहाँ ये कोशिशें हैं, वहाँ कहानी विकसित हो रही है; जहाँ ये कोशिशें नहीं हैं, वहाँ कहानी अपने को दुहरा रही है। संभवत: खगेंद्रजी इस पर विस्तार से रोशनी डालेंगे।

खगेंद्र ठाकुर : इस चर्चा के शुरू में तो मैं डर गया था कि कहीं यह चर्चा आलोचक और कहानीकार के द्वंद्व में न सीमित हो जाए...

रमेश उपाध्याय : नहीं, डरने की कोई बात नहीं। द्वंद्व या टकराव भी जरूरी है। उससे बात आगे बढ़ती है और यह अच्छी बात है कि बात आगे बढ़ रही है।

खगेंद्र ठाकुर : फिर भी मैंने इसकी याद इसलिए दिलाई कि हम लोग इससे

बचें। खैर, बातचीत की शुरूआत में सुरेंद्र चौधरीजी ने कहा कि कहानी जहाँ पहुँची थी...उसके साथ यह भी कहने की जरूरत है कि किस दौर की कहानी कहाँ पहुँची थी; या जो अपेक्षा की गई थी, वह किस दौर की कहानी से की गई थी; या फिर जब आप कहते हैं कि यथार्थ, जो जीवन में है, समाज में है, कहानी में नहीं आ सका है; तो वह यथार्थ का कौन-सा पक्ष है, जो कहानी में नहीं आ सका है। यह बात स्पष्ट होनी चाहिए। मैं इस पर अभी नहीं कहूँगा। अभी मैं एक बात यह कहना चाहता हूँ कि हम कहानी की चर्चा में 'प्रगतिशील' और 'जनवादी' जैसे विशेषणों से बचें तो अच्छा हो, क्योंकि ये कोई बुनियादी विशेषण नहीं हैं। मैं समझता हूँ कि हिंदी कहानी की मुख्य धारा यथार्थवाद की है और वह अपने दायरे में प्रगतिशील और जनवादी दोनों को समेटता है। हो सकता है, ये विशेषण सांगठनिक आग्रहों से भी आते हों, इसलिए हम यह मान कर चलें कि हिंदी कहानी की धारा मुख्यतः यथार्थवाद की है, या यथार्थ जीवन का चित्रण करने की है।

यथार्थ आज भी प्रमुख है, इसलिए शंभुनाथजी ने यह तो ठीक कहा कि कहानी में यथार्थ के बदलाव को पहचानने की कोशिश हो रही है आज के इस दौर में, लेकिन फिर उन्होंने यथार्थ के बिखराव की जो बात कही है, उसे और स्पष्ट करना चाहिए। वह बिखराव कहाँ है? कहानियों में है? या जीवन में है? या इससे उनका क्या मतलब है? इस प्रसंग में एक बात उठी यथार्थ के आतंक की। नामवरजी ने अपने किसी व्याख्यान में यह बात कही थी और उस व्याख्यान के समय मैं तो वहाँ था नहीं, इसलिए मैं नहीं कह सकता कि उनके कहने का क्या संदर्भ था, लेकिन सुरेंद्र चौधरीजी की बातों से लगा कि ये बातें इससे संबंधित हैं कि क्रांतिकारी तत्त्व कहानी में कैसे आता है या कैसे नहीं आता है।

यथार्थ के आतंक के संदर्भ में मुझे सौरी घटक की कहानी 'कम्युनिस्ट परिवार' याद आती है। उसमें यह है कि एक परिवार के दो भाई नक्सलपंथी हो गए हैं और आगे चल कर ऐसा होता है कि उनमें से एक भाई पर शक हो जाता है और कमिटी की बैठक में उसकी हत्या कर देने का फैसला किया जाता है। इस फैसले के समय दूसरा भाई मौजूद है। जब उसके भाई की हत्या कर दी जाती है, तब वह घर में बैठ कर सोचता है कि मैंने उस फैसले का विरोध क्यों नहीं किया, मुझे उसका विरोध करना चाहिए था। भाई पर शक हो गया, लेकिन वह शक प्रामाणिक था कि नहीं था, यह नहीं कहा जा सकता और केवल शक में हत्या कर दी गई एक नौजवान की, मेरे भाई की। उसका मन जवाब देता है कि मैंने विरोध इसलिए नहीं किया कि विरोध करने पर मुझे कापुरुष कहा जाता। अब इसे क्रांतिकारिता कहें या अतिक्रांतिकारिता का आतंक, जिसने अपने भाई की हत्या के फैसले का विरोध करने से उसको रोक दिया? तो यह है, मेरे खयाल से, यथार्थ का आतंक, जिसके कारण कहानी को खामखाह ऐसे मोड़ पर पहुँचा दिया जाता है कि उसका पात्र अचानक हथियार लेकर, या मुक्का तान कर, या पूरी परिस्थितियों के विकसित हुए बिना ही क्रांतिकारी मुद्रा लेकर खड़ा

हो जाता है। क्रांतिकारी मुद्रा तो आवश्यक है, लेकिन वह स्थितियों से विकसित होती हुई मुद्रा बने, तभी विश्वसनीय होती है।

परमानंद श्रीवास्तव : मुद्रा क्या, दृष्टि ही कहें उसे।

खगेंद्र ठाकुर : हाँ, दृष्टि ही कहें। अगर किसी सैद्धांतिक आग्रह से कहानी को उस जगह पहुँचा दिया जाता है, जहाँ यह मान लिया जाता है कि क्रांतिकारी की विजय और उसके प्रतिपक्षी की पराजय अवश्य होगी–क्योंकि ऐसा इतिहास ने तय कर दिया है–तो यह यथार्थ नहीं, यथार्थ का आतंक है। हालाँकि आज की कहानी इस दौर से भी आगे बढ़ चुकी है, फिर भी इस ऐतिहासिक अनुभव की समीक्षा आवश्यक है, क्योंकि इस आतंक से कहानी का नुकसान ही हुआ है। कहानी का नुकसान होने का मतलब यह नहीं कि सिर्फ कला का नुकसान हुआ है, क्योंकि कला को हम जीवन के चित्रण से अलग नहीं मानते। मैं तो यह समझता हूँ कि कला उसी समय शुरू हो जाती है, जिस समय हम किसी पात्र या किसी अनुभव का चयन करने के लिए अग्रसर होते हैं। जैसे प्रेमचंद की पहली कहानी 'दुनिया का सबसे अनमोल रतन' में सबसे अनमोल चीज क्या है? सती की राख, फाँसी पर चढ़ते हुए अपराधकर्मी के आँसू या देश के लिए मर-मिटनेवाले शहीद का रक्त? तो इन तीनों में यह फैसला होता है कि शहीद का रक्त ही सबसे अनमोल है। यह फैसला प्रेमचंद का अपना नहीं है, बल्कि यह स्वाधीनता संग्राम के दौर का है और यह बड़ा ही स्वाभाविक फैसला है। यह जो कथाकार का चयन है, कहानी कीं कलात्मकता का अंग है।

कहानी के रचना-विधान का एक आंतरिक अनुशासन होता है। इस अनुशासन का पालन करने से स्वाभाविकता, विश्वसनीयता और कलात्मकता न केवल सुरक्षित रहती है, बल्कि विकसित और समृद्ध भी होती है। मैं सोचता हूँ कि इससे संबंधित ऐतिहासिक अनुभव के बाद हम आगे की कहानियों को देखेंगे तो बात स्पष्ट होगी और अच्छी या बुरी, महत्त्वपूर्ण या महत्त्वहीन कहानी की पहचान की जा सकेगी। मेरे विचार से पहले से पहचान कायम करके कहानी पढ़ना या उस पर विचार करना गलत है। शायद संभव ही नहीं है। हम कहानी पढ़ते हैं और हमको लगता है कि इसने हमको अपने समय, समाज और जीवन की सबसे महत्त्वपूर्ण या सबसे बड़ी चीज से हमारा परिचय कराया है, साक्षात्कार कराया है, या जिस सबसे बड़े सवाल से हम जूझ रहे हैं, उसको समझने में इसने हमारी मदद की है, तो यह बड़ी कहानी है। इस दृष्टि से हम देखते हैं।

परमानंद श्रीवास्तव : सुरेंद्रजी, अपनी बात शुरू करने से पहले मैं एक बात यह जोड़ना चाहूँगा कि मेरे द्वारा उठाए गए मुद्दे पर आप अपनी बात कहें तो यह बात खुलेगी जरा। आप जो यह बता रहे थे कि कहानी में अनुभव का संवर्द्धन नहीं हुआ, तो प्रश्न यह है कि जो इतना बड़ा अनुभव देश की जीवनधारा में है, वह स्वायत्त क्यों नहीं हुआ? वह हमारे रचनात्मक अनुभवों में अपना रूप क्यों नहीं दिखा रहा है? क्या

हमारी ग्रहणशीलता में कोई कमी आई है? या वे कौन-सी परिस्थितियाँ हैं, जो उस ग्रहणशीलता को प्रभावित कर रही हैं? हो सकता है, हमारे ग्रहण को ही पहले स्तर पर ग्रहण लग रहा हो। इसलिए पहले मैं चाहता हूँ कि जीवन को देखा जाए और जीवन को देखने के जो बहुत सारे रूप हैं, उनको भी देखा जाए कि वे मुक्त हुए या नहीं हुए और मुक्त नहीं हुए तो क्यों नहीं हुए। हमारा खयाल है कि इस बात की जाँच हम लगातार करते रहें तो सार्थक बातें हो सकेंगी।

सुरेंद्र चौधरी : जनवादी कहानी को यहाँ बहस के केंद्र में इसलिए रखा जा रहा है कि उसको हमने यथार्थवाद के भीतर एक 'डिपार्चर' मान लिया है। यह बात जनवादी कहानी के समर्थकों ने जोर देकर कही है—सभी जनवादी कहानीकारों ने कही है—कि उनका यथार्थ एक 'डिपार्चर' है, आजकल के यथार्थ का क्रांतिकारी विकास है। भारतीय जीवन में भी कुछ ऐसे लक्षण प्रकट हुए, जो यथार्थ में एक 'डिपार्चर' का संकेत देते हैं, लेकिन प्रश्न यह है कि कहानी में यह 'डिपार्चर' कलात्मक बनता है या नहीं। हम उसे अनुभवसंज्ञ और सहज बना कर ही कलात्मक बना सकते हैं। रेणु की कहानियाँ इस बात का बहुत अच्छा प्रमाण हैं कि अनुभव की साधारणता में भी भीतर का चारित्रिक प्रतिफलन हो सकता है। 'लाल पान की बेगम' को देखिए। इस कहानी में औरत को अच्छी जमीन मिल गई तो उसके भीतर एक सामंती संस्कार, जो कहीं दबा हुआ था, पैदा हो गया। यह क्या दुर्भाग्य है कि पिछले अनुभव-चक्र वर्तमान और भविष्य की परिस्थिति में लौट कर चले आए? इस 'फेल्योर' को रेणु सचेत या अचेत जिस रूप में भी दिखा रहे थे, दिखा रहे थे; लेकिन बिना समझे नहीं दिखा रहे थे। लेकिन उसके अपने आसपास से टूटने पर जो व्यथा चरित्र में उभरी, उसे बाद के लेखक नहीं पकड़ सके। रेणु के बाद का अधिकांश क्रांतिकारी कथा-लेखन कागजी होकर रह गया।

एक उदाहरण लीजिए : भूमि की समस्या। 1952 के बाद जमींदारी खत्म हो गई, लेकिन भूमि-संबंधों की जटिलता बढ़ती गई और आश्चर्य नहीं कि रेणु के उपन्यास का जो सामंती चरित्र था, वह परती तोड़ने गाँव वापस चला गया। इसलिए जब हम यथार्थ की बात करें तो यथार्थ के अमूर्त रूप में न जाएँ। कहानी के भीतर चल कर झाँकें। कुछ कहानियाँ लिखी गईं, जिनमें लगातार एक क्रांतिकारी जमात आती थी। कहानी होती थी तीन-चार-पाँच युवकों के भटकने की और लेखक इस भटकन को रूप देना चाहते थे क्रांति का। लेकिन क्रांति इच्छा से नहीं होती। वह उनकी इच्छा से बाहर है। इसलिए अब उनकी कहानियों का जो हश्र है, देख लीजिए। क्या स्थिति हुई? कहानी को अगर हम सौंदर्यशास्त्र के सवाल से जोड़ना चाहते हैं तो उन चरित्रों को देखें, जो बिना हथियार उठाए भी प्रतिरोध कर सकते हैं, हस्तक्षेप कर सकते हैं। उन चरित्रों से एक संभावना बनती है। मेरा खयाल है कि सुधीर घोषाल, देवीसिंह और सुदीप्ति बहुत ही उत्तम चरित्र हैं, बहुत ही चमकते हुए चरित्र हैं, लेकिन इतिहास ने उन चरित्रों को झुठला दिया। अब तो पहचान करना भी मुश्किल है कि असली

देवीसिंह कहाँ गुम हो गए, क्यों गुम हो गए। कौन-सी ऐसी परिस्थितियाँ हैं, जिन्होंने देवीसिंह को इतना नाजुक बना कर छोड़ दिया ? जैसा शंभुनाथजी ने अभी कहा, यह यथार्थ का आतंक नहीं, मिथ्या चेतना का आंतक है। यही मिथ्या चेतना क्रांति की परिभाषा का बार-बार अतिक्रमण करती है।

क्रांति हमारी इच्छा से नहीं होती। यदि इच्छा से क्रांति होती तो निरंतर होती रहती। एक पूरे समय की इच्छा से, और सिर्फ इच्छा से ही नहीं, उसके पूरे संयोजित प्रयासों से क्रांति होती है। एक ऐतिहासिक आवश्यकता और तड़प के साथ होती है क्रांति। कहानी में क्रांति करने का कोई मतलब सिर्फ तभी हो सकता था, जब यथार्थ में उभरते हुए संघर्षशील चरित्रों के लिए सही मुकाम और सही मुहिम की तलाश की जाती। मगर ऐसा नहीं हुआ। रमेशजी ने बार-बार कहा कि कहानी आगे बढ़ रही है। अगर ऐसा है तो हमको 'कम्प्लीट' ढंग से यह बताइए कि जनवादी कहानी में वे मुहिम और मुकाम कौन-से हैं। उन चरित्रों की भोगपद्धति और कार्यपद्धति क्या है, जिसके आधार पर हम उनके सौंदर्यशास्त्र की स्थापना करेंगे ? अगर वे 'नायक' हैं तो किस दौर के नायक हैं? अगर वे साधारण हस्तक्षेप करनेवाले चरित्र हैं तो किस दौर में हस्तक्षेप कर रहे हैं? और उनका हस्तक्षेप कितना सार्थक है?

रमेश उपाध्याय : मुझे लग रहा है कि जनवादी कहानी को यहाँ एक खास तरह की कहानी के रूप में प्रस्तुत किया जा रहा है, जिसमें मानो हमेशा क्रांति की ही बात होती है और हमेशा क्रांतिकारी चरित्र ही होते हैं। लेकिन शंभुनाथजी की यह बात नोट करने लायक है कि जनवादी कहानी के अंतर्गत एक ही तरह की कहानी नहीं लिखी गई है, बल्कि अनेक प्रकार की कहानियाँ लिखी गई हैं। यह सही है कि इस दौर की कई कहानियों में जन-आंदोलन, वर्ग-संघर्ष और सशस्त्र क्रांति जैसे विषय उठाए गए हैं और उन पर अनेक सुंदर, प्रभावशाली और महत्त्वपूर्ण कहानियाँ लिखी गई हैं, लेकिन यह जनवादी कहानी की केवल एक प्रवृत्ति है, एकमात्र प्रवृत्ति नहीं है।

यह एक भ्रामक प्रचार है कि जनवादी कहानी में केवल शोषक-शोषित, मालिक-मजदूर या भूस्वामी-किसान का द्वंद्व और क्रांतिकारी संघर्ष होता है। प्रेम, मित्रता, दांपत्य, परिवार, शिक्षा, धर्म, जाति, संप्रदाय, स्त्रियों, दलितों, बच्चों आदि पर बहुत-सी महत्त्वपूर्ण जनवादी कहानियाँ लिखी गई हैं। क्रांति या वर्ग-संघर्षवाली कहानियों की तुलना में इनकी संख्या कहीं ज्यादा है। फिर, जनवादी कहानी में रूप और शिल्प के स्तर पर नए प्रयोग करते हुए भी बहुत-सी कहानियाँ लिखी गई हैं, जिनमें हास्य, व्यंग्य, विडंबना, मिथक, रूपक, फैंटेसी आदि के बड़े सुंदर प्रयोग मिलते हैं। जनवादी कहानी का मतलब है जनतांत्रिक मूल्यों की रक्षा तथा प्रतिष्ठा करनेवाली कहानी। और यह काम केवल क्रांति या वर्ग-संघर्षवाली कहानी ही नहीं, ये दूसरी तरह की कहानियाँ भी करती हैं। जनवादी कहानी पर बात करते समय इस चीज का ध्यान रखा जाना निहायत जरूरी है।

दूसरी बात : काशीनाथ सिंह की कहानी 'सुधीर घोषाल' और मेरी कहानी

'देवीसिंह कौन?' के संदर्भ में यथार्थ का प्रश्न उठाया गया। चौधरीजी ने कहा कि सुधीर घोषाल और देवीसिंह बहुत ही उत्तम और चमकते हुए चरित्र हैं, पर इतिहास ने इन्हें झुठला दिया है। इसका अर्थ समझना मेरे लिए मुश्किल है। सोवियत संघ का विघटन हो जाने के बाद आज कुछ लोग यह कहने लगे हैं कि मार्क्सवाद और समाजवाद सब झूठे सिद्ध हो गए। लेकिन क्या यह सच है? क्या यह यथार्थ और इतिहास की सही समझ है? साहित्य अपने समय का साहित्य होता है। उसमें आनेवाले चरित्र अपने समय के चरित्र होते हैं। रूस में आज अगर पावेल (गोर्की के उपन्यास 'माँ' का एक चरित्र) जैसे लोग नहीं रहे तो क्या यह कहा जा सकता है कि ऐसे लोग वहाँ कभी थे ही नहीं? अथवा सामाजिक रूपांतरण के उनके प्रयास झूठे थे? भारत में क्रांति नहीं हो सकी, या रूस में क्रांति हो जाने के बावजूद फिर से पूँजीवाद आ गया, तो क्या इससे क्रांतियों को इतिहास ने झुठला दिया? जन-चेतना और जन-संगठन और जन-आंदोलन सब झूठे साबित हो गए ?

फिर, मेरी कहानी का देवीसिंह तो कोई बड़ा क्रांतिकारी भी नहीं है। वह एक साधारण-सा मजदूर है। उसमें थोड़ी राजनीतिक चेतना और थोड़ी संगठन-क्षमता है, जिससे वह अपनी फैक्टरी के मजदूरों के एक हिस्से का नेता बन जाता है। वह एक साधारण आदमी है और मजदूर वर्ग में ऐसे चरित्र हर कहीं पाए जा सकते हैं। दूसरी बात यह कि वह एक समय विशेष का साधारण आदमी है। यह सन् सत्तर के आसपास का वह समय है, जब शोषक-शासक वर्ग तथा उसके सेवक मध्यवर्ग के विशिष्ट नायकों से भारत की जनता का मोहभंग हो चुका है और देश में सामाजिक परिवर्तन की चेतना से युक्त छोटे-छोटे स्वतःस्फूर्त आंदोलन जगह-जगह उभर रहे हैं। आशा कहीं दिखाई देती है तो साधारण लोगों की असाधारण क्षमताओं में। और यह आशा केवल हिंदी कहानी में नहीं, बल्कि उस समय के समूचे भारतीय साहित्य में व्यक्त होती है। साहित्य को ही नहीं, आप उस समय के भारतीय सिनेमा को देखें, नाटक को देखें, गीत-संगीत को देखें, यहाँ तक कि भारतीय चित्रकारों द्वारा बनाए गए चित्रों को भी देखें, तो लगेगा कि साधारण लोगों की असाधारण शक्तियों में आशा की यह थीम हर जगह किसी-न-किसी रूप में मौजूद है। देवीसिंह इस आशा का मूर्तिमान रूप है। और यह कहानी उस तरह की कहानी नहीं है, जिस तरह की कहानियों की चर्चा आप कर रहे हैं...

सुरेंद्र चौधरी : उसको केवल व्यंग्य की कहानी होने से बचाया क्यों नहीं आपने?

रमेश उपाध्याय : यह व्यंग्य की नहीं, विडंबना की कहानी है। विडंबना उसमें यह है कि एक शक्तिशाली व्यवस्था मामूली मजदूरों से डरती है। उनकी चेतना से, उनकी एकजुटता से डरती है। और आपने जिस 'डिपार्चर' की बात कही, जिस मुहिम और मुकाम की बात कही, वह यही है कि पहले की कहानियों में यथार्थ की यह विडंबना मिथ्या चेतना के कारण, बिलकुल उलटे रूप में देखी जाती थी–यानी इस

प्रकार कि जिनकी असाधारण क्षमताओं के बल पर समूची व्यवस्था चल रही है, वे ही उस व्यवस्था से डरते हैं और अन्याय, शोषण, दमन और उत्पीड़न के शिकार बने रहते हैं। यह सामाजिक यथार्थ को देखने का ऐसा दृष्टिकोण है, जिसमें जनता के प्रति थोड़ी सहानुभूति और शोषक-शासक वर्ग के प्रति थोड़ी आलोचना तो रहती है, लेकिन व्यवस्था को अत्यंत शक्तिशाली मानने के कारण यह वास्तविकता आँखों से ओझल बनी रहती है कि व्यवस्था अंदर से बहुत कमजोर है और इसीलिए जनता से डरती है। इस दृष्टिकोण से देखे गए यथार्थ को ही प्रामाणिक यथार्थ माननेवालों को ऐसी ही कहानियाँ यथार्थवादी लगती हैं, जिनमें असाधारण क्षमताओंवाले सच्चे, अच्छे और ईमानदार मेहनतकश लोग या तो व्यवस्था से डर कर उससे टकराते ही नहीं, या टकराते हैं तो टूट जाते हैं, हार जाते हैं, या मारे जाते हैं।

यथार्थवाद की यह समझ 'नई कहानी' के दौर की समझ है और ऐसी समझ वाले लोग आज भी कहानी में ऐसा ही यथार्थवाद खोजते हैं। इसलिए जब वे देखते हैं कि साधारण लोगों में ऐसी असाधारण क्षमताएँ हैं कि वे व्यवस्था से टकराते हैं और टूटते नहीं, बल्कि व्यवस्था को डरा देते हैं, तो उन्हें लगता है कि यह यथार्थ नहीं है और इसका चित्रण करनेवाली कहानियाँ झूठी, या बनावटी, गढ़ी हुई, अविश्वसनीय और अप्रामाणिक कहानियाँ हैं। लेकिन जनवादी कहानी ने इस पूरे नजरिए को उलट दिया है। वह देखती है कि शोषण, दमन और उत्पीड़न के सहारे टिकी हुई व्यवस्था बाहर से चाहे जितनी शक्तिशाली दिखाई पड़े, अदंर से वह शोषित, दलित और उत्पीड़ित लोगों से भयभीत रहती है। उसे साधारण जनता के सचेत और संगठित हो जाने से डर लगता है। साधारण लोगों की यह असाधारण शक्ति ही, जो बेहद मजबूत दिखाई-देनेवाली व्यवस्था को डराती है, वह यथार्थ है, जिसे जनवादी कहानी देखती और दिखाती है। 'देवीसिंह कौन?' इसी यथार्थ की कहानी है और ऐसी यह इस दौर की अकेली कहानी नहीं है।

इस दौर के बहुत-से लेखकों ने यथार्थ के प्रति इस बदले हुए दृष्टिकोण से अपनी कहानियाँ लिखी हैं। उन कहानियों की व्याख्या आप इस तरह नहीं कर सकते कि दिखाओ, ऐसे चरित्र समाज में कहाँ हैं; ऐसे लोग सचमुच समाज में हैं तो क्रांति क्यों नहीं कर डालते ! क्रांति नहीं हुई, नहीं हो पा रही है, निकट भविष्य में उसके होने की कोई संभावना भी नजर नहीं आती और आज की विश्व-परिस्थिति में तो उसके औचित्य पर ही प्रश्नचिह्न लग गया है, यह सब सच है; और इस 'सच' के आधार पर आप क्रांति की बात करनेवाली या क्रांतिकारी चरित्रों को सामने लानेवाली कहानियों को आसानी से खारिज कर सकते हैं; इतिहास के नाम पर आप उन्हें झुठला सकते हैं; लेकिन यह एक अधूरा और भ्रामक सच है। अगर यह पूरा सच होता तो व्यवस्था निर्भय और जनता भयभीत होती। लेकिन क्या वास्तविकता यही है? यदि यही वास्तविकता है, तो आप इसकी व्याख्या कैसे करेंगे कि व्यवस्था जनता को सचेत और संगठित न होने देने के प्रयास क्यों करती है? वह जन-आंदोलनों को दबाने,

कुचलने या दिग्भ्रमित करने के प्रयास क्यों करती है? वह जन-नेताओं को खरीदने, भ्रष्ट करने या मार डालने के काम क्यों करती है? धर्म, जाति, संप्रदाय आदि के आधार पर जनता को बाँट कर आपस में क्यों लड़ाती है? जनता को जान-बूझ कर अशिक्षित और असंस्कृत क्यों बनाए रखना चाहती है? नशा, हिंसा, अपराध, उपभोक्तावाद और अपसंस्कृति का प्रचार और खुला व्यापार क्यों करती है? अगर व्यवस्था का बाहर से शक्तिशाली दिखते हुए भी अंदर से भयभीत रहना सच या यथार्थ नहीं है, तो उसके द्वारा निरतंर किए जानेवाले इन कार्यों की कौन-सी यथार्थवादी व्याख्या करेंगे आप? और यदि व्यवस्था सचमुच अंदर से डरी हुई है तो उस डर को यथार्थ और उस डर की कहानी को यथार्थवादी कहानी मानने से परहेज क्यों?

इसीलिए मैंने कहा कि जनवादी कहानी को समझने के लिए एक नई समझ की जरूरत है; उसे सराहने के लिए एक नए सौंदर्यबोध के जरूरत है। यह जरूरत 'नई कहानी' के दौर में ही पैदा हो गई थी, जब आधुनिकतावादी और अभिजनवादी प्रवृत्तियों का बोलबाला होते हुए भी उसके कुछ महत्त्वपूर्ण लेखक–जैसे भैरव प्रसाद गुप्त, मार्कण्डेय, शेखर जोशी, भीष्म साहनी, हरिशंकर परसाई आदि–प्रगतिशील और जनवादी दृष्टि से कहानियाँ लिख रहे थे। जरूरत इस बात की थी कि हमारे प्रगतिशील और जनवादी आलोचक आधुनिकतावाद और अभिजनवाद की असंगतियों को उजागर करते हुए एक सुसंगत समीक्षा-दृष्टि का तथा एक नए सौंदर्यशास्त्र का विकास करते। लेकिन हुआ क्या? हिंदी की कहानी-समीक्षा ने भी आधुनिकतावादी और अभिजनवादी दृष्टिकोण अपनाया और निर्मल वर्मा जैसे लेखकों की कहानियों में ही नयापन ढूँढ़ा और उन्ही को महत्त्वपूर्ण बताया। राजेंद्र यादव, मोहन राकेश, कमलेश्वर आदि लेखकों ने जो 'नई कहानी' आंदोलन के नेता कहे जाते हैं, यथार्थवाद के बजाय अनुभववाद पर जोर दिया। नतीजा यह हुआ कि आरंभ में प्रगतिशील दृष्टिवाली कुछ यथार्थवादी कहानियाँ लिखने के बाद वे 'अनुभव की प्रामाणिकता' जैसे नारे देने लगे और अनुभव पर इतना ज्यादा जोर देने लगे कि कहानी में प्रगतिशील विचार की उपस्थिति भी उन्हें खटकने लगी–उससे उन्हें कहानी में 'टेंडेंशसनेस' का (प्रवृत्तिमूलकता का) खतरा नजर आने लगा।

यह व्यक्तिवाद और अराजकतावाद की तरफ ले जानेवाला रास्ता था और 'अकहानी' के दौर में हिंदी कहानी उसी रास्ते पर चल कर कुंठा, संत्रास, अजनबीपन, अकेलेपन आदि की बात करती हुई ऊलजलूल किस्म के निरर्थक कहानी-लेखन में जा फँसी। यह हिंदी कहानी में आया एक जबर्दस्त भटकाव था, जिसने समूची यथार्थवादी कहानी की परंपरा को नकारते हुए उस समय की कहानी को लगभग निरर्थक और अपठनीय बना दिया। तब हमारी पीढ़ी के अनेक लेखकों को लगा कि कहानी को आगे बढ़ाने के लिए उसे इस भटकाव से बचाना होगा और हमें अपने-आपको उसकी समाज-सापेक्ष, सोद्देश्य, प्रगतिशील और जनवादी परंपरा से

जोड़ना होगा। प्रेमचंद की यथार्थवादी परंपरा और उससे जुड़ने की बात यहीं से शुरू हुई थी।

प्रेमचंद की परंपरा से जुड़ने का मतलब यह नहीं था कि हम प्रेमचंद की-सी कहानियाँ लिखेंगे, या उनकी कहानियों के-से विषय उठाएँगे, या उनकी-सी भाषा में, उन्हीं के-से कथात्मक ढाँचेवाली कहानी को आगे बढ़ाएँगे। नहीं। हमने यह देखा कि स्वाधीनता आंदोलन के समय के जो साहित्यिक कार्य आजादी मिलने के बाद अनेकानेक कारणों से अधूरे छूट गए थे, उन्हें पूरा करते हुए अपने साहित्य को आगे बढ़ाना हमारा कर्तव्य है। प्रेमचंद की यथार्थवादी परंपरा से जुड़ने का यही अर्थ है। लेकिन यह कोई मनचाहा, मनमाना या स्वैच्छिक निर्णय नहीं था। आकस्मिक भी नहीं था। ऐसा नहीं था कि समाज कहीं और जा रहा था और हम कहानी को कहीं और ले जाना चाह रहे थे।

सन् सत्तर के आसपास का भारतीय यथार्थ क्या था? यह एक जबर्दस्त उथल-पुथल का समय था। कुछ लोग इस उथल-पुथल का श्रेय केवल नक्सलवादी आंदोलन को देते हैं, लेकिन यह ठीक नहीं है। उस समय छोटे-छोटे और भी कई प्रकार के स्वतःस्फूर्त जन-आंदोलन उठे थे, जिनके कारण स्वतंत्रता के बाद पहली बार सत्तारूढ़ कांग्रेस पार्टी का एकछत्र वर्चस्व टूटा था और कई राज्यों में संविद सरकारें बनी थीं। उस समय भारत की जनता कांग्रेस के खिलाफ किसी नए विकल्प की तलाश में थी। यह एक नया यथार्थ था, जिसकी व्याख्या अकेले नक्सलवादी आंदोलन से नहीं की जा सकती। अगर हम इस दौर की कहानी में आए बदलाव को केवल नक्सलवादी आंदोलन से जोड़ कर देखेंगे और समूची जनवादी कहानी को सशस्त्र क्रांति की राजनीति से प्रेरित मान कर चलेंगे तो गलती करेंगे। उसमें, जैसा कि शंभुनाथजी ने कहा, एक ही तरह की नहीं, बल्कि कई तरह की कहानियाँ लिखी गई हैं। उन सबको नक्सलवादी राजनीति से प्रेरित मान कर सराहना भी गलत है और इसी आधार पर उन्हें खारिज करना भी गलत है।

अगर जनवादी कहानी में सामाजिक परिवर्तन पर जोर है, उसकी माँग है, या उसकी आकांक्षा है, या उसकी दिशा में पाठकों को प्रेरित करने का प्रयास है, तो यह हिंदी की यथार्थवादी कहानी की समूची परंपरा के अनुसार ही है। उसमें कहीं वस्तुपरकता कुछ कम और आत्मपरकता कुछ अधिक हो सकती है, लेकिन इसी आधार पर उसे अयथार्थ कह कर खारिज नहीं किया जा सकता। क्रांति सफलतापूर्वक संपन्न हो जाए, और वह वैसी ही हो जैसी आप चाहते या उचित समझते हैं, तभी आप उसे यथार्थ मानेंगे और तभी उस पर लिखी गई कहानी को आप यथार्थवादी मानेंगे, ऐसा आग्रह लेकर चलने पर न तो यथार्थ को समझा जा सकता है, न यथार्थवादी कहानी को।

क्रांतिकारी संघर्षों का, और विशेष रूप से स्वतःस्फूर्त जन-आंदोलनों का यथार्थ उनकी सफल परिणति में तो कोई भी देख सकता है; महत्त्व की बात यह है कि ऐसे

संघर्षों या आंदोलनों के असफल रह जाने पर भी उनकी प्रक्रिया की वास्तविकता पर ध्यान दिया जाए। उदाहरण के लिए जयप्रकाश नारायण की 'संपूर्ण क्रांति' के बारे में हम आसानी से कह सकते हैं कि वह कोई क्रांति नहीं थी, लेकिन इस वास्तविकता से हम कैसे इनकार कर सकते हैं कि उसमें देश के बहुत-से लोगों ने भाग लिया था और शासक वर्ग उससे इतना डर गया था कि उसे रोकने के लिए उसे आपात स्थिति लागू करनी पड़ गई थी? जनवादी कहानी जन-संघर्षों या जन-आंदोलनों की सफल परिणतियों के आधार पर ही उन्हें प्रामाणिक मानने या उनकी असफलताओं के आधार पर उन्हें झुठलाने के बजाय उनकी प्रक्रिया के यथार्थ को देखने और दिखाने का प्रयास करती है। जनता निर्भय होकर अपनी मुक्ति के प्रयास करती है और शासक वर्ग भयभीत होकर उसके ऐसे प्रयासों का दमन करता है, यह हमारे समय का यथार्थ है और इसे इसी रूप में देखना एक नया दृष्टिकोण है, जो जनवादी कहानी ने अपनाया है। इसीलिए उसमें जो यथार्थ चित्रित हुआ है, एक नए ढंग का यथार्थ है।

नया यथार्थ किसी सुचिंतित या सुनियोजित रूप में सामने नहीं आता। उसमें बहुत-सी अनगढ़ और ऊबड़-खाबड़ चीजें होती हैं, मगर वे नई होती हैं और उनका महत्त्व होता है। इस दौर के इस नए यथार्थ ने, और कहानी में उसकी अभिव्यक्ति ने, यथार्थवाद संबंधी धारणाओं पर पुनर्विचार की जरूरत पैदा की है। इसीलिए इस दौर की पत्रिकाओं में यथार्थवाद संबंधी कई बहसें चली हैं और उनसे यह बात सामने आई है कि जो दिखाई देता है, अथवा प्रत्यक्ष अनुभव द्वारा बोधगम्य होता है, सिर्फ वही यथार्थ नहीं, बल्कि वह भी यथार्थ है, जो उचित, आवश्यक और संभव है। इस प्रकार जनता में व्याप्त गरीबी, अशिक्षा, अज्ञान, अंधविश्वास, पिछड़ापन, आपसी फूट, नफरत, हिंसा, भय और पस्तहिम्मती जैसी चीजें ही यथार्थ नहीं हैं, बल्कि इन चीजों से मुक्त होने की उसकी इच्छाएँ, आशाएँ, आकांक्षाएँ, आवश्यकताएँ और उसके सचेत तथा संगठित होने की संभावनाएँ भी यथार्थ हैं। जनता से संबंधित नकारात्मक चीजों को ही यथार्थ मानना और सकारात्मक चीजों को यथार्थ न मानना यथार्थवाद नहीं है। सकारात्मक चीजों का चित्रण करने से यथार्थवाद की क्षति नहीं होती, बल्कि उससे यथार्थवाद पुष्ट होता है और आगे बढ़ता है। इसके विपरीत जिस चित्रण में केवल नकारात्मक चीजें होती हैं, वह यथार्थवादी चित्रण नहीं होता। वह जन-विरोधी या शासकवर्गीय दृष्टिकोण से किया गया यथास्थितिवादी चित्रण होता है। ऐसा चित्रण 'नई कहानी' और 'अकहानी' के दौर में खूब किया गया था।

आजकल, जब से सोवियत संघ का विघटन वगैरह हुआ है, केवल नकारात्मक चित्रण की प्रवृत्ति फिर से जोर पकड़ती दिखाई दे रही है और उसी को फिर से यथार्थवाद, जादुई यथार्थवाद या उत्तर-आधुनिकतावाद के नाम पर प्रतिष्ठित करने की चेष्टाएँ की जा रही हैं। लेकिन ऐसी कहानियाँ यथार्थवादी नहीं, बल्कि यथास्थितिवादी कहानियाँ होती हैं, जिन्हें प्रायोजित चर्चाओं से चाहे जितना उछाला जाए, वे कुछ ही समय में महत्त्वहीन होकर विस्मृत हो जाती हैं। महत्त्व, तमाम उपेक्षा और गलत

आलोचना के बावजूद, उन्ही कहानियों का होगा, जिनमें यथार्थ के नकारात्मक पक्षों के साथ-साथ सकारात्मक पक्षों का भी चित्रण किया जाएगा; जिनमें वर्तमान वास्तविकता में निहित बेहतर भविष्य की संभावनाओं को भी सामने लाया जाएगा। उस बेहतर भविष्य की दिशा में होनेवाले बदलाव आज भी हमारे समाज में जारी हैं। जनवादी कहानियाँ इन बदलावों की प्रक्रिया को देखती हैं और उसके यथार्थ को व्यक्त करती हैं। उससे समाज में जो उथल-पुथल या छटपटाहट पैदा होती है, उसी को पकड़ती हैं ये कहानियाँ।

खगेंद्र ठाकुर : बदलाव की दिशा हमारे समय के अनुकूल नहीं है, लेकिन बदलाव तो आया है। प्रेमचंद को छोड़ दीजिए, रेणु के समय में, नागार्जुन के कथा-लेखन के दौर में जो गाँव था, वह गाँव आज नहीं है। हम लोगों के यहाँ एक लोकगीत गाया जाता था, जिसमें कहा जाता था कि 'गवना कराके पिया गए देश बंगाल', लेकिन अब लोग बंगाल नहीं, पंजाब जा रहे हैं। यह जो बदलाव आया है, हमारे सामाजिक-आर्थिक विकास का परिणाम है। गाँव के लोग पंजाब जा रहे हैं। और मारे भी जा रहे हैं। हमारे जीवन के इस पक्ष को अरुण प्रकाश ने 'भैया एक्सप्रेस' में व्यक्त किया है। घटनाओं के विवरण में गए बिना कहें तो उन्होंने हमारे जीवन के इस पक्ष में जो व्यथा और संवेदनशीलता है, उसको उभारा है।

एक बात और है : समाज ही संवेदनहीन होता जा रहा है। क्यों संवेदनहीन होता जा रहा है? मनुष्यता खत्म हो गई, ऐसी बात नहीं है। ऐसे अवसर आते हैं जीवन में, जब हमको काफी संवेदनशील मनुष्य मिलते हैं, लेकिन जहाँ जीवन और समाज में बदलाव का प्रश्न उठता है, सामूहिक रूप से मानव-मूल्य के पक्ष में खड़े होने का प्रश्न उठता है, वहाँ आज कम संवेदनशीलता दिखाई देती है और ऐसे संघर्षशील मनुष्य को संवेदनहीनता का शिकार होना पड़ता है। इसे भी आज के कथाकार ने बेहतर रूप से पकड़ा है। उदय प्रकाश की कहानी 'तिरिछ' इसका उदाहरण है कि समाज ही संवेदनशून्य हुआ जा रहा है। इसका अनुभव करा देना एक बड़ी बात है। कुछ लोग इसे गाँव बनाम शहर की कहानी के रूप में देखते हैं, लेकिन कहानी का कथ्य ऐसा नहीं कहता। 'तिरिछ' पूरे समाज का प्रतीक है।

पूँजीवादी समाज के बढ़ते हुए व्यवसायीकरण और उपभोग्य वस्तु के मूल्य के आधार पर मनुष्य का मूल्य आँकने की प्रवृत्ति से अनियंत्रित उपभोक्तावाद को बढ़ावा मिलता है। यह बात उलट गई है कि आवश्यकता आविष्कार की जननी है। अब आविष्कार आवश्यकता का जनक है और विज्ञापनों के जरिए आवश्यकताएँ पैदा की जा रही हैं। हम जिन्हें जीवन की प्रतिष्ठा के मानदंड मानते रहे हैं, उनके विपरीत दूसरे मानदंड प्रतिष्ठित करने की कोशिश की जा रही है उपभोक्तावाद के लिए। एक विज्ञापन मेरे ध्यान में आता है -"ए वी. आइ. पी. मेक्स ए वी. आइ. पी."-यानी एक 'वी. आइ. पी. सूटकेस' लेने से आदमी 'वी. आइ. पी.' बन जाता है। सूटकेस में कोई खास चीज नहीं है, वह एक प्रतीक है। इस कोटि की चीजें आपके पास हैं

तो आप 'वी. आइ. पी.' हैं। यह उपभोक्तावाद आदमी को मूल्यहीन बनाता है, मनुष्य और समाज को दृष्टिहीन बनाता है। परिप्रेक्ष्यहीन बनाता है। इसको अखिलेश ने अपनी कहानी 'हाकिम कथा' में बहुत अच्छे ढंग से व्यक्त किया है। एक नई बात है उसमें।

हम लोग यह मानते रहे हैं कि समाज में औरत सब कुछ बरदाश्त कर सकती है, लेकिन पति का पर-स्त्री प्रेम बरदाश्त नहीं कर सकती। इस उपभोक्तावाद ने क्या कर दिया, यह देखिए। कहानी में एक ज्योति है, जिसकी शादी एक 'एस. पी.' से हुई है। उसका बाप पति से भी बड़ा अफसर है पुलिस में। उसका पति दूसरे की पत्नी में रुचि ले रहा है। ज्योति इसकी शिकायत अपने पिता से करती है तो वह कहता है–होमगार्ड में उसका ट्रांसफर् करा देते हैं, आमदनी कम हो जाएगी तो होश ठिकाने आ जाएँगे। इस पर ज्योति कहती है–नहीं, रहने दीजिए। वह चाहती है कि आमदनी कम न हो। आमदनी मूल चीज है, पति की रुचि दूसरी लड़कियों में रहे तो कोई हर्ज नहीं। नारी-मनोविज्ञान में यह जो बदलाव आया है, इस उपभोक्तावाद के कारण, यह उस कहानी में है। इतना ही नहीं, बेटी को माँ के अवैध संबंध से, माँ को बेटी के अवैध संबंध से, बाप को बेटे के अवैध संबंध से कोई एतराज नहीं है। यह है आज एक उच्च वर्गीय परिवार का नैतिक स्वरूप, जो किसी तरह नैतिक नहीं है। बचपन में अंग्रेजी समाज के बारे में सुनते थे कि वहाँ कोई पाबंदी नहीं है, कोई मर्यादा नहीं है, इस तरह के संबंधों में कोई आश्चर्यजनक चीज नहीं है। भारत में पूँजीवाद बहुत देर से आया है, तो लोगों को लगता है कि ये पश्चिम की चीजें यहाँ आ रही हैं, जबकि ये सारी चीजें पूँजीवादी व्यवस्था की हैं, भौगोलिक दिशा से इनका कोई संबंध नहीं है।

मेरे कहने का मतलब है कि जो संवेदना का नया रूप हमें दिखाई दे रहा है, या जीवन के नए-नए अनुभव, जीवन के नए-नए लक्षण पैदा हो रहे हैं, उन्हें आज के कथाकारों ने भिन्न-भिन्न रूपों में पकड़ने की कोशिश की है। इस दृष्टि से कहानियाँ आगे बढ़ी हैं, ऐसा मैं समझता हूँ। इसी संदर्भ में परमानंदजी की यह बात विचारणीय है कि कहानी में चरित्र क्यों होता है। जाहिर है कि परमानंदजी कहानी में चरित्र के खिलाफ नहीं हैं। आज यह बात एक दूसरी ही दृष्टि से अशोक वाजपेयी जैसे आलोचकों द्वारा उठाई जा रही है, लेकिन मैं समझता हूँ कि कहानी यथार्थवादी हो या किसी और तरह की, उसमें बात तो व्यक्ति की ही कही जाती है, या व्यक्ति के माध्यम से कही जाती है। यथार्थवादी कहानी की यह विशेषता है कि वह चरित्रों का प्रातिनिधिक रूप पाठकों की चेतना में बैठाने का प्रयत्न करती है। इसलिए आज की हो या किसी भी समय की, कहानी में चरित्र तो रहेगा ही। उसके बिना कहानी खड़ी हो ही नहीं सकती।

रमेश उपाध्याय : मैं आपकी बात में यह जोड़ना चाहूँगा कि चरित्रों के माध्यम से कहानी में यथार्थ और उसका बदलाव ही व्यक्त नहीं होता, लेखक के विचार और विश्वास भी व्यक्त होते हैं। चरित्रों के माध्यम से जहाँ विचारधारा सामाजिक यथार्थ

को सामने लाने और उसकी व्याख्या करने के बजाय लेखक के निजी विश्वास के प्रचार के रूप में सामने आती है, वहाँ बहुत-सी कमजोरियाँ कहानी में पैदा हो जाती हैं। मसलन क्रांतिकारी विचारधारा के अनुसार मजदूर वर्ग क्रांतिकारी होता है और उसका क्रांतिकारी आचरण सच्चाई, अच्छाई, ईमानदारी आदि के गुणों से युक्त होता है। इस विचारधारा के अनुसार दुनिया में बहुत-सी श्रेष्ठ यथार्थवादी कहानियाँ लिखी गई हैं। लेकिन अगर कोई लेखक इसके आधार पर अपना यह विश्वास बना ले कि हर मजदूर सच्चाई-अच्छाई आदि का पुतला होता है और कहानी में इस विश्वास का प्रचार करने लगे, तो उसकी कहानियों में न तो यथार्थवाद होगा, न कलात्मक सौंदर्य। जनवादी कहानियों के जो खराब उदाहरण हमें मिलते हैं, उनमें प्रायः ऐसे ही निजी विश्वासों का प्रचार करनेवाले चरित्र गढ़े जाते हैं। लेकिन जनवादी कहानी में ऐसे विश्वासों की आलोचना या पुनर्परीक्षण का काम भी होता है। उदाहरण के लिए पिछले दिनों शेखर जोशी की एक कहानी 'नौरंगी बीमार है' प्रकाशित हुई। इसमें एक मजदूर है, जो पहले बड़ा ईमानदार रहा है, लेकिन पहले जैसी एक घटना की पुनरावृत्ति के समय अब वह ईमानदारी की जगह बेईमानी का परिचय देता है। लेखक यहाँ मजदूर वर्ग के संबंध में प्रचलित एक विश्वास की पुनर्परीक्षा करते हुए इस यथार्थ को सामने लाता है कि मजदूर वर्ग के लोग भी अपने परिवेश में व्याप्त बुराइयों से प्रभावित हो सकते हैं और वे हमेशा कोई आदर्श आचरण ही नहीं करते। उनके व्यवहार में ऐसी चीजें भी हो सकती हैं, जो मजदूर वर्ग के क्रांतिकारी चरित्र से मेल नहीं खातीं। इस प्रकार लेखक, चिंतित या विचलित होकर ही सही, एक यथार्थ को सामने लाता है। जनवादी कहानी में पाए जानेवाले इस आलोचनात्मक दृष्टिकोण को रेखांकित किया जाना चाहिए।

खगेंद्र ठाकुर : आपने तो बड़ी आसानी से मान लिया कि विचारधारा के अनुसार उसका पुनर्परीक्षण भी हो रहा है, लेकिन मैं समझता हूँ कि अगर विचारधारा विश्वास का विषय बन जाए तो यही गड़बड़ है। क्योंकि विश्वास तर्क का निषेध कर देता है। विचारधारा को जीवन को समझने का जरिया मानना चाहिए। तब पुनर्परीक्षण में और आसानी होती है। लेकिन जरिए का पुनर्परीक्षण करते हुए मनुष्य को मनुष्य के रूप में प्रतिष्ठित करने के ऐतिहासिक उद्देश्य पर शक नहीं होना चाहिए।

सुरेंद्र चौधरी : इस बहस से कुछ निष्कर्ष निकले, यह जरूरी नहीं है, लेकिन एक प्रश्न पर आकर दिमाग ठहर जाता है : एक ओर क्रांतिकारी परिवर्तन की संभावना है और दूसरी ओर यह समाज है, जो निरंतर 'कमर्शियल लाइफ' के लिए जमीन तोड़ता जा रहा है और संभावना है कि इस हद तक तोड़ दे कि हमारी जो जिम्मेदारी बनती है, वही खत्म हो जाए। पश्चिमी देशों में तो ऐसा हुआ भी है। हमारे देश में भी, मसलन दिल्ली में यह होता है कि पड़ोस में कोई मर जाता है तो उससे जुड़े लोग आपको सूचना देने नहीं आते। वे फोन करते हैं और आसानी से दाह-कर्म तय हो जाता है। पर यह तो यांत्रिकी है समय की। इससे भी भयानक यांत्रिकी पैदा

हो सकती है। ऐसी स्थिति में कहानी के सौंदर्यशास्त्र का प्रश्न सचमुच विचारणीय हो जाता है–उस कहानी के सौंदर्यशास्त्र का प्रश्न, जिस पर हम बीस साल से विचार करते आए हैं। हमारी सारी लड़ाई उपभोक्तावाद का ही तो परिणाम है। तभी तो यह हाल है कि जो समाज सत्तर सालों से 'प्रोलेतेरियन' समाज था, वह उपभोक्तावादी हो गया। हम तो बिचौलिए की स्थिति में हैं। हम निष्क्रिय यथार्थ की उन बहुत सारी प्रतिकृतियों का, उन बहुत सारी कहानियों का, जिनकी चर्चा की गई, क्या करें?

होता यह है कि जब हम अच्छी कहानियों की चर्चा करते हैं तो दो दशक पीछे चले जाते हैं। उन लेखकों की ओर चले जाते हैं, जो तीन-चार दशकों से लिख रहे हैं और अच्छे कथाकार हैं। लेकिन देखें कि नए होकर भी महेश कटारे बड़े अच्छे किस्सागो हैं। उन्होंने मजदूर वर्ग का जो चरित्र दिखाया है, वैसा नहीं है, जैसा नौरंगी का है। नौरंगी तो फिर भी पसोपेश में है, आत्मा के बोझ से ग्रस्त है, वह अपराधी आत्मा उसके अदंर से निकल रही है; लेकिन उसका क्या होगा, जो नेता है और ट्रेड-यूनियन की लड़ाई लड़ रहा है? मजदूर की माँग की पद्धति बदल रही है। यह हमारे लड़ाकू सौंदर्यशास्त्र का सरोकार है कि मजदूर इस लड़ाकू जीवन-पद्धति से क्यों कतरा रहे हैं। बीस वर्ष पहले मजदूर वर्ग आज से ज्यादा परेशान था, लेकिन लड़ाई लड़ता था। आज क्या बात है कि वह सीधी लड़ाई में बंदूक उठा लेने को तैयार है? स्थिति कुछ परिवर्तित हुई है और अधिकांश स्थानीय ट्रेड-यूनियनों पर माफिया का कब्जा है। मैं जानता हूँ, देखता हूँ। बंगाल की स्थिति क्या है, मैं नहीं कह सकता, लेकिन दिल्ली में तो ट्रेड-यूनियनों पर माफियाओं का कब्जा है। तो कहानी के भीतर देश के इस दोहरे यथार्थ का संज्ञान होना चाहिए। आलोचक का तो यह काम नहीं है कि वह कहानीकार को कलम दे।

परमानंद श्रीवास्तव : मेरा खयाल है, हम लोग कहानी के सौंदर्यशास्त्र के संबंध में शायद इस बात को रेखांकित करना चाहते हैं कि क्या जटिलता भी अपने-आप में एक सकारात्मक मूल्य है? यानी आप जिसकी चर्चा कर रहे हैं, वैसी बहुत सारी कहानियाँ पढ़ने की हिम्मत नहीं है। लेकिन मेरा खयाल है कि ऐसी कहानियाँ, जिन्हें खोज कर पढ़ा जाएगा, कई स्तरों पर प्रश्न भी उनके सामने उपस्थित करेंगी। जैसे उदय प्रकाश की बिलकुल ताजा कहानी 'और अंत में प्रार्थना' की चर्चा जरूरी है। इसे छोड़ें कि इस कहानी का कला-विधान क्या है और इसमें कही गई बात संक्षेप में कही जा सकती थी कि नहीं कही जा सकती थी, लेकिन यह देखें कि लेखक एक जोखिम उठा कर एक जटिल चरित्र को चुनता है। जटिल चरित्र मैं इसलिए कह रहा हूँ कि बहुत सारे लोगों के लिए यही मुश्किल में डालने का विषय है कि उसका चरित्र-नायक एक आर. एस. एस. जैसी विचारधारा का व्यक्ति है, जिसके बारे में हमारी एक चेतना बनी हुई है, चाहे वह वास्तविक चेतना हो या मिथ्या चेतना हो। मान लीजिए कि इससे एक उलझन में डालनेवाली स्थिति पैदा होती है, फिर भी लेखक यह तो दिखाता ही है कि एक ऐसी विचारधारा का व्यक्ति भी

अन्याय का विरोध करता है, सरकार का विरोध करता है और उसमें अपने विश्वास को भी दाँव पर लगा देने की हिम्मत है। उसकी बहुत सारी उधेड़बुन को देखते हुए मेरा खयाल यह है कि वह उलझन में डालनेवाला एक असुविधाजनक चरित्र है। तो यह भी एक अच्छी बात है कि ऐसी विषयवस्तु को लेकर कहानी लिखी जाए, जिसमें अपने विश्वास को भी दाँव पर लगा देने की हिम्मत हो।

सुरेंद्र चौधरी : चरित्र पर और उसकी बहुत सारी स्थितियों-परिस्थितियों पर विचार करें तो मेरा खयाल है कि ऐसी कहानी के दोहरे-तिहरे पाठ हमारे बीच मौजूद रहेंगे, लेकिन परमानंद जी, आज जब हम जनवादी कहानी के सौंदर्यशास्त्र की बात करते हैं, या जब यथार्थ की बात करते हैं, तो हम किसी रचनाकार पर कोई आक्षेप नहीं लगाते हैं। निश्चित रूप से हमारी मंशा यह नहीं है। सिर्फ यह बात ध्यान में रखी जाए कि इतिहास को दुहराने से काम नहीं चलता। जनता की इच्छा एक सचेत राजनीतिक कहानी में भी होती है, जिसमें उस विषय को एक नए संदर्भ में दिखाया जा रहा हो। क्या कारण है कि तमाम क्रांतिकारी विकासों के बावजूद एक पुरानी और पिछड़ी हुई विचारधारावाली पार्टी राज्यसत्ता में आ रही है, जो उन्नीसवीं शताब्दी के राष्ट्रीय जागरण और बीसवीं शताब्दी के उदारीकरण से पैदा हुई है? इधर कुछ नए पहलू खुल रहे हैं, लेकिन कहानी के भीतर वे जिस तरह से खुले या खोले गए, उससे कहानी के पाठ में कोई इजाफा नहीं हुआ। कहानी की सबसे बड़ी परीक्षा तो यह है कि क्या उसका पाठक समुदाय है? यशपाल के पाठक थे, उन्होंने बहुत बड़े पाठक समुदाय के लिए लिखा है...

रमेश उपाध्याय : यह समाजशास्त्रीय प्रश्न है, इस पर विचार करेंगे हम लोग।

सुरेंद्र चौधरी : हाँ, तो यशपाल के पाठक थे। यही नहीं, रेणु के बहुत-से पाठक थे। निर्मल वर्मा का पाठक कहाँ चला गया ? शताब्दी के आखिरी दौर का पाठक–कहानियों और कविताओं का पाठक–कहाँ चला गया ? सौंदर्यशास्त्र की बात हम समझेंगे तो कहानी के, कविता के, या साहित्य के तमाम रूपों को एक साथ रख कर देखना पड़ेगा, क्योंकि ऐसा कहीं नहीं हुआ कि सौंदर्यशास्त्र की चर्चा में कहानी का यथार्थ तो आया, लेकिन दूसरी विधाओं का यथार्थ नहीं आया। ऐसा नहीं हो सकता। पर इसमें भी सावधानी बरतने की जरूरत है। और जहाँ तक मिथ्या चेतना की बात है, उस पर भी विचार करें। मिथ्या चेतना भी चेतना का ही एक अंग है। इतिहास के पूरे क्रम को उसके यथार्थ में समझने की दृष्टि या मौलिक चेतना भी मिथ्या चेतना को प्रभावित करती है। आजकल जादुई यथार्थवाद जैसी चीजों की जो चर्चा है, तो ये चीजें भी यथार्थ से ही निकाली गई हैं, समाज से ही निकाली गई हैं।

छद्म या मिथ्या चेतना का एक उदाहरण देखें : 'पाँव तले की जमीन' में कालीचरण किसका नारा लगाता है? उसके जादुई सम्मोहन पर उसी के समाज के लोग हँसते हैं। तो यह बात तो सही है कि आज की कहानी सामाजिक चेतना–यानी समाज के लिए उपयोगी चेतना–और मिथ्या चेतना, अर्थात् व्यक्तिगत या पुराने

विश्वासों के बीच फँसी हुई कहानी नहीं है; लेकिन यह देखना होगा कि वर्तमान कहानी की संवेदनशीलता का रूप क्या है और उसका प्रचार कितना है, उसका प्रसार कितना है। निर्वासन की–समाज से निर्वासन की और व्यक्ति के अपने-आपसे निर्वासन की–बात की जा रही है, लेकिन इसका वर्तमान सामाजिक अर्थ क्या है? यह समाजशास्त्र का सवाल है। इस पर हम चाहेंगे कि हमारे मित्र कहानियों के जरिए बहस करें।

परमानंद श्रीवास्तव : असल में विचारधारा का या विश्वास और विचारधारा का द्वंद्व कुछ कारणों से जीवन में गहरे प्रवेश के लिए हमें तैयार करता है। इस प्रसंग में 'नीलकांत का सफर' कहानी की ओर ध्यान जाता है, जो बहुत सारी क्रांतिकारी कहानियों के सामने एक रेखांकित करने योग्य कहानी है। यद्यपि वहाँ भी बात यही है कि खिड़की क्यों नहीं खुल रही है और किसके खोले नहीं खुल रही है, फिर भी कहानी इसके साथ-साथ और भी बहुत कुछ बता रही है–उसके भीतर का अंतर्विरोध, उसका संदेह, उसका द्वंद्व–और इस सबको कहने की एक खास कला, जो लेखक के पास है, अलग से पहचानी जाती है।

सुरेंद्र चौधरी : बिलकुल साफ पहचानी जाती है।

परमानंद श्रीवास्तव : मुझे लगता है कि उसकी कला भी प्रश्नांकित करने में सक्षम उपकरण है। कहानी एक ऐसी विधा है, जिसमें 'डिटेल्स' का बड़ा महत्त्व होता है। इस कहानी में जो डिटेल्स हैं, जो 'नैरेशन' की संभावना है, उससे स्थितियों के भीतर एक सक्रियता पैदा होती है। तो मैं जो बार-बार कह रहा हूँ कि बहुत-सी कहानियाँ, जो साधारण के खाते में चली गईं, तो इसलिए कि वे इतने जाने-पहचाने ढंग तक सीमित थीं कि 'फॉर्म' के स्तर पर आगे नहीं जाती थीं। दूसरी चीज है चरित्र। चरित्र कहानी में महत्त्वपूर्ण क्यों होता है? जाहिर है कि यथार्थ कोरा विश्वास नहीं है, उसकी विश्वसनीयता के आधार कहानी के भीतर से पैदा होते हैं। वे पैदा होते हैं एक अनुभव से और उस अनुभव के अंतःसंबंध से, क्योंकि जो क्रांति कर रहा है, वह केवल क्रांति नहीं कर रहा है। यह भी देखना होगा कि वही जीवन में प्रेम कर रहा है कि नहीं कर रहा है, वही जीवन में सौंदर्य को देख रहा है कि नहीं देख रहा है, वही अपने मानवीय विश्वासों को लगाव से जी रहा है कि नहीं जी रहा है।

पिछले पाँच साल के भीतर क्या हुआ कि जिन चीजों को आपने दफन कर दिया था, वे एकदम अचानक हमारे लिए महत्त्वपूर्ण हो गईं–उनका वर्चस्व हो गया जीवन में। बुद्धिजीवी भी मतिभ्रम का शिकार हुआ और बड़े पैमाने पर हुआ। तो एक बार यह भी देखने की जरूरत है कि हम लोग जिन राजनीतिक विश्वासों से जीवन को आँक रहे थे, और जिस चीज की तैयारी कर रहे थे, उसमें और जीवन को देखने के हमारे ढंग में क्या अंतराल था। वह भी कहानी के दायरे में लाया जाए तो यथार्थ की एक राजनीतिक कहानी बनेगी और हमें उसकी अर्थमयता में जाना होगा। अर्थमयता जितनी प्रश्नों में होती है, उतनी उनके उत्तरों में नहीं होती। लेकिन आज आपकी

लेखनी पर 'मीडिया' का जाल छाया हुआ है। कहा जा रहा है कि 'मीडिया' सूचनाओं का बहुत बड़ा स्रोत लेकर आ रहा है। उसको सब प्रश्नों के उत्तर ज्ञात हैं। और आगे आनेवाली आर्थिक नीतियाँ तो सब प्रश्नों के उत्तर बतानेवाली ही हैं। इसलिए हम चाहते हैं कि कहानीकार ऐसा प्रश्न हमारे सामने उपस्थित करे, जिसका उत्तर पूरी तरह उसे ज्ञात नहीं है। शायद पाठक भी ऐसी कहानी को बार-बार पढ़ कर ही उसके उत्तर तक पहुँचेगा।

लेकिन प्रश्न उठाने और उत्तर खोजने की इस पूरी प्रक्रिया के विरुद्ध संचार-साधनों का जो समांतर दुष्चक्र चल रहा है, उसका सीधा प्रभाव हमारे लिखित शब्दों पर और हमारी ग्रहणशीलता पर पड़ रहा है। मेरा खयाल है कि इससे एकरसता के खतरे साहित्य में और ज्यादा बढ़ने वाले हैं, कहानी और ज्यादा उनका शिकार होनेवाली है। अब तो कहानी लिखना सिखाने के स्कूल भी खोले जा रहे हैं। इंदिरा गांधी मुक्त विश्वविद्यालय इसका उदाहरण है, जिसमें कहानी कैसे लिखें, कविता कैसे लिखें, इसका डिप्लोमा पाठ्यक्रम शुरू कर दिया गया है। यह रचनात्मकता की हमारी कुल समझ के लिए एक संकट की-सी स्थिति है। इसके साथ ही संचार माध्यमों के जाल से भी पहली बार जीवन को अपने-आपमें एक बड़ी चुनौती मिल रही है। भाषा के रचनात्मक उपयोग के लिए वह भी एक बड़ी अटपटी स्थिति है।

लेकिन संकट के इन्हीं अनुभवों से कुछ रचनात्मक पक्ष भी उभर सकते हैं। हम लोग उन्हीं चरित्रों को याद करते हैं, जिनके निर्माण में सामाजिक संकट का रचनात्मक उपयोग किया जाता है, चाहे वे कहानी के चरित्र हों या उपन्यास के चरित्र हों। अभी बाहर शंभुनाथजी से निराला के 'बिल्लेसुर बकरिहा' पर हमारी बातचीत हो रही थी। 'बिल्लेसुर बकरिहा' को आप उपन्यास कह लें या लंबी कहानी कह लें–क्योंकि कहानी और उपन्यास का संगठन तो लगभग एक जैसा ही है–लेकिन मेरे विचार से वह एक लंबी कहानी है और बिल्लेसुर इस लंबी कहानी का एक दुर्लभ चरित्र है। वह एक गहरी जिजीविषा के साथ इस पर भी नजर रखता है कि हिरण-हिरणी कहाँ दिखाई देते हैं और कहाँ दिखाई नहीं देते, घास का रंग कैसा है और वह देर तक ठहरता क्यों नहीं है। इस प्रकार एक चरित्र के भीतर अपरिमित संभावनाएँ होती हैं, जो जीवन के वास्तविक अर्थों में उसी चरित्र से जानी-पहचानी जाती हैं। उसमें प्रवेश करने के हमारे जो सक्षम माध्यम हैं, उनमें से कहानी एक महत्त्वपूर्ण विधा है। उसके अवरोधों की जाँच मेरे विचार से इस संदर्भ में की जानी चाहिए कि वह जीवन के अनुभवों की मुक्ति के लिए, या एक विधा के रूप में स्वयं अपनी मुक्ति के लिए, कोई नई खोज कर रही है या नहीं। और यदि ऐसा हो रहा है तो वह कहाँ है !

शंभुनाथ : जिस तरह अनुभवों का पुनर्परीक्षण जरूरी है, उसी तरह विश्वासों का भी पुनर्परीक्षण जरूरी है। अपने अनुभवों और विश्वासों को न जाँचना रचनात्मक अवरोध का सबसे बड़ा कारण है। कई कहानीकरों में विकास घटित नहीं होता तो एकरसता आ जाती है। अभी परमानंदजी ने एकसरता की चर्चा की है। उसकी यही

वजह है। यदि इस समय जनतांत्रिक आंदोलन की उपलब्धियाँ हमारे सामने हैं तो उसकी विफलताएँ भी हैं, जिनके कारण मिथ्या चेतनाएँ बलवती हुई हैं। इन मिथ्या चेतनाओं के विभिन्न रूप हैं, जैसे सांप्रदायिकता, जातिवाद, क्षेत्रीयता आदि। उत्तर-आधुनिकता भी मिथ्या चेतना का ही एक रूप है। जनवादी कहानी में इन मिथ्या चेतनाओं का अनावरण होता है।

हर दौर के कहानी-आंदोलन में जैसे धुंध होती है, वैसे ही कुछ ठोस सार भी होता है। ठोस सार धीरे-धीरे धुंध के ऊपर अपने को प्रतिष्ठित कर लेता है। 'नई कहानी' के दौर में तो कमलेश्वर, राजेंद्र यादव, मोहन राकेश आदि ने हल्लागुल्ला करते हुए अपना वर्चस्व स्थापित कर लिया था, लेकिन हमने देखा है कि ये लोग 'नई कहानी' के दौर में ही धीरे-धीरे पृष्ठभूमि में चले गए। इनके स्थान पर रेणु, भीष्म साहनी, मार्कण्डेय, शेखर जोशी आदि न केवल स्थापित हुए, बल्कि उन्होंने अधिक अर्थपूर्ण होने के साथ-साथ निरंतरता का भी परिचय दिया। निर्मल वर्मा ने अपने आरंभिक दौर में अधिक सार्थक लिखा था। 'परिंदे' में पहली बार आधुनिकता के संकट को पहचाना गया था। अभिजात माहौल में लतिका जिस अकेलेपन का सामना करती है, वह आधुनिकता का ही संकट है। ऐसी ही कुछ दूसरी कहानियों में आधुनिकता के संकट की आलोचना के साथ जीवन के प्रति एक सकारात्मक रुख है। बाद में निर्मल वर्मा अपनी ही विचारधारा का निषेध करते हैं और 'कव्वे और काला पानी' में अकेलेपन को एक खास तरह के आध्यात्मिक आलोक से भर देते हैं। इन परिणतियों से स्पष्ट है कि अपने अनुभव और विश्वास को आलोचनात्मक विवेक से लगातार जाँचते रहनेवाले कहानीकारों में ही निरंतरता बनी हुई है। वे कभी चुके नहीं।

पिछले दशक से जनवादी कहानी में कई बार रोमांटिक क्रांतिकारिता और रूपवाद का मिश्रण हुआ। यथार्थवाद में उग्रवाद का मिश्रण रोमांटिक क्रांतिकारिता की ओर ले जाता है। यथार्थवाद के बिखराव के लिए ये ही दो तत्त्व जिम्मेदार हैं। 'भोगे हुए यथार्थ' के दौर से कहानी यथार्थवाद के दौर में आई थी, लेकिन इस दौर में वह रूपवादी और रोमानी तत्त्वों से प्रभावित हुई। आज की कहानी के सामने चुनौती यह है कि वह सरलीकरण से ही नहीं, रूपवाद और रोमानी क्रांतिकारिता से भी बचे। यह विकासशील यथार्थ की पुनर्रचना का युग है, जिसमें सैकड़ों नई कौंधें हैं।

परमानंद श्रीवास्तव : मेरा खयाल है, समकालीन जनवादी कहानी में यह पक्ष काफी उभर कर आया है। कहानी के इतिहास पर गौर करें तो 'नई कहानी' और 'अकहानी' के बाद 'जनवादी कहानी' में क्रांतिकारी कहानी की चर्चा हुई। 'अकहानी' तो एक सतत 'अकविता' की तरह थी और 'नई कहानी' पर, जैसा कि नामवरजी ने इलाहाबाद के एक व्याख्यान में कहा भी था, 'नई कविता' की तरह औपनिवेशिक प्रभाव था, हालाँकि उन कहानियों में भारतीय यथार्थ का एक रूप तो विकसित हो ही रहा था। क्रांतिकारी यथार्थवाद कहानी में सातवें दशक की उस उथल-पुथल के

साथ शुरू हुआ, जिससे जीवन और व्यवस्था में एक हस्तक्षेप या एक नए विकल्प की तलाश शुरू हुई, जो अभी तक जारी है। उसके बिखरने का जो कारण अभी शंभुनाथजी ने बताया, वह मेरी समझ से आत्मगत कारण है। वस्तुगत कारण यह है कि हमारा समाज ही बिखर गया है। विकल्प की शक्ति, जो हमारी चेतना में है, विचारधारा में है, हमारे परिप्रेक्ष्य में है, वह समाज में नहीं उभर रही है। बल्कि जो अंतरराष्ट्रीय परिदृश्य उभर रहा है, उसमें तो वह विकल्प और भी संकट में फँस गया है। इसीलिए समाज में वे सारी शक्तियाँ उभर रही हैं, जिन्हें शंभुनाथजी ने अभी मिथ्या चेतना कहा। लेकिन मेरे खयाल से उन्हें मिथ्या चेतना नहीं कहना चाहिए, क्योंकि वहाँ भी एक कठोर वास्तविकता है, भले ही वह रूढ़िवादी वास्तविकता हो, गतानुगतिक वास्तविकता हो। सांप्रदायिकता या जातिवाद के रूप में भारतीय पूँजीवाद की यथास्थिति को कायम रखने के लिए नए नारे उभारे जा रहे हैं। ये सब काफी जटिल स्थितियाँ हैं और चुनौतियाँ हैं कहानी के लिए। इनके कारण पिछले कहानी-आंदोलनों के दौरान जो शब्द हम इस्तेमाल करते आ रहे थे, उनके अर्थ बदल गए हैं।

खगेंद्र ठाकुर : यह संप्रदायवाद, जो हमारे आज के जीवन में है, हमारे राष्ट्रीय सामाजिक जीवन का एक महत्त्वपूर्ण पहलू बन गया है। यह भी एक राजनीति है और इसके बहुत-से पहलू हैं। इसका एक पहलू, जिसकी चर्चा सुरेंद्रजी ने की, यह है कि सांप्रदायिकता का आज का रूप, उसकी भूमिका और उसका कारण विभाजन के समय की सांप्रदायिकता जैसा नहीं है। हालाँकि लोग विभाजन को भुला नहीं पाए हैं, उसका गहरा प्रभाव लोगों की चेतना पर है, जो सांप्रदायिकता को उभारने की एक प्रेरणा भी बन सकता है, लेकिन आज की स्थिति भिन्न है। इतिहास अपने को दोहराना चाह रहा है। जब देश का बँटवारा हुआ, धार्मिक संप्रदायवाद के आधार पर दो राष्ट्रों के सिद्धांत का आंदोलन चलाया गया, जिसको साम्राज्यवाद ने तरजीह दी। आज फिर धार्मिक संप्रदाय के आधार पर राष्ट्र का निर्माण या राष्ट्र की पहचान करने का अभियान छिड़ा हुआ है। इस अर्थ में इतिहास अपने को दोहरा रहा है। लेकिन बदले हुए रूप में। उस समय मुस्लिम संप्रदायवाद ने उसकी अगुआई की थी, आज हिंदू संप्रदायवाद इसकी अगुआई कर रहा है। विभाजन ने न केवल देश को, बल्कि परिवार को, मनुष्य की संवेदना को और मनुष्य के व्यक्तित्व को भी प्रभावित किया। सारे संबंध जैसे बिखर गए और उस पीड़ा से बहुत-सी मार्मिक कहानियाँ निकलीं। आज की स्थिति में फर्क यह है कि विभाजन की स्थिति तो नहीं आई है, लेकिन सांप्रदायिकता की समस्या विकट रूप में सामने है।

आज की कहानी में इस समस्या का चित्रण विभिन्न रूपों में हो रहा है, जिसका एक रूप है 'और अंत में प्रार्थना' में। उदय प्रकाश की यह कहानी एक संप्रदायवादी संगठन पर है, जिसके लोग एक प्राचीन मूल्य को स्थापित करना चाहते हैं। इस कहानी के दयाशंकर की तीन पुत्रियों के नाम संध्या, उपासना और प्रार्थना हैं

और दयाशंकर के जीवन में ऐसी परिस्थिति आ जाती है कि अंत में वह अपने लिए भी प्रार्थना ही करता है। इसके सिवा और कोई ठिकाना नहीं मिलता उसकी निष्ठा को। संगठन में ही नहीं, संगठन जो मूल्य प्रचारित करता है, उसमें भी उसकी गहरी आस्था है और वह उसके राजनीतिक उद्देश्य से भी प्रतिबद्ध है। इसीलिए वह उसके लिए संघर्ष करता है। लेकिन उन्हीं लोगों से उसका टकराव होता है। जब उनके हाथ में राजनीतिक सत्ता आ जाती है, तब तो उसके लिए वह विनाशकारी ही बन जाती है। तो इस दृष्टि से कहानी में एक मूल्यहीनता की स्थिति है। राजनीतिक सत्ता मूल्य का निषेध करती है, मूल्यहीनता को प्रश्रय देती है और मूल्यगत निष्ठा को दंडित करती है। और उस मूल्यहीनता का दंड भोगना पड़ता है उसको, जो मूल्य के प्रति समर्पित है। हालाँकि पाठकों ने यह सवाल उठाया कि यह बात तो आज के किसी भी राजनीतिक संगठन पर लागू हो सकती है, जो संभव है, लेकिन इस कहानी में कहानीकार ने एक जोखिम या साहस का काम यह किया कि एक खास तरह की राजनीति के भीतर छिपी हुई मूल्यहीनता को उजागर किया।

सांप्रदायिकता के दूसरे पहलुओं पर भी कहानियाँ लिखी गई हैं, जैसे अभी एक कहानी चंद्रकिशोर जायसवाल की आई 'मर गया दीपनाथ'। उसमें एक आदमी सांप्रदायिक दंगे के माहौल में फँस जाता है, लेकिन वहाँ उसकी पूरी हिफाजत होती है, उस पर कोई आँच नहीं आती। फिर भी सांप्रदायिकता की स्मृति उसकी चेतना में दबी सांप्रदायिकता को कुरेद कर जगा देती है, जिसकी अभिव्यक्ति दूसरे धार्मिक संप्रदाय की मनुष्यता को शक की निगाह से देखने में होती है। इसी मनोदशा में वह कल्पना करने लगता है कि आज मुझ पर हमला होगा, मुझे मारा जाएगा। लेकिन इस सांप्रदायिक माहौल में भी मानवीय संवेदना कहीं बची हुई है तो उस दूसरे धार्मिक संप्रदाय के व्यक्ति में–उस मुसलमान में, जिसके यहाँ दीपनाथ ने शरण ली है। दीपनाथ दिशा-मैदान जाने के बहाने उसके यहाँ से भाग जाता है, लेकिन वह बूढ़ा मुसलमान दीपनाथ की रक्षा के लिए परेशान होकर दो आदमियों को उसके घर पर यह मालूम करने के लिए भेजता है कि वह भाग गया है या हमारे बेटों या हमारे मुहल्ले के लोगों ने उसे मार दिया है। तो इस कहानी के जरिए एक तो सांप्रदायिकता के माहौल पर चिंता व्यक्त की गई है, दूसरे यह भी दिखाया गया है कि अभी सब कुछ खो नहीं गया है। यह एक सहारा देनेवाली चीज है, जीवन में विश्वास पैदा करनेवाली चीज है।

एक कहानी हमने इसी दौर में पढ़ी नासिरा शर्मा की 'सबीना के चालीस चोर'। उसने आकृष्ट इसलिए किया कि उसमें कहीं भी दंगे का कोई दृश्य नहीं है। कहानी यह है कि एक शहर में दंगा हुआ है, शायद हैदराबाद में, और एक परिवार उस शहर को छोड़ कर दिल्ली चला आया है अपने संबंधी के यहाँ। परिवार में एक बच्ची है सबीना और परिवार के लोगों की चिंता यह है कि सबीना को यह मालूम न हो कि हम लोगों ने दंगे के कारण शहर छोड़ा है। सबीना बार-बार पूछती है कि हम लोग

घर कब चलेंगे, हमारा जो सुग्गा वहाँ छूट गया है, बाहर लटका हुआ है, उसका क्या होगा? वे लोग दंगे का जिक्र तक नहीं करते, फिर भी माहौल ऐसा बना हुआ है कि बच्ची को उसकी जानकारी हो जाती है। कहानी में मुख्य बात है लोगों की यह चिंता कि हम अगली पीढ़ी को सांप्रदायिक माहौल के प्रभाव से, उसकी सूचना तक से बचा लें। यह भी एक पहलू है सांप्रदायिक राजनीति का। वैसे तो इसके बहुत-से पहलू हैं, जिन पर लिखा जाना शेष है। खास तौर से इस पर कि इतिहास एक बदले हुए रूप में अपने को दोहरा रहा है। उसके राजनीतिक पक्ष का और उसके खतरों का कहानी में गंभीरता से आना अभी शेष है।

परमानंद श्रीवास्तव : एकदम आज इन परिस्थितियों में जो घटित हो रहा है, उसे भी देखें। रमेशजी, आपने अभी पंकज बिष्ट की कहानी 'क्या कहना है जटायु?' पढ़ी होगी। लंबी कहानी है। इन्हीं दिनों में बाहर-भीतर जो घटित हुआ है, उसे लेकर लिखी गई है। इसमें एक स्तर पर तो एकदम इतना सीधा बयान है कि आपको लगे कि यह एक चुभानेवाली खबर-सी है, क्योंकि खबर जितनी सच भी है यह कहानी, लेकिन फिर भी अपने पूरे वजन में और अपने पूरे प्रभाव में एक संगठित कहानी जैसा प्रभाव छोड़ती है, जो एकदम इकहरा न दिखे। यानी कहानी ऐसी भी हो सकती है कि खबर भी हो और खबर होने के साथ-साथ उसके साथ जुड़ी हुई 'ट्रेजेडी' भी अपने ढंग से उजागर हो। मेरा खयाल है कि यह कहानी इस दृष्टि से व्याख्या की जरूरत रखती है—या ऐसी कुछ और कहानियाँ आपके ध्यान में आती होंगी, जिनके उदाहरणों से आप कुछ और बता सकें।

रमेश उपाध्याय : जब सांप्रदायिकता-विरोधी कहानियों की चर्चा हो रही है तो सांप्रदायिकता का जो सांप्रतिक संदर्भ है, उसको भी हमें ध्यान में रखना चाहिए। उससे जो नतीजे निकलते हैं, उनको भी थोड़ा देख लेना चाहिए। सांप्रदायिकता की समस्या पिछले कुछ वर्षों में बड़े विकट रूपों में सामने आई है। सांप्रदायिक शक्तियाँ उग्र और आक्रामक होकर राजसत्ता पर काबिज होने की तैयारी करती दिखाई पड़ रही हैं। ध्यान से देखें तो उनमें उग्रता और आक्रामकता भारत की नई आर्थिक नीतियों और साम्राज्यवादी लूट-खसोट को निमंत्रण देनेवाली राजनीति के साथ आई है। और भी स्पष्ट रूप में कहा जाए तो जबसे हमारे यहाँ अंतरराष्ट्रीय मुद्राकोष और विश्व बैंक से लिये गए कर्ज के साथ विदेशी पूँजी का हस्तक्षेप बढ़ा है, तबसे सांप्रदायिकता की समस्या अधिक विकट हुई है। इसका कुछ संबंध हमारे समाज में बढ़ते हुए उपभोक्तावाद से भी है, जिसके कारण व्यक्तियों में स्वार्थपरता और समुदायों में दूसरों की कीमत पर समृद्ध हो जाने की प्रवृत्ति पैदा होती है। इस प्रवृत्ति के चलते मानवीय मूल्यों को नष्ट करनेवाली, लोगों में आपसी नफरत और हिंसा फैलानेवाली और जनवाद की जगह किसी-न-किसी प्रकार की तानाशाही चाहनेवाली शक्तियाँ मजबूत होती हैं।

ये सब चीजें सांप्रदायिकता के लिए, बल्कि और भी बृहत्तर संदर्भ में कहें तो,

फासीवाद के लिए जमीन तैयार करती हैं। उन चीजों का इस्तेमाल एक तरफ देश का शासक वर्ग लोगों का ध्यान अपनी वास्तविक समस्याओं से हटाने और उन्हें अपने विरुद्ध सचेत तथा संगठित होने से रोकने के लिए करता है, ताकि सत्ता और व्यवस्था पर उसकी पकड़ बनी रहे, और दूसरी तरफ देश को लूटनेवाली विदेशी शक्तियाँ बेखटके अपनी लूट-खसोट जारी रख सकें। ये दोनों मिल कर लोगों को गुमराह करते हैं, आपस में लड़ाते हैं और सांप्रदायिक हिंसा तथा धार्मिक तत्त्ववाद पर आधारित आतंकवाद फैला कर एक तरफ समाज में अशांति, अस्थिरता और आपाधापी का वातावरण बनाते हैं, तो दूसरी तरफ शासन में दमनकारी तानाशाही प्रवृत्तियों को बढ़ावा देकर जनतांत्रिक मूल्यों तथा संस्थाओं का नाश करते हैं। इस काम में अखबार, सिनेमा, टेलीविजन वगैरह बड़े-बड़े प्रचार-माध्यमों का भरपूर इस्तेमाल किया जाता है। इनके जरिए भ्रष्टाचार, अपराध, सेक्स, हिंसा, आतंक आदि का प्रचार ही नहीं किया जाता, इन्हें लोगों के दैनिक उपभोग की वस्तु भी बना दिया जाता है, ताकि लोग चाहे-अनचाहे नशों की तरह इनके आदी बना दिए जाएँ। या कम-से-कम दंगों और हत्याकांडों के प्रति, क्रूरताओं और बर्बरताओं के प्रति संवेदनहीन तो बना ही दिए जाएँ। इन सब बातों को जोड़ कर विचार करें तो मालूम होगा कि सांप्रदायिकता और उससे जुड़ी हुई हिंसा, अपसंस्कृति और घटिया राजनीति भी आज उपभोग की वस्तुएँ बना दी गई हैं। मुझे ऐसा लगता है कि बहुत-से लेखक और पाठक भी जाने-अनजाने इसके शिकार हो गए हैं।

सांप्रदायिकता पर आजकल ढेरों कहानियाँ लिखी जा रही हैं, धड़ाधड़ प्रकाशित की जा रही हैं, और बड़े चाव से पढ़ी भी जा रही हैं। उनमें सांप्रदायिक घृणा, हिंसा और बर्बरता के चित्र तो खूब मिलते हैं, लेकिन वह 'विज़न' या 'पर्सपेक्टिव' नहीं होता, जिससे पाठकों को पता चले कि सांप्रदायिकता की समस्या वास्तव में क्या है और उसका समाधान कैसे किया जा सकता है। इसीलिए इन कहानियों में अक्सर भावुकतापूर्ण ढंग से यह उपदेश दिया जाता है कि देखो, लोगो, आपस में लड़ना अच्छी बात नहीं, सबको प्रेम से मिलजुल कर रहना चाहिए। ऐसी कहानियों में या तो दंगा, मार-काट, आगजनी और बलात्कार जैसी घटनाओं की अखबारी 'रिपोर्टिंग' होती है, अथवा किसी व्यक्ति या परिवार के टूटने-बिखरने, मारे जाने आदि की भयावह और भावुकतापूर्ण स्थितियों का चित्रण। ऐसी कहानियाँ एक प्रकार का बिकाऊ माल या उपभोग्य वस्तु बन कर रह जाती हैं।

परमानंदजी, आपने अभी पंकज बिष्ट की कहानी 'क्या कहना है जटायु?' का जिक्र किया। उसमें सांप्रदायिक दंगे के माहौल में एक अमानुषिक और बर्बरतापूर्ण स्थिति का चित्रण है। वह एक 'सेंसेशनल' कहानी है, जो हिंदी फिल्मों में दिखाए जानेवाले हिंसा और सेक्स से संबंधित बर्बरतापूर्ण दृश्यों की याद दिलाती है। वह न तो इस प्रकार की बर्बरता के कारणों में जाती है और न उससे निपटने के किसी उपाय का संकेत करती है। वह भय या आतंक की एक सनसनी तो पैदा करती है,

जिसके 'आनंद' के उपभोग का आजकल खूब प्रचलन है, लेकिन सांप्रदायिकता की समस्या के संदर्भ में कोई अंतर्दृष्टि नहीं देती। मैं इस प्रकार के लेखन से आश्वस्त नहीं हूँ।

परमानंद श्रीवास्तव : स्पष्टता के लिए जरूरी है कि इस पर हम थोड़ा और विस्तार से बात करें। पंकज बिष्ट की कहानी के संदर्भ में ही। कहानी में वर्णित बर्बर स्थिति को एक अतिरंजना के साथ कहना भी शायद एक जरूरत हो। मान लीजिए कि वे लोग उस स्त्री को नग्न करना चाहते हैं और उसको दौड़ाने वगैरह का जो प्रसंग है, एक 'सेंसेशन' है। लेकिन आपको क्या यह नहीं लगता कि ये धार्मिक सांप्रदायिक एजेंसियाँ बर्बरता का जिस तरह इस्तेमाल कर रही हैं, कहानी में उसी 'सेंसेशनलिज्म' को हमारे बीच की उन्हीं स्थितियों के रूप में रखा जा रहा है? देखें कि सूरत और दूसरी जगहों पर के तमाम दंगों में भयानक वास्तविकता के जो रूप सामने आए हैं, उन्हें देखते हुए यह अतिरंजना क्या यथार्थ-चित्रण की अनिवार्यता नहीं हो चली है?

रमेश उपाध्याय : नहीं, परमानंदजी, यह देखिए कि सनसनीखेज घटनाएँ तो आए दिन घटती रहती हैं। मसलन पिछले दिनों सूरत में जो दंगा हुआ, उसके दौरान स्त्रियों से बलात्कार किया गया और उसकी वीडियो फिल्म बनाई गई। यह घटना एक तरफ बड़ी बीभत्स और बर्बरतापूर्ण है, तो दूसरी तरफ बड़ी सनसनीखेज भी है। लेकिन उस फिल्म को क्या आप कोई कलात्मक कृति कह सकते हैं? इसी तरह, क्या इस तरह की घटनाओं का चित्रण करनेवाली कहानी को आप साहित्यिक कृति कह सकते हैं? सांप्रदायिक दंगों के दौरान जो बीभत्स और दिल दहला देनेवाली घटनाएँ घटती हैं, उन पर बहुत-सी कहानियाँ लिखी जाती हैं, और तात्कालिक जरूरत के कारण वे तत्काल प्रकाशित भी हो जाती हैं, पाठकों द्वारा पढ़ी भी जाती हैं। लेकिन ऐसी कहानियाँ मेरे विचार से यथार्थवादी नहीं, बल्कि प्रकृतवादी किस्म की 'सेंसेशनल' कहानियाँ होती हैं। ये साहित्य में क्या जोड़ती हैं? पाठकों को क्या देती हैं? तात्कालिक कारणों से ये चर्चित तो हो जाती हैं, लेकिन इनका साहित्यिक महत्त्व या कलात्मक मूल्य क्या होता है? उल्टे ऐसी कहानियों की चर्चा से होता यह है कि दूसरे जरूरी मुद्दों पर लिखी गई कई श्रेष्ठ और महत्त्वपूर्ण कहानियाँ चर्चा में नहीं आ पातीं।

परमानंद श्रीवास्तव : यह रचना के तात्कालिक और दूरगामी प्रभाव का सौंदर्यशास्त्रवाला सवाल हो गया, लेकिन यह महज तात्कालिक समस्या नहीं है।

रमेश उपाध्याय : इसमें वही हो रहा है, जो शासक वर्ग चाहता है। यानी आपका ध्यान समाज की मुख्य समस्याओं से हट जाए और आप सांप्रदायिक हिंसा वगैरह में ही खोए रहें। देशी-विदेशी जन-विरोधी शक्तियाँ चाहती हैं कि हम इसी सब में उलझे रहें। अतः इस तरह की कहानियाँ लिखकर हम वही कर रहे होते हैं, जो वे चाहती हैं।

खगेंद्र ठाकुर : कहानी में प्रधान क्या है?

सुरेंद्र चौधरी : एक चीज, जिसकी ओर इशारा किया जाना चाहिए, यह है कि उर्दू में जो कहानियाँ लिखी जा रही हैं—लेकिन पता नहीं कि इन पर उर्दू में क्या लिखा जा रहा है, यहाँ उर्दू का कोई कहानीकार होता या ऐसे लोग होते, जो उर्दू कहानी के बारे में हमें कुछ बता सकते, तो उसके आधार पर हम कुछ कह सकते थे—जो भी दो-चार कहानियाँ ऐसी लिखी गई हैं, उनके बारे में मुस्लिम समाज तो बेहद विक्षुब्ध है। उसकी साफ राय यह है कि ये प्रायोजित कहानियाँ हैं।

शंभुनाथ : 'दूसरी बाबरी मस्जिद' में सांप्रदायिकता को लेकर चिंता व्यक्त की गई है। ऐसी ही कई दूसरी पाकिस्तानी कहानियाँ भी होंगी।

खगेंद्र ठाकुर : उनके बारे में हम यहाँ कुछ नहीं कह सकते, हालाँकि उन पर विचार हो तो अच्छा।

सुरेंद्र चौधरी : नहीं, अपने बारे में तो कह सकते हैं। जब वे लोग प्रायोजित कहानियों का शगूफा छोड़ रहे हैं तो इन कहानियों के बारे में भी कहा जा सकता है कि ये बौद्धिक सहानुभूति से प्रेरित हैं।

शंभुनाथ : किसानों के संघर्ष के बारे में जो कहानियाँ लिखी जा रही थीं, उनके बारे में भी कहा जाता है कि वे प्रायोजित हैं, जबकि यह बात नहीं है। उनके अपने-अपने उद्देश्य थे, पर वे प्रायोजित नहीं थीं।

सुरेंद्र चौधरी : वे प्रायोजित कहानियाँ नहीं थीं। वे बौद्धिक सहानुभूति से प्रेरित भी नहीं थीं। वे यथार्थ की ऐतिहासिक चरित्र-स्थिति से प्रेरित थीं। दोनों में अंतर साफ है। हमारा यशार्थवाद उसकी गुंजाइश पैदा करता है।

खगेंद्र ठाकुर : राष्ट्रीय जनमानस पर बहुत अधिक दबाव है संप्रदायवाद का। इसलिए इस पर लिखी गई कहानी अच्छी-बुरी तो हो सकती है, लेकिन उसको प्रायोजित हम कैसे कहेंगे?

सुरेंद्र चौधरी : अब सवाल यह है कि अगर वे 'मॉडेल्ड' हैं...

खगेंद्र ठाकुर : तब तो फिर यह सवाल आ जाता है कि कहानी को आप कैसे देखते हैं। जो चरित्र समाज में घटनाओं का वाहक है, हू-ब-हू उसी से मिला कर कहानी के चरित्र को देखना कहानी को देखने का सही तरीका नहीं है। जैसे अभी उपाध्यायजी ने संप्रदायवाद पर लिखी पंकज बिष्ट की कहानी 'क्या कहना है ज़टायु?' का जिक्र करते हुए कहा कि इस कहानी का अंत प्रायोजित है...

रमेश उपाध्याय : मैंने ऐसा नहीं कहा....

खगेंद्र ठाकुर : लेकिन आपने कहा कि उससे न तो सांप्रदायिकता के स्रोत का पता चलता है और न इस बात का कि वह कहाँ ले जाती है। क्या लेखक सांप्रदायिकता पर कोई निबंध लिख रहा है कि वह स्रोत का पता दे? तब तो प्रेमचंद के बारे में यही पूछना पड़ेगा कि घीसू-माधव के शोषण का स्रोत उन्होंने कहाँ बताया।

रमेश उपाध्याय : बताया है, वह उस कहानी में मौजूद है।

खगेंद्र ठाकुर : है, मुझको याद है। पर वह तो प्रतीकात्मक है। यह कहानी हमें

कहाँ ले जाती है? यह बताती है कि सांप्रदायिक माहौल जब खड़ा होता है तो इतना सर्वव्यापी हो जाता है कि आदमी एक जगह से भागता है तो वैसी ही दूसरी जगह पहुँच जाता है। कहानी में स्त्री को बचानेवाला भी तो फँसा ही हुआ है, वह जान-बूझ कर उसे बचाने थोड़े ही गया है। यह अवश्य है कि कहानीकार ऐसे विषयों में रस लेने लगे तो अच्छा नहीं लगता, लेकिन ऐसी घटनाएँ तो हुई हैं, बहुत हुई हैं, और इस बर्बरता का साक्षात्कार लोगों को करा देना भी कोई साधारण बात नहीं है।

परमानंद श्रीवास्तव : बर्बर संगठन जो कर रहे हैं, वह इतना भयानक है कि उससे उदासीन रहना खतरनाक होगा। वे नौजवान पीढ़ी से मोमबत्ती पर हाथ रखवा कर इसकी जाँच करेंगे कि तुम हिंदू हो सकते हो कि नहीं हो सकते। इसकी दीक्षा बड़े पैमाने पर दी जा रही है। यानी हिंदू समाज के लिए हिंसा की दीक्षा।

खगेंद्र ठाकुर : जैसे 'तमस' में है कि मुर्गी कटवा कर हत्या करना सिखाया जाता है, क्रूर बनाया जाता है, मनुष्य में संवेदनशून्यता पैदा की जाती है।

परमानंद श्रीवास्तव : हाँ, वही कह रहा हूँ। यह जो दीक्षा दी जा रही है और इस दीक्षा से जो पीढ़ी गुजर रही है, क्या होगी वह आगे चल कर ? तो जाहिर है कि कहानी यह भी सोचने के लिए बाध्य करे तो महत्त्वपूर्ण चुनौती स्वीकार करने जैसी चीज है।

खगेंद्र ठाकुर : मैं सहमत हूँ। विभाजित चरित्र है संप्रदायवाद का, ऐसा किसी कहानी में मैंने भी नहीं देखा। राजनीतिक सत्ता पर कब्जा करने के उद्देश्य से धार्मिक उन्माद फैलाना और सांप्रदायिक टकराव करा देना मुख्य बात है आज के संप्रदायवाद की। इस ओर कहानीकारों का ध्यान जाना चाहिए। सांप्रदायिक राजनीति को बेपर्द करने के लिए यह जरूरी है। प्रश्न उठता है, सीधे राजनीतिक दलों पर लिखी गई कहानी राजनीतिक होगी या राजनीतिक संदर्भ या राजनीतिक शक्तियों पर लिखी गई कहानी भी राजनीतिक होगी? दोनों तरह की कहानी राजनीतिक होगी, लेकिन ज्यादा अच्छा है राजनीतिक शक्तियों और राजनीतिक संदर्भ पर लिखना। राजनीतिक उद्देश्यों से लिखी गई कहानी ज्यादा सार्थक और प्रभावकारी हो सकती है, क्योंकि राजनीति और उसका संदर्भ राजनीतिक दलों से अधिक व्यापक होते हैं। यह व्यापकता रचनाकार के लिए महत्त्वपूर्ण एवं प्रासंगिक है।

परमानंद श्रीवास्तव : और वह राजनीतिक अर्थवत्ता, जो अपने में दूसरे संदर्भ विकसित करेगी....

खगेंद्र ठाकुर : 'कामरेड का कोट' कहानी को ही लीजिए। वह राजनीतिक कहानी तो है, पर स्वस्थ राजनीतिक कहानी नहीं है, क्योंकि उसके भीतर एक ऐसा राजनीतिक आग्रह है, जो कहानी को भी नष्ट कर देता है। उपाध्यायजी ने ठीक कहा कि संप्रदायवाद के अलावा और भी संघर्ष हो रहे हैं।

रमेश उपाध्याय : देखिए, मुझे हिंदी कहानी में एक दुर्घटना होती दिखाई दे रही है। प्रगतिशील और जनवादी कहानी में कुछ शिल्पगत या कलात्मक कमजोरियाँ हो

सकती हैं, लेकिन उनमें एक चीज आप बराबर पाएँगे कि वर्तमान समाज को बदल कर एक बेहतर मानवीय और जनतांत्रिक व्यवस्था बनाने की जरूरत पर जोर दिया जा रहा है। दुर्घटना यह हो रही है कि हिंदी कहानी में अब लेखकों का ध्यान इस जरूरत पर कम जा रहा है। अथवा यों कहें कि इस जरूरत की तरफ ध्यान दिलानेवाली कहानी लिखने में जो जोखिम है, उसे उठाने के लिए हमारे ज्यादातर लेखक अब पहले जैसे उत्साही नहीं रहे।

जोखिम क्या है, इसे जरा स्पष्ट कर दूँ। जोखिम का मतलब यह नहीं है कि आप वर्तमान समाज को बदलने की और एक बेहतर व्यवस्था बनाने की जरूरत पर जोर देंगे तो आपको जेल में बंद कर दिया जाएगा, या फाँसी दे दी जाएगी, या देश-निकाला दे दिया जाएगा। अभी कोई फासिस्ट या तानाशाही व्यवस्था सौभाग्य से हमारे देश में नहीं है, जो इन तरीकों से लेखकों का दमन करे। पूँजीवादी जनतंत्र में दमन के तरीके प्रायः अप्रत्यक्ष होते हैं। उनमें आम तौर पर लेखक का नहीं, उसके लेखन का दमन किया जाता है, जिसका तरीका यह है कि उसे घटिया, पुराना, अप्रासंगिक, फार्मूलाबद्ध, प्रचारात्मक, कलाहीन या साहित्येतर घोषित कर दिया जाए, ताकि उसके प्रकाशन और प्रचार-प्रसार में बाधा पड़े। यह काम साहित्य-क्षेत्र में सक्रिय वे लोग करते हैं, जो यथास्थिति से लाभान्वित होने के कारण, या मिथ्या चेतना से प्रभावित होने के कारण, सामाजिक परिवर्तन में अपना अहित देखते हैं और उसकी जरूरत पर जोर देनेवाले साहित्य का विरोध करते हुए वस्तुतः व्यवस्था की दमनकारी शक्ति के रूप में सक्रिय होते हैं। वे संपादक हो सकते हैं, प्रकाशक हो सकते हैं, आलोचक हो सकते हैं। उपेक्षा और अस्वीकार उनके अस्त्र होते हैं। लेखक के लिए मृत्युदंड से भी बड़ा दंड यह है कि उसे लेखक न माना जाए। और पूँजीवादी जनतंत्र में व्यवस्था-परिवर्तन के उद्देश्य से लेखन करनेवालों को प्रायः यही दंड मिलता है। यही सबसे बड़ा जोखिम है।

प्रगतिशील और जनवादी लेखक यह जोखिम उठाते आए हैं। उन्होंने इस प्रतिबद्धता के साथ लेखन किया है कि ठीक है, आप हमें लेखक मानें या मानें, हमें जो लिखना है, वही हम लिखेंगे। मगर आज के कहानी-लेखन में यह प्रतिबद्धता कम होती दिखाई पड़ती है। शायद इसीलिए आज प्रगतिशील और जनवादी लेखक भी प्रायः ऐसी सीधी-सादी और मासूम-सी कहानियाँ लिखने लगे हैं, जो व्यवस्था को स्वीकार्य हों। प्रेम की कहानियाँ, स्त्री-पुरुष संबंधों की कहानियाँ, अपराध और भ्रष्टाचार की कहानियाँ, जादुई यथार्थवादी या उत्तर-आधुनिकतावादी कहानियाँ। सांप्रदायिकता पर लिखी गई कहानियाँ भी इसी कोटि में आती हैं। ऐसी कहानियों में अगर आप यह देखना चाहें कि लेखक की पक्षधरता और प्रतिबद्धता क्या है, या उसका 'स्टैंड' क्या है, वह कहाँ खड़ा होकर किसकी आलोचना कर रहा है, या समाज में कैसा परिवर्तन चाहता है, और उसका क्या तरीका अपने पाठकों को बताता है, तो मेरा खयाल है कि ज्यादातर मामलों में आपको निराशा ही हाथ लगेगी।

आज ऐसी ढेरों कहानियाँ लिखी जा रही हैं। उदाहरण के लिए उनमें से कुछ का जिक्र खगेंद्रजी ने किया। आज बहुत-से लेखक सांप्रदायिकता पर कहानियाँ लिख रहे हैं–ऐसी कहानियाँ, जिनसे वे तत्काल चर्चित हो जाएँ या साहित्य में प्रतिष्ठित हो जाएँ, और जिन पर कोई फिल्म या दूरदर्शन का धारावाहिक भी बन जाए। सांप्रदायिकता पर कहानी लिखने में ये सारे लाभ तो हैं ही, एक लाभ यह भी है कि लेखक प्रगतिशील या जनवादी भी बना रहता है और उसकी चर्चा कुछ ऐसे रूप में हो जाती है कि मानो उसने कोई बड़ा साहस का काम कर डाला हो। आज कोई फासिज्म का दौर नहीं आ गया है कि ऐसी कहानियाँ लिखने के लिए लेखक को कोई प्रत्यक्ष दंड मिले। मेरा खयाल है कि अभी ऐसे किसी लेखक पर इस तरह का हमला नहीं हुआ कि......

खगेंद्र ठाकुर : 'सहमत' के कार्यक्रम में ऐसा हुआ।

रमेश उपाध्याय : इन कहानियों पर, जिनकी चर्चा आप कर रहे हैं, और इनके कहानीकारों पर ऐसी आँच नहीं आई और न ऐसी आशंका है।

शंभुनाथ : हत्या हो जाएगी, तभी आप मानेंगे कि फासीवाद आ गया है? जब उसका खतरा है, उसके तत्त्व सक्रिय हैं....

रमेश उपाध्याय : अभी हमारी जनतांत्रिक आजादियाँ बची हुई हैं। तभी तो हम ऐसी बातें कर पा रहे हैं। अन्यथा हम यह पंचायत न कर पाते...

परमांनद श्रीवास्तव : वैसे यह निरूपण थोड़ा सरलीकरणवाला हो गया है कि एक दौर में एक तरह का क्रांतिवाद था, जो बिकाऊ हो गया था और अब सांप्रदायिकता के विरुद्ध जो इच्छाशक्ति काम कर रही है, वह भी बिकाऊ हो गई है। क्या ऐसा है?

खगेंद्र ठाकुर : नहीं, ऐसा नहीं है, क्योंकि ऐसा कहना पूरी रचनात्मकता को नकारना है।

सुरेंद्र चौधरी : इसके लिए साल-भर बाद जब आप पढ़ेंगे तो आपको पश्चात्ताप भी करना पड़ेगा।

परमानंद श्रीवास्तव : लेकिन उपाध्यायजी की इस बात में मैं थोड़ा दम पाता हूँ कि आज की बहुत-सी कहानियाँ तात्कालिकता से प्रेरित या प्रभावित हैं। अतः हम विश्लेषण करें कि जो कहानियाँ इतनी 'डीप-रूटेड' हैं आज की तात्कालिकता में, उनमें ऐसा क्या है कि इस हादसे के बाद भी उनको 'रिलेवेंट' बनाए रखेगा। तात्कालिकता में फँसी हुई और दूर तक अर्थ फेंकती हुई कहानियों में फर्क तो हमें करना होगा।

खगेंद्र ठाकुर : देखिए, परमानांदजी, यदि हम सांप्रदायिकता पर बात कर रहे हैं और उपाध्यायजी पूरी तरह सोच-समझ कर उसे तात्कालिक कह रहे हैं, तो यह बड़ी भयानक बात है; क्योंकि सांप्रदायिकता है तो आधुनिक काल की राजनीति, लेकिन इसका संबंध हमारे अतीत काल के इतिहास से लेकर भविष्य तक है।

रमेश उपाध्याय : मैंने सांप्रदायिकता को तात्कालिक नहीं कहा, मैंने इन कहानियों को तात्कालिकता से प्रभावित कहा। सांप्रदायिकता का तो पूरा इतिहास है।

खगेंद्र ठाकुर : हमारे इतिहास धर्मतंत्र की पुनर्रचना कर रहे हैं।

रमेश उपाध्याय : मैं तो कहानियों की बात कर रहा हूँ। सांप्रदायिकता के इतिहास की बात नहीं कर रहा हूँ।

खगेंद्र ठाकुर : सांप्रदायिकता पर लिखी गई कहानियों का उस इतिहास से कोई संबंध नहीं है?

सुरेंद्र चौधरी : नहीं, उपाध्याय जी का कहना यह है कि सांप्रदायिकता पर लिखना एक फैशन-सा हो गया है और उस पर लिखना आसान है, इसलिए...

खगेंद्र ठाकुर : देखिए, थोड़ा 'डिस्क्रिमिनेट' करें, 'स्वीपिंग रिमार्क' न दें।

रमेश उपाध्याय : यह 'स्वीपिंग रिमार्क' नहीं है। हम साहित्य, देश, काल, इतिहास और सौंदर्यशास्त्र की बात कर रहे हैं। तात्कालिक घटनाओं पर तत्काल जो कहानियाँ लिखी जाती हैं, उनमें पत्रकारिता का-सा कुछ भाव आ ही जाता है। कुछ 'सेंसेशनलिज्म' भी आ जाता है। इससे कहानियाँ तत्काल तो पठनीय और चर्चित हो जाती हैं, लेकिन घटना और प्रसंग बदल जाने पर वे पुरानी पड़ कर बेकार-सी भी हो जाती हैं। उदाहरण के लिए उदय प्रकाश की दो कहानियों को लें–एक 'टेपचू' और दूसरी 'और अंत में प्रार्थना'। 'टेपचू' को प्रकाशित हुए शायद पंद्रह-बीस साल हो गए और वह पुरानी नहीं पड़ी। मेरा खयाल है कि आज से कई साल बाद भी हम उसे बार-बार पढ़ेंगे और उसकी चर्चा करेंगे। लेकिन क्या ऐसा ही दूसरी कहानी के साथ भी संभव है? क्या वह दस साल बाद भी पढ़ने लायक रह जाएगी?

सुरेंद्र चौधरी : नहीं, यह तो है। इसी के साथ एक प्रश्न, जो हमारी बातचीत के संदर्भ से जुड़ा हुआ है, यह उठता है कि क्या कहानी की जरूरत के हिसाब से कुछ लोग तात्कालिकता से प्रभावित लेखन कर रहे हैं? किसी जमाने में कहानी की जरूरत समाज को मनोरंजन के लिए थी। वह पसरा हुआ समाज था, 'लेजरली' समाज था। उसके बाद कहानी की जरूरत इतिहास की दृष्टि से बताई गई। खैर, आज की सच्चाई यह है कि कहानी में विषय के मामले में अच्छी-खासी दरिद्रता दिखाई पड़ती है। इस बात को छिपाने की कोई जरूरत नहीं है कि ऐसा क्या है कि सारे हिंदी लेखक संप्रदायवाद पर लिख रहे हैं और घर में जो हो रहा है, उस पर नहीं लिख रहे हैं; घर में बच्चे जो कर रहे हैं उस पर नहीं लिख रहे हैं। ऐसी स्थितियाँ काफी हैं कि एक अच्छे-खासे प्रगतिशील आदमी के घर में संप्रदायवाद पनप रहा है, बाजाब्ता पनप रहा है, और उसको वह झेल रहा है, लेकिन वह आदमी कहानियाँ दूसरी लिख रहा है। सांप्रदायिकता पर अच्छी कहानियाँ बहुत कम लिखी गई हैं... याद की जानेवाली तो बहुत ही कम हैं। दूसरी बात, जो खगेंद्रजी ने कही, उस पर भी ध्यान दिया जाना चाहिए कि 1940 की सांप्रदायिकता में और 1990-93 की सांप्रदायिकता में भेद करने की जरूरत है। वह जो सांप्रदायिकता थी, उसकी राजनीति

समझ में आती थी। आज की जो सांप्रदायिकता है, वह अपनी राजनीति का आभास नहीं देती। देखा जाना चाहिए कि इसमें क्या है। इसमें कौन-सी बात छिपी हुई है? कौन-सा बँटवारा एक बार फिर करने की मंशा ? तो संप्रदायवाद पर कहानी लिखनेवाले लेखक इसको 'एक्सपोज' क्यों नहीं करते ?

परमानंद श्रीवास्तव : मेरे खयाल से आज जो सांप्रदायिकता बहुत भीतर तक हमारी शिराओं में बेचैनी पैदा कर रही है, उसको छूनेवाली कहानियाँ भी लिखी जा रही हैं, जैसे 'पार्टीशन' या 'बेमकान' जैसी कहानियाँ। ये कहानियाँ भी अपने सारे चरित्र में एक खास तरह का राजनीतिक अर्थ देती हैं।

सुरेंद्र चौधरी : लेकिन आप यह देखिए कि 'टोबा टेकसिंह' या 'शरणदाता' या 'झूठा सच' के टुकड़े ही हैं ये कहानियाँ। यही उनकी राजनीतिक वास्तविकता है। राजनीति को आप सहानुभूति दें, इससे बेहतर है कि राजनीति को जिएँ और जीनेवाले चरित्र गढ़ें, जीनेवाली परिस्थितियाँ तैयार करें...

परमानंद श्रीवास्तव : मैं फिर से असुविधाजनक सवाल उठानेवाली कहानी की याद दिला रहा हूँ। जैसे खगेंद्रजी अभी उदय प्रकाश की कहानी 'और अंत में प्रार्थना' का जिक्र कर रहे थे। जरा हम उसके 'फॉर्म' पर विचार करें। उसकी अंतर्वस्तु में जिस चरित्र-नायक का चुनाव किया गया है, वह विचारधारा की दृष्टि से एक खास वर्ग और संगठन से आता है। लेकिन उसके अपने मध्यवर्गीय संस्कार भिन्न प्रकार के हैं। उनमें बहुत सारी चीजें होंगी। कहीं उसमें एक खास तरह की स्वचेतनता भी है। अतः वह जिस दृष्टि से और चीज़ों के बारे में सवाल करता है उससे, जैसा मैंने कहा, यह पता चलता है कि वह एक तरह से असुविधाजनक चुनाव है। अगर कहानी की राजनीति का प्रश्न उठाना हो तो विचारणीय है कि हम अपनी विचारधारा के अनुरूप चरित्र का गठन करके उससे वांछित बातें कहलवा लें, तो अच्छी कहानी बनेगी? इस पर विचार करना इसलिए जरूरी है कि कहानी में विषयवस्तु ही निर्णायक नहीं होती। मसलन एक प्रेम-कविता ऐसी हो सकती है, जो राजनीतिक अर्थ छिपाए हुए हो। कहानी भी ऐसी हो सकती है कि उसमें बात प्रेम की हो, लेकिन राजनीतिक संदर्भ भी उद्‌घाटित होता हो, जैसे चेखव की कहानियों में होता है। प्रेम की कहानियाँ हैं, लेकिन उनमें वह ऐतिहासिक समय भी आता है, जिसके साथ एक पूरी व्यवस्था का और साथ ही उसके प्रतिरोध का संदर्भ भी आता है। कहानी की इस बहुस्तरीयता पर भी हमें विचार करना चाहिए और देखना चाहिए कि वह बहुस्तरीयता कहानी के राजनीतिक चरित्र की पहचान कराने में कहाँ तक सहायक हो रही है। कुछ और बेहतर कहानियाँ आपके ध्यान में आ रही हों तो बताएँ।

शंभुनाथ : मैं तीन दूसरी कहानियों का जिक्र करना चाहता हूँ—भीष्म साहनी की 'झुटपुटा', असगर वजाहत की 'सारी तालीमात' और अरुण प्रकाश की 'जलप्रांतर'। दरअसल पहले के संप्रदायवाद और आज के संप्रदायवाद के अंतर ने भीष्म साहनी के नजरिए में भी अंतर ला दिया है। इधर सांप्रदायिकता पर आधारित सभी कहानियों के

रूप और अंतर्वस्तु में बदलाव आया है। पहले का संप्रदायवाद छिटपुट था, जबकि आज का संगठित और व्यापक है। यह एक बुनियादी फर्क है। फलतः समाज में धार्मिक आस्था का शोषण बहुत ज्यादा बढ़ा है और जनता के विवेकपरक हस्तक्षेप में गिरावट आई है। यह एक ऐतिहासिक क्षति है। 1984 की घटना की पृष्ठभूमि में 'झुटपुटा' कहानी अलग-अलग वर्गों की अलग-अलग प्रतिक्रियाएँ दिखाती है। यह बहुत महत्त्वपूर्ण है। मध्यवर्गीय इलाके के कुछ घर जला दिए गए हैं, दुकानें जला दी गई हैं, मुहल्ले में खून-खराबा हुआ है और एक आतंक का माहौल है। साधारण वर्ग का एक सिख ड्राइवर इस हिंदू मुहल्ले में इसलिए गया दूध की गाड़ी लेकर कि न जाने कितने बच्चे भूखे हैं। उसमें भय नहीं है। दूध के लिए कतार में खड़े अधिकांश लोग मध्यवर्ग के हैं। वे पूरी घटना से बड़े व्यथित हैं। इनकी मनोव्यथा एक खास तरह की मनोव्यथा है। पहले की कहानियों की उग्र क्रांतिकारिता का स्थान मनोव्यथा ने ले लिया है। इसे आप कथात्मक मनोव्यथा कह सकते हैं। पर कुछ कहानियों में यह कथात्मक मनोव्यथा सक्रिय रूप में उपस्थित है, जहाँ मनोव्यथा ही नहीं है, बल्कि एक हस्तक्षेप भी है, प्रतिरोध भी है। जैसे 'सारी तालीमात' में। पर इधर प्रतिरोध के यथार्थ पर निष्क्रिय मनोव्यथा ही भारी पड़ रही है। इधर की कई कहानियों में यह मनोव्यथा पतित मध्यवर्ग का आत्मक्रंदन है। हमारा वर्तमान समाज जिस गति से पतित होता जा रहा है, उसके अंदर बस निष्क्रिय मनोव्यथा ही इस समय बची है। 'झुटपुटा' कहानी में कतार में खड़े लोग केवल व्यथा और क्षोभ व्यक्त करते हैं, कोई कारगर हस्तक्षेप नहीं करते।

खगेंद्र ठाकुर : एक बच्ची है उस कतार में, जिसके हाथ में दूध के दो डिब्बे हैं। एक आदमी पूछता है कि ये दो डिब्बे क्यों हैं तुम्हारे हाथ में, तो उसका जवाब है कि एक सरदार चाचा का है। वे आज नहीं आ सकते थे न। इस तरह कारगर हस्तक्षेप भी है वहाँ।

शंभुनाथ : लेकिन सोचिए, वह एक बच्ची है। आज इस तरह का आदर्शवाद या तो बूढ़ों में बचा हुआ है या बच्चों में।

खगेंद्र ठाकुर : बच्चों के माध्यम से भी वास्तविकता सामने आ सकती है। चुनाव के समय गाँव का वोट किसको मिलनेवाला है, यह हम बच्चों के नारों से जान सकते हैं। वोट ही क्या, दूसरी जगह भी हम इस चीज को देख सकते हैं।

शंभुनाथ : मेरे खयाल से इस कहानी में जो बच्ची है, वह यथार्थ नहीं, कहानीकार की आकांक्षा को व्यक्त कर रही है।

खगेंद्र ठाकुर : यथार्थ में ऐसा संभव नहीं है क्या ?

शंभुनाथ : खास रूप से कहीं-कहीं हो सकता है, पर यह आकांक्षा है अभी भी। जिस गति से हमारे समाज का बौद्धिक उपनिवेशन हो रहा है और उसका आतंक पनप रहा है...

खगेंद्र ठाकुर : बचानेवालों की संख्या भी बहुत है...

शंभुनाथ : 'झुटपुटा' में जो स्थिति है, उसके बारे में मैं कह रहा हूँ। निस्संदेह कहानी सिर्फ यथार्थ नहीं होती, वह एक सामाजिक आकांक्षा भी होती है, पर क्या यह एक विडंबना नहीं है कि हमारे युग की आकांक्षा अब सिर्फ बच्चों के इर्द-गिर्द घूम रही है ? निष्कलंक बच्चों के इर्द-गिर्द। राजनीतिक स्वर भी 'लाउड' से धीमा हुआ है। स्थूल से सूक्ष्म। 'जल-प्रांतर' सीधे संप्रदायवाद पर आधारित कहानी नहीं है। गाँव में बाढ़ आती है और मंदिर का पुजारी मंदिर छोड़ कर नहीं जाता। बाढ़ की वजह से उसके परिवार के दूसरे लोग चले गए हैं गाँव छोड़ कर, पर मंदिर का पुजारी अपनी आस्था के चलते मंदिर नहीं छोड़ता। अंत में जब उसका लड़का उसे देखने आता है तो उसे पुजारी की लाश मिलती है, क्योंकि उसे साँप ने काट लिया होता है। हम देखते हैं कि अंधी धार्मिक आस्था मनुष्य के जीवन में कितनी विपत्तियाँ लाती है। विकास के बावजूद जड़ आस्था ने आज भी कितना जकड़ रखा है हमारे समाज को। यह सीधे-सीधे संप्रदायवाद पर चोट नहीं है, पर जड़ धार्मिक आस्था पर इस तरह की चोट का लक्ष्य अंततः संप्रदायवाद की जड़ खोदना ही है।

खगेंद्र ठाकुर : धार्मिक आस्था संप्रदायवाद का रूप तब लेती है जब वह दूसरे संप्रदाय के लिए हमलावर हो जाती है या दूसरों का अस्तित्व उसके लिए बरदाश्त से बाहर हो जाता है।

शंभुनाथ : आप ठीक कहते हैं। फिर भी धार्मिक आस्था जनता के मन में होती है। तभी तो राजनीतिक लोग उसका इस्तेमाल करते हैं। इस दृष्टिकोण से यदि वहाँ धार्मिक आस्था पर चोट की गई है तो संप्रदायवाद पर भी चोट की गई है। बिना शोर के यह भी एक लड़ाई है। संप्रदायवाद पर चोट करनी है तो धार्मिक अंध-आस्था पर चोट भी करनी होगी। धर्म के नकारात्मक तत्त्वों के खिलाफ संघर्ष किए बिना हम संप्रदायवाद से नहीं लड़ सकते।

रमेश उपाध्याय : परमानंदजी ने जिस कहानी का नाम लिया, 'पार्टीशन' का, मैं खुद भी उस कहानी के बारे में सोच रहा था। यह कहानी भी सांप्रदायिकता पर लिखी गई है, लेकिन यह एक महत्त्वपूर्ण और अविस्मरणीय कहानी है। इसमें दंगा नहीं है, हिंसा और बलात्कार जैसी चीजें नहीं हैं। आम लोगों के दैनंदिन जीवन, सोच और व्यवहार में जो जहर घुला हुआ है, उसकी कहानी है यह। उस जहर के कारण कुरबान भाई, जो एक बेहतरीन इंसान हैं, एक दिन यह सोचने को मजबूर हो जाते हैं कि वे मुसलमान हैं। यह जबर्दस्त सांप्रदायिकता-विरोधी कहानी है और फैशन में लिखी गई सांप्रदायिकता-विरोधी कहानियों के मुकाबले मजबूती से अलग खड़ी दिखाई देती है।

खगेंद्र ठाकुर : अच्छा, यह बताइए कि फैशन में लिखी गई कहानियाँ कौन-सी हैं?

रमेश उपाध्याय : उदाहरण तो बहुत-से हैं, पर फिलहाल मैं एक ही कहानी का नाम लूँगा, 'क्या कहना है जटायु?' का, जिसकी चर्चा परमानंदजी कर रहे थे। आप

इसकी तुलना 'पार्टीशन' से करके देख लीजिए। दोनों कहानियों को एक साथ रख कर पढ़ लीजिए। दोनों में जो फर्क है, इन कहानियों का 'टेक्स्ट' ही आपको बता देगा।

खगेंद्र ठाकुर : लेकिन 'पार्टीशन' तो पुरानी कहानी है।

रमेश उपाध्याय : पुरानी है, लेकिन सांप्रदायिकता के विरुद्ध कहानी है।

खगेंद्र ठाकुर : आपकी नजर में इधर कोई जेनुइन कहानी नहीं है क्या? थोड़ा आगे बढ़ें हम लोग।

परमानंद श्रीवास्तव : रमेशजी ने जो सवाल उठाया है, वह 'स्टॉक राइटिंग' के विरुद्ध सचेत करनेवाला सवाल है। सरल आदर्शवाद को लेकर भी 'स्टॉक राइटिंग' संभव है और सनसनीखेज यथार्थ को लेकर भी।

खगेंद्र ठाकुर : यह भी सच नहीं है कि आज सिर्फ सांप्रदायिकता पर लिखा जा रहा है। आज विभिन्न विषयों पर लिखा जा रहा है। महँगाई, भ्रष्टाचार, गुंडागर्दी आदि पर, लेकिन वे कहानियाँ दबी जा रही हैं।

सुरेंद्र चौधरी : इधर जो कहानी-विशेषांक आए हैं, उनमें चार-पाँच कहानियाँ ...

शंभुनाथ : समकालीन कहानी में और विविधता आनी चाहिए, यह सही है, लेकिन यह सही नहीं है कि आज कहानियाँ सिर्फ संप्रदायवाद पर लिखी जा रही हैं।

सुरेंद्र चौधरी : यह तो किसी ने नहीं कहा।

शंभुनाथ : जिस तरह पुनरुत्थानवाद हमारे समय की मुख्य समस्या है, उसी तरह उपभोक्तावाद भी। नव-औपनिवेशिक विकास और उपभोक्तावाद के जो संकट हैं, उनसे भी आज की कहानियाँ टकरा रही हैं। इस संदर्भ में मैं दो कहानियों का जिक्र करना चाहता हूँ : शेखर जोशी की 'विडुआ' और स्वयं प्रकाश की 'बडे'। 'विडुआ' में किसी गाँव के एक ठाकुर साहब हैं, जिनके घर शादी है। बच्चे कहते हैं कि शादी की वीडियो फिल्म बनवाएँगे। बाबू साहब मना करते हैं, पर बच्चे मानते नहीं। शादी के बाद घर लौट कर वह वीडियो फिल्म देखी जाती है तो उसमें ऐसे फूहड़ दृश्य दिखाई देते हैं कि बुजुर्ग बाबू साहब विचलित हो जाते हैं। उनके अंदर अभी पुराना आदर्शवाद बचा हुआ है। वे अपसंस्कृति को झेल नहीं पाते।

हमारे प्रगतिशील और जनवादी लोगों ने भारतीय समाज में आदर्शवाद की जो परंपरा है, उसका सही मूल्यांकन नहीं किया है। भारतीय आदर्शवादी परंपरा के ऐसे बहुत-से तत्त्व हैं, जिन्हें विकसित करके हम किसान-मजदूर और मध्यवर्ग की जनता के संघर्ष के लिए उपयोगी बना सकते हैं। आदर्शवाद को हमें दो वर्गों में बाँटना चाहिए : सकारात्मक आदर्शवाद और नकारात्मक आदर्शवाद। सकारात्मक आदर्शवाद के धार्मिक सहिष्णुता, निर्वैर, निर्भयता, ईमानदारी, सादगी, त्याग आदि ऐसे मूल्य हैं, जो लोकजीवन में अभी भी बचे हुए हैं। प्रेमचंद के 'सुजान भगत' की कोई बात हमें आकर्षित करती है या नहीं ?

खगेंद्र ठाकुर : आदर्श कहिए उसे, आदर्शवाद नहीं।

शंभुनाथ : 'विडुआ' के राय साहब के आदर्श का सामाजिक-बौद्धिक स्रोत क्या है? वीडियो अगर चल रहा है और वे...

सुरेंद्र चौधरी : यह जीवन-पद्धति है उनकी और वह आदर्शवादी हो या न हो, उसके अपने कुछ आदर्श हैं...

शंभुनाथ : भारतीय समाज में आदर्शवाद की ऐतिहासिक भूमिका को स्वीकार करना चाहिए। आप प्रेमचंद को उठाते हैं। क्या प्रेमचंद केवल वहीं महत्त्वपूर्ण हैं, जहाँ 'पूस की रात' और 'कफन' कहानियाँ हैं ? किसी को विकास में देखने का अर्थ यह नहीं है कि हम निरंतरता की परख न करें। समग्रता को देखने का अर्थ है निरंतरता और विकास दोनों धरातलों पर देखना। प्रसाद के आदर्शवाद को आप क्या कहेंगे ? उसमें सकारात्मक, प्रगतिशील और द्वंद्वात्मक तत्त्व है या नहीं? 'आकशदीप' और 'मधुआ' को छोड़ा नहीं जा सकता। भैरव प्रसाद गुप्त की कहानी 'गत्ती भगत' में क्या है? स्वयं प्रकाश की कहानी 'बर्डे' में एक रिक्शावाला आता है। बच्चे के जन्मदिन पर उसके स्कूल का रिक्शावाला सिर्फ फूलों की एक माला ले आता है। बच्चा इसी से प्रसन्न हो जाता है, जबकि बच्चे की मम्मी कस्बे के अपने पहले आयोजन में कम उपहार देखकर बहुत खिन्न है। सोचिए, साधारण श्रमिक वर्ग में जो संवेदना बची हुई है, वह इस औरत में खत्म है। बच्चे में बची हुई है। यह सही है कि समाज में उपभोक्तावाद फैल रहा है। इसके बावजूद उपभोक्तावाद से कहीं-न-कहीं एक टकराहट–प्रच्छन्न स्तर पर ही सही, सूक्ष्म स्तर पर ही सही–समाज में बची हुई है। उसी टकराहट की अभिव्यक्ति हैं 'विडुआ' और 'बर्डे' जैसी कहानियाँ। ऐसी कहानियाँ हमारा ध्यान ज्यादा आकर्षित करती हैं।

परमानंद श्रीवास्तव : अभी जिस विषय-दारिद्र्य की चर्चा हम कर रहे थे, उसमें एक बड़ा 'रिलेवेंट' सवाल यह है कि चीजों को कभी-कभी विनोदपूर्ण ढंग से देखने से भी बड़ी रचना या बड़ी कहानी संभव होती है। लेकिन हिंदी कहानी में यह प्रवृत्ति या विवेक बहुत कम है। मेरा खयाल है कि स्वयं प्रकाश ने इसका लाभ उठाया है–इस विनोदवृत्ति का अच्छा रचनात्मक इस्तेमाल करके। उन्होंने ऐसी कहानियाँ लिखी हैं, जो वर्ग-चेतना की दृष्टि से लिखी गई हैं। उनमें ऊपर-ऊपर से लगेगा कि यह तो बड़ी हास्यास्पद स्थिति है, लेकिन उसके भीतर से कोई और चीज उभरती है। इसी तरह की एक कहानी है काशीनाथ सिंह की 'कहानी सराय मोहन की'। इसमें दो निठल्ले जब मिलते हैं तो उनका सिर्फ इस तरह मौजूद होना और एक-दूसरे को पाना ही बड़ी हास्यास्पद स्थिति है, लेकिन जाहिर है कि कहानी का उद्देश्य सिर्फ हास्य उत्पन्न करना नहीं है। तो यह जो विनोदपूर्ण रवैया है, वह कभी-कभी गंभीर लिखनेवालों से ज्यादा सार्थक और रचनात्मक होता है–रचनात्मकता के अधिक हित में होता है। अखिलेश जैसे इधर के कहानीकारों ने भी इस विनोदवृत्ति का बेहतर इस्तेमाल किया है।

शंभुनाथ : हिंदी में व्यंग्यकथा का इतना क्षय हुआ है कि इस क्षय पर भी विचार करना चाहिए।

परमानंद श्रीवास्तव : निराला ने जब यह सवाल उठाया था कि हिंदी में हास्यरस का अकाल क्यों है तो वह यही सवाल था।

शंभुनाथ : इसके लिए हिंदी की व्यावसायिक पत्रकारिता जिम्मेदार है, जिसने व्यंग्यकथाओं का इतना व्यावसायिक दोहन किया कि हास्य को कुमार्ग पर ला दिया। हिंदी के अच्छे व्यंग्यकार भी धीरे-धीरे व्यावसायिक उत्पादन करने लगे। यह हिंदी समाज की विडंबना है कि हास्यास्पद कवि और चुटकुलेबाज आज कवि-सम्मेलनों के प्रमुख आकर्षण हैं। दूसरी किसी भारतीय भाषा में हास्य, विनोद और व्यंग्य का इतना विकृत व्यवसायीकरण नहीं हुआ।

खगेंद्र ठाकुर : यदि लेखक लेखक नहीं रहे तो पत्रकारिता को ही दोष क्यों दें? वे तो करेंगे ही इस्तेमाल पत्रिकाओं का। यह लेखक की सावधानी का विषय है कि वह इस्तेमाल न किया जा सके।

परमानंद श्रीवास्तव : सवाल यह है कि हमने क्या किया ? कहानी के ढाँचे में पत्रकारिता के ढंग का कोई बेहतर इस्तेमाल किया क्या ? या हम किसी और उद्देश्य के लिए इस्तेमाल हो गए?

खगेंद्र ठाकुर : हम हो जाते हैं इस्तेमाल। यह हमारी कमजोरी है।

परमानंद श्रीवास्तव : ज्ञानरंजन ने व्यंग्य-विनोद की तरह ही पत्रकारिता की कला का भी उपयोग किया। स्वयं प्रकाश ने भी किया। कुछ और लेखकों ने भी किया। फिर भी ज्यादातर तो अंतर्वस्तु और रूप का दारिद्र्य ही दिखता है। अतिसलीकरण की हद तक।

रमेश उपाध्याय : नहीं, ऐसी बात नहीं। हिंदी कहानी में स्थितियाँ इतनी कारुणिक नहीं हो गई हैं कि उसमें हास्य-व्यंग्य के लिए कोई जगह न हो। अपनी कहानियों के बारे में तो खुद क्या कहूँ, लेकिन व्यंग्य का इस्तेमाल कमोबेश हमारे समय के सभी लेखक करते हैं—उदय प्रकाश, असगर वजाहत, अब्दुल बिस्मिल्लाह आदि से लेकर सृंजय, सुरेश कांटक और रघुनंदन त्रिवेदी तक। अंतर्वस्तु और रूप का भी ऐसा कोई दारिद्र्य नहीं है।

सुरेंद्र चौधरी : इसमें कोई शक नहीं है। व्यंग्य तो कहीं-न-कहीं बाकी है, लेकिन वह कहानीकार के व्यक्तित्व के बाहर है। हाँ, इसका अधिकतम रचनात्मक उपयोग, जो अभी नहीं हो पा रहा है, किया जा सकता है—कुछ चरित्रों के द्वारा, कुछ परिस्थितियों के द्वारा...

खगेंद्र ठाकुर : व्यंग्य तो एक प्रकार से सीधा संघर्ष है। हालाँकि शैली की दृष्टि से व्यंग्यकार घुमा-फिरा कर बातें कहता है, लेकिन सीधे संघर्ष से मेरा मतलब है कि व्यंग्य-लेखक के सामने यह स्पष्ट रहता है कि व्यंग्य का निशाना किसको बनाना है और किसको नहीं बनाना है। यह बात परसाईजी के लेखन में बिलकुल स्पष्ट है।

सुरेंद्र चौधरी : उनकी तो बात ही नहीं।

खगेंद्र ठाकुर : वे अखबारों में लिख कर भी स्खलित नहीं हुए, बल्कि कायम रहे अपनी जगह पर। अन्य व्यंग्य-लेखक बहुत हुए हैं, पर उनके सामने स्पष्ट नहीं है कि किसको बचाना है, किस पर चोट करनी है। आज के समाज में कुछ उपलब्धियों को बटोरने का दौर है, लेकिन व्यंग्यकार को उससे अपने को अलग रखना पड़ेगा। व्यंग्य लिखने के लिए जैसे निराला को झेलना पड़ा, या परसाईजी को झेलना पड़ा है, वैसे शरद जोशी को नहीं झेलना पड़ा।

रमेश उपाध्याय : सुरेंद्रजी, आप जो कह रहे थे कि हिंदी कहानी में विषयों का दारिद्र्य है...

सुरेंद्र चौधरी : दारिद्र्य विषयों का नहीं है, कहानी में विषयों की दरिद्रता है।

रमेश उपाध्याय : मैं उसी के बारे में कह रहा हूँ। मुझे ऐसा नहीं लगता कि आज की कहानी में विषयों की दरिद्रता है। शंभुनाथजी ने विविधता की कमी की बात की, पर मुझे तो हिंदी कहानी में काफी विविधता दिखाई देती है...

खगेंद्र ठाकुर : चौधरीजी ने कहा था कि घरों में बच्चे क्या कर रहे हैं, यह देखना चाहिए। इस प्रसंग में सृंजय की कहानी 'तख्तोताब' पर गौर करें। उसके माध्यम से जाना जा सकता है कि पुराने और नए, यानी सामंती और जनतांत्रिक मूल्यों का चित्रण कैसे होता है आज की कहानी में। यह ध्यान देने योग्य है।

रमेश उपाध्याय : मुझे लगता है कि यह ऐसा समय है, जब हमें इन तमाम चीजों को पुनर्परिभाषित करना चाहिए। मैं ऐसा नहीं मानता कि अब तक हम जो कुछ करते आए हैं, वह सब गलत हुआ है, लेकिन यह मानता हूँ कि वह नाकाफी था, अपर्याप्त था। उसे पर्याप्त बनाने के लिए ज्ञान और अनुभव की कमी नहीं है। ज्ञान तो आज चारों तरफ से आ रहा है, अनुभवों की दृष्टि से भी आज का कहानीकार पहले से कहीं ज्यादा समृद्ध है। गाँव-देहात के, जंगलों-पहाड़ों के, नगरों और महानगरों के विविधतापूर्ण अनुभव कहानियों में आ रहे हैं। लेखकों के पास विषयों की कमी नहीं है, लेकिन ऐसा लगता है कि आज के लेखकों के पास 'विज़न' की कमी है। 'विज़न' का मतलब है कि आप अपने काम से अपने-आपको और दुनिया को क्या बनाना चाहते हैं, और जो बनाना चाहते हैं, उसमें से क्या बनाना उचित, आवश्यक और संभव है। वर्तमान को आप किस रूप में देखते हैं और कैसी कल्पना करते हैं अपने भविष्य की...

खगेंद्र ठाकुर : यानी आपका ऐतिहासिक ध्येय क्या है।

रमेश उपाध्याय : हाँ, यही कहें। तो यह आज की कहानी से गायब होता हुआ-सा दिखता है।

परमानंद श्रीवास्तव : अभी व्यंग्य-कहानी की बात हो रही थी। व्यंग्य और कहानी में फर्क है। उस फर्क को समझने की दृष्टि से 'कथा' में प्रकाशित दूधनाथ सिंह की कहानी 'काशी नरेश से पूछो' दिलचस्प है। इसमें व्यंग्य का इस्तेमाल है और

बहुत ही सुगठित तरीके से है–एक अच्छी, सुलिखित कहानी की तरह।

सुरेंद्र चौधरी : और यह उनके तेवर के अनुकूल कहानी है। लेकिन विविधता वाली बात पर लौटें। क्या कारण है कि सन् 55 और 60 के बीच की कहानियां की जितनी धाराएँ थीं, सब राष्ट्रीय धारा से जुड़ी हुई थीं और आज ऐसा नहीं है? उस समय मटियानी पहाड़ों पर लिख रहे थे, बंबई पर लिख रहे थे। रेणु पूर्णियाँ पर लिख रहे थे। फिर भी अंचल की सीमाओं को तोड़ कर एक राष्ट्रीय चरित्र के निर्माण की प्रक्रिया कहानी से निकल रही थी। आज यह नहीं है। इसका क्या कारण है? हम केवल आर्थिक कारण देखते हैं, लेकिन क्या इसका कोई सांस्कृतिक कारण नहीं है? 'विज़न' वाली बात सांस्कृतिक कारणों से जुड़ती है। जिस दौर से हम गुजर रहे हैं, उसमें एक बड़ा सांस्कृतिक संकट हम झेल रहे हैं। लेकिन मुझे लगता है कि इसके लिए हम पिछली पीढ़ी को जिम्मेदार ठहरा कर अपने को आश्वस्त करना चाहते हैं। यह अच्छा और सुविधाजनक तो है, लेकिन बुरा और दायित्वहीन भी है।

खगेंद्र ठाकुर : आप छठे दशक के दौर की बात कर रहे हैं। वह हमारी आजादी मिलने के तुरंत बाद का दौर है और वह मूलतः निराशा का दौर नहीं है, आशा का ही दौर है वह। आज हम जिस दौर से गुजर रहे हैं, उसमें राष्ट्रीय आंदोलन का प्रभाव क्षीण हो चुका है और उसके बदले कोई दूसरा राष्ट्रीय आंदोलन आज है नहीं। क्षेत्रीय आंदोलन हैं या टुकड़ों में आंदोलन है, क्योंकि...

सुरेंद्र चौधरी : आज तो शोषित राष्ट्रीयताओं के नारे दिए जा रहे हैं, जिनसे अलगाववाद पैदा होता है। उस अलगाववाद का एक बड़ा राजनीतिक अर्थ है, भयानक अर्थ है।

खगेंद्र ठाकुर : राष्ट्रीय स्वाधीनता संग्राम का विकास तो किसी-न-किसी तरह से एक समाजवादी निर्माण के विकास के जरिए ही हो सकता था, लेकिन वह शक्ति हमारे देश में बहुत ही कमजोर है। इसीलिए यह क्षेत्रीयता का आंदोलन है, संप्रदायवाद का आंदोलन है, या कि खंडित आंदोलन है–खंडित व्यक्तिव भी है।

रमेश उपाध्याय : एक वजह और भी है : हमारे यहाँ समाज को जोड़नेवाली ताकतें समाज को तोड़नेवाली ताकतों के मुकाबले सक्रिय नहीं हो पाई हैं। फिर भी जोड़ने और बनानेवाली ताकतें जनता के बीच मौजूद हैं, और वे ही समाज को टूटने-बिखरने से बचाए हुए हैं। वे ही समाज को आगे बढ़ा कर बेहतर भविष्य की ओर ले जा सकती हैं। यह विश्वास की बात नहीं, प्रत्यक्ष अनुभव की बात है। सवाल यह है कि वे ताकतें सक्रिय कैसे हों और तोड़नेवाली ताकतों का मुकाबला कैसे करें। मुझे लगता है कि इसके लिए हमको एक सांस्कृतिक पुनर्गठन की प्रक्रिया से गुजरना होगा। उस प्रक्रिया में हम देखेंगे कि समकालीन हिंदी कहानी के क्षितिज पर विभिन्न प्रकार के यथार्थों का जो इंद्रधनुष दिखाई पड़ता है, उसके रंगों में भिन्नताएँ ही हैं या उनके बीच आपस में कुछ संबंध भी हैं।

सांस्कृतिक पुनर्गठन की प्रक्रिया हमारे चाहने या न चाहने का विषय नहीं है। वह

शुरू हो चुकी है। विभिन्न प्रकार के वर्गीय और जातीय हितों की टकराहट ने उसे शुरू कर दिया है। दलितों, स्त्रियों, अल्पसंख्यकों आदि के हित एक तरफ हैं, तो देशी-विदेशी पूँजीपतियों, भूस्वामियों, व्यापारियों आदि के हित दूसरी तरफ हैं। इन हितों का टकराव एक तरफ फासीवाद या तानाशाही का खतरा पैदा करता है, तो दूसरी तरफ समाज के जनवादीकरण की प्रक्रिया के तेज होने की आशा भी जगाता है। अत: सांस्कृतिक पुनर्गठन की इस प्रक्रिया में हमें समाज और साहित्य-संस्कृति के अंदर विभिन्न यथार्थों की दूरियों को कम करने और संबंधों को प्रगाढ़ करने का अवसर मिल सकता है। इसलिए जरूरी है कि हम उन दूरियों और संबंधों को समझने और एक बेहतर समाज बनाने के लिए उनमें आवश्यक परिवर्तन करने की दिशा में प्रयत्नशील हों। साहित्य में मुझे लगता है कि रचनाकार अपने स्तर पर इस दिशा में प्रयत्नशील हैं, पर आलोचक शायद पिछड़ रहे हैं। इसलिए जरूरी है कि इस दिशा में हिंदी आलोचना भी कुछ पहल करे।

सुरेंद्र चौधरी : नहीं, एक 'मेंडेट' की तरह से इसका इस्तेमाल किया जाना चाहिए कि कहानी की सार्थकता का सवाल उठता है तो आलोचना की सार्थकता का सवाल भी उतना ही महत्त्वपूर्ण है कि आलोचना कैसे सार्थक होगी।

शंभुनाथ : आलोचना भी तो खंड-खंड पुस्तक-समीक्षा और बीज-भाषणों में फँसी हुई है। हर आलोचना अपना अलग नायक चुन रही है, लेखक चुन रही है, विषय चुन रही है...

रमेश उपाध्याय : अगर आलोचना ने अपने नायक चुन लिये हैं, लेखक चुन लिये हैं, विषय चुन लिये हैं और वह बार-बार उन्हीं को प्रतिष्ठित करना और दूसरों को उनकी बिना पर खारिज करना चाहती है, तो यह बहुत ही दुर्भाग्यपूर्ण है। आलोचना को आज आत्मालोचना की जरूरत है। उसे भी पुनर्गठन की प्रक्रिया से गुजरना है।

सुरेंद्र चौधरी : स्वस्थ आलोचना के पक्ष में यह आलोचना नहीं जा रही है।

रमेश उपाध्याय : यह बात अनेक लोग अनेक प्रकार से कह चुके हैं कि 'नई कहानी' के बाद से आज तक हिंदी कहानी काफी विकसित हुई है और आगे बढ़ी है, लेकिन वह उतनी लोकप्रिय नहीं हो सकी है। यह एक समाजशास्त्रीय प्रश्न है और हमें इस पर विचार करना चाहिए। इस बीच साहित्य-संस्कृति के क्षेत्र में बहुत-से परिवर्तन हुए हैं। कहानी को या साहित्य मात्र को यदि आज पहले की-सी स्वीकृति प्राप्त नहीं है तो इसका दोष लेखकों पर डाल देने से इस स्थिति की व्याख्या नहीं हो सकती। देखना यह चाहिए कि लेखक और पाठक का संबंध आज क्या रह गया है, या किस तरह का हो गया है। यह भी देखना चाहिए कि लेखक या लेखन की आज समाज में क्या भूमिका रह गई है। आजादी से पहले समाज में लेखक को एक विशिष्ट और महत्त्वपूर्ण स्थान प्राप्त था। आजादी के बाद भी कुछ वर्षों तक, कह सकते हैं कि 'नई कहानी' के आंदोलन के समय तक भी, लेखक का वह महत्त्व और

वैशिष्ट्य बना हुआ था। मगर उसके बाद बड़ी तेजी से उसमें कमी आई।

मेरे विचार से इसका कारण यह है कि आजादी के बाद लेखकों का अपनी जनता से पहले जैसा संपर्क और संबंध नहीं रहा। समाज को दृष्टि और दिशा देने की उनकी सांस्कृतिक नेतृत्व की भूमिका लगभग समाप्त हो गई। साहित्य धन और यश कमाने, पद और पुरस्कार पाने, सत्ताधीशों से संपर्क साध कर तरह-तरह के फायदे उठाने का साधन बन गया। हिंदी को राष्ट्रभाषा बनाने के सवाल पर तथाकथित हिंदी-समर्थकों और हिंदी-विरोधियों की राजनीति ने और अंग्रेजी का वर्चस्व बनाए रख कर हिंदी सहित तमाम भारतीय भाषाओं का दमन करने की सरकारी नीति ने भी हिंदी के लेखकों को अपनी जनता से अलग किया। सरकार हिंदी के नाम पर पानी की तरह पैसा बहाने लगी, लेकिन उसने हिंदी भाषा और साहित्य का हित कम और अहित ज्यादा किया। मसलन पुस्तकों की थोक सरकारी खरीद को ही देखें, जिसने एक तरफ हिंदी के प्रकाशकों को भ्रष्ट बनाया और दूसरी तरफ पाठकों तक पुस्तकों का पहुँचना मुहाल कर दिया। आज हिंदी के पाठक तो हैं और प्रकाशन संबंधी आँकड़ों से पता चलता है कि वे बढ़े हैं, लेकिन लेखकों और पाठकों के बीच पहले जैसा संबंध और संवाद समाप्त हो गया है। बहुत-सी साहित्यिक पत्रिकाएँ बंद हो गई हैं। दैनिक और साप्ताहिक पत्रों में जो साहित्य छपता था, उसके गुण और परिमाण में भी काफी कमी आई है। लघु पत्रिकाओं ने इस स्थिति के विरुद्ध संघर्ष किया है और वामपंथी लघु पत्रिकाओं ने साहित्य को जनता तक पहुँचाने के प्रयास भी किए हैं, लेकिन साधनों के अभाव और दूसरी कठिनाइयों के कारण ये पत्रिकाएँ भी लेखकों तक ही सीमित रह गईं।

लेखक-पाठक के बीच सार्थक संबंध बनानेवाली एक महत्त्वपूर्ण कड़ी थी आलोचना, लेकिन अनेक कारणों से वह भी लेखकों और आलोचकों के ही बीच की चीज बन कर रह गई। अब वह आम पाठकों के पढ़ने की नहीं, बल्कि लेखकों, शिक्षकों और छात्रों के ही पढ़ने की चीज रह गई है। और, जैसा कि शंभुनाथजी ने कहा, कहानी की आलोचना ने तो अपने लेखक, नायक और विषय तक चुन लिये हैं। ऐसी स्थिति में पाठक को साहित्य--विवेक प्रदान करने का काम आलोचना कैसे कर सकती है? और वह अपना तथा साहित्य का संबंध भी पाठकों से कैसे बना सकती है ? आलोचना जब उसकी मदद नहीं करती तो पाठक वही पढ़ता है, जो उसे आसानी से मिल जाता है, या जिस चीज का किसी भी तरह से कुछ प्रचार हो जाता है। फिर, दूरदर्शन वगैरह ने भी साहित्य से उसके बहुत-से पाठक छीन लिये हैं। इन व्यापक संचार-माध्यमों के जरिए साहित्य को जनता तक पहुँचाया जा सकता है, लेकिन उनकी नीति जनता में साहित्य-संस्कृति का प्रचार करने की नहीं, अपसंस्कृति का प्रचार करने की है। ऐसी स्थिति में प्रगतिशील और जनवादी लेखकों की, आलोचकों की, उनकी पत्रिकाओं की और उनके संगठनों की जिम्मेदारी बढ़ जाती है।

शंभुनाथ : यह भी देखना पड़ेगा कि प्रेमचंद-युग के कथाकार साहित्य को

जितनी गंभीरता से लेते थे, क्या आज के कथाकार उतनी गंभीरता से लेते हैं? क्या आज के बहुत-से कहानीकार 'कैजुअली' नहीं लिख रहे हैं? जैसे नाटक के लोग नाटक से टी. वी. की तरफ भाग रहे हैं, वैसे ही कहानीकार कहानी से टी. वी. की तरफ भाग रहे हैं। इस लालच की ओर ध्यान दिया जाना चाहिए। कहानीकार खुद कहानी को कितनी गंभीरता से ले रहे हैं कि आलोचक से अपेक्षा रखते हैं? आज के कहानीकार क्यों जल्दी थक या चुक जाते हैं? या क्यों टी. वी. की ओर टकटकी बाँधे रहते हैं? बहुत तेज दौड़ने का एक नतीजा घुटनों के बल गिरना भी होता है। मुझे लगता है कि निराशा और प्रलोभन के मौजूदा वातावरण में दृढ़ता से अपनी छोटी-छोटी जमीनों पर खड़े रहने और पुनर्गठन करने की जरूरत है।

सुरेंद्र चौधरी : यथार्थ के पुनर्गठन का सवाल, हो सकता है कि वह अपने मूल ढाँचे में सौ वर्ष पुराना हो, लेकिन जिन नए अनुभवों के अवयव अब दिखाई पड़ रहे हैं, उनकी उम्र भी बहुत बड़ी है। कहानी में वैविध्य का सवाल नीरसता और एकरूपता से जुड़ा हुआ है। आज की कहानी में नीरसता और एकरूपता उस अर्थ में नहीं है, जिस अर्थ में 'नई कहानी' के समय आ गई थी। बहुत-सी कहानियाँ एक ही तरह की लिखी जा रही थीं, लेकिन रेणु ने जीवन की हलचलों की तरफ़ ध्यान दिया और उन हलचलों में चरित्र का 'एनवायरनमेंट' दिखला कर उन्होंने उस एकरूपता को तोड़ दिया। यह यथार्थ के पुनर्गठन की एक मिसाल है। आज की कहानी में हलचलें बहुत हैं, तमाम तरह की हलचलें हैं, लेकिन उन हलचलों के भीतर वैसी सावयवता कहीं नहीं है, जिसे हम कलात्मक अनुभव का संवर्द्धन कह सकें। इस शब्दावली से हम रूपवाद की ओर लौटने की बात नहीं कर रहे हैं। अनुभव के ही कलात्मक संवर्द्धन की बात कही जा रही है।

तो यथार्थ की संभावनाओं पर बहस जरूरी है, लेकिन प्रश्न यह है कि यथार्थ की संभावनाएँ केवल इतिहास से आ रही हैं या उन्हें हम वर्तमान से भी उठा रहे हैं? इतिहासवाली बात जाने दीजिए, अभी तत्काल वर्तमान के पक्ष को ध्यान में रख कर जब हम कहानी में कोई बात कहते हैं तो कहानी नाटकीय हो जाती है। असगर वजाहत का बहुत उदाहरण दिया आपने, लेकिन उनके बारे में यह भी कहिए कि वे किसी भी लघु या बड़ी थीम को उठा कर उसे नाटक में बदल देते हैं। इस संदर्भ में उनकी कहानी 'सबसे मुश्किल काम' याद आती है। दो लोग एक ढाबे में मिलते हैं और उनमें से एक अपने अनुभव की बात कहता है। बड़ा विचित्र भी लगता है लेकिन जिस ढंग से कहानी समाप्त होती है, उस नाटकीय परिणति को क्या कहें ? यह नहीं कि 'सबसे मुश्किल काम' में ही परेशानी है, परेशानी यह भी है कि कथा नाटक में बदल गई है। उनकी और भी बहुत-सी कहानियाँ हैं, जिनमें कथा नाटक में बदल जाती है। कहानी नाटक नहीं है और पाठक तब तक उसको नहीं मानेगा, जब तक उसका विश्वास है कि कहानी की विधा उसके लिए जीवित तत्त्व है और उसके द्वारा वह यथार्थ के किसी भी पक्ष को उजागर कर सकता है।

अच्छी रचनाओं के एक-एक उदाहरण तो हर विधा से दिए जा सकते हैं, लेकिन आज अच्छी कहानियाँ ज्यादा नहीं लिखी जा रही हैं। अच्छी 'फैंटेसी' पढ़े हुए जमाना गुजर गया। अच्छा रूपक पढ़े हुए जमाना गुजर जाता है। सृंजय का 'राजपथ' लें। यह हमारे आसपास है, लेकिन रूपक का जितना उपयोग उन्होंने किया है, उसमें खुद उसकी रचनात्मकता बाधित होती है। मेरा इशारा इस बात की तरफ है कि वर्तमान समय की निष्क्रिय प्रतिलिपियाँ कला और जीवन की वास्तविक विविधता को सामने नहीं लातीं, इसलिए वे नीरस हो जाती हैं और अवयवहीन एकरूपता में बदल सकती हैं। ऐसा क्यों हो रहा है, यह हमारे लिए विचारणीय प्रश्न है, जरूरी प्रश्न है, क्योंकि हम पर जो आक्षेप किए जा रहे हैं, उनमें से एक आक्षेप यह भी है कि हम नीरसता और अवयवहीन एकरूपता का सृजन कर रहे हैं। यह सवाल फिर हमारे 'एस्थेटिक्स' से जुड़ता है, क्योंकि हम किसी भी कलात्मक रूप को, उसके सौंदर्य को, वास्तविकता से अलग करके नहीं देख सकते। हम अपने सौंदर्यशास्त्र में केवल मानसिक भोगवाली विशेषता का—मानसिक प्रत्यक्षीकरण से सौंदर्य का—निरूपण नहीं करते हैं। यह ठीक है कि सौंदर्यबोध में मानसिक प्रत्यक्षीकरण सहायक होता है, लेकिन सौंदर्य रूप में होता है, मन में नहीं होता। हमारी मान्यता यह है कि सौंदर्य के अवयव मन से बाहर हैं, स्वतंत्र हैं।

पिछले दिनों हिंदी कहानी के प्रसंग में एक विचित्र धारणा सामने आई कि हिंदी कहानी में जितना काम हुआ है, सब इधर के बीस वर्षों में हुआ है। सौ वर्षों की हिंदी कहानी को लेकर बात नहीं की गई। थोड़ा पीछे जाएँ तो सन् 30-32 के आसपास प्रसाद और प्रेमचंद को लेकर, उनकी कहानी-कला को लेकर, कथा-उपन्यास की कला को लेकर बड़ी बदरंग बहसें हुईं। उनमें जाने का समय नहीं है यहाँ....

परमानंद श्रीवास्तव : इतिहास के उपयोग को लेकर भी......

सुरेंद्र चौधरी : लेकिन प्रश्न यह है कि इस आरोप में कितना दम है कि हमने कहानियों को नीरस और एकरूप बना दिया। मेरे विचार से एकरूपता कहानी के भीतर ढूँढ़ने के बजाय परिस्थितियों की नीरसता और जड़ता में ढूँढ़ें तो वह ज्यादा सही दृष्टिकोण होगा। एक पठार पर खड़े होकर ऊँची चोटी पर खड़े होने का आभास देना थोड़ा-बहुत हमारे पक्ष में जानेवाली चीज है—जैसे हम यह दावा करते हैं कि बहुत ऊँची चोटी पर जाकर कहानियाँ लिखी जा रही हैं—लेकिन 'पठार का धीरज' परखने वाले लोग पठार पर कम थे, ऊँचाइयों पर ज्यादा थे, जबकि हम सचमुच समय के पठार पर हैं और हमारी वास्तविकता इसी जमीन से पैदा हुई है। हमारी कहानियाँ इसी जमीन से निकल रही हैं। ऐसी स्थिति में एक बड़ा अच्छा सवाल यह पैदा हो गया है कि कलात्मक अनुभव का हमारे लिए क्या अर्थ है। कलात्मक अनुभव का कोई एक ही अर्थ नहीं होता, क्योंकि अनुभव एक चीज है ही नहीं। तो हमारे लिए कलात्मक अनुभव का क्या अर्थ है? हमारे लिए इस पठारी यथार्थ का, इस समतल का, जिससे हम अभी टकरा रहे हैं, क्या अर्थ है? और कहानीकार इन स्थितियों

में—या इनसे भिन्न अगर कोई और भी स्थितियाँ हैं, जिनकी ओर अभी हम जाएँगे—किस तरह लिख रहे हैं? इन प्रश्नों पर हम विचार करें तो उससे कहानी के मूल्यांकन में सहायता मिलेगी।

परमानंद श्रीवास्तव : इधर कहानी की पहचान करने का जो सवाल उठा है वह इसलिए भी कि हमारे सामने कहानी की एक परंपरा है और दूसरी तरफ नए लेखकों के रूप में एक नया प्रस्थान-बिंदु। परंपरा में प्रेमचंद अपनी जगह हैं; प्रेमचंद के बाद यशपाल, जैनेंद्र, अज्ञेय एक प्रस्थान के उदाहरण के रूप में हैं; फिर रेणु और उनके साथ के दूसरे लेखक हैं, फिर ज्ञानरंजन, काशीनाथ सिंह और उनके साथ के लेखकों का एक खास तरह का प्रस्थान-बिंदु है, जिसका विकास सन् 60 के आसपास दिखाई देता है; और उसके बाद हैं हमारे नए लेखक—यथार्थ के नए रूपों की खोज करते हुए नए लेखक। ये नए लेखक एक खास तरह के संघर्ष की विचारधारा को लेकर चल रहे हैं। उसके बारे में वे लिख चाहे जिस तरह भी रहे हों, पर उस विचारधारा को उसके उपयुक्त रूप में देखने के लिए एक नए प्रकार का संघर्ष यहाँ है।

तो एक तो परंपरा है। जाहिर है कि इसमें भी रूप के विकास की स्थितियाँ लगातार विकसित की जा सकती हैं। यद्यपि हम लोग अपनी बातचीत को यहाँ तक पहुँचा चुके हैं कि रूपवाली बात को खास तौर से रेखांकित करना जरूरी है, लेकिन जैसा कि सुरेंद्रजी ने कहा, वह मूर्त है हमारे सामने और उसी में विकास की संभावनाएँ भी हैं। वह अभिव्यक्ति को प्रत्यक्ष करने का उपकरण है, एकमात्र साधन है हमारे लिए, जो बहुत जरूरी साधन है। प्रश्न उठता है कि इस रूप के प्रति आम तौर पर हमारे यहाँ कहानीकारों का रवैया क्या था। प्रेमचंद ने तो वर्णन की कला विकसित की थी। आप उसे वृत्तांत-रस कहिए या कथा-रस कहिए, किस्सागोई कहिए, कहानी की पठनीयता कहिए, या फिर वाचिक परंपरा भी कह सकते हैं, जो हमारी जातीय परंपरा रही है कहानी कहने की; प्रेमचंद की कहानियाँ उसी रंग में ढली हुई दिखाई देती हैं। मेरा खयाल है कि उस कला का प्रयोग भी शायद उन्होंने अपने तरीके से किया और उसे शिखर तक पहुँचाया भी।

वैसे हम इसे हिंदी गद्य की जातीय परंपरा से भी जोड़ कर देख सकते हैं, क्योंकि शुरू में भारतेंदु के समय के लेखक जब निबंध लिखते थे तो कई बार कहानियों और निबंधों का फर्क गायब हो जाता था। उनकी कहानियों में निबंध और निबंधों में कहानियाँ आ जाती थीं। हमारे समय के कुछ लेखकों ने भी इस तरह की कला का उपयोग किया है और कहानी को सार्थक अनुभव बनाया है। मेरा खयाल है कि रूप का यह प्रश्न गद्य के उपयोग की बहुत सारी संभावनाओं के साथ जुड़ा हुआ है। गद्य को निराला ने खास तरह की चौड़ी जमीन कहा—बहुत सारे अनुभवों को कहने का खुला संसार। यह सारी ताकत गद्य में है।

गद्य की अपनी क्षमता और रूप की खोज की संभावना—इन दोनों को मिला कर कहानी में देखें तो लगेगा कि एक तरफ तो वे लेखक थे, जिन्होंने रूप के बारे में

कोई दलील नहीं दी। मसलन यशपाल ने रूप के बारे में कोई दलील नहीं दी, रूप के बारे में कोई बयान नहीं दिया, जिससे ऐसा लगता है कि रूप तो मानो उनके लिए दूसरे-तीसरे दरजे का काम हो। लेकिन उनकी जो महत्त्वपूर्ण कहानियाँ हैं, जो हमारे जेहन में आती हैं, वे अपनी व्यंजकता में, एक खास तरह की परिस्थिति की समझ में और जो 'पॉजिटिव' विचारधारा वे व्यक्त करना चाहते होंगे, उससे यथार्थ के गठन में अपने ढंग से काम करती हैं। लेकिन मेरा खयाल है कि दृष्टि के साथ-साथ यशपाल के पास भी अपना वृत्तांत का रस था। दूसरी ओर जैनेंद्र जी को बार-बार कहना पड़ रहा था कि घटना जरूरी नहीं है, कथानक जरूरी नहीं है, गौण है। जाहिर है कि उनकी बहुत सारी कहानियाँ ठीक हैं और वे अपने पाठकों को अपनी तरह का आनंद देती होंगी, पर वे एक तरह से अनुभूति की धुंध से ग्रस्त हैं। लेकिन मुक्तिबोध ने कहा है कि अनुभूति की धुंध से और चाहे जो बने, कहानी नहीं बनेगी, क्योंकि कहानी में उस अनुभूति को बराबर ही यथार्थ के प्रत्यक्षीकरण में, चरित्र में, वातावरण में, और जिसे यथार्थ का गठन कहा जा रहा है, उसमें व्यक्त होना है।

जाहिर है कि कथावस्तु के इनकार से, घटनात्मक वस्तु के इनकार से और यथार्थ की प्रत्यक्षानुभूति के भी इनकार से कहानी नहीं बनती, क्योंकि हमारे यहाँ तो घटना का जो प्रत्यक्ष है, कई बार वही इतना प्रामाणिक, इतना विश्वसनीय, इतना संभावनाओं से भरा दिखाई देता है कि कहानी बन जाती है। कई बार किसी बात को ठीक-ठीक कह देना ही काफी होता है, क्योंकि यह कहना भी कहानी का महत्त्वपूर्ण पक्ष है। हाँ, इतना जरूर है कि जब लेखक कहेगा तो अपने ढंग से, क्योंकि कहानी भी अपने-आप में एक निश्चित अर्थ में कलाकृति है और जब उसका निर्माण हो रहा होगा तो उसके रूप की संभावनाएँ उसकी वस्तु की अपनी समझ में, वस्तु के अपने अनुभव-प्रत्यक्ष में होंगी, जिन्हें कहानीकार विकसित करना चाहता है।

कहानीकार अगर यांत्रिक परिस्थिति की जड़ता से ग्रस्त है और रूप की उस यांत्रिक एकरसता को ही स्वीकार किए बैठा है, तो जाहिर है कि वह यथार्थ में कोई हस्तक्षेप नहीं करेगा। वैसे यथार्थ भी कोई प्रदत्त वस्तु नहीं है। कहानीकार के लिए वह भी हर रोज खोज का विषय है, जानने का विषय है, और उस निरंतर खोज में ही शायद उस रूप का एक नया आविष्कार भी होता है–वृत्तांत-रस का भी नया आविष्कार होता है। जिन लेखकों ने यह किया, या करना चाहते हैं, वे थोड़े हो सकते हैं, उनकी कम कहानियाँ इसका दृष्टांत बन कर आ सकती हैं, पर वे हैं।

पिछले वर्षों में जो महत्त्वपूर्ण कहानियाँ चर्चा में आती रही हैं, उनमें यथार्थ की नई समझ के साथ उस वृत्तांत-रस का नया आविष्कार भी हुआ है। इधर यह विडंबना है कि कुछ विचारक मित्र भी वृत्तांत-रस को यथार्थवाद के विकल्प की विचारधारा के रूप में पेश कर रहे हैं। मेरा खयाल है कि यह बड़ी खतरनाक बात है, और अगर इसे स्वीकार कर लिया जाए तो फिर कहानी लिखने की कोई संभावना नहीं बनती, क्योंकि जाने-पहचाने यथार्थ के बीच हस्तक्षेप से ही अनुभव हमारे लिए कलात्मक

अनुभव बनता है–यानी यथार्थ को नए ढंग से जानना ही हमारे लिए कलात्मक अनुभव बनता है। वृत्तांत का गद्य हमारे लिए एक खास तरह के ढाँचे के रूप में होता है। वह निर्जीव ढाँचा नहीं, बल्कि एक सजीव ढाँचा होता है जिससे हम कहानियाँ बना रहे होते हैं। तो मेरा खयाल है कि यथार्थ की खोज और उसके समांतर उसके लिए उपयुक्त रूप की खोज, लेखक की विचारधारा, लेखक के अनुभव, उसकी कल्पना-शक्ति, उसकी रचनात्मक कल्पना–इन सब चीजों के साथ जुड़ी हुई है। हमें इस संदर्भ को रेखांकित करना चाहिए और उन कहानियों को या उस प्रवृत्ति को ध्यान में रखना चाहिए, जिसमें इस समस्या से निपटने की कोशिश की गई हो।

शंभुनाथ : हिंदी कहानी की जातीय परंपरा की पहचान में अंध-जातीयतावादी रुख का परिचय नहीं देना चाहिए। अंध-जातीयतावादी प्रवृत्ति का ही फल है कि कई लेखक 'नई कहानी' के रूप में अंतर्वस्तु को भी उपनिवेशवाद के परिप्रेक्ष्य में देखने लगे हैं। यह कहानी की परंपरा को नकारने की प्रवृत्ति है। पूरे-के-पूरे 'नई कहानी' आंदोलन को नव-औपनिवेशिक प्रभाव करार देना, कहीं-न-कहीं कहानी की परंपरा का निषेध है। जहाँ तक वाचिक परंपरा का सवाल है, अभी 'हंस' के संपादकीय में इस पर काफी खुल कर लिखा गया है, कुछ कहानीकारों को मुद्रित शब्द चंगुल लगता है और वे कहानी को मुक्त करने के लिए वाचिक परंपरा को नया रूप देना चाहते हैं। दरअसल कहानी का आधुनिक पुनर्जन्म हुआ था 'प्रिंट मीडिया' और नए ऐतिहासिक दौर की नई साहित्यिक रुचि के साथ। अभी समाज में न तो 'प्रिंट मीडिया' मिटा है और न ही साहित्यिक रुचि का यह अंतिम क्षण है।

जहाँ तक खतरे का सवाल है, केवल साहित्यिक रुचि पर ही खतरा नहीं है। खतरा तो पिछले डेढ़ सौ सालों में विकसित हुई राजनीतिक चेतना, धार्मिक सहिष्णुता, सामाजिक बराबरी और मानवीय विवेकपरकता पर भी है। किसी ने सोचा भी न था कि हमारे श्रेष्ठ मूल्य इतने बड़े पैमाने पर क्षतिग्रस्त होंगे। एक सवाल है, क्या आज प्रेमचंद के जमाने की तुलना में कम पाठक हैं? यदि कहानियाँ अधिक लिखी जा रही हैं तो समाज में बड़ी संख्या में पाठक भी बढ़े हैं। साहित्यिक विधाओं में कहानी एक ऐसी विधा है, जो अपने आस्वादनकर्ता से वास्तविक रचनात्मक संवाद लिखित या मुद्रित शब्द के धरातल पर ही स्थापित कर सकती है। इसलिए कहानी को बचाना होगा तो सबसे पहले मुद्रित साहित्य के धरातल पर ही बचाना होगा। अपने उन पाठकों को जो जड़विहीन होकर दूरदर्शक बन रहे हैं, किसी प्रकार उनको फिर से इकट्ठा करना होगा। समाज में पढ़ने की संस्कृति को बचाना होगा। यदि 'पढ़ने की संस्कृति' नहीं बची तो वाचिक परंपरा से साहित्य नहीं बचेगा।

पढ़ने की संस्कृति को बचाने की यह नई लड़ाई समाज में धर्मनिरपेक्षता, सामाजिक बराबरी, मानवीय कल्पना, संवेदना और विवेक-क्षमता को बचाने की लड़ाई से जुड़ी हुई है। कुछ जगहों पर पाठकों को जबर्दस्ती श्रोता बना कर कहानियाँ सुना देने से कहानी नहीं बचेगी। क्या कविता को मंचीय कवि और आलोचना को

क्लास-रूम के प्राध्यापक ही विकसित कर सकते हैं? चुनौती यह है कि नए बदले हुए माहौल में हम साहित्य के प्रति उदासीनता की सही वजहों को तलाशें और देखें कि यह उदासीनता कैसे एक खास मानव-विरोधी और रचना-विरोधी सभ्यता का अंग है। यह महज एक स्थिति है। इसकी प्रतिक्रिया में वाचिक परंपरा के प्रति इस तरह सम्मोहित होना एक तरह का प्राचीनता-विरह है। एक तरह का 'नॉस्टेल्जिया' और पिछड़ापन भी। समकालीन कहानी की बुनियादी प्रकृति की माँग है मुद्रित स्वरूप में ही पढ़ना, न कि महज सुनना या देखना।

परमानंद श्रीवास्तव : इसमें एक सवाल जोड़ दें। कथारस पर अतिरिक्त बल देने से एक खतरे का संकेत भी मिलता है। पिछले दिनों शिवमूर्ति की कहानी 'तिरिया चरित्तर' का ही उदाहरण ले लीजिए। उन्होंने इस तरह की और भी कहानियाँ लिखी हैं। उनका दावा है कि उन्होंने एक खास तरह का कथारस पैदा किया है, एक खास तरह की पठनीयता पैदा की है—यानी ऐसी पठनीयता, जिसमें आनंद मिलता है और माना जाता है कि ऐसा वाचिक विशेषता के कारण हुआ। लेकिन मुक्तिबोध की कहानियों का क्या होगा, जो पाठ के लिए चुनौती भी हैं, जो शायद कई बार एक असहनीय पाठ लगें ? उदाहरण के लिए 'विपात्र' और 'क्लॉड ईथरली '। ये महत्त्वपूर्ण कहानियाँ हैं, क्योंकि ये यथार्थ के जटिल अनुभवों को अपने तरीके से खोलती हैं और वह भी एक गहरे अर्थ में। यहाँ भी एक खास तरह का जनपद, एक खास तरह का मध्यवर्गीय स्वभाव, परिस्थितियाँ और उनके अंतः संघर्ष दिखाई देते हैं, लेकिन यह असहनीय पाठ भी एक तरह का आनंद देता है। यह 'रीडिंग' का जो 'एस्थेटिक प्लैजर' है, एक सरल आनंद देनेवाले नितांत कथारस से गुणात्मक रूप में भिन्न है।

सुरेंद्र चौधरी : रेणु जी इसे जीभ-रस कहते हैं।

रमेश उपाध्याय : असल में आप जो बात कर रहे हैं, कहानी के पाठ की, उससे उत्तर-आधुनिकता की याद आती है। कुछ लोग आजकल इसकी बहुत बात कर रहे हैं। उस पर बात करने में, उसको समझने में और उसका कोई इस्तेमाल साहित्य की बेहतरी के लिए किया जा सके, तो करने में कोई हर्ज नहीं है, लेकिन उत्तर-आधुनिकता रचना को उसके पाठ तक, भाषा तक या शब्द तक ही सीमित करके देखती है। वह हर प्रकार के 'मैटा-नैरेटिव' को अस्वीकार करती है। वह साहित्य की सोद्देश्यता से भी इनकार करती है। उसमें रस की अवधारणा के लिए, चाहे वह कथा का रस ही क्यों न हो, कोई जगह नहीं है। कहानी की पठनीयता या उसके कथारस का सवाल उत्तर-आधुनिकतावादी पाठ-चर्चा से एकदम अलग चीज है। कहानी की पठनीयता या कथारस का सवाल साहित्य के मनोरंजन-पक्ष से जुड़ता है, लेकिन हमारी साहित्यिक परंपरा केवल मनोरंजनवाली परंपरा नहीं है।

इसलिए सवाल यह है कि हमें हिंदी कहानी की यथार्थवादी परंपरा को आगे बढ़ाना है या नहीं बढ़ाना है। अगर नहीं बढ़ाना है, तब तो कोई दिक्कत ही नहीं है।

तब तो हम शुद्ध मनोरंजनवादी भी हो सकते हैं और उत्तर-आधुनिकतावाद को ही नहीं, उत्तर-उत्तर-आधुनिकतावाद (पोस्ट-पोस्ट-मॉडर्निज्म) को भी अपना सकते हैं। फ्रांसिस फूकूयामा तो 'पोस्ट-हिस्टरी' की बात करके इतिहास का भी अंत कर चुके हैं। लेकिन हम अगर यह मानते हैं कि इतिहास है–यानी मनुष्य-जाति का कोई अतीत, वर्तमान और भविष्य है–तो हमें अपने समाज और साहित्य के वर्तमान और भविष्य की चिंता करनी ही होगी। तब हम कहानी को एक पाठ, रीडिंग या उससे प्राप्त होनेवाले रस या आनंद के रूप में देखने से पहले यह देखेंगे कि सामाजिक यथार्थ और उसके रूपांतरण से उसका क्या संबंध है। हिंदी कहानी की यथार्थवादी परंपरा का मूल सूत्र समाज का रूपांतरण ही है। यथार्थ का चित्रण मात्र नहीं, बल्कि उसके चित्रण से उसको बदलना उसका उद्देश्य है। हमारे संपूर्ण आधुनिक साहित्य का विकास इसी सूत्र के सहारे हुआ है। यह सूत्र हिंदी की कथा-परंपरा में शुरू से आज तक विद्यमान है। बीच में यदि वह कहीं टूटता भी है–जैसे 'नई कहानी' के उत्तरवर्ती दौर में या 'अकहानी' के दौर में–तो आगे चल कर फिर जुड़ जाता है। देखना चाहिए कि यह सूत्र आज की कहानी में कहाँ है और किस रूप में मिलता है। आज की कहानी का रूप, शिल्प, ढाँचा आदि काफी बदल गया है, लेकिन आज भी जो सार्थक और महत्त्वपूर्ण कहानी-लेखन हो रहा है, उसका मूल प्रश्न यही है कि हमारा समाज कैसा है और इसे कैसा होना चाहिए।

यहाँ कहानी-लेखन के तरीके या उसकी तकनीक पर भी थोड़ा विचार कर लेना चाहिए। आज हमारे समाज में भौतिक चीजों के उत्पादन की ही नहीं, बौद्धिक तथा मनोरंजक सामग्री के उत्पादन की तकनीकों में भी काफी बदलाव आ गया है। 'प्रिंट मीडिया' की तुलना में 'इलैक्ट्रॉनिक मीडिया' अत्यधिक व्यापक और प्रभावशाली हो गया है। उसका प्रभाव हमारे जीवन पर ही नहीं, साहित्य और संस्कृति पर भी पड़ रहा है। बौद्धिक या मनोरंजक सामग्री के उत्पादन की नई तकनीक का प्रभाव साहित्य पर पड़ता ही है। आप देखें कि प्रेमंचद के ही समय में छायावाद के दो प्रमुख कवियों–निराला और प्रसाद–ने जब उपन्यास लिखे तो दोनों को सिनेमा की तकनीक ने बहुत प्रभावित किया। निराला के 'कुल्ली भाट' से पहले के चारों उपन्यास–'अप्सरा', 'अलका', 'निरुपमा' और 'बिल्लेसुर बकरिहा' सिनेमाई तकनीक से प्रभावित हैं। उनमें प्लॉट-मेकिंग है, नाटकीय और संयोगजन्य घटना-प्रसंग हैं और मनोरंजन पर खासा जोर है। प्रसाद के उपन्यास 'कंकाल' में तो इन चीजों की अति ही दिखाई पड़ती है। तकनीक का यह दबाव प्रेमचंद पर भी है–प्रेमचंद तो सिनेमा में काम करने भी गए थे–लेकिन वे अपनी रचनाओं में यथार्थवाद को इतनी मजबूती से पकड़े रहते हैं कि कुछ आरंभिक उपन्यासों को छोड़ दें तो बाद की रचनाओं में तकनीक उन पर हावी नहीं होती, बल्कि अपने उद्देश्य के लिए वे उसका सार्थक इस्तेमाल कर ले जाते हैं। उनका प्रयास यह है कि उनकी रचनाएँ पाठकों के लिए ग्राह्य और मनोरंजक होते हुए भी यथार्थवादी बनी रहें और उनके संदेश को पाठकों तक ठीक-ठीक पहुँचाएँ।

आज के कहानीकारों को टेलीविजन बहुत प्रभावित कर रहा है, लेकिन उसका प्रभाव केवल कहानी के शिल्प या उसकी तकनीक तक सीमित नहीं है। टेलीविजन सिर्फ एक 'टेक्नॉलॉजी' नहीं, बल्कि एक विचारधारा भी है। वह समूची दुनिया पर अपना प्रभुत्व चाहनेवाले पूँजीवाद की विचारधारा है। लेखकों में टेलीविजन के लिए कहानी लिखने की ललक पैदा हो रही है और वे जानते हैं कि टेलीविजन को नियंत्रित करनेवाली शक्ति क्या है और उसकी विचारधारा कौन-सी है। वे शायद यह भी जानते होंगे कि टेलीविजन के लिए कहानी लिखने के लिए उन्हें उस शक्ति के आगे समर्पण करना होगा और उसकी विचारधारा को अपना कर उसी का प्रचार-प्रसार भी करना होगा। साहित्य में, या कहें कि 'प्रिंट मीडिया' में पूँजीवादी व्यवस्था के अंतर्गत भी लेखक को अपनी विचारधारा के अनुसार लिखने की जनतांत्रिक आजादी, एक सीमा तक ही सही, मिली रहती है। 'इलैक्ट्रॉनिक मीडिया' यह आजादी नहीं देता। अतः उसमें अपनी विचारधारा के अनुसार लिखने की जनतांत्रिक आजादी पाने और बनाए रखने के लिए लेखक के पास एक ही उपाय बचता है कि वह इन माध्यमों के जनवादीकरण के लिए संघर्ष करे। जो लेखक इस संघर्ष के बिना ही कहानी-लेखन में टेलीविजन की तकनीक का इस्तेमाल करके टेलीविजन के लिए कहानी लिखना चाहते हैं, वे शायद लेखन की आजादी का मूल्य और महत्त्व नहीं समझ रहे हैं और उन्हें इसकी कीमत अपनी आजादी गँवा कर चुकानी पड़ेगी। वे साहित्य की यथार्थवादी परंपरा को आगे नहीं बढ़ा सकेंगे।

मैं जानता हूँ कि आज के बौद्धिक और सांस्कृतिक वातावरण में मेरी बातें बहुत-से लोगों को बहुत पुरानी और पिछड़ी हुई मालूम होंगी। जहाँ बहुत-से लोग यह मान चुके हों, या मान लेने की मजबूरी महसूस कर रहे हों, कि पूँजीवाद की अमानवीय व्यवस्था में जीना ही दुनिया की नियति है, वहाँ उस व्यवस्था को बदलने और एक मानवीय समाज बनाने की बात करना हास्यास्पद ही होगा। जिन लोगों के लिए यथार्थवाद, जनवाद, समाजवाद, पक्षधरता, प्रतिबद्धता का कोई अर्थ नहीं रह गया है—यहाँ तक कि देश, जनता और मानवता का भी कोई अर्थ नहीं रह गया है—और जो लोग इन तमाम चीजों को एक पुराना 'पाठ' समझ कर इनका विखंडन करते हुए उत्तर-आधुनिकतावादी शैली में इनका मजाक उड़ा सकते हैं, उनके आगे कहानी में प्रेमचंद की परंपरा को आगे बढ़ाने की बात करना अज्ञान और पिछड़ेपन का ही सूचक होगा। फिर भी मैं कहना चाहता हूँ कि हिंदी कहानी अपनी यथार्थवादी परंपरा को आगे बढ़ाते हुए ही आगे बढ़ सकेगी।

इस परंपरा की एक खास चीज, जिसे हमने अपने आधुनिकतावादी, अनुभववादी और अभिजनवादी रुझानों के कारण हिंदी कहानी में से लगभग गायब कर दिया है, यह है कि यथार्थवादी रचना प्रत्यक्ष या परोक्ष रूप में हमेशा 'डिडेक्टिक' होती है—उसका एक शिक्षात्मक उद्देश्य अवश्य रहता है। यानी वह अपने पाठकों को कोई-न-कोई शिक्षा या उपदेश अवश्य देती है। 'नई कहानी' और 'अकहानी' के दौर

में इस चीज पर इतने जबर्दस्त प्रहार हुए कि इसे कहानी का सबसे बुरा और त्याज्य पक्ष मान लिया गया। इसे प्रवृत्तिमूलकता और प्रचारात्मकता कह कर खूब कोसा गया और यथार्थवाद की ऐसी परिभाषाएँ गढ़ी गईं कि कहानी में कोई शिक्षात्मक उद्देश्य देखते ही उसे खारिज कर दिया जाए। यह प्रवृत्ति हिंदी की कहानी-समीक्षा में आज तक चली आ रही है। इससे क्या फायदा हुआ, मैं नहीं जानता; लेकिन जो नुकसान हुआ, बता सकता हूँ। कहानी का 'डिडेक्टिक फंक्शन' लेखक और पाठक के बीच जो संबंध बनाता था, वह समाप्त हो गया। कहानी के आलोचक अपने को 'प्रबुद्ध पाठक' कहते हुए जबर्दस्ती पाठकों के प्रतिनिधि बन बैठे और उन्होंने कहना शुरू किया कि आज का पाठक इतना प्रबुद्ध है कि कहानी से कोई शिक्षा या उपदेश नहीं चाहता, जबकि हकीकत यह थी कि साधारण पाठक कहानी में यह चीज चाहते थे, खोजते थे और न मिलने पर निराश होते थे। निराश होकर वे कहाँ गए? वे फिल्म की तरफ गए, टेलीविजन की तरफ गए, 'लोकप्रिय' अर्थात् घटिया पटरी-साहित्य की तरफ गए, धर्मिक या पौराणिक पुस्तकों की तरफ गए, संप्रदायवादी प्रचार-साहित्य की तरफ गए, धार्मिक प्रवचनों और कथा-कीर्तनों आदि की तरफ गए।

हम नित्यप्रति बड़े प्रबुद्ध लोगों को भी शिक्षा या उपदेश पाने के लिए ऐसी चीजों की तरफ जाते देखते हैं; हम यह भी देखते हैं कि घटिया-से-घटिया फिल्मों में भी, यहाँ तक कि तथाकथित नीली फिल्मों में भी, शिक्षा या उपदेश का कुछ तत्त्व अवश्य डाला जाता है; फिर भी हम अपने साहित्य में से इसे बाहर रखना चाहते हैं। हम अपनी जनता के मनोविज्ञान को नहीं समझते, अपने पाठकों की मानसिक माँगों या जरूरतों को नहीं जानते, जनता से साहित्य को काट देनेवाली एक जड़ और निरर्थक मान्यता से चिपके रहते हैं, और फिर शिकायत करते हैं कि पाठक हमारी कहानी नहीं पढ़ता। दूसरी तरफ कोई लेखक अगर अपनी कहानी में कोई शिक्षात्मक उद्देश्य लेकर चले तो उसकी कहानी को उपदेशात्मक, प्रचारात्मक, सरलीकृत या अकलात्मक कह कर खारिज कर देने के लिए हमेशा तैयार रहते हैं। मेरे खयाल से इस पर गंभीरता से विचार करने की और अपनी कसौटियों को बदलने की आज सख्त जरूरत है।

यथार्थवादी कहानी की जो एक और गलत कसौटी हमने बना रखी है, वह यह है कि कहानी तथ्यपरक होनी चाहिए–ऐसी तथ्यपरक कि हम उसके चरित्रों और घटनाओं का मिलान अपनी रोजमर्रा जिंदगी में देखे हुए लोगों और घटनाओं से कर सकें। यथार्थवाद के नाम पर यह ऐसी जकड़बंदी है, जो कहानी की मूल प्रकृति को ही नष्ट करती है। कहानी की मूल प्रकृति उसकी काल्पनिकता है, तथ्यपरकता नहीं। कहानी 'फैक्ट' नहीं, 'फिक्शन' है। यथार्थवाद के नाम पर लेखक को कल्पना की उड़ान भरने से रोकनेवाली हमारी कहानी-समीक्षा ने हिंदी कहानी का बड़ा अहित किया है।

सौभाग्य से कहानीकारों ने आलोचना की इस जकड़बंदी को स्वीकार नहीं किया है और हमारे दौर की अनेक अच्छी कहानियाँ यथार्थ को सामने लाने के लिए धड़ल्ले

से कल्पना को काम में लाती हैं। फिर भी आलोचना उन्हें खुले मन से स्वीकार नहीं करती और उन्हें काल्पनिक, बनावटी या गढ़ी हुई कहानियाँ बता कर 'प्रामाणिक' और 'विश्वसनीय' यथार्थवाली अपनी पसंदीदा कहानियों को उन पर तरजीह देती रहती है। मेरे कहानी-लेखन पर ऐसी आलोचना की कोप-दृष्टि अक्सर पड़ती रही है, जिससे क्षुब्ध होकर मुझे कहना पड़ा है कि कहानी झूठ बोल कर सच कहने की कला है। मुझ पर यह आरोप लगा है कि मैं कहानियाँ गढ़ता हूँ, लेकिन मैंने इस आरोप से बचने की कोशिश करने के बजाय इसे स्वीकार किया है और अपने एक कहानी-संग्रह 'किसी देश के किसी शहर में' की भूमिका के रूप में एक विस्तृत लेख लिखा है 'कहानी गढ़ने के बारे में'। मेरे विचार से कहानी एक सचेत कलात्मक निर्मिति है और उसमें लेखक की उन्मुक्त कल्पना का उपयोग अनिवार्य है। अतः मेरा निवेदन है कि कहानी की समीक्षा-पद्धति या उसके सौंदर्यशास्त्र के निर्माण में यथार्थ और कल्पना को परस्पर विरोधी न मान कर एक-दूसरे के लिए अनिवार्य माना जाए।

अभी सुरेंद्र चौधरीजी ने आज की कहानी के बारे में कहा कि उसमें नीरसता और एकरूपता है। इसका कारण उन्होंने यह बताया कि परिस्थितियों में ही नीरसता और जड़ता आ गई है। मगर मुझे लगता है कि नीरसता और जड़ता न तो आज की कहानी में है, न आज की परिस्थितियों में। वह अगर कहीं है तो—मुक्तिबोध के शब्दों में—जड़ीभूत सौंदर्याभिरुचिवाले आलोचकों के मन में, जिसके कारण वे न तो आज के निरंतर बदलते हुए रोचक, रोमांचक और विस्मयकारी यथार्थ को देख पा रहे हैं और न ही आज की कहानी के वैविध्यपूर्ण कलात्मक सौंदर्य को पकड़ पा रहे हैं। अव्वल तो वे यही मानने को तैयार नहीं हैं कि 'नयी कहानी' या हद-से-हद 'अकहानी' के दौर के बाद हिंदी कहानी में कुछ नया और महत्त्वपूर्ण हुआ। दूसरे, वे यह मानते हैं कि नया कुछ हुआ भी तो गलत हुआ, अच्छा नहीं हुआ। इसीलिए वे आज की कहानी में या तो कोई नयापन और सौंदर्य देख ही नहीं पाते, या केवल उन्हीं कहानियों में देख पाते हैं, जो उन्हें अपनी पुरानी और जड़ समझ के अनुसार पसंद आती हैं।

नई चीजों का सौंदर्य और महत्त्व अक्सर उनके अनगढ़पन में होता है। जो आलोचक इस अनगढ़पन को समझने और सराहने की क्षमता नहीं रखता और नई चीजों में पुरानी चीजों का-सा सौंदर्य खोजता है, उसका निराश होना स्वाभाविक है। हमारे दौर की प्रगतिशील और जनवादी कहानी से जो आलोचक निराश हुए हैं, उनके साथ शायद यही दिक्कत है। हम लोगों ने 'नई कहानी' और 'अकहानी' से अलग अपनी एक नई राह बनाई है और जड़ीभूत सौंदर्याभिरुचिवाले आलोचकों की परवाह न करते हुए उस पर आगे बढ़े हैं। हममें से अनेक मार्क्सवादी हैं, लेकिन ज्यादातर ऐसे हैं, जो मार्क्सवादी तो नहीं हैं, लेकिन यथार्थवादी हैं और जनपक्षीय प्रतिबद्धता के साथ कहानी लिखते हैं। हममें से कुछ इस रास्ते पर शुरू से ही चले हैं, तो कुछ ऐसे भी हैं, जो 'नई कहानी' और 'अकहानी' वाले रास्तों पर कुछ दूर चलने के बाद इस नए

रास्ते पर आए हैं। हमने हिंदी की यथार्थवादी कहानी की परंपरा को पहचान कर उसे आगे बढ़ाने का प्रयास किया है। हमने आधुनिकतावादी, अनुभववादी और अभिजनवादी सोच के ढाँचों को तोड़-छोड़ कर अपनी सोच का एक नया ढाँचा तैयार करते हुए कुछ नए ढंग-ढर्रे की कहानियाँ लिखी हैं। वे कितनी अच्छी और कितनी महत्त्वपूर्ण हैं, यह तो हमारे पाठक ही जानते होंगे, लेकिन वे आलोचकों की कृपा-दृष्टि या प्रायोजित चर्चाओं की मोहताज नहीं रही हैं।

हमारी कहानियाँ पुराने ढंग की प्रगतिवादी कहानियाँ नहीं हैं। वे पुराने ढंग की यथार्थवादी कहानियाँ भी नहीं हैं। ऐसा लगता है कि वे ब्रेख्त की कही हुई दो बातें मान कर चलती हैं : एक तो यह कि यथार्थ को सामने लाने का कोई एक ही तरीका नहीं, बल्कि उसके हजारों तरीके हो सकते हैं, और दूसरी यह कि ''डू नॉट स्टार्ट फ्रॉम दि गुड ओल्ड थिंग्स बट दि बैड न्यू वन्स।'' अर्थात् पुरानी अच्छी चीजों से नहीं, बल्कि नई खराब चीजों से शुरूआत करो। अब यह पाठकों और आलोचकों का काम है कि वे हमारी कहानियों को 'गुड ओल्ड थिंग्स' की कसौटी पर खारिज करते हैं, या हमारी 'बैड न्यू वन्स' को समझने-सराहने के लिए कोई नई कसौटी बनाते हैं। जाहिर है कि दूसरा काम श्रमसाध्य है, शायद पीड़ादायक भी है, लेकिन वह जरूरी है और इस काम को किए बिना हमारी कहानी उनकी समझ में आनेवाली नहीं है।

हमारी कहानियों पर प्रचारात्मकता, कलाहीनता, काल्पनिकता, अविश्वसनीयता, फार्मूलाबद्धता आदि के–या चौधरी जी के शब्दों में नीरसता और एकरूपता आदि के–आरोप अक्सर लगाए जाते रहे हैं, लेकिन हमारे विचार से ये आरोप बेबुनियाद हैं। हम अपने कथ्य के प्रति ही नहीं, बल्कि अपनी कहानी के रूप और कलात्मक सौंदर्य के प्रति भी सचेत हैं। हमने अपनी कहानियों में बेशुमार नए प्रयोग किए हैं–व्यंग्य के, विडंबना के, पैरोडी के, मिथक के, फैंटेसी के, किस्सागोई के, नीतिकथाओं के, रूपक-कथाओं के, लोककथाओं आदि के। हमने कहानी से इतर विधाओं को कहानी में मिला देने के प्रयोग भी किए हैं और उन्हें अनुचित नहीं समझा है। कहानी का कोई शुद्ध या आदर्श रूप अपने दिमाग में रख कर चलनेवाले पाठकों या आलोचकों को इससे दिक्कत हो सकती है, लेकिन हमने अपने समय और समाज के संदर्भ में अपनी रचनात्मक जरूरतों के चलते ये प्रयोग किए हैं। और इन पर हमें कोई पछतावा नहीं है, क्योंकि बहुत-से पाठकों ने इन्हें पसंद किया है और कुछ आलोचक भी इनका नोटिस लेने को विवश हुए हैं।

परमानंद श्रीवास्तव : ठीक है। इसको उदाहरणों के जरिए भी स्पष्ट कर सकते हैं। जैसे असगर वजाहत ने जो छोटी-छोटी कथाएँ लिखीं और जिनमें व्यंग्य का इस्तेमाल किया, या विष्णु नागर ने जो इस तरह की कला का अपने ढंग से इस्तेमाल किया। उन्होंने अपनी कहानियों में विचारधारा भी भरी और कलात्मक समझ से भी काम लिया।

शंभुनाथ : इस विविधता को देखते हुए हम नहीं कह सकते कि आज की

कहानी में एक नीरस स्थिति है। दरअसल हिंदी समाज के यथार्थ के रूप और स्तर की विविधता ही कथा के रूप की विविधता के मूल में है। इस पर नई 'टेक्नॉलॉजी' का भी बड़ा असर है। सिनेमा और टेलीविजन ने असर डाला है और एक नई चुनौती भी खड़ी की है। इससे एक खतरा भी पैदा हुआ है कि कई कहानियाँ इस ढंग से लिखी गई हैं कि कहीं से इस पर एक 'टेलीफिल्म' बन जाए। दूसरी ओर, नई 'टेक्नॉलॉजी' ने मुक्त आकाश भी दिया है लेखकों को। कई कहानीकारों ने नई-नई तकनीक का उपयोग करके यथार्थ को अनोखे ढंग से प्रस्तुत किया है और इसी क्रम में प्राचीन कथा-प्रविधि का भी सहारा लिया है। कई कहानियाँ लोककथा के रूप में लिखी गई हैं।

खगेंद्र ठाकुर : अभी बहुत-सी बातें एक साथ फिर उठ गईं। कहानी की पहचान के संदर्भ में रूप की जो बात उठी है, उसके बारे में अभी उपाध्यायजी ने ठीक कहा कि रूपगत विविधता आज की कहानियों में है। यह विविधता पहले भी रही है। यहाँ तक कि प्रेमचंद ने भी अपनी कई कहानियों में इसका विकास किया है। 'पंच परमेश्वर' से चल कर 'कफन' और 'पूस की रात' तक उनकी कहानी-कला का जो विकास है, उसमें रूपगत विकास भी है। उनकी प्रारंभिक या मध्य के दौर की कहानियों में जितनी वर्णनात्मकता है, उतनी अंतिम दौर की कहानियों में नहीं है। अंतिम दौर की कहानियों में वर्णनात्मकता जितनी कम है, संवेदनशीलता उतनी ही ज्यादा है। 'फैंटेसी' और कल्पना का प्रयोग भी उन्होंने किया है।

यहाँ मैं यह कहना चाहता हूँ कि कहानी के रूप की चर्चा करते हुए हम उस बात का ध्यान रखें, जो छठे दशक में 'नई कहानी' के दौर में उठाई गई थी और इधर फिर उठ रही है। वह बात यह थी कि क्या कहानी में कथानक जरूरी है? कहा गया कि कहानी में कोई कथानक या घटना जरूरी नहीं है। घटनाहीन कहानी लिखने की कोशिश की गई और कहा गया कि कहानी भले ही पात्र के मनोजगत् की कहानी बन रही हो, पर उसमें कोई पात्र तो है ही—भले ही उसका जीवन उसमें न हो, चिंतन ही हो, या भावना ही भावना हो। लेकिन ऐसी कहानियाँ ज्यादा दूर नहीं चल पातीं। कारण यह है कि लाख कोशिश करके भी आप कहानी को कहानीपन से अलग नहीं कर सकते। वैसे ही जैसे लाख कोशिश करके भी कविता को कवित्व से अलग नहीं किया जा सकता। कवित्व का अर्थ क्या है, इसके बारे में अलग-अलग मत हैं, कवित्व का स्वरूप भी बदलता रहता है, लेकिन कविता में कवित्व किसी-न-किसी रूप में रहेगा ही। कविता एकदम सपाट बयान नहीं बनाई जा सकती। वह सपाट बयान बनी तो यह कहना पड़ा कि इसमें कविता नहीं है। या यह कविता के लिए खतरा है। इसी तरह कहानी में यह आग्रह हम न भी करें कि घटनाओं का वर्णन हो या वृत्तांत-रस हो, जिसकी बात परमानंद जी कर रहे थे, फिर भी किसी-न-किसी तरह से कहानीपन तो चाहिए ही।

हाल में ही एक कवि-आलोचक ने कहानी के बारे में यह कहा कि कहानी

तो एक पिछड़ी हुई विधा है और हिंदी में वह इसलिए पिछड़ी हुई है कि वह अभी तक आदि-मध्य-अवसान वाली कला बनी हुई है। लेकिन मेरा खयाल है कि वे यह बात हिंदी कहानी के विकास-क्रम को ध्यान में रख कर नहीं कह रहे हैं। उनके ध्यान में कोई और कहानी है। वे वास्तव में कहानी को आदि-मध्य-अवसान वाली कला से नहीं, बल्कि जीवन के यथार्थ से काटने का ही एक प्रत्यन कर रहे हैं। यही प्रयत्न 'नई कहानी' के दौर में भी किया गया था। ऐसा प्रयत्न करनेवाले लोग एकदम मनोजगत में ही कहानी रचना चाहते थे और कहानी की पहचान के विषय में कहते थे कि कहानी तो देखने से ही पहचान में आ जाती है कि यह कहानी है। उनके विचार से यह कहानी के लिए अच्छा नहीं था कि कहानी को देखने से नहीं, बल्कि पढ़ने या सुनने से पता चले कि यह कहानी है। परमानंदजी ने ठीक कहा कि भारतेंदु युग में कहानी और निबंध का फर्क मिटता हुआ-सा लगता है। तो इस दौर में यह कहना कि कहानी का देखते ही पहचान में न आना इसका पिछड़ापन है, गलत बात है। यह पिछड़ापन नहीं, कहानी की विशेषता है। इधर कई ऐसी कहानियाँ लिखी गई हैं, जो देखते ही कहानी जैसी नहीं लगती हैं, जैसे असगर वजाहत के कथा-संग्रह 'स्विमिंग पूल' में 'पागलखाना' या 'हरेराम-गुरु संवाद' वाली कहानियाँ, या वह भोपाल जानेवाले कवियों की कहानी। आप सहमत होंगे कि अगर असगर वजाहत इन्हें कविता कह कर छपवा देते तो कोई न कहता कि ये कविताएँ नहीं हैं।

परमानंद श्रीवास्तव : लेकिन एक कथा-तत्त्व है उनमें। आज की कविताओं में एक प्रकार की इतिवृत्तात्मकता आई है। वह द्विवेदी युग की इतिवृत्तात्मकता से भिन्न है, लेकिन इतिवृत्तात्मकता इस अर्थ में है कि कोई-न-कोई जीवन-संदर्भ कविता में है। अच्छे कवि आज जो कविताएँ लिख रहे हैं, उनमें कहीं-न-कहीं एक अनुभव-प्रसंग है, जीवन-संदर्भ है, चरित्र है। इस दृष्टि से उसमें कथातत्त्व है। इसी तरह कहानी में भी यदि कविता के 'फॉर्म' में कथातत्त्व है, और उसे कहानी कह कर पेश किया गया है, तो हमें मानना पड़ेगा कि वह कहानी है, भले ही उसका चेहरा-मोहरा बदला हुआ हो। कहानी का चेहरा-मोहरा बदला भी है। जैसे 'और अंत में प्रार्थना' कहानी होते हुए भी एक तरफ कविता का-सा और दूसरी तरफ उपन्यास का-सा प्रभाव छोड़ती है। प्रभा खेतान ने तो अपनी लंबी कहानी को उपन्यास कह कर छपवा भी लिया। 'आओ पेपे घर चलें' लंबी कहानी कह कर छपी और पुस्तक-रूप में उपन्यास करके आई। तो उसका लंबा होना नहीं है औपन्यासिकता। कहानी की जो कला विकसित हुई, उसमें माना गया कि घटना कम हो। बस, जीवन का कोई एक संदर्भ, जीवन की कोई एक संवेदना काफी है कहानी बन जाने के लिए, उसकी प्रभावोत्पादकता के लिए। 'नई कहानी' के दौर में जैसे मान लिया गया था इस रूप को, वैसे ही इस दौर में आकर भी ऐसी कहानियाँ लिखी गईं, जिनकी संदर्भ-शृंखला विकसित करके उपन्यास बनाया जा सकता है, लेकिन हैं वे कहानी के रूप में। इस तरह औपन्यासिक स्वरूप ने भी कहानी को प्रभावित किया है।

बहरहाल कहानी का जो स्वरूप है, वह तो जीवन और यथार्थ से जुड़ा हुआ है, और कहानी को उससे अलग नहीं किया जा सकता। जो कहानीकार केवल 'फॉर्म' को ध्यान में रखकर कहानी लिखेगा, वह बढ़िया 'फॉर्म' नहीं दे पाएगा। अब जैसे जादुई यथार्थवाद की कहानियों की चर्चा हुई, तो हम लोगों को अचरज हुआ कि हिंदी के कहानीकारों का ध्यान इस ओर मार्क्वेज की रचनाओं से गया है, जबकि अमृतराय ने अपनी पुस्तक 'विचारधारा और साहित्य' में इसका जिक्र किया है, हालाँकि उन्होंने भी लैटिन अमेरिका के लेखक के प्रसंग में ही इसका जिक्र किया है। इसका इस्तेमाल करने की ओर भी लोगों का ध्यान जाना चाहिए था। क्या हम इसको पिछड़ी हुई चीज मानते रहेंगे ? लेकिन दूसरी जगह लोग इसका अच्छा इस्तेमाल कर रहे हैं। आज की दुनिया में जो अंत:सांस्कृतिक प्रतिफलन साहित्य में हो रहा है, उसको ग्रहण करना कोई बेजा बात नहीं है। लेकिन इसके बहुत ही समृद्ध अनुभव हमारे देश में हैं, हमारे समाज में हैं।

इसी प्रसंग में जो एकरूपता और नीरसता की बात सुरेंद्र चौधरी ने उठाई, वह भी विचारणीय है। संभव है कि एक समय में, एक सामाजिक संदर्भ में लिखते हुए लेखकों के अनुभवों में एकरूपता आ जाए और लगे कि अनेक कहानियों में एकरूपता है। लेकिन रचना में व्यक्ति रचनाकार की जो भूमिका होती है, उसको ध्यान में रखा जाए तो इस एकरूपता से बचा सकता है। यानी एक ही यथार्थ को हर आदमी एक ही रूप में ग्रहण करे, यह जरूरी नहीं है। यदि वह एक ही रूप में ग्रहण करता है तो लगता है कि उसके चिंतन में या उसके दृष्टिकोण में कोई-न-कोई गड़बड़ी है। हमें यह भी देखना होगा कि यह एकरूपता कहीं दृष्टिकोणगत समानता के चलते तो नहीं आ गई है।

इसमें यह भी है कि बहुत सारे लेखक ऐसे हैं, जो समकालीन परिदृश्य की बात करते हुए एक जैसे दिखायी देते हैं। बहुतों के दिमाग में शायद अभी 'वस्तु' और 'रूप' के संबंध की वही पूर्वधारणा बनी हुई है, जिसे हम लोग कभी बिंब-प्रतिबिंब कहा करते थे। उनके दिमाग में यह बैठा हुआ है कि कहानी किसी घटना पर लिखी जाती है। तो जब कोई घटना होती है, वे उस पर कहानी लिख देते हैं। इससे एकरूपता पैदा होती है और यह बहुत बड़े पैमाने पर हो रही है। इसलिए हम इस बात को स्वीकार करके चलें कि आज के सारे परिदृश्य का जो विस्तार है, उसमें वस्तु और रूप को लगभग बिंब-प्रतिबिंब की तरह ग्रहण करने की एक रुझान दिखाई देती है। अत: जैसा यहाँ कहा गया, जब तक हम यथार्थ में हस्तक्षेप नहीं करेंगे, उसको जानने के तरीके और उसको अभिव्यक्त करने के ढंग को नहीं बदलेंगे, तब तक अनुभव की समानता एक रूढ़ि-सी बनी रहेगी और जाहिर है कि रूप की इस रूढ़ि से बचेंगे नहीं तो यह सकंट तो रहेगा ही।

खगेंद्र ठाकुर : घटना को घटना की तरह लिख देने से तो गड़बड़ी होगी ही। लेखक का काम घटना को घटना की तरह पेश करना नहीं है, क्योंकि वह सृजन

करता है। वास्तविक जीवन में घटित घटना को उसे अंत:क्रिया के जरिए नए रूप में सामने लाना चाहिए।

परमानंद श्रीवास्तव : रेणु के लिए तो रिपोर्ताज भी एक अच्छी कहानी है। और उनके रिपोर्ताजों को अच्छी कहानी की तरह पढ़ा जा सकता है।

रमेश उपाध्याय : एक बात पर बीच में ही विचार कर लिया जाए : ये जो घटनाप्रधान या किस्सागोईवाली कहानियाँ हैं, इनके साथ-साथ कुछ विचारप्रधान या कुछ अमूर्तन लिये रहनेवाली कहानियाँ भी इस दौर में लिखी गई हैं। उनके भी सौंदर्य पर विचार करना चाहिए। अमूर्तन से कथा का ढाँचा तो कुछ क्षतिग्रस्त होता है, कहानी का कथा-रस भी उससे कुछ कम हो जाता है, लेकिन विचार का भी अपना एक सौंदर्य होता है। उसकी भी पहचान और परख की जानी चाहिए। आधुनिक चित्रकला में जो श्रेष्ठ अमूर्त कला है, उसे हम फेंक थोड़े ही देंगे, उसे खारिज थोड़े ही कर देंगे। इसी तरह कहानी में भी यदि अमूर्तन होता है तो वह कोई गलत या उपेक्षणीय चीज नहीं।

खगेंद्र ठाकुर : विचारप्रधान कहानियाँ तो इधर बहुत लिखी गईं। एक कहानी मुझको याद आ रही है—स्वयं प्रकाश की 'तलबी'। उसमें एक अध्यापक है, जो शाखा में जाकर व्याख्यान देता है। कथाकार ने वैज्ञानिक और ऐतिहासिक समझ के साथ उसका टकराव दिखा कर वर्तमान सामाजिक संदर्भ में उसको बेपर्द किया है। पूरी वैचारिक कहानी है यह, लेकिन वैचारिक आग्रह वहाँ कहीं नहीं है। स्थितियों और प्रसंगों के बीच पात्रों के माध्यम से वैचारिक संघर्ष दिखाया गया है। इससे पाठकों को दबाव महसूस नहीं होता।

परमानंद श्रीवास्तव : वैचारिक अमूर्तन भी नहीं है। अमूर्तन का जब चित्रण होगा तो वह अमूर्त नहीं होगा। चित्रण का संबंध चित्र से है। कहानी में कोई चित्र खड़ा होना चाहिए, कोई मूर्ति होनी चाहिए। लेकिन मूर्ति पहले से दिमाग में होगी तो उस तरह का मूर्तन भी सजीव नहीं होगा। अपने अनुभव के प्रवाह से वह बात आनी चाहिए।

रमेश उपाध्याय : कभी-कभी कथा की रूढ़ियों को तोड़ने के लिए भी अमूर्तन आवश्यक होता है। हाँ, उससे यदि कथ्य इतना अमूर्त हो जाए कि कहानी का अभिप्राय ही संदिग्ध हो जाए तो वह चिंताजनक है।

खगेंद्र ठाकुर : परमानंदजी ने अनुभव की बात कही। जरा इस पर विचार करें कि हमारे जीवन या अनुभव-क्षेत्र में वह कौन-सा अंश है, जो कहानी में नहीं आ रहा है। मुझे लगता है कि पिछले कुछ वर्षों में हमारे समाज का जो विकास हुआ है—जैसे समाज पर बातचीत करते हुए हम कहते हैं कि भ्रष्टाचार इतना बढ़ गया है, या अपराध-कर्म ने एक नया आयाम ले लिया है, या दहेज के लिए हत्याएँ हो रही हैं—यानी हर क्षेत्र में हमारा पूँजीवादी समाज एक नए दौर में आ गया है। और उससे हमारी जनतांत्रिक प्रक्रिया भी संकट में है, राजनीतिक प्रक्रिया भी सकंट में है। यह

सब कहानी का विषय होना चाहिए।

संकट के इस दौर में इस सबने नया रूप धारण किया है और अनुभव की दृष्टि से कहें तो नए चरित्र उभरे हैं, नई-नई घटनाएँ हो रही हैं। मसलन इधर एक नया चरित्र यह सामने आ रहा है कि जो व्यक्ति मुहल्ले में दादागीरी करता था, वह अचानक एक राजनीतिक प्रक्रिया में पड़ा और मिनिस्टर हो गया, या कोई लड़का आवारागर्दी करते हुए तस्करों की संगति में पड़ा और बढ़ते-बढ़ते इतना बड़ा हो गया कि नेता बन गया, जाति का नायक बन गया। इस तरह हमारा पूरा समाज संक्रमण की प्रक्रिया में है। उसमें काफी उलट-फेर हो रहा है। तरह-तरह के तनावों से गुजर रहा है समाज। इससे सामाजिक संबंध, व्यक्तिगत जीवन, राजनीतिक प्रणाली—सब प्रभावित हो रहे हैं। इस उथल-पुथल में नए-नए नायक सामने आ रहे हैं, विविध प्रकार के चरित्र सामने आ रहे हैं। अपराधकर्मियों का बढ़ता हुआ प्रभुत्व कोई साधारण चीज नहीं है। उनका प्रभुत्व आज हमारे राजनीतिक क्षेत्र के संस्थानों और प्रतिष्ठानों पर है और इससे हमारे सारे मूल्यों पर, यहाँ तक कि हमारी रचनात्मक ऊर्जा पर भी खतरा है। स्वयं संप्रदायवाद ने ही एक नया रूप ले लिया है, जो शुद्ध राजनीतिक रूप है और पहले के संप्रदायवाद से भिन्न है। इन नए रूपों के भयानक अनुभव का भी, जो हमारे विवेक और संवेदना को भी हिला देता है, चित्रण कहानी में अपेक्षित है। कुछ लोगों ने ऐसे प्रयास किए हैं, जैसे बसंत कुमार ने 'सिर्फ अँधेरा' नामक कहानी में, या पुन्नी सिंह ने अपनी कुछ कहानियों में।

परमानंद श्रीवास्तव : असल में यदि हम किसी चीज पर देर तक बल देंगे तो अनुभव बहुतों के लिए अनुभववाद हो जाएगा, जैसे रूप पर अत्यधिक बल देते-देते रूपवाद हो जाता है। लेकिन आप जो कह रहे थे, उसके प्रसंग में एक कहानी मुझे याद आती है—नवनीत मिश्र की 'पक्षाघात'। नवनीत मिश्र बहुत हद तक भावुकता के नजरिए से जीवन को देखनेवाले कथाकार हैं और विशेषणों का आग्रह उनमें बहुत रहा है, पर 'पक्षाघात' कहानी उन्होंने लिखी तो अचानक उसकी ओर ध्यान गया कि यह पीढ़ियों के अंतराल को व्यक्त करनेवाली एक अच्छी कहानी है। इसमें दो पात्र पिता और पुत्र चिकित्सक हैं। पिता के लिए कम-से-कम दवाइयों में इलाज करना एक मूल्य था। हो सकता है, उन्हें इतनी ही दवाइयों की जानकारी रही हो, लेकिन उन्हें लगता है कि कम दवाइयों से इलाज करना एक स्वस्थ प्रक्रिया है। अब बेटे ने जो चिकित्सा-पद्धति शुरू की तो बेशुमार दवाइयाँ आ गईं, तकनीक आ गई, और भी बहुत सारी चीजें आ गईं। पिता लगभग बीमार हैं। उनको बार-बार लगता है कि ये जो इतने इंजेक्शन दिए जा रहे हैं, उनसे वे पक्षाघात के शिकार हो जाएँगे। देखें तो इस कहानी में एक प्रतीकात्मक अर्थवत्ता विकसित हुई है, जो अलंकरण नहीं है, बल्कि एक चुभन व्यक्त करती है। यह उपभोक्तावाद के अंतर्गत ही आता है कि हम किस तरह बढ़ा-चढ़ा कर अपने व्यापार-तंत्र को विकसित कर रहे हैं और जो बुनियादी मूल्य हैं, वे टूट रहे हैं।

शंभुनाथ : गंभीर सिंह पालनी की कहानी 'मेंढक' भी एक महत्त्वपूर्ण कहानी है।

सुरेंद्र चौधरी : हाँ, 'मेंढक' तो बहुत चर्चित कहानी है।

परमांनद श्रीवास्तव : बहुत चर्चित और अच्छी कहानी है और अपने विस्तार में सुगठित कहानी है। अपने 'डिटेल्स' में बहुत अद्‌भुत कहानी है।

खगेंद्र ठाकुर : तो बहुत हुई मेंढक की बात। अब जिस पानी में मेंढक रहता है, उसकी भी थोड़ी चर्चा करें।

सुरेंद्र चौधरी : आपने अपराधतंत्र की जो बात कही, उससे मुझे शैवाल की कहानी 'चलो आनंदवन' याद आई। सरकारी विभागों में जो आनंवदन बना है, उसमें ले जाने का यह बहुत अच्छा प्रयास है। कृष्णा सोबती की वह जो दफ्तरों वाली कहानी थी 'यारों के यार', उसी तरह 'चलो आनंदवन' में एक छोटा दफ्तर है। यह एक कस्बे का दफ्तर है और यहाँ केवल मूल्यहीनता नहीं है। पहली कहानी में व्यक्तियों के रूप में सपाट चेहरा है और उसका बड़ा आतंकपूर्ण विवरण खिलंदड़ी शैली में दिया गया है। मजा यह है कि खिलंदड़ी शैली में सारी बातचीत और सारे संवाद बिलकुल उन लोगों की भाषा में हैं और दिखाया यह गया है कि छोटी-से-छोटी चीज या लाभ को भी किस तरह 'मिसएप्रोप्रियेट' किया गया और बाकी लोगों को एक तरह से डमी बना कर छोड़ दिया गया। दूसरी कहानी हमारे यहाँ घटी एक घटना पर लिखी गई है, जिसमें हरिजनों को मारा गया था। कहानी में एक व्यक्ति है, जिसके परिवार के सब लोग मारे गए हैं, पर उसे सौभाग्य या दुर्भाग्य से पैसे मिल जाते हैं और नौकरी भी मिल जाती है, लेकिन वह उस घटना से इतना आतंकित है कि दफ्तर में आता है और एक अँधरे कोने में हाथ पर हाथ रख कर बैठ जाता है। दफ्तर के लोग उसका मजाक उड़ाते हैं और कहते हैं कि जैसे वे लोग मरे, हमारे भी लोग मरें और एक लाख रुपया हमें भी मिले तो हम भी इसी तरह काम छोड़कर और ताड़ी पीकर अँधेरे में बैठे रहें। यह कहानी मुझे बहुत वास्तविक लगी। अपराध बहुत तरह के हैं। अपराधियों के संगठन भी हैं, जिन्हें माफिया कहते हैं। यह संगठित अपराध नहीं है, लेकिन अपराधों की शृंखला में सबसे मारक अपराध है। तो ऐसी कहानियाँ दस-बीस न भी लिखी जाएँ, दो-चार ही लिखी जाएँ, तो भी बहुत है...

परमानंद श्रीवास्तव : जब हम अनुभव के वैविध्य की बात करते हैं तो रामनारायण शुक्ल के कहानी-संग्रह 'किसी शनिवार को' की कहानियाँ याद आती हैं। उनमें से कुछ कहानियाँ यथार्थ के बड़े सघन रूप को दिखाती हैं। इधर एक सर्वथा नई लेखिका अलका सरवगी की, जिनकी कहानी 'उसकी हँसी' की चर्चा हुई, चार-पाँच कहानियाँ छपी हैं। उनकी एक कहानी 'खिजाब' सांप्रदायिकता के संदर्भ में लिखी गई कहानी है, जो एक खंडत्व में एक अनुशासन के साथ लिखी गई है। एक कलात्मक अनुभव समझते हुए इसे व्यापक रूप में देखें तो इसके भीतर एक विचारधारात्मक समझ भी दिखाई देगी, क्योंकि इसमें उच्च वर्ग का पर्यवेक्षण

आलोचनात्मक सजगता के साथ किया गया है। तो यह जो बहुत कुछ नया लिखा जा रहा है, भले ही वह एकदम अपने शुरूआती दौर में हो, उसमें भी बहुत कुछ मूल्यवान है और मेरा खयाल है कि उसे रेखांकित करने की जरूरत है। यह शायद इस बातचीत की एक बड़ी सार्थकता होगी। यहाँ पर हम लोग महिला लेखन या पुरुष लेखन का लेबुल न लगाएँ, क्योंकि पहचान तो कहानी की हो रही है, किसी की भी लिखी हुई महत्त्वपूर्ण कहानी की। रियायत किसी को नहीं दी जा रही है।

खगेंद्र ठाकुर : लगता है, हमारी बातचीत में आम सहमति की एक रेखा बन गई है। हिंदी कहानी एक नए दौर में है। यह यथार्थ की विजय का दौर है। इसका एक ऊँचा अर्थ है। पिछले दस साल में हिंदी में ऐसी कहानियाँ भी लिखी गई हैं, जिन्होंने हिंदी कहानी को नई ऊँचाई दी है। हिंदी कहानी विकसित हुई है–इस अर्थ में कि उसमें नए अनुभवों और नए चरित्रों का समावेश करने की कोशिश की गई है। सिर्फ यही नहीं कि नए अनुभव-क्षेत्र खुले हैं, बल्कि नई ऊँचाई भी उसने प्राप्त की है। और यह नई ऊँचाई सिर्फ हिंदी कहानी के संदर्भ में नहीं, बल्कि राष्ट्रीय और अंतरराष्ट्रीय संदर्भ में भी नई ऊँचाई है। मेरा खयाल है कि इस बात को ध्यान में रखना चाहिए। वैसे बेहतर कहानियों का दौर तो कभी खत्म नहीं होना चाहिए, हर नया दौर बेहतर कहानियों का दौर होना चाहिए।

सुरेंद्र चौधरी : कुछ और कहानियों की चर्चा करें। शिवमूर्ति ने कहानी में बड़ा दृश्य-तत्त्व खड़ा किया है। हालाँकि उन्होंने कभी-कभी सम्मोहक स्थिति भी पैदा की, लेकिन इस दृश्य-तत्त्व ने उनकी कहानी का संरक्षण किया। 'केसर-कस्तूरी' में उनका जो 'डिपार्चर' है, वह कुछ अच्छा लगा। पहले वे रोमांस का किला बनाते थे। भले ही उसमें साधारण चरित्र हों, किला रोमांस का होता था, दुनिया रोमांस की होती थी, और रोमांस भी बहुत घटिया स्तरवाला। अच्छा रोमांस होता तो उसमें शायद जीवन की ऊर्जा होती, लेकिन 'तिरिया चरित्तर' की लड़की के संबंध में कहीं वह ऊर्जा नहीं है। सास, ससुर, ड्राइवर आदि के संबंध में भी कहीं वह ऊर्जा नहीं है। वे एक ताजमहल बनाते हैं और उसमें सामान्य चरित्रों और सामान्य स्थितियों को डाल कर कहते हैं कि यह जीवन का वर्तमान यथार्थ है। यह एक प्रकार का मानसिक प्रदूषण है और जैसा कि मैंने पहले कहा था, यह खुली आँखें बंद करके मन की आँखों से स्थितियों को देखना है। रामधारी सिंह दिवाकर एक ही लधु थीम को लगातार दोहरा रहे हैं। जयनंदन के पास एक अनुभव था, जिस पर एक उपन्यास उन्होंने लिख दिया। उन्होंने कुछ कहानियाँ भी लिखी हैं, लेकिन वे उसी के आसपास की हैं। अभी सासाराम से नौ कहानियों का एक संग्रह प्रकाशित हुआ था 'मुझे मेरा शहर वापस दे दो'। कविता का शीर्षक है, जो कहानियों को दिया गया है, लेकिन कोई बात नहीं। उन कहानियों में विषय एक होते हुए भी एप्रोच कहीं-कहीं इतना अलग है कि उनमें से कुछ कहानियाँ दूसरी कहानियों से ऊपर उठ जाती हैं। उनमें से एक कहानी मुझे याद आ रही है, जिसमें रोशनी बार-बार दिखाई पड़ती है...

खगेंद्र ठाकुर : यह शंकर की कहानी 'बत्तियाँ' में है...

सुरेंद्र चौधरी : अब जो नौ कहानियाँ हैं, उनमें 'बत्तियाँ' का प्रभाव सावयव है, बाकी अधिकांश तो जीवन या यथार्थ की रूपरेखा-भर हैं। आशा की किरण यही है कि सामाजिक अलगाव के बीच अलगाव लक्षित होता है और यह एक जीवित लक्षण है, बड़ा स्वस्थ लक्षण, भरोसेमंद लक्षण कि इतने बिखराव के भीतर भी कहानी कहीं-न-कहीं अपने अवयवों को, सामाजिक अवयवों को और व्यक्ति के अवयवों को भी बचा लेती है। यह लड़ाई अगर आगे बढ़े तो निश्चित ही कलात्मक अनुभव का भी संवर्द्धन हो और जीवन के अनुभव का भी संवर्द्धन हो।

अब एक बात भाषा के बारे में। गद्य कहाँ कृत्रिम होता है? उसका कारण यह होता है कि वह अपने से बाहर चला जाता है। जैनेंद्र का गद्य कृत्रिम है। उनके उपन्यासों का गद्य तो जमा हुआ है, उनकी दो-चार कहानियों का गद्य भी बड़ा लुभावना है, जैसे 'तुम अपने को क्यों मारो' जैसी कहानियों में उनकी भाषा में कसाव है, लेकिन जब उन्होंने कहानियों को रूपक में बदल दिया तो सावयव जीवन के भीतर का वह गद्य उनका नहीं चला।

परमानंद श्रीवास्तव : उपन्यासों में भी 'अनाम स्वामी' वगैरह तो विफलता के ही उदाहरण हैं। गद्य को बोलचाल के सजीव रंग में ढालने का काम कृष्णा सोबती ने किया है। उनका गद्य कहीं भी कृत्रिम नहीं लगता–न कहानियों में, न 'जिंदगीनामा' जैसे उपन्यास में–जबकि जैनेंद्रजी के बादवाले उपन्यास विचारों की बोझिलता के कारण गद्य की कृत्रिमता के उदाहरण बन गए हैं।

सुरेंद्र चौधरी : खराब गद्य के कुछ और उदाहरण मैं दूँ–अंग्रेजी और अंग्रेजी के संस्कार ने हमारे गद्य को बहुत खराब किया है। बाज लेखकों का गद्य ऐसा है कि उसमें एक खूँटी से दूसरी खूँटी के बीच विशेषणों का सिलसिला है। कभी-कभी इससे बहुत अच्छी बात बनती है–विशेषणों पर टँगी हुई भाषा से कभी-कभी बहुत स्वाद मिलता है–लेकिन उस गद्य को समर्थ गद्य नहीं माना जा सकता। अज्ञेय ने शुरू में बहुत अच्छा गद्य लिखा, लेकिन वह गद्य खुद उनको पंसद नहीं आया। 'अपने-अपने अजनबी' में आकर उन्होंने अपने गद्य को नष्ट कर दिया। तीस वर्षों तक जिस गद्य को पालते-पोसते रहे, उसे उन्होंने छोड़ दिया। हमारी पीढ़ी विशेषणों वाले गद्य के ढाँचे का समर्थन करती है। उसके गद्य में दूरी है, क्योंकि वह अनेक स्रोतों से आ रही है। सासाराम या इससे भी पिछड़े हुए क्षेत्र के कस्बों के लेखक जो गद्य लिख रहे हैं, उसमें वह दूरी नहीं है–दूरी कहानी के चरित्रों में है, कहानी की परिस्थितियों में है, लेकिन गद्य में वह दूरी नहीं है। उदय प्रकाश की कहानियाँ जिस गद्य में हैं, उसमें गद्य की बड़ी संभावना थी। प्रियंवद की कहानियाँ जब पढ़ता हूँ तो उसका गद्य कहीं-कहीं ऐसा लगता है, जैसे पूरा टुकड़ा ही प्रतीक की खूँटियों पर टँगा हो, पर अच्छा लगता है...

खगेंद्र ठाकुर : इस प्रसंग में एक बात मैं कहूँ। आदमी जिस प्रक्रिया से भाषा

सीखता है, उसे साहित्य में गद्य-संरचना की प्रक्रिया से मिला कर देखें। आदमी जब भाषा सीखता है तो उसके साथ स्वयं भी विकसित होता है और भाषा को भी विकसित करता है। बच्चा जब बोलना सीखता है तो सबसे पहले वह संज्ञा बोलता है, उसमें भी वैसी संज्ञा, जिसका उच्चारण होठों के सटाने से होता हो। यह केवल हमारे यहाँ का नहीं, अंतरराष्ट्रीय अनुभव है कि बच्चा पापा, मामा आदि बोलता है...

सुरेंद्र चौधरी : यह सवा लाख वर्षों का अनुभव है–'होमो सेपियन्स' का–और इससे आज की कहानी की बनावट तय नहीं होगी....

खगेंद्र ठाकुर : लेकिन मैं उससे आगे कह रहा हूँ। सुनिए, जब वह युवावस्था में पहुँचता है तो विशेषणों का प्रयोग करता है, लेकिन भाषा जब बढ़ती है और भाषा की पहचान बनती है तो वह क्रिया से बनती है और क्रिया उसमें तब आती है, जब मनुष्य जीवन के क्षेत्र में प्रवेश करता है। इसको मैं कोई सूत्र की तरह नहीं कह रहा हूँ, पर अनुभव की बात है। इसलिए गद्य वहीं अच्छा लिखा गया है, जहाँ मुख्य रूप से क्रिया को स्थान मिला है। विशेषणों पर आधारित गद्य छायावाद युग में खूब लिखा गया। उसके बाद भी जैनेंद्र, अज्ञेय आदि ने कुछ मनोवैज्ञानिक कहानियों में अपने ढंग से उसका इस्तेमाल किया, लेकिन अच्छा गद्य कहानी में वहीं लिखा गया, जहाँ वह क्रिया पर आधारित है और क्रिया से मेरा मतलब सिर्फ व्याकरण की क्रिया से नहीं है। जीवन के अनुभवों की, जीवन के अवयवों की बात जब कहानी के अवयवों के साथ करते हैं तो हम पाते हैं कि जीवन के अवयव क्रिया के बिना किसी काम के नहीं, और क्रिया और अनुभव एक साथ चलते हैं। इसलिए कहानी में भी अच्छा गद्य वहीं मिलता है, जहाँ अनुभव-संपन्न क्रिया मिलती है।

सुरेंद्र चौधरी : इसको मानने में तो दिक्कत नहीं है, जब मैं कह रहा हूँ कि कस्बों का लेखक क्रिया से ही गद्य लिख रहा है। इसलिए उसमें कोई बहस नहीं है और क्रिया की सावयवता को हम स्वीकार कर रहे हैं।

शंभुनाथ : कहानी का गद्य अपने में एक पूरी भाषा है। एक खास तरह की भाषा। कहानी का मतलब है एक खास तरह से कुछ कहना। कहानी का गद्य 'फिक्शनल' होता है, 'नैरेटिव' होता है। इसलिए यहाँ कला का प्रश्न बहुत महत्त्वपूर्ण है। हर कला में एक बुनावट होती है। कोई भी कहानी अपने-आप नहीं बन जाती। जैसे भेड़ की खाल पर ऊन अपने-आप पैदा होता है, उस तरह से कहानी का रूप अपने-आप पैदा नहीं होता। कहानी का रूप निर्भर करता है कहानीकार की दृष्टि पर। साठोत्तरी कहानी और जनवादी कहानी में फर्क का एक बिंदु उठा कर बात स्पष्ट की जा सकती है। साठोत्तरी कहानी में एक किस्म की सार्वभौमता थी, विश्वमानववाद था। उसके पात्र अक्सर निकम्मे थे, अपने भीतर सोच में डूबे हुए। तात्कालिकतावादी सोच में। जनवादी कहानी में कर्म की, 'एक्शन' की प्रधानता है। इसमें सार्वभौमता की जगह क्षेत्रीयता मिलेगी–किसी गाँव या कस्बे के दुख और संघर्ष मिलेंगे। वहाँ व्यक्ति

था, यहाँ जन-उभार है। वहाँ चरित्र का विलोप था, यहाँ उसकी वापसी है। देशी चरित्र सामने आए। गाँव सामने आए। कहानी अपनी जड़ों की ओर लौटी। यह अलग बात है कि जहाँ 'एक्शन' ही 'एक्शन' रह गया, उग्र क्रिया में कहानी सिकुड़ गई, वहाँ वह बनावटी हो गई। बनावट में एक कला होती है, पर बनावटीपन कलाहीनता है। बीच का एक दौर था, जब ज्ञानरजंन, काशीनाथ सिंह जैसे लोग लिख रहे थे। यह 'नई कहानी' से प्रस्थान था। कहानी बंद सोच से 'एक्शन' की ओर बढ़ रही थी, जैसे 'सुधीर घोषाल' कहानी।

परमानंद श्रीवास्तव : मेरा खयाल है कि इस प्रस्थान को हम 'अंडरएस्टीमेट' तो न करें, लेकिन यह जरूर देखें कि शुरू में ज्ञानरंजन आदि के यहाँ जो प्रस्थान दिखाई देता है, वह एक अजीब तरीके से उस समय के नकारात्मक आधुनिकतावादी रंग के साथ आया था-चाहे जो विशेषता पैदा हुई हो उससे। ज्ञानरंजन में अपनी विचारधारा की समझ और वस्तुपरकता बहुत बाद में आई-'बहिर्गमन' और 'घंटा' में।

सुरेंद्र चौधरी : पच्चीस कहानियों में से बीस कहानियाँ उसी नकारात्मक आधुनितावादी रंग की हैं। कमलेश्वर की ही दो कहानियाँ लीजिए...

खगेंद्र ठाकुर : पुरानी बातों को अभी छोड़ दीजिए, आज की बात की जाए।

सुरेंद्र चौधरीः नहीं, छोड़ेंगे नहीं। छोड़ देने से काम नहीं चलेगा। कमलेश्वर की 'राजा निरबंसिया' और 'दिल्ली में एक मौत' की तुलना करें तो पता चलता है, कितनी दूरी है एक ही कहानीकार के अंदर।

शंभुनाथ : एक ही कहानीकार के अंदर कभी-कभी दो विरोधी प्रवृत्तियाँ होती हैं।

सुरेंद्र चौधरी : ऐसी बात कमलेश्वर के लिए नहीं कही जा सकती...

खगेंद्र ठाकुर : इसको विकास भी कह सकते हैं।

शंभुनाथ : कुछ सामान्य प्रवृत्तियाँ सारे लेखकों को एक आंदोलन से जोड़ती हैं और हर महत्त्वपूर्ण लेखक में कुछ अपनी चीजें भी होती हैं, जो उसकी अपनी विशेषता होती हैं। 'नई कहानी' के दौर में आधुनिकतावादी और यथार्थवादी दोनों प्रवृत्तियाँ रही हैं। आधुनिकतावादी प्रवृत्ति जब यथार्थवादी प्रवृत्ति पर हावी हो गई, सन् साठ के आसपास, तो उस समय क्या हुआ? तब कहानी में व्यक्ति की निस्सहायता, द्वैध, निराशा और ज्यादा-से-ज्यादा कहीं-कहीं आत्मसघर्ष की प्रधानता थी। काशीनाथ सिंह और ज्ञानरंजन भी आरंभ में आधुनिकतावाद से प्रभावित थे, पर दूसरे दौर में आधुनिकतावाद और यथार्थवाद का अंतर्मिश्रण घटित होता है और अंततः यथार्थवाद हावी हो जाता है। यही उनका विकास है।

खगेंद्र ठाकुर : लेकिन ज्ञानरंजन का तो एक ही दौर है...

सुरेंद्र चौधरी : नहीं, उनकी तीन कहानियाँ बिलकुल भिन्न हैं...

खगेंद्र ठाकुर : काशीनाथ आगे बढ़ते हैं अपने लेखन में, क्योंकि वे जीवन के नए अनुभवों के साथ अपनी प्रतिक्रिया को रचनात्मक रूप देते हैं, फलतः उनके

कहानीकार को हम नए रूप में पाते हैं।

शंभुनाथ : 1975 के बाद जब जनवादी कहानी का दौर आरंभ हुआ–एक नई मूल्य-चेतना, संघर्ष-चेतना और कथा-चेतना के साथ–तो उस समय कला के स्तर पर कई कमजोरियाँ थीं, जैसे इकहरापन, आकस्मिकता और भाषणबाजी। लेकिन कहानी जब एक ऐतिहासिक दौर से दूसरे ऐतिहासिक दौर में प्रवेश करती है, तो आरंभ में रूप के स्तर पर अधकचरापन बहुत स्वाभाविक है। जब जनवादी कहानी धीरे-धीरे अपने उत्कर्ष पर आती है तो रूप की दृष्टि से, कला की दृष्टि से अच्छी कहानियाँ आने लगती हैं, जैसे रमेश उपाध्याय की 'प्रौढ़ पाठशाला' या 'माटीमिली', स्वयं प्रकाश की 'नैनसी का धूड़ा' और संजीव की 'प्रेतमुक्ति'। इनमें अंतर्वस्तु के स्तर पर जितनी परिपक्वता है, रूप के स्तर पर परिपक्वता उससे कम नहीं है।

परमानंद श्रीवास्तव : ऐसा कोई विकास विजयकांत जैसे लेखकों में दिखाई देता है या नहीं, जो क्रांतिकारी यथार्थवाद की अवधारणा लेकर आए थे? मदन मोहन जैसे लेखकों का विकास इस दृष्टि से विचारणीय है। पहले उनमें लक्ष्यात्मकता है, बाद में तराश या काट-छाँट। इसी को हम यथार्थ के चयन का विवेक भी कह सकते हैं। वह है या नहीं विजयकांत जैसे उग्र तेवर के क्रांतिकारी यथार्थवादवाले लेखक में?

शंभुनाथ : जरूर है। विजयकांत की कहानी 'बलैत माखुन भगत' को लें। इसमें उग्र क्रांतिकारिता है। उग्र क्रांतिकारिता भी अपना एक 'फॉर्म' लेकर आती है। उग्र क्रांतिकारिता जो 'फॉर्म' लेकर आती है, वह है चमत्कारवाद। 'बलैत माखुन भगत' में चमत्कारवाद है, लेकिन उनकी कहानी 'ब्रह्मफाँस' में उससे अधिक विकसित शिल्प है, क्योंकि इसमें अंतर्वस्तु के स्तर पर भी एक विकसित समझदारी है।

खगेंद्र ठाकुर : उस चमत्कारवाद के पीछे एक तरह की अधीरता है।

शंभुनाथ : अधीरता है और दुस्साहसिकता है, उतावलापन है। बाल समय हनुमान सूरज निगलने गए थे। लेनिन के शब्दों में यह बचकाना मर्ज है। खैर, वह एक खास दौर था। एक महत्त्वपूर्ण दौर था। चमत्कारवाद का ही एक दूसरा रूप जादुई यथार्थवाद है। एक विडंबना की ओर मैं आपका ध्यान आकर्षित कर रहा हूँ। उदय प्रकाश की 'टेपचू', 'हीरालाल का भूत' और 'तिरिछ' कहानियाँ जादुई यथार्थवाद के नमूने हैं। ऐसा नहीं है कि हिंदी कहानी में जादुई यथार्थवाद की अपनी परंपरा नहीं है। प्रेमचंद की कहानी 'दो बैलों की कथा' में दो बैल हीरा और मोती जादुई करतब करते ही तो दिखते हैं।

सुरेंद्र चौधरी : वह तो एक रूपक है...

शंभुनाथ : यह सिर्फ रूपक नहीं है। बैल जिस जादुई ढंग से काँजी हाउस से मुक्त हो जाते हैं, दूसरे पशुओं को, खासकर गदहे को जिस तरह सींग मार-मार कर आजाद कराते हैं और अपना खेत पहचान लेते हैं, वह एक तरह का जादुई यथार्थवाद ही है। मुक्तिबोध की कविता 'अँधेरे में' में सूरजमुखी का फूल अचानक गांधी की

मूर्ति में और गांधी की छवि बंदूक में बदल जाती है। यहाँ जादुई यथार्थवाद की कला का उपयोग मुक्तिबोध ने बहुत सतर्कता के साथ किया है, जागरूकता से किया है। वहाँ वह चमत्कारवाद नहीं है, यथार्थवाद का एक रूप है। 'टेपचू' और 'हीरालाल का भूत' मन में एक नकली आशा तथा 'तिरिछ' एक नकली निराशा पैदा करती है। क्या ही विडंबना है कि एक ही कहानीकार दो विरोधी इशारे कर रहा है। जादुई यथार्थवाद की बहुत बड़ी सीमा है कि उसमें कोई विकासशील चरित्र नहीं होता। यदि चरित्र होगा तो वह ठोस समस्याओं से टकराएगा, उन ठोस समस्याओं से टकराने की प्रक्रिया में वह चरित्र विकसित होगा। जादुई यथार्थवाद में यथार्थ स्थिर है, अतः चरित्र भी। 'टेपचू' कहानी के आरंभ के पहले बिंदु पर जहाँ है, आखिरी बिंदु पर भी वहीं रह जाता है। 'तिरिछ' के नायक में भी कोई विकास नहीं है। 'टेपचू' में आप देखिए, उग्र क्रांतिकारिता का ही एक रूप है। वह मारा जाता है, काटा जाता है, फिर भी अमर है। 'तिरिछ' में चरम हताशा है। एक ही कहानीकार 'टेपचू' में अति-आशावाद और 'तिरिछ' में अति-निराशावाद की अभिव्यक्ति कर रहा है।

खगेंद्र ठाकुर : लेकिन इन दोनों से बेहतर उदाहरण है 'हीरालाल का भूत'...

शंभुनाथ : 'हीरालाल का भूत' में भी तो वही इकहरी यथार्थवादिता है। हीरालाल ठोस समस्याओं से टकराता नहीं। वह जादुई ढंग से ज़मींदार के पूरे परिवार का नाश कर देता है। यह एक तरह से रोमांटिक क्रांतिकारिता और रूपवाद का मिश्रण है, चाहें तो इसे रूपवादी क्रांतिकारिता कह लें।

खगेंद्र ठाकुर : ठोस यथार्थवाद तो उसमें है ही। भयानक सामंती शोषण का जो चित्रण है, उसके खिलाफ संघर्ष की एक चेतना है। जिसको आप लोग जादुई कह रहे हैं, उसे मनोवैज्ञानिक दृष्टि से रूढ़िबद्ध संस्कारों का नतीजा भी कहा जा सकता है। जिसकी चेतना में भूत को मान्यता नहीं मिली रहेगी, उसका भूत कुछ भी नहीं बिगाड़ सकता। अनुभव कहता है कि भूत बहुत परेशान करता है और कभी-कभी जान भी ले लेता है। इस तरह देखिए उस कहानी को।

परमानंद श्रीवास्तव : अतिरंजना एक स्तर पर कला होती है और एक स्तर पर वह कलावाद हो सकती है...

शंभुनाथ : मुझे लगता है कि इसमें कलावाद ही है। प्रेमचंद की एक कहानी है 'विध्वंस'। उसमें अतिरंजना को कला के स्तर पर देखा जा सकता है। एक भुनगी है, जिसका एक भाड़ है। चना-चबेना भूनती है और किसी तरह पेट पालती है। जमींदार उसे वहाँ से उजाड़ना चाहता है और बार-बार कहता है कि भाग जाओ यहाँ से। वह हटती नहीं है। जमींदार के लठैत आकर उसके भाड़ को तोड़ देते हैं और झोंपड़े में आग लगा देते हैं। प्रेमचंद ने दिखाया है, बड़े जादुई तरीके से, जादुई यथार्थवाद यहाँ भी है, कि बड़े जादुई तरीके से वह आग फैल जाती है पूरे गाँव में और जमींदार की हवेली उसमें जल जाती है। ऐसे सोचिए तो झोंपड़ा कहाँ था और

हवेली कहाँ थी !

सुरेंद्र चौधरी : कुछ नए लेखकों की बात करें। पाँच-छह बिलकुल नए लेखकों को देखें। पुन्नीसिंह की एक कहानी है 'बोधन की नगड़िया'....

शंभुनाथ : एक बात मैं कह लूँ कि जादुई यथार्थवाद का जातीय विकास लोककथा की परंपरा के विकास द्वारा ही हो सकता है। 'तिरिछ' बहुत जटिल कहानी है। 'तिरिछ' में जो बात कहना चाहते हैं उदय प्रकाश, उसे काशीनाथ सिंह 'अपना रास्ता लो बाबा' में ज्यादा अच्छी तरह से कहते हैं। इस कहानी में मध्यवर्गीय द्वंद्व भी है, जो 'तिरिछ' में नदारद है। इसका नायक गाँव से लेकर शहर तक एक ही अवस्था में है। उदय प्रकाश दिखाना चाहते हैं कि समाज में संवेदनहीनता ही संवेदनहीनता है। यह यथार्थ नहीं है। समाज में ऐसे लोग भी हैं, जिनमें संवेदना बची है या कम-से-कम पापबोध या अंतर्द्वंद्व बचा हुआ है।

खगेंद्र ठाकुर : एक दूसरे स्तर पर परसाईजी की कहानी 'इंस्पेक्टर मातादीन चाँद पर' है। उसको लोगों ने आम तौर पर पुलिस-जुल्म या पुलिस-विभाग के भ्रष्टाचार की कहानी समझ लिया है। लेकिन वह सामाजिक संवेदनहीनता की कहानी है। एक अवस्था आती है समाज में कि कोई सड़क पर मरता है तो कोई जाता नहीं है उसके पास। कोई पड़ोसी बीमार पड़ता है तो भी कोई उसके पास नहीं जाता। सोचते हैं कि हम जाएँगे तो फँस जाएँगे। आत्मरक्षा का यह भाव अपने पर आनेवाले खतरे की अभिव्यक्ति है और यह संवेदनहीनता का एक स्रोत है।

शंभुनाथ : दरअसल यथार्थवाद भी केवल यथार्थवाद नहीं होता। यथार्थवाद में आकांक्षा भी एक प्रमुख तत्त्व है।

खगेंद्र ठाकुर : आकांक्षा ही नहीं, यथार्थ के विकास की आगामी अवस्था भी यथार्थवाद है...

परमानंद श्रीवास्तव : अब्दुल बिस्मिल्लाह ने 'अतिथि देवो भव' जैसी कहानी लिखी है...

खगेंद्र ठाकुर : मेरा कहना है कि हिंदी कहानी में विविधता समग्रता के स्तर पर तो पूरी तरह मिलती है, लेकिन क्या कहानीकार के स्तर पर वह विविधता दिखाई देती है? उदय प्रकाश जो शुरू में लिख रहे थे, वहीं पर हैं या आगे बढ़े हैं, यह विचारणीय है।

परमानंद श्रीवास्तव : मेरा खयाल है कि उदय प्रकाश की चर्चा हम कुछ ज्यादा ही कर रहे हैं।

शंभुनाथ : उदय प्रकाश की सबसे अच्छी कहानी है 'छप्पन तोले का करधन'....

सुरेंद्र चौधरी : मेरे दिमाग में पाँच-सात-दस लेखक हैं, जिनकी कहानी के बारे में एक बात लक्षित करनी है कि उनका अपने विषय पर अधिकार है और वह कृत्रिम

अधिकार नहीं है–जाल फेंक कर पैदा किया गया या दया दिखा कर पैदा किया गया नहीं है। जैसे मैंने पुन्नीसिंह की जिस कहानी की चर्चा की, वह तमाम नाटकीयता के बावजूद एक सफल कहानी है। बाप जमींदार के यहाँ नगाड़ा बजाता था, बहुत अच्छा नगाड़ा बजाता था। बेटा उसको रोकता था और कहता था कि तुम जमींदार के यहाँ नगाड़ा मत बजाओ, अपने दरवाजे पर बजाओ। जमींदार जब बेटे की हत्या कर देता है तो बाप कहता है–तुम कहते थे कि अपने दरवाजे पर बजाओ, तो लो, आज मैं तुम्हारे सामने और अपने दरवाजे पर बैठ कर बजाऊँगा। इसी तरह एक कहानी है 'पतंग'। यह सांप्रदायिकता पर लिखी हुई कहानी है। इसमें एक बच्चे को पतंग लूटने से रोका जाता है कि इसको मत लूटो, यह मुसलमानी पतंग है। यह लेखक के आसपास की, बिलकुल ग्वालियर की स्थिति से निकली हुई कहानी है। मणि की 'भात' और 'उन्नीस सौ चौरासी' शीर्षक कहानियाँ बहुत अच्छी कहानियाँ हैं। लेकिन 'भात' और 'दाल' दो ऐसी कहानियाँ हैं, जो इसी सासाराम से निकली हैं और दोनों में नाटकीयता है। जीवन में, साधारण जीवन में, परिस्थितियाँ बनती हैं और टूटती हैं, लेकिन इसकी एकरसता से मुक्त होकर कहानी लिखी जा सकती है तो कथानक के बिना भी स्थितियाँ चलाई गई हैं और आगे भी चलेंगी। शंकर की 'ध्वजा' और 'पहिए' बाहर की दुनिया की कहानियाँ हैं और इनको पढ़ते हुए महसूस किया जा सकता है कि लेखक का विषय पर कितना अधिकार है।

रमेश उपाध्याय : अभय की कहानी 'आलपीन' बड़े प्रभावशाली ढंग से यह कहती है कि कानून की पकड़ से बचने के जो तरीके मालिकों द्वारा अपनाये जाते हैं, वे मजदूरों के तरीके नहीं हो सकते। बैजनाथ के गले में अटकी हुई आलपीन मानो पाठक की चेतना में चुभ कर कहती है कि मुक्ति के रास्ते अकेले में नहीं मिलते....

खगेंद्र ठाकुर : ग्रामीण परिवेश पर हृषीकेश सुलभ ने भी कुछ अच्छी कहानियाँ लिखी हैं....

शंभुनाथ : नर्मदेश्वर की कहानी 'पहाड़' भी उल्लेखनीय है।

सुरेंद्र चौधरी : नर्मदेश्वर की 'कंघी' एक रूपक है, कथा–रूपक है। खूब जम गई। कहानी बन गई। इसमें एक गड़हिया है, जिसमें मछलियाँ हैं और एक झाड़ू फेंक दिया गया है। मछलियाँ उसकी नोक से अपना बचाव करती हैं–केकड़े से, बगुले से। ये उस रूपक के अंतरंग अवयव हैं और आखिर में जब वह लड़की जीवाश्म मछली को अपने बालों में लगा लेती है तो ऐसा लगता है कि मछली मरी नहीं, बल्कि एक नए रूप में बदल कर वह लड़की हो गई है। यह एक बहुत बड़ी घटना है। मछलियों का अनुभव कोई नया तो नहीं है, लेकिन जिस ढंग से इन्होंने उसे चित्रित किया है–कि एक माँ मछली आगे जा रही है और बेटी मछली पीछे दौड़ रही है–इससे हमको लगा कि इन्होंने कहीं 'एक्वेरियम' में जाकर तो नहीं देखा है यह। तो कहानी

के अनुभव-क्षेत्र मानवीय हों तो हम गैर-मानवीय संदर्भों से भी कहानी लिख सकते हैं और फिर मानवीय संदर्भों पर लौट सकते हैं। यह भी रचनाशीलता की पहचान है कि कितनी कहानियाँ हमें विषय और परिवेश से बाहर ले गईं और फिर उन्होंने संवर्द्धित अनुभव के साथ हमें वापस कर दिया। इसी तरह 'डकखरी' नामक कहानी है, जिसमें एक बहुत मामूली नायक–राजनीतिक कार्यकर्ता–का अंतरंग ऐसे खुलता है कि उसकी मम्मी, भाई, पार्टी, पार्टी से उसका निष्कासन, कड़ी गालियाँ आदि सब हमारे सामने आ जाते हैं। यह एक अच्छी और प्रभावशाली कहानी है। एक कहानीकार सिरिल मैथ्यू की एक कहानी मैंने रमेशजी की पत्रिका 'कथन' में पढ़ी 'लजारस'। आप लजारस के आख्यान से परिचित हों या न हों, पर कहानी से प्रभावित हुए बिना नहीं रह सकते। उसमें एक बाप 'सिमिट्री' में लाशों के लिए गड्ढे खोदता है और उसका बेटा, जो पढ़ रहा है, एक प्रदर्शन में भाग लेने जाता है। बस, इतनी-सी कहानी है, लेकिन उसमें जो 'डिटेल्स' हैं, अद्भुत हैं। जब वह चर्च में जाता है तो वहाँ का वातावरण और वहाँ की एक मूर्ति का चित्रण इतनी सूक्ष्मता से हुआ है कि सारे 'डिटेल्स' कथ्य से जुड़ जाते हैं। वातावरण इतनी सूक्ष्मता के साथ पात्र के भीतर और बाहर की सच्चाई से जोड़ दिया गया है कि उसका प्रदर्शन में जाना अनिवार्य लगने लगता है, जबकि उसका कोई संबंध उसके इस तात्कालिक वर्तमान से नहीं है। लेकिन लड़का जिस संस्कार में पला है, उससे लगता है कि उसके बहिर्गमन पर, बाहर निकल आने पर कोई बंधन नहीं है, फिर भी बाप उसे प्रदर्शन में जाने से रोक रहा है और वह स्वतःचालित-सा बाहर निकल जाता है। कहानी में जनवादी तत्त्वों को लेकर लिखी गई एक अतिरंजित घटना है, फिर भी...

शंभुनाथ : उदाहरण तो बहुत-से हो सकते हैं, पर अब हमारी बातचीत पूरी होने जा रही है, इसलिए हम किसी निष्कर्ष पर पहुँचें। निष्कर्ष के तौर पर हम यह कह सकते हैं कि हिंदी की श्रेष्ठ कहानियाँ भारतीय जीवन के संघर्ष की मुख्यधारा से जुड़ी हैं। ये आधुनिकतावादी 'एलीट' अनुभव और क्षेत्रीय यथार्थवाद की सीमाओं को तोड़ कर विकासशील यथार्थ का सामना कर रही हैं। अतिवाद समाप्त हुआ है और रूपवाद के प्रति आग्रह भी कम हो रहा है। जनवादी कहानी के कई दौर हैं, कई धाराएँ हैं। संभवतः अब वह अपने उत्कृष्टतम दौर में प्रवेश करनेवाली है, क्योंकि अब उसके सामने सबसे गहरी चुनौती आनेवाली है और अब तक सबसे कठिन वक्त में ही सबसे महान साहित्य लिखा गया है।

रमेश उपाध्याय : तो मित्रो, बातों ही बातों में हमने बहुत-सी अच्छी कहानियों की चर्चा की। हो सकता है कि इसमें कुछ कहानियों की चर्चा जरूरत से ज्यादा हो गई हो और बहुत-सी अच्छी कहानियाँ हमारी चर्चा से बाहर रह गई हों, लेकिन यह तो स्पष्ट हुआ ही कि इस दौर में बहुत-सी अच्छी कहानियाँ लिखी गई हैं और लिखी जा रही हैं। दूसरी बात यह कि हमारी बातचीत के आरंभ में कहानी के जिस

सौंदर्यशास्त्र के निर्माण की बात उठी थी, उसे भी हमने अपनी बातचीत में, अधूरी और अस्पष्ट-सी ही सही, एक रूपरेखा देने का प्रयास किया। हालाँकि कई महत्त्वपूर्ण मुद्दे हमारी चर्चा में नहीं आ पाए, मसलन यह कि दूसरे देशों में या भारत की ही अन्य भाषाओं में आज जो कहानी लिखी जा रही है, उसकी तुलना में आज की हिंदी कहानी कहाँ ठहरती है; अथवा तेजी से बदलती हुई आज की दुनिया में कहानी का भविष्य क्या हो सकता है; फिर भी जितना हम कर पाए, वह भी कम नहीं है। हमने उन चीजों पर खुल कर विचार किया, जिनके आधार पर देखा जा सके कि अच्छी कहानी क्या होती है...

सुरेंद्र चौधरी : बहस की हमने.....

रमेश उपाध्याय : और इस बातचीत से हम अगर कुछ जरूरी चीजों की तरफ सिर्फ इशारा भी कर सके हैं, तो भी हमें संतोष है। यह कथा-पंचायत हिंदी में पहली है, लेकिन अंतिम नहीं है। हमें आशा है कि ऐसी कथा-पंचायतें और भी होंगी, जिनमें बातें आगे बढ़ेंगी और कुछ सार्थक निष्कर्षों तक पहुँचेंगी। हमारी बातचीत से दो-तीन मुख्य बातें उभर कर सामने आई हैं। एक तो यह कि आज की हिंदी कहानी की स्थिति निराशाजनक नहीं है, बल्कि यह अनेक अच्छी और महत्त्वपूर्ण कहानियों का दौर है। दूसरी बात यह कि कहानी की आलोचना भी एक नए सोच-विचार के साथ एक नया रूप लेने की प्रक्रिया में है। इसके प्रमाण हमें इस बातचीत के दौरान भी मिले हैं। तीसरी बात यह कि आज की कहानी के सामने विकास और प्रगति की अनंत संभावनाएँ हैं तो चुनौतियाँ और खतरे भी कम नहीं हैं। इसलिए यह जरूरी है कि हम जहाँ निराश होने और निराशा फैलाने से बचें, वहीं आत्मतुष्टि से उत्पन्न होनेवाली जड़ता के खतरे से भी सावधान रहें। हमारी दुनिया बड़ी तेजी से बदल रही है और उसमें बड़े-बड़े विश्वव्यापी तथा दूरगामी परिवर्तन हो रहे हैं। उन परिवर्तनों के साथ चलते हुए, उनको प्रयासपूर्वक निरंतर समझते हुए, उनके प्रति एक सतत आलोचनात्मक दृष्टि बनाए रखना जरूरी है। ऐसी बहुत-सी चीजें हमारे देश और सारी दुनिया में एक साथ हो रही हैं, जो हमें एक बेहतर विश्व के निर्माण की दिशा में सचेत और सक्रिय बना सकती हैं, तो अपने साथ बहा ले जाकर हमें अपने लक्ष्य से भटका भी दे सकती हैं। इस खतरे से सावधान रहने और अपने साथियों को सावधान करते रहने की जरूरत है। कोशिश करें कि हम खतरों से खेलते हुए और चुनौतियों का सामना करते हुए अपने लक्ष्य की ओर आगे बढ़ें, आत्मतुष्ट होकर बैठ न जाएँ।

सासाराम की इस कथा-पंचायत में शामिल होने का मेरा यह अनुभव अद्भुत और अविस्मरणीय है। अपने आदरणीय आलोचक मित्रों-सुरेंद्र चौधरीजी, परमानंद श्रीवास्तवजी, खगेंद्र ठाकुरजी और शंभुनाथजी-के साथ दो दिन बैठ कर कहानी पर बात करने का यह अनुभव मेरे लिए अत्यंत सार्थक और विचारोत्तेजक रहा है। आप सभी के प्रति मैं हार्दिक आभार व्यक्त करता हूँ। साथ ही मैं अपने समय की एक

महत्त्वपूर्ण साहित्यिक पत्रिका 'अब' के तीनों संपादकों–शंकरजी, अभयजी, और नर्मदेश्वरजी–का आभारी हूँ कि इन्होंने इस कथा-पंचायत का आयोजन किया और मुझे इसमें शामिल होने का अवसर दिया। अंत में मैं अपनी तरफ से तथा इस पंचायत के अन्य साथियों की तरफ से उन सभी के प्रति हार्दिक आभार व्यक्त करता हूँ, जिन्होंने प्रत्यक्ष या परोक्ष रूप से इस आयोजन को संभव तथा सफल बनाने में सहयोग किया है।

(*दिसंबर, 1995*)

❑ ❑ ❑